OCÉANO ATLÁNTICO

La Habana
CUBA
Santiago
PENÍNSULA DE YUCATÁN
HAITÍ
REPÚBLICA DOMINICANA
Santo Domingo
San Juan
Ponce
PUERTO RICO

JAMAICA

Belmopan
BELIZE

MAR CARIBE

HONDURAS
Tegucigalpa

León
NICARAGUA
Managua
Lago de Nicaragua

Canal de Panamá
Panamá
Caracas
VENEZUELA
Río Orinoco

COSTA RICA
San José
PANAMÁ

Río Magdalena
Bogotá
COLOMBIA

BRASIL

DOS MUNDOS

SECOND EDITION

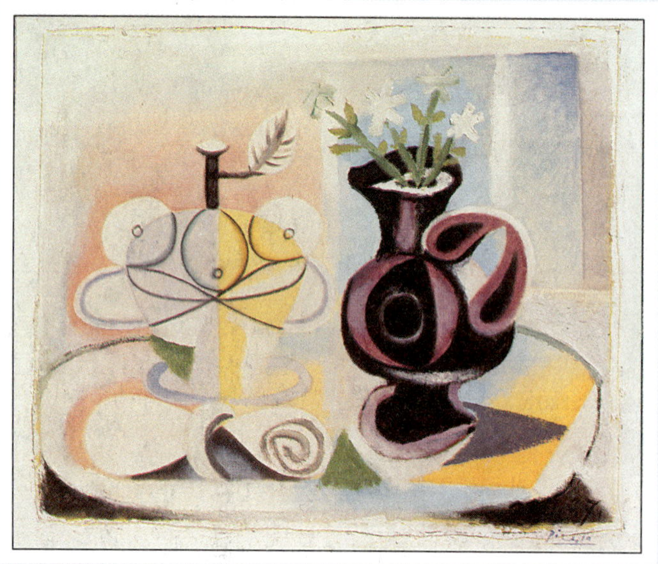

INSTRUCTOR'S EDITION

DOS MUNDOS

A COMMUNICATIVE APPROACH

SECOND EDITION

Tracy D. Terrell
University of California, San Diego

Magdalena Andrade
University of California, Irvine, and
Irvine Valley Community College

Jeanne Egasse
Irvine Valley Community College

Elías Miguel Muñoz

Instructor's Manual appears at end of book.

McGraw-Hill Publishing Company

New York St. Louis San Francisco Auckland Bogotá Caracas Hamburg Lisbon
London Madrid Mexico Milan Montreal New Delhi Oklahoma City Paris
San Juan São Paulo Singapore Sydney Tokyo Toronto

This is an EBI book.

Dos mundos
A Communicative Approach

Copyright © 1990, 1986 by McGraw-Hill, Inc. All rights reserved. Printed in the United States of America. Except as permitted under the United States Copyright Act of 1976, no part of this publication may be reproduced or distributed in any form or by any means, or stored in a data base or retrieval system, without the prior written permission of the publisher.

3 4 5 6 7 8 9 0   VNH VNH   9 5 4 3 2 1

ISBN 0-07-540810-4 (Student Edition)
ISBN 0-07-540816-3 (Instructor's Edition)

This book was set in Palatino by Graphic Typesetting Service.
The editor was Elizabeth Lantz.
Project management was by Pamela Evans Editorial Services.
The production supervisor was Pattie Myers.
The text and cover were designed by Vargas/Williams/Design.
The photo editor was Judy Mason.
Drawings were done by Sally Richardson and Judith Macdonald.
Cover and page ii art is by Pablo Picasso: *La Cruche fleurie (Jug of Flowers)*, 1937, oil on canvas, 20 x 24¼" (50.8 x 61.6 cm), San Francisco Museum of Modern Art.
   Purchased with the aid of funds from W. W. Crocker.
Von Hoffmann Press was printer and binder.

Library of Congress Cataloging-in-Publication Data

Dos mundos: a communicative approach / Tracy D. Terrell ... [et.
   al.]. —2nd ed.
      p. cm.
   "This is an EBI book"—T.p. verso.
   ISBN 0-07-540810-4
   1. Spanish language—Textbooks for foreign speakers—English.
I. Terrell, Tracy D.
PC4129.E5D67   1990   89-28376
468.2'421—dc20   CIP

Grateful acknowledgment is made for use of the following:

Chapter opening photos: page 1 © Peter Menzel; **15** © Odyssey Productions; **33** © Bob Daemmrich/Stock, Boston; **57** © Chip & Rosa María Peterson; **84** © Owen Franken; **107** © Bob Daemmrich/Stock, Boston; **133** © Peter Menzel; **159** © Peter Menzel; **188** © Robert Frerck/Tony Stone Worldwide; **217** © Robert Frerck/Odyssey; **247** © Jack Fields/Photo Researchers; **271** © Bob Daemmrich/The Image Works; **297** © Beryl Goldberg; **325** © Hazel Hankin/Stock, Boston; **355** © Bonnie Kamin/Comstock; **381** © Robert Frerck/Odyssey; **415** © Hugh Rogers/Monkmeyer; **441** © Larry Mangino/The Image Works; **471** © Robert Frerck/Tony Stone Worldwide; **501** © Beryl Goldberg

Realia and cartoon credits: Page 22, 112, 422, 446 © *Cambio 16*; **43, 44, 432, 447** reprinted with permission of *Mía*; **61** © Editorial Perfil, S.A.; **64** © Viceroy; **114, 141, 369, 478, 516** ©

Credits continue on the last page of the book.

CONTENTS

Preface
To the Instructor   xiii
To the Student   xx

PASO A: LA CLASE Y LOS ESTUDIANTES   1

Actividades orales   Mandatos en la clase   2   Los nombres de los compañeros de clase   3   ¿Quién es?   4   Los colores y la ropa   4   Los números (hasta 39)   6   Los saludos y las despedidas   7

Vocabulario   8

Gramática   A.1. Commands   11   A.2. Naming: The Verb **llamar**   12   A.3. Identification: Subject Pronouns and the Verb **ser**   12   A.4. Sentence Negation   13   A.5. Grammatical Gender   13   A.6. The Verb **llevar**   14   A.7. Plural Forms (Part 1)   14

PASO B: LAS DESCRIPCIONES   15

Actividades orales   Hablando con otros   16   Las cosas en el salón de clase   17   Las partes del cuerpo   18   La descripción de las personas   19   Los números (hasta 100) y la edad   21

Vocabulario   22

Gramática y ejercicios   B.1. Addressing Others: Informal and Polite *you* (**tú/usted**)   24   B.2. More About Subject Pronouns   25   B.3. Identifying Gender   26   B.4. Existence: **hay**   28   B.5. Plural Forms (Part 2)   29   B.6. Describing with Adjectives: Gender and Number Agreement   30   B.7. Age: The Verb **tener**   31

CAPÍTULO UNO: MI FAMILIA Y MIS ACTIVIDADES FAVORITAS   33

Actividades orales y lecturas   La familia y la posesión   34   Las lenguas y las nacionalidades   36   Las actividades favoritas y los deportes   38   «Las actividades de Raúl»   40   «Los deportes»   41   Datos personales: El teléfono y la dirección   42   «Pilar y Ricardo»   44

Vocabulario   45

Gramática y ejercicios   1.1. Possession: **tener, de(l)**   47   1.2. Possession: Possessive Adjectives   48   1.3. Adjectives of Nationality   49   1.4. Present Tense of Regular **-ar** Verbs   50   1.5. Expressing Likes and Dislikes: **gustar** + Infinitive   52   1.6. The Spanish Alphabet   54   1.7. Verb Endings: The Verb **vivir**   56

CAPÍTULO DOS: MIS PLANES Y PREFERENCIAS   57

Actividades orales y lecturas   Las fechas y los cumpleaños   58   «El horóscopo»   60   Los planes   61   La hora   63   Las clases   66   «Nora Morales»   68   Las preferencias y los deseos   69   El tiempo   71   «El tiempo libre»   73

Vocabulario   74

Gramática y ejercicios   2.1. Numbers to 1000 and Dates   77   2.2. The Informal Future: **ir** + **a** + Infinitive   77   2.3. Telling Time   78   2.4. Ordinals   79   2.5. Preferences and Desires: **preferir** and **querer** + Infinitive   80   2.6. Weather   83

CAPÍTULO TRES: LAS ACTIVIDADES   84

Actividades orales y lecturas   ¿Dónde está?   85   «Una tarjeta postal desde México»   87   Las actividades diarias   88   «Adela Martínez»   91   El origen   92   «Los hispanos en los Estados Unidos»   94   Actividades en progreso   95

Vocabulario   97

Gramática y ejercicios   3.1. Location of People and Objects: **estar**   99   3.2. Habitual Actions: Present Tense of Regular Verbs   99   3.3. Irregular Verbs: **hacer, salir, jugar**   102   3.4. Origin and Location: **ser de/estar en**   104   3.5. Actions in Progress: Present Progressive   105

CAPÍTULO CUATRO: LA VIDA DIARIA Y LOS DÍAS FERIADOS   107

Actividades orales y lecturas   Los lugares   108   Los días feriados y las celebraciones   110   «Los días feriados»   113   La rutina diaria   114   Los estados físicos y mentales   116   «El nuevo amigo de Ernestito»   119   «Versos sencillos»: José Martí   121

Vocabulario   122

Gramática y ejercicios   4.1. Location: **ir** + **a(l); estar** + **en**   124   4.2. Verbs with Stem-Vowel Changes **(ie, ue)** in the Present Tense   125   4.3. Habitual Actions: Irregular Verbs   127   4.4. Daily Routine: Reflexives   128   4.5. Describing States: **estar** + Adjective   131   4.6. Describing States: **tener** + Noun   131

CAPÍTULO CINCO: LAS CLASES Y LAS CARRERAS   133

Actividades orales y lecturas   Las actividades de la clase de español   134   «Las palabras extranjeras»   136   Las habilidades   137   «Los gestos»   138   Las carreras y las actividades del trabajo   139   «El sistema hispano de educación»   143   Mi futuro   144   «¿Qué va a ser Ernestito?»   146

Vocabulario   147

Gramática y ejercicios   5.1. Indirect Object Pronouns with Verbs of Reporting   150   5.2. Expressing Abilities: **saber** and **poder** + Infinitive   152   5.3. Demonstrative Adjectives   153   5.4. Plans: **pensar, quisiera, me gustaría, tener ganas de**   155   5.5. Ordering Events: Infinitives After Prepositions   157

CAPÍTULO SEIS: LA RESIDENCIA   159

Actividades orales y lecturas   La casa, los cuartos y los muebles   160   La casa y el vecindario   162   «Las ciudades hispanas»   164   Las actividades en casa   166   «Habla la gata Manchitas»   168   El vecindario y los amigos   170   «Don Pepe y doña Chelo»   172   Las presentaciones   174   «*Platero y yo*»: Juan Ramón Jiménez   175

Vocabulario   176

Gramática y ejercicios   6.1. Comparisons of Inequality: **más/menos**   179   6.2. Comparisons of Equality: **tan/tanto**   180   6.3. Expressing Obligation and Duty   182   6.4. The Past (Preterite) Tense of Regular Verbs (Part 1)   183   6.5. **Conocer** and **saber**   184   6.6. Personal Direct Object Pronouns   185

CAPÍTULO SIETE: LAS EXPERIENCIAS   188

Actividades orales y lecturas   Mis experiencias   189   «Las excusas de Gustavo»   191   Las experiencias con otros   192   «Una fiesta sorpresa» (parte 1)   195   «Una fiesta sorpresa» (parte 2)   197   Los hechos del pasado   198   «Una carta desde Perú»   201   «Oda a la tormenta»: Pablo Neruda   203

Vocabulario   204

Gramática y ejercicios   7.1. The Past (Preterite) Tense of Regular Verbs (Part 2)   206   7.2. Verbs with Irregular Past (Preterite)-tense Forms 208   7.3. Verbs with Stem-Vowel Changes in the Past (Preterite) Tense   212   7.4. Indirect Object Pronouns with **decir**   213   7.5. Question-and-Answer Patterns in the Past (Preterite) Tense   214   7.6. Expressing *ago:* **hacer** + Time   216

CAPÍTULO OCHO: LA COMIDA 217

Actividades orales y lecturas   La comida y las bebidas   218   «Las horas de la comida»   221   La compra y la preparación de la comida   222   «Las recetas de doña Rosita»   227   «Algunos platillos hispanos»   228   Los restaurantes   229   «La comida mexicana»   232   «Oda al tomate»: Pablo Neruda   233

Vocabulario   234

Gramática y ejercicios   8.1. Impersonal Direct Object Pronouns: **lo, la, los, las**   237   8.2. More About the Verb **gustar**   238   8.3. Prepositions + Pronouns (Part 1)   240   8.4. Negation   242   8.5. The Impersonal **se**   244   8.6. Stem-Vowel Changes in Verbs Like **pedir** and **servir**   245

CAPÍTULO NUEVE: EL PASADO 247

Actividades orales y lecturas   La familia y los parientes   248   «Los hispanos hablan de su familia»   249   La niñez   251   «¡Así piensan los niños!»   253   «Mi primo Gustavo»   254   La juventud   255   «La matrícula de Raúl»   258   Las experiencias y los recuerdos   260   «El niño al que se le murió el amigo»: Ana María Matute   261

Vocabulario   262

Gramática y ejercicios   9.1. Diminutives   264   9.2. Past Habitual Actions: The Imperfect   265   9.3. The Imperfect and Past (Preterite) of "State" Verbs   266   9.4. The Imperfect of **ir** + **a** + Infinitive   268   9.5. Unplanned Occurrences: **se**   269

CAPÍTULO DIEZ: LA GEOGRAFÍA Y EL TRANSPORTE 271

Actividades orales y lecturas   La geografía y el clima   272   «Las estaciones y el clima»   275   «Un terremoto»   277   Los medios de transporte   277   «Un anuncio de Iberia»   280   «El transporte de Eeer»   281   Viajando en automóvil   282   «Seat: La asistencia en la carretera»   284   «El autostop»   288

Vocabulario   288

Gramática y ejercicios   10.1. The Present Perfect: "Have You Ever . . . ?"   291   10.2. **Por** and **para:** *By, Through,* Destination   293   10.3. Describing Actions: Adverbs   294   10.4. Exclamations with **qué, cuánto**   295   10.5. **Hace** + Time: "How Long Have You . . . ?"   296

CAPÍTULO ONCE: LOS VIAJES 297

Actividades orales y lecturas   Los planes de viaje   298   «¿Qué calle, qué número?»   301   Buscando sitios y usando mapas   304   «Número 56 Norte»   307

Las experiencias en los viajes 309   «La leyenda de Popocatépetl e Iztaccíhuatl»   312

Vocabulario   314

Gramática y ejercicios   11.1. Regional Pronouns: **vos** and **vosotros/as** Forms   316   11.2 To Have Just Done Something: **acabar de** + Infinitive   318   11.3. Prepositions + Pronouns (Part 2)   319   11.4. Polite Commands   321   11.5. Describing What Was Going on: Imperfect Progressive   322   11.6. Imperfect in Contrast to the Past (Preterite)   323

CAPÍTULO DOCE: EL TURISTA EN LOS PAÍSES HISPANOS   325

Actividades orales y lecturas   El turista en los países hispanos   326   «De visita en México»   329   El alojamiento   332   «Los paradores españoles»   335   Los sitios turísticos   336   «Las ruinas de Tikal»   339   «Una visita a Tikal»   340

Vocabulario   341

Gramática y ejercicios   12.1. Present Subjunctive Following **querer**   343   12.2. Present Subjunctive: Irregular Verbs   345   12.3. Direct Object Pronouns   348   12.4. Present Subjunctive Following **cuando**   350   12.5. **Por/para** + Time   351   12.6. Making Suggestions: *Let's*   352   12.7. Indirect Object Verbs Like **parecer**   353

CAPÍTULO TRECE: LA SALUD Y LAS EMERGENCIAS   355

Actividades orales y lecturas   Las partes del cuerpo   356   «La postura»   357   Los estados de salud; las enfermedades y su tratamiento   358   «Cuidado con los jarabes»   362   Las visitas al médico, a la farmacia y al hospital   363   «La medicina en Hispanoamérica»   365   Los accidentes y las emergencias   368   «Cuatro sobrevivientes en tragedia aérea»   371

Vocabulario   371

Gramática y ejercicios   13.1. Expressing Existence: **haber**   374   13.2. Expressing Changes in States: *Become, Get*   374   13.3. Indirect Object Pronouns with Commands and the Present Subjunctive   376   13.4. Narration of Past Experiences: Present Perfect, Imperfect, Past (Preterite)   378

CAPÍTULO CATORCE: DE COMPRAS   381

Actividades orales y lecturas   Los productos, los materiales y sus usos   382   Los precios   384   Comprando ropa   387   «La moda en el mundo hispano»   391   Las compras y el regateo   392   «El Rastro»   394   «Un Stradivarius»: Vicente Riva Palacio   397

Vocabulario   403

Gramática y ejercicios   14.1. Adjectives Used As Nouns   406   14.2. Demonstrative Pronouns   407   14.3. Possessive Pronouns   408   14.4. **Por** and **para:** Price, Beneficiary, Purpose   409   14.5. Exchanging Items: Indirect Object Pronouns   411   14.6. Using Indirect and Direct Object Pronouns Together   412

CAPÍTULO QUINCE: LOS CONSEJOS   415

Actividades orales y lecturas   Las instrucciones y los mandatos   416   «Tips para dar un súper-fiesta»   418   Los consejos   419   «Los dichos populares»   424   La crianza y el comportamiento social   425   «Cómo enseñarles»   427   «La telenovela»   428   «Lazarillo y el ciego»: Anónimo   430

Vocabulario   430

Gramática y ejercicios   15.1. Direct Commands: Polite and Informal   432   15.2. Pronoun Placement (Summary)   434   15.3. The Subjunctive Mood   436   15.4. "Let/Have Someone Else Do It": ¡**Que** + Subjunctive!   439   15.5. Making Suggestions: *Let's* (Subjunctive)   440

CAPÍTULO DIECISÉIS: EL FUTURO   441

Actividades orales y lecturas   La familia, las amistades y el matrimonio   442   «¡Cómo cambia el mundo!»   448   «Mi madre cuando nos visita»: Gustavo Pérez Firmat   449   Las posibilidades y las consecuencias   450   El futuro y las metas personales   452   «El amuleto»   455   «Eeer se despide»   457   «El tiempo borra»: Javier de Viana   459

Vocabulario   461

Gramática y ejercicios   16.1. Reciprocal Pronouns: "Each Other"   463   16.2. Describing: **ser** and **estar**   463   16.3. Hypothetical Reactions: The Conditional   466   16.4. The Future   467   16.5. **Por/para:** Summary   469

CAPÍTULO DIECISIETE: LA SOCIEDAD MODERNA   471

Actividades orales y lecturas   Las opiniones y las reacciones   472   «¿Qué son los estereotipos?»   475   Los valores de la sociedad moderna   477   «Sofía a los cuarenta»   480   «Hombre pequeñito»: Alfonsina Storni   482   La geografía y la historia   483   «Pablo Ruiz Picasso»   487   «Por qué muchas personas no figuran en el censo»: Conrado Nalé Roxlo   488

Vocabulario   492

Gramática y ejercicios   17.1. Expressing Opinions: Indicative and Subjunctive   494   17.2. Expressing Reactions: Indicative and Subjunctive   495   17.3. Hypothesizing: "If" Clauses and the Past Subjunctive   496   17.4. Adjective Clauses   498

CAPÍTULO DIECIOCHO: LA POLÍTICA 501

Actividades orales y lecturas Los sistemas políticos y económicos 502 «El joven hispano en la política» 506 «España: Del *Guernica* al siglo XXI» 508 Los problemas de la sociedad urbana 510 «La mujer en el mundo hispano» 513 La inmigración y los grupos minoritarios 515 «Mi querida cuñada» 518

Vocabulario 523

Gramática y ejercicios 18.1. Hypothesizing About the Past: **si hubiera… habría…** 526 18.2. The Perfect Tenses 527 18.3. The Subjunctive in Time Clauses 528 18.4. The Subjunctive in Purpose Clauses 530 18.5. The Passive Voice 531

Maps 92, 304

Appendices
1. Verbs 535
2. Grammar Summary Tables 540
3. Answers to Grammar Exercises 543

Spanish–English Vocabulary 549

Index 579

TO THE INSTRUCTOR

Welcome to the new full-color edition of *Dos mundos*. When the first edition appeared, some predicted that the text would be *too communicative*. Some thought it broke too sharply with traditional text structure by placing the grammar and grammar exercises in a supporting role and giving center stage to the **actividades orales**. These fears proved groundless: it turned out that a large number of Spanish instructors had been waiting for the opportunity to teach Spanish using a communicative approach.

We are especially heartened by the positive feedback we have received from instructors using *Dos mundos*. So many of you have written to say that *Dos mundos* has allowed you to do what you have always wanted to do in the classroom—to enjoy teaching and to help your students enjoy learning Spanish. A few of you have even written that you felt revitalized teaching with *Dos mundos*. This feedback confirms our belief that most language instructors love language teaching and want to inspire enthusiasm in their students but have been frustrated by textbooks that focus almost exclusively on grammar.

Like the first edition of *Dos mundos*, the second edition is a complete package of instructional materials for beginning Spanish courses whose primary goal is proficiency in communication skills. The package provides both oral and written activities that can be used as starting points for communication. The materials are designed to encourage you and your students to feel free to interact in Spanish as naturally and as spontaneously as possible. *Dos mundos* offers an exciting approach to language instruction that is a true alternative to the methodology of most Spanish-language textbooks available in the United States today.

COMPONENTS

There are two student texts: *Dos mundos: A Communicative Approach,* the main text, and *Dos mundos: Cuaderno de trabajo,* the workbook. The main text consists of two preliminary chapters, **Pasos A** and **B,** and eighteen regular chapters. All chapters are organized by topics that are essential to communication at the beginning level and are supported by a wide variety of cultural materials that provide a context for language acquisition. Each regular chapter is divided into three parts:

- **Actividades orales y lecturas**
- **Vocabulario**
- **Gramática y ejercicios**

The **actividades orales** are intended for oral communication practice in the classroom. Readings are included in this section as well, keyed to the topic of each subsection. The **vocabulario** is a reference list of all the new vocabulary introduced in the displays and activities. The **gramática y ejercicios** provide concise explanations of grammar and usage plus short verification exercises.

The organization of the *Cuaderno de trabajo* corresponds to that of the main text: two **pasos** and eighteen **capítulos.** Each one consists of four sections:

- **Actividades de comprensión** (coordinated with tapes)
- **Ejercicios de pronunciación y ortografía** (with tapes)
- **Actividades escritas**
- **Lecturas adicionales**

The instructional program also features the following components:

- The *Instructor's Edition,* whose marginal notes contain suggestions for using and expanding the student text materials, teaching hints, and listening comprehension materials.
- The *Instructor's Manual* (bound into the back of the *Instructor's Edition*), which provides a general

introduction to the Natural Approach and to the types of acquisition activities encountered in the program. The *Instructor's Manual* suggests many pre-text activities designed for use before covering the activities in the student text, as well as other suggestions for implementing the Natural Approach.
- The *Test Bank,* containing tests of listening comprehension (with testing tapes), reading, vocabulary, and grammar for each chapter in *Dos mundos.* It includes suggestions for oral achievement tests and for testing writing skills and is also available as a computerized testmaker, in IBM-PC™, Macintosh™, and Apple IIe™ and IIc™ formats.
- An *Audio Program,* with recorded oral texts from the *Cuaderno de trabajo* that support the topics and functions of each student text chapter. It is also available for purchase by students.
- A *Tapescript,* containing the text of all recorded materials in the *Cuaderno de trabajo.*
- A set of full-color *Overhead Transparencies,* displaying much of the student text's art.
- Three different *slide sets* showing the Hispanic world, along with discussion questions and activities.
- The *McGraw-Hill Video Program for Beginning Spanish,* a 60-minute program (in VHS, Beta, U-matic, and Videodisk formats) with twenty units of authentic Spanish in functional situations. It includes scripts and extensive pre- and postviewing activities.
- The *McGraw-Hill Electronic Language Tutor (MHELT),* a software program based on the text's exercises. It is available in Macintosh™, IBM-PC™, and Apple IIe™ and IIc™ formats.
- **Juegos comunicativos,** five imaginative, interactive problem-solving modules, with graphics, for Apple IIe™ and IIc™ formats.

CHARACTERS

The people who appear in the student materials of *Dos mundos* generally belong to one of three groups of repeating characters.

- **los amigos norteamericanos,** a group of students studying Spanish at the University of Texas, San Antonio
- **los amigos hispanos,** Hispanics from various parts of the Spanish-speaking world
- characters in **la telenovela «Los vecinos»:** the Ramírez and Ruiz families and their neighbors and friends, all featured in a fictional soap opera set in Mexico City

Characters from these groups appear in the drawings, activities, readings, and exercises of *Dos mundos* whenever possible. While there is no "story line" to follow, peopling the text with familiar individuals gives it a greater sense of unity and makes the materials seem less artificial to students.

CHANGES IN THE SECOND EDITION

Those of you who have used *Dos mundos* in its first edition know that it is a special kind of text. When we asked for your suggestions for this revision, most of you replied that you liked the text just as it was. Don't worry: we haven't changed our basic concept. The **actividades orales** remain the core of the text and grammar is still an adjunct, an aid in the language acquisition process. Even though the chapters have been reorganized, you'll recognize most of them from the first edition. The number of **pasos** has been reduced to two, and their remaining material integrated into the regular chapters (which are increased to eighteen). Some sections have been reordered, especially in the first third of the text, and the introduction of the imperfect postponed for one chapter to allow more practice time for the acquisition of the past (preterite). The travel theme is now spread over three chapters instead of two, and the activities for the topics of the last two chapters in the first edition expanded into three for the benefit of instructors using the text in a third semester.

Most of you will recognize at least 80 percent of the **actividades orales,** because you asked that we not change them. We did substitute new activities for a few you had problems with or found to be less interesting to your students. We added more narration series activities because you reported that they were useful for focusing on verb forms and tenses and that students were stimulated by them. We revised the displays to make them more reflective of the vocabulary in the section and removed the grammar display boxes, which repeated the content of the **Gramática y ejercicios** sections.

Much of the grammar has been rewritten to make it even easier for students to study on their own. As in the first edition, we aimed for simplicity rather than exhaustive coverage in the explanations. In response to requests for additional grammar exercises, we added a few and lengthened others, but we want to stress our belief that students do not learn to use grammar by doing exercises. The purpose of the exercises is for students to verify that they have understood the explanations. Grammar acquisition occurs after a quantity of input and interactive experience in communication.

Many of the marginal notes in the *Instructor's Edition* have been rewritten to make it easier for beginning instructors, especially beginning TA's, to use *Dos mundos*. We added extensive instructor's notes to the **Gramática y ejercicios** sections to explain our particular exposition of grammar, especially the way in which we have spiraled certain topics.

We've added many new readings to this edition and updated others. Some of the new selections were written especially for *Dos mundos;* newspaper and magazine articles, poetry, and a few short stories previously published elsewhere have also been included. Although a first-year course is not the place to lecture on literature, many students find these authentic texts interesting and are encouraged by the idea that they can read real literature! We've moved the **lecturas adicionales** to the *Cuaderno de trabajo*. This does not imply that we think reading is less important; the decision was due to space considerations.

A considerable number of pieces of authentic realia from Spanish-language newspapers and magazines have been added to this edition. We think they make the text more appealing and hope that they stimulate students to seek out more information on Hispanic people and countries.

THEORY

The materials in *Dos mundos* are based on Tracy D. Terrell's Natural Approach to language instruction, which in turn relies on aspects of Stephen D. Krashen's theoretical model of second-language acquisition. That theory consists of five interrelated hypotheses, each of which is mirrored in some way in *Dos mundos*.

1. The *Acquisition-Learning Hypothesis* suggests that there are two kinds of linguistic knowledge that people use in communication. *Acquired knowledge* is used unconsciously and automatically to understand and produce sentences. *Learned knowledge,* on the other hand, may be used consciously, especially to produce carefully prepared speech or to edit writing. *Dos mundos* is designed to develop both acquired and learned knowledge. The following list indicates which sections are planned to help students achieve each one.

ACQUISITION	LEARNING
Actividades orales y lecturas	**Gramática y ejercicios**
Actividades de comprensión	**Ejercicios de pronunciación**
Actividades escritas	**Ejercicios de ortografía**

2. The *Monitor Hypothesis* explains the function of acquired and learned knowledge in normal conversation. Acquired knowledge, the basis of communication, is used primarily to understand and create utterances. Learned knowledge is used principally to edit or "monitor" acquired knowledge, to make minor corrections before actually producing a sentence. Exercises in the **Gramática y ejercicios** section ask students to pay close attention to the correct application of learned rules.

3. The *Input Hypothesis* suggests that grammatical forms and structures are acquired when the learner can comprehend, in natural speech, utterances containing examples of those forms and structures. That is, acquisition takes place when learners are trying to understand and convey messages. For this reason, comprehension skills are given extra emphasis in *Dos mundos*. "Teacher-talk" is indispensable, and no

amount of explanation or practice of grammar can substitute for real communicative experiences.

4. The *Natural Order Hypothesis* suggests that grammar rules and forms are acquired in a "natural order" that cannot be hurried. For this reason, a topical-situational syllabus is followed in the **Actividades orales y lecturas** and other acquisition-oriented sections; students learn the vocabulary and grammar they need to meet the communicative demands of a given section. A grammatical syllabus similar to those in other beginning Spanish textbooks is the basis for the **Gramática y ejercicios** sections, but activities that encourage the acquisition of grammatical forms are spread out over several chapters. The Natural Order Hypothesis is also the basis for our recommendation that speech errors simply be expanded naturally by the instructor into correct forms during acquisition activities, but be corrected clearly and directly during grammar exercises.

5. The *Affective Filter Hypothesis* suggests that acquisition will take place only in affectively positive, nonthreatening situations. *Dos mundos* tries to create such a positive classroom atmosphere by stressing student interest and involvement in two sorts of activities: those relating directly to the students and their lives, and those relating to the Hispanic world. Hence the **dos mundos** of the title.

APPLICATION OF THE NATURAL APPROACH

These general premises, which follow from the preceding hypotheses, are at the heart of *Dos mundos* and any Natural Approach class.

1. *Comprehension precedes production*. Students' ability to use new vocabulary and grammar is directly related to the opportunities they have to listen to that vocabulary and grammar in a meaningful context. Opportunities to express their own meanings must *follow* comprehension.

2. *Speech emerges in stages*. *Dos mundos* allows for three stages of language development.

Stage 1: Comprehension	**Paso A**
Stage 2: Early speech	**Paso B**
Stage 3: Speech emergence	**Capítulos 1–18**

The activities in **Paso A** are designed to give students a chance to develop initial comprehension skills without being required to speak Spanish. The activities in **Paso B** are designed to encourage the transition from comprehension to an ability to respond naturally in single words or short phrases. By the end of the **pasos,** most students are making the transition from short answers to longer phrases and complete sentences using the material presented there. Students will pass through the same three stages with the new material of each chapter. The activities in the *Instructor's Edition,* the student text, and the *Cuaderno de trabajo* are all intended to provide comprehension experiences with new material before production is expected.

3. *Speech emergence is characterized by grammatical errors*. It is to be expected that students will make many errors when they begin putting words together into sentences. These early errors do not become permanent, nor do they affect students' future language development. We recommend correcting factual errors and expanding and rephrasing students' grammatical errors into grammatically correct sentences.

4. *Group work encourages speech.* Most of the activities lend themselves to pair or small-group work, which allow more chances to interact in Spanish during a given class period and provide practice in a nonthreatening atmosphere.

5. *Students acquire language only in a low-anxiety environment.* Students will be most successful when they are interacting in communicative activities that they enjoy. The goal is for them to express themselves as best they can and to develop a positive attitude toward their second-language experience. The Natural Approach instructor will create an accepting and enjoyable environment in which to acquire and learn Spanish.

6. *The goal of the Natural Approach is proficiency in communication skills.* Proficiency is defined as the ability to convey information and/or feelings in a particular situation for a particular purpose. The three components of proficiency are discourse competence (ability to interact with native speakers), sociolinguistic competence (ability to interact in different social situations), and linguistic competence (ability to

choose the correct form and structure to express a specific meaning). Grammatical correctness is part of communicative proficiency, but it is neither the primary goal nor a prerequisite for developing proficiency.

STUDENT MATERIALS

Dos mundos: A Communicative Approach

Each main text chapter opens with the **Actividades orales y lecturas,** intended to stimulate the acquisition of vocabulary and grammar. These sections are organized by topic, and several types of oral activities are repeated from chapter to chapter.

model dialogues	matching activities
scrambled dialogues	personal opinion activities
open dialogues	
situational dialogues	authentic texts from newspapers and magazines
interviews	
affective activities	
interactions	TPR (Total Physical Response) activities
association activities	
autograph activities	student-centered input
narration series	photo-centered input discussions
definitions	

The **Vocabulario** follows each **Actividades orales y lecturas** section; it contains new words that have been introduced in the displays and activities. These are the words students should *recognize* when they are used in a communicative context. Many will be used *actively* by students in later chapters as the course progresses.

The program also stresses reading skills as an aid to language acquisition. Readings are found toward the end of each **Actividades orales y lecturas** topical segment and in the **Lecturas adicionales** of the *Cuaderno de trabajo*. There are several categories of readings in *Dos mundos*.

Los amigos hispanos	**La telenovela «Los vecinos»**
Notas culturales	Fiction
Journalistic texts	Advertisements

Grammar plays an important part in *Dos mundos*. The **Gramática y ejercicios** sections are visually distinguished from the other two by means of a color screen, for ease of study and quick reference. However, they are closely linked to the rest of the text: Most new topics in the **Actividades orales y lecturas** sections begin with references (marked **¡OJO!**) to the pertinent grammar section(s) of the chapter. Separating the grammar from the oral activities permits the instructor to adopt a deductive, inductive, or mixed approach to grammar instruction. The **Gramática y ejercicios** sections contain brief explanations of the rules of morphology (word formation), syntax (sentence formation), and word usage (lexical sets). Orthographic and pronunciation rules and practice are found in the *Cuaderno de trabajo*. Most of the grammar exercises are short and contextualized; their answers are given in Appendix 3 of the student text so that students can verify their responses during self-study.

Cuaderno de trabajo

The workbook contains both acquisition activities and learning exercises for study outside the classroom.

The **Actividades de comprensión** are recorded oral texts of various sorts.

dialogues	**radiodramas**
narratives	newscasts
radio commercial announcements	interviews

Each oral text is accompanied by a list of new vocabulary, a drawing that orients students to the content, and verification activities and comprehension questions. These help students determine whether they have understood the main ideas (and some supporting detail) of the recorded material.

The **ejercicios de pronunciación** and the **ejercicios de ortografía** provide explanations of the sound system and orthography as well as additional practice in pronunciation and spelling.

The **actividades escritas** are open-ended writing activities coordinated with the topical-situational syllabus of the **Actividades orales y lecturas** and **Gramática y ejercicios** sections of the main text.

ACKNOWLEDGMENTS

The authors would like to express their gratitude to the many members of the language teaching profession whose valuable suggestions contributed to the preparation of this revised edition. The appearance of their names here does not necessarily constitute an endorsement of the text or its methodology.

Marc Accornero
San Francisco City College

Dolores Akins
Tarrant County Jr. College, Texas

Gilda Alvarez Evans
University of Texas at Arlington

Jack Baratto
Moorhead State University, Minnesota

Shirley R. Barnett
George Washington University, Washington, D.C.

David Barnwell
Columbia University

Patricia K. Beattie
South Dakota State University

David A. Bedford
Southern Illinois University at Carbondale

Cheryl Berman
Howard Community College, Maryland

Marilyn Bierling
Calvin College, Michigan

Stephen Burmeister-May
College of St. Catherine, Minnesota

Francisco Cabello
Southern Oregon State College

Dick Carlson
Southern Utah State College

Lawrence K. Carpenter
University of North Florida

José M. Carranza
Indiana University of Pennsylvania

Dana Castor
Clearwater High School, Kansas

Matilda Contreras
Community College of Allegheny County, Boyce Campus, Pennsylvania

Robert W. Dash
University of the Pacific, California

John Dolance
Richland College, Texas

Eileen Doll
Tulane University of Louisiana

Lynda Durham
Casper College, Wyoming

Noemi Escandell
Westfield State College, Massachusetts

Virginia Foster
Phoenix College, Arizona

Judy Getty
Sierra College, California

Liz Ginsburg
Sacramento City College, California

Nora Gonzalez
University of Iowa

Barbara Gonzalez-Pino
University of Texas at San Antonio

Jorge Guitart
State University of New York College at Buffalo

Roxanne Hale
University of Minnesota at Minneapolis–St. Paul

Norma Helsper
State University of New York College at Cortland

Robert Hoeksema
Grand Valley State University, Michigan

Ofelia M. Hudson
Miami-Dade Community College, Florida

Laurie Huffman-Ojeda
Los Medanos College, California

Lloyd K. Huise
Lewis and Clark College, Oregon

John Incledon
Albright College, Pennsylvania

Barbara Jarvis
University of Arkansas at Fayetteville

Kathryn E. Kelly
Riverside Community College, California

Larry King
University of North Carolina at Chapel Hill

Susan Luton
Spanish Academies
Austin Independent School District, Texas

L. R. Mallis
Keene State College, New Hampshire

J. C. Maloney
Pan American University, Texas

Enrique Marquez
U.S. Naval Academy, Annapolis

Edward H. Mayer
University of Utah, Salt Lake City

Francisco Martinez
Flinders University, Australia

Dave McAlpine
Morningside College, Iowa

John C. Miller
University of Colorado

Garth Olsen
Ricks College, Idaho

Sister Olivia Ortiz
Villa Maria College of Buffalo, New York

Joanne Peltonen
North Dakota State University

Lilian L. Rick
Hillsdale College, Michigan

Vicki Román-Lagunas
Concordia College, Minnesota

Terry Sellars
Nashville State Technical Institute, Tennessee

Robert A. Sloane
University of Maryland Baltimore County

Jerry Smartt
Friends University, Kansas

W. Flint Smith
Purdue University

Owen Snyder
Marion College, Indiana

Laurel B. Sparks
North Dakota State University

Kenneth M. Taggart
Trinity University, Texas

Reid F. Tillery
St. Johns River Community College, Florida

Berardo Valdés
Iowa State University

Major Miguel Verano
U.S. Air Force Academy, Colorado

Sister Dolores Verdan, O.P.
Mexican American Cultural Center, San Antonio, Texas

Annette Wahlgreen
Garland County Community College, Arkansas

Erika K. Weaver
Pennsylvania State University, York

Caroline White
College of St. Catherine, Minnesota

Lorraine I. Yocky
Long Beach City College, California

Many others participated in the preparation of the second edition of *Dos mundos*. The editor of the first edition, Thalia Dorwick, gave the text its initial push and advised on all major decisions. Our second-edition editor, Elizabeth Lantz, did a splendid job of discovering and resolving all of the problems that can creep into a second edition. We also thank the following McGraw-Hill staff and associates for their excellent work, patience, and perseverance: Pamela Evans, Pattie Myers, Karen Judd, and Charlotte Jackson. Extra special thanks go to artists Sally Richardson and Judith Macdonald, who breathed life into more than 50 characters who at first existed only in our minds. In addition, we wish to thank Laura Chastain (El Salvador) and Eduardo Cabrera (Uruguay) for help with questions of language usage and cultural content. And finally, we would like to thank each other for many years of work in moving the Natural Approach from idea into print. If we have made a meaningful contribution to the evolution of textbook materials, it will have been worthwhile.

TO THE STUDENT

The course you are about to begin is based on a methodology called the Natural Approach. It is an approach to language learning with which we have experimented during the past years in various high schools, colleges, and universities. It is now used in many foreign-language classes across the country, as well as in English-As-a-Second-Language classes.

This course is designed to give you the opportunity to develop the ability to understand and speak "everyday Spanish"; you will also learn to read and write Spanish. Two kinds of learning will help you in the acquisition of Spanish-language skills. One kind of learning is experiential. It comes from understanding and speaking Spanish in meaningful, "real-life" contexts. As a result of this kind of learning, you will express yourself in a certain way in Spanish—because that's how you've heard others do so. (When you pay attention to the Spanish you hear, it results in a "feel" for how to say things in Spanish.) The second kind of learning is more predictable. It comes from reading about and studying the Spanish language. Some people call it "learning grammar."

Both kinds of knowledge of Spanish are necessary. You need to hear Spanish being used to communicate information and ideas in order to understand native speakers when they talk to you and to each other. And you need to speak "good" Spanish in a meaningful context and develop communicative strategies in order to make yourself understandable to native speakers. You will not acquire listening and speaking skills if you spend all of your time studying the grammar sections of *Dos mundos*. On the other hand, knowing how the Spanish language works is very helpful and will probably speed up your acquisition of Spanish. Knowing some grammar can help you enjoy Spanish—in speaking, in reading, and particularly in writing.

Use what you learn about Spanish grammar as much as you can, but keep in mind that speaking a language is not like learning math. Learners make mistakes when they try to speak a new language. Just because you know a grammar rule doesn't mean you'll be able to use it automatically in speech. Your instructors and classmates will not expect you to speak perfectly, and native speakers will appreciate your attempts to speak their language no matter how many mistakes you make. So relax and enjoy the language acquisition process. Learning Spanish will be fun!

An interesting thing about language acquisition is that it seems to take place best when you listen to a speaker and understand what is being said. That's why your instructor will always speak Spanish to you and will do everything possible to help you understand without using English. You need not think about the process of learning, only about what your instructor is saying. You'll begin to speak Spanish naturally after you can comprehend some spoken Spanish without translating it into English.

These Natural Approach materials are designed to help you with your learning experiences. There are two textbooks: *Dos mundos: A Communicative Approach* (the main text) and *Dos mundos: Cuaderno de trabajo* (the workbook). Each book and its various parts serve different purposes. The main text for the class hour will be used as a basis for the oral acquisition activities you'll participate in with your instructor and classmates. The longest section of each chapter contains the **actividades orales** (*oral activities*), which are springboards for your instructor, your classmates, and you to engage in conversation in Spanish about topics of interest to you and to Spanish speakers. It also contains the **lecturas** (*readings*). The last part of each chapter in the main text contains the **gramática y ejercicios** (*grammar and exercises*), which supplement what you do in class. The **Gramática y ejercicios** section is where you'll find explanations and examples of grammar rules, followed by exercises whose purpose is to enable you to verify whether you have understood the explanations. It is important to realize that the exercises only teach you *about* Spanish; they do not teach you *Spanish*. Only real communicative experiences of the type found in the oral activities will do that.

The *Cuaderno de trabajo* gives you more opportunities to listen to Spanish outside of class and to write about topics linked to the oral classroom activities. A wide variety of oral texts has been recorded. They are accompanied by questions in the workbook that will help you to verify what you have heard. The workbook also contains explanations of and exercises on the pronunciation and spelling of Spanish, as well as **lecturas adicionales** *(additional readings)* that you may use to improve your reading skills and to learn more about Hispanics and the Spanish-speaking world.

USING *DOS MUNDOS*

Actividades orales

The oral activities give you many chances to hear and speak Spanish. During these in-class activities you should concentrate on the topic rather than on the fact that Spanish is being spoken. Remember that you'll progress faster when you're using Spanish to talk about something of interest to you. The point of an acquisition activity is to develop natural conversations, not to get through the activity. It isn't even necessary to finish every activity—as long as you're understanding and using Spanish, you'll acquire it.

It's important to relax during the oral activities. Don't worry if you don't understand every word your instructor says—concentrate on getting the main idea. Nor should you worry about making mistakes. Mistakes are natural and do not hinder the language acquisition process. You'll make fewer mistakes as your listening skills improve, so keep trying to communicate your ideas as clearly as possible at any given point. Don't worry about your classmates' mistakes, either. Some students will acquire Spanish more rapidly than others, but everyone will be successful in the long run. In the meantime, minor grammatical or pronunciation errors do no great harm. Always listen to your instructor's comments and feedback, because he or she will almost always rephrase what a student has said in a more complete and correct manner. This is done not to embarrass anyone but to give everyone the chance to hear more Spanish spoken correctly. Remember, acquisition comes primarily from listening to and understanding Spanish.

How can you get the most out of an oral activity? First and most importantly, remember that the purpose of the activity is simply to begin a conversation. Expand on the activity. Don't just rush through it; try to say as much as you can. Some students have reported that it's helpful to look over an activity before doing it in class. Others have suggested that a quick before-class preview of the new words to be used makes it easier to participate in the activity. You should never engage in an activity without understanding it first.

Finally, speak *Spanish;* avoid English. If you don't know a word in Spanish, try another way of explaining yourself in Spanish. It's better to express yourself in a roundabout fashion in Spanish than to insert English words and phrases into your speech. If you simply cannot express an idea in Spanish, say it in English; your instructor will tell you how to say it in Spanish.

Lecturas

There are many reasons to learn to read Spanish. Some of you may want to read research published in Spanish in your field. Others may want to read Spanish literature. Many of you will want to read signs, advertisements, and menus when you travel in a Spanish-speaking country. Whatever your own reason is, remember that reading is also a skill that can help you *acquire* Spanish.

At least four reading skills that you should already have in English can be transferred to Spanish: scanning, skimming, intensive reading, and extensive reading.

- *Scanning* means searching for particular information. You scan a menu, for example, looking for something that appeals to you. You scan newspaper ads for items of interest. A number of ads from Spanish-language periodicals in *Dos mundos* will give you scanning practice. You needn't understand every word in an ad to find the information you want or need. Listen to each question your instructor asks and scan for that particular piece of information.
- *Skimming* means getting an overview of the main ideas in a reading. You often skim newspaper arti-

cles, or skim a new chapter in a textbook before deciding which section to concentrate on. You should always skim each reading selection in *Dos mundos* before reading it.
- *Intensive reading* is what you do when you are studying. For example, you read a chemistry assignment intensively, thinking about almost every sentence, making sure you understand every word. In *Dos mundos* you will read the selections in the first few chapters intensively in order to begin reading in Spanish. But for the most part we want you to avoid intensive reading in favor of learning to read extensively.
- *Extensive reading* skills are used for most reading purposes. When you read extensively, you understand the main ideas and most of the content. You do not study the material, however, and there are usually words you don't understand. When reading extensively you use the context and your common sense to guess the meaning of words you don't know. Sometimes there will be whole sentences (or even paragraphs) that you only vaguely understand. You use a dictionary only when an unknown word prevents you from understanding the main ideas in the passage. Extensive reading is associated with reading large quantities. Most of the readings we have provided are for practice in extensive reading. We don't expect you to understand every word nor all of the structures used in a reading. Instead, we want you to read quickly, trying to get the main ideas. In fact, we've purposely included unknown words and unfamiliar grammar in most readings to force you to get used to skipping over less important details.

A final point about reading (and in our opinion the most important one) is that reading is not translation. If you look at the Spanish text and think in English, you are not reading but translating. This is an extremely slow and laborious way of extracting meaning from a Spanish text. We want you to read Spanish *in Spanish*, not in English. We recognize that translating into English will be your natural inclination when you first start to read, but you must resist the temptation and try to think in Spanish. If you are looking up a lot of words in the end vocabulary and translating into English, you are not reading.

The meanings of some words are given beside or beneath the reading in English or simpler Spanish. These are the more difficult words or expressions that may cause confusion when you read, or words and phrases whose meaning you really need to know in order to fully comprehend the passage. You need not learn the glossed words; just use them to help you understand what you're reading.

Some readings are scattered throughout the **Actividades orales y lecturas** sections. Others are included in the **Lecturas adicionales** sections of the *Cuaderno de trabajo*. The purpose of the **lecturas adicionales** is to give you extra experience in working with context and getting the main idea.

Vocabulario

Each chapter contains a vocabulary list, usually organized by topics or situations. This list is primarily for your reference and review. You should recognize the meaning of all of these words whenever you hear them in context; however, you will not be asked to use all of them in your speech. What you actually use will be what is most important or what is needed in your particular situation at a given time. Relax, speak Spanish as much as possible, and you'll be amazed at how many of the words you recognize will soon become words you use as well.

Gramática y ejercicios

The final section of each chapter is a study and reference manual. With it you will study Spanish grammar and verify your comprehension of it by doing the exercises. Because it's usually difficult to think of grammar rules and apply them correctly while speaking, most of the verification exercises are meant to be written in order to allow you time to check the forms you're unsure of in the grammar explanations and/or the dictionary.

We don't expect you to learn all the rules in the grammar sections. Read the explanations carefully and look at the examples to see how the rule in question applies. The beginning of each topical subsection of the **Actividades orales y lecturas** has a reference note (**¡OJO!**) keyed to the appropriate subsection of the grammar. As you begin each new topic, read the specific grammar section(s) indicated.

GETTING TO KNOW THE CHARACTERS

In *Dos mundos* you will read and talk about three groups of characters who reappear in activities and exercises throughout the text.

First you'll meet **los amigos norteamericanos** *(North American friends)*, a group of students at the University of Texas at San Antonio. Although they are all majoring in different subjects, they know each other through Professor Adela Martínez's 8:00 A.M. Spanish class. You will meet six students in the class: Steve (Esteban), Carmen, Al (Alberto), Nora, Monique (Mónica), and Luis. Each uses the Spanish version of his or her name. Professor Martínez was born and raised in San Antonio and is completely bilingual in Spanish and English.

The **amigos hispanos** *(Spanish friends)* live in various parts of the Spanish-speaking world. In Mexico you will meet Silvia Bustamante and her boyfriend, Carlos Padilla. You will also get to know the Saucedo family. Raúl Saucedo lives with his parents in Mexico City, but is currently studying engineering at the University of Texas at San Antonio; he knows many of the students in Professor Martínez's class. Raúl is originally from Arenal, a small town near Guadalajara, where his grandmother, María González de Saucedo, still lives. Raúl has twin sisters named Marisa and Clarisa.

In Puerto Rico you will meet Carla Espinosa, a student at the Universidad de Puerto Rico (Río Piedras campus). Carla is studying biology and wants to be a doctor. Her best friend is Rogelio Varela, who is also a student at UPR. Marta Muñoz is a friend of both Carla and Rogelio. She is from Mexico but is currently working in Puerto Rico.

In Spain you will accompany an American student, Clara Martin, on her travels. Her best friends in Spain are Pilar Álvarez and José Estrada.

In Caracas, Venezuela, you will get to know Ricardo Sícora, who is 18 and has just graduated from high school.

In Argentina you will meet Adriana Bolini, a young single woman who works for a computer company. Adriana travels a lot and speaks several languages in addition to Spanish.

Adriana

On radio and television you will listen to Julio Delgado, who works as an interviewer and news broadcaster for SIB (the Spanish International Broadcasting network). Julio is Cuban but now lives in Miami.

Julio

Finally, in Colombia you will meet the Torres family, Inés and Bernardo and their three children. Inés and Bernardo live and work in Bogotá but travel extensively, so we will follow them on many different trips.

Inés y Bernardo Torres
Natalia, Rosalía y Lydia

On television we will follow a soap opera (**telenovela**) called "**Los vecinos.**" The **telenovela** takes place in an average Mexican city, mostly in one neighborhood. The main characters are the Ramírez family, Ernesto and Estela, their son, Ernestito, and their daughters, Andrea and Paula. Ernestito's best friend is his cousin, Gustavo Rivero. The Ramírez's neighbors are the Ruiz family: Pedro Ruiz, a writer who works at home and takes care of the children, and Margarita, a businesswoman who is president of **la Compañía Mariola,** which manufactures toys. They have two children: Amanda, who studies at the Colegio Sagrado Corazón with Gustavo, and Guillermo, who is younger than Amanda. There are others in the neighborhood as well, such as don Eduardo Alvar and don Anselmo Olivera, doña Lola Batini, doña Rosita Silva, and the young Daniel Galván (who considers himself something of a don Juan with the women) and his **novia** (*girlfriend*), Leticia Reyes. You will meet these people and others in due course.

la familia Ramírez
Estela Ernesto
Ernestito, Andrea, Paula y Gustavo

la familia Ruiz
Pedro Guillermo
Margarita Amanda

don Eduardo don Anselmo doña Lola doña Rosita Daniel Leticia

GETTING STARTED WITH THE PASOS

Understanding a new language is not difficult once you realize that you can comprehend what someone is saying without knowing every word. What is important in communication is understanding the ideas, the message the speaker wants to convey. Several techniques can help you to develop good listening comprehension skills.

First and most importantly, you must *guess* at meaning! Several techniques can improve your ability to guess accurately. The most important is to pay close attention to the context. If someone greets you at 3:00 P.M. by saying **buenas tardes,** chances are they have said *good afternoon,* not *good morning* or *good evening.* The greeting context and time of day help you make a logical guess about the message being conveyed. If someone you don't know says to you, **hola, me llamo Roberto,** you can guess from context and from the key word **Roberto** that he is telling you what his name is.

In the classroom, ask yourself what you think your instructor has said even if you haven't understood most—or any—of the words. What is the most likely thing to have been said in that particular situation? Context, gestures, and body language will all help you guess more accurately. Be logical in your guesses and try to follow along by paying close attention to the flow of the conversation. People try to make sense when they talk; they do not usually talk without meaning.

Another technique for good guessing is to listen for key words. These are the words that carry the basic meaning of the sentence. In the class activities, for example, if your instructor points to a picture and says in Spanish, *Does this man have brown hair?*, you will know from the context and intonation that a question is being asked. If you can focus on the key words *brown* and *hair* you will be able to answer the question correctly.

Second, it is important to remember that you do not need to know grammar rules to be able to understand much of what your instructor says to you. In the previous sentence, for example, you would not need to know the words *does, this,* or *have* in order to get the gist of the question. Nor would you have needed to study verb conjugations. However, if you do not know the meaning of key vocabulary words, you will not be able to make good guesses about what is said.

Vocabulary

Since comprehension depends on your ability to recognize the meaning of key words used in the conversations you hear, the preliminary chapters will help you become familiar with many new words in Spanish—probably well over a hundred of them. You should not be concerned about pronouncing these words perfectly; saying them easily will come a little later. Your instructor will write all the key vocabulary words on the board. You should copy them in a vocabulary notebook as they are introduced, for future reference and study. Copy them carefully, but don't worry now about spelling rules. Include English equivalents if they help you remember the meaning. Go over your vocabulary lists frequently: Look at the Spanish and try to visualize the person (for words such as *man* or *child*), the thing (for words such as *chair* or *pencil*), a person or thing with particular characteristics (for words such as *young* or *long*), or an activity or situation (for words such as *stand up* or *is wearing*). You do not need to memorize these words, but concentrate on recognizing their meaning when you see them and when your instructor uses them in conversation with you in class.

Classroom Activities

In the first preliminary chapter, **Paso** *(Step)* **A,** you will be doing three kinds of class activities: TPR, descriptions of classmates, and descriptions of pictures.

TPR: This is "Total Physical Response," a technique developed by Professor James Asher at San Jose State University in northern California. In TPR activities your instructor gives a command that you act out. TPR may seem somewhat childish at first, but if you relax and let your body and mind work together to absorb Spanish, you will be surprised at how quickly and how much you can understand.

Remember that you do not have to understand every word your instructor says, only enough to perform the action called for. In TPR, cheating is allowed! If you don't understand a command, sneak a look at your fellow classmates to see what they are doing.

Description of students: On various occasions, your instructor will describe the students in your class. You will have to remember the names of each of your classmates and identify who is being described. You will begin to recognize the meaning of the Spanish words for colors and clothing, and for some descriptive words such as *long, pretty,* and *new*.

Description of pictures: Your instructor will bring many pictures to class and describe the people in them. Your goal is to identify the picture being described by the instructor.

In addition, just for fun, you will learn to say a few common phrases of greeting and leave-taking in Spanish: *hello, good-bye, how are you?*, and so on. You will practice these in short dialogues with your classmates. Don't try to memorize the dialogues; just have fun with them. Your pronunciation will not be perfect, of course, but it will improve as your listening skills improve.

GOALS—PASO A

Paso A has four goals: (1) to convince students that they will understand the Spanish you speak in class, (2) to help lower anxiety levels by letting them get to know their classmates, (3) to begin the binding of meaning to key words in the input, and (4) to learn to listen primarily to key words and context. All activities are designed to make input comprehensible. You will use three principal techniques to provide comprehensible input that does not require students to produce Spanish words: Total Physical Response (TPR), descriptions of the students themselves, and descriptions of pictures from your picture file (PF). (Each technique is described in detail in the *Instructor's Manual* [IM], pp. 43–45.)

By the end of *Paso A* students should understand your "teacher talk." They will recognize the meaning of about 250 words when used in a meaningful context. Above all, they will be used to understanding even when you use words, grammatical forms, and structures they have not previously heard or studied. Keep in mind that not every word you use will be listed in the chapter *Vocabulario* and that vocabulary noted in marginal glosses and in these Instructor's Notes may not be new for students if you have previously used it.

PRE-TEXT ORAL ACTIVITIES

1. Classroom commands.
TPR: (See IM, how to introduce TPR commands, pp. 43–44.)
Introduce the following actions in first class session: *pónganse de pie* (or *levántense*), *siéntense, caminen, salten, corran, miren, canten, bailen,* etc. Later, add commands like *abran los libros, cierren los libros, saquen un bolígrafo, escriban sus nombres* (in the air), *hablen* (students make talking noises or actions), *escuchen* (hand behind ear), *lean* (as if they were reading a book). Finally, introduce the command *digan* with short greetings: *digan «hola», digan «buenos días», digan «¿cómo está usted?»* Have students say *hola* to each other and shake hands. Then have them act out a short dialogue: —*Hola. ¿Cómo está usted?* —*Bien, gracias.*

2. Names and description of students: (See IM, how to give student-centered input in Stage 1, pp. 44–45.)
The purpose of this activity is to learn names of students in class and provide good, comprehensible input. Ask students to concentrate on learning as many of their classmates' names as possible in first class hour. Phrase all questions and comments so students are required to produce only the name of another student. Write key nouns and adjectives on board. Introduce the following words for people: *profesor(a), el/la estudiante, hombre/mujer;* for physical characteristics: *pelo* (or *cabello*) *(largo, corto, mediano, castaño, rubio, negro), ojos (azules, verdes, castaños, negros), barba, bigote;* for clothing: *blusa, camisa, pantalones, falda, zapatos, chaqueta, suéter;* and for other colors: *rojo, blanco, gris, amarillo.* We have used *castaño* for both hair and eye color, but many native speakers say *color café.* We have not included *pelirrojo* because of the difficulty of the form. The words you introduce will depend on your particular students. Other words and expressions you will probably use: *¿Quién es... ? ¿Cómo se llama el/la estudiante que lleva (que tiene)... ?, sí/no, ¿verdad?.* You will use *este/a* and *estos/as* frequently in the pre-text activities of *Paso A.* Avoid using *ese, aquel,* if possible.

3. Names and description of people: (See IM, how to give input based on photos from your PF, pp. 45–46.)
(We refer to magazine pictures as *fotos;* you may prefer other terms, such as *láminas.*) This activity uses pictures to continue learning names of students in class. Include at least these nouns—*hombre(s), mujer(es), muchacho/a, niño/a* —and these adjectives—*joven, viejo/a, delgado/a, gordo/a, bonito/a, guapo/a, feo/a, alto/a, bajo/a, mediano/a, grande, pequeño/a.* Other new words and expressions: *¿Quién tiene la foto de... ?* Introduce *también, pero.*

4. Numbers: Introduce numbers by counting things in class: men, women, total students, women with skirts, men with beards, women with blonde hair, etc. Normally this will include numbers under 30. Use *hay* in sentences such as *Hay siete muchachas de pelo rubio en la clase.* Teach *sí/no;* then ask students to react to statements with numbers: *¿Hay 15 hombres en esta clase? (no) ¿Hay 13? (sí).* Write the numbers on the board, as with other key words, or prepare a large number chart (or cards) and place it in location visible to all during activity.

PASO A

LA CLASE Y LOS ESTUDIANTES

METAS
In **Paso A** you will learn to understand a good deal of spoken Spanish and get to know your classmates. The listening skills you develop during these first days of class will enhance your ability to understand Spanish and will also make learning to speak Spanish easier.

Buenos Aires, Argentina

ACTIVIDADES ORALES

Mandatos en la clase
Los nombres de los compañeros de clase
¿Quién es?
Los colores y la ropa
Los números (hasta 39)
Los saludos y las despedidas

GRAMÁTICA

A.1 Commands
A.2 Naming: The Verb **llamar**
A.3 Identification: Subject Pronouns and the Verb **ser**
A.4 Sentence Negation
A.5 Grammatical Gender
A.6 The Verb **llevar**
A.7 Plural Forms (Part 1)

ACTIVIDADES ORALES

MANDATOS EN LA CLASE

Professor Martínez's 8:00 A.M. Spanish class will appear frequently in all components of *Dos mundos*. Review all commands with TPR. Add the following sorts of commands. *Las mujeres, pónganse de pie. Los hombres, pónganse de pie y caminen. Las mujeres de pelo largo, pónganse de pie y salten. Los estudiantes de ojos azules, escriban su nombre.* Recombine most vocabulary introduced in pre-text activities. Explain these words: *mandatos, página, oral, actividad, paso, estudie, gramática, ¡ojo!.* Ask students to read *Gramática A.1.* (There are no grammar exercises for Paso A.) Other new words: *clase, en.*

¡OJO! *Estudie Gramática A.1.*

la profesora Martínez — escriba, escuche, póngase de pie, lea, siéntese

Esteban   Nora   Luis   Alberto   Carmen

Act. 1. Give commands and have students point to the appropriate sketches. Point out that command forms without -n are singular. New words: *arriba, dé (den) una vuelta.*

Actividad 1. Los mandatos

a. b. c. d.

e. f. g. h.

1. Dé una vuelta.   2. Abra el libro.   3. Cierre el libro.

La clase y los estudiantes 3

4. Saque un bolígrafo.
5. Camine.
6. Salte.
7. Corra.
8. Mire arriba.

LOS NOMBRES DE LOS COMPAÑEROS DE CLASE

¡OJO! *Estudie Gramática A.2.*

Review names of all students in class, using techniques in items 2 and 3 of Pre-text Oral Activities. Include expansions of student answers. (See IM, how to do expansion techniques, pp. 46–47.)

Have students look at drawings in the text and introduce ¿Cuál es su nombre? as a synonym of ¿Cómo se llama? if you have not yet done so. Use photos of famous people from your PF. Ask for names, using all three structures: ¿Quién es? ¿Cómo se llama? ¿Cuál es el nombre de...? Other new words and expressions: mi nombre es, me llamo, compañero, de.

—¿Cuál es su nombre?
—Mi nombre es Esteban.
la profesora Martínez / Esteban

—¿Cómo se llama usted?
—Me llamo Nora Morales.
Nora

Actividad 2. Los amigos

Act. 2. Introduce the structure el amigo de ____. Ask ¿Quién es (¿Cómo se llama) el amigo de ____? Students answer with a name only or with pattern Se llama ____. Use pictures from your PF of famous people and ask ¿Cómo se llama este hombre (señor)/esta mujer (señora, señorita)?

Luis / Esteban

Mónica / Carmen

—¿Cómo se llama el amigo de ____?
—Se llama ____.

—¿Cómo se llama la amiga de ____?
—Se llama ____.

4 Paso A

¿QUIÉN ES?

Give input that contains sentences like *Yo soy alto*, *Ella* (point to someone in the class) *es mediana, no es alta,* and *no es baja.* Use your PF to introduce a wider variety of physical types and ages. Pass photos out to students and ask questions like *¿Quién tiene la foto de un hombre alto?* Include questions about clothing people are wearing. *¿Quién tiene la foto de la niña que lleva un suéter azul?*, etc. Ask yes/no questions about the pictures. *¿Es joven este hombre? ¿Es bonita esta mujer?* Emphasize the demonstrative by pointing as you say *este/a(s).* Then ask yes/no questions about the display. *¿Es alto Daniel Galván?*, etc. New words: *don, doña, lacio, rizado, y.* The subject pronouns: *yo, él, ella, ellos, ellas, nosotros/as* and *usted(es)* and the forms of the verb *ser: soy, eres, es, somos, son* are introduced formally here for the first time.

¡OJO! *Estudie Gramática A.3–A.4.*

- alto
- bigote
- viejo
- barba
- bajo
- joven
- pelo corto
- rubia
- pelo largo y lacio
- pelo corto y rizado
- gorda
- delgada

Daniel Galván, don Eduardo, Gustavo Rivero, Leticia Reyes, Amanda Ruiz, doña Rosita Silva

Act. 3. Ask students to identify members of the class who fit these descriptions. Encourage a variety of responses and introduce additional descriptive adjectives when possible. New words: *descripción, español.*

Actividad 3. Las descripciones

En la clase de español, ¿quién es ____?

1. rubio/a   2. alto/a   3. bonita/guapo   4. joven

LOS COLORES Y LA ROPA

Use your PF to introduce the words *ropa* and *color* and other new words for clothing and colors: *abrigo, botas, corbata, saco, sombrero, traje, vestido, anaranjado, café, morado, rosado.* Ask yes/no questions about illustrations in the text. Then ask a volunteer to stand up. Ask class yes/no questions about clothes he/she is wearing: *¿Lleva Lisa una falda azul? ¿Es roja su blusa?*, etc. The articles *un, una* appear here formally for the first time.

¡OJO! *Estudie Gramática A.5–A.6.*

- un sombrero gris
- una corbata anaranjada
- un suéter rojo
- un abrigo morado
- un saco gris
- una camisa amarilla
- una blusa blanca
- un traje gris
- una chaqueta verde
- una falda roja
- un vestido rosado
- pantalones azules
- botas negras
- zapatos color café

Daniel Galván, Gustavo Rivero, Leticia Reyes, Estela Ramírez

La clase y los estudiantes   5

Act. 4. Have students match logical colors with these items. They may answer with just the number, but most will say the color words. Allow more than one color for each item (for example, a house can be white, brown, yellow, etc.) and allow colors not listed. Stress use of conjunctions *y* and *o*: *Sí, una gata es blanca o negra. Un perro es blanco y negro.* Students will hear gender agreements when you restate their answers. New words: *automóvil, casa, ¿de qué color?, gato, perro, planta.*

Act. 5. Ask students to write names of about five other students in class on a separate sheet of paper, following format in the text. Write on board a list of clothing and colors to choose from; students fill in chart individually. Follow up with questions about each student, using yes/no format: *¿Lleva Mary una falda? ¿Es azul? ¿Es larga? ¿Lleva John pantalones cortos?*, etc. New word: *mi(s).*

Actividad 4. Los colores

¿De qué color es ____?

1. un automóvil
2. una planta
3. un perro
4. una casa
5. un gato

a. rojo/a
b. amarillo/a
c. verde
d. color café
e. blanco/a
f. ¿____?

Actividad 5. Mis compañeros de clase

Mire a los compañeros de clase. Diga el nombre del estudiante, la ropa y el color de la ropa.

MODELO: Carmen lleva una blusa amarilla.

NOMBRE	ROPA	COLOR
1. Carmen	blusa	amarilla
2. _____	_____	_____
3. _____	_____	_____
4. _____	_____	_____
5. _____	_____	_____

Ask students to point to different colors in the film ad as you call them out. You may wish to ask them to find cognates in the ad's prose: *colores, brillantes, intensos, aventura,* and perhaps *compañero.* Note that, with a few exceptions, new vocabulary in realia does not appear in the chapter *Vocabulario,* but is included in the vocabulary list at the back of the text.

Estudiantes en la Universidad de Montevideo

LOS NÚMEROS (HASTA 39)

Count as many different categories of people and descriptions in the classroom as you can; then use yes/no questions to verify. For example, first count number of men aloud, then ask, *¿Cuántos hombres hay en la clase? ¿Hay 15? ¿Hay 16?* Count categories like *¿Cuántos hombres de pelo castaño hay?* Do not force the students to say the numbers, but rather follow your questions immediately with *¿Hay cinco? ¿Hay siete?* Optional: Distribute ten numbers at random between 0 and 40 on construction paper. Distribute them to students in class. Then call out numbers and ask students to point to the correct number. New words: *número, cero,* and numbers 1 to 39.

¡OJO! *Estudie Gramática A.7.*

0 cero	10 diez	20 veinte
1 uno	11 once	21 veintiuno
2 dos	12 doce	22 veintidós
3 tres	13 trece	23 veintitrés
4 cuatro	14 catorce	24 veinticuatro…
5 cinco	15 quince	30 treinta
6 seis	16 dieciséis	31 treinta y uno
7 siete	17 diecisiete	32 treinta y dos
8 ocho	18 dieciocho	33 treinta y tres…
9 nueve	19 diecinueve	39 treinta y nueve

Act. 6. Have students give the number of students in class that fit the descriptions used in the activity. Ask questions such as *¿Cuántos llevan lentes?* (cuatro) *Sí, hay cuatro que llevan lentes. ¿Quiénes son?* (John, Lisa, Susan, Betty) *¿Cuántas mujeres llevan lentes?* (tres) *Sí, tres mujeres llevan lentes. Y ¿cuántos hombres?* (uno) *Sí, uno solamente.*

Actividad 6. ¿Cuántos hay?

Cuente los estudiantes en la clase que…

LLEVAN
____ pantalones
____ lentes
____ reloj

TIENEN
____ barba
____ pelo largo
____ bigote

La clase y los estudiantes **7**

¿Cuántos llevan pantalones?, etc. The words *llevan* and *tienen* appear in the plural form in print for the first time. New words: *cuente, lentes,* (or *anteojos*), *reloj, zapatos de tenis.*

___ blusa
___ falda
___ zapatos de tenis

___ pelo castaño
___ pelo rubio
___ ojos azules

LOS SALUDOS Y LAS DESPEDIDAS

Use the TPR command *digan* to introduce *Buenos días, buenas tardes, buenas noches.* Have students practice dialogues of 2–3 lines. For example: —*Buenos días.* —*Buenos días.* —*Hasta luego.*// —*Buenas tardes.* —*¿Cómo está usted?* —*Bien, gracias.* Other new words and expressions: *saludos, despedidas, igualmente, muy bien, mucho gusto.*

Buenos días.    Buenas tardes.    Buenas noches.

—Mucho gusto.
—Igualmente.

—¿Cómo está usted?
—Muy bien, gracias.

Hasta luego.

Act. 7. These dialogues are routines and patterns simply memorized as "chunks" (fixed phrases). (See IM, section on dialogues in Stage 1.)
Read each line aloud with appropriate (even exaggerated) intonation while students follow along in their books. Act out any new words or phrases they cannot understand from context. Then pair up students and assign roles; have them practice using the "read, look up, and say" technique while you circulate from pair to pair helping with pronunciation. Finally, ask for volunteers to perform dialogue for class. Suggestion: do only one or two dialogues per day. New words and expressions: *cansado, cómo, con, diálogo, este/a, está, estoy, familia, habla, nuevo, por teléfono, presenta, regular, saluda, señor, señora, un poco, ¿y usted?.*

Actividad 7. Diálogos

1. Carlos Padilla saluda a Gil, un nuevo estudiante.
   CARLOS: Buenos días. ¿Cómo está usted?
   GIL: Muy bien, gracias. ¿Y usted?
   CARLOS: Muy bien.

2. La señora Silva habla por teléfono con el señor Alvar.
   SRA. SILVA: Señor Alvar, ¿cómo está usted?
   SR. ALVAR: Estoy un poco cansado. ¿Y usted?
   SRA. SILVA: Regular.

3. Rogelio Varela presenta a Carla.
   ROGELIO: Marta, ésta es mi amiga Carla.
   CARLA: Mucho gusto.
   MARTA: Igualmente.

4. Amanda habla con doña Lola Batini.
   DOÑA LOLA: Buenas tardes, Amanda.
   AMANDA: Buenas tardes, señora. ¿Cómo está la familia?
   DOÑA LOLA: Bien, gracias.

VOCABULARIO

Los mandatos *Commands*
abra(n)	open
el libro	the book
baile(n)	dance
camine(n)	walk
cante(n)	sing
cierre(n)	close
corra(n)	run
cuente(n)	count
dé/den una vuelta	turn around
diga(n)	say
escriba(n)	write
escuche(n)	listen
estudie(n)	study
hable(n)	talk, speak
lea(n)	read
mire(n)	look
arriba	up
pónga(n)se de pie	stand up
salte(n)	jump
saque(n)	take out
un bolígrafo	a pen
siénte(n)se	sit down

Las preguntas *Questions*
¿Cómo se llama usted?	What is your name?
Me llamo...	My name is . . .
¿Cómo se llama?	What is his/her name?
Se llama...	His/Her name is . . .
¿Cuál es su nombre?	What is your name?
Mi nombre es...	My name is . . .
¿Cuántos/as?	How many?
¿Cuántos hay?	How many (are there)?
¿De qué color es?	What color is it?
¿Qué es?	What is it?
¿Quién (es)?	Who (is it)?
¿Quiénes (son)?	Who (are they)?

¿Quién tiene... ?	Who has . . . ?

La descripción física *Physical Description*
Es...	He/She is . . .
alto/a	tall
bajo/a	short
bonito/a	pretty
delgado/a	thin
feo/a	ugly
flaco/a	thin
gordo/a	fat
grande	big
guapo/a	handsome, good-looking
joven	young
nuevo/a	new
pequeño/a	small, little
viejo/a	old
Tiene...	He/She has . . .
barba	beard
bigote	moustache
El pelo es... /Tiene pelo...	His/Her hair is . . . / He/She has . . . hair
castaño	brown
corto	short
lacio	straight
largo	long
mediano	medium (length)
negro	black
rizado	curly
rojo	red
rubio	blond
Los ojos son.../ Tiene ojos...	His/Her eyes are . . . / He/She has . . . eyes
azules	blue
castaños	brown
negros	black
verdes	green

La clase y los estudiantes 9

Los colores — Colors
amarillo/a	yellow
anaranjado/a	orange
azul	blue
blanco/a	white
color café	brown
gris	gray
morado/a	purple
negro/a	black
rojo/a	red
rosado/a	pink
verde	green

La ropa — Clothes
Lleva/Llevan... — He/She wears/is wearing; They are wearing...

un abrigo	a coat
una blusa	a blouse
botas	boots
una camisa	a shirt
una corbata	a tie
una chaqueta	a jacket
una falda	a skirt
lentes	glasses
pantalones	pants
un reloj	a watch
un saco	a sport coat
un sombrero	a hat
un suéter	a sweater
un traje	a suit
un vestido	a dress
zapatos (de tenis)	(tennis) shoes

Note that native speakers use both pantalón *and* pantalones.

Las personas — People
el amigo/la amiga	friend
el compañero/la compañera de clase	classmate
don	title of respect used with man's first name
doña	title of respect used with woman's first name
el/la estudiante	student
el hombre	man
la muchacha	girl; young woman
el muchacho	boy; young man
la mujer	woman
la niña	little girl; child (*f.*)
el niño	little boy; child (*m.*)
el profesor/la profesora	professor
el señor	man; Mr.
la señora	woman; Mrs.

Los saludos y las despedidas — Greetings and Leave-takings
(Muy) Bien, gracias.	(Very) Well, thank you.
Buenos días.	Good morning.
Buenas tardes.	Good afternoon.
Buenas noches.	Good evening/night.
¿Cómo está usted?	How are you?
(Estoy) Un poco cansado/a.	(I'm) A bit tired.
Hasta luego.	So long. See you later.
Hola.	Hello.
Igualmente.	Same here.
Mucho gusto.	Pleased to meet you.
Regular.	So-so. OK.
¿Y usted?	And you?

Los verbos — Verbs
es	is
habla	speaks/is speaking
hay	there is/there are
presenta	introduces/is introducing
saluda	greets/is greeting
somos	we are
son	are
soy	I am

Las cosas — Things
el automóvil	automobile
la casa	house
la familia	family
la foto(grafía)	photo(graph)
el gato	cat
el perro	dog
la planta	plant

Palabras del texto — Words from the Text
la actividad	activity
la clase	class
el diálogo	dialogue
el español	Spanish (*language*)
la gramática	grammar
hasta	up to, until
la meta	goal
¡ojo!	attention!
oral	oral
la página	page
el paso	step

Los números — Numbers

cero	0
uno	1
dos	2
tres	3
cuatro	4
cinco	5
seis	6
siete	7
ocho	8
nueve	9
diez	10
once	11
doce	12
trece	13
catorce	14
quince	15
dieciséis	16
diecisiete	17
dieciocho	18
diecinueve	19
veinte	20
veintiuno	21
treinta	30
treinta y uno	31

Palabras útiles — Useful Words

con	with
de	of
el, la, los, las	the
él	he
ella	she
ellos/as	they
en	in
este/a	this
estos/as	these
mi(s)	my
mucho	much
muy	very
no	no; not
nosotros/as	we
pero	but
por teléfono	on the telephone; by telephone
que	that; who; which
sí	yes
también	also
un(a)	a, an
usted(es)	you
¿verdad?	right? correct?
y	and
yo	I

Estudiantes de arquitectura en Barcelona

GRAMÁTICA

Introduction

The **Gramática y ejercicios** sections of this book are written for your use outside of class. They contain grammar explanations and exercises that are presented in nontechnical language, so it should not be necessary to go over all of them in class. The **¡OJO!** notes that begin each new topic in the **Actividades orales y lecturas** section give the grammar point(s) you should study at that time. Study them carefully, reading the examples out loud. Then do the exercises, first orally and then in writing, and check your answers in the back of the book. If you have little or no trouble with the exercises, you have probably understood the explanation. (Keep in mind that successful completion of a grammar exercise only means you have understood the explanation, not that you are expected to use the grammar immediately. That takes much more communicative experience!) If you have trouble with an exercise, ask your instructor for assistance. In difficult cases, your instructor will go over the material in class to be sure everyone has understood but probably won't spend too much time on the explanations, so as to use class time for real communication experiences.

The grammar explanations in **Paso A** contain information about Spanish that will help you understand what your instructor is saying in class. **Paso A** has no exercises because most of the information will be explained again in **Paso B** when you begin to speak Spanish.

The grammar explanations in *Paso A* are meant to be used as "advance organizers" to help students understand your input. Students are not expected to be able to produce forms and structures that are explained. Since *Paso A* aims to develop listening strategies, it contains no grammar exercises. All grammar points in *Paso A* are re-entered in later chapters.

A.1. Commands

Your instructor will give you commands during the Total Physical Response activities, as well as for instructions.*

In English the same form of the verb is used for giving commands, whether to one person (singular) or to more than one person (plural).

> *Steve, please stand up.*
> *Mr. and Mrs. Martínez, please stand up.*

In Spanish, however, the singular commands end in **-a** or **-e**, but the plural commands add an **-n**.†

> Esteban, **abra** el libro.
> Alberto y Nora, **saquen** un bolígrafo, por favor.

> *Steve, open the book.*
> *Al and Nora, take out a pen, please.*

A.1. Do a TPR session in which you alternate between singular and plural commands to give students the opportunity to bind the meaning "plural" to verbs with *-n*. Use phrases like *todos* and *ahora una persona*. You may want to use only polite commands (*abra, abran*) to avoid the vowel changes in *tú* commands (*abre/abran*).

---

*You will learn more about how to give commands in **Gramática 11.4**.
†Instructors from Spain may use plural commands that end in **-d** instead of in **-n**: **abrid** (*open*).

A.2. Naming: The Verb *llamar*

Here is one way to ask someone's name:

¿Cuál es su nombre? —Mi nombre es Esteban.   *What is your name? —My name is Steve.*

A more common way is to use the verb form **llama** (*call*).

¿Cómo se llama usted?* —Nora.   *What is your name? —Nora.*

You may answer the question either briefly, by saying your name, as in the preceding example, or in a complete sentence with the pronoun **me** (*myself*) and the verb **llamo** (*I call*).

Me llamo Nora.   *My name is Nora.*

To ask what someone else's name is, use the following question-and-answer patterns:

¿Cómo se llama el amigo de Nora? —Se llama Luis.   *What's Nora's friend's name? —His name is Luis.*

A.3. Identification: Subject Pronouns and the Verb *ser*

A. Spanish uses the verb **ser** (*to be*) to identify things or people.

¿Qué **es** eso? —**Es** un bolígrafo.   *What is that? —It's a pen.*
¿Quién **es**? —**Es** Luis.   *Who is it? —It's Luis.*

B. Personal pronouns are used to refer to a person without having to mention the person's name. Here are four present-tense forms of **ser** with some of the personal pronouns that can serve as the subject of the sentence.

yo	soy	I am
usted	es	you (sing.) are
él†/ella	es	he/she is
nosotros/nosotras	somos	we are
ustedes	son	you (pl.) are
ellos/ellas	son	they are

¿Usted es profesor?   *Are you a professor?*

C. It is not necessary in Spanish to use a subject pronoun if the verb itself or the context tells you who the subject is.

Soy profesor de matemáticas.   *I'm a mathematics professor.*

---

*Literally this means *How do you call yourself?*
†The pronoun **él** (*he*) has an accent to distinguish it in writing from the article **el** (*the*).

Son estudiantes de la clase de
la profesora Martínez.

*They are students in Professor
Martínez's class.*

A.4. Sentence Negation

In a negative sentence in Spanish, the word **no** comes in front of the verb.

Ramón **no es** mi novio. Es el
novio de Amanda.

*Ramón isn't my boyfriend. He's
Amanda's boyfriend.*

There are no additional words in Spanish corresponding to the English negatives *don't* or *doesn't*.

Gustavo **no tiene** el pelo largo
ahora.

*Gustavo doesn't have long hair
now.*

A.5. Grammatical Gender

A. Nouns (words that represent people or things) in Spanish are classified as either masculine or feminine. Masculine nouns often end in **-o** (**cuaderno**); feminine nouns often end in **-a** (**puerta**). But the terms *masculine* and *feminine* are grammatical classifications only; Spanish speakers do not perceive things such as notebooks or doors as being inherently "male" or "female." On the other hand, words that refer to males are usually masculine (**amigo**), and words that refer to females are usually feminine (**amiga**).

Esteban es mi **amigo** y Carmen
es una **amiga** de él.

*Steve is my friend and Carmen is
a friend of his.*

B. Because Spanish nouns have gender, adjectives (words that describe nouns) change their ending from **-o** to **-a** according to the gender of the nouns they modify. Notice the two words for *black* (**negro** and **negra**) in the following examples.

Nora tiene pelo **negro**.
Luis lleva una chaqueta **negra**.

Nora has black hair.
Luis is wearing a black jacket.

C. Like English, Spanish has definite articles (*the*) and indefinite articles (*a, an*). Articles in Spanish also change form according to the gender of the nouns they accompany.

	DEFINITE (*the*)	INDEFINITE (*a, an*)
Masculine	el suéter	un pantalón
Feminine	la blusa	una chaqueta

Hoy Mónica lleva **un** suéter
nuevo.
La chaqueta de Alberto es azul.

*Today Monique is wearing a new
sweater.*
Al's jacket is blue.

A.6. The Verb *llevar*

You have already heard your instructor use the Spanish verb **llevar** when it corresponds to the English verb *to wear*.

> Mónica **lleva** un suéter azul hoy.
> *Monique is wearing a blue sweater today.*

Notice that Spanish verbs change their endings according to who is the subject of the sentence.

> Yo **llevo** un pantalón gris y mis amigos **llevan** pantalones negros.
> *I'm wearing gray pants and my friends are wearing black pants.*

Here are some of the common endings for Spanish verbs. The subject pronouns are in parentheses because it is not always necessary to use them.

(yo)	llev + o	*I wear*
(usted, él/ella)	llev + a	*you (sing.) wear; he/she wears*
(nosotros/as)	llev + amos	*we wear*
(ustedes, ellos/as)	llev + an	*you (pl.), they wear*

These endings are used on most Spanish verbs, and you will soon become accustomed to hearing and using them.

A.7. Plural Forms (Part 1)

Spanish and English nouns may be singular (**camisa**, *shirt*) or plural (**camisas**, *shirts*). Almost all plural words in Spanish end in **-s** or **-es**: **blusas** (*blouses*), **pantalones** (*pants*), **suéteres** (*sweaters*), **zapatos** (*shoes*), and so on. Unlike in English, in Spanish articles and adjectives that modify plural nouns must also be plural. Notice the plural ending on the Spanish word for *new* in the following example.

> Nora tiene dos **faldas nuevas**. *Nora has two new skirts.*

Here are some singular and plural nouns accompanied by the corresponding definite articles and adjectives.

	SINGULAR	PLURAL
Masculine	el vestido gris	los zapatos blancos
Feminine	la chaqueta roja	las blusas amarillas

You will learn more about how to make nouns and adjectives plural in **Gramática B.5**.

A.6. This section acquaints students with the concept of verb endings and subject/verb agreement. We do not expect them to be able to produce the forms here; once they know that verbs change form they may not be confused when you use various forms in your own speech. We have purposely not yet included all the possible pronouns in this chart.

In your input stress the difference between singular *(lleva)* and plural *(llevan)*. *¿Lleva esta muchacha un sombrero? Y estos señores, ¿llevan ellos también un sombrero?* Students will begin to use the first- and second-person forms in *Paso B* when they begin to speak and to engage in dialogue.

A.7. Plural and plural agreement are normally easy concepts for English-speaking students. Input based on pictures from your PF helps to reinforce plural agreement: *¿Hay cinco niños en esta foto? ¿Son grandes estos niños? ¿Son pequeños? ¿Llevan pantalones? ¿Son bonitos los pantalones?*

GOALS—PASO B

The purpose of *Paso B* is to help students make transition from Stage 1 (comprehension) to Stage 2 (early speech). Continue to emphasize development of students' ability to comprehend Spanish, but also encourage them to begin to respond using single words and short phrases. In some activities, students will work with their classmates in pairs or in small groups. The semantic focus continues to be on identification and descriptions of common items and people in their environment. (See IM, discussion of input techniques in Stage 2, pp. 47–48.)

PASO B

LAS DESCRIPCIONES

PRE-TEXT ORAL ACTIVITIES

1. Classroom commands: Use TPR to review classroom commands from *Paso A* and to introduce some parts of the body *(cabeza, brazos, piernas, pies)* and classroom items *(lápiz, bolígrafo, libro, cuaderno, reloj, papel)*. Sample sequence: *pónganse de pie, tóquense los pies, den una vuelta, muéstrenme el reloj (or señale el reloj), muéstrenme el pelo, canten, bailen, hablen, levanten los brazos, bájenlos, busquen un lápiz (un bolígrafo, un cuaderno, etc.), siéntense, saquen un papel (un bolígrafo, un libro, un cuaderno, etc.), escriban su nombre en el papel, saquen su libro, ábranlo, ciérrenlo, escuchen al profesor, digan «buenos días», digan «¿cómo está usted?», contesten «muy bien, gracias»*, etc. Repeat and recombine commands during the sequence. Reduce size of group participating by giving selective commands: *Los estudiantes de pelo castaño, pónganse de pie y den una vuelta. Ahora siéntense. Los estudiantes que llevan camisa blanca, pónganse de pie y bailen,* etc.

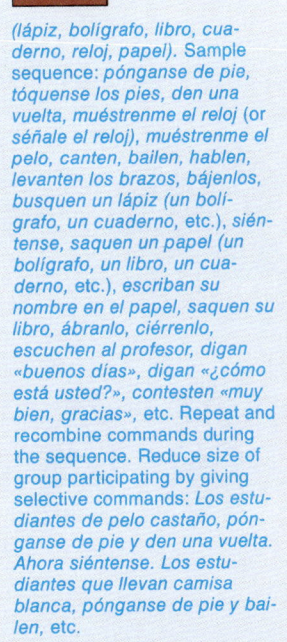

2. Transition to Stage 2: Use topics from *Paso A* to make transition from Stage 1 to Stage 2. (See IM, use of types of questions appropriate for Stage-2 activities, pp. 47–48.)

Talk about numbers, clothes, and colors. Hold up fingers and ask either/or questions like *¿Son cinco o seis? ¿Son siete o nueve?* Expand answers: *Sí, es verdad, son tres,* etc. Create sequences in which several question types are used: *¿Quién lleva una camisa verde? (Robert) Sí, Robert lleva una camisa verde. ¿Lleva Tom pantalones amarillos? (sí) ¿Es blanca o roja la blusa de Martha? (blanca) Sí, la blusa de Martha es blanca. ¿De qué color es la blusa de Ann? (amarillo) Sí, la blusa de Ann es amarilla.* Make sure all questions can be answered with *sí/no* or single words. Emphasize either/or questions: *¿Es castaño o rubio el pelo de Cristina?*

Sevilla, España

METAS

In **Paso B** you will continue to develop your listening and speaking skills in Spanish. You will learn more vocabulary with which to describe your immediate environment. You will also get to know your classmates better as you work with them in pairs and small groups.

3. Classroom objects: Introduce or review names of several classroom items: *Esto es un libro, bolígrafo, papel, cuaderno, lápiz, borrador, tiza,* (Central America: *gis*), etc. Distribute items to students. As you distribute, ask: *Ahora, ¿quién tiene ____?* Ask one of the students with an item to take it to a student who doesn't have an item: *Déle el lápiz a Margaret.* The person receiving the item should thank the person giving the item: *—Gracias. —De nada.* After several items have been exchanged, the instructor can then ask, *Y ahora, ¿quién tiene ____?* Vary the activity by directing student to give the item to another student without mentioning second student's name: *Robert, déle el lápiz a la persona que lleva una blusa azul.* Use the *muéstrenme* command to introduce words like *pared, escritorio, puerta, ventana.*

ACTIVIDADES ORALES

Hablando con otros
Las cosas en el salón de clase
Las partes del cuerpo
La descripción de las personas
Los números (hasta 100) y la edad

GRAMÁTICA Y EJERCICIOS

B.1 Addressing Others: Informal and Polite *you* (**tú/usted**)
B.2 More About Subject Pronouns
B.3 Identifying Gender
B.4 Existence: **hay**
B.5 Plural Forms (Part 2)
B.6 Describing with Adjectives: Gender and Number Agreement
B.7 Age: The Verb **tener**

ACTIVIDADES ORALES

HABLANDO CON OTROS

¡OJO! *Estudie Gramática B.1–B.2.*

You may have to make a few comments in English about tú and usted, especially if you have many students who have not previously been in contact with concept of polite and informal pronouns of address in other languages. Refer students to Gramática B.1 for more detailed explanation. (For suggestions about using second-person pronouns in this approach, see IM p. 39.)

When you assign grammar exercises, remind students that the purpose of the exercise is to verify their comprehension of the explanation. For this reason, answers to the exercises are included in the Appendix. We expect students to learn grammar through the oral activities, not by doing grammar exercises. New words: hablando, otros, tú.

Actividad 1. Diálogos

Act. 1. *This is the first model dialogue of the text, with the exception of formula dialogues at end of Paso A.*
These dialogues are not to be memorized. Have students work in pairs using the "read, look up, and say" technique. New words: mamá, su, tu, vecino/a.

¿CÓMO ESTÁ USTED?

El señor Ramírez saluda a su joven vecina Amanda.

ERNESTO: Hola, Amanda.
AMANDA: Buenos días, señor Ramírez. ¿Cómo está usted?
ERNESTO: Muy bien, gracias. ¿Cómo está tu mamá?
AMANDA: Ella está bien, gracias.

¿CÓMO ESTÁS?

Amanda saluda a su amigo Gustavo.

AMANDA: Buenas tardes, Gustavo. ¿Cómo estás?
GUSTAVO: Regular. ¿Y tú?
AMANDA: Un poco cansada.

Actividad 2. Diálogos abiertos

Act. 2. *This is the first open dialogue of the text. (For suggestions on the use of open dialogues, see IM, p. 49.)*
First read each line of the open dialogue, supplying a possible fill-in for each blank. Check to see if students understood the dialogue. Go

EL ESTUDIANTE NUEVO

E1: Hola, _____. ¿Cómo estás?
E2: _____. ¿Y tú?
E1: _____.

Las descripciones **17**

through dialogue again and ask for additional possible fill-ins. Write some of the possibilities on the board. Then have students practice dialogues in pairs while you go from group to group helping with pronunciation. New words: *abierto, chico, oficina, secretaria, señorita.*

E2: ¿Quién es el chico de pelo _____?
E1: Es un amigo de _____. Se llama _____.

EN LA OFICINA

E1: Buenos días, _____. ¿Cómo está usted?
E2: Estoy _____. ¿Y usted?
E1: _____. ¿Quién es la señorita de pelo _____?
E2: Es _____. Es la secretaria.

Act. 3. Students respond by saying only *tú* or *usted*: *Usted está hablando con un amigo de la universidad. ¿Qué dice, tú o usted?* We have tried to avoid problematic areas with *tú/usted*; for example, there is considerable variation in usage between parents and children. New cognates: *doctor, matemáticas, papá, persona, recepcionista, universidad.* Other new words: *año, hermano.*

Actividad 3. ¿**Tú** o **usted**?

Usted está hablando con estas personas.

1. un amigo de la universidad   2. el profesor de matemáticas   3. una niña de diez años   4. un amigo de su papá   5. una señora de treinta y cinco años   6. una recepcionista   7. su doctor   8. su hermano/a

LAS COSAS EN EL SALÓN DE CLASE

Ask questions like the following: (holding book) *Esto es una silla, ¿verdad? (no) No, no es una silla; es un libro.* (holding eraser) *¿Es esto una mesa? (no) No, no es una mesa. ¿Es un borrador? (sí) Sí, es un borrador.* Review common adjectives to describe items in classroom. Review: *bonito/a, feo/a, grande, pequeño/a, largo/a, corto/a, alto/a, bajo/a.* Use either/or and yes/no questions: *¿Es nueva o vieja la mesa? Y las paredes, son verdes, ¿verdad?* New words: *cosa, luz, mesa, piso, pizarra* (Mexico: *pizarrón*), *pupitre, salón* (or *sala*), *silla, techo.*

¡OJO!   *Estudie Gramática B.3–B.4.*

AA 1. (For AA's *[Actividades adicionales]* and their uses, see IM p. 48.)
 Use classroom objects with commands such as *muéstreme un libro (una silla, una puerta, etc.), toque la puerta (una camisa azul, la silla, el libro del profesor, etc.), camine a la puerta (a una chica bonita, etc.), recoja el libro (un bolígrafo, etc.), ponga un bolígrafo (un lápiz, un libro, etc.) en la mesa (el piso, etc.).* Remember, you can also give commands in a sequence: *tome un libro de la silla de la persona a su izquierda, muéstreme un libro amarillo, etc.* Keep in mind that since AA's are optional we have not included their vocabulary in the chapter *Vocabulario*.

Actividad 4. El salón de clase

E1: ¿Cuántos/as _____ hay en el salón de clase?
E2: Hay _____.

1. estudiantes 2. mesas 3. borradores 4. pizarras 5. ventanas
6. paredes 7. puertas 8. luces

Actividad 5. ¿Qué hay en el salón de clase?

MODELO: En mi clase hay… → un lápiz viejo.

1. un lápiz
2. una ventana
3. una pizarra
4. un reloj
5. un bolígrafo
6. una mesa
7. un libro
8. una puerta

a. amarillo/a
b. moderno/a
c. azul
d. fácil
e. blanco/a
f. largo/a
g. viejo/a
h. pequeño/a
i. grande
j. difícil
k. ¿_____?

LAS PARTES DEL CUERPO

¡OJO!   *Estudie Gramática B.5.*

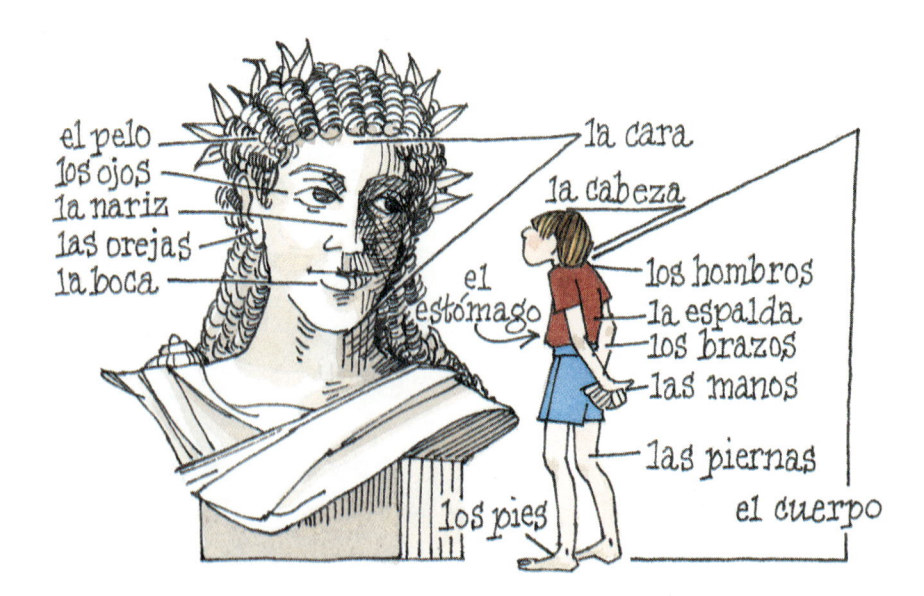

el pelo
los ojos
la nariz
las orejas
la boca

la cara
la cabeza
el estómago
los hombros
la espalda
los brazos
las manos
las piernas
el cuerpo
los pies

Las descripciones 19

Act. 6. Ask questions that require only the name of people in the sketch as an answer. For example: *¿Quién es muy delgada y lleva lentes? (Lupe)* Concentrate on common body parts and physical characteristics. Note: characteristics have been deliberately exaggerated. New word: *robot*.

Actividad 6. ¿Quién es?

Mire a estas personas. Escuche la descripción y diga cómo se llama la persona.

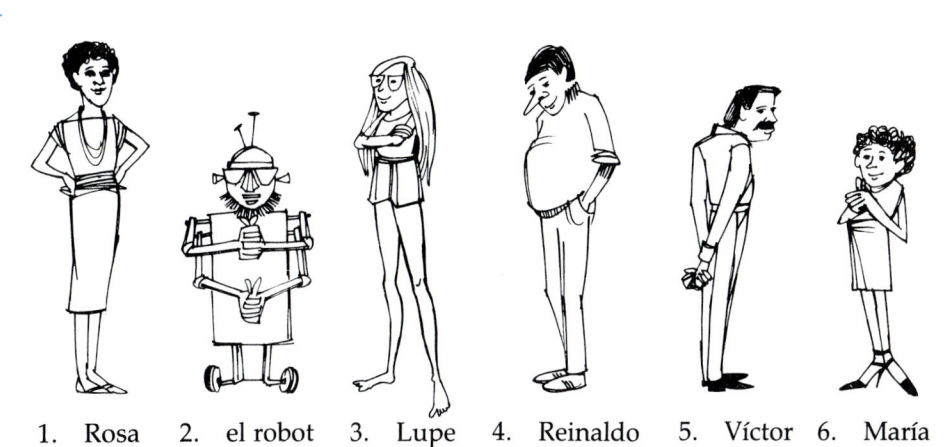

1. Rosa   2. el robot   3. Lupe   4. Reinaldo   5. Víctor   6. María

LA DESCRIPCIÓN DE LAS PERSONAS

Use your PF to show photos of various sizes, ages, and types of people. Use both predicate noun and predicate adjective structures: *Es bonita. Es una muchacha bonita.* Use adjectives that normally follow *ser*, avoiding for now the *estar* + adjective construction. Review: *joven–viejo/a; alto/a–mediano/a–bajo/a; bonito/a–feo/a; guapo/a; gordo/a–flaco/a–delgado/a.* Ask either/or questions using adjectives in the display.

Introduce adjectives like *tímido/a* with mime and your PF. New words: *divertido/a, inteligente, simpático/a, tímido/a.*

AA 3. (See affective activities, IM pp. 51–52.)

Instruct students to write names of five classmates on a separate sheet of paper and, under each name, to number blanks from 1–5 to answer these questions: 1. *¿Tiene pelo rubio/rojo/negro/castaño?* 2. *¿Tiene pelo largo/corto?* 3. *¿Tiene barba/bigote?* 4. *¿Tiene ojos azules, castaños, verdes, negros?* 5. *¿Lleva lentes?* Have them answer questions with a single word for each student named. Follow up with questions like *¿Cuántos compañeros tienen barba? ¿Cuántos tienen ojos azules? ¿Tiene ____ pelo corto o largo? ¿De qué color son los ojos de ____?*

¡OJO! *Estudie Gramática B.6.*

Mónica: pelo rubio, bonita, ojos azules
Nora: pelo castaño, ojos verdes
Esteban: mediano, pelo castaño corto, ojos castaños, lentes
Alberto: alto, delgado, barba, pelo negro rizado
Luis: bajo, guapo, ojos negros, bigote

joven   inteligente   divertido   tímido   simpático

Act. 7. Interaction. This is first interaction activity in the text. (See use of interaction activities in Stage 2, IM pp. 50–51.)
 Ask questions like *¿Es usted nervioso/a? ¿Es usted generoso/a?* Encourage students to create sentences using words given in the activity or ask for others they might wish to use. All words in the display are new cognates. Other new words: *¿cómo es?, interacción.*

AA 4. Give students a list of famous people (for example, Einstein, Fidel Castro, Columbus, Shakespeare, Hitler) and ask them to write a single descriptive word (adjective) that comes to mind when they think of that person. Introduce expression *¿Cómo se dice _____ en español (inglés)?*

AA 5. Bring articles of clothing from home. Teach or review Spanish words for each; then pass articles to various students. Use TPR techniques to ask students to take their article of clothing to students who have none; use *llévele, déle,* and *tráigame.* Then ask *¿Quién tiene _____? ¿Tiene John el/la _____?*

Act. 8. Note that sentences in these dialogues are much longer than in previous dialogues. Allow ample time for students to practice in pairs. New words: *malo, eso, novio, simpático* (teach *antipático*), *tradicional.*

Act. 9. This open dialogue focuses on use of adjectives to describe people. Point out that gender and number agreement are important in this context, since gender mistakes such as *Ella es bonito* can be confusing to native speakers. (A mistake like *la camisa es bonito* never causes native speakers comprehension problems.) New expression: *¡Claro que sí!* New words: *tengo, tienes.*

Act. 10. This is the first use of an interview in this text. (See use of interviews in Stage 2, IM p. 50.)
 Go through the question/answer sequence once yourself, taking both parts. Use a picture of someone well known to students as your "best friend." Then have students practice in pairs as you help with pronunciation and any grammar problems. Follow up with questions about the person they interviewed: *¿Cómo se llama el amigo de _____?* New words: *entrevista, mejor.*

Actividad 7. Interacción: Mis compañeros y yo

MODELO: PROF. MARTÍNEZ: Esteban, ¿cómo es usted?
 ESTEBAN: Soy simpático. No soy tímido.
 PROF. MARTÍNEZ: Y Carmen, ¿cómo es usted?
 CARMEN: Soy entusiasta. No soy nerviosa.

simpático/a	reservado/a	idealista
nervioso/a	dedicado/a	entusiasta
tímido/a	generoso/a	inteligente

E1: ¿Cómo es usted?
E2: Soy _____. No soy _____.

Actividad 8. Diálogo: La amiga nueva

ESTEBAN: ¿Cómo es tu amiga nueva, Luis?
 LUIS: Es alta, delgada y de pelo castaño. ¡Y muy inteligente!
ESTEBAN: ¿Cómo se llama?
 LUIS: Cecilia Teresa.
ESTEBAN: Es un nombre muy bonito.
 LUIS: ¡Ella es una chica muy bonita, también!

Actividad 9. Diálogo abierto: Los amigos nuevos

E1: ¿Tienes amigos nuevos?
E2: Sí, tengo dos.
E1: ¿Cómo se llaman?
E2: Se llaman _____ y _____ y son muy _____.
E1: ¿Y son _____ también?
E2: ¡Claro que sí! (¡Claro que no!)

Actividad 10. Entrevista: Mi mejor amigo/a

ESTUDIANTE 1	ESTUDIANTE 2
1. ¿Cómo se llama tu mejor amigo/a?	Se llama _____.
2. ¿De qué color son sus ojos?	Son _____.
3. ¿Es alto/a, mediano/a o bajo/a?	Es _____.
4. ¿De qué color es su pelo?	Es _____.
5. ¿Tiene bigote/barba?	(No) Tiene _____.
6. ¿Cómo es? ¿Es simpático/a, tímido/a?	Es _____.

Las descripciones 21

LOS NÚMEROS (HASTA 100) Y LA EDAD

Use pictures from your PF of people of various ages. Ask questions like ¿Es joven o viejo? ¿Cuántos años tiene, más de 25 o menos de 25? (Students can answer with más or menos.) ¿Tiene don Eduardo más de 30 años? ¿Más de 40? ¿Cuántos años tiene? ¿43? ¿Y Andrea? Teach mayor, menor. Other new words: más de, menos de.

¡OJO! *Estudie Gramática B.7.*

¿Cuántos años tienes?

Tengo seis.

10	diez	60	sesenta
16	dieciséis	67	sesenta y siete
20	veinte	70	setenta
25	veinticinco	76	setenta y seis
30	treinta	80	ochenta
33	treinta y tres	82	ochenta y dos
40	cuarenta	90	noventa
49	cuarenta y nueve	94	noventa y cuatro
50	cincuenta	100	cien
55	cincuenta y cinco	110	ciento diez

Act. 11. Remind students to use the "read, look up, and say" technique with all dialogues. New words: *sólo, ¡Cómo cambia el mundo!*

Actividad 11. Diálogos

MI PRIMO

AMANDA: Gustavo, ¿quién es ese chico?
GUSTAVO: Es mi primo, Ernestito.
AMANDA: ¿Cuántos años tiene?
GUSTAVO: Tiene sólo ocho años, y es muy inteligente.

¿CUÁNTOS AÑOS TIENEN?

DON EDUARDO: Señor Ruiz, ¿cuántos hijos tiene usted?
PEDRO RUIZ: Tengo dos.
DON EDUARDO: ¿Y cuántos años tienen?
PEDRO RUIZ: Bueno, Amanda tiene dieciséis años y Guillermo tiene doce.
DON EDUARDO: ¡Sólo dos hijos! ¡Cómo cambia el mundo!

Actividad 12. Diálogo abierto: ¿Cuántos años tienes?

E1: ¿Cuántos años tienes?
E2: Tengo ____ años.
E1: ¿Tienes hermanos?
E2: Sí, tengo ____ hermanos y ____ hermanas. (No, no tengo hermanos, pero tengo ____.)
E1: ¿Cuántos años tiene tu hermano/a mayor/menor?
E2: Tiene ____ años.

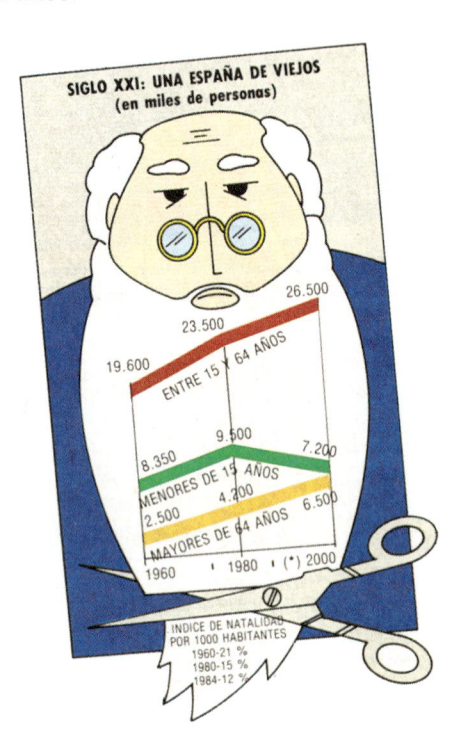

VOCABULARIO

El salón de clase *The Classroom*

el borrador	eraser	la pared	wall
el cuaderno	notebook	el piso	floor
la entrevista	interview	la pizarra	chalkboard
el escritorio	desk	la puerta	door
la interacción	interaction	el pupitre	(student's) desk
el lápiz (los lápices)	pencil(s)	la silla	chair
la luz (las luces)	light(s)	el techo	roof
la mesa	table	la tiza	chalk
el papel	paper	la ventana	window

Las partes del cuerpo — Parts of the Body

la boca	mouth
los brazos	arms
la cabeza	head
la cara	face
la espalda	back
el estómago	stomach
los hombros	shoulders
las manos	hands
la nariz	nose
las orejas	ears
las piernas	legs
los pies	feet

REPASO: la barba, el bigote, los ojos, el pelo

La descripción — Description

abierto/a	open
dedicado/a	dedicated
difícil	difficult
divertido/a	fun
entusiasta	enthusiastic
fácil	easy
generoso/a	generous
idealista	idealistic
inteligente	intelligent
mayor	older
mejor	better
menor	younger
moderno/a	modern
nervioso/a	nervous
reservado/a	reserved
simpático/a	friendly, nice
tímido/a	timid, shy

Las personas — People

la chica	girl; young woman
el chico	boy; young man
el doctor/la doctora	doctor
la hermana	sister
el hermano	brother
la hija	daughter
el hijo	son
la mamá	mother, mom
el papá	father, dad
el primo/la prima	cousin
el/la recepcionista	receptionist
el secretario/la secretaria	secretary
la señorita	young woman; Miss
el vecino/la vecina	neighbor

Los sustantivos — Nouns

la cosa	thing
la edad	age
las matemáticas	mathematics
la oficina	office
el robot	robot
la universidad	university

Los verbos — Verbs

tener	to have
tengo	I have
tienes	you (*inf. sing.*) have
tiene	you (*pol. sing.*) have; he/she has
tenemos	we have
tienen	you (*pl.*), they have

Los números — Numbers

cuarenta	40
cincuenta	50
sesenta	60
setenta	70
ochenta	80
noventa	90
cien	100
ciento diez	110

REPASO: diez, veinte, treinta

Palabras y expresiones útiles — Useful Words and Expressions

bueno	well
¡Claro que sí (no)!	Of course (not)!
¿cómo?	how?
¡Cómo cambia el mundo!	How times change!
¿Cómo es... ?	What is . . . like?
¿Cuántos años tiene usted?	How old are you?
Tengo... años.	I'm . . . years old.
De nada.	You're welcome.
ese/a	that
esos/as	those
muéstre(n)me	show me
o	or
otro/a	other, another
sólo	only
su(s)	your (*pol. sing.*)/his/her
tu(s)	your (*inf. sing.*)

GRAMÁTICA Y EJERCICIOS

B.1. Addressing Others: Informal and Polite *you* (*tú/usted*)

A. English speakers use the pronoun *you* to address a person directly, whether or not they know that person well. In older forms of English, speakers used an informal pronoun—*thou*—among friends, but today *you* is used with everyone.

Spanish has two pronouns of address for *you*, singular: **usted** and **tú**. The polite pronoun **usted** is appropriate for people you do not know well, such as salespeople, receptionists, and other professionals, and especially for people older than you. The informal pronoun **tú** is reserved for friends, peers, children, and other people you know well. (In some places in Latin America, including Argentina and Central America, speakers use **vos** instead of **tú** as the informal pronoun for *you*. However, everyone who uses **vos** also understands **tú**.)

In the exercises and activities, *Dos mundos* addresses you with the polite (*pol.*) pronoun **usted**. You should use the informal (*inf.*) **tú** with your classmates. Some instructors prefer to address their students with **tú**; others use **usted**. Always use **usted** when speaking to an instructor unless he or she asks you to use **tú**.

> Soy puertorriqueño. ¿Y **tú**? ¿De dónde eres?
> *I'm Puerto Rican. And you? Where are you from?*
>
> Soy profesora de español. ¿Y **usted**? ¿Es **usted** estudiante aquí?
> *I'm a professor of Spanish. And you? Are you a student here?*

B. Although both **tú** and **usted** correspond to English *you*, the verb forms used with each are different. Present-tense verb forms for **tú** always end with the letter **-s**. Present-tense verb forms for **usted** end in **-a** or **-e** and are always the same as the forms for **él/ella**.

> ¿Tienes **tú** una blusa gris?
> *Do you have a gray blouse?*
>
> ¿Tiene **usted** un vestido blanco?
> *Do you have a white dress?*

Notice the **tú** form of the verb **ser**: yo soy, tú eres, usted/él/ella es.

> **Tú eres** un buen amigo.
> *You are a good friend.*

C. Spanish distinguishes between singular *you* (**tú** or **usted**) and plural *you* (**ustedes**). Many American speakers of English make this distinction by saying "you guys" or "you all." The verb forms used with **ustedes** end in the letter **-n** and are the same as those used with the pronoun **ellos/as**.

> ¿Cómo **están ustedes**? —Bien, gracias.
> *How are you (all)? —Fine, thanks.*

B.1. Students who have never encountered the polite/informal distinction in other languages may need further explanation in class. You may wish to provide situations in English and ask whether they would use *tú* or *usted*: with a teenage neighbor, with a receptionist, with a bank teller, with your cousin/uncle/grandmother, with someone else's grandmother, etc. Keep in mind that use of polite and informal address varies greatly from country to country in the Hispanic world.

Most speakers of Spanish do not distinguish between informal and polite address in the plural. **Ustedes** is used with everyone. In Spain, however, some speakers prefer the pronoun **vosotros** for the plural familiar *you* and reserve **ustedes** for the plural polite *you*.

The regional pronouns **vos** and **vosotros** do not appear in the exercises and activities of *Dos mundos* because you will learn them quickly if you travel to areas where they are frequently used. More is explained about them in **Capítulo 11,** and the verb forms corresponding to **vosotros/as** are footnoted in the grammar explanations and given in Appendix 1. In the listening activities of the *Cuaderno de trabajo,* the characters from countries where **vos** and **vosotros** are prevalent will use those pronouns. This will give you an opportunity to hear **vos** and **vosotros** and their accompanying verbs, even though you will not need to use them yourself.

Ej. 1. Included in this exercise are two forms of *tener: tienes/tiene.* Students will have heard *tiene* many times in the input from *Paso A. Tener* will be formally introduced in *Gramática B.7.* Do *Ejercicio 1* orally with students in class. Read each item aloud, using exaggerated intonation to make sure students understand the statement or question.

Ejercicio 1

Usted habla con estas personas: ¿**tú** o **usted**?

1. una amiga de su clase de español
   a. ¿Tiene usted dos clases hoy?
   b. ¿Tienes dos clases hoy?
2. la recepcionista
   a. ¿Cómo estás?
   b. ¿Cómo está usted?
3. un niño
   a. Tú tienes una bicicleta nueva.
   b. Usted tiene una bicicleta nueva.
4. una persona de cuarenta y nueve años
   a. ¿Cómo se llama usted?
   b. ¿Cómo te llamas?
5. el director
   a. Estoy bien. ¿Y tú?
   b. Estoy bien. ¿Y usted?

B.2. More About Subject Pronouns

A. **Gramática A.3** introduced some of the personal pronouns that can serve as the subject of a sentence. Here is a more complete list, using the verb **ser** as an example.*

B.2. In this section all subject pronouns except *vosotros/as* are provided. Beginning with this section the second-person *usted* is listed with the third-person *él/ella;* likewise, *ustedes* with *ellos/ellas.* You may wish to point out that only women can use the pronoun *nosotras.*

(yo)	**soy**	*I am*
(tú)	**eres**	*you (inf. sing.) are*
(usted, él/ella)	**es**	*you (pol. sing.) are; he/she is*
(nosotros/nosotras)	**somos**	*we are*
(ustedes, ellos/ellas)	**son**	*you (pl.), they are*

The pronouns are in parentheses to remind you that Spanish verbs can be used without an expressed subject. In fact, as the chart indicates, Spanish

---

*Recognition: **vosotros/as sois**

does not have a subject pronoun for *it* or for *they* referring to things.

| ¿Mi automóvil? Es pequeño. | My car? It's small. |
| ¿Las faldas? Son caras. | The skirts? They're expensive. |

B. Subject pronouns may be used by themselves without verbs, either for emphasis or to point someone out.

| ¿Quién, **yo**? Yo no soy de Texas; soy de Nueva York. | Who, me? I'm not from Texas; I'm from New York. |
| ¿Cómo estás? —Estoy bien. ¿Y **tú**? | How are you? —I'm fine. And you? |

C. The pronouns **ellos** (*they*) and **nosotros** (*we*) can refer to groups of people that consist of males only or of males and females. On the other hand, **ellas** (*they*) and **nosotras** (*we*) refer only to groups of females.

| ¿Y **ellos**? ¿Quiénes son? —¿Esteban y Raúl? Son amigos. | And those guys (they)? Who are they? —Steve and Raúl? They're friends. |
| ¿Y **ellas**? ¿Son amigas? —Sí, Nora y Carmen son compañeras de mi clase de español. | And them? Are they friends? —Yes, Nora and Carmen are classmates from my Spanish class. |

Ejercicio 2

Escoja el pronombre lógico.

MODELO: ¿Mónica? <u>Ella</u> lleva una falda azul.

1. ¿Raúl? _____ no es estudiante aquí.
2. ¿Silvia y Carlos? _____ son mexicanos.
3. ¿Doña María y yo? _____ somos viejos.
4. Señor Torres, _____ es colombiano, ¿verdad?
5. ¿Pilar y Clara? _____ son estudiantes en Madrid.

a. Ellos
b. usted
c. Ellas
d. Él
e. Nosotros

B.3. Identifying Gender

A. As you know, Spanish nouns are classified grammatically as either masculine or feminine. The articles change according to grammatical gender (**un/una** and **el/la**) and agree with the nouns they modify.

¿Qué es esto? —Es **un** cuaderno de vocabulario.	What is this? —It's a vocabulary notebook.
¿Y esto? ¿Qué es? —Es **una** revista de autos.	And this? What's this? —It's a car magazine.

B. How can you determine the gender of a noun? The gender of the article and/or adjective that modifies the noun will tell you whether it is masculine or feminine. In addition, here are two simple rules that will help you determine the gender of a noun most of the time.

Rule 1: A noun that refers to a male is masculine; a noun that refers to a female is feminine. (This rule includes a few common animals.) A few nouns that refer to people or animals have masculine and feminine pairs ending in **-o/-a** or in a consonant/consonant + **-a**.

un hombre	una mujer	*man/woman*
un estudiante	una estudiante	*(male) student/(female) student*
un muchacho	una muchacha	*boy/girl*
un niño	una niña	*(male) child/(female) child*
un amigo	una amiga	*(male) friend/(female) friend*
un gato	una gata	*(male) cat/(female) cat*
un perro	una perra	*(male) dog/(female) dog*
un profesor	una profesora	*(male) professor/(female) professor*

Rule 2: For most nouns that refer to things (rather than people or animals), the gender is reflected in the last letter of the word. Nouns that end in **-o** are usually grammatically masculine (**un/el cuaderno**), and nouns that end in **-a** are usually grammatically feminine (**una/la puerta**).* Words that end in **-d** (**una/la universidad**) or in the letter combination **-ión** (**una/la nación**) are also usually feminine.

MASCULINE: **-o**	FEMININE: **-a**
un/el cuaderno	una/la mesa
un/el libro	una/la silla
un/el techo	una/la ventana
un/el bolígrafo	una/la puerta

Words that refer to things may also end in **-e** or in consonants other than **-d** and **-ión**. Most of these words that you have heard so far are masculine, but some are feminine.

un/el borrador	*eraser*	una/la clase	*class*
un/el pupitre	*desk*	una/la luz	*light*
un/el reloj	*clock*		
un/el lápiz	*pencil*		

---

*Two common exceptions are **la mano** (*hand*) and **el día** (*day*).

Ejercicio 3

Conteste según el modelo.

> MODELO: ¿Es un bolígrafo? (lápiz) →
> No, no es un bolígrafo. Es un lápiz.

1. ¿Es una pizarra? (pared)
2. ¿Es una oficina? (salón de clase)
3. ¿Es una silla? (escritorio)
4. ¿Es un borrador? (cuaderno)
5. ¿Es una ventana? (pupitre)

Ejercicio 4

Esteban describe diferentes cosas de su universidad. Use **el** o **la.**

1. _____ estudiante es rubia.
2. _____ profesor de matemáticas es inteligente.
3. _____ clase es fácil.
4. _____ reloj es moderno.
5. _____ papel es amarillo.
6. _____ universidad es buena.
7. _____ motocicleta es negra.
8. _____ automóvil es gris.
9. _____ plaza es grande.
10. _____ sombrero es nuevo.

B.4. Existence: *hay*

The verb form **hay** expresses the idea of existence. When used with singular nouns it means *there is;* with plural nouns it means *there are.*

> ¿Qué **hay** en el salón de clase?
> —**Hay** una ventana y dos puertas.
>
> What is there in the classroom?
> —There are a window and two doors.

Whereas the verb **ser** (*to be*) identifies nouns (see **Gramática A.3**), **hay** simply states their existence.

> ¿Qué **es**? —**Es** un bolígrafo.
> ¿Cuántos **hay**? —**Hay** tres.
>
> What is that? —It's a pen.
> How many are there? —There are three.

Ejercicio 5

Imagine qué cosas o personas hay o no hay en el salón de clase de la profesora Martínez. Use su sentido común.

> MODELO: lápices → Sí, hay lápices en el salón de clase.
> perros → No, no hay perros en el salón de clase.

1. libros en la mesa 2. un reloj en la pared 3. una profesora 4. un automóvil 5. un profesor 6. papeles en los pupitres 7. un bolígrafo en el pupitre de Alberto 8. muchos cuadernos 9. una bicicleta 10. una ventana

B.5. Plural Forms (Part 2)

A. You know from **Gramática A.7** that both nouns and words that modify nouns (articles and adjectives) may be plural. Plural words usually end in **-s** or **-es**. To form plurals, add **-s** to words that end in a vowel (**a, e, i, o, u**) and **-es** to words that end in a consonant. (If the consonant is **-z**, change the **-z** to **-c** and then add **-es**.) Here are some examples of plural nouns.*

SINGULAR	PLURAL
el brazo	los brazos
el ojo	los ojos
el pie	los pies
la pierna	las piernas
el borrador	los borradores
el profesor	los profesores
la nariz	las narices
la luz	las luces
la pared	las paredes

B.5. Students do not normally experience problems with plural formation in Spanish; even plural agreement is acquired long before gender agreement.

B. Adjectives that describe plural words must also be plural.

ojos azules *blue eyes*
brazos largos *long arms*

orejas grandes *big ears*
pies pequeños *small feet*

En mi salón de clase hay dos **ventanas grandes, varias sillas viejas,** cinco **pizarras grises** y diez luces.

In my classroom there are two large windows, several old chairs, five gray chalkboards, and ten lights.

Ej. 6–7 Do these exercises orally in class. Read item and then pause for students to fill in blank. New words: *gemelos, siempre.*

Ejercicio 6

Luisa y Marcos, los gemelos, tienen muchas cosas. ¡Pero Luisa siempre tiene una y Marcos dos!

MODELO: Luisa tiene un suéter azul, pero Marcos tiene dos… →
suéteres azules

1. Luisa tiene un par de zapatos, pero Marcos tiene dos…
2. Luisa tiene un perro nuevo, pero Marcos tiene dos…
3. Luisa tiene una chaqueta roja, pero Marcos tiene dos…
4. Luisa tiene un lápiz amarillo, pero Marcos tiene dos…
5. Luisa tiene una amiga mexicana, pero Marcos tiene dos…

---

*The indefinite articles also have plural forms—**un/unos, una/unas**—but they are less commonly used than the plural definite articles **los/las** (*the*).

Ejercicio 7

¡Ahora Marcos tiene una y Luisa tiene dos!

1. Marcos tiene un cuaderno pequeño, pero Luisa tiene dos...
2. Marcos tiene un abrigo negro, pero Luisa tiene dos...
3. Marcos tiene una fotografía bonita, pero Luisa tiene dos...
4. Marcos tiene un reloj bonito, pero Luisa tiene dos...
5. Marcos tiene un libro difícil, pero Luisa tiene dos...

B.6. Describing with Adjectives: Gender and Number Agreement

B.6. The goal here is to introduce the idea of "four-form" adjectives vs. "two-form" adjectives.

A. Adjectives must agree in gender and number with the nouns they describe. Adjectives that end in **-o** in the masculine form and **-a** in the feminine form will appear in the vocabulary lists in *Dos mundos* like this: **bonito/a**. Such adjectives have four possible forms.

	SINGULAR	PLURAL
Masculine	viejo	viejos
Feminine	vieja	viejas

Carmen lleva un suéter **bonito** y una falda **nueva**.
Mis zapatos de tenis son **viejos**.

Carmen is wearing a pretty sweater and a new skirt.
My tennis shoes are old.

B. Adjectives that end in a consonant,* the vowel **-e**, or the ending **-ista** have only two forms.

	SINGULAR	PLURAL
Masculine/Feminine	joven interesante pesimista azul	jóvenes interesantes pesimistas azules

Luis lleva una camisa **azul** y una chaqueta **verde**.
Mi amigo Carlos es **pesimista**, pero mi amiga Silvia es **optimista**.

Luis is wearing a blue shirt and a green jacket.
My friend Carlos is pessimistic, but my friend Silvia is optimistic.

---

*Adjectives of nationality that end in a consonant also have four forms: **inglés, inglesa, ingleses, inglesas**. See *Gramática* 1.3.

Ejercicio 8

Luisa y Marcos son gemelos. Describa a Marcos.

1. Luisa es alta; Marcos es _____ también.
2. Luisa es simpática; Marcos es _____ también.
3. Luisa es idealista; Marcos es _____ también.
4. Luisa es una niña tradicional; Marcos es _____ también.
5. Luisa es guapa; Marcos es _____ también.

Ej. 8. Do this exercise orally in class. Read the item and then pause for students to fill in blank. Note the invariable adjective *idealista*. Follow up by selecting two volunteers to be compared. Ask questions using both matching and nonmatching adjectives: ¿Es usted guapo/a (alto/a, generoso/a, inteligente, optimista)?

Ejercicio 9

Seleccione todas las descripciones posibles.

MODELO: Raúl: chico, guapo, estudiante

1. Nora
2. Alberto
3. Esteban y Carmen
4. la profesora Martínez

a. mujer
b. chico
c. secretaria
d. chica
e. guapo
f. niñas
g. amigos
h. estudiantes
i. estudiante
j. profesor
k. mexicana

Ej. 9. Add other words to the list of descriptions and have students respond *sí/no:* ¿Es Nora un hombre?

B.7. Age: The Verb *tener*

A. You have already heard the verb form **tiene** (*has*) in sentences like **Alberto tiene barba** (*Al has a beard*). Here are five present-tense forms of the verb **tener.*** Like the verb **ser,** it is classified as an irregular verb because of changes in its stem.

B.7. A literal translation of *¿Cuántos años tienes?* may help some students learn to use this pattern. Note that in the verb display we have begun to use the abbreviations *nosotros/as* and *ellos/as.*

(yo)	tengo	*I have*
(tú)	tienes	*you (inf. sing.) have*
(usted, él/ella)	tiene	*you (pol. sing.) have; he/she has*
(nosotros/as)	tenemos	*we have*
(ustedes, ellos/as)	tienen	*you (pl.), they have*

B. In English, the verb *to be* is used for telling age (*I am 21 years old*), but in Spanish the verb **tener** expresses age. To ask about age, use the question **¿Cuántos años... ?** (*How many years . . . ?*)

---

*Recognition: **vosotros/as tenéis**

Señora Ramírez, ¿cuántos años **tiene** usted? —**Tengo** treinta y cinco (años).

Mrs. Ramírez, how old are you? —I'm 35 (years old).

Ejercicio 10

Diga la edad de estos amigos hispanos.

MODELO: Rogelio Varela / 21 → Rogelio Varela tiene 21 años.

1. Adriana Bolini / 28
2. Carla Espinosa / 22
3. Bernardo Torres / 50
4. Inés Torres / 37
5. doña María González de Saucedo / 79

Ejercicio 11

Diga la edad de estas personas de la telenovela «Los vecinos».

don Eduardo Alvar (n. 1910) Estela Ramírez (n. 1955) Ernestito Ramírez (n. 1982) Gustavo Rivero (n. 1974) doña Lola Batini (n. 1948)

CAPÍTULO UNO

MI FAMILIA Y MIS ACTIVIDADES FAVORITAS

Texas, Estados Unidos

METAS

In **Capítulo uno** you will expand your listening and speaking vocabulary to include family members, things you own, languages and nationalities, and your favorite activities.

ACTIVIDADES ORALES Y LECTURAS

La familia y la posesión
Las lenguas y las nacionalidades
Las actividades favoritas y los deportes
Datos personales: El teléfono y la dirección

«Las actividades de Raúl»
«Los deportes»
«Pilar y Ricardo»

GRAMÁTICA Y EJERCICIOS

1.1 Possession: **tener, de(l)**
1.2 Possession: Possessive Adjectives
1.3 Adjectives of Nationality
1.4 Present Tense of Regular **-ar** Verbs
1.5 Expressing Likes and Dislikes: **gustar** + Infinitive
1.6 The Spanish Alphabet
1.7 Verb Endings: The Verb **vivir**

ACTIVIDADES ORALES Y LECTURAS

LA FAMILIA Y LA POSESIÓN

¡OJO! *Estudie Gramática 1.1–1.2.*

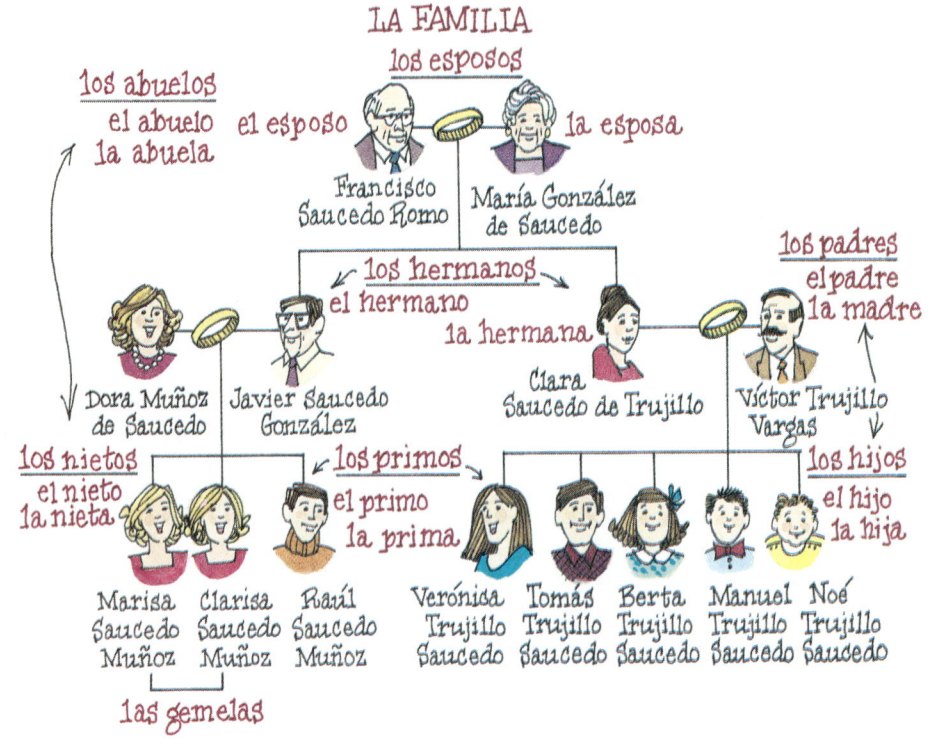

Use the display to talk about family relationships: *hermanos, abuelos, hijos, nietos, primos,* etc., and the traditional Hispanic system of last names. Ask questions that can be answered with people's names: *¿Cómo se llama la abuela de Marisa y Clarisa?* Make sure students have heard all relevant family terms in your input before you ask them to do *Actividad 1.* New words: *esposo/a, esposos, gemelos/as (mellizos = identical twins), nieto/a, primo/a, posesión.*

LA FAMILIA
los esposos
los abuelos — el abuelo / la abuela
el esposo / la esposa
Francisco Saucedo Romo — María González de Saucedo

los hermanos — el hermano / la hermana
los padres — el padre / la madre
Dora Muñoz de Saucedo — Javier Saucedo González
Clara Saucedo de Trujillo — Víctor Trujillo Vargas

los nietos — el nieto / la nieta
los primos — el primo / la prima
los hijos — el hijo / la hija

Marisa Saucedo Muñoz, Clarisa Saucedo Muñoz, Raúl Saucedo Muñoz, Verónica Trujillo Saucedo, Tomás Trujillo Saucedo, Berta Trujillo Saucedo, Manuel Trujillo Saucedo, Noé Trujillo Saucedo

las gemelas

Act. 1. Pair students off and let them ask each other ten questions for the activity. Follow up by calling on individual volunteers. For homework, have students draw their own family tree with the names of their relatives. The next class hour ask questions like *¿Cómo se llama su _____? Descríbalo/la.* New words: *conteste, dibujo.*

AA 1. Have students look at the family tree and give family terms to match your definitions: *la esposa de mi padre (madre), la madre de mi madre (abuela), el hijo de mi madre (hermano), el padre de mis hijos (esposo),* etc.

Act. 2. Have students practice dialogue in pairs using the "read, look up, and say" technique. Then have volunteers perform dialogue for class, using different names. For the line *¿Quién es ese señor?,* have student point to someone while saying *ese.* New words: *apellido, perdón.*

Actividad 1. Interacción: La familia Saucedo

Conteste según el dibujo.

E1: ¿Cómo se llama *el hermano de Marisa y Clarisa*?
E2: Se llama *Raúl.*

E1: ¿Cuántos *hermanos* tiene *Verónica*?
E2: Tiene *tres.*

Actividad 2. Diálogo: ¿Quién es?

Don Eduardo Alvar habla con Pedro Ruiz.

DON EDUARDO: Perdón, Señor Ruiz. ¿Quién es ese señor?
SEÑOR RUIZ: Su nombre es César Ruiz.

DON EDUARDO: ¿Ruiz? ¿Es su hermano?
SEÑOR RUIZ: No. Su apellido es Ruiz también, pero no es mi hermano. Mi hermano se llama Germán.

Actividad 3. ¿Qué tiene?

Act. 3. All signals of possession have been used in the activities of *Pasos A* and *B* as new words rather than as a formal part of a grammatical set.
Ask questions based on the drawings in which you use *tener/de/mi/su*. It is not necessary that students use these words yet; only that they understand sentences in which they are used. Ask ¿*Qué tiene don Eduardo? (carro) Sí, tiene un carro. El carro de don Eduardo, ¿es viejo o nuevo? (nuevo) Sí, su carro es nuevo. Tiene un carro nuevo. ¿Quién en esta clase tiene un carro nuevo?*, etc. New words: *carro*, (or *coche*), *computadora, helado.*

1. ¿Quién tiene dos camisas nuevas? 2. ¿Quién tiene dos perros? 3. ¿De quién es el vestido nuevo? 4. ¿Quién tiene una computadora? 5. ¿De quién es el carro nuevo? 6. ¿Quiénes tienen helados?

Actividad 4. Diálogo abierto: Mis hijos

Act. 4. This activity is for married students, who may have children. Optional: Ask other students to invent marital status and children. New words: *casado/a, soltero/a.*

E1: ¿Cómo se llama usted, señor (señora, señorita)?
E2: Me llamo _____.
E1: ¿Es usted casado/a o soltero/a?
E2: Soy _____.
E1: ¿Tiene usted hijos?
E2: Sí, tengo _____ hijos y _____ hijas. (No, no tengo hijos.)

Actividad 5. Entrevistas

Act. 5. Have students work in pairs; then ask them questions about information they obtained from partner: ¿*Quién es (fue) su compañero? (Felipe) ¿Cómo se llama su padre?*, etc.

MI FAMILIA
1. —¿Cómo se llama tu padre?
   —Mi padre se llama _____.
2. —¿Cómo se llama tu madre?
   —Mi madre se llama _____.
3. —¿Cuántos hermanos tienes?
   —Tengo _____ hermanos. (No tengo hermanos.)
4. —¿Cómo se llama tu hermano?
   —Mi hermano se llama _____.
5. —¿Cómo se llama tu hermana?
   —Mi hermana se llama _____.

6. —¿Cuántos primos tienes?
   —Tengo ____ primos. (No tengo primos.)

MI PERRO Y MI CARRO

7. —¿Tienes perro?
   —Sí, tengo ____. (No, no tengo perro.)
8. —¿Cómo es tu perro?
   —Mi perro es ____.
9. —¿Tienes carro?
   —Sí, tengo ____. (No, no tengo carro.)
10. —¿Cómo es tu carro?
    —Mi carro es ____.

LAS LENGUAS Y LAS NACIONALIDADES

¡OJO!   Estudie Gramática 1.3–1.4.

Hans Schumann es alemán y habla alemán.

Gina Sfreddo es italiana y habla italiano.

The purpose of this section is to introduce names of some countries, adjectives of nationality, and languages. Words representing other Spanish-speaking countries will be introduced in *Capítulo 3*. Direct students' attention to the display and give input that includes relevant vocabulary, with short-answer questions mixed in: *Una mujer de Canadá es una canadiense, ¿verdad? Y a un hombre de Francia, ¿cómo lo llamamos? ¿Hablan español en México? ¿Qué lengua hablan en Alemania?* (You may also want to introduce the impersonal expression *¿Qué lengua se habla en ____? Se habla ____.*) New words: all of the vocabulary of nationality, language, and countries, and the words *lengua, nacionalidad.*

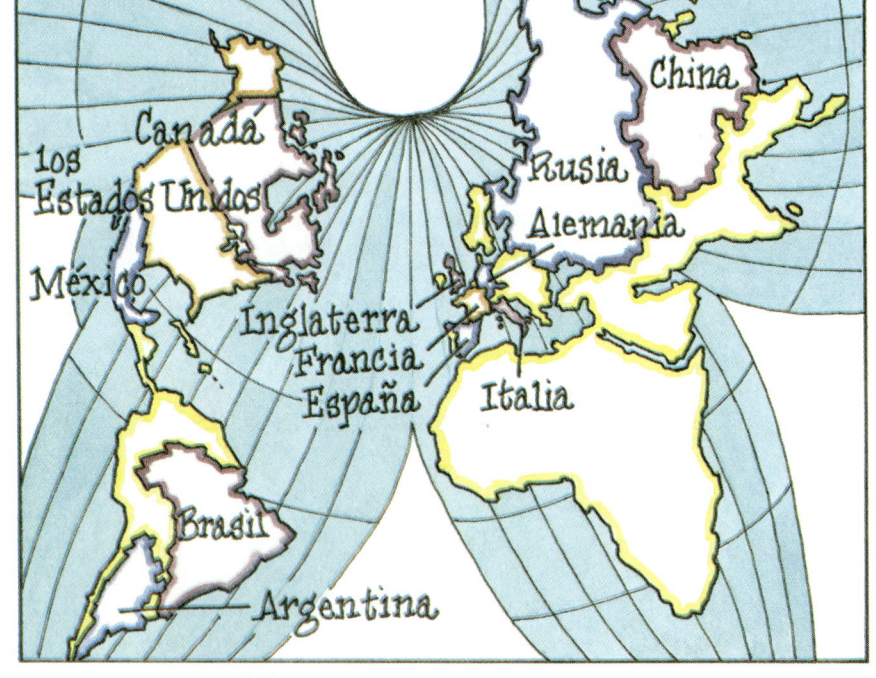

Iara Gomes y Zidia Oliveira son brasileñas y hablan portugués.

Masato Hamasaki y Goro Nishimura son japoneses y hablan japonés.

PAÍS	NACIONALIDAD	LENGUA
Alemania	alemán, alemana	alemán
Argentina	argentino/a	español
Brasil	brasileño/a	portugués
Canadá	canadiense	inglés/francés
China	chino/a	chino
España	español(a)	español
los Estados Unidos	(norte)americano/a	inglés
Francia	francés, francesa	francés
Inglaterra	inglés, inglesa	inglés
Italia	italiano/a	italiano
Japón	japonés, japonesa	japonés
México	mexicano/a	español
Rusia	ruso/a	ruso

Actividad 6. Interacción: En la agencia de viajes

CLIENTE: Señorita (Señor, Señora), quiero viajar a *París*.
AGENTE: ¿Habla usted *francés*?
CLIENTE: Sí, hablo *un poco de francés*. (No, no hablo *nada de francés*. / Sí, hablo *francés muy bien*.)

Ciudades: Roma, Londres, Madrid, Moscú, Buenos Aires, Pekín, Río de Janeiro, Toronto, Los Ángeles, Montreal, Berlín, Tokio

Lenguas: italiano, inglés, español, ruso, portugués, chino, francés, alemán, japonés

Expresiones útiles: un poco de, nada de, muy bien

Actividad 7. ¿Qué nacionalidad? ¿Qué lengua?

Diga de qué nacionalidad son estas personas y qué lengua hablan.

MODELO: Julio Iglesias es español y habla español.

	PERSONA	PAÍS
1.	Fernando Valenzuela	Francia
2.	Evita Perón	Japón
3.	Sooichiro Honda	Rusia
4.	Fergie	México
5.	Sophia Loren	Inglaterra
6.	Mikhail Gorbachev	Brasil
7.	Sonia Braga	Argentina
8.	Margaret Thatcher	Italia
9.	François Mitterrand	Inglaterra
10.	William Hurt	los Estados Unidos

38 Capítulo uno

LAS ACTIVIDADES FAVORITAS Y LOS DEPORTES

¡OJO!   *Estudie Gramática 1.5.*

Use association techniques to review set of predicates already introduced with *le gusta* construction in Pre-text Activity 1. Then introduce the negative form: *Me gusta ____r/No me gusta ____r* by reacting truthfully to each predicate you have written on the board. For example, *No me gusta jugar al béisbol, pero me gusta jugar al tenis.* Then ask students yes/no and either/or questions. Follow up with questions to individual students: *John, ¿a usted le gusta andar en bicicleta?* (sí) *¿Tiene usted una bicicleta?* (sí) *¿Es muy buena?* (no) *¿A quién más le gusta andar en bicicleta?* (Martha) *Martha, ¿también a usted le gusta andar en bicicleta?* (sí) *¿Le gusta andar en bicicleta los sábados?* (no) *¿los domingos?,* and so on. New words: *andar en bicicleta, béisbol* (or *pelota*), *cenar, deporte, favorito, fútbol, ir de compras, jugar, leer, partido, restaurante* (or *restorán*), *telenovela, tenis, ver.*

AA 2. Have students guess whether these statements are true for you. *Mis actividades favoritas: En mi tiempo libre me gusta...* (1) *ver la televisión,* (2) *ir al cine,* (3) *hablar por teléfono,* (4) *leer,* (5) *estudiar,* (6) *jugar al voleibol,* (7) *comer en restaurantes chinos,* (8) *correr.*

AA 3. Favorite activities: *me gusta.* Ask both positive and negative questions about recreational activities. Use your PF and include both previous activities and any new ones you consider important but that by chance have not yet come up in the input. Integrate predicates into your speech by including other aspects of the pictures. For example: *¿Qué hay en esta foto?* (mujer) *Sí, hay una mujer. ¿Cómo es ella?* (bonita, joven) *Sí, es muy bonita y joven también. ¿Dónde está?* (playa) *Sí, está en la playa. Entonces, ¿a ella le gusta ir a la playa?* (sí) *Y en esta clase, ¿a quién le gusta ir a la playa?* (Several students respond positively.) *¿A qué playa le gusta ir?,* and so on.

AA 4. Use association activities of Pre-text Activity 1 to encourage responses using infinitives: *¿Qué le gusta hacer a Robert?* (jugar al béisbol)

A Guillermo y a sus amigos les gusta jugar al fútbol.

A Amanda y a Graciela les gusta jugar al tenis.

A Guillermo le gusta andar en bicicleta.

A Margarita le gusta ir de compras.

A Pedro le gusta leer.

A Amanda le gusta ver su telenovela favorita.

A Pedro y a Guillermo les gusta ver un partido de béisbol.

A los Ruiz les gusta cenar en restaurantes italianos.

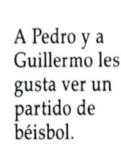

Mi familia y mis actividades favoritas **39**

Act. 8. Interaction. (See interactions in Stage 3, IM p. 51.)
Warm up with questions like *¿Cuántos años tiene Carlos Padilla? ¿De dónde es Carla? ¿Es venezolana Adriana? ¿A quién le gusta salir a bailar? ¿A quién en esta clase le gusta bailar?* New words: *bailar, basquetbol,* (or *baloncesto*), *cine, cocinar, domingo, fin de semana, hacer, ir, playa, sábado, salir, ver* (or *mirar*) *la televisión, voleibol.*

AA 5. This is the first autograph activity. (See the autograph activities in Stage 3, IM p. 50.)
On the board write *En la clase, ¿a quién le gusta...?* Then write a series of 5–10 activities. Show students how to ask the question using *te gusta* by putting a model dialogue on the board. E1: *¿Te gusta correr?* E2: *Sí.* E1: *Firma aquí, por favor.* Students write the model question on a sheet of paper using the activities written on the board; they should leave space for signature of a few people. (To save time, have the model questions already copied and hand them out.) Students then circulate, asking classmates questions. Remind them that they are to ask only three questions of one person before moving on, or this will turn into an interview activity. Suggested activities: *nadar en el mar, tomar café en la mañana, tocar la guitarra, escuchar música clásica, acampar en las montañas, leer el periódico, mirar las noticias en la televisión, comer comida mexicana, jugar al golf, dibujar.* Introduce the meanings of any words that students have not had.

Act. 9. Affective activity. (See techniques used with affective activities in Stage 3, IM pp. 51–52.)
Students answer *sí/no.* Encourage students to guess at meaning of new words from context. New words: *acampar, día, dormir, durante, elegante, fiesta, hacer ejercicio, llevar, nadar, nieve, patinar en el hielo, periódico, piscina,* (Mexico: *alberca*), *por la noche, todo, vacaciones, viajar.*

Act. 10. Encourage students to answer truthfully and to expand on their answers. Circulate while they work on the interview and provide new vocabulary when needed. New words: *carta, discoteca, escribir, escuchar, música, pescar, te gusta, tomar* (or *sacar*) *fotos, trabajar.*

Actividad 8. Interacción: Los fines de semana

NOMBRE	LOS SÁBADOS LE GUSTA...	LOS DOMINGOS LE GUSTA...
Ricardo Sícora, 18 años Caracas, Venezuela	ir al cine	jugar al basquetbol
Adriana Bolini, 28 años Buenos Aires, Argentina	cocinar	jugar al tenis
Raúl Saucedo, 20 años México, D.F., México	salir a bailar	ver un partido de fútbol
Carlos Padilla, 21 años México, D.F., México	ver la televisión	jugar al voleibol
Carla Espinosa, 22 años San Juan, Puerto Rico	ir de compras	ir a la playa

E1: ¿A quién le gusta *jugar al basquetbol*?
E2: A *Ricardo Sícora*.

E1: ¿Qué le gusta hacer a *Ricardo los sábados*?
E2: Le gusta *ir al cine*.

Actividad 9. Los gustos

Diga sí o no.

1. Durante las vacaciones me gusta...
   a. viajar
   b. dormir todo el día
   c. bailar en la noche
   d. andar en bicicleta
2. No me gusta...
   a. nadar en una piscina
   b. acampar
   c. jugar en la nieve
   d. patinar en el hielo
3. Por la noche a mis padres les gusta...
   a. ver la televisión
   b. cenar en restaurantes elegantes
   c. ir a fiestas
   d. leer el periódico
4. A mi profesor(a) de español le gusta...
   a. ir a fiestas
   b. hacer ejercicio
   c. dormir
   d. llevar ropa elegante

Actividad 10. Entrevistas: ¿Qué te gusta hacer?

E1: ¿Te gusta *viajar*?
E2: Sí, me gusta mucho viajar. (No, no me gusta viajar.)

Lectura: (As this is the first formal narrative, see how to introduce first reading in IM, p. 23.)

Here is a suggested sequence: First ask students to scan reading for general topic (*actividades, lo que le gusta, lo que hace Raúl,* etc.). Read passage aloud very slowly, pausing frequently. Use exaggerated intonation and gesture wherever possi-

1. ver la televisión
2. cenar en restaurantes
3. pescar
4. bailar en discotecas
5. escribir cartas
6. viajar en carro
7. escuchar música
8. cocinar
9. tomar fotos
10. trabajar

LECTURA   Los amigos hispanos: Las actividades de Raúl

Raúl Saucedo es de la Ciudad de México, pero estudia ingeniería° en la Universidad de Texas en San Antonio. Raúl conoce° a varios de los estudiantes de español de la profesora Martínez. A veces° conversa con ellos en inglés y a veces en español, porque sus amigos necesitan practicar. A Raúl le gustan mucho los deportes, especialmente el fútbol. Los sábados en la mañana le gusta jugar al fútbol con sus amigos latinos.° Además,° a Raúl le gusta levantar pesas° y nadar en la piscina de la universidad. Los sábados por la noche generalmente le gusta ir al cine con sus amigos norteamericanos o ir a bailar en las discotecas. Los domingos por la noche le gusta salir a pasear° y charlar° con sus amigos.

engineering
knows
A... Sometimes

Latin American / Besides
levantar... lift weights

to go for a walk / conversar

ble to make meaning clear. Read key words slowly, but quickly pass over function words and other words and phrases not essential to the main points. Convey to students that (1) they should not translate into English, and (2) they need not understand every word. Pause and add comments or ask questions that will aid comprehension. For example, after the first line you might add, *La Ciudad de México es la capital, ¿verdad? Raúl estudia ingeniería. Es difícil la ingeniería, ¿verdad?* After the second line, ask for the names of students in Professor Martínez's class. After you have gone through the passage, have students reread it silently, concentrating on comprehension without translating to English. Then retell the narration in your own words, stressing main points. Pause frequently to see if students can finish the sentence you have started. Finally ask the true/false questions and allow volunteers to answer. Stress throughout that reading is not translation. Note that probably only your more advanced students will be able to answer *¿Y usted?, #2.*

¿Cierto o falso?

1. Raúl es norteamericano.   2. Raúl es estudiante en la Universidad de México.   3. A Raúl le gusta el fútbol.   4. A Raúl no le gusta hacer ejercicio.   5. Los domingos le gusta ir al cine.

¿Y usted?

1. ¿Qué le gusta hacer a usted los fines de semana?   2. Describa un fin de semana típico en su vida.

Estos tres jugadores se entrenan (*train*) para un partido de jai alai.

NOTA CULTURAL   Los deportes

Hay lugares en Chile, como Farellones, adonde va mucha gente a esquiar.

A los hispanos les gustan mucho los deportes, especialmente el fútbol,* que es el deporte más popular en el mundo hispano. Hay muchos equipos en las escuelas, en los clubes y en las vecindades.° Otro de los deportes que los hispanos practican mucho es el béisbol. Este deporte, de origen norteamericano, es muy popular en Puerto Rico, Cuba, Venezuela y la República Dominicana.

Los hispanos también practican deportes individuales, el esquí y la natación,° por ejemplo. Hay lugares° en España, como Baqueira de los Pirineos, adonde va° mucha gente a esquiar. Y en Chile y Argentina también se practica mucho el esquí. Un deporte muy popular en España y Latinoamérica es el jai alai, un juego de origen vasco.° En el jai alai participan sólo dos jugadores,° que tienen que ser ágiles y rápidos. El jai alai es un deporte que requiere mucha destreza.°

En muchas ciudades del mundo hispano hay gimnasios donde es posible jugar al ráquetbol y al tenis, nadar, darse un baño de vapor,° correr, levantar pesas, hacer gimnasia o ejercicios aeróbicos.

El entusiasmo por los deportes es sin duda un rasgo° importante del carácter hispano.

neighborhoods

swimming / places
go

Basque
players

skill

baño... steam bath

characteristic

*****Fútbol** es *soccer*; **fútbol norteamericano** es *football*.

Comprensión

1. ¿En qué países se practica mucho el béisbol?   2. ¿Qué deportes individuales se practican en el mundo hispano?   3. ¿Qué puede hacer la gente en un gimnasio?

DATOS PERSONALES: EL TELÉFONO Y LA DIRECCIÓN

¡OJO!   *Estudie Gramática 1.6–1.7.*

UNIVERSIDAD NACIONAL AUTÓNOMA DE MÉXICO

Nombre: Carlos Padilla
Dirección: Calle Juárez 528
Teléfono: 5-66-57-42
Fecha de Nacimiento: 26-II-69
Sexo: M   Edo. Civil: soltero
Ojos: negros   Pelo: castaño
Ciudadanía: mexicana
Nº. de Estudiante: 156-87-40-94

UNIVERSIDAD COMPLUTENSE DE MADRID

Nombre: Pilar Álvarez
Dirección: Calle Almendras 481
Teléfono: 4-71-94-55
Fecha de Nacimiento: 4-IV-68
Sexo: F   Edo. Civil: soltera
Ojos: castaños   Pelo: castaño
Ciudadanía: española
Nº. de Estudiante: 115-38-95-42

Actividad 11. El pasaporte

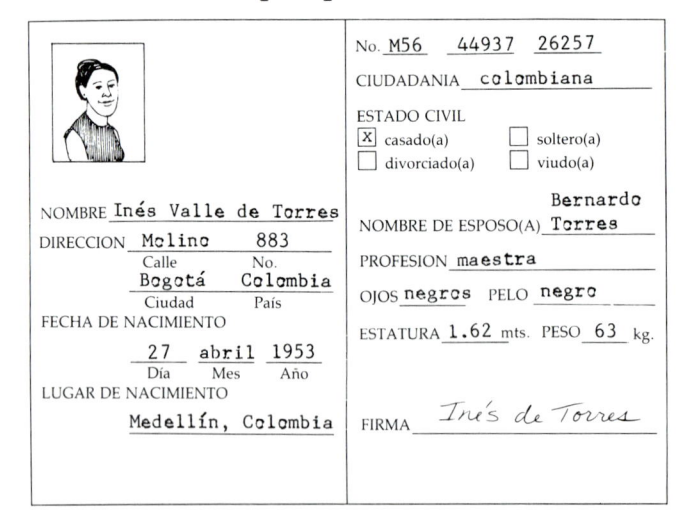

No. M56   44937   26257
CIUDADANIA colombiana
ESTADO CIVIL
[X] casado(a)   [ ] soltero(a)
[ ] divorciado(a)   [ ] viudo(a)

NOMBRE Inés Valle de Torres
DIRECCION Molino 883
         Calle   No.
         Bogotá   Colombia
         Ciudad   País
FECHA DE NACIMIENTO
  27 abril 1953
  Día Mes   Año
LUGAR DE NACIMIENTO
  Medellín, Colombia

NOMBRE DE ESPOSO(A) Bernardo Torres
PROFESION maestra
OJOS negros   PELO negro
ESTATURA 1.62 mts.   PESO 63 kg.
FIRMA Inés de Torres

1. ¿Cómo se llama la señora?   2. ¿Dónde vive?   3. ¿En qué mes nació?   4. ¿Es casada o soltera?   5. ¿De qué color son sus ojos?

Mi familia y mis actividades favoritas   **43**

text. Then pair students off and let them ask each other questions in the activity.
  Ditto off a blank passport and have students fill in their own information. Then have students exchange passports and ask *¿Quién tiene el pasaporte de _____? ¿Dónde vive _____? ¿Cuál es la fecha de nacimiento de _____?*, etc. A variation on this is to distribute blank passports and pair students up. One student is tourist; the other is passport official. Official asks appropriate questions of tourist to fill out passport. Make a list of appropriate questions and write them on the board before students begin this variation of the passport activity. New words: *divorciado/a, donde, estatura, firma, kilogramo, lugar de nacimiento, mes, metro, nació, pasaporte, peso, profesión, viudo/a, vive.*

Act. 12. All fill-ins require truthful answers; answers will vary from student to student. New words: *te llamas, vives.*

Act. 13. Review alphabet with students. Introduce expressions *sin/con (h).* Read model dialogue; then have students do this interaction several times with their own and fictitious names. Another possibility is to have the partner write down the *apellido* as spelled by the first person. New words and expressions: *No entendí bien, ¿Cómo se escribe?, alfabeto, letra.*

Act. 14. First remind students that they should not expect to understand every word in an authentic text, even in a short ad like this. Read the ad aloud for students, pausing to emphasize key words. Then ask questions like the following: *¿Cómo se llaman las tres amigas? Busquen una palabra que describe la personalidad de las chicas. ¿En qué calle vive Isabel? ¿En qué ciudad?* (Have students look for Huesca on map of Spain.) After students have read the short ad ask them to write one of their own. *Escriba su propio anuncio. Descríbase y diga qué le gusta hacer en su tiempo libre.* No new words from this activity are included in the *Vocabulario*.

Actividad 12. Diálogo abierto: ¿Dónde vives?

E1: ¿Cómo te llamas?
E2: _____. ¿Y tú?
E1: _____. ¿Dónde vives?
E2: En la calle _____, número _____. ¿Y tú?
E1: Vivo en la calle _____, número _____.
E2: ¿Cuál es tu número de teléfono?
E1: Es el _____. ¿Tienes teléfono tú?
E2: Sí, es el _____.

Actividad 13. Interacción: ¿Cómo se escribe?

Usted habla por teléfono con la operadora.

MODELO: OPERADORA: Su nombre y apellido, por favor.
         USTED: Ted Klamath.
         OPERADORA: Perdón, no entendí bien. ¿Cómo se escribe su apellido?
         USTED: Ca-ele-a-eme-a-te-hache.

OPERADORA: Su nombre y apellido, por favor.
USTED: _____.
OPERADORA: Perdón, no entendí bien. ¿Cómo se escribe su apellido?
USTED: _____.

Actividad 14. La correspondencia

Tres amigas

Hola, somos tres amigas: Gloria, Tere e Isabel, de 15, 16 y 17 años, respectivamente. Desearíamos mantener correspondencia con chicos y chicas de nuestra edad. Somos muy simpáticas y prometemos responder a todos nuestros amigos, que esperamos sean muchos. Gracias. Podéis escribir a: *Consuelo Velázquez Ruiz, Calle Joaquín Roig, 2, 1° B. 22006 Huesca.*

1. ¿Cuántos años tienen estas chicas?   2. ¿Cuál es la dirección para escribir?   3. ¿Con quiénes quieren corresponder estas chicas?

LECTURAS   Los amigos hispanos: Pilar y Ricardo

BUSCO[1] AMIGOS Pilar Álvarez, 22 años, estudiante de diseño[2] y artes gráficas; alegre, expresiva. Me gustan las fiestas, la música y la ropa a la moda.[3] En mi tiempo libre me gusta escribirles cartas a mis amigos de todo el mundo. Quiero entablar[4] correspondencia con chicos y chicas de mi edad. Escriban a: Calle Almendras 481, Madrid, España.

---
[1]*I'm looking for*   [2]*design*   [3]*a... fashionable*   [4]*Quiero... I want to begin*

¿Cierto o falso?

1. Pilar es muy tímida.   2. A Pilar no le gusta escribir cartas.   3. A Pilar le gusta la ropa a la moda.   4. Pilar busca amigos mayores que ella.

BUSCO AMIGOS EN ESPAÑA Ricardo Sícora, 18, venezolano; estudiante de secundaria. Alto, delgado, bien parecido; me gusta la música rock y las películas de detectives; soy aficionado[1] a los deportes, en especial al fútbol. El año próximo voy a[2] estudiar derecho[3] en la Universidad Complutense de Madrid. Quiero conocer[4] jóvenes de mi edad en España, gente agradable, activa, moderna, inteligente. Dirección: Avenida Simón Bolívar 482, Caracas, Venezuela.

---
[1]*fan*   [2]*voy... I'm going to*   [3]*law*   [4]*to meet*

¿Cierto o falso?

1. Ricardo es mexicano.   2. Ricardo es bajo y gordo.   3. A Ricardo le gusta la música rock.   4. A Ricardo no le gusta el fútbol.   5. Ricardo va a vivir en Portugal el año próximo.

Perro busca perra

Soy un caniche macho, todo blanco, de cerca de dos años, y busco una guapa novia de mi misma raza. Hasta la vista y os espero.
Wilfredo Casares Muñoz, Calle Miguel Hernández, 20, 2.°. 46920 Mislata, Valencia.

VOCABULARIO

La familia *Family*
la abuela	grandmother
el abuelo	grandfather
los abuelos	grandparents
la esposa	wife
el esposo	husband
los esposos	husband and wife
el gemelo/la gemela	twin
los hermanos	brothers and sisters; siblings
los hijos	children; sons and daughters
la madre	mother
la nieta	granddaughter
el nieto	grandson
los nietos	grandchildren
el padre	father
los padres	parents
los primos	cousins

REPASO: la hermana/el hermano, la hija/el hijo, la prima/el primo

Las lenguas y las nacionalidades
Languages and Nationalities

Alemania	Germany
el alemán	German (*language*)
alemán/alemana	German (*nationality*)
Argentina	Argentina
argentino/a	Argentinean
Brasil	Brazil
brasileño/a	Brazilian
Canadá	Canada
canadiense	Canadian
China	China
el chino	Chinese (*language*)
chino/a	Chinese (*nationality*)
España	Spain
el español	Spanish (*language*)
español(a)	Spanish (*nationality*)
los Estados Unidos	the United States
(norte)americano/a	North American
Francia	France
el francés	French (*language*)
francés/francesa	French (*nationality*)
Inglaterra	England
el inglés	English (*language*)
inglés/inglesa	English (*nationality*)
Italia	Italy
el italiano	Italian (*language*)
italiano/a	Italian (*nationality*)
Japón	Japan
el japonés	Japanese (*language*)
japonés/japonesa	Japanese (*nationality*)
México	Mexico
mexicano/a	Mexican
Portugal	Portugal
el portugués	Portuguese (*language*)
portugués/portuguesa	Portuguese (*nationality*)
Rusia	Russia
el ruso	Russian (*language*)
ruso/a	Russian (*nationality*)

Los deportes y los juegos *Sports and Games*

andar en bicicleta	to ride a bike
hacer ejercicio	to exercise
jugar	to play
nadar	to swim
el partido	game, match
patinar	to skate
pescar	to fish

PALABRAS SEMEJANTES: el basquetbol, el béisbol, el fútbol, el tenis, el voleibol

Las actividades favoritas *Favorite Activities*

acampar	to go camping
bailar	to dance
cenar	to dine, eat dinner
cocinar	to cook
dormir	to sleep
escribir	to write
escuchar	to listen
hacer	to do; to make
ir	to go
de compras	shopping
de vacaciones	on vacation
leer	to read
el periódico	the newspaper
llevar	to wear; to take

salir	to go out
tomar (fotos)	to take (photos)
trabajar	to work
ver	to see
ver una telenovela	to watch a soap opera
ver la televisión	to watch television
viajar	to travel

Los datos personales *Personal Data*

el apellido	last name
la calle	street
casado/a	married
la ciudadanía	citizenship
la dirección	address
divorciado/a	divorced
¿Dónde vive usted?	Where do you (*pol.*) live?
¿Dónde vives tú?	Where do you (*inf.*) live?
Vivo en…	I live at . . .
el estado civil	marital status
la estatura	height
la fecha de nacimiento	birthdate
la firma	signature
el kilo(gramo)	kilogram
el lugar de nacimiento	birthplace
nació	he/she was born
el peso	weight
soltero/a	single
viudo/a	widowed

PALABRAS SEMEJANTES: el pasaporte, la profesión, el sexo

Los lugares *Places*

el cine	movie theater; movies
la discoteca	discotheque
el metro	subway
la piscina	swimming pool
la playa	beach
el restaurante	restaurant

Los sustantivos *Nouns*

el carro	car
la carta	letter
el día	day
el dibujo	drawing
la fiesta	party
el fin de semana	weekend
sábado	Saturday
domingo	Sunday
el helado	ice cream
el hielo	ice
el mes	month
la nieve	snow

PALABRAS SEMEJANTES: la computadora, la música, el operador/la operadora

Palabras y expresiones útiles *Useful Words and Expressions*

¿Cómo se escribe… ?	How do you spell . . . ?
Conteste(n).	Answer.
¿cuál?	which?
¿dónde?	where?
no entendí	I didn't understand
Le gusta…	You (*pol.*) like to . . . ; He/She likes to . . .
Me gusta…	I like to . . .
Te gusta…	You (*inf.*) like to . . .
por favor	please
todo/a	all, everything

PALABRAS SEMEJANTES: elegante, perdón

GRAMÁTICA Y EJERCICIOS

1.1. Possession: *tener, de(l)*

There are several ways of expressing possession in Spanish, just as in English. Unlike English, Spanish does not use an apostrophe and *s*.

A. Perhaps the simplest way of expressing possession is to use the verb **tener** (*to have*): **tengo, tienes, tiene, tenemos, tienen.**

> Profesora Martínez, ¿**tiene** usted un automóvil nuevo? —Sí, **tengo** un Toyota verde.
>
> *Professor Martínez, do you have a new automobile? —Yes, I have a green Toyota.*

B. The verb **ser** (*to be*) followed by the preposition **de** (*of*) can also be used to express possession. The equivalent of the English word *whose* is **¿de quién?** (literally, *to* or *of whom?*).

> ¿**De quién es** el cuaderno? —**Es de** Carmen.
>
> *To whom does the notebook belong? —It's Carmen's.*

C. The preposition **de** (*of*) followed by the masculine article **el** (*the*) contracts to **del** (*of the*).

> ¿**De quién es** el bolígrafo? —**Es del** profesor.
>
> *Whose pen is this? —It's the professor's.*

The other combinations of **de** + article do not contract.

> Los zapatos **de la** niña son nuevos.
>
> *The girl's shoes are new.*

Ejercicio 1

Diga qué tienen estas personas que están en la clase de la profesora Martínez. Use las formas del verbo **tener**.

MODELO: Luis <u>tiene</u> una bicicleta negra.

1. Nora _____ una chaqueta negra.
2. Esteban y yo _____ un coche viejo.
3. Mónica, tú no _____ el libro de español, ¿verdad?
4. (Yo) _____ dos lápices y un cuaderno sobre mi pupitre.
5. Nora y Alberto no _____ hijos, ¿verdad?

Ejercicio 2. ¿De quién son estas cosas?

MODELO: Esteban → El bolígrafo es de Esteban.

1. la profesora Martínez
2. Luis 
3. Nora 
4. Mónica 
5. Alberto 
6. Carmen 

1.2. Possession: Possessive Adjectives

Possession can be indicated by the following four possessive adjectives.*

mi	*my*
tu[†]	*your (inf. sing.)*
nuestro/a	*our*
su	*your (pol. sing.; pl.), his, her, their*

¿**Mi** hermano? Tiene treinta y cinco años.
My brother? He's thirty-five.

¿De qué color es **tu** carro nuevo? —Es blanco.
What color is your new car? —It's white.

Nuestro/a agrees in gender and number with the noun that follows.

Nuestra profesora es Adela Martínez.
Our professor is Adela Martínez.

Possessive adjectives must be plural in form if the noun that follows is plural.

Gustavo, **tus** hermanas son muy bonitas.
Gustavo, your sisters are very pretty.

Mis padres tienen un carro viejo pero bueno.
My parents have an old but good car.

1.2. The use of possessive adjectives is the most important point in this section. Students have heard possessives extensively in your speech during the activities of *Pasos A* and *B*. The most difficult thing about possessive adjectives is the multiple-reference potential of *su* (his, her, their, your). The fact that *su* corresponds to various English possessives is usually no problem to comprehension, since its meaning is clear from context. However, when students begin to produce Spanish, many will search for a single equivalent for "his" or for "her." The other problematic point is plural agreement. A beginner expects *su* to correspond to "his" and *sus* to "their." You will probably have to re-explain the meanings of *su/sus* in class and give several additional examples. Choose a male and a female volunteer and follow up your explanation of *su(s)* with a series of questions about their clothing. Emphasize the use of *su(s): Miren los pantalones de Brian. Sus pantalones son grises, ¿verdad? Y su camisa: ¿de qué color es su camisa? Y la blusa de Kelly: ¿es roja su blusa?*, etc. (You may wish to point out that using the Spanish possessive *su* is easier than English since it's not necessary to distinguish between "his," "her," "your," and "their.")

---
*Recognition: **Vuestro/a** is the possessive adjective corresponding to **vosotros/as**.
[†]**Tú** (with an accent mark) corresponds to English *you*; **tu** (without an accent mark) corresponds to English *your*.

Nuestros abuelos son italianos.   *Our grandparents are Italian.*

Keep in mind that the pronoun **su(s)** can have various meanings: *your, his, her,* and *their*. The context normally clarifies to whom **su(s)** refers.

Luis no tiene **sus** libros.   *Luis doesn't have his books.*
El señor y la señora Ruiz tienen **su** coche aquí.   *Mr. and Mrs. Ruiz have their car here.*

Ej. 3. Several answers are possible, but instruct students to choose the best one.

Ejercicio 3. ¿Mi(s), tu(s), su(s) o nuestro/a(s)?

MODELO: Estela, ¿dónde están <u>sus</u> hijos?

1. Mi novia no tiene _____ libro de matemáticas.
2. El profesor no tiene _____ lentes.
3. No tienes _____ reloj, ¿verdad?
4. No tengo _____ zapatos de tenis.
5. No tenemos _____ cuadernos.
6. Los señores Ramírez no tienen _____ carro aquí.
7. Gustavo no tiene _____ libro de español.
8. Estela y Ernesto no tienen _____ automóvil todavía.
9. Graciela, _____ ojos son muy bonitos.
10. No tengo _____ bicicleta aquí.

Ej. 4. Do in class as oral pair work.

Ejercicio 4. Los amigos hispanos

Complete los diálogos con la forma apropiada del adjetivo posesivo.

1. PATRICIA: Cristina, _____ perro, Sultán, es muy inteligente.
   CRISTINA: Gracias, Patricia, pero no es _____ perro. Es de Carlos.
2. CLARA: Pilar, ¿tienen un carro _____ padres?
   PILAR: Sí, _____ padres tienen un Seat rojo.
3. JOSÉ: ¿Cómo se llama el novio de Pilar?
   ANA: _____ novio se llama Andrés.
4. ABUELA: Marisa y Clarisa, ¡qué bonitos son _____ vestidos! ¿Son nuevos?
   LAS GEMELAS: Sí, abuelita. Y _____ zapatos son nuevos también.

1.3. Adjectives of Nationality

1.3. Use this opportunity to review adjective agreement with the gender of the referent.

A. As you know, adjectives that end in **-o/-a** have four forms: **rojo, roja, rojos, rojas.** Adjectives of nationality that end in **-o/-a** also have four forms.

	SINGULAR	PLURAL
Masculine	chino	chinos
Feminine	china	chinas

> Victoria no es **china,** pero habla chino muy bien.
> *Victoria is not Chinese, but she speaks Chinese very well.*

Adjectives of nationality and the names of languages are not capitalized in Spanish as they are in English. Names of countries are capitalized in both languages: **Francia** (*France*).

B. Adjectives of nationality that end in a consonant have four forms also.

	SINGULAR	PLURAL
Masculine	inglés*	ingleses
Feminine	inglesa	inglesas

> John es **inglés,** pero su madre es **española.**
> *John is English, but his mother is Spanish.*

C. Adjectives of nationality that end in **-e** have only two forms.

	SINGULAR	PLURAL
Masculine/Feminine	canadiense	canadienses

Ej. 5. Instruct students to make a guess based on the name.

Ejercicio 5

¿De qué nacionalidad son estas personas? Escoja entre **español/española, francés/francesa, italiano/italiana, inglés/inglesa, alemán/alemana, japonés/japonesa** y **chino/china.**

> MODELO: el señor Shaoyi He → Es chino.

1. la señorita Fernández 2. el señor Watanabe 3. el señor Hartenstein 4. la señora Lemieux 5. la señorita Cardinale 6. la señorita Tang 7. el señor Thatcher

1.4. Present Tense of Regular -*ar* Verbs

A. The verb form listed in the dictionary and in most vocabulary lists is called an *infinitive.* In Spanish most infinitives end in **-ar** (**llamar, llevar**), but some end in **-er** (**tener**) or in **-ir** (**vivir**). The forms of a verb are called its *conjugation.* Here is the present-tense conjugation of the **-ar** verb **hablar.**† Notice how the endings are added to the stem (the infinitive minus the **-ar** ending).

1.4. This section expands the idea of verb conjugation and person/number agreement. The concept of verb endings was introduced in *Gramática A.6* and re-entered with the verb *tener* in B.7.

Suggestion: write on board the five forms of *hablar* followed by various languages (or use any other regular -*ar* verb you wish). Tell students you will begin sentences that they must end with the correct verb: *Nora y su madre no... hablan chino. Mi madre y yo... hablamos inglés.*

---

*See the *Cuaderno de trabajo,* **Capítulo 2,** for details on written accent marks.
†Recognition: **vosotros/as habláis**

hablar (to speak)		
(yo)	habl + o	I speak
(tú)	habl + as	you (inf. sing.) speak
(usted, él/ella)	habl + a	you (pol. sing.) speak; he/she speaks
(nosotros/as)	habl + amos	we speak
(ustedes, ellos/as)	habl + an	you (pl.), they speak

B. Because Spanish verb endings in many cases indicate who or what the subject is, it is not necessary to mention the subject explicitly in every sentence. That is why the pronouns are included in parentheses in the preceding table.

¿Hablas español? —Sí, y hablo inglés también.

Do you speak Spanish? —Yes, and I speak English too.

Paying attention to verb endings in spoken and written Spanish will help you to know who or what is performing the action. Using the correct endings when you speak will help your listener understand what you are trying to communicate.

Ej. 6. Assign as written homework and ask students to check their answers in answer key.

Ejercicio 6

Estamos en una fiesta en casa de Esteban. Complete con una forma correcta del verbo **hablar.**

1. Esteban, las dos chicas rubias ____ alemán, ¿verdad?
2. Mónica, ¿____ francés tu padre?
3. Alberto y Luis no ____ francés.
4. Nora, ¿____ tú chino?
5. No, yo no ____ chino, pero ____ un poco de japonés.

Ej. 7. This is the first of several "chart" exercises that appear from time to time in the grammar section. These exercises use one or more major grammatical structures in a meaningful context. Do the exercise first, stressing comprehension of the structures. If a statement is wrong, ask students to correct it. Follow up by having them pair off and make up true/false statements about the illustrations. In this exercise, introduce the words *pregunta* and *dice* if they are unfamiliar to students. Introduce the word *nadie* to correct statement 5. Note that *coche* appears in #6 and 8. *Coche* is used in Mexico City and Spain, *carro* in other parts of Mexico and in the Caribbean.

Ejercicio 7. ¿Cierto o falso?

¿Qué lenguas hablan los amigos hispanos? Conteste según el dibujo.

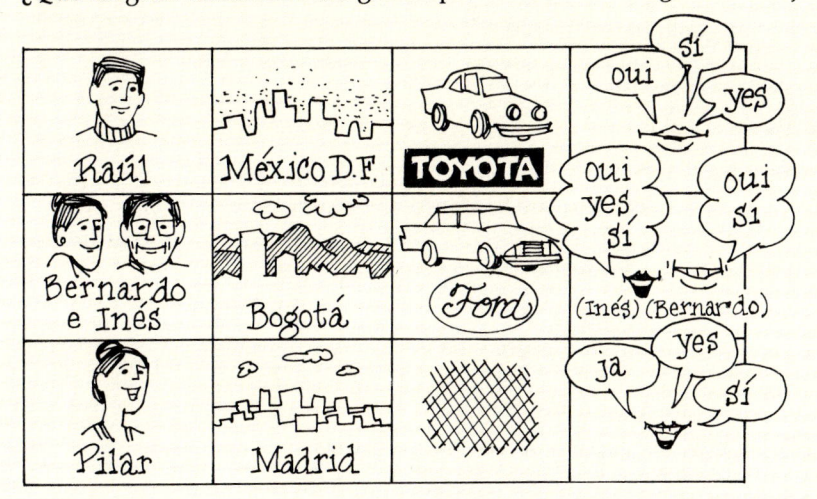

1. El hombre que tiene un Toyota es de Bogotá y habla tres lenguas.
2. La mujer que habla alemán es de Madrid.
3. El muchacho de México no habla francés, pero habla inglés y español.
4. Carmen pregunta: «Bernardo, ¿hablan inglés usted y su esposa?» Él contesta: «Yo no hablo inglés, pero mi esposa Inés habla inglés, francés y japonés».
5. Una de las mujeres habla cuatro lenguas.
6. Alberto pregunta: «Raúl, ¿hablas chino?» Raúl contesta: «Yo no, pero la muchacha que no tiene coche habla chino muy bien».
7. Bernardo e Inés Torres dicen: «Los dos hablamos francés, pero Bernardo no habla inglés».
8. Raúl dice: «Tengo un coche de Japón pero no hablo japonés».

1.5. Expressing Likes and Dislikes: *gustar* + Infinitive

A. The Spanish verb **gustar** expresses the meaning of English *to like*. From a grammatical point of view, however, it is used similarly to the English expression *to be pleasing to someone*.

A Carmen **le gusta** leer.   *Carmen likes to read.*

The verb **gustar** is usually used with pronouns that tell *to whom* something is pleasing. Here are the pronoun forms.*

me	to me	nos	to us
te	to you (inf.)		
le	to you (pol.)	les	to you (pl.)
le	to him	les	to them
le	to her		

¿Qué **te** gusta hacer? —**Me** gusta aprender cosas nuevas.   *What do you like to do? —I like to learn new things.*

¿Qué **les** gusta hacer? —**Nos** gusta cocinar.   *What do you like to do? —We like to cook.*

B. Since **le gusta** can refer to *you, him,* or *her,* and **les gusta** can refer to *you (pl.)* or *them,* you may expand the sentence to be more specific. Use phrases with **a** (*to*) like **a mi papá** (*to my father*), **a Juan** (*to Juan*), and **a los estudiantes** (*to the students*), but do not forget the pronoun **le** or **les**.

¿**A usted le** gusta lavar su carro? —No, no **me** gusta.   *Do you like to wash your car? —No, I don't like to.*

---

*Recognition: **Os gusta** is the form corresponding to **vosotros/as**.

Les gusta acampar a Gustavo y a Ernestito? —Sí, **les** gusta mucho.

Do Gustavo and Ernestito like to go camping? —Yes, they like to a lot.

C. The verb form that follows **gustar** is an infinitive. An infinitive in Spanish always ends in **-r,** preceded by **a** as in **hablar** (*to speak*), **e** as in **comer** (*to eat*), or **i** as in **vivir** (*to live*).

me			estudiar (*to study*)
te			jugar (*to play*)
le	+	gusta +	comer (*to eat*)
nos			correr (*to run*)
les			escribir (*to write*)

Ejercicio 8

La profesora Martínez le hace muchas preguntas a Esteban. Éstas son las respuestas de Esteban. Use **le** o **les.**

1. A mi madre no _____ gusta cocinar.
2. A mi padre _____ gusta jugar al golf.
3. A mi perro _____ gusta correr.
4. A mis primas _____ gusta hablar por teléfono.
5. A mi novia _____ gusta montar a caballo.
6. A mi hermanito no _____ gusta leer el periódico.
7. A mis abuelos _____ gusta ver la televisión.

Ejercicio 9

¿Qué les gusta hacer a Ernestito y a Gustavo? Complete los diálogos con **me, te, les** o **nos.**

1. MAESTRA: Ernestito, ¿_____ gusta andar en bicicleta?
   ERNESTITO: Sí, _____ gusta mucho. Tengo una bici nueva.
2. ERNESTITO: Gustavo, ¿_____ gusta jugar al béisbol?
   GUSTAVO: No, pero _____ gusta jugar al fútbol.
3. PEDRO: Ernestito y Gustavo, ¿_____ gusta escuchar la música rock?
   LOS CHICOS: ¡Claro que sí! _____ gusta mucho.

1.6. The Spanish Alphabet

LETTER	NAME	EXAMPLE
a	a	Ana
b	be, be grande	Bárbara
c	ce	Celia
ch	che	Chelo
d	de	David
e	e	Ernesto
f	efe	Franco
g	ge	Gerardo
h	hache	Hortensia
i	i	Isabel
j	jota	Juan
k	ca	Kati
l	ele	Laura
ll	elle	Guillermo
m	eme	Miguel
n	ene	Nora
ñ	eñe	Íñigo
o	o	Olga
p	pe	Pedro
q	cu	Quintín
r	ere	Mario
rr	erre, doble ere	Roberto
s	ese	Sara
t	te	Tomás
u	u	Úrsula
v	uve, ve chica	Vicente
w	doble ve, ve doble, uve	Walter
x	equis	Ximena
y	i griega, ye	Yolanda
z	zeta	Zulema

1.6. This section is mainly for reference; you may wish to postpone or omit it entirely. Make sure students understand that Spanish speakers normally do not spell out complete words as English speakers do. Nor do Spanish-speaking children study a separate subject called spelling. (As far as we know, "spelling bees" do not exist in the Spanish-speaking world.) Keep in mind that the *Real Academia de la Lengua Española* recommends no distinction in pronunciation between the letters *b* and *v*, although many educated native speakers in Latin America have been taught that there should be a distinction, as there is in English or French.

A. The names of the letters are feminine: **la «ele», la «a», la «equis»**. The letters **ch** and **ll** are considered a single unit and thus affect alphabetization; for example, **chico** comes after **cumpleaños**. The combination **rr**, on the other hand, does not affect alphabetization, since it never appears as an initial letter. **Ch, ll,** and **rr** cannot be divided when splitting a word into syllables.

Since **b** and **v** are pronounced identically, speakers use different devices to differentiate them; the most common is to call one **la be grande** and the other **la ve chica** (or **la b larga** and **la v corta**). Many people say **la be de burro, la ve de vaca** (*the b in the word burro and the v in the word vaca*). The letters **k** and **w** are used mostly in words of foreign origin: **kilo, whisky**.

B. Spanish speakers normally do not spell out entire words, but rather tend to refer only to the letters that might cause confusion. For example, if the name is **Rodríguez,** one might ask, **¿Se escribe con zeta o con ese?** (*Is it written with a z or with an s?*), since most speakers pronounce these letters the same way. Common spelling questions asked by most Latin Americans are the following.

s, z	¿Con ese o con zeta?		y, ll	¿Con i griega o con elle?
c, s	¿Con ce o con ese?		g, j	¿Con ge o con jota?
c, z	¿Con ce o con zeta?			

Because the letter **h** is never pronounced, a common question is *With or without h?*

h   ¿Con o sin hache?

Only with foreign words (or perhaps very unfamiliar Spanish words) do Spanish speakers spell out the entire word.

—¿Cómo se escribe Dorwick, por favor?
—Se escribe: de, o, ere, doble ve, i, ce, ka.
—Gracias.

Ejercicio 10

Escoja la respuesta correcta.

MODELO: ¿Cómo se escribe ____apato?
   ⓐ con zeta
   b. con ese

1. ¿Cómo se escribe ____enar?
   a. con ce
   b. con zeta
2. ¿Cómo se escribe ____aponés?
   a. con ge
   b. con jota
3. ¿Cómo se escribe nue____o?
   a. con ve chica
   b. con be grande
4. ¿Cómo se escribe ____iudad?
   a. con ce
   b. con ese
5. ¿Cómo se escribe ____amar?
   a. con elle
   b. con i griega
6. ¿Cómo se escribe ____ermano?
   a. con hache
   b. sin hache
7. ¿Cómo se escribe ca____e?
   a. con elle
   b. con i griega
8. ¿Cómo se escribe ____acer?
   a. con hache
   b. sin hache
9. ¿Cómo se escribe piza____a?
   a. con ere
   b. con erre
10. ¿Cómo se escribe ma____or?
    a. con elle
    b. con i griega

1.7. Verb Endings: The Verb *vivir*

The verb **vivir** (*to live*) is used to tell where you live.

Pilar Álvarez **vive** en Madrid, España.   *Pilar Álvarez lives in Madrid, Spain.*

Here are the present-tense forms.*

vivir (*to live*)		
(yo)	vivo	*I live*
(tú)	vives	*you (inf. sing.) live*
(usted, él/ella)	vive	*you (pol. sing.) live; he/she lives*
(nosotros/as)	vivimos	*we live*
(ustedes, ellos/as)	viven	*you (pl.), they live*

Marta, ¿dónde **vives**? —**Vivo** en San Juan, Puerto Rico.   *Marta, where do you live? —I live in San Juan, Puerto Rico.*

Ejercicio 11

Aquí tiene algunas conversaciones en una fiesta de Rogelio Varela en San Juan, Puerto Rico. Seleccione la forma correcta del verbo **vivir**.

1. —¿Dónde ____, Carmen?
   —¿Yo? Yo ____ en la Avenida Ponce de León 4768.
2. —Eduardo, ¿____ tú en la Calle Tetuán o en la Calle Italia?
   —Yo ____ en la Calle Tetuán, esquina con la Avenida Central.
3. —Señor Figueroa, ¿____ usted cerca del Viejo San Juan?
   —No, yo ____ en Condado, en la Calle Aguadilla 53.
4. —Yo ____ en la Calle Luna en el Viejo San Juan. ¿Y tú, dónde ____?
   —Yo ____ en Hato Rey, en la Avenida Barranquitos.

---

*Recognition: **vosotros/as vivís**

1.7. The emphasis in this section is the verb *vivir*, not the *-ir* endings, which are formally introduced in *Capítulo 2*.

Ej. 11. Assign as written homework and ask students to check their answers in answer key.

GOALS—CHAPTER 2

The purpose of this chapter is to extend students' ability to produce longer phrases and even complete sentences. They will learn to use *ir + a, querer,* and *preferir* + infinitive to talk about plans, desires, and preferences. More numbers, including dates and ordinals, are introduced, along with expressions of weather and time.

PRE-TEXT ORAL ACTIVITIES

1. Use an association activity to introduce *ir* in the "informal future" construction: *ir + a +* infinitive. Ask students to think about something they are going to do during the weekend. Write on the board *El próximo fin de semana, yo voy a* ____. Encourage them to give you the activity in English so that you can give the Spanish equivalent and introduce new infinitives. Expand each response. Sample input: *Ricardo, ¿qué vas a hacer el próximo fin de semana?* (go to a party). Se dice «Voy a ir a una fiesta.» ¡Qué alegre! Una fiesta. ¿Vas solo o con amigos?

2. Use an association activity to introduce names of common classes students are taking. We suggest using the expression *¿Qué clases tienen este semestre/trimestre?*, although native speakers use a variety of expressions (*llevar/tener/tomar clases/cursos/materias*). Have each student name one class; then supply Spanish equivalent. Point out that curricula in Hispanic countries are not exactly equivalent, so sometimes classes do not correspond exactly. Try to include common core subjects: *biología, sociología, antropología, literatura,* etc. The term *la informática* is used here to mean data processing.

3. Use your PF to introduce weather terms (*hace frío/calor*) as you review vocabulary and structures from previous lessons. Sample input: *¿Qué hay en esta foto?* (mujer) *Sí, hay una mujer. ¿Qué le gusta hacer?* (nadar) *Sí, le gusta nadar. ¿Hace frío?* (use gestures) (no) *No, no hace frío, ¿verdad? Hace calor* (use gestures).

CAPÍTULO DOS

MIS PLANES Y PREFERENCIAS

METAS
In **Capítulo dos** you will learn to talk about your plans and preferences. You will also talk about important dates, your classes, and the weather.

Torreón, México

ACTIVIDADES ORALES Y LECTURAS

Las fechas y los cumpleaños «El horóscopo»
Los planes
La hora
Las clases «Nora Morales»
Las preferencias y los deseos
El tiempo «El tiempo libre»

GRAMÁTICA Y EJERCICIOS

2.1 Numbers to 1000 and Dates
2.2 The Informal Future: **ir** + **a** + Infinitive
2.3 Telling Time
2.4 Ordinals
2.5 Preferences and Desires: **preferir** and **querer** + Infinitive
2.6 Weather

ACTIVIDADES ORALES Y LECTURAS

LAS FECHAS Y LOS CUMPLEAÑOS

Use your PF to introduce the seasons. Write names of seasons on board and ask, ¿*Qué estación es?* Expand, using activities in the pictures. Sample input: ¿*Qué hay (ven) en la foto? ¿Hace buen tiempo? ¿Hace frío? ¿Qué estación es?* Then use the display to introduce months and birthdays. Write on the board *Nací en el mes de* ___. Give your birthday; then go around the room to find out months of students' birthdays. Then use the display to teach how Hispanics give dates: *el* ___ *de* ___. Repeat above activity with exact birthday. New words: months, seasons, days of the week, *cumpleaños, estación, fecha.*

¡OJO!   *Estudie Gramática 2.1.*

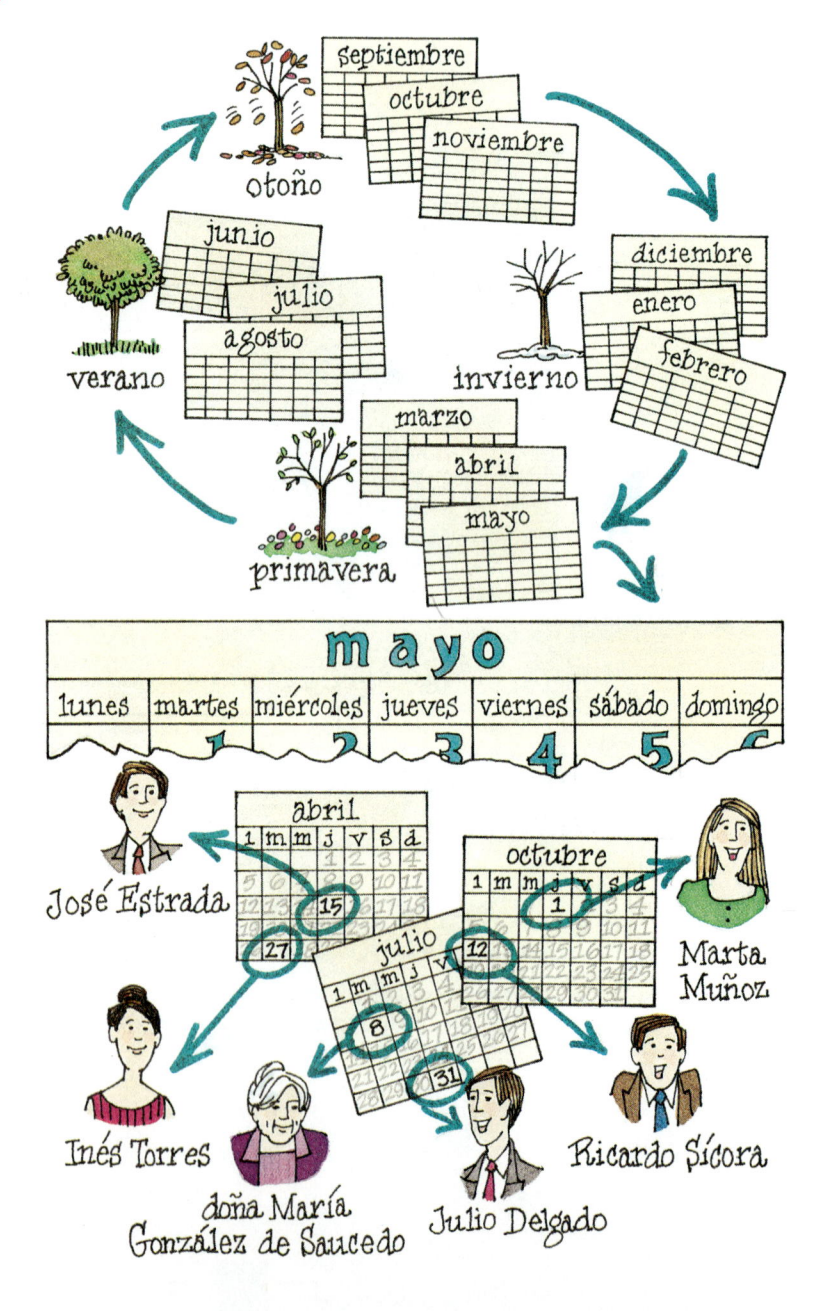

otoño — septiembre, octubre, noviembre
invierno — diciembre, enero, febrero
primavera — marzo, abril, mayo
verano — junio, julio, agosto

mayo

lunes	martes	miércoles	jueves	viernes	sábado	domingo
	1	2	3	4	5	

José Estrada — abril 15, 27
Marta Muñoz — octubre 1, 12
Inés Torres — julio 8
doña María González de Saucedo
Julio Delgado — julio 31
Ricardo Sícora

Mis planes y preferencias   **59**

Act. 1. Have students do interaction in pairs. New word: *¿cuándo?*

Actividad 1. Interacción: El cumpleaños

Mire el dibujo en la página 58.

E1: ¿Cuándo nació *José Estrada*?
E2: Nació el *quince de abril*.

Act. 2. Ask students to look at chart while you ask questions like *¿De dónde es Pilar Álvarez? ¿Cuál es el apellido de Carmen? ¿Quién nació en San Antonio? ¿En qué país está la ciudad de Caracas? ¿Quién nació el día cuatro? ¿En qué mes nació Nora?* Expand and personalize: *¿Quién en la clase nació en julio también?*

AA 1. Write about 15 dates on the board. Ask for three volunteers to come up and point to dates as you read them. (You may wish to write out numbers by hundreds from 100–1000 on board or overhead as reference.) Then dictate dates to students to write on a sheet of paper. Have them pair off and give "point-to" commands: *muéstreme mil novecientos cincuenta y ocho.*

Actividad 2. Interacción: Los amigos de Esteban Brown

NOMBRE	LUGAR DE NACIMIENTO	FECHA DE NACIMIENTO
Raúl Saucedo	Arenal, Jalisco, México	15 de octubre de 1971
Rogelio Varela	San Juan, Puerto Rico	30 de mayo de 1969
Pilar Álvarez	Madrid, España	4 de abril de 1968
Ricardo Sícora	Caracas, Venezuela	12 de octubre de 1972
Carmen Miller	Corpus Christi, Texas	23 de junio de 1971
Nora Morales	San Antonio, Texas	4 de julio de 1971

E1: ¿Quién nació el *30 de mayo de 1969*?
E2: *Rogelio Varela*.
E1: ¿Dónde nació?
E2: Nació en *San Juan, Puerto Rico*.

Act. 3. Have students copy chart onto a sheet of paper to do this autograph activity. New words: *aquí, naciste.*

AA 2. Lotería (bingo). Have students draw grid of 16 squares (or ditto off a grid). Dictate 25 numbers and have students choose any 16 to write in the boxes of grid. (The game is more interesting if they have to classify: numbers from 1 to 10 in the first row, from 10 to 20 in the second row, from 30 to 100 in the third, and from 101 to 1000 in the fourth—or any other combination you wish to use.) Then play *lotería*, calling out in random order the numbers you previously dictated.

Actividad 3. El cumpleaños

¿Quién en la clase nació en... ?

USTED: ¿Naciste en *junio*?
COMPAÑERO/A: Sí.
USTED: ¿Qué día?
COMPAÑERO/A: El *diez*.
USTED: Firma aquí, por favor.

MES	DÍA	FIRMA
enero	_____	_____
febrero	_____	_____
marzo	_____	_____
abril	_____	_____
mayo	_____	_____
junio	_____	_____
julio	_____	_____
agosto	_____	_____
septiembre	_____	_____
octubre	_____	_____
noviembre	_____	_____
diciembre	_____	_____

LECTURA

EL HORÓSCOPO

CAPRICORNIO (del 22 de diciembre al 20 de enero): Usted es una persona profunda, determinada y organizada. Es usted un soñador.[1] Tiene sentido del humor y una personalidad muy atractiva. Color: verde claro.

ACUARIO (del 21 de enero al 18 de febrero): Usted es una persona elegante, creativa y sofisticada. Es un poco idealista y muy independiente. Colores: rosado y blanco.

PISCIS (del 19 de febrero al 20 de marzo): Usted es muy trabajador[2] y muy independiente. No es celoso.[3] Color: amarillo.

ARIES (del 21 de marzo al 19 de abril): Usted es muy expresivo, activo y enérgico, tal vez[4] un poco impulsivo e impaciente. Color: rojo brillante.

TAURO (del 20 de abril al 20 de mayo): Usted es un poco temperamental. Es fiel a sus amigos. Tiene un buen sentido del humor. Colores: café oscuro y negro.

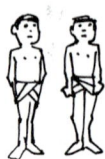

GÉMINIS (del 21 de mayo al 20 de junio): Usted es versátil, divertido,[5] muy sociable. No es muy sentimental. Le gusta[6] mucho conversar. La familia y los amigos son muy importantes en su vida.[7] Color: azul marino.[8]

CÁNCER (del 21 de junio al 22 de julio): Usted busca[9] la seguridad[10] y la buena vida. El dinero[11] es muy importante para usted. Es una persona activa y a veces[12] intensamente romántica. Colores: crema, amarillo y blanco.

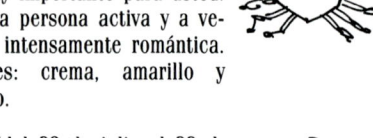

LEO (del 23 de julio al 22 de agosto): Usted es agresivo, persistente, dedicado. Tiene pocos pero buenos amigos. Es muy trabajador y entusiasta. Color: anaranjado.

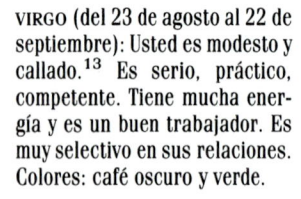

VIRGO (del 23 de agosto al 22 de septiembre): Usted es modesto y callado.[13] Es serio, práctico, competente. Tiene mucha energía y es un buen trabajador. Es muy selectivo en sus relaciones. Colores: café oscuro y verde.

LIBRA (del 23 de septiembre al 22 de octubre): Usted es sensible, artístico y un poco tímido. Tiene muchos amigos. Es muy jovial y amistoso.[14] Color: azul.

ESCORPIÓN (del 23 de octubre al 22 de noviembre): Usted es reservado, intuitivo y un poco tímido. Es romántico. Es también organizado y persistente. Colores: rojo y negro.

SAGITARIO (del 23 de noviembre al 21 de diciembre): Usted es entusiasta y optimista. Es sociable, honrado y también sincero. A veces es impulsivo y apasionado. Colores: azul oscuro y violeta o morado.

---

[1]*dreamer* [2]*hardworking* [3]*jealous* [4]tal... *perhaps* [5]*entertaining* [6]Le... *You like* [7]*life* [8]azul... *navy blue*
[9]Usted... *You seek* [10]*security* [11]*money* [12]a... *at times* [13]*quiet* [14]*friendly*

Mis planes y preferencias   **61**

GUIA ASTRAL PARA TODO EL AÑO

LILY SÜLLÖS
HOROSCOPO '88

Con los colores que corresponden a cada signo

Signo por signo.
Decanato por decanato.

PROGRAME SU FUTURO PARA TENER UN AÑO MEJOR CON LA ESPECIALISTA N° 1 DE LA ARGENTINA.

Todos los signos con ascendentes
El amor, el trabajo y la salud

EDITORIAL PERFIL

BUSQUELA EN SU QUIOSCO

Ask students to find words they recognize. They should be able to guess the meaning of sentence beginning Programe... Explain meaning of quiosco (also spelled kiosco).

LOS PLANES

These are the Ramírez's weekend activities. Ask questions like ¿Qué van a hacer Ernesto y Estela el viernes? Then ask students same questions: Y ustedes, ¿van a ir al cine el viernes también? New words: almorzar, dar una fiesta, lavar, para, película, plan, en la tarde. (Note: We have used en for expressions like en la tarde; some native speakers prefer por: por la tarde.)

¡OJO!   *Estudie Gramática 2.2.*

Los planes de Ernesto y Estela para el fin de semana

El viernes en la noche Ernesto y Estela van a ver una película.

También van a bailar en una discoteca.

El sábado Ernesto va a lavar el carro.

El sábado en la tarde, Ernesto y Estela van a dar una fiesta.

El domingo van a almorzar en un restaurante.

El domingo en la tarde Ernesto va a escribir una carta.

El domingo en la noche Estela va a escuchar música.

Actividad 4. ¿Qué vas a hacer?

Diga sí o no.

1. El sábado en la mañana voy a…
   a. reparar mi carro.
   b. pasear por el centro.
   c. dormir.
   d. ____.
2. El viernes en la noche mis padres van a…
   a. salir a cenar.
   b. ver la televisión.
   c. dar una fiesta.
   d. ____.
3. El domingo en la tarde mi hermano va a…
   a. limpiar su cuarto.
   b. practicar algún deporte.
   c. ir al cine.
   d. ____.
4. Durante las vacaciones mis amigos y yo vamos a…
   a. viajar.
   b. descansar.
   c. jugar al tenis.
   d. ____.
5. Este invierno voy a…
   a. esquiar.
   b. estudiar mucho.
   c. patinar en el hielo.
   d. ____.

Actividad 5. Diálogo: La fiesta de Rodolfo

Rogelio y Carla se saludan enfrente de la biblioteca de la Universidad de Puerto Rico.

ROGELIO: ¿Qué vas a hacer esta noche?
CARLA: No sé. ¿Qué vas a hacer tú?
ROGELIO: Quiero divertirme.
CARLA: Pues… yo creo que Rodolfo va a dar una fiesta. ¿Quieres ir?
ROGELIO: ¿Rodolfo? ¡Ay, no! Sus fiestas son siempre aburridas.
CARLA: Pero, Rogelio, si nosotros vamos a la fiesta, ¡no va a ser aburrida!

Mis planes y preferencias   63

Act. 6. Narration series. (See narration series, IM pp. 52–53.)
New words: *cereal, charlar, desayunar, jugo, tomar una siesta.*

¿Qué va a hacer Carmen el sábado? **1.** *Va a desayunar cereal y café.* **2.** *Va a hablar por teléfono con un amigo.* **3.** *Va a leer el periódico.* **4.** *Va a lavar el carro.* **5.** *Va a charlar con su amigo Alberto.* **6.** *Va a almorzar en un restaurante.* **7.** *Va a descansar (tomar una siesta).* **8.** *Va a jugar al tenis.* **9.** *Va a ir a la piscina para nadar.* **10.** *Va a escuchar música.* **11.** *Va a ver su programa favorito en la televisión.* **12.** *Va a salir a bailar en una discoteca.*

Actividad 6. ¿Qué va a hacer Carmen el sábado?

La hora: Use a clock with movable hands to teach how to tell time in Spanish. Begin with time on the hour. Teach the standard pattern: *Son las* ____. Then add *Son las* ____ *y* ____. On different days teach *cuarto/media*, and either *para* or *menos* to tell time before the hour. New words: *hora, media, medianoche, mediodía, menos, ¿qué hora es?*

LA HORA

¡OJO! *Estudie Gramática 2.3.*

¿Qué hora es?

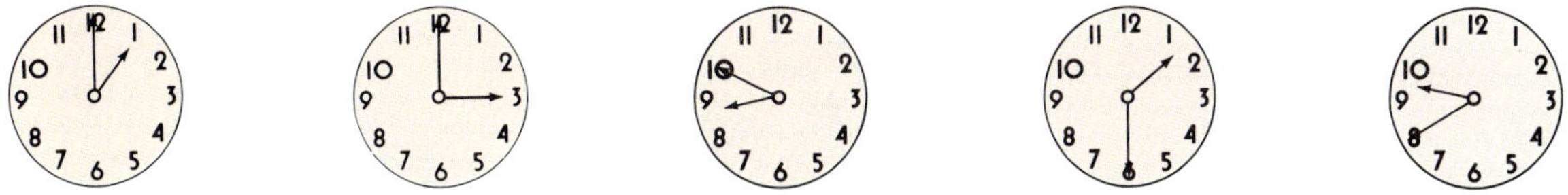

Es la una.   Son las tres.   Son las nueve menos diez.   Es la una y media.   Son las diez menos veinte.

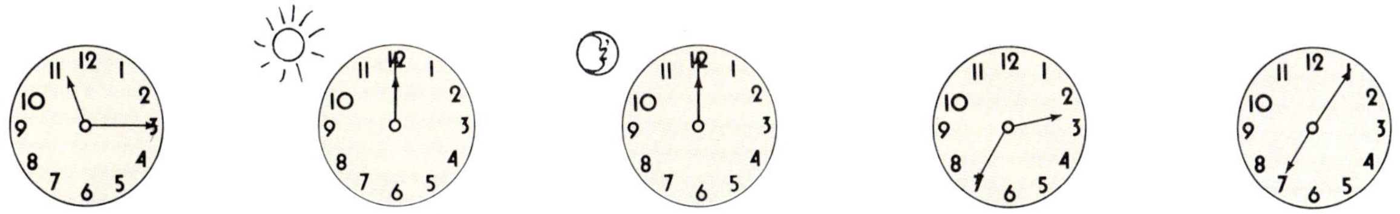

Son las once y cuarto.   Es mediodía.   Es medianoche.   Son las tres menos veinticinco. Son las dos y treinta y cinco.   Son las siete y cinco.

64 Capítulo dos

Act. 7. Say a specific time and have students point to the appropriate clock on their page. Then divide students into groups of two and let them practice asking ¿*Qué hora es?* and answering *Son las...* or *Es la...* .

Actividad 7. Interacción: ¿Qué hora es?

E1: ¿Qué hora es?
E2: Son las _____.

1.    2.    3.    4.    5.

6.    7.    8.    9.    10.

EL TIEMPO ESTA DE TU LADO.

es tu hora

V Viceroy

Actividad 8. Diálogos: ¿Qué hora es?

SEÑORA SILVA: Perdón, señor, ¿qué hora tiene?
DON ANSELMO: Son las siete y cuarto.
SEÑORA SILVA: Muchas gracias.

Actividad 9. Interacción: Programas de televisión

POR AMOR AL ARTE ■ T.V.

MIERCOLES/22

Primera Cadena

- 7,30.—Buenos días.
- 9,00.—Puesta a punto.
- 9,15.—La cesta de la compra.
- 9,30.—Los ricos también lloran.
- 10,00.—Directo en la noche.
- 11,00.—Más vale prevenir.
- 11,30.—Dinastía.
- 12,25.—Avance telediario.
- 12,30.—Teletexto.
- 13,55.—Cobertura regional.
- 15,00.—Telediario.
- 15,35.—Falcon Crest.
- 16,30.—La tarde.
- 17,20.—Avance Telediario.
- 17,25.—Letra pequeña.
- 17,50.—¡Hola, chicos!
- 18,00.—Barrio Sésamo.
- 18,30.—El cachorro Puppy.
- 19,00.—Tocata.
- 20,00.—Telediario.
- 20,30.—Fútbol: España-URSS.
- 22,30.—Sesión de noche.
- 0,35.—Telediario.
- 1,05.—Teledeporte.

Segunda Cadena

- 19,00.—Agenda informativa.
- 19,15.—Curso de francés.
- 19,30.—Música para usted.
- 19,45.—Artes populares.
- 20,00.—Viejos amigos.
- 20,15.—Perros (nueva serie).
- 20,30.—Con las manos en la masa.

VIERNES/24

Primera Cadena

- 7,30.—Buenos días.
- 9,00.—Puesta a punto.
- 9,15.—La cesta de la compra.
- 9,30.—Los ricos también lloran.
- 10,00.—Tocata.
- 11,30.—Dinastía.
- 12,25.—Avance Telediario.
- 12,30.—Teletexto.
- 13,55.—Cobertura regional.
- 15,00.—Telediario.
- 15,35.—Falcon Crest.
- 16,30.—La tarde.
- 17,20.—Avance Telediario.
- 17,25.—Un país de Sagitario.
- 17,50.—¡Hola, chicos!
- 18,00.—Barrio Sésamo.
- 18,30.—Sherlock Holmes.
- 19,00.—Chocky.
- 19,30.—Al galope.
- 20,00.—Más vale prevenir.
- 20,30.—Telediario.
- 21,05.—Punto y aparte.
- 21,15.—Un, dos, tres...
- 22,50.—Ana Karenina.
- 23,45.—Telediario.
- 0,20.—Teledeporte.

Segunda Cadena

- 19,00.—Agenda informativa.
- 19,15.—Curso de francés.
- 19,30.—Música para usted.
- 19,45.—Artes populares.
- 20,00.—Así es Hollywood.

DOMINGO/26

Primera Cadena

- 8,30.—Miradas.
- 9,30.—Concierto.
- 10,30.—Santa Misa.
- 11,30.—Pueblo de Dios.
- 12,00.—Estudio estadio.
- 15,00.—Telediario.
- 15,35.—Dragones y mazmorras.
- 16,00.—Autopista hacia el cielo.
- 16,55.—Si lo sé no vengo.
- 17,50.—Pumuky.
- 18,15.—De 7 en 7.
- 18,40.—Avance Estudio estadio.
- 18,45.—Haroun Tazieff cuenta su tierra.
- 19,35.—Punto de encuentro.
- 20,30.—Telediario.
- 21,05.—Mascarada.
- 22,00.—Musical.
- 22,55.—Estudio estadio.

Segunda Cadena

- 12,00.—Música y músicos.
- 13,00.—La pequeña Memole.
- 13,25.—Gente menuda.
- 14,10.—7 novias para 7 hermanos.
- 15,00.—Ciclo Cross.
- 16,15.—La buena música.
- 17,05.—Estrenos TV.
- 18,50.—Los Fraguel.
- 19,15.—Tauromaquia.

Hágale estas preguntas a un compañero (una compañera) de clase.

1. ¿Qué día es el programa «Pueblo de Dios»?
2. ¿A qué hora es el partido de fútbol el miércoles?
3. ¿A qué hora es el programa «Barrio Sésamo»?
4. ¿Qué días es el programa «Buenos días»?
5. ¿A qué hora es el programa «Dinastía»?
6. ¿Qué días y a qué hora es el programa «Telediario»?
7. ¿ ——— ?

LAS CLASES

¡OJO! *Estudie Gramática 2.4.*

UNIVERSIDAD DE PUERTO RICO
Nombre: Carla Espinosa

hora/día	lunes	martes	miércoles	jueves	viernes
8:00	biología		biología		biología
8:30		historia		historia	
9:00	economía		economía		economía
10:30	química	química	química	química	química
11:00		(laboratorio)		(laboratorio)	
12:00	almuerzo		almuerzo		almuerzo
1:00	literatura	almuerzo	literatura	almuerzo	literatura

UNIVERSIDAD DE PUERTO RICO
Nombre: Rogelio Varela

hora/día	lunes	martes	miércoles	jueves	viernes
8:00	informática		informática		informática
8:30		geografía		geografía	
9:00	psicología		psicología		psicología
11:00					
12:00		física		física	
2:00	ingeniería		ingeniería		ingeniería

Las clases: Use display to introduce names of classes you did not introduce in pre-text activities. Introduce the pattern ¿A qué hora tiene(s) clase de ____? Ask questions about the two schedules. Extend questions to compare the schedules with your students'. Suggestion: have two students write their schedules on the board. Ask the class similar questions: ¿A qué hora tiene ____ clase de ____? Divide students into groups of two and have them ask each other questions based on the two schedules. ¿A qué hora tiene

Actividad 10. Diálogo: Las clases

Raúl, un estudiante mexicano, habla de sus clases con Esteban, su amigo norteamericano.

RAÚL: Tengo cuatro clases este semestre.
ESTEBAN: Yo tengo cinco.
RAÚL: ¿Son muy difíciles?

clase de informática Rogelio? ¿Qué clase tiene Carla los lunes a las 9:00? New words: *almuerzo, biología, informática, economía, física, geografía, historia, ingeniería, laboratorio, literatura, psicología, química.*

Mis planes y preferencias **67**

ESTEBAN: Solamente la clase de física es difícil. Las otras son fáciles.
RAÚL: Mi clase de arte es difícil pero muy interesante.
ESTEBAN: No tengo clase de arte, pero sí tengo una clase de sociología que me gusta mucho.

Actividad 11. Interacción: La Universidad de la Torre

La Universidad de la Torre tiene once pisos. Diga en qué piso está cada facultad.

MODELO: *La biblioteca* está en el *tercer* piso.

La Universidad de la Torre

10	La rectoría
9	La Facultad de Ciencias Económicas
8	El teatro
7	La Facultad de Bellas Artes
6	El centro estudiantil
5	La cafetería
4	La Facultad de Filosofía y Letras
3	La biblioteca
2	La Facultad de Ciencias Físicas
1	La Facultad de Ciencias Naturales
PB	La librería

Actividad 12. Entrevista: Las clases

1. —¿Qué clases tienes este semestre/trimestre?
   —Tengo ____, ____ y ____.
2. —¿Cuál es tu clase favorita? ¿A qué hora es?
   —Mi favorita es la de ____. Es a la(s) ____.
3. —¿Cuál es tu clase más fácil/difícil? ¿A qué hora es?
   —Mi clase más fácil/difícil es la de ____. Es a la(s) ____.

Estudiantes mexicanos en un laboratorio de biología en México, D.F.

LECTURA Los amigos hispanos: Nora Morales

Hola, amigos. Me llamo Nora Morales y soy estudiante de historia en la Universidad de Texas en San Antonio. Me fascina la historia, especialmente la historia de México, porque allí nacieron° mis padres. Y también me gusta mucho el español.

    Este semestre tengo una clase muy divertida con la profesora Martínez. En la clase tengo muy buenos amigos: Esteban, Luis, Mónica, Carmen y Alberto. Sigo, además,° una clase de química y otra de biología. En la clase de biología hay un muchacho mexicano que me cae muy bien.° Se llama Raúl Saucedo. A veces practico español con él y hablamos de México.

    Todas mis clases me gustan, pero el curso de español es mi favorito. Después de terminar mis estudios, me gustaría° trabajar en una escuela bilingüe,° enseñando° historia, inglés y tal vez° español.

°were born

Sigo... *I'm also taking*

que... *that I like a lot*

me... *I would like /
bilingual / teaching*
tal... *maybe*

Comprensión

1. ¿Cuál es la clase favorita de Nora? 2. ¿A quién conoce en la clase de biología? 3. ¿Qué le gustaría hacer a Nora después de terminar sus estudios?

¿Y usted?

1. ¿Qué clases tiene usted este semestre/trimestre? 2. ¿Le gustan todas sus clases? ¿Cuál es su favorita? ¿Por qué?

Mis planes y preferencias **69**

LAS PREFERENCIAS Y LOS DESEOS

¡OJO! *Estudie Gramática 2.5.*

Gramática 2.5 gives a detailed explanation for conjugations of preferir and querer; at this point, however, we expect students to use primarily the singular forms prefiero, prefiere(s) and quiero, quiere(s) as memorized forms, with no discussion of them as stem-changing verbs. Use an association activity to introduce the construction Prefiero/prefiere _____r. (Quiero/quiere _____r is in AA 3.) Ask general questions about what students prefer to do on weekends (los fines de semana), mornings (en la mañana), afternoons (en la tarde), and evenings (en la noche). New words: coser, deseo (noun), merendar, montar a caballo, parque, preferencia, preferir, querer.

Éstos son los planes de los personajes de la telenovela «Los vecinos» para el sábado

Doña Lola quiere coser.

Daniel quiere montar a caballo.

El señor Ramírez prefiere nadar.

Doña Rosita quiere ir al parque.

Don Anselmo quiere pescar.

Gustavo prefiere andar en motocicleta.

Margarita y Pedro prefieren descansar y charlar.

La familia Ramírez quiere merendar en el parque.

Act. 13. Students can choose from items given or supply their own. Expand items with questions like ¿Qué prefiere usted hacer a las tres de la tarde? (cocinar) Judy prefiere cocinar. ¿Sabe usted cocinar bien? (sí) ¿Qué le gusta cocinar? (student will probably respond in English with a food), and so on. New word: correr.

AA 3. Use an association activity to introduce quiero/quiere + infinitive. Ask students to think of one thing they would like to do this weekend. Write each student's activity on the board, as in the me/le gusta introduction.

AA 4. Use photos from your PF to show people doing different activities. Ask ¿A usted le gusta _____? for each activity. Then ask ¿Prefiere _____ o _____?

AA 5. Use your PF to review sports terms. Divide class into pairs. Each student should find out which sports his/her partner plays or watches. Write the following questions on the board for the interview: ¿Qué deporte prefieres practicar? ¿Qué deporte prefieres mirar?

Actividad 13. ¿Cuáles son sus actividades favoritas?

HORA Y DÍA

1. Los sábados, a las siete de la mañana prefiero…
2. Los viernes, a las ocho de la noche prefiero…
3. Los lunes, a las cuatro de la tarde prefiero…
4. Los domingos, a las diez de la mañana prefiero…
5. Los sábados, a las tres de la tarde prefiero…

ACTIVIDADES

a. jugar al tenis.
b. cocinar.
c. descansar.
d. correr.
e. escribir cartas.
f. montar a caballo.
g. bailar.
h. ver la televisión.
i. dormir.
j. leer el periódico.

Actividad 14. Diálogo: ¿Quieres jugar al tenis?

ESTEBAN: ¿Te gusta jugar al tenis?
NORA: Sí, mucho.
ESTEBAN: ¿Quieres jugar el domingo en el parque?
NORA: ¿A qué hora?
ESTEBAN: A las once.
NORA: Perfecto. Nos vemos.

Actividad 15. Entrevista: Mis actividades favoritas

E1: ¿Prefieres *nadar en la piscina o en el mar*?
E2: Prefiero *nadar en el mar*.

1. ¿esquiar en el agua o en la nieve? 2. ¿cenar en casa o en un restaurante? 3. ¿jugar al boliche o al billar? 4. ¿jugar al basquetbol o al fútbol? 5. ¿andar en motocicleta o en bicicleta? 6. ¿escribir cartas o recibir cartas? 7. ¿leer el periódico o ver la televisión? 8. ¿lavar el carro o trabajar en el jardín? 9. ¿merendar en un parque o comer en casa? 10. ¿ir a la playa o a las montañas?

Actividad 16. ¿Quieres bailar?

EL CLUB DE CATALINA
Restaurante y salón de baile
Avenida Jalapa 1475, México, D.F.
Teléfono: 2-46-98-71

SÁBADOS: Baile
Desde las 8:00 de la noche hasta las 5:00 de la mañana
Especialidad de la casa: **PIÑA COLADA**
¡ ORQUESTA DE BETO RODRÍGUEZ !

el domingo, 5 de octubre
Escuche la música de JORGE MANRICO
¡ directamente de Guadalajara !
¡ Baile hasta las dos de la mañana !

VIERNES: Baile
Desde las 6:00 de la tarde
con la música de PEPE FUENTES

Mis planes y preferencias   71

1. ¿Qué hay en el Club de Catalina?   2. ¿En qué calle está?   3. ¿Cuál es el número de teléfono?   4. ¿A qué hora empieza el baile los sábados?   5. ¿Cuál es la especialidad de la casa?   6. ¿Quién es de Guadalajara?   7. ¿Quién toca los viernes? ¿A qué hora empieza?

EL TIEMPO

Use your PF to teach any weather expressions that you did not include in pre-text activities. New words: *hace (buen tiempo, calor, fresco, frío, sol, viento), llueve, nieva, ¿qué tiempo hace?*

¡OJO!   *Estudie Gramática 2.6.*

¿Qué tiempo hace?

Hace buen tiempo.

Hace sol.

Hace mucho calor.

AA 7. Ask students about local weather during various months: *¿Qué tiempo hace en agosto donde usted vive?*

Hace mucho frío.

Nieva.

Llueve.

Hace viento.

Hace fresco.

Actividad 17. El tiempo

¿Qué actividades asocia usted con el tiempo?

MODELO: Cuando hace viento… →
Cuando hace viento me gusta andar en velero.

1. Cuando hace fresco… 2. Cuando hace frío… 3. Cuando hace calor…
4. Cuando llueve… 5. Cuando nieva… 6. Cuando hace buen tiempo…

Actividad 18. Interacción: El clima

CLIMA

CIUDAD	TEMPERATURA DE AYER MAXIMA	MINIMA	PRONOSTICO MAXIMA	MINIMA
DF	21	12	22	12
Mexicali	37	25	39	24
Mérida	34	22	33	23
Toluca	18	8	18	8
Chihuahua	33	30	34	19
Monterrey	34	22	36	22
Guadalajara	26	16	25	16
Acapulco	32	25	32	24
Veracruz	25	23	29	24

E1: ¿Cuál va a ser la temperatura *máxima* en *Mexicali mañana*?
E2: Va a ser *treinta y nueve grados*.

E1: ¿Cuál fue la temperatura *mínima* en *Acapulco ayer*?
E2: Fue *veinticinco grados*.

¡Me gusta la lluvia!

Mis planes y preferencias 73

Act. 19. First have students find various countries and capitals on map of Europe. Then ask them to scan for answers to questions.

Actividad 19. El pronóstico del tiempo

EL TIEMPO

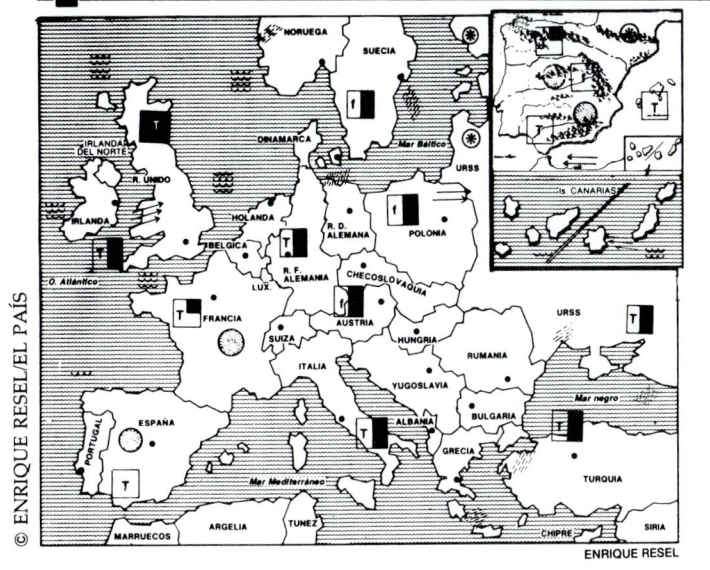

TEMPERATURAS		MAX.	MIN.
Amsterdam	f	3	−5
Atenas	Q	16	11
Barcelona	T	15	7
Beirut	T	19	14
Bonn	f	4	−1
Bruselas	f	4	−1
Buenos Aires *	D	27	15
Cairo, El	A	20	9
Caracas *	Q	26	16
Copenhague	f	8	−5
Estocolmo	F	−12	−19
Francfort	f	4	0
Ginebra	Q	7	−4
Lisboa	Q	13	−1
Londres	Q	4	−4
Madrid	f	10	−2
México *	D	23	8
Miami *	Q	20	16
Moscú	f	−2	−5
Nueva York *	D	−1	−3
Oslo	F	−18	−20
París	f	6	−1
Rabat	T	15	7
R. de Janeiro *	P	27	18
Roma	P	15	11
Tokio *	Q	5	−1
Viena	Q	5	−2
Zúrich	Q	4	−2

A, agradable / c, mucho calor / c, calor / D, despejado / F, mucho frío / f, frío /H, heladas / N, nevadas / P, lluvioso / Q, cubierto / S, tormentas / T templado / V, vientos fuertes.
* Datos del domingo 27.

© ENRIQUE RESEL/EL PAÍS
ENRIQUE RESEL

1. ¿En qué ciudades hace mucho calor?
2. ¿En qué ciudades hace mucho frío?
3. ¿Dónde hace fresco en Europa?
4. ¿Cuál va a ser la temperatura máxima en Miami mañana? ¿Y en el Cairo?
5. ¿Cuál va a ser la temperatura mínima mañana en México? ¿Y en Barcelona?

NOTA CULTURAL   El tiempo libre

En las ciudades hispanas siempre hay mucha actividad en las calles. La gente sale con el pretexto de comprar algo,° visitar a un amigo o simplemente pasear por la plaza.
   La plaza está generalmente en el centro de la ciudad; en México la llaman «zócalo». La plaza tiene una fuente,° árboles° y muchos bancos.° A los hispanos les gusta ir a la plaza para sentarse y descansar, para conversar o caminar. A la gente joven también le gusta ir allí para encontrarse con° amigos y para buscar novio o novia. Muy pocas personas prefieren quedarse° en casa y ver la televisión todas las noches. De vez en cuando° lo hacen, especialmente cuando se trata de° una de las famosas y

something

fountain
trees / benches

encontrarse... meet
stay
De... Once in a while
cuando... when it's time for

Nota cultural: Point out that Hispanics generally prefer to socialize informally, which results in busy street activity: people taking walks, strolling, talking, window shopping, etc. After the reading, ask students if they know differences between Hispanic and U.S. neighborhoods. Contrast street activity of Hispanic neighborhoods with typically quiet and even deserted (from Hispanic perspective) U.S. neighborhoods. Follow up with *Comprensión* and personalized questions like ¿Qué le gusta hacer a usted en su tiempo libre? ¿Con quién le gusta salir? ¿Qué prefiere hacer por la noche? ¿Le gusta planificar su tiempo? Note that statement 3 is not directly answered in the text.

El Barrio Santa Cruz de Sevilla, España. A los hispanos les gusta ir a la plaza para sentarse y descansar, para caminar o para conversar con los amigos.

populares telenovelas.° Sin embargo,° casi siempre los hispanos salen de casa después de cenar.   *soap operas / Sin... Yet*

Los hispanos, en general, prefieren no planificar° demasiado su tiempo. Les gusta hacer las cosas de un modo flexible y espontáneo. Prefieren disfrutar° el momento presente y depender menos del calendario y del reloj.   *plan*   *enjoy*

¿Cierto o falso?

1. La plaza está en el centro de la ciudad.   2. La gente joven va a la plaza para encontrarse con sus parientes.   3. A los hispanos no les gusta ver la televisión.   4. Por la noche los hispanos prefieren salir de casa.

VOCABULARIO

Los meses del año *Months of the Year*

enero	January
febrero	February
marzo	March
abril	April
mayo	May
junio	June
julio	July
agosto	August
septiembre	September
octubre	October
noviembre	November
diciembre	December

Las estaciones *Seasons*

la primavera	spring
el verano	summer
el otoño	autumn, fall
el invierno	winter

Los días de la semana *Days of the Week*

(el) lunes	Monday
(el) martes	Tuesday
(el) miércoles	Wednesday
(el) jueves	Thursday
(el) viernes	Friday

Mis planes y preferencias

| (el) sábado | Saturday |
| (el) domingo | Sunday |

Los verbos

almorzar	to eat lunch
andar en velero	to go sailing
comer	to eat
correr	to run
coser	to sew
creer	to believe
charlar	to chat
dar una fiesta	to give a party
desayunar	to eat breakfast
descansar	to rest
divertirse	to have a good time
esquiar	to ski
estudiar	to study
lavar	to wash
limpiar	to clean
merendar	to picnic; to snack
mirar	to watch
montar a caballo	to ride horseback
pasear	to go for a walk
practicar	to practice
preferir	to prefer
prefiero	I prefer
prefiere	you (pol.) prefer; he/she prefers
querer	to want
quiero	I want
quiere	you (pol.) want; he/she wants
recibir	to receive
reparar	to repair
saludar	to greet
tocar	to touch; to play (an instrument)
tomar una siesta	to take a nap

La hora *Time*

¿A qué hora?	At what time?
cuarto	quarter past/to
media	half past
la medianoche	midnight
el mediodía	noon, midday
¿Qué hora es?	What time is it?
Es la una menos diez.	It's ten to one.
Son veinte para las dos.	It's twenty to two.

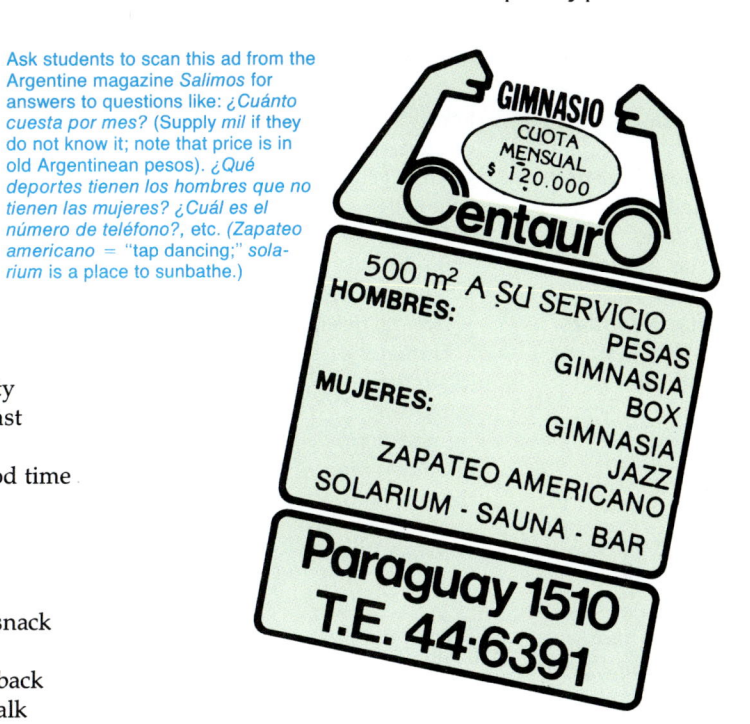

Ask students to scan this ad from the Argentine magazine *Salimos* for answers to questions like: ¿Cuánto cuesta por mes? (Supply *mil* if they do not know it; note that price is in old Argentinean pesos). ¿Qué deportes tienen los hombres que no tienen las mujeres? ¿Cuál es el número de teléfono?, etc. (Zapateo americano = "tap dancing;" *solarium* is a place to sunbathe.)

GIMNASIO
CUOTA MENSUAL $ 120.000
Centauro
500 m² A SU SERVICIO
HOMBRES:
 PESAS
 GIMNASIA
 BOX
MUJERES:
 GIMNASIA
 JAZZ
 ZAPATEO AMERICANO
SOLARIUM - SAUNA - BAR
Paraguay 1510
T.E. 44-6391

Los números ordinales *Ordinal Numbers*

primero/a (primer)	first
segundo/a	second
tercero/a (tercer)	third
cuarto/a	fourth
quinto/a	fifth
sexto/a	sixth
séptimo/a	seventh
octavo/a	eighth
noveno/a	ninth
décimo/a	tenth

Las clases *Classes*

el arte	art
la biología	biology
la economía	economics
la física	physics
la geografía	geography
la historia	history
la informática	data processing
la ingeniería	engineering
la literatura	literature
la psicología	psychology
la química	chemistry
la sociología	sociology

Los lugares en la universidad *Places in the University*

la biblioteca	library
la cafetería	cafeteria
el centro estudiantil	student center
la Facultad de…	School of . . .
Bellas Artes	Fine Arts
Ciencias Económicas	Business
Ciencias Físicas	Physical Sciences
Ciencias Naturales	Natural Sciences
Filosofía y Letras	Humanities
el laboratorio	laboratory
la librería	bookstore
la planta baja	ground floor
la rectoría	administration
el teatro	theater

REPASO: el piso

El tiempo *Weather*

¿Qué tiempo hace?	What's the weather like?
Hace buen/mal tiempo.	It's good/bad weather.
Hace calor.	It's hot.
Hace fresco.	It's cool.
Hace frío.	It's cold.
Hace viento.	It's windy.
Llueve.	It's raining. It rains.
Nieva.	It's snowing. It snows.

La descripción *Description*

aburrido/a	boring
interesante	interesting
otro/a	other, another
perfecto/a	perfect

Los sustantivos

el agua (*f.*)	water
el almuerzo	lunch
la avenida	avenue
el billar	pool, billiards
el boliche	bowling
el cumpleaños	birthday
el deseo	desire
la especialidad	specialty
la fecha	date
el jardín	garden
el jugo	juice
la mañana	morning
el mar	sea
la montaña	mountain
la motocicleta	motorcycle
la orquesta	orchestra
el parque	park
la película	film, movie
la preferencia	preference

PALABRAS SEMEJANTES: el centro, el cereal, el club, la piña colada, el plan, el semestre, el trimestre

Palabras y expresiones útiles

alguno/a (algún)	some
aquí	here
cada	each
¿Cuál es la fecha hoy?	What's the date today?
Hoy es el diez de octubre.	Today's the tenth of October.
¿cuándo?	when?
desde	since
empieza	begins
enfrente de	in front of
en la mañana, la tarde, la noche	in the morning, in the afternoon, at night
más	more
¿En qué mes nació?	What month were you born in?
Nací en el mes de…	I was born in . . .
Nos vemos.	We'll be seeing each other. See you.
para	for
pues	well
(yo) sé	I know
siempre	always
solamente	only

GRAMÁTICA Y EJERCICIOS

2.1. Numbers to 1000 and Dates

A. Here are the hundreds, from 100 to 1000. Note particularly the pronunciation and spelling of 500, 700, and 900. The word for *one hundred* is **cien**, but when combined with other numbers it is usually **ciento(s)**.

100	cien	600	seiscientos/as
200	doscientos/as	700	setecientos/as
300	trescientos/as	800	ochocientos/as
400	cuatrocientos/as	900	novecientos/as
500	quinientos/as	1000	mil

¿Cuántos estudiantes de España hay en el grupo? —Hay **cien**.

How many students from Spain are there in the group? —There are one hundred.

¿Cuántos libros hay? —Hay **ciento cincuenta y cuatro**.

How many books are there? —There are one hundred fifty-four.

2.1. This section focuses on dates. Here is additional information about using numbers in Spanish that we have *not* included in 2.1.; we recommend that you use it only if questions about these points arise. Spanish uses masculine forms to count: *cuatrocientos setenta y nueve* (479). Number words with hundreds agree in gender with the noun they modify: *doscientas mujeres*. The number *uno* (and its combinations) becomes *un* before a masculine noun and *una* before a feminine noun: *sesenta y un libros, noventa y una casas*.

B. To state a year in Spanish, use **mil** (1000) followed by hundreds in the masculine form. Spanish never groups dates by twos, as English does (*fourteen ninety-two*).

1832 mil ochocientos treinta y dos
1993 mil novecientos noventa y tres

Ej. 1. Students practice in pairs: one writes a date and the other says it. Other suggestions: student's birthday, friends' and family members' birthdates, famous dates in history, graduation from high school. We wrote out answers to this exercise in answer key to enable students to check themselves, but normally large numbers are not written out in Spanish or English.

Ejercicio 1

Diga las siguientes fechas.

1. 1876
2. 1588
3. 1775
4. 1991
5. 2000
6. 1945
7. 1011
8. 1929
9. 1615
10. 1999

2.2. The Informal Future: *ir* + *a* + Infinitive

The most common way of expressing future plans is to use the verb **ir** (*to go*) plus the preposition **a** (*to*) followed by an infinitive.

¿Qué **vas a hacer** mañana? —**Voy a esquiar.**

What are you going to do tomorrow? —I am going to ski.

¿Qué **van a hacer** ustedes este fin de semana? —**Vamos a ir** al cine.

What are you going to do this weekend? —We're going to go to the movies.

¿Qué **van a hacer** Esteban y Alberto después de la clase? —**Van a jugar** al basquetbol.

What are Steve and Al going to do after class? —They're going to play basketball.

2.2. This section follows up on the *gustar* + infinitive construction introduced formally in *Gramática 1.5*. Stress that this is the normal way to express future actions in Spanish, just as "to be going (to do something)" is the normal conversational future in English. Students understand and produce this structure easily and you can introduce with it a large number of infinitives in a meaningful context. Suggestions: ¿*Qué vas/van a hacer esta noche (después de clase, el sábado, el próximo fin de semana, durante las vacaciones de... , el próximo miércoles, durante el/la...*)? Use interview techniques; then have students report partner's plans back to the class, using third-person singular.

Here are the forms of the irregular verb **ir**.*

ir (to go)	
(yo) **voy**	I am going
(tú) **vas**	you (inf. sing.) are going
(usted, él/ella) **va**	you (pol. sing.) are going; he/she is going
(nosotros/as) **vamos**	we are going
(ustedes, ellos/as) **van**	you (pl.), they are going

Ej. 2. Assign as homework and ask students to check their answers in answer key.

Ejercicio 2

Aquí tiene usted una conversación sobre los planes de algunos compañeros de clase. Use las formas del verbo **ir**.

MODELO: Luis <u>va</u> a hacer ejercicio en el parque.

1. —¿Qué _____ a hacer tú después de la clase?
   —(Yo) _____ a ir de compras con una amiga.
2. —¿Y qué _____ a hacer Esteban y Carmen?
   —Esteban _____ a estudiar y Carmen _____ a trabajar.
3. —¿Y la profesora Martínez? ¿Qué _____ a hacer ella?
   —Creo que _____ a leer las tareas de sus estudiantes.
4. —Luis, ¿cuándo _____ a estudiar tú?
   —(Yo) _____ a estudiar más tarde, probablemente esta noche.
5. —¿Y tú, Alberto? ¿Cuándo _____ a hacer la tarea para la clase de español?
   —(Yo) _____ a escribir mi tarea mañana.

2.3. Telling Time

2.3. Some Spanish speakers prefer the *menos* construction, others the preposition *para*.

The phrase **¿Qué hora es?** is often used to ask what time it is in Spanish. The answer usually begins with **son**.

¿Qué hora es? —**Son** las tres. What time is it? —It's three o'clock.

Use **es** to tell the time between one o'clock and two o'clock.

¿Es la una? —No, es la una y veinte. Is it one o'clock? —No, it's one twenty.

Use **y** (*and*) to express minutes after the hour.

¿Son las seis **y** diez? —No, son las seis **y** veinte. Is it ten after six? —No, it's twenty after six.

---

*Recognition: **vosotros/as vais**

Use **menos** (*less*) or **para** (*to, till*) to express minutes before the hour.

> Son las siete **menos** veinte.   *It's twenty to seven. (Literally: It's seven less twenty.)*
>
> Son veinte **para** las siete.   *It's twenty to (till) seven.*

Use **cuarto** (*quarter*) and **media** (*half*) for fifteen and thirty minutes, respectively.

> ¿Qué hora tiene usted? —Son las tres y **cuarto** (**media**).   *What time do you have? —It's a quarter after three (half past three).*

Ej. 3. Oral pair work.

Ejercicio 3

¿Qué hora es?

MODELOS: 2:20 → Son las dos y veinte.
                2:40 → Son las tres menos veinte.

1. 4:20	3. 8:13	5. 7:07	7. 3:00	9. 12:30
2. 6:15	4. 1:10	6. 5:30	8. 1:49	10. 5:15

2.4. Ordinals

Ordinal adjectives are used to put things and people into a sequence or order. The ordinals in English are *first, second, third, fourth,* and so on. The ordinals from *first* to *tenth* in Spanish are as follows:

> primero/a   tercero/a   quinto/a   séptimo/a   noveno/a
> segundo/a   cuarto/a   sexto/a   octavo/a   décimo/a
>
> Mi **segunda** clase es difícil.   *My second class is difficult.*

Just as does **uno** (*one*), the words **primero** (*first*) and **tercero** (*third*) drop the final **-o** when used before a single masculine noun.

> Estoy en el **primer** (**tercer**) año.   *I am in the first (third) grade.*

2.4. Students should be able to recognize ordinal numbers, but they usually have little need to produce them except for *primero, segundo,* and *tercero.* Review dates and remind students that except for *primero,* Spanish does not use ordinals in dates.

Ej. 4. Point out that the feminine form of the ordinal is used if the referent is *la persona: Gustavo es el cuarto* but *Es la cuarta persona.* Ask questions like ¿*Quién es el primer hombre?* ¿*el primer niño?* ¿*Es don Anselmo el tercer hombre?*

Ejercicio 4

Conteste las preguntas.

Ernesto   Estela   Ernestito   Gustavo   Amanda   Ramón   don Anselmo

1. ¿Quién es la primera persona?
2. ¿Quién es la segunda persona?
3. ¿Es Gustavo el quinto?
4. ¿Es Amanda la primera?

5. ¿Es Ernestito el tercero?
6. ¿Quién es la sexta persona?
7. Don Anselmo es la quinta persona, ¿verdad?
8. ¿Quién es el primer hombre?
9. ¿Quién es el primer niño?
10. ¿Es don Anselmo el tercer hombre?

2.5. Preferences and Desires: *preferir* and *querer* + Infinitive

A. The verbs **preferir** (*to prefer, would rather*) and **querer** (*to want*) are used to express preferences and desires.

¿Qué **quieres** hacer este verano? —**Quiero** viajar.
What do you want to do this summer? —I want to travel.

¿Qué **prefiere** hacer Esteban? —**Prefiere** esquiar.
What does Steve prefer to do? —He would rather ski.

Note that in the present-tense forms of **preferir** and **querer** the vowel **e** of the stem changes to **ie**, except in the *we* form.*

(yo)	quiero	prefiero	*I want/prefer*
(tú)	quieres	prefieres	*you (inf. sing.) want/prefer*
(usted, él/ella)	quiere	prefiere	*you (pol. sing.) want/prefer; he/she wants/prefers*
(nosotros/as)	queremos	preferimos	*we want/prefer*
(ustedes, ellos/as)	quieren	prefieren	*you (pl.), they want/prefer*

B. The verbs **querer** and **preferir**, like **me gusta** and **ir + a,** can be followed by an infinitive.

Mónica **prefiere estudiar** esta noche, pero yo **prefiero estudiar** ahora.
Monique prefers studying this evening, but I prefer studying now.

¿**Quiere** usted **comer** ahora? —No, **prefiero dormir.**
Do you want to eat now? —No, I would rather sleep (I prefer sleeping).

Ejercicio 5

Preferencias personales. Complete estas oraciones con **quiero/quiere/quieren** y **prefiero/prefiere/prefieren**.

MODELO: Nora <u>quiere</u> patinar, pero Luis <u>prefiere</u> jugar al tenis.

1. Yo _____ ir al cine, pero Esteban _____ salir a bailar.
2. Nora _____ ver la televisión, pero Alberto _____ ir de compras.
3. Mónica _____ pasear por el parque, pero yo _____ dormir todo el día.

---

*Recognition: **vosotros/as queréis, preferís**

Mis planes y preferencias

4. Nora _____ comer comida china, pero Carmen y Esteban _____ cocinar en casa.
5. Mónica _____ dar una fiesta, pero Alberto _____ bailar en una discoteca.
6. El padre de Esteban _____ acampar, pero yo _____ ir a la playa.
7. Carmen _____ tomar fotos, pero Esteban _____ escribir una carta.
8. Luis _____ dibujar, pero yo _____ tocar la guitarra.
9. Mónica y Esteban _____ ir a pasear en el centro, pero yo _____ dormir toda la tarde.
10. Luis y Alberto _____ descansar, pero Esteban _____ leer el periódico.

Ejercicio 6. ¿Qué quieren hacer estas personas de la telenovela «Los vecinos»?

MODELO: ¿Qué quiere hacer Gustavo? → Quiere jugar al basquetbol.

1. ¿Qué quiere hacer Ernestito?
2. ¿Qué prefiere hacer el señor Ramírez? 
3. ¿Qué quieren hacer Estela y Margarita? 
4. ¿Qué prefiere hacer doña Lola? 
5. ¿Qué prefieren hacer Gustavo y Roberto? 
6. ¿Qué quiere hacer Amanda?

Ej. 7. Use chart to create simple sentences that students will judge to be true or false. Possibilities: *Marta quiere visitar Madrid porque le gusta la comida española. (cierto) La muchacha de España prefiere la comida americana. (falso: Prefiere la comida italiana.)* Continue until they have associated *quiere visitar* with the places, *preferir* with the music, and *gustar* with the foods. Have students work in pairs filling in blanks. (Some students prefer to fill in blanks of all sentences and then determine whether they are true or false.) Remind students that *gustar* expressions usually take a prepositional phrase and that the presence of an *a* phrase will signal them to use *gustar* rather than *preferir*.

Ejercicio 7. ¿Cierto o falso?

Los amigos hispanos hablan de sus preferencias. Escoja la forma correcta de los verbos **querer, preferir** o **gustar** (**me gusta/te gusta/le gusta/nos gusta/les gusta**). Luego diga si la oración es cierta o falsa, según el dibujo.

Persona	Es de...	Quiere visitar...	Prefiere la música...	Le gusta la comida...
Raúl	MEX	Miami	(mariachi)	(francesa)
Julio	CUB	San Antonio	cha cha cha	Comida Cubana / Comida China
Marta	MEX	Madrid	clásica / salsa	Casa de Botín, Madrid
Pilar	ESP	San Juan	(rock)	(pizza)

1. El muchacho que _____ visitar Miami _____ la música mexicana.
2. La muchacha mexicana que _____ visitar Madrid _____ la música clásica y _____ la comida americana.
3. Marta pregunta: «¿A quién _____ la comida cubana?» Raúl contesta: «A Pilar _____ mucho la comida cubana».
4. Pilar y Marta _____ visitar Miami.
5. Pilar pregunta: «Julio, ¿_____ la comida cubana o la francesa?» Julio contesta: «_____ la cubana».
6. Pilar pregunta: «Julio y Raúl, ¿_____ la comida española?» Raúl contesta: «Sí, _____ mucho la comida española».
7. Marta dice: «Julio y yo _____ la música mexicana, especialmente la de los mariachis».
8. Al muchacho que _____ visitar San Antonio _____ la comida cubana.
9. La muchacha de España que _____ visitar Puerto Rico _____ la música clásica.
10. Marta dice: «Yo _____ visitar España porque _____ la comida española».

2.6. Weather

A. Spanish speakers use several verbs to describe weather conditions. **Hacer** (*to make*) is the most common.

¿Qué tiempo **hace** hoy? —Hace frío.   *What's the weather like today? —It's cold.*

Other weather expressions with **hacer** are **hace calor** (*it's hot*), **hace buen/mal tiempo** (*it's good/bad weather*), **hace viento** (*it's windy*), and **hace sol** (*it's sunny*).

B. Other verb forms that describe weather include **nieva** and **llueve**.

Nieva mucho en Alaska.   *It snows a lot in Alaska.*
Siempre **llueve** aquí en la tarde.   *It always rains here in the afternoon.*

Note in these weather expressions that Spanish does not use a pronoun corresponding to English *it*.

Ejercicio 8. ¿Qué tiempo hace?

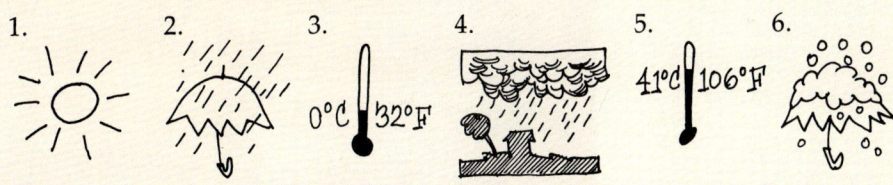

1.   2.   3.   4.   5.   6.

Ejercicio 9

Diga si son posibles o imposibles estas combinaciones.

1. ¿Hace sol? —Sí, y hace calor también.
2. ¿Hace mal tiempo? —Sí, y llueve mucho.
3. ¿Hace buen tiempo? —Sí, y hace mucho frío.
4. ¿Hace calor? —Sí, y nieva también.
5. ¿Hace frío? —Sí, y hace mucho calor también.

GOALS—CHAPTER 3

This chapter concentrates on understanding and speaking about daily activities. This communicative focus requires use of present-tense forms. In addition we introduce vocabulary and structures to talk about the location of objects (with *estar* and locative prepositions), and about origin and nationality (with *ser*). Finally we introduce the present progressive, which most students easily acquire, in order to facilitate talking about "what is going on" in pictures from your PF.

PRE-TEXT ORAL ACTIVITIES

1. Location: *estar*. Until now *estar* has been used only in greetings (*¿Cómo está usted?*) and *ser* has been used for all other functions of "to be" (identification and description). This section introduces use of *estar* for location. Pass out classroom objects: pencils, erasers, paper, books, and other items you can bring easily to class. Give commands like *Los estudiantes que tienen lápices, pónganlos en la mesa (en el piso, enfrente de la puerta). Pongan sus libros debajo de la mesa (al lado de los lápices, encima del papel).* Introduce three or four of the locative prepositions found in the display.

2. Habitual activities: present tense. Use an association activity to introduce third-person singular present-tense forms in your input. (See association activity to introduce present tense, IM pp. 56–57.)
  The first time you do this activity, introduce about 15 verbs in third-person singular form. You can avoid reflexive constructions by emphasizing daytime activities at school or on weekends. (Most reflexive constructions are needed to talk about "grooming" verbs such as *bañarse* and *ducharse,* and the first and last activity of the day: *levantarse* and *acostarse*. If you wish to include a reflexive construction in the list of verbs to be generated, note briefly that *se* is

CAPÍTULO TRES

LAS ACTIVIDADES

Barcelona, España

ACTIVIDADES ORALES Y LECTURAS

¿Dónde está?

Las actividades diarias
El origen

Actividades en progreso

«Una tarjeta postal desde México»
«Adela Martínez»
«Los hispanos en los Estados Unidos»

GRAMÁTICA Y EJERCICIOS

3.1 Location of People and Objects: **estar**
3.2 Habitual Actions: Present Tense of Regular Verbs
3.3 Irregular Verbs: **hacer, salir, jugar**
3.4 Origin and Location: **ser de/estar en**
3.5 Actions in Progress: Present Progressive

approximately equivalent to "self" and must be used with verbs that convey subject doing something to himself/herself. Suggest that students concentrate on common daily activities such as "read," "study," "eat," "drink," "drive," "ride," "wait."

Most of these are regular verbs; the few irregular ones are usually not irregular in the third-person singular form, so need no comment. (This holds true also for any stem-changing verb like *almorzar* that

METAS
In **Capítulo tres** you will learn to talk about daily activities as well as activities going on at the moment. You will also talk about locations on your campus and about where you and others are from.

might be suggested: simply supply correct form: *él/ella almuerza*.) The irregular verbs *hacer, salir,* and *jugar* are formally introduced in *Gramática 3.3*. The reflexive construction, other irregular verbs, and stem-changing verbs are formally introduced in the grammar of *Capítulo 4*.

3. Origin: association activity. (See IM, association activities in Stage 2.) Introduce your own birthplace (use city and state). Ask each student *¿De dónde es usted?* The object is to associate city and state (and possibly a country) with name of each student. Use review questions like *¿De dónde es Mike? Susan es de Ontario, ¿verdad? ¿Es Steve de Houston o de Dallas?* Make the sequence as conversational as possible by adding comments about the cities (*grande, pequeño/a, bonito/a,* etc.). New words: *de dónde, estado*.

ACTIVIDADES ORALES Y LECTURAS

¿DÓNDE ESTÁ?

Use the display to introduce the locative prepositions you didn't introduce in pre-text activities. Then use your PF to give more input and ask questions like *¿Dónde está el cuaderno? (Al lado de los libros.) Sí, está al lado de los libros.* New words: *al lado de, alrededor de, debajo de, detrás de, encima de.*

¡OJO!   *Estudie Gramática 3.1.*

Act. 1. Have students look at the campus map and explain all words. Then ask them to look at location of the buildings and ask questions like *¿Cómo se llama la calle enfrente del gimnasio? ¿Está en la Calle Séptima el edificio de Ciencias Naturales?* Finally, have students practice the interaction in pairs. New words: *autobús, ciencias sociales, derecho, edificio, estacionamiento, gimnasio, hospital, medicina, parada.*

Actividad 1. Interacción: La Universidad Estatal del Oriente

Mira el mapa en la página 86.

E1: ¿Dónde está *el teatro*?
E2: Está *enfrente del edificio de Bellas Artes.*

E1: ¿En qué calle está *la cafetería*?
E2: Está en la *Avenida de las Rosas, enfrente de la librería.*

LA·UNIVERSIDAD·ESTATAL·DEL·ORIENTE

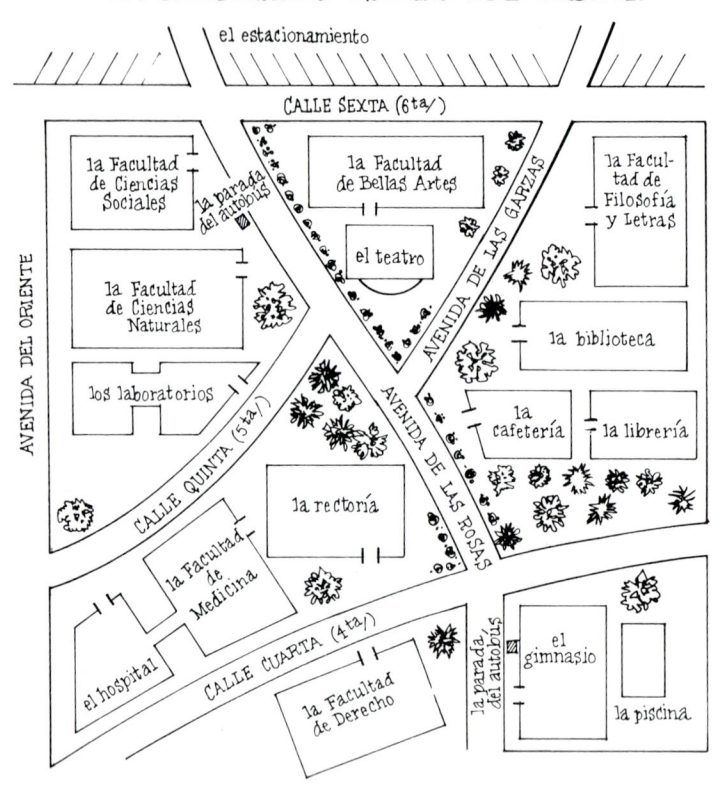

[Map of university campus showing: el estacionamiento, Calle Sexta (6ta/), la Facultad de Ciencias Sociales, la parada del autobús, la Facultad de Bellas Artes, la Facultad de Filosofía y Letras, Avenida del Oriente, la Facultad de Ciencias Naturales, el teatro, Avenida de las Garzas, la biblioteca, los laboratorios, la cafetería, la librería, Calle Quinta (5ta/), Avenida de las Rosas, la rectoría, la Facultad de Medicina, el hospital, Calle Cuarta (4ta/), la Facultad de Derecho, la parada del autobús, el gimnasio, la piscina]

Actividad 2. Diálogo abierto: Las clases

E1: Hola, _____. ¿Tienes clases hoy?
E2: Sí, tengo _____ y _____.
E1: ¿Dónde?
E2: En el edificio de _____.
E1: ¿Dónde está ese edificio?
E2: Está al lado del (de la) _____.

Actividad 3. Entrevista: En nuestra universidad…

1. —¿Dónde está la biblioteca?
   —Está al lado de _____.
2. —¿Dónde está el gimnasio?
   —Está enfrente de _____.
3. —¿Dónde está la librería?
   —Está detrás de _____.
4. —¿Dónde está el laboratorio de lenguas?
   —Está en el edificio de _____.

LECTURA   Los amigos hispanos: Una tarjeta postal desde México

Adriana Bolini vive en Buenos Aires y es operadora de ordenadores.° A Adriana le gusta mucho viajar. Este verano está de visita en México por primera vez. Los padres de Adriana tienen ya una enorme colección de tarjetas postales de los varios países de Europa y de América Latina que Adriana ha visitado.

computers

> Queridos padres:
> Por fin estoy en la Ciudad de México. Es muy grande y tiene aún más tráfico que Buenos Aires. Estoy ansiosa por conocerlo todo. Me gustó mucho el Parque Chapultepec. ¡Las pirámides de Teotihuacán son impresionantes! En esta tarjeta postal está el Palacio de Bellas Artes. Es muy bonito, ¿no? Un abrazo,
> — Adriana —
>
> Sres. Reynaldo y Sara Bolini
> Avenida Simón Bolívar 436
> Buenos Aires,
> — Argentina —

Me... I liked

hug

Comprensión

¿Qué palabra usa Adriana para describir los siguientes lugares?

1. la Ciudad de México   2. las pirámides   3. el Palacio de Bellas Artes

LAS ACTIVIDADES DIARIAS

¡OJO!   *Estudie Gramática 3.2–3.3.*

Un día típico en la vida de la familia Ramírez

Ernesto lee el periódico todas las mañanas.

Los Ramírez y sus hijos desayunan juntos.

Ernesto sale de la casa a las 8:30.

Ernesto espera el autobús.

Ernestito y sus hermanitas caminan a la escuela.

Ernestito juega al fútbol con sus amigos.

Estela limpia la casa.

Estela prepara la cena.

La familia Ramírez cena a las 8:00.

Las actividades   **89**

Act. 4. Preview chart with questions like ¿Cuántas personas hay? ¿De

Actividad 4. Interacción: Actividades diarias

	SILVIA BUSTAMANTE MÉXICO, D.F.	ADRIANA BOLINI BUENOS AIRES	JULIO DELGADO MIAMI
lun., por la mañana	va en metro al trabajo	toma un taxi para ir a su oficina	maneja su coche a la estación de televisión
mié., por la tarde	trabaja en la estación de autobuses	trabaja en una computadora	escribe un reportaje
vie., en la mañana	estudia	asiste a una reunión	hace ejercicio en el gimnasio
sáb., por la mañana	lleva su ropa a la lavandería	pasea por el parque	lee el periódico
dom., en la mañana	va a misa	juega al tenis	ve la televisión

dónde es ____? (Comment on countries or cities in Spanish.) Then ask questions that can be answered with name of the person: ¿Quién trabaja en una computadora? (Adriana) Follow with questions answered with days and times: ¿Cuándo hace ejercicio Julio? (viernes, mañana) Sí, él hace ejercicio el viernes en la mañana. Finally, ask questions like ¿Qué hace Silvia los miércoles por la tarde? Follow up with the two student interactions. New words: a, asistir, ejercicio, lavandería, manejar, misa, reportaje, reunión, tarde, taxi, trabajo, vender.

E1: ¿Quién *va a misa*?
E2: *Silvia.*

E1: ¿Cuándo *hace ejercicio Julio*?
E2: *Los viernes en la mañana.*

Actividad 5. Una mañana en la vida de Carla Espinosa

Act. 5. **Narration series.** Begin with third-person singular forms. Suggestions: **1.** *Desayuna con su familia.* **2.** *Recoge sus libros.* **3.** *Sale de la casa.* **4.** *Espera el autobús (guagua in Puerto Rico).* **5.** *Asiste a clases.* **6.** *Charla con un amigo.* **7.** *Toma un refresco.* **8.** *Estudia en la biblioteca.* **9.** *Juega al tenis con Rogelio.* **10.** *Regresa a casa.* **11.** *Come un sandwich.* **12.** *Trabaja en la tienda de ropa.* New words: *estudiar, recoger, refresco, regresar, sandwich, tienda.*

AA 3. Write on the board a list of 15 daily activities, using the first-person singular form. Have each student write on a sheet of paper 10 of the list of 15 things that he/she does every day (using first-person singular forms). Then students compare these lists in groups of two. One student reads the first activity; the second student searches his/her list to see if there is a match. If the second student also does the activity, he/she may respond as follows: **A.** *Yo estudio todos los días.* **B.** *Yo también* *estudio todos los días.* If the student has not included the activity in his/her list, he/she will respond as follows: **A.** *Yo juego al tenis todos los días.* **B.** *Yo no juego al tenis.* Let students work about five minutes on this activity while you go from group to group.

Act. 6. Remind students that present-tense *tú* forms end in -*s*; then do interviews in pairs. New words: *cuál* (pronoun), *cuántas, generalmente, programa.*

AA 4. Review the associations from pre-text activity 2 and use them as a base for reviewing first-person singular forms. Write each on the board; after you have 8–10, go through the list and react personally: *Yo también _____. Yo no _____, pero yo _____.*

Act. 7. This activity favors third-person plural forms, but students may want to answer with _____ *y yo;* if so, supply the first-person plural forms. New word: *clásica.*

AA 5. Encourage use of first-person plural forms by asking students what they do with others: *¿Qué hace usted con sus hermanos? ¿con sus padres?*, etc.

Act. 8. New words: *emisora, artista, preferido, disco, poner discos.*

AA 6. TPR: Activities after school or work. Have students mime with you possible activities after work or school. Sample sequence: *Estacionen el carro* (erk—brakes squeaking), *caminen a la casa, abran la puerta, pongan sus cosas en el sofá, vayan al refrigerador, ábranlo, miren todo, mmm ajá, un sandwich y un refresco, preparen su sandwich y siéntense, coman el sandwich, tomen un poco del refresco, levántense y laven los platos, vayan a la sala para escuchar música, pongan un disco, acuéstense en el sofá y escuchen música, duerman un poco, despiértense, vayan a la mesa y estudien.* The activities should be varied a bit each day to include different people's schedules. If you have heads of households in the class include a sequence on preparing dinner, feeding the kids, etc. New words: *estacionar, refrigerador, sofá.*

Actividad 6. Entrevistas

GENERALMENTE LOS SÁBADOS...

1. ¿Practicas algún deporte? ¿Cuál prefieres?
2. ¿Ves la televisión? ¿Qué programas te gustan?
3. ¿Vas de compras? ¿en dónde?
4. ¿Trabajas? ¿dónde? ¿cuántas horas?

GENERALMENTE LOS VIERNES EN LA NOCHE...

5. ¿Sales con tus amigos? ¿Vas al cine? ¿Vas a una discoteca o a un club?
6. ¿Trabajas? ¿Hasta qué hora?
7. ¿Cenas en algún restaurante?
8. ¿Lees un libro?

Actividad 7. Las actividades de mi familia

En su familia, ¿quién hace estas actividades?

MODELO: toma(n) clases en la universidad →
Mis hermanos toman clases en la universidad.

1. sale(n) mucho con sus amigos   2. esquía(n) en el invierno   3. ve(n) la televisión   4. va(n) al cine los fines de semana   5. lee(n) el periódico en la mañana   6. escucha(n) música clásica

Actividad 8. Entrevista: La música

1. ¿Escuchas mucho el radio? ¿Cuándo y dónde? ¿en casa? ¿en el carro? ¿los fines de semana? ¿por la mañana?
2. ¿Qué clase de música prefieres? ¿Qué emisora escuchas generalmente?
3. ¿Cuáles son tus artistas preferidos?
4. ¿Prefieres escuchar el radio o poner discos?

LECTURA Los amigos hispanos: Adela Martínez

Ustedes ya saben que soy profesora de español en la Universidad de Texas en San Antonio. Mis padres son mexicanos pero yo nací y me crié° en San Antonio. Me gusta mi trabajo, pero también disfruto de° mi tiempo libre. Por ejemplo, me gusta conversar con los amigos en algún café o en un restaurante. Uno de los temas que siempre discutimos° es la política° internacional. También me gusta montar a caballo y tocar la guitarra. A mis estudiantes les encanta° escucharme cantar canciones tradicionales como «Cielito lindo». No canto muy bien, pero, como dicen en México, le hago la lucha.°

Durante los veranos doy clases° en la ciudad de Guanajuato, México, donde nacieron° mis padres. Me gustan mucho los cursos de verano en Guanajuato porque llegan estudiantes de diferentes países. En mis clases tengo alumnos árabes, chinos, japoneses, franceses y un gran número de canadienses y estadounidenses.° Juntos hacemos excursiones, salimos por la noche a bailar y visitamos los museos. A veces los invito a mi casa a merendar. ¡Cuánto les gusta hablar de México cuando vienen a mi casa!

Guanajuato es la capital del estado del mismo nombre, que está en el centro del país. Es una ciudad pequeña, muy hermosa, de aspecto colonial y repleta° de historia. En Guanajuato es fácil llegar a cualquier lugar° y la gente es muy amistosa. Por eso es la ciudad ideal para ofrecer cursos de verano. ¿No creen?

me... *I was raised*
disfruto... *I enjoy*

we discuss / politics

les... *they greatly enjoy*

le... *I try (Mex.)*
doy... *I teach*
were born

U.S. citizens

full
cualquier... *anywhere*

Guanajuato, México. En muchas ciudades hispanas se conservan los edificios y la arquitectura de la época colonial.

Comprensión

1. ¿Qué le gusta hacer a Adela en su tiempo libre?   2. ¿Qué hace Adela los veranos?   3. ¿Por qué le gusta a Adela enseñar español en Guanajuato?   4. ¿Por qué es Guanajuato un buen sitio para un curso de verano?

¿Y usted?

1. ¿Qué le gusta hacer a usted durante los veranos? ¿Viaja?   2. ¿Generalmente estudia en verano? ¿Trabaja?

EL ORIGEN

Note: we do not use articles with most country names, although *la Argentina* and *el Perú* are common. Use your PF to introduce names of common countries by using pictures of people with physical characteristics or clothing that readily identify their country. Have students look at maps while you call out names of Spanish-speaking countries. Include words for directions: *norte, sur, este, oeste.* Say *Apunten al país que está al sur de Colombia. (Ecuador)* Then introduce names for nationalities: *¿De dónde son los peruanos? (de Perú)* Students need not learn names of all countries and nationalities, but they should recognize them and be able to produce the most common. Use the following pattern to ask nationalities that students know well: *Si un hombre (una mujer, una persona) es de _____, ¿qué (nacionalidad) es?*

¡OJO!   *Estudie Gramática 3.4.*

ESPAÑA
español
española

PORTUGAL
portugués
portuguesa

Pilar Álvarez
Madrid, España

COLOMBIA
colombiano/a

Ricardo Sícora
Caracas, Venezuela

Inés Torres
Bogotá, Colombia

VENEZUELA
venezolano/a

ECUADOR
ecuatoriano/a

BRASIL
brasileño/a

PERÚ
peruano/a

PARAGUAY
paraguayo/a

BOLIVIA
boliviano/a

CHILE
chileno/a

URUGUAY
uruguayo/a

ARGENTINA
argentino/a

SUDAMÉRICA

Adriana Bolini
Buenos Aires, Argentina

Las actividades

MÉXICO, AMÉRICA CENTRAL y EL CARIBE

Julio Delgado — Miami, Florida / La Habana, Cuba
Silvia Bustamante — México, D.F.
Carla Espinosa — San Juan, P.R.

- CUBA — cubano/a
- PUERTO RICO — puertorriqueño/a
- LA REPÚBLICA DOMINICANA — dominicano/a
- MÉXICO — mexicano/a
- GUATEMALA — guatemalteco/a
- PANAMÁ — panameño/a
- EL SALVADOR — salvadoreño/a
- NICARAGUA — nicaragüense
- COSTA RICA — costarricense
- HONDURAS — hondureño/a

Act. 9. Have students practice model dialogue using the "read, look up, and say" technique. Then have them redo dialogue, making up new identities. New words: *ahora, ¿de dónde?*

Act. 10. Most American students will have to use city and state in the answers to these questions. New word: *país*.

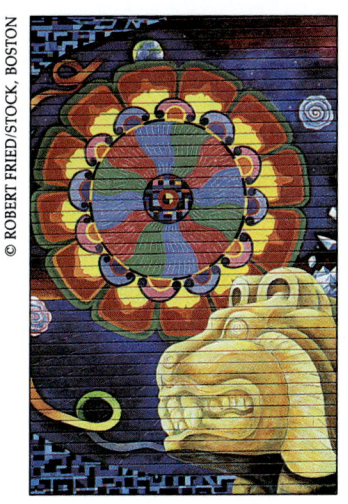

La presencia hispana en los Estados Unidos es fuerte y se expresa de muchas formas. En la foto, un mural hispano en la ciudad de San Francisco, California.

Actividad 9. Diálogo: ¿De dónde eres tú?

ROGELIO: Buenos días. Yo soy Rogelio Varela. ¿Cómo te llamas?
MARTA: Me llamo Marta Muñoz. ¿De dónde eres tú?
ROGELIO: Soy de Puerto Rico, de San Juan. ¿Y tú?
MARTA: Soy de México, pero vivo aquí en San Juan ahora.

Actividad 10. Entrevista

1. —¿De dónde eres?
   —Soy de ____.
2. —¿De dónde es tu padre?
   —Es de ____.
3. —¿De dónde es tu madre?
   —Es de ____.
4. —¿Tienes un amigo de otro país?
   —Sí, tengo un amigo (una amiga) de ____.
5. —¿Cómo se llama tu amigo/a?
   —Se llama ____.

NOTA CULTURAL Los hispanos en los Estados Unidos

Jackson Heights, Queens, Nueva York: Ahora hay vecindarios hispanos en casi todos los centros urbanos de los Estados Unidos.

Hola, amigos. Soy Raúl Saucedo. Estoy estudiando ingeniería en la Universidad de Texas en San Antonio. Aquí en los Estados Unidos tengo la oportunidad de conocer a gente de muchos países diferentes. En la universidad hay estudiantes extranjeros° que llegan de todas partes del mundo. Pero lo interesante es que también he conocido° a muchos hispanos que radican° en los Estados Unidos. Casi todos estos hispanos son bilingües; hablan español e inglés.

En todas las ciudades que he visitado° hay hispanos. Dice la profesora Martínez que en los Estados Unidos hay emigrantes hispanos de toda América Latina. Hay tres grandes grupos. El primer grupo es el de los *mexicanoamericanos*, que viven principalmente en el suroeste, en los estados de California, Nuevo México, Arizona, Texas y Colorado. Algunos son descendientes de los primeros colonizadores españoles. El segundo grupo es el de los *puertorriqueños*, que viven principalmente en Nueva York. El tercer grupo, los *cubanos*, viven en muchos estados y ciudades de los Estados Unidos, especialmente en Miami, Nueva York y California.

Aproximadamente 25 millones de personas hablan español en los Estados Unidos, ya sea° como primera o segunda lengua. ¡A mí me parece fantástico!

°*foreign*
°*he... I have met / reside*
°*he... I have visited*
°*ya... either*

Lectura: Show pictures of different Hispanic groups in the U.S., including those mentioned in the reading: Mexican Americans (or Chicanos), Puerto Ricans, and Cubans. Point out that because there are so many Hispanics in this country, it is very practical to learn Spanish. Follow the reading with *Comprensión*. Ask if students have any Hispanic friends. (You may want to avoid topic of immigration.) Ask general questions about students' friends, using familiar vocabulary and structures.

Additional comprehension activity: Ask students to identify which Hispanics are talking in each case: ¿Quién habla? **1.** *Vivo en Nuevo México; mi familia y yo somos descendientes de los primeros colonizadores españoles.* (mexicanoamericano) **2.** *Soy bilingüe y vivo en Los Ángeles. Mis padres nacieron en Guadalajara.* (mexicanoamericano) **3.** *Soy de una isla que es un estado libre asociado.* (puertorriqueño) **4.** *Nací en una isla en el Caribe. Ahora vivo con muchos de mis compatriotas en Miami.* (cubano)

¿Cierto o falso?

1. Hay dos grandes grupos de hispanos en los Estados Unidos.   2. Los mexicanoamericanos viven principalmente en el este.   3. Muchos puertorriqueños viven en el suroeste.   4. Hay muchos cubanos en Miami.

Las actividades   95

ACTIVIDADES EN PROGRESO

¡OJO! *Estudie Gramática 3.5.*

Son las 5:00 de la tarde y éstas son las actividades de algunos de los personajes de la telenovela «Los vecinos».

Gustavo está levantando pesas.

El bebé está llorando.

El perro está ladrando.

Pedro está leyendo el periódico.

Doña Lola está planchando la ropa.

Andrea y Paula están masticando chicle.

Don Anselmo está fumando.

Actividad 11. Acciones extrañas

El gato está buceando.

El caballo está fumando.

El bebé está levantando pesas.

Diga si la actividad es extraña o normal.

1. una muchacha que está caminando   2. un pez que está nadando   3. un caballo que está fumando   4. un bebé que está llorando   5. una profesora que está masticando tabaco en clase   6. un hombre que está planchando   7. un pájaro que está patinando   8. un perro que está ladrando   9. un gato que está buceando   10. un bebé que está levantando pesas

Act. 12. Narration series. The focus is a Saturday in the life of Rogelio Varela, who lives in Puerto Rico. New words: *cantar, ducha.*

1. Está durmiendo (en su cama). 2. Está desayunando. 3. Está corriendo con su novia en la playa. 4. Está buceando en el mar. 5. Está comiendo un sandwich. 6. Está tomando fotos. 7. Está duchándose. 8. Está escuchando un disco. 9. Está cenando. 10. Está conversando (hablando, charlando) con sus amigos. 11. Está leyendo el periódico. 12. Está mirando la televisión.

Actividad 12. ¿Qué está haciendo Rogelio?

Act. 13. Encourage students to be innovative. New words: *ahora mismo, de acuerdo, hablar, invitar, participar, ya voy.*

Actividad 13. Diálogo: Hablando por teléfono

Imagine que usted está hablando con un compañero (una compañera) por teléfono. Su compañero lo/la invita a participar en una actividad con él/ella y algunos amigos.

E1: Hola, _____. ¿Cómo estás?
E2: Bien, gracias. ¿Y tú? ¿Qué estás haciendo?
E1: Estamos _____ Juan, Pablo y yo. ¿Quieres _____ con nosotros?
E2: ¿Ahora mismo?
E1: Sí.
E2: ¿Dónde están ustedes?
E1: Enfrente del/de la _____.
E2: De acuerdo. ¡Ya voy!

Act. 14. Pair work. New words: *para, tarea, usar.*

Actividad 14. La hora y las actividades

Diga la hora usando **menos** o **para**.

MODELO: Son las ocho menos diez y Gustavo está haciendo su tarea. (Son diez para las ocho...)

Las actividades

AA 11. Use TPR to give commands to individuals or small groups of students. Then ask the rest of class *¿Qué está(n) haciendo?*

AA 12. TPR in small groups. Divide students into groups of two or three. Each member of group is to think of an activity and mime it while asking *¿Qué estoy haciendo?* (This sentence can be written on the board for easy reference.) The other student(s) in the group respond(s) *(Estás) Durmiendo*, etc.

1. Estela
2. Ernestito 
3. Amanda 
4. Ernesto 
5. la criada 
6. Pedro 

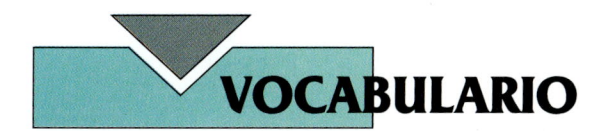

VOCABULARIO

¿Dónde está... ? *Where Is . . . ?*
al lado de — next to
alrededor de — around
debajo de — under
detrás de — behind
encima de — on top of

Los lugares en la universidad *Places in the University*
el edificio — building
el estacionamiento — parking lot
la Facultad de Ciencias Sociales — School of Social Sciences
la Facultad de Derecho — School of Law
la Facultad de Medicina — School of Medicine
el gimnasio — gymnasium
la parada del autobús — bus stop

PALABRA SEMEJANTE: el hospital

Los lugares en la ciudad *Places in the City*
la escuela — school
la lavandería — laundromat
la tienda — store

¿Cuándo? *When?*
ahora — now
ahora mismo — right now, this minute
hoy — today

El origen *Origin*
¿De dónde es usted/eres tú? — Where are you from?
  Soy de… — I'm from . . .
el país — country, nation

Use ad to talk about languages, nationalities, and flags. This is a sign that appears all over Europe. You may wish to make some comments about exchange rates *(tipo de cambio)* and current status of dollar vis-a-vis other currencies (*el peso mexicano, la peseta española*, etc.).

Los países hispanos y las nacionalidades
Hispanic Countries and Nationalities

Bolivia	boliviano/a
Colombia	colombiano/a
Costa Rica	costarricense
Cuba	cubano/a
Chile	chileno/a
Ecuador	ecuatoriano/a
El Salvador	salvadoreño/a
Guatemala	guatemalteco/a
Honduras	hondureño/a
Nicaragua	nicaragüense
Panamá	panameño/a
Paraguay	paraguayo/a
Perú	peruano/a
Puerto Rico	puertorriqueño/a
República Dominicana	dominicano/a
Uruguay	uruguayo/a
Venezuela	venezolano/a

Otros lugares   *Other Places*

América Central	Central America
el Caribe	the Caribbean
Portugal	Portugal
Sudamérica	South America

REPASO: Argentina, argentino/a, Brasil, brasileño/a, España, español(a), México, mexicano/a

Los verbos

asistir	to attend
bucear	to skin-dive/scuba dive; to snorkle
caminar	to walk
cantar	to sing
esperar	to wait (for)
fumar	to smoke
hablar	to speak, talk
invitar	to invite
levantar pesas	to lift weights
llorar	to cry
manejar	to drive
masticar	to chew
participar	to participate
planchar	to iron
preparar	to prepare
recoger	to pick up
regresar	to return
usar	to use
vender	to sell

Los sustantivos

la acción	action
el/la artista	artist
el bebé	baby
el caballo	horse
la cena	dinner
el coche	car
el chicle	gum
el disco	record (*music*)
la ducha	shower
la hermanita	little sister
el hermanito	little brother
la misa	mass
el pájaro	bird
el pez	fish
el programa	program
el progreso	progress
el refresco	soft drink
el reportaje	newspaper article
la reunión	meeting
el tabaco	tobacco
la tarea	homework
el trabajo	work

PALABRAS SEMEJANTES: el sandwich, el taxi

Los adjetivos   *Adjectives*

clásico/a	classical
diario/a	daily
extraño/a	strange
preferido/a	favorite

PALABRA SEMEJANTE: normal

Palabras y expresiones útiles

¿Cuál(es)?	Which one(s)?
De acuerdo.	(I) agree, OK.
generalmente	generally
juntos	together
poner discos	to play records
si	if
Ya voy.	I'm coming.

GRAMÁTICA Y EJERCICIOS

3.1. Location of People and Objects: *estar*

Use the verb **estar** *(to be)* to locate people and objects.

¿Dónde **está** la profesora Martínez? —**Está** en clase.
Esteban, ¿dónde **está** su libro? —**Está** en casa.

Where is Professor Martínez? —She's in class.
Steve, where is your book? —It's at home.

Here are the present tense forms of the irregular verb **estar**.*

estar *(to be)*	
(yo) **estoy**	I am
(tú) **estás**	you (inf. sing.) are
(usted, él/ella) **está**	you (pol. sing.) are; he/she/it is
(nosotros/as) **estamos**	we are
(ustedes, ellos/as) **están**	you (pl.), they are

Ejercicio 1

Diga dónde están estas personas.

MODELO: Mi hijo <u>está</u> en la escuela.

1. Yo _____ en la biblioteca.
2. Luis y Nora _____ en su clase de biología.
3. Tú _____ en la rectoría.
4. Esteban y yo _____ en el edificio de Ciencias Naturales.
5. La profesora Martínez _____ en su oficina.
6. Nora y yo _____ enfrente del hospital.
7. Esteban, ¿_____ detrás del teatro?
8. Profesora Martínez, ¿_____ usted en la librería ahora?
9. Alberto y Luis _____ en la universidad.
10. Nosotros _____ aquí en la Facultad de Derecho.

3.2. Habitual Actions: Present Tense of Regular Verbs

A. You already know that the endings of Spanish verbs must correspond to the subject of the sentence: that is, to the person or thing that does the action.

Nora, ¿cuándo estud**ias**? —Estud**io** en la mañana.

Nora, when do you study? —I study in the morning.

---

*Recognition: **vosotros/as estáis**

¿Qué hac**en** ustedes los domingos? —Visit**amos** a nuestros abuelos.

What do you do on Sundays? —We visit our grandparents.

B. Most Spanish verbs end in **-ar**. Here are the endings for **-ar** verbs.*

lleg-ar (to arrive)		
(yo)	lleg + **o**	*I arrive*
(tú)	lleg + **as**	*you (inf. sing.) arrive*
(usted, él/ella)	lleg + **a**	*you (pol. sing.) arrive; he/she arrives*
(nosotros/as)	lleg + **amos**	*we arrive*
(ustedes, ellos/as)	lleg + **an**	*you (pl.), they arrive*

¿A qué hora lleg**as** a la escuela? —Generalmente lleg**o** a las 9:00.

What time do you arrive at school? —Generally I arrive at 9:00.

C. Verbs that end in **-er** and **-ir** use identical endings, except for the **nosotros** form.†

com-er (to eat)		
(yo)	com + **o**	*I eat*
(tú)	com + **es**	*you (inf. sing.) eat*
(usted, él/ella)	com + **e**	*you (pol. sing.) eat; he/she eats*
(nosotros/as)	com + **emos**	*we eat*
(ustedes, ellos/as)	com + **en**	*you (pl.), they eat*

escrib-ir (to write)		
(yo)	escrib + **o**	*I write*
(tú)	escrib + **es**	*you (inf. sing.) write*
(usted, él/ella)	escrib + **e**	*you (pol. sing.) write; he/she writes*
(nosotros/as)	escrib + **imos**	*we write*
(ustedes, ellos/as)	escrib + **en**	*you (pl.), they write*

¿Dónde com**en** al mediodía? —Com**emos** en casa.
¿Escrib**es** la tarea a máquina? —No, escrib**o** los ejercicios a mano.

Where do you eat at noon? —We eat at home.
Do you type the homework? —No, I write out the exercises by hand.

---

*Recognition: **vosotros/as llegáis**
†Recognition: **vosotros/as coméis, escribís**

3.2. With regard to verb conjugation, our strategy has been to introduce the concept in *Paso A* with the verb *llevar* and then follow up with common and useful irregular verbs: *ser, estar, tener, querer, preferir,* and *ir.* The goal was for students to learn to understand and produce singular forms of these verbs through meaningful practice, without focusing too much on conjugation patterns or endings. Our idea is that conjugations are easier to learn if students have already acquired some forms as a sort of reference point. In addition, we have emphasized the verb + infinitive construction prior to extensive practice with the present tense. There are two reasons for this strategy. First, the verb + infinitive constructions are very common in natural conversation; by acquiring a few auxiliary verbs and many infinitives, students can soon talk about a wide variety of topics. Second, we wanted students to learn many infinitives so that, on learning the conjugation patterns, they would already know many verbs to practice with.

The present tense is by far the most common verb form in both spoken and written Spanish. In normal conversation, it accounts for a little over 50% of all forms (with the past [preterite], imperfect, and infinitive accounting for about 10% each). We have not formally introduced irregular verbs in this chapter. (Stem-changing verbs and other common irregulars are introduced formally in *Capítulo 4.*)

D. The verb form must agree with the subject even when the subject is not explicitly stated. When the subject is expressed, it may be a pronoun, as in the preceding table, or a noun.

> La profesora Martínez no habla francés. *Professor Martínez does not speak French.*

The subject may also consist of a noun + pronoun. A subject combining a noun or pronoun with **yo** takes the **nosotros** form.

> Nora y yo no hablamos italiano. *Nora and I don't speak Italian.*

A subject combining a noun or pronoun with **tú** or **usted** takes the plural form.

> Alberto y tú hablan español con Raúl. *Al and you speak Spanish with Raúl.*

Ej. 2. Do this exercise as pair work or have students write it out in complete sentences.

Ejercicio 2

Combine las personas de la lista A con las actividades de la lista B.

LISTA A
1. la profesora Martínez
2. yo
3. tú
4. mi hermano y yo
5. mis compañeros de clase

LISTA B
a. preparan la tarea para mañana
b. maneja un carro nuevo
c. jugamos al tenis
d. como demasiado
e. lees el periódico

Ej. 3. Assign as homework; students check their own answers.

Ejercicio 3

Éstas son las actividades de Amanda, su familia y sus amigos. Dé la forma correcta del verbo.

MODELO: Amanda <u>llama</u> a Graciela muy temprano en la mañana. (llamar)

1. Graciela y yo _____ las tareas juntas. (escribir)
2. Mi novio Ramón _____ ropa muy elegante. (llevar)
3. Mi mamá y yo _____ la casa los sábados. (limpiar)
4. Mis padres _____ juntos en la mañana. (desayunar)
5. Mi hermano Guillermo _____ las tiras cómicas los domingos. (leer)
6. Estela y Ernesto Ramírez _____ al mediodía. (comer)
7. Ernestito _____ mucho en su bicicleta. (andar)
8. (Yo) _____ por teléfono con mi amiga Graciela. (hablar)
9. Paula y Andrea _____ a la escuela en la mañana. (asistir)
10. Guillermo, Gustavo y yo siempre _____ los últimos discos en el radio. (escuchar)

Ej. 4. Assign as written homework; students should write out the entire question. Note that the items require *tú*, *usted*, and *ustedes*. Keep in mind that the person asking the questions is Amanda, a teenager. Remind students that the pronoun *tú* is usually dropped, but the pronoun *usted* normally used.

Ejercicio 4

Usted es Amanda. Haga preguntas según el modelo. Cuidado con su selección de **tú** o **usted**.

MODELOS: Pregúntele al señor Ramírez si va en metro al trabajo. →
Señor Ramírez, ¿va usted en metro al trabajo?

Pregúntele a Gustavo si lee el periódico en la mañana. →
Gustavo, ¿lees el periódico en la mañana?

1. Pregúntele a su papá si él toma mucho café en el trabajo.
2. Pregúntele a Gustavo si él y sus amigos juegan al béisbol.
3. Pregúnteles a Gustavo y a Ernestito si tienen una computadora.
4. Pregúntele a la señorita Reyes si ella hace ejercicio en un gimnasio.
5. Pregúntele al señor Galván si él trabaja en la noche.
6. Pregúntele a don Eduardo si él prepara café en la mañana.
7. Pregúntele a su mamá si cocina en la mañana o en la tarde.
8. Pregúntele a Ernestito si ve la televisión en la noche.
9. Pregúntele a doña Rosita Silva si asiste a misa los domingos.
10. Pregúntele a la señorita Reyes si lava su ropa en casa o en una lavandería.

3.3. Irregular Verbs: *hacer, salir, jugar*

3.3. This section introduces the concept of irregular stems (the use of more than one stem) in the conjugation. *Hacer* is presented, since it is always used in the question ¿*Qué hace usted...?*; *salir* is presented because it is frequently used to talk about daily activities and represents the class of verbs that insert -*g*- in the first-person singular. *Jugar* is given so students can talk about sports and because it represents the stem-vowel change of verbs.

A verb that uses more than one stem in its conjugation is considered irregular. Here are the forms of three useful irregular verbs.

A. The present tense of **hacer** (*to do*) uses two stems: **hag-** for the *I* form and **hac-** for all others.*

	hacer (*to do; to make*)	
(yo)	hag + o	I do
(tú)	hac + es	you (inf. sing.) do
(usted, él/ella)	hac + e	you (pol. sing.) do; he/she does
(nosotros/as)	hac + emos	we do
(ustedes, ellos/as)	hac + en	you (pl.), they do

¿Qué **haces** después de clases? *What do you do after school? —I*
—**Hago** mi tarea. *do my homework.*

B. The present tense of **salir** (*to leave*) uses the stems **salg-** for the *I* form and **sal-** for all others.†

---

*Recognition: **vosotros/as hacéis**
†Recognition: **vosotros/as salís**

salir (to leave)		
(yo)	salg + o	I leave
(tú)	sal + es	you (inf. sing.) leave
(usted, él/ella)	sal + e	you (pol. sing.) leave; he/she leaves
(nosotros/as)	sal + imos	we leave
(ustedes, ellos/as)	sal + en	you (pl.), they leave

To express a point of departure with **salir**, use the preposition **de**, even if the preposition *from* is not used in English.

¿En la mañana a qué hora **sales** de tu casa? —**Salgo** a las 7:30.
What time do you leave (from) home in the morning? —I leave at 7:30.

C. The present tense of the verb **jugar** (*to play*) uses the stem **jug-** for the infinitive and the *we* form and **jueg-** for all other forms.*

jugar (to play)		
(yo)	jueg + o	I play
(tú)	jueg + as	you (inf. sing.) play
(usted, él/ella)	jueg + a	you (pol. sing.) play; he/she plays
(nosotros/as)	jug + amos	we play
(ustedes, ellos/as)	jueg + an	you (pl.), they play

Remember that there are two words spelled **juego**: **el juego** (*the game*) and **yo juego** (*I play*).

Los sábados **juego** al fútbol con mis amigos.
Saturdays I play soccer with my friends.

Ej. 5. Oral pair work.

Ejercicio 5

Complete las conversaciones con la forma correcta de los verbos **hacer, salir** y **jugar**.

1. —Señor Ramírez, ¿a qué hora _____ usted de casa para su trabajo?
   —_____ a las 8:30.
2. —Gustavo, ¿_____ al fútbol en la tarde?
   —Sí, _____ después de clases.
3. —Señor Galván, ¿_____ usted ejercicio todos los días?
   —No, _____ ejercicio en el gimnasio solamente los lunes y miércoles.
4. —Andrea y Paula, ¿_____ ustedes con sus muñecas?
   —Sí, _____ con las muñecas después de clases.

---

*Recognition: **vosotros/as jugáis**

3.4. Origin and Location: *ser de/estar en*

A. A form of the verb **ser** (*to be*) followed by **de** (*from, of*) can specify origin. The question *Where is someone from?* in Spanish always begins with the preposition **de** (*from*).

¿**De dónde es** Adriana Bolini?   *Where is Adriana Bolini from?*
—**Es de** Buenos Aires.   —*She's from Buenos Aires.*
Raúl, ¿**de dónde eres?** —**Soy**   *Raúl, where are you from?* —*I'm*
de México.   *from Mexico.*

As you know, **ser** can be followed directly by an adjective of nationality.

Sr. Ramírez, ¿es usted argentino? —No, soy mexicano.   *Mr. Ramírez, are you Argentinean?* —*No. I'm Mexican.*

B. Remember that two verbs in Spanish correspond to the English verb *to be*. **Ser** is used to tell where someone is from; **estar** is used to express location. Note the difference between **ser** + **de** and **estar** + **en** in the following examples.

Clara **es de** los Estados Unidos, pero este año **está en** España.   *Clara is from the United States, but she's in Spain this year.*
Inés **es de** Colombia, pero **está en** Perú ahora con su esposo.   *Inés is from Colombia, but she's in Peru now with her husband.*

Ejercicio 6. ¿Cierto o falso?

¿De dónde son los amigos hispanos y dónde están ahora? Escoja la forma correcta de **ser** o **estar** y luego diga si la oración es cierta o falsa, según los dibujos en la página 105.

1. Adriana _____ de Nueva York, pero ahora _____ en Buenos Aires.
2. Marta, una muchacha puertorriqueña, _____ ahora en San Juan.
3. Carmen pregunta: «¿Quién _____ en Roma?» Esteban contesta: «Nadie _____ en Roma, pero Bernardo e Inés _____ en Bogotá».
4. Nora pregunta: «¿Cómo se llama la persona que _____ de Argentina, pero que ahora _____ en Nueva York?» Luis contesta: «Marta _____ de Argentina y _____ ahora en Nueva York».
5. Rogelio y Carla dicen: «Nosotros _____ de Puerto Rico, pero _____ ahora en México».
6. Una de las mujeres _____ de México, pero _____ ahora en Puerto Rico.
7. Alberto pregunta: «Adriana, ¿_____ tú de Italia?» Adriana contesta: «No, yo _____ de Argentina, pero mis padres _____ de Italia».
8. Hay tres personas que _____ ahora en Nueva York. Una _____ de Buenos Aires.
9. Esteban pregunta: «Sra. Torres, ¿_____ usted en Nueva York?» Inés contesta: «No, yo no _____ en Nueva York; _____ en Madrid».
10. Alberto pregunta: «Carla y Rogelio, ¿_____ ustedes de México?» Carla y Rogelio contestan: «No, nosotros _____ de Argentina».

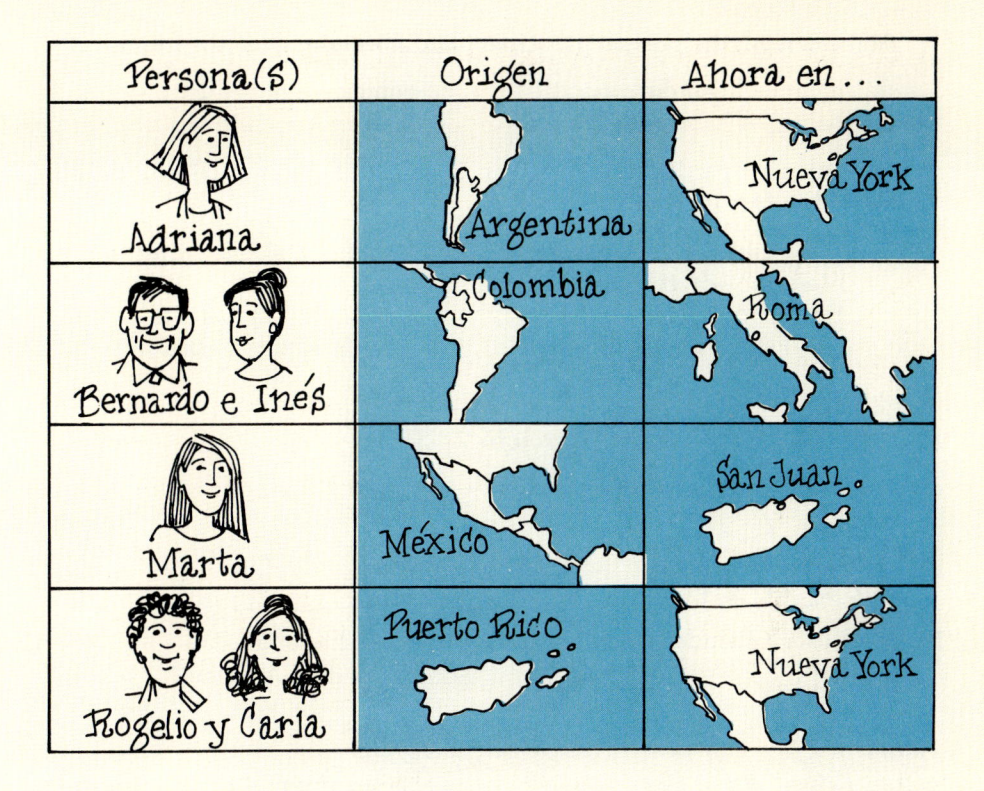

Persona(s)	Origen	Ahora en...
Adriana	Argentina	Nueva York
Bernardo e Inés	Colombia	Roma
Marta	México	San Juan
Rogelio y Carla	Puerto Rico	Nueva York

3.5. Actions in Progress: Present Progressive

To describe an action that is taking place at the moment Spanish uses a verb phrase composed of a form of **estar** (*to be*) and an **-ndo** (*-ing*) form called a present participle.* This combination is called the *present progressive*.

estar + -ndo	
estoy	jugando (*playing*)
estás	caminando (*walking*)
está +	fumando (*smoking*)
estamos	escuchando (*listening*)
están	comiendo (*eating*)

¿Qué **está haciendo** Amanda?
—**Está lavando** su carro.
Ernestito, ¿qué **estás haciendo**?
—**Estoy escribiendo** una composición.

What is Amanda doing? —She's washing her car.
Ernestito, what are you doing? —I'm writing a composition.

3.5. The progressive structure is easy for English speakers to learn, and they begin using it very quickly. We introduce the progressive earlier than in most texts in order to facilitate your use of the PF. Sample input: ¿Qué ven ustedes en esta foto? ¿Hay un(a)...? ¿Qué está haciendo? ¿A ustedes les gusta hacer...? ¿Cuándo lo hacen? In addition, we believe that although the Spanish progressive is not as common as the English progressive, especially in written texts, it is still very common in informal conversation. Stress that the progressive is never used in Spanish to express future action; ¿Qué vas a hacer? always contrasts with ¿Qué estás haciendo?

---

*Recognition: **vosotros/as estáis jugando**

You can form the present participle (**-ando, -iendo**) from the infinitive.

jug**ar** → jug**ando**   com**er** → com**iendo**
habl**ar** → habl**ando**   viv**ir** → viv**iendo**

When a present participle is irregular, it will be noted as follows: **dormir** (d**u**rmiendo), **leer** (le**y**endo).

¿**Está durmiendo** Ernestito ahora?—Sí, está muy cansado.
Is Ernestito sleeping now? —Yes, he's very tired.

Estela, ¿qué **estás leyendo**? —Estoy leyendo una novela.
Estela, what are you reading? —I'm reading a novel.

Ej. 7. Oral pair work.

Ejercicio 7

1. ¿Qué está haciendo Gustavo?
2. ¿Qué están haciendo don Eduardo y don Anselmo? 
3. ¿Qué está haciendo Amanda? 
4. ¿Qué está haciendo la señora Ramírez? 
5. ¿Qué están haciendo Pedro y Margarita? 
6. ¿Qué está haciendo Daniel? 

Ej. 8. Assign as homework and ask students to check their answers in answer key. New word: *ya*.

Ejercicio 8

Don Anselmo está muy curioso hoy y le hace muchas preguntas a don Eduardo. Haga usted el papel de don Eduardo.

MODELO: —¿Y Amanda? ¿Va a ver la televisión más tarde?
—No, Amanda ya está <u>viendo la televisión</u>.

1. —¿Y Raúl? ¿Va a dormir esta noche?
   —No, Raúl ya está ____.
2. —¿Y Ernestito? ¿Va a jugar con sus amigos esta tarde?
   —No, Ernestito ya está ____ con ellos.
3. —¿Y doña Lola? ¿Va a leer el periódico más tarde?
   —No, doña Lola ya está ____ el periódico.
4. —¿Y Leticia Reyes? ¿Va a lavar la ropa mañana?
   —No, Leticia ya está ____ la ropa.
5. —¿Y Daniel Galván? ¿Va a tocar la guitarra esta noche?
   —No, Daniel ya está ____ la guitarra.

CAPÍTULO CUATRO

LA VIDA DIARIA Y LOS DÍAS FERIADOS

GOALS—CHAPTER 4

Capítulo 4 provides opportunities to understand and talk about topics related to common activities. It focuses on three areas: (1) "grooming" activities (which in Spanish are mainly expressed with reflexive constructions), (2) community locations and associated activities, and (3) the holidays, celebrations, and associated activities. All of these topics involve the use of present-tense verbs: regular, irregular, and stem-changing.

In addition, *Capítulo 4* introduces the *estar* + adjective and *tener* + noun constructions used to describe states of being. We hope that by the end of this chapter students will be well on their way toward comfortably using present-tense verb forms.

PRE-TEXT ORAL ACTIVITIES

1. Use your PF to talk about community locations and activities associated with them. Introduce the structure *ir* + *a* + location. You may wish to point out the contraction *al*. Sample input: *¿Adónde van ustedes los sábados en la noche? (cine) ¿Al cine? ¿Qué hacen en un cine?* or *¿Qué hacemos en un cine? (películas) Sí, miramos (vemos) películas.*

2. Introduce some morning "grooming" activities by describing your routine: *Me levanto a las ___, me ducho, me lavo el pelo, me seco con una toalla, me maquillo,* etc. Write each verb phrase on the board as you use gestures to clarify the meaning of the verb. Explain that the pronoun *me* means "myself" and that you use it because these are all things you do to yourself. Follow up the next day with an expanded list of activities. Write each one on the board and ask questions: *¿A qué hora se levanta usted?* (or *¿A qué hora te levantas?*).

San Antonio, Texas

METAS
In **Capítulo cuatro** you will learn to express when and where events take place, and you will expand your vocabulary for talking about daily activities. You will also learn how to talk about emotions and feelings and about holidays and celebrations, in both your family and the Hispanic world.

ACTIVIDADES ORALES Y LECTURAS

Los lugares
Los días feriados y las celebraciones
La rutina diaria
Los estados físicos y mentales

«Los días feriados»

«El nuevo amigo de Ernestito»
«Versos sencillos»: José Martí

GRAMÁTICA Y EJERCICIOS

4.1 Location: **ir** + **a(l)**; **estar** + **en**
4.2 Verbs with Stem-Vowel Changes (**ie, ue**) in the Present Tense
4.3 Habitual Actions: Irregular Verbs
4.4 Daily Routine: Reflexives
4.5 Describing States: **estar** + Adjective
4.6 Describing States: **tener** + Noun

107

ACTIVIDADES ORALES Y LECTURAS

LOS LUGARES

Direct students' attention to the display and ask them to find various buildings and locations: *¿Dónde está la biblioteca? (Está al lado del Hospital San Benavente.)* For each location ask *¿Qué hay en un(a) _____?* and *¿Qué hacemos en un(a) _____?* Suggestions: **1.** *la biblioteca: libros, revistas, periódicos; sacamos libros, buscamos información, leemos* **2.** *la escuela: estudiantes, estudiamos, aprendemos, asistimos a clases* **3.** *las tiendas: cosas, mercancías; compramos, vamos de compras* **4.** *la playa: arena, gente, lanchas, agua, toallas; nadamos, caminamos, jugamos deportes, tomamos el sol* **5.** *discoteca: música, bar, sillas, mesas; bailamos, escuchamos música, tomamos* **6.** *hospital: pacientes, doctores, cuartos, camas; visitamos a pacientes, consultamos con el médico* **7.** *mercado: todo, comida, frutas, vegetales, carne; compramos* **8.** *cine: vemos películas* **9.** *restaurante: comida; comemos, cenamos* **10.** *parque: árboles, bancos, fuente, tiendas; caminamos, conversamos, miramos a la gente.* New words: *al, a la, almacén, colegio, disco, farmacia, fuente, hermoso, lago, lugares, mercado, museo, panadería, papelería, zapatería.*

¡**OJO**! *Estudie Gramática 4.1.*

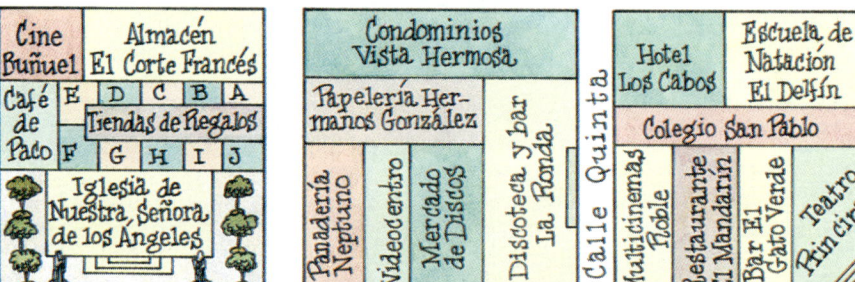

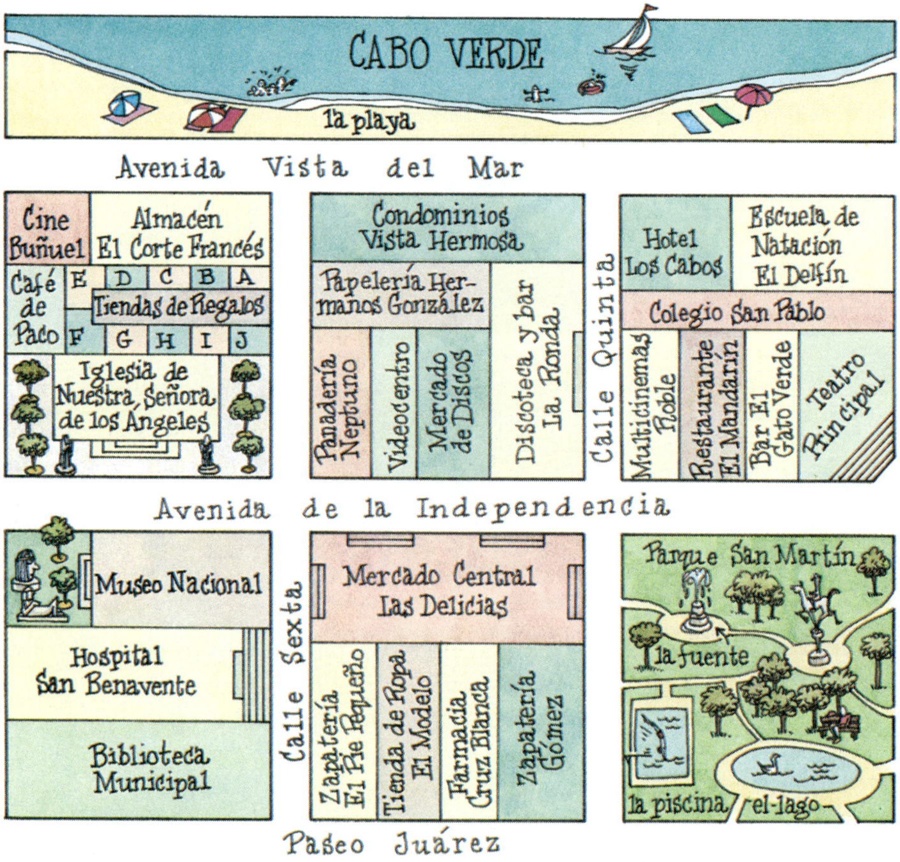

Act. 1. New words: *comida, comprar, conversar, enfermo, iglesia, nuestro, plaza, rezar, tomar el sol, visitar.*

Actividad 1. ¿Qué hacemos cuando vamos a estos lugares?

MODELO: el parque → Cuando vamos al parque, merendamos con nuestros amigos.

LUGAR
1. el cine
2. una tienda de ropa
3. la playa
4. el mercado
5. una discoteca

ACTIVIDAD
a. bailamos
b. leemos y estudiamos
c. comemos
d. caminamos y conversamos
e. rezamos

La vida diaria y los días feriados   **109**

6. la biblioteca
7. un restaurante
8. la iglesia
9. la plaza
10. un hospital

f. vemos una película
g. visitamos a un enfermo
h. tomamos el sol y nadamos
i. compramos vestidos y camisas
j. compramos comida

Act. 2. Most of the time expressions are new, but most students will be able to figure them out in context. (You will probably have to explain that *esta noche* = "tonight.") Go through each answer, even though we assume most students will choose the *d.* alternative. In number 3 think of a particular time and ask students to guess when you are going to a clothing shop (or any other place you choose). New words: *conmigo, novio, pasado mañana, próximo, semana*.

Actividad 2. ¿Cuándo?

1. Voy a comer en un restaurante…
   a. este fin de semana.
   b. esta noche.
   c. la semana próxima.
   d. ¿_____?
2. Voy a ir con mis amigos a una discoteca…
   a. mañana en la mañana.
   b. hoy en la noche.
   c. el próximo sábado.
   d. ¿_____?

3. Mi profesor(a) de español va a ir a una tienda de ropa…
   a. hoy.
   b. pasado mañana.
   c. mañana en la noche.
   d. ¿_____?
4. Mi novio/a va a ir conmigo al cine…
   a. ahora mismo.
   b. este viernes.
   c. el lunes en la tarde.
   d. ¿_____?

Act. 3. Use these listings as scanning activity. (Students need not understand all movie titles.) Ask questions like ¿*Qué película pasan en el canal 2 el jueves 24?* (*El beso de la muerte*) ¿*A qué hora la pasan?* (*A las 22:05.*) Point out the use of the 24-hour clock, and the comma instead of colon between hours and minutes. ¿*Cómo se llaman los actores?* (Victor Mature, Richard Widmark) You may want to call students' attention to fact that most of the movies are old. Ask questions that will encourage students to skim in a general fashion: ¿*De qué países son estas películas?* ¿*Qué evaluaciones se usan?* Then ask *Según este anuncio, ¿cuál es la mejor película?* New words: *amor, beso, bueno, comedia, drama, guía, notable, policía, pueblo (pueblecito)*.

Actividad 3. Interacción: El cine en casa

LA GUIA

El cine en casa

TELEVISION ESPAÑOLA

MIERCOLES 23.— El amante del amor. 21,35. TV-1. 1977. Director: François Truffaut. Con Charles Denner y Brigitte Fossey.
   Un drama divertido o una comedia dramática. Un don Juan *malgré lui* intenta explicar su obsesión por las mujeres. **Buena.**

JUEVES 24.— El beso de la muerte. 22,05. TV-2. 1947. Director: Henry Hathaway. Con Víctor Mature y Richard Widmark.
   Un ex delincuente que intenta ser honrado es presionado por la Policía para que denuncie a sus antiguos cómplices. **Notable.**

SABADO 26.— Fin de semana en Dunkerke. 16,05. TV-1. 1964. Director: Henri Verneuil. Con Jean-Paul Belmondo.

Las tropas francesas e inglesas en Dunkerke tratan de huir a Inglaterra. Un sargento pasará un dramático «week end». **Interesante.**

DOMINGO 27.— Lucha en la sombra. 22,45. TV-2. 1941. Director: Charles Grayson. Con Jeffrey Lynn y Philip Dorn.
   Un oficial alemán regresa a Berlín y encuentra a su hermano que dirige una emisora clandestina antinazi. Tras la detención de éste, el oficial seguirá su ejemplo. **Buena.**

LUNES 28.— La niña de la venta. 22,25. TV-2. 1951. Director: Ramón Torrado. Con Lola Flores y Manolo Caracol.
   Un hombre llega a un pueblo de Cádiz a investigar los fraudes del patrón de la Almadraba. De paso se enamora de la niña de la venta, que se parece mucho a Lola Flores. **Regular.**

E1: ¿Dónde está la teleguía?
E2: Aquí está. ¿Qué película quieres ver?
E1: Mmm, *Fin de semana en Dunkerke*.
E2: Yo también quiero verla. ¿Qué día la van a pasar?
E1: *El sábado 26*. ¿Quieres venir a verla aquí con nosotros?
E2: ¡Perfecto! ¿A qué hora la pasan?
E1: *A las 4:05.* (*A las 16:05.*)

Act. 4. Encourage students to ask just those questions that fit their partners' interests and activities and to follow up the most interesting ones with more questions. New words: *adónde, allí, estar en, jugar a las cartas, por qué, supermercado, tipo.*

Actividad 4. Entrevista: ¿Qué haces tú?

1. ¿Qué haces cuando estás en una biblioteca? ¿Lees periódicos?
2. ¿Qué te gusta hacer cuando vas a la playa? ¿Te gusta andar en velero?
3. ¿Qué haces en un parque? ¿Practicas algún deporte? ¿Juegas a las cartas? ¿Cómo se llama tu parque favorito? ¿Caminas mucho allí? ¿Corres? ¿Cuándo?
4. ¿Vas mucho al cine? ¿Adónde vas? ¿con quién? ¿Qué tipo de películas te gusta? ¿Te gustan las películas de acción?
5. ¿Vas a un mercado o a un supermercado para comprar la comida? ¿Por qué?

LOS DÍAS FERIADOS Y LAS CELEBRACIONES

Go through each holiday and ask volunteers to give *la fecha.* For each date, ask *¿Dónde están en esa fecha?* or *¿Adónde van en esa fecha? ¿Con quién están? ¿Qué hacen?* New words: *celebración, enamorado, feriado, independencia,* and the names of holidays.

- el Año Nuevo
- el Día de los Enamorados
- la Semana Santa / la Pascua
- el Día de las Madres
- el Día de los Padres
- el Día de la Independencia
- el Día de los Muertos
- el Día de (Acción de) Gracias
- la Nochebuena
- la Navidad
- el Día de Todos los Santos
- el cumpleaños
- el día de su santo

Act. 5. Have students work in pairs and match holiday with activities. Then have them write two statements of their own for other holidays. New words: *abundante, alegre, antes, celebrar, ceremonia, dar la bienvenida, definición, día de fiesta, Domingo de Pascua, especialmente, gente, gorro, hispano, impaciencia, Latinoamérica, religioso, reunirse, salir de vacaciones, varios.*

Actividad 5. Definiciones: ¿Qué día es?

1. Generalmente hay regalos y un pastel cuando uno celebra su _____.
2. En México se celebra el 16 de septiembre; en Argentina es el 9 de julio; en los Estados Unidos es el 4 de julio. Es el _____.
3. El _____ es un día de fiesta en los Estados Unidos. Las familias se

> **AA 1.** Write several activities related to holidays on board and ask students to name the appropriate holiday. Suggestions: **1.** *Estamos con la familia. Cenamos todos juntos y miramos el árbol de Navidad.* **2.** *Salimos con el novio o la novia.* **3.** *Le damos regalos a mamá.* **4.** *Recibimos regalos y cumplimos un año más.* **5.** *Vamos a fiestas, tomamos y comemos mucho. Esperamos la medianoche.* Later, if you think students are ready, write the holidays on the board and ask them to work in groups and make a list of activities appropriate for those days.
>
> **Act. 6.** New words: *árbol(ito) de Navidad, aspecto, fuegos artificiales, pariente, poner, preparativos, quedarse, volver.*

reúnen y preparan una comida abundante.

4. Los hispanos celebran este día más que los norteamericanos. Es el día antes de la Navidad, _____.
5. Mucha gente sale de vacaciones durante esta semana. Es la semana antes del Domingo de Pascua. Las personas religiosas, especialmente en España y en Latinoamérica, asisten a varias ceremonias en las iglesias. Es la _____.
6. Mucha gente le da la bienvenida a este primer día de enero con bailes y fiestas muy alegres. Llevan gorros de papel, y esperan las 12:00 de la noche con impaciencia. Es el _____.

Actividad 6. Entrevista: Los días feriados

1. ¿Cómo celebran el Día de la Independencia en tu familia? ¿Van a un parque o se quedan en casa? ¿Celebran solos o invitan a sus amigos? ¿Ven los fuegos artificiales desde tu casa o van a algún parque para verlos? ¿A qué hora vuelves a tu casa?
2. ¿Qué haces con tu familia el Día de Acción de Gracias? ¿Celebran ustedes esta fiesta en su casa o van a la casa de otros parientes? ¿Qué comen?
3. ¿Qué aspecto de la Navidad te gusta más? ¿Qué aspecto te gusta menos? ¿Celebras la Navidad con tu familia? ¿Pones árbol de Navidad? ¿Recibes muchos regalos?
4. ¿Cómo te gusta celebrar tu cumpleaños? ¿Quién hace los preparativos para celebrar tu cumpleaños?
5. ¿Qué otras fiestas celebras con tu familia? ¿Qué hacen ustedes para celebrar esas fiestas?

Festividad de los Reyes Magos en Tizimín, Península de Yucatán, México. Estos descendientes de los mayas celebran la Epifanía.

Act. 7. You may want to assign this activity as homework before you do it in class. Go through tables one by one and ask students to respond to each question. Compare their responses with those of Spanish respondents. Explain that NS/NC is an abbreviation of *no sabe/no contesta*. Talk about celebration of the *Día de los Reyes Magos* and its significance in Hispanic countries. Add information about the way Christmas holidays are celebrated in your own country, if you were born outside the U.S. After working with the whole group to get answers for the survey, use the other questions to start a discussion. New words, not included in end of chapter vocabulary: *resultados, encuesta, revista, mayoría, porcentaje, según, estar de acuerdo*. There may be others; use your judgment.

Actividad 7. Los españoles y los días feriados

Mire los resultados de esta encuesta de la revista *Cambio 16* para saber lo que piensan los españoles de algunos días feriados.

QUE ES LA NAVIDAD

Cuál de estas frases se ajusta más a la forma en que usted pasa las Navidades

	% Total
Es una fiesta fundamentalmente religiosa	9,5
Es una fiesta esencialmente familiar	73,6
Es una fiesta para consumir y gastar dinero	7,3
Son unas vacaciones de invierno, sin ningún otro significado	3,2
Es una época triste y deprimente que preferiría que no existiera	6,1
NS/NC	0,4

¿EN COMPAÑIA DE QUE PERSONAS PASA LAS FIESTAS?

	% Total
Siempre las paso en familia	84,3
Siempre las paso con mis amigos, novia/o	2,2
Las paso solo	1,0
Unos días las paso en familia y otros por mi cuenta	9,6
No siempre las paso con la misma compañía	1,2
NS/NC	1,8

¿CUAL DE ESTAS FIESTAS ES MAS IMPORTANTE?

	% Total
Nochebuena	30,8
Navidad	19,4
Nochevieja	19,4
Año Nuevo	3,7
Reyes Magos	3,6
Todas por igual	21,2
NS/NC	2,0

¿QUE DIA HACE USTED LOS REGALOS?

	% Total
Día de Reyes Magos	64,0
Día de Navidad	9,9
Días de Navidad y de Reyes Magos	6,8
No hay día fijo para dar regalos	9,3
No hacemos regalos	8,9
NS/NC	1,0

1. ¿Qué piensa la mayoría de los españoles de la Navidad? ¿Qué piensa usted?
2. ¿Qué porcentaje de españoles cree que las Navidades son solamente vacaciones de invierno? ¿Cree usted que muchos estudiantes piensan así?
3. ¿Cuáles son las fiestas menos importantes para los españoles, según los resultados de la encuesta? ¿Cree usted que las personas de este país están de acuerdo? ¿Está usted de acuerdo?
4. ¿Qué día hace los regalos la mayoría de los españoles? ¿Es el mismo día

en los Estados Unidos?
5. ¿Qué porcentaje de españoles pasa siempre las fiestas en familia? ¿Cree usted que el porcentaje de norteamericanos que pasa las fiestas en familia es más alto o más bajo? ¿Por qué?

NOTA CULTURAL Los días feriados

La Plaza de Armas, Cuzco, Perú: Una procesión en celebración del Corpus Christi.

Lectura: Use this reading to talk about activities on holidays: *¿Qué hacen ustedes durante la Semana Santa? ¿en la Navidad? ¿Viajan? ¿Visitan a sus parientes? ¿Van a la iglesia?* Then talk about the fact that Hispanics exchange gifts on *el Día de los Reyes Magos* (January 6). Although the custom is changing, it is still mostly children who receive presents. Describe *la Semana Santa* or *las Navidades* in detail, as you have experienced them. New words: *coincidir, costumbre, familiares, importante, intercambia.*

Los días feriados hispanos más importantes coinciden con dos fiestas° religiosas: la Semana Santa y las Navidades. La Semana Santa es la semana antes del Domingo de Pascua, el día de la Resurrección de Jesucristo. Durante estas fiestas, muchas personas visitan iglesias o catedrales. Otras simplemente aprovechan° la semana para estar con sus familiares y amigos, para ir a la playa o para acampar en las montañas.

Las Navidades duran desde el 24 de diciembre, la Nochebuena, hasta el 6 de enero, el día de los Reyes Magos.° La familia se reúne para cenar durante la Nochebuena. El 25 es el día en que se celebra el nacimiento de Jesucristo. En algunos países hispanos ya es costumbre intercambiar regalos este día. Pero muchos todavía esperan hasta el 6, día en que los Reyes Magos le ofrecen sus regalos al Niño Jesús.

celebrations

take advantage of

los... the Three Wise Men

Comprensión

1. ¿Cuáles son los días feriados más importantes en los países hispanos?
2. ¿Qué hacen muchas personas religiosas durante la Semana Santa?
3. ¿Qué se celebra el día 6 de enero? ¿Por qué intercambian muchos hispanos sus regalos ese día?

LA RUTINA DIARIA

¡OJO! *Estudie Gramática 4.2–4.4.*

Una mañana en la casa de los Ramírez

Ernesto se afeita.

Estela se maquilla.

Ernestito se lava los dientes.

Andrea se pone la ropa.

Paula se levanta.

Actividad 8. Primero... y luego... y después...

Ponga en orden correcto estas actividades. Use las palabras **primero**, **luego** y **después**.

1. a. Me baño.   b. Me seco.   c. Me lavo los dientes.
2. a. Me maquillo.   b. Me levanto.   c. Me acuesto.
3. a. Me peino.   b. Me afeito.   c. Me ducho.
4. a. Me baño.   b. Me levanto.   c. Me despierto.
5. a. Me lavo el pelo.   b. Me quito la ropa.   c. Me seco el pelo.

La vida diaria y los días feriados **115**

Act. 9. Narration series. Suggestions: **1.** *Se despierta a las 6:00.* **2.** *Duerme una hora más.* **3.** *Se levanta a las 7:00.* **4.** *Se ducha.* **5.** *Se lava el pelo.* **6.** *Se seca.* **7.** *Se peina.* **8.** *Se pone perfume.* **9.** *Se maquilla.* **10.** *Se pone la ropa.* **11.** *Va al trabajo.* **12.** *Almuerza.* **13.** *Vuelve a casa.* **14.** *Cena.* **15.** *Ve la televisión.* **16.** *Se acuesta.* New words: *dormirse, ponerse, perfume, toalla.*

AA 2. This is an autograph activity. Tell students they are going to get the signatures of people in class who do certain activities. On the board, write ¿*Quién en la clase...* and below a series of 10 activities. Use activities students will know. Suggestions: *...toma café por la mañana?, ...duerme hasta las 11:00 de la mañana los sábados?, ...desayuna mucho?, ...hace ejercicio todos los días?, ...corre todas las mañanas?, ...va al trabajo después de las clases?, ...lee el periódico en la mañana?, ...se levanta antes de las 7:00 de la mañana los lunes?, ...se baña en la noche?, ...almuerza en casa?* Show students how to convert these *usted* questions into questions using *tú* by adding an *-s* and remind them to replace *se* with *te*. Ask students to write the questions on a piece of paper, leaving space for signature of 1–2 people. (To save time you can have the questions already copied and hand them out.) Then ask everyone to circulate and ask each other questions. Enforce a limit of three questions per person or this will become an interview activity. After 5–10 minutes, ask the class as a whole who does certain activities.

Act. 10. We have used *navaja* for razor (Mexico: *rastrillo*). For question 4 you will have to supply possible answers: *crema, loción, lápiz labial,* etc. New words: *champú, condicionador, jabón, navaja, rasuradora eléctrica, salir de noche, temprano, todos los días, vivir.*

Act. 11. Have students practice the dialogue in pairs, substituting their own phrases for those italicized.

Actividad 9. La rutina de Adriana

Actividad 10. Entrevista: Preguntas personales

1. ¿Quién se levanta primero donde tú vives? ¿Te gusta levantarte temprano o tarde?
2. ¿Te bañas o te duchas? ¿Cuándo prefieres bañarte?
3. ¿Te afeitas con una navaja o con una rasuradora eléctrica?
4. ¿Te maquillas todos los días? ¿Te maquillas más cuando sales de noche? ¿Por qué?
5. ¿Te lavas el pelo todos los días? ¿Usas jabón o champú? ¿Usas un condicionador?

Actividad 11. Diálogo: Mi rutina

Hable con un compañero de clase acerca de lo que hace en su tiempo libre.

E1: ¿Tienes días libres durante la semana?
E2: Sí, tengo (dos, los martes y los jueves).

116 Capítulo cuatro

Madrid: El cine es uno de los pasatiempos favoritos de los españoles. En España se exhiben muchas películas españolas, que hoy tienen una reputación internacional, y películas extranjeras dobladas (*dubbed*) al español.

E1: ¿Sales a bailar?
E2: Pues, a veces (salgo a bailar), pero generalmente (hago mi tarea y veo la televisión).
E1: Yo trabajo de (lunes a jueves) y descanso (de viernes a domingo).
E2: ¿Y haces ejercicio?
E1: Sí, (juego al tenis) (tres) veces a la semana.
E2: Es muy buen ejercicio, pero yo prefiero (nadar).
E1: ¿Sí? ¿Y qué otras cosas haces en tu tiempo libre?
E2: Pues, algunas veces (oigo música) y otras veces (duermo). Pero si hay una buena película, salgo al cine.
E1: A mí también me gusta ir al cine. ¿Quieres ir al cine conmigo (el sábado)?
E2: Con gusto.

LOS ESTADOS FÍSICOS Y MENTALES

¡OJO! *Estudie Gramática 4.5–4.6.*

Except for fixed phrases such as *¿Cómo está usted?*, in the *Pasos* and *Capítulos* 1–2 we have used mostly the *ser* + adjective construction to describe inherent characteristics of things and people. Here, the *estar* + adjective construction is introduced to describe how someone is feeling. Use your PF to teach adjectives to describe physical and mental states. Ask questions like *¿Cómo está la niña (la muchacha, el perro, el hombre, etc.)?* Use *está* +

(Ernesto) (Estela)

está contento   están tristes   está enojado   están borrachos

La vida diaria y los días feriados **117**

adjectives: *aburrido/a, borracho/a, confundido/a, contento/a, de mal/ buen humor, deprimido/a, enamorado/a, enojado/a, enfermo/a, interesado/a, irritado/a, occupado/a, preocupado/a, triste.* This will be the first of many activities with *estar* + adjectives of state. Use your PF to introduce the following states with *tener: tener calor, frío, hambre, miedo, prisa, sed, sueño.* New words in the display: *borracho, calor, contento, enojado, estado, físico, frío, hambre, mental, miedo, ocupado, preocupado, prisa, sed, sueño, triste.*

AA 3. TPR with states. *Ustedes tienen frío; pónganse un abrigo. Tienen calor ahora; quítense el abrigo. Tienen prisa; miren su reloj. Recojan sus cosas y corran. Tienen sueño; tomen café. Duérmanse. Tienen sed; tomen un refresco. Tienen hambre; coman un taco. Están tristes; lloren. Están enojados; griten. Están alegres; canten. Están contentos; sonrían. Están borrachos; hablen así: «Buenas noches»* (instructor imitates slurred speech).

está enferma   está aburrido   está ocupada   está preocupado

tienen hambre   tienen prisa   tiene sueño   tiene sed

tiene calor   tiene frío   tiene miedo

Act. 12. New words: *dar un paseo, estar solo, opinión, pasar tiempo solo, quedarse en casa.*

Actividad 12. Su opinión (parte 1)

¿Qué hace usted cuando está... ? Diga sí o no.

1. Cuando estoy enfermo/a...
   a. me acuesto.
   b. veo la televisión.
   c. doy un paseo por el parque.
   d. ¿————?
2. Cuando estoy triste...
   a. quiero estar solo/a.
   b. escucho música.
   c. compro ropa nueva.
   d. ¿————?
3. Cuando estoy contento/a...
   a. salgo en el carro.
   b. voy de compras.
   c. paso tiempo solo/a.
   d. ¿————?
4. Cuando estoy cansado/a...
   a. duermo.
   b. leo.
   c. me baño.
   d. ¿————?

5. Cuando estoy aburrido/a…
   a. como.
   b. cocino.
   c. me quedo en casa.
   d. ¿____?

Act. 13. New words: *beber, caliente, cerveza, chocolate, hamburguesa, leche, llamar, ponerse, quitarse, rápidamente, tomar el autobús, vaso.*

Actividad 13. Su opinión (parte 2)

¿Qué hace usted cuando tiene…? Diga sí o no.

1. Cuando tengo hambre…
   a. como hamburguesas.
   b. tomo un vaso de leche.
   c. me lavo los dientes.
   d. ¿____?
2. Cuando tengo sed…
   a. bebo cerveza.
   b. como chocolate.
   c. llamo a mi novio/a.
   d. ¿____?
3. Cuando tengo frío…
   a. me quito la chaqueta.
   b. me baño.
   c. me pongo un suéter.
   d. ¿____?
4. Cuando tengo calor…
   a. tomo un refresco.
   b. tomo café caliente.
   c. me ducho.
   d. ¿____?
5. Cuando tengo prisa…
   a. camino rápidamente.
   b. tomo el autobús.
   c. doy un paseo.
   d. ¿____?

Act. 14. New words: *necesitar, tener ganas de.*

Actividad 14. ¿Adónde va?

MODELO: Cuando tengo sueño → voy a mi cuarto.

1. Cuando necesito un libro…
2. Cuando tengo hambre…
3. Cuando tengo clase de español…
4. Cuando tengo calor…
5. Cuando estoy aburrido/a…
6. Cuando quiero comprar una camisa nueva…
7. Cuando quiero ir de compras…
8. Cuando quiero bailar con mi novio/a…
9. Cuando quiero jugar al fútbol…
10. Cuando estoy muy enfermo/a…

a. a una discoteca.
b. a la biblioteca.
c. a un restaurante.
d. a la playa.
e. al centro.
f. a una tienda de ropa.
g. a la universidad.
h. al parque.
i. al hospital.
j. al cine.

Act. 15. New words: *de buen/mal humor, deprimido.*

Actividad 15. Entrevista: Soluciones

¿Qué haces cuando estás… ?

1. deprimido/a   2. de buen/mal humor   3. nervioso/a
4. enamorado/a   5. enojado/a

¿Qué haces cuando tienes… ?

6. frío   7. sed   8. sueño   9. prisa   10. miedo

LECTURA   La telenovela «Los vecinos»: El nuevo amigo de Ernestito

Es tarde y Ernestito no tiene sueño; se levanta y va a la cocina porque de pronto tiene hambre. «¡Qué idea padre!»° piensa Ernestito. «Voy a tomarme un vaso° de leche con chocolate y voy a hacerme una torta° de jamón y queso. Después de comer voy a acostarme…

Ernestito se acuesta y a los pocos minutos escucha un ruido° que viene del otro lado de la ventana. Abre los ojos. ¿Es el perro? No. ¿Qué puede ser? Ernestito por fin se levanta y camina a la ventana. ¿Tiene miedo? «No, ¡los hombres nunca tienen miedo!» piensa él.

Ernestito se envuelve° en la cobija° porque de repente° tiene mucho frío. Abre la ventana. ¿Qué busca? ¡Allí no hay nada! Sin duda estaba soñando.° Probablemente el ruido es del viento° o de su gata, Manchitas. Regresa a su cama,° dejando la ventana abierta. «¡Oye!»° Alguien° lo llama. «¡Oye, Er-nes-ti-to!»

Ernestito se cubre la cabeza con la cobija. Si siguen los ruidos extraños va a irse a dormir con sus padres. Pero no, que él es muy valiente. «¡Ernestito!» Otra vez alguien lo llama. ¿Quién es? Ernestito mira hacia un rincón del cuarto. Hay allí una figura. ¿Uno de sus juguetes? ¿Su mochila°? No. Porque aquel bulto° está haciendo ruidos, como una persona.

—¡¿Quién eres?! —pregunta por fin Ernestito, asustado.
—Eeer… —repite la voz.
—¡Ándale!° Dime quién eres.
—Soy Eeer, un extraterrestre.°

Aquella figurita se acerca° entonces a Ernestito, como los personajes de las películas del espacio que tanto le

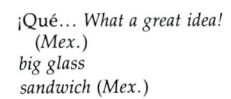

¡Qué… *What a great idea! (Mex.)*
big glass
sandwich (Mex.)

noise

se… covers himself / blanket (Mex.) / de… suddenly
estaba… he was dreaming
wind
bed / Hey! / Someone

backpack / form

Come on! (Mex.)
extraterrestrial
se… approaches

gustan al niño, las de las Galaxias.° Es un ser peludo°   *Stars (Star Wars) / ser...*
que se mueve lentamente, con esfuerzo. No es posible,   *hairy being*
¡un extraterrestre en su cuarto°! Tiene que estar soñando.   *room*

—Yo no quiero un amigo con ese nombre tan feo: ¡Eeer! —dice entonces Ernestito, ahora con menos miedo.

—¡Tu nombre es más feo aún! —dice el visitante. —¡Y más largo! Er-nes-ti-to.

—¿Y cómo sabes mi nombre?

—Yo sé muchas cosas —dice el hombrecito, mientras camina lentamente por el cuarto.

¡Eeer! —Ernestito imita la voz medio ronca° del visi-   *hoarse*
tante. —¡Eeer! ¡Qué nombre tan feo!... ¿Sabes una cosa,
Eeer? Voy a acostarme y esta vez voy a dormirme° de   *fall asleep*
verdad, porque tengo mucho, mucho sueño. Pero mañana puedes volver a visitarme. ¿De acuerdo?

—Está bien. Te veo mañana.

—¡Ándale, pues!

Ernestito se acomoda° en su cama. «No lo puedo creer»   *se... gets comfortable*
piensa el niño. «Un extraterrestre en mi cuarto, ¡y yo me acuesto a dormir!»

Unos segundos antes de quedarse dormido, Ernestito
ve saltar por la ventana, hacia el patio, a aquel° hombre-   *that*
cito peludo.

Comprensión

Busque el orden correcto.

Ernestito...

____ tiene frío.
____ abre la ventana.
____ descubre al extraterrestre.
____ tiene hambre.
____ habla con Eeer.
____ se cubre con la cobija.
____ escucha un ruido.
____ se prepara una torta.

¿Y usted?

1. ¿Es bueno para los niños tener un amigo imaginario (una amiga imaginaria)? Explique.   2. ¿Recuerda usted a su amigo imaginario de la infancia? Descríbalo.

Una de las características del paisaje (*landscape*) cubano es la hermosa palma real.

LECTURA *Versos sencillos* (fragmentos)
José Martí (Cuba, 1853–1895)

Varios de los *Versos sencillos* de este famoso poeta cubano se usaron° en la popular canción «Guantanamera». En los siguientes versos, el poeta hace una descripción de su personalidad. ¿Qué dice de sí mismo°?

   se... *were used*

   sí... *himself*

  Yo soy un hombre sincero
De donde crece la palma,°
Y antes de morirme° quiero
Echar° mis versos del alma.°

   De... *From where the palm tree grows*
   antes... *before dying*
   Share / soul

* * *

  Yo vengo de todas partes,
Y hacia° todas partes voy:
Arte soy entre° las artes.
En los montes,° monte soy.

   toward
   among
   forests

* * *

  Todo es hermoso y constante,
Todo es música y razón,°
Y todo, como el diamante,
Antes que luz es carbón.°

   reason

   coal

VOCABULARIO

Los lugares *Places*
¿adónde?	where (to)?
al / a la	to the
el almacén	department store
allí	there
el colegio	private school
la farmacia	pharmacy
la iglesia	church
el lago	lake
el mercado	market
el museo	museum
la panadería	bakery
la papelería	stationery shop
el supermercado	supermarket
la zapatería	shoe store

PALABRAS SEMEJANTES: la América Latina, la plaza

Los días feriados y las celebraciones
Holidays and Celebrations
el Año Nuevo	New Year's
el Día de Acción de Gracias	Thanksgiving
el Día de los Enamorados	Valentine's Day
el día de fiesta	holiday
el Día de la Independencia	Independence Day
el Día de las Madres	Mother's Day
el Día de los Muertos	All Souls' Day
el día del santo	saint's day
el Domingo de Pascua	Easter Sunday
la(s) Navidad(es)	Christmas
la Nochebuena	Christmas Eve
la Semana Santa	Holy Week

La rutina diaria *Daily Routine*
acostarse (ue)	to go to bed
me acuesto/se acuesta	
afeitarse	to shave
bañarse	to take a bath
despertarse (ie)	to wake up
me despierto/se despierta	
dormir (ue)	to sleep
duermo/duerme	
ducharse	to take a shower
lavarse los dientes	to brush one's teeth
lavarse el pelo	to wash one's hair
levantarse	to get up
maquillarse	to put makeup on
peinarse	to comb one's hair
ponerse (perfume)	to put on (perfume)
me pongo/se pone	
ponerse (la ropa)	to put on (one's clothes)
quitarse (la ropa)	to take off (one's clothes)
secarse	to dry oneself
secarse el pelo	to dry one's hair

REPASO: divertirse

Los estados físicos y mentales *Physical and Mental States*
estar...	to be ...
aburrido/a	bored
alegre	happy
borracho/a	drunk
contento/a	happy
de buen/mal humor	in a good/bad mood
deprimido/a	depressed
enamorado/a	in love
enfermo/a	sick
enojado/a	angry
ocupado/a	busy
preocupado/a	worried
triste	sad
tener...	to be ...
calor	hot
frío	cold

hambre	hungry
miedo	afraid
prisa	in a hurry
sed	thirsty
sueño	sleepy

¿Cuándo? *When?*

antes	before
después	after
luego	then
pasado mañana	day after tomorrow
la semana próxima	next week
tarde	late
temprano	early
todos los días	every day

Los verbos

beber	to drink
celebrar	to celebrate
comprar	to buy
dar	to give
doy/da	
dar la bienvenida	to welcome
dar un paseo	to take a walk
estar en	to be in (*a certain place*)
estar solo/a	to be alone
jugar a las cartas	to play cards
llamar	to call
necesitar	to need
oír	to hear
pasar una película	to show a movie
pasar tiempo solo/a	to spend time alone
poner (en orden)	to put (in order)
quedarse (en casa)	to stay (home)
reunirse	to get together
rezar	to pray
salir de noche	to go out at night
salir de vacaciones	to go on vacation
tomar el autobús	to take the bus
tomar el sol	to sunbathe
vivir	to live
volver (ue)	to return
vuelvo/vuelve	

PALABRA SEMEJANTE: conversar, visitar

Los sustantivos

el amor	love
el árbol de Navidad	Christmas tree
el beso	kiss
la cerveza	beer
la comedia	comedy
la comida	food
el condicionador	conditioner
el champú	shampoo
la encuesta	survey poll
los fuegos artificiales	fireworks
la fuente	fountain
la gente	people
el gorro	cap; party hat
la guía	guide(book)
el jabón	soap
la leche	milk
la navaja	razor (blade)
el novio/la novia	boyfriend/girlfriend
la palabra	word
el pariente/la parienta	relative
el pastel	cake (*Mex.*)
la policía	police (force)
los preparativos	preparations
el pueblo (pueblecito)	(small) town
la rasuradora eléctrica	electric razor
el regalo	gift
el tipo	type
la toalla	towel
el vaso	glass
la vez (*pl.* veces)	time

PALABRAS SEMEJANTES: el aspecto, la ceremonia, el chocolate, la definición, el drama, la hamburguesa, la impaciencia, la opinión

Los adjetivos

bueno/a	good
caliente	hot
hermoso/a	beautiful
hispánico/a	Hispanic
libre	free, available
nuestro/a	our
próximo/a	next
varios/as	several

PALABRAS SEMEJANTES: abundante, notable, religioso/a

Palabras y expresiones útiles

con gusto	with pleasure
conmigo	with me
especialmente	especially
¿por qué?	why?
¿Qué día es?	What day is it?
rápidamente	fast, rapidly

GRAMÁTICA Y EJERCICIOS

4.1. Location: *ir* + *a(l)*; *estar* + *en*

A. To ask where someone is going, use the interrogative **¿adónde?** ([to] where?). To express the idea of movement toward a location, use the verb **ir** (*to go*) followed by the preposition **a** (*to*). Remember that the present-tense forms of **ir** are **voy, vas, va, vamos, van**.* Note that **a** + **el** contracts to **al** (*to the*).

¿Adónde vas? —**Voy al** hospital a ver a mi amigo don Anselmo.	*Where are you going? —I'm going to the hospital to see my friend don Anselmo.*

The expression **ir** + **a** + *location* used with an adverbial expression of time tells when you are going. Here are two ways to express future intentions: **este/a** + *time period*; **el próximo** (**la próxima**) + *time period*.

este viernes	this Friday
este fin de semana	this weekend
esta primavera	this spring
el próximo sábado	next Saturday
la próxima semana	next week
el próximo mes	next month
Vamos a ir al Restaurante El Tecolote **la próxima semana**.	*We're going to go to the Tecolote Restaurant next week.*

B. To express the idea of being at a location, use the verb **estar** (*to be*) followed by the preposition **en**.

¿Está Gustavo **en** la biblioteca? —No, **está en** el gimnasio.	*Is Gustavo at the library? —No, he's at the gym.*

Ejercicio 1

¿Adónde van estas personas? Complete las oraciones con formas del verbo **ir** (**voy, vas, va, vamos, van**) y **al** o **a la**.

MODELO: Usted <u>va al</u> parque los domingos.

1. (Tú) _____ trabajo después de las clases.
2. Mis hermanos siempre _____ cine los sábados.
3. (Nosotros) _____ supermercado para comprar fruta.
4. La profesora Martínez _____ oficina para trabajar.
5. (Yo) _____ playa para tomar el sol y bañarme.
6. (Yo) Siempre _____ biblioteca para leer y estudiar.

---

*Recognition: **vosotros/as vais**

7. Esteban y Carmen _____ restaurante chino cerca de aquí para cenar.
8. Luis _____ plaza para pasear con una amiga.
9. (Nosotros) _____ librería para comprar el libro de español.
10. Mis compañeros y yo _____ tienda nueva enfrente de la universidad.

4.2. Verbs with Stem-Vowel Changes (*ie, ue*) in the Present Tense

A. Recall that the verbs **querer** (*to want*) and **preferir** (*to prefer*) use two stems in their present-tense conjugations. The stem containing the vowel **e** appears only in the infinitive and in the **nosotros/as** and **vosotros/as** forms.* The stem containing the diphthong (two vowels) **ie** occurs in the rest of the forms.

querer	preferir
queremos	preferimos
quiero	prefiero
quieres	prefieres
quiere	prefiere
quieren	prefieren

4.2. The stem-vowel change *e → ie* was introduced briefly in *Gramática 2.5* for *querer* and *preferir*. Since students have heard and used mostly singular forms, they are not likely to be proficient in using the *nosotros/as* form or the infinitive. Although we have taught neither rule, some students seem to benefit from knowing the "stress rule" (*e/o* change to *ie/ue* when stressed) or the traditional "L-rule" (*e/o* change to *ie/ue* in the L-forms). We have not included the *e/i* alternation verbs (*pedir, mentir, medir, servir*, etc.) in this section; they will be formally introduced in *Gramática 8.6*.

Here is the present tense of five other useful verbs that follow the same pattern: **cerrar** (*to close*), **pensar** (*to think*), **empezar** (*to begin*), **perder** (*to lose*), **encender** (*to light; to turn on*).†

cerrar	pensar	empezar	perder	encender
cerramos	pensamos	empezamos	perdemos	encendemos
cierro	pienso	empiezo	pierdo	enciendo
cierras	piensas	empiezas	pierdes	enciendes
cierra	piensa	empieza	pierde	enciende
cierran	piensan	empiezan	pierden	encienden

¿A qué hora **cierran** ustedes en Nochebuena? —**Cerramos** a las 5:00 de la tarde.
¿**Encienden** ustedes las luces de Navidad cada noche?
—Sí, las **encendemos** a las 7:00.

What time do you close on Christmas Eve? —We close at 5:00 P.M.
Do you turn on the Christmas lights every night? —Yes, we turn them on at 7:00.

---

*Recognition: **vosotros/as queréis, preferís**
†Recognition: **vosotros/as cerráis, pensáis, empezáis, perdéis, encendéis**

B. Recall that the verb **jugar*** (*to play*) changes **u** to **ue** in exactly the same way as the verbs listed in point A change **e** to **ie**. Three other useful **o → ue** verbs follow the same pattern: **dormir** (*to sleep*), **volver** (*to return, go back*), and **almorzar** (*to have lunch*).*

jugar	dormir	volver	almorzar
jugamos	dormimos	volvemos	almorzamos
juego	duermo	vuelvo	almuerzo
juegas	duermes	vuelves	almuerzas
juega	duerme	vuelve	almuerza
juegan	duermen	vuelven	almuerzan

¿A qué hora **vuelven** a casa después de una fiesta? —A veces no **volvemos** hasta las 3:00 o 4:00 de la madrugada.

What time do you return home after a party? —Sometimes we don't return until 3:00 or 4:00 in the morning.

Ej. 2. Assign as homework and ask students to check their answers in answer key.

Ejercicio 2

¿Qué hacen usted y sus amigos? Use la forma correcta del verbo.

MODELO: —¿<u>Cierran</u> ustedes los ojos en clase? (cerrar)
—No, no <u>cerramos</u> los ojos en clase.

1. —¿____ ustedes en su clase de español? (dormir)
   —¡Claro que no! Nunca ____ en clase, porque nos divertimos.
2. —¿____ ustedes en casa o en el trabajo? (almorzar)
   —Generalmente ____ en casa con la familia.
3. —¿____ ustedes al trabajo después de almorzar? (volver)
   —Sí, ____ a las 2:00.
4. —¿____ ustedes al tenis los fines de semana? (jugar)
   —A veces ____, a veces no.
5. —¿____ ustedes mucho al tenis en el invierno? (jugar)
   —No, ____ poco porque hace demasiado frío.
6. —¿____ ustedes frecuentemente cuando ____ al basquetbol? (perder, jugar)
   —No, casi nunca ____ cuando ____ al basquetbol.
7. —¿____ ustedes ir al cine en la mañana? (preferir)
   —No, ____ ir en la tarde con los niños.
8. —¿____ ustedes las vacaciones en junio o en julio? (empezar)
   —Normalmente ____ las vacaciones en julio.

---

*Recognition: **vosotros/as jugáis, dormís, volvéis, almorzáis**

4.3. Habitual Actions: Irregular Verbs

A. As you know, an irregular verb is one that uses more than one stem to form its conjugation. In many cases the irregularity is only in the **yo** form. Here are some common verbs that add a **g** in the **yo** form: **tener** (*to have*), **venir** (*to come*), **salir** (*to leave*), **poner** (*to put*).*

tener	venir	salir	poner
tengo	vengo	salgo	pongo
tienes	vienes	sales	pones
tiene	viene	sale	pone
tenemos	venimos	salimos	ponemos
tienen	vienen	salen	ponen

¿**Viene** usted siempre temprano? —Sí, casi siempre **vengo** a las 8:00.

Do you always come early? —Yes, I almost always come at 8:00.

¿Dónde **pongo** mi ropa? —Aquí mismo, encima de esta silla.

Where do I put my clothes? —Right here, on this chair.

B. The verbs **traer** (*to bring*) and **oír** (*to hear*) insert **ig** in the **yo** form.† In addition, **oír** adds a **y** in all but the **nosotros/as** form. The verbs **hacer** and **decir** change the **c** to **g**, and **decir** also changes the stem vowel **e** to **i** in all but the **nosotros/as** form.‡

traer	oír	hacer	decir
traigo	oigo	hago	digo
traes	oyes	haces	dices
trae	oye	hace	dice
traemos	oímos	hacemos	decimos
traen	oyen	hacen	dicen

¿Qué **traes** a las fiestas? —**Traigo** mis discos y algo de comer.

What do you bring to parties? —I bring my records and something to eat.

¿**Oyes** música? —No, no **oigo** nada.

Do you hear music? —No, I don't hear anything.

---

*Recognition: **vosotros/as tenéis, venís, salís, ponéis**
†Recognition: **vosotros/as traéis, oís**
‡Recognition: **vosotros/as hacéis, decís**

Ejercicio 3

Un amigo le hace preguntas sobre su clase de español. Conteste según el modelo.

> MODELO: —Generalmente, ¿vienes temprano a la clase de español?
> —Sí, <u>vengo</u> temprano todos los días.

1. —¿Traes tu perro a la clase de español?
   —¡Claro que no! _____ el libro y el cuaderno solamente.
2. —¿Pones tu libro de español debajo de la mesa?
   —No, _____ el libro encima de la mesa.
3. —¿Le dices «Buenos días» en español al profesor (a la profesora)?
   —¡Qué va! A las 2:00 de la tarde le _____ «Buenas tardes».
4. —¿Oyes música en tu clase?
   —Sí, _____ canciones en español, naturalmente.
5. —¿Sales de tu clase a las 3:00?
   —No, _____ a las 2:50.
6. —¿Siempre vienes a la clase preparado/a?
   —Sí, casi siempre _____ preparado/a.
7. —¿Tienes mucha tarea?
   —Sí, _____ tarea todos los días excepto el domingo.
8. —¿Qué haces en tu clase?
   —_____ un poco de todo: converso, leo, escribo.

4.4. Daily Routine: Reflexives

A. In English, pronouns that indicate that the subject of a sentence does something to himself or herself are called *reflexive*; they end in *-self* (*-selves*).

> He cut himself. Babies often talk to themselves.
> She looked at herself in the mirror. We didn't blame ourselves.

Some actions that the subject does to himself or herself are not expressed with reflexive pronouns. For example, *I get up at 7:00. I take a bath and then get dressed*. In such sentences, Spanish always uses a reflexive pronoun: **Yo me levanto a las 7:00. Me baño y luego me pongo la ropa.**

B. Here is the present tense of the verb **levantarse** (*to get up*) with reflexive pronouns.*

(yo) me levanto	I get up
(tú) te levantas	you (inf. sing.) get up
(usted, él/ella) se levanta	you (pol. sing.) get up; he/she gets up
(nosotros/as) nos levantamos	we get up
(ustedes, ellos/as) se levantan	you (pl.), they get up

---

*Recognition: **vosotros/as os levantáis**

C. Here is a list of verbs with the reflexive pronoun **me** (*myself*) that you can use to describe your daily routine. The infinitives with the reflexive pronoun **se** are included for reference.

Me acuesto.	(acostarse)	*I go to bed.*
Me levanto.	(levantarse)	*I get up (out of bed).*
Me baño.	(bañarse)	*I take a bath.*
Me ducho.	(ducharse)	*I take a shower.*
Me lavo el pelo.	(lavarse el pelo)	*I wash my hair.*
Me seco.	(secarse)	*I dry off.*
Me afeito.	(afeitarse)	*I shave.*
Me lavo los dientes.	(lavarse los dientes)	*I brush my teeth.*
Me peino.	(peinarse)	*I comb my hair.*
Me maquillo.	(maquillarse)	*I put on makeup.*
Me pongo la ropa.	(ponerse la ropa)	*I put on my clothes.*
Me quito la ropa.	(quitarse la ropa)	*I take off my clothes.*

Me levanto temprano y **me ducho** en seguida. Generalmente **me lavo** el pelo. Luego **me seco** y **me peino**.

I get up early and I take a shower immediately. Generally I wash my hair. Afterward I dry off and I comb my hair.

D. Reflexive pronouns normally are placed directly before the verb (**me seco**), but they may be attached to infinitives (**secarme**) and present participles (**secándome**).

Me gusta **afeitarme** primero y luego **bañarme**.
I like to shave first and then take a bath.

Ernesto va a **levantarse** y **bañarse** inmediatamente.
Ernesto is going to get up and take a bath immediately.

Amanda, ¿qué estás haciendo?
—Estoy **lavándome** los dientes.
Amanda, what are you doing?
—I'm brushing my teeth.

Ej. 4. Oral pair work.

Ejercicio 4

Su hermanito de 3 años le hace estas preguntas tontas. Contéstele correctamente.

MODELO: ¿Te lavas los dientes con jabón? →
No, me lavo los dientes con pasta de dientes.

1. ¿Te bañas antes de las 5:00 de la mañana?   2. ¿Te lavas el pelo con detergente?   3. ¿Te afeitas en la lavandería?   4. ¿Te duchas en la noche?   5. ¿Te quitas la ropa en la universidad?   6. ¿Te peinas en la biblioteca?   7. ¿Te maquillas en la clase de español?   8. ¿Te levantas temprano los domingos?

Ejercicio 5

¿Cierto o falso? ¿Cómo es la vida diaria de los amigos hispanos? Escoja la forma correcta de **levantarse** (*to get up*) y **acostarse** (*to go to bed*). Luego diga si la oración es cierta o falsa, según el dibujo.

Persona	Vive en...	🐓 (mañana)	🦉 (noche)
Bernardo e Inés Torres	COL	8:00	11:30
Pilar	ESP	8:30	1:00 de la mañana
Carlos	MEX	8:30	10:00
doña María	MEX	7:15	9:30

1. En la noche, la mujer mexicana _____ después de todos.
2. En la noche, el muchacho que vive en México _____ tres horas antes de Pilar.
3. Bernardo e Inés _____ a la misma hora en la mañana, pero en la noche Bernardo _____ una hora después de Inés.
4. Por la mañana, las mujeres que viven en Latinoamérica _____ después de la mujer española.
5. Carmen pregunta: «¿En la noche, quién _____ a la 1:00?» Esteban contesta: «Nadie _____ a la 1:00».
6. Esteban pregunta: «Doña María y Carlos, ¿_____ ustedes a la misma hora en la mañana?» Doña María contesta: «No, yo _____ a las 7:15 y Carlos _____ una hora y cuarto más tarde».
7. Luis pregunta: «Pilar, ¿_____ tú muy temprano en la mañana?» Pilar contesta: «No, pero _____ en la noche más tarde que todos los otros».
8. Nora pregunta: «¿A qué hora _____ ustedes en la mañana?» Bernardo e Inés contestan: «_____ una hora antes de Pilar».
9. Carlos dice: «Yo _____ en la mañana después de los Torres, y en la noche _____ antes de ellos».
10. Luis pregunta: «¿Quiénes _____ antes de las 9:00 de la mañana?» Nora contesta: «Todos».

Ej. 5. Use the table as a basis for asking true/false questions until students are familiar with the grammatical forms and structures with *levantarse* and *acostarse*. Assign students to fill in the blanks (pair work or homework). Finally, ask students to create their own true/false questions based on the table.

4.5. Describing States: *estar* + Adjective

Use the verb **estar** (*to be*) to describe how someone is, or is feeling, at a particular time. Recall the forms of **estar: estoy, estás, está, estamos, están.**

¿Cómo **estás**? —**Estoy** un poco deprimido.	How are you? —I'm a bit depressed.
¿Cómo **está** José Luis hoy? —**Está** enfermo.	How is José Luis today? —He's sick.
¿Cómo **están** ustedes? —**Estamos** muy bien, gracias.	How are you? —We are fine, thank you.

Remember that the verb **ser** (*to be*) is used to identify or describe the characteristics of someone or something, *not* to tell how they are (feeling) at a particular moment.

Alberto **es alto, delgado, joven y muy guapo.**	Al is tall, thin, young, and very handsome.
Hoy **está confuso y cansado.**	Today he's confused and tired.

Ejercicio 6

Describa el estado de estas personas.

MODELO: Carmen → Carmen está nerviosa.

1. yo
2. mi primo
3. Luis y yo
4. Nora y Mónica
5. tú (*f.*)

a. está nervioso
b. están deprimidas
c. estoy enojado/a
d. estamos preocupados
e. estás contenta

Ejercicio 7

Haga preguntas sobre estas personas de la telenovela «Los vecinos».

MODELO: Graciela / cansada → ¿Está cansada Graciela?

1. Paula y Andrea / un poco tristes
2. Ernesto / irritado
3. Gustavo / ocupado
4. Ramón y Amanda / enamorados
5. Daniel y Leticia / interesados en viajar

4.6 Describing States: *tener* + Noun

Some states of being are described in Spanish with the verb **tener** (*to have*), although they correspond to the verb *to be* in English. (Recall the forms of **tener: tengo, tienes, tiene, tenemos, tienen.** Common states expressed with **tener** are **tener hambre** (*to be hungry*), **tener sueño** (*to be sleepy*), **tener sed** (*to be thirsty*), **tener prisa** (*to be in a hurry*), **tener frío** (*to be cold*), **tener calor** (*to be hot*), and **tener miedo** (*to be afraid*).

Ernesto, ¿cuándo quieres comer? **Tengo** mucha **hambre**.	Ernesto, when do you want to eat? I'm very hungry.
Estela, ¿quieren ir al cine tú y Ernesto esta noche? —No, gracias. **Tenemos** mucho **sueño** y queremos acostarnos temprano.	Estela, do you and Ernesto want to go to the movies tonight? —No, thanks. We're very sleepy and want to go to bed early.
Gustavo, ¿**tienes sed**? —Sí, **tengo** mucha **sed**. Vamos a tomar algo.	Gustavo, are you thirsty? —Yes, I'm very thirsty. Let's get something to drink (drink something).
¿Por qué **tiene prisa** Amanda? —Porque su clase empieza a las 8:00.	Why is Amanda in a hurry? —Because her class begins at 8:00.

With the words **calor/frío** (*heat/cold*) and **caliente** (*hot*), several combinations are possible.

To describe people: **tener** + **calor/frío**

Nora, ¿no **tienes calor** tú? —No, no **tengo calor**. Me gusta mucho el sol.	Nora, aren't you hot? —No, I'm not hot. I love the sun.

To describe things: **estar** + **caliente/frío**

Alberto, cuidado. No toques la estufa. **Está** muy **caliente**.	Al, be careful. Don't touch the stove. It's very hot.

To describe weather: **hacer** + **calor/frío**

Ay, Carmen, **hace mucho frío** hoy. Voy a ponerme un suéter.	Carmen, it's really cold today. I'm going to put on a sweater.

Ejercicio 8

Describa el estado de estas personas. Estados posibles: **tener calor, frío, hambre, prisa, sed, sueño, miedo.**

MODELO: (Yo) <u>Tengo prisa</u> porque la clase empieza a las 4:00.

1. A las 12:00 del día, Margarita _____.
2. Si (tú) _____, ¿por qué no te pones un suéter?
3. (Nosotros) _____ porque la temperatura está a 45°C hoy.
4. A medianoche (yo) _____.
5. Estoy en casa. Son las 8:55 y tengo una clase a las 9:00. (Yo) _____.
6. Hace mucho sol hoy. Gustavo y Ernestito quieren tomar agua fría porque _____.
7. Cuando estoy solo de noche, a veces _____.
8. ¿Tienes algo para tomar? (Yo) _____.

CAPÍTULO CINCO

LAS CLASES Y LAS CARRERAS

METAS

In **Capítulo cinco** you will learn to discuss classroom activities and your classmates' talents and abilities. You will also expand your vocabulary to talk about your current job and your career and recreational plans for the future.

Veracruz, México

ACTIVIDADES ORALES Y LECTURAS

Las actividades de la clase de español
Las habilidades
Las carreras y las actividades del trabajo
Mi futuro

«Las palabras extranjeras»
«Los gestos»
«El sistema hispano de educación»
«¿Qué va a ser Ernestito?»

GOALS—CHAPTER 5

The focus of this chapter is classes, abilities, careers, and future plans. These topics will provide an opportunity to hear and use verb phrases with present-tense and auxiliary + infinitive constructions. In addition, indirect object pronouns and demonstrative adjectives are formally introduced.

GRAMÁTICA Y EJERCICIOS

5.1 Indirect Object Pronouns with Verbs of Reporting
5.2 Expressing Abilities: **saber** and **poder** + Infinitive
5.3 Demonstrative Adjectives
5.4 Plans: **pensar, quisiera, me gustaría, tener ganas de**
5.5 Ordering Events: Infinitives After Prepositions

ACTIVIDADES ORALES Y LECTURAS

LAS ACTIVIDADES DE LA CLASE DE ESPAÑOL

Ask students to try to think of all their activities in Spanish class. Rephrase descriptions of in-class activities to include indirect object pronouns as frequently as possible. New words: contestar, decir, explicar, hacer preguntas, nota cultural.

¡OJO! *Estudie Gramática 5.1.*

Alberto les habla a sus compañeros.

Mónica le escribe una carta a su amigo.

La profesora nos dice «Buenos días».

La profesora nos hace preguntas.

Le contestamos a la profesora.

Nora le lee las notas culturales a Esteban.

Carmen le hace una pregunta a la profesora Martínez.

La profesora le explica la gramática a Carmen.

Act. 1. Have students select activities done in a Spanish class. Then ask for other statements that describe class activities. Expand on this activity using the following verbs that describe activities in class (incorporate indirect object pronouns in your speech as much as possible): comprender, creer, enseñar, entender, opinión, pariente, preguntar. New words: aprender, a veces, frecuencia, muchas veces, nunca, pregunta, sala de clase, siesta, útil.

Actividad 1. Mi clase de español

¿Con qué frecuencia se hacen estas actividades en la clase de español? Palabras útiles: **nunca, a veces, muchas veces, siempre, todos los días.**

1. Les hablamos a los compañeros de clase.
2. Escribimos las palabras nuevas en el cuaderno.
3. Merendamos en la sala de clase.
4. Contestamos las preguntas.
5. Escuchamos las opiniones de los compañeros de clase.

Las clases y las carreras **135**

AA 1. TPR with classroom activities. Sample sequence: *abran los libros, ciérrenlos, hablen con sus compañeros, escuchen al profesor (a la profesora), tomen apuntes, estudien para un examen de español, piensen, levanten la mano, contesten la pregunta del profesor (de la profesora), copien la tarea de la pizarra, vengan a la pizarra, borren la pizarra, salgan de la clase.*

Act. 2. New words: *asignar, cinta, comprensión, lectura, llegar tarde, pensar.*

6. Limpiamos el coche.
7. Aprendemos palabras nuevas.
8. Le hacemos preguntas al profesor (a la profesora).
9. Preparamos la tarea en clase.
10. Dormimos una siesta.
11. Le decimos «buenas noches» al profesor (a la profesora).
12. Les escribimos cartas a los parientes.

Actividad 2. Entrevista: La clase de español

1. ¿Haces toda la tarea que nos asigna el profesor (la profesora)? ¿Lees todas las lecturas? ¿Escuchas las cintas de las actividades de comprensión en tu coche o en casa?
2. ¿Les explicas a tus compañeros cómo hacer la tarea cuando no comprenden? ¿Te explican ellos cuando tú no comprendes?
3. ¿Llegas tarde a clase a veces? Cuando llegas tarde, ¿qué le dices al profesor (a la profesora)?
4. ¿Te gusta cuando el profesor (la profesora) te hace una pregunta? ¿Le contestas al profesor (a la profesora) siempre en español? ¿Piensas en español cuando hablas español?
5. ¿Te gusta la clase de español? ¿Qué cosas no te gusta hacer en la clase de español?

Act. 3. Remind students that they need not understand every word as they scan ad for answers to your questions. Introduce ad with easy questions like *¿Cuál es el teléfono de la oficina en la Gran Vía?* New words: *adulto, curso, idioma, poder.*

Actividad 3. La escuela de idiomas Berlitz en Madrid

Lea este anuncio y conteste las preguntas.

SUS HIJOS PUEDEN APRENDER BUEN INGLES O FRANCES ESTAS VACACIONES

BERLITZ acaba de abrir la matrícula de sus CURSOS DE VERANO, con una TARIFA ESPECIAL PARA ESTUDIANTES.
Lo que permitirá a sus hijos: ● mejorar sus notas escolares ● prepararse para el siguiente curso ● pronunciar el inglés o francés correctamente o hablarlo con fluidez.

Llámenos o venga cuanto antes porque el cupo es limitado

CURSOS DE 4 SEMANAS EN LOS MESES DE JULIO Y AGOSTO.

BERLITZ
LA ESCUELA DE IDIOMAS
DE MAS PRESTIGIO EN EL MUNDO

Basílica, 19 - Zona Azca Gran Vía, 80 P.º de la Castellana, 137 José Ortega y Gasset, 11
Tel.: 455 54 01   Tel.: 241 61 03   Tel.: 270 20 07   Tel.: 446 09 08

También cursos intensivos para adultos.

1. ¿Qué lenguas pueden aprender sus hijos en Berlitz? 2. ¿Cuál es el número de teléfono de la escuela en la Gran Vía? 3. ¿Cuántas escuelas hay en Madrid? 4. ¿De cuántos meses son los cursos? 5. ¿Hay cursos para adultos también? 6. ¿Qué pueden hacer sus hijos si toman estos cursos?

LECTURA

Las palabras extranjeras

▲▲▲▲▲▲▲▲

POR PEDRO RUIZ

En el mundo hispano nos preocupamos a veces por la avalancha de palabras inglesas que aparecen diariamente en nuestra lengua. Comemos un bistec[1] o un sandwich. Llevamos un suéter o los «jeans». Y cuando hablamos de deportes, jugamos al fútbol, al basquetbol, al voleibol y al béisbol, y hacemos un jonrón[2] o un gol.

Pero no olvidemos que el inglés también toma palabras de nuestro idioma. Por ejemplo, del español tenemos **vista, plaza, canal, sierra, rodeo, patio** y **siesta**. Otras palabras inglesas de origen español, aunque[3] con algunos cambios,[4] son *cigar* (cigarro), *alligator* (lagarto),[5] *hurricane* (huracán) y *barbecue* (barbacoa).

En los nombres geográficos, la influencia del español es muy evidente. Colorado, California, Santa Bárbara, San Francisco, Santa Mónica, San Diego, Santa Fe, San Antonio, El Paso, Amarillo, Texas, Pueblo y muchos otros nombres de ciudades y estados norteamericanos son españoles.

En fin, creo que el uso de palabras inglesas en el español no cambia radicalmente el español, sino que[6] lo enriquece.[7] ▲

---

[1](beef)steak [2]home run [3]although [4]changes [5]lizard [6]sino... but rather [7]enriches

Comprensión

Diga si las siguientes afirmaciones concuerdan con la opinión de Pedro Ruiz.

1. En el español hay muchas palabras inglesas para los deportes. 2. En el inglés hay muy pocas palabras de origen español. 3. El uso de palabras extranjeras cambia radicalmente un idioma.

¿Y usted?

1. ¿Puede nombrar otras palabras de origen extranjero en el inglés?
2. ¿Por qué tienen nombres en español ciudades norteamericanas como Los Ángeles y El Paso? 3. ¿Cree usted que el uso de palabras extranjeras en un idioma es algo positivo o negativo? ¿Por qué?

LAS HABILIDADES

¡OJO! *Estudie Gramática 5.2.*

— Señora Ruiz, ¿sabe usted montar a caballo?
— Sí, y también sé jugar al polo.

— Y sus hijos, ¿saben ellos montar a caballo también?
— No, pero saben patinar muy bien.

Ahora mi hijo Guillermo no puede patinar; tiene una pierna fracturada. Sólo puede leer y ver la televisión.

Actividad 4. Diálogo: Ernestito baña a su perro

Ernestito quiere bañar a su perro, pero Estela cree que él necesita instrucciones.

ERNESTITO: Mamá, mamá, ¿puedo bañar al perro?
ESTELA: Sí, hijo, pero antes de traer al perro, prepara el agua y el jabón.
ERNESTITO: Ya está todo listo, mamá.
ESTELA: Bueno, hijo, después de bañarlo, vas a secarlo muy bien, ¿verdad?
ERNESTITO: Ya sé, mamá.
ESTELA: Perfecto, pero también vas a…
ERNESTITO: Mamá, tengo ocho años. ¡Sé bañar a un perro!

Actividad 5. Entrevistas

LAS HABILIDADES

E1: ¿Sabes *esquiar*?
E2: Sí, sé *esquiar*. (No, no sé *esquiar*.)

1. patinar en el hielo   2. jugar al basquetbol   3. nadar   4. cocinar comida mexicana   5. reparar carros   6. andar en motocicleta   7. bucear
8. hablar francés   9. tocar el piano   10. pintar

EN TU CASA O EN LA RESIDENCIA ESTUDIANTIL

E1: ¿Puedes hacer tu tarea en tu casa (en la residencia estudiantil)?
E2: No, no puedo hacer mi tarea en mi casa, porque hay muchas distracciones.

11. ¿Puedes cenar a la hora que quieres?   12. ¿Puedes tener animales domésticos?   13. ¿Puedes ver la televisión a cualquier hora?   14. ¿Puedes dormir hasta las 10:00 de la mañana?   15. ¿Puedes escuchar música a la 1:00 de la mañana?

Act. 6. New words: *claro, orden.*

Actividad 6. La comida

Busque el orden correcto.

____ —¿Y qué comida sabes preparar bien?
____ —Sí, mucho.
____ —Me gusta mucho preparar la comida china.
____ —¡Claro! Es muy fácil.
____ —¿Te gusta invitar a tus amigos a cenar en tu casa?
____ —¿Y sabes cocinar muy bien?

NOTA CULTURAL   Los gestos

Las ideas se comunican por medio del idioma que uno habla. Pero también se usa el cuerpo para la comunicación. Por ejemplo, cuando conocemos a una persona por primera vez, le damos la mano. Cada cultura tiene un repertorio de gestos y expresiones faciales que caracterizan a su gente.

Posiblemente hay gestos universales, pero la gran mayoría° de gestos varía de cultura a cultura. A veces un gesto que se usa en un país puede crear grandes problemas en otro, porque significa algo diferente.

°majority

¿Cuáles son los gestos que caracterizan a los hispanos? Aquí tiene algunos de los más usados en España y en América Latina. Ahora haga usted algunos gestos que caracterizan a los norteamericanos. ¿Hay algunos similares a los gestos de los hispanos?

Nota cultural: Before assigning the reading, act out *gestos* for students and ask if they know what they mean. After a few guesses, have them do the reading in class (it is brief). Follow up by having students make the appropriate gesture when you give the cue phrase (or vice versa). Discuss common American gestures. New words: *¡ojo!, tacaño/a, ¡tenga cuidado!*

1. No.
2. Quiero comer. 
3. ¡Excelente! 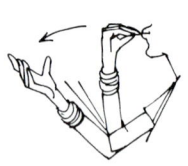
4. furioso/a (enojado/a) 
5. tacaño/a 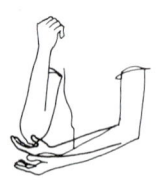
6. muy amigos 
7. Un momentito... 
8. Alguien escucha. 
9. ¡Ojo! ¡Tenga cuidado!

Las clases y las carreras   139

LAS CARRERAS Y LAS ACTIVIDADES DEL TRABAJO

¡OJO!   *Estudie Gramática 5.3.*

Select appropriate photos from your PF to introduce the most common careers. Use the photos first to reenter vocabulary from previous chapters, especially words to describe people. For example, a picture of a doctor might suggest the following sort of questions: *¿Qué ven en la foto? (hombre Sí, es un hombre. ¿Cuántos años tiene este señor? (cuarenta y cinco) ¿Creen todos que este señor tiene cuarenta y cinco años? Descríbanlo. ¿Cómo es? ¿Es gordo? (no) ¿Cómo es? (...) ¿Qué ropa lleva? Describan su ropa. ¿Cuál es su profesión?* Then introduce the word *médico.* Here are some suggestions: *doctor(a), escritor(a), cantante, carpintero, veterinario/a, abogado/a, piloto, chofer, cajero/a, mesero/a, peluquero/a, dentista, juez, cocinero/a, obrero/a, mecánico, arquitecto/a, ingeniero/a, maestro/a, ama de casa.* Note: if your PF does not contain drawings of all these professions, try substituting a symbol for the profession: teeth = dentist, plane = pilot, and so on. You will probably want to point out that females are newcomers to many professions in Hispanic cultures, and that therefore native speakers disagree about the use of some feminine forms. New words: *abogado, acusado, aquel/aquella, arreglar, avión, banco, cajero, caso criminal, cliente/a, cocinero/a, cortar, cuidar, chofer, decidir, defender, dependiente/a, dinero, enfermero/a, examinar, fábrica, juez, mecánico/a, médico, mesero, obrero/a, peluquero/a, pilotear, piloto, servir, supervisor(a).*

   Note that the grammar topic (demonstrative adjectives) is not really necessary for activities in this section. We introduce it here to facilitate use of your PF in pointing out people: *Este hombre trabaja en construcción. Esta mujer es abogada, pero esa mujer* (in the background) *es asistente de vuelo.* You can also place pictures around the room in various locations to include the demonstrative adjectives naturally: *Aquel hombre es futbolista.*

El mesero sirve la comida.

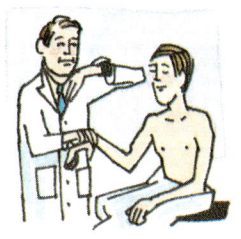

El médico examina a los enfermos.

El chofer maneja el autobús.

La cajera recibe el dinero en un banco o en una tienda.

El piloto pilotea un avión.

La abogada defiende a los acusados y la juez decide casos criminales.

El peluquero corta el pelo.

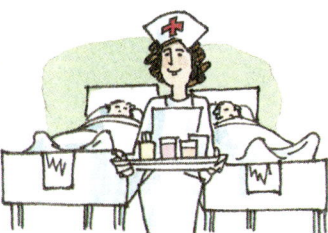

La enfermera cuida a los enfermos.

El cocinero prepara la comida.

Los obreros trabajan en una fábrica.

La mecánico repara el automóvil.

AA 5. Talk about the classes each student is taking. Then introduce professions as follows: *Si una persona estudia _____, ¿qué quiere ser? Quiere ser _____.* Use photos from your picture file to teach new classes (or careers) and professions. The careers listed below are *not* included in the *Vocabulario*: *arquitecto/a (arquitectura), escritor(a) (literatura, periodismo), ingeniero/a (ingeniería), psicólogo/a (psicología), sociólogo/a (sociología), veterinario/a (veterinaria).*

AA 6. From your PF show pictures of various people doing different jobs: Ask *¿Qué está haciendo?* Try to introduce verbs that describe what various people do on the job, and use demonstratives as you rephrase students' answers.

Act. 7. Assign as homework and check the following day or let students work in pairs first, then check the answers. Follow up by writing the names of the students on the board, then ask where they work. They will probably answer with the specific names of companies, such as Safeway, but you can convert these to the appropriate generics, e.g., *en un supermercado.* New words: *cantante, club nocturno, consultorio, obrero industrial, peluquería, taller de reparaciones.*

Act. 8. New words: *carrera, desagradable, diferente, entrar al trabajo, graduación, horas de trabajo, jornada completa, media jornada, mismo, salir del trabajo, seguir una carrera, sueldo, tardar (tiempo), tener que.*

Esta dependienta habla con una clienta

la supervisora

Aquella dependienta habla con la supervisora.

Ese dependiente arregla la ropa.

Actividad 7. ¿Dónde trabaja... ?

1. un(a) piloto
2. un mesero/una mesera
3. un peluquero/una peluquera
4. un(a) médico
5. un cajero/una cajera
6. un dependiente/una dependienta
7. un(a) cantante
8. un profesor/una profesora
9. un obrero/una obrera industrial
10. un(a) mecánico

a. en un restaurante
b. en un avión
c. en su consultorio y en un hospital
d. en una peluquería
e. en una fábrica
f. en un banco
g. en una tienda
h. en una universidad
i. en un club nocturno
j. en un taller de reparaciones

Actividad 8. Entrevistas

LAS CARRERAS

1. ¿Cuál es tu clase favorita en la universidad?
2. ¿Qué carrera quieres seguir? ¿Cuántos años tienes que estudiar?
3. ¿Es bueno el sueldo en esa carrera?
4. Después de la graduación, ¿dónde te gustaría trabajar?

EL TRABAJO

5. ¿Tienes trabajo de jornada completa o de media jornada ahora?
6. ¿Dónde trabajas? ¿Cuánto tiempo tardas en ir de tu casa a tu trabajo?
7. ¿A qué hora entras al trabajo? ¿A qué hora sales? ¿Te gustan tus horas de trabajo? ¿Por qué?
8. ¿Qué haces en tu trabajo? ¿Haces diferentes actividades o siempre la misma? De todas las actividades de tu trabajo, ¿cuál te gusta más? ¿Por qué?
9. ¿Cuáles son los aspectos desagradables de tu trabajo? ¿Por qué?

Las clases y las carreras **141**

Ask students to identify all the career fields they can. Do not spend time explaining the areas they do not know.

AA 7. Give the students a definition of a profession and let them guess the profession. Possibilities: **1.** *Trabaja en una escuela. Da clases.* **2.** *Trabaja en un hospital. Receta medicinas.* **3.** *Recibe el dinero en un restaurante.* **4.** *Hace planes para construir casas y edificios.* **5.** *Atiende a las personas que tienen problemas con la ley.* **6.** *Trabaja en un taller y lleva uniforme.* **7.** *Cura a los animales enfermos.*

AA 8. Ask students to pretend they are writers for a local newspaper and that they must write a want ad: *Usted es escritor y trabaja en un periódico. Tiene que escribir anuncios de empleo. Aquí tiene un ejemplo: Se necesita mecánico, experiencia necesaria. Horario de 8 a 5, lunes a viernes. Tiene que hacer reparaciones generales.*

AA 9. Ask students to imagine they are members of a certain profession, then tell them to perform the following activities. (Optional: give commands to individual students.) *Ustedes son médicos; receten medicinas. Son meseros; sirvan la comida. Son enfermeros; cuiden al paciente. Son peluqueros; córtenle el pelo a un compañero. Son cocineros; cocinen. Son cajeros en un banco; cuenten el dinero. Son pilotos; conduzcan el avión. Son amas de casa; limpien la casa. Son choferes de taxi; manejen y escuchen el radio.*

Act. 9. The object of this game is to use the clues to find out the professions of each of the six people. Answers: *doctor (Jaime), dentista (Olivia), ingeniero (Hugo), maestro (Alejandro), secretaria (Ana), abogado (Cecilia).* Ask students to explain in Spanish how they arrived at their answers. It may be helpful to put the couples and professions on the board as you talk through the solution. New words: *adivinar, dentista, doctor, encontrar, enseñar, estar casado con, información, ingeniero, juego, maestro, posibilidad, secretario, solución, tratar.*

Give students the meaning of *jardín de infantes* (kindergarten), *almacén* (store), and *sucursales* (branches).

A las empresas españolas.

Explotaciones agrícolas
Caza
Industrias fertilizantes
Explotación forestal
Industria ganadera
Pesca
Piscifactorías
Servicios veterinarios
Depuración de aguas
Combustibles
Energía eléctrica
Transformaciones minerales

Minería
Química
Industrias siderúrgicas
Maquinaria agrícola
Construcciones eléctricas
Material electrónico
Construcción de maquinaria
Material de medición
Construcción naval
Instrumental óptico
Instrumentos de precisión

Fabricación vehículos
Repuestos vehículos
Industria de la alimentación
Artes gráficas
Industria del calzado
Manufactura del corcho
Industria del corcho
Industria del cuero
Industria del juguete
Industria de la madera
Mobiliario

España despega.

Actividad 9. Un juego

Trate de adivinar la profesión de estas seis personas: los Hurtado (Jaime y Ana), los Pérez (Hugo y Cecilia), los Salinas (Alejandro y Olivia). Las posibilidades son doctor(a), dentista, ingeniero/a, maestro/a, secretario/a, abogado/a. Use esta información para encontrar la solución.

1. Ana trabaja en un hospital, pero no es doctora.   2. El esposo de la abogada es ingeniero.   3. La secretaria está casada con un doctor.   4. El esposo de la dentista trabaja en una escuela.   5. Jaime trabaja con enfermeras.   6. Alejandro enseña matemáticas.

Actividad 10. Anuncios comerciales: Buscando empleo

Conteste las preguntas según la información en los anuncios.

SE NECESITA cocinero/a con experiencia en comida mexicana. Venga personalmente a la Calle Obregón 838.

BAR «Noche de Ronda» necesita meseras/os para atender mesas. Sueldo y comisión. Si le interesa, favor de llamar al 45-67-94.

SECRETARIA/O con tres años de experiencia. Algo de inglés y que escriba a máquina mínimo 50 ppm, para trabajo estable de oficina cerca del centro. Llame sólo de 5 a 7 P.M. 58-03-49.

GUARDIA h/m. Para trabajo de noche, 4 días a la semana. Llame al 49-05-34.

CHOFER h/m. Con experiencia. Debe hablar inglés. Compañía «Transportes El Blanco» en Coyoacán. 67-45-93.

CARPINTERO h/m. Con experiencia en todo tipo de muebles. Llame de 9–11 A.M. al Sr. Varniz. 80-34-76.

ATENCIÓN: Compañía Hnos. Menéndez necesita varias personas bilingües para sus oficinas en Laredo y Ciudad Juárez. Llame al 56-94-93 o al 93-57-00 desde las 10 hasta las 2.

TALLER DE REPARACIONES busca mecánico con experiencia. Cinco días por semana. Buen sueldo. 56-94-83.

1. ¿Qué tienen que hacer las personas que trabajan en el bar Noche de Ronda?
2. ¿Qué habilidad tiene que tener el/la chofer?
3. Si usted quiere el trabajo de secretario/a, ¿qué experiencia necesita tener?
4. Si usted sabe hacer muebles, ¿a quién debe llamar?
5. ¿Qué tiene que saber hacer el cocinero (la cocinera)?
6. ¿Es necesario ser hombre para obtener el trabajo de guardia?
7. ¿Qué compañía necesita personas que hablen inglés y español?
8. Si usted sabe reparar coches, ¿a qué número debe llamar?

NUESTRO TRABAJO ES IMPORTANTE.

Mañana, en Correos y Telégrafos, más de 60.000 personas se pondrán en marcha. Con eficacia y con los medios más modernos para que sus envíos y comunicaciones lleguen donde tienen que llegar y con el menor costo.

Con toda seguridad.

Act. 10. First ask very easy questions like ¿Cuántos días de la semana tiene que trabajar el guardia? ¿Qué tiene que cocinar el cocinero? ¿Qué lengua tiene que hablar el chofer?, etc. Then have students answer the questions in the activity in pairs. Explain meaning of h/m: hombre o mujer. New words: a la(s) + hora, anuncio comercial, atención, atender mesas, bar, bilingüe, buscar, carpintero, cerca, comisión, compañía, de... a..., desde... hasta..., empleo, escribir a máquina, estable, experiencia, favor de llamar, guardia, interesar, mínimo, muebles, obtener, personalmente, saber hacer, según, se necesita, tener que tener, venga.

AA 10. Do an autograph activity related to careers and jobs. On the board write ¿Quién en la clase...? and below a series of 5–8 statements. Remind students to write them down on a piece of paper in the tú form. Suggested statements: estudia biología, quiere ser ingeniero/a, trabaja los fines de semana, es mesero en un restaurante, trabaja 40 horas por semana, quiere ser arquitecto/a, es cajero/a, tiene un abogado (una abogada) o un médico (una doctora) en la familia.

NOTA CULTURAL   El sistema hispano de educación

Santiago, Cuba: El nivel de alfabetización en Cuba está entre los más altos de América.

En cada país del mundo hispano, hay un ministerio que rige° el sistema de educación. Este organismo central determina los pormenores° académicos —planes de estudio en las escuelas, colegios y universidades— para todo el país. Tal vez parezca° un poco rígido, especialmente si se compara con el sistema estadounidense, donde cada estado decide cuáles son sus imperativos académicos. Pero a pesar de° estar centralizado el sistema en el mundo hispano, cada región tiene bastante libertad para atender a sus necesidades específicas en el campo de la educación.

El sistema de educación hispano se divide básicamente en tres partes: la educación primaria, la secundaria y la universitaria. Para los niños de uno o dos años, existen guarderías infantiles.° Entre los 2 y los 5 años de edad, los niños pueden asistir a una escuela pre-primaria o a un «kínder». La primaria dura seis años, desde los 6 años de edad hasta los 12. La educación secundaria consta de° tres o cuatro años. Después, el estudiante asiste a una preparatoria por tres años si quiere seguir estudios universitarios. En la universidad escoge° una carrera —medicina, derecho, economía, ingeniería, filosofía y letras— y estudia durante cuatro, cinco o seis años en la facultad* de su elección.

°runs
°details
°it may seem
°a... in spite of
°guarderías... day-care centers
°consta... consists of
°he chooses

Comprensión

1. ¿Cuáles son las tres partes del sistema hispano de educación?   2. ¿Cuál es el requisito para entrar en la universidad?

---

*En el mundo hispano las universidades están divididas en facultades, comparables a los *colleges* o *schools* de las universidades norteamericanas.

MI FUTURO

¡OJO! *Estudie Gramática 5.4–5.5.*

Éstos son los planes de Pilar Álvarez, José Estrada y Clara Martín.

Estudio ciencia computacional, porque quisiera ganar mucho dinero.

Después de graduarse, José va a ir de vacaciones a México.

Nos gustaría ir a bailar este viernes en la noche.

Clara piensa quedarse en casa el viernes en la noche. Tiene ganas de descansar.

Actividad 11. Las preferencias

Diga sí o no.

1. El sábado en la noche pienso…
   a. salir con los amigos.
   b. ir al cine.
   c. quedarme en casa.
   d. ¿____?
2. Este fin de semana voy a…
   a. levantarme tarde.
   b. dormir todo el día.
   c. limpiar la casa.
   d. ¿____?
3. Este fin de semana mi padre tiene ganas de…
   a. acostarse tarde.
   b. trabajar en el jardín.
   c. merendar con la familia.
   d. ¿____?
4. Durante las vacaciones mis hermanos quisieran…
   a. estudiar leyes.
   b. divertirse mucho.
   c. leer varias novelas de amor.
   d. ¿____?
5. El verano próximo a mi amigo/a le gustaría…
   a. trabajar de mesero/a en un restaurante.
   b. viajar a España.
   c. tomar una clase de fotografía.
   d. ¿____?

Las clases y las carreras   **145**

Estos estudiantes esperan sus clases frente a la Facultad de Derecho en la Universidad de La Habana, Cuba. El gobierno cubano ofrece becas (*scholarships*) a muchos jóvenes cada año.

AA 13. Ask students to name things they like. They should name things and not activities. Give the Spanish equivalent and write words on the board. Use the following structures: *A _____ le gustan las ciudades grandes. A _____ le gusta Nueva York.*

Act. 12. Review *quisiera* + infinitive as a synonym of *me gustaría* + infinitive. Have students create as many sentences as possible. New expression: *ir a clases.*
   As a follow-up for this activity, convert it into an interview activity. Show students how to ask questions using the information: *¿Qué vas a hacer mañana antes de ir a clases?* or *¿Qué te gustaría hacer hoy, después de hacer la tarea?*, etc. Then pair them off and have them ask 2–4 questions of each other. Tell them that you will ask them to report back to the class what information they have gathered.

Act. 13. New expression: *día de tu cumpleaños.*

Act. 14. New words: *dormir la siesta, hacer las compras, personaje, pregúntele, preparar la cena, taza, vestirse.*

Actividad 12. ¿Cuáles son sus planes?

1. Mañana, antes de ir a clases,…
2. Hoy, después de clases,…
3. Esta noche, antes de acostarme,…
4. Hoy, después de hacer la tarea,…
5. Antes de salir para el trabajo,…

a. voy a _____.
b. pienso _____.
c. quisiera _____.
d. me gustaría _____.
e. tengo ganas de _____.

Actividad 13. Entrevista

¿Qué quisieras hacer…

1. el viernes por la noche?   2. el sábado?   3. mañana en la clase de español?   4. durante las próximas vacaciones?   5. en el verano?   6. el día de tu cumpleaños?

Actividad 14. Interacción

Pregúntele a un compañero (una compañera) de clase cuáles son los planes de estos personajes de la telenovela «Los vecinos». Use **le gustaría, quisiera, piensa** y **antes de** o **después de.**

MODELO: E1: ¿Qué le gustaría hacer a Amanda después de jugar al tenis?
E2: Le gustaría tomar un refresco.

Amanda

1. Margarita
2. Gustavo 
3. Pedro 
4. Daniel Galván 
5. Estela 
6. don Eduardo 
7. doña Rosita 
8. Ernesto 

LECTURA   La telenovela «Los vecinos»: ¿Qué va a ser Ernestito?

Nadie sabe que Ernestito tiene un nuevo amigo. Se desespera por° contarles a sus compañeros de escuela, a su primo Gustavo y a su vecino Guillermo, pero no, nadie debe saber que a veces Ernestito recibe la visita del extraterrestre Eeer. ¡Qué divertido es sentarse con Eeer y hablar de esos espacios fantásticos, de esas ciudades tan lejanas° y diferentes que Eeer ha visto°! Ernestito también le cuenta a Eeer muchas cosas; le habla de sus amigos, de la escuela y de México.

Eeer siempre llega cuando Ernestito está aburrido. Oye° un ruido en la ventana y allí está el extraño visitante, esperando a que su amiguito le abra° la ventana.
—Hola, Eeer. —Ernestito le ofrece galletitas.°
—Hola, Ernestito. —Eeer se acomoda° en un rincón. —Tengo problemas con ese animal horrible que está allá afuera.°
—¿Te molesta° Sultán?
—No, es tu gata.
—¡Manchitas! Eeer, Manchitas es una gata mansa.° ¿Qué problemas tienes con ella?
—Ella tiene problemas conmigo. ¡Piensa que soy un ratón° gigante!

Se... He wishes desperately

tan... so distant / *ha...* has seen

He hears

le... open for him
cookies
se... gets comfortable

outside
bothers

tame

mouse

—¿En tu planeta no hay gatas, Eeer?
—No. Y tampoco° hay ratones. *neither*
—¿Hay otros animales?
—Sí, pero no son animales como los de la Tierra.
—Un día, cuando sea° grande, me gustaría visitar tu *I am*
planeta, Eeer.
—Pero, para visitar mi planeta tienes que ser astronauta.
—¡Qué padre!° Mi papá dice que yo voy a ser un hombre *¡Qué... Super! Great! (Mex.)*
de negocios como él, con mi propia oficina y todo. Pero
yo creo que mejor voy a ser° actor de cine, o escritor como *mejor... I'd rather be*
don Pedro... o astronauta.
—No. No vas a ser actor de cine, ni hombre de negocios, y mucho menos escritor o astronauta...
—¿Cómo sabes?
—Puedo ver tu futuro, Ernestito.
—Entonces, dime, Eeer. ¡¿Qué voy a ser?!
—¡Lo que tú quieras!° *¡Lo... Whatever you want!*

Comprensión

1. ¿Por qué tiene problemas Eeer con la gata Manchitas?
2. ¿Cuáles de las siguientes profesiones piensa Ernestito que va a tener? Diga sí o no.
   ____ abogado
   ____ doctor
   ____ hombre de negocios
   ____ actor
   ____ futbolista
   ____ escritor
   ____ astronauta

¿Y usted?

1. ¿Qué profesión quiere tener usted? ¿Por qué?   2. ¿Va a ser útil el español en esta profesión?

VOCABULARIO

Las habilidades *Abilities*
poder — to be able to
saber — to know
  saber hacer — to know how to do (*something*)

Mi futuro *My Future*
me (te, le, nos, les) gustaría — I (you [*inf. sing.*], you [*pol. sing.*]/he/she, we, you [*pl.*]/they) would like to
pensar (+ *infin.*) — to plan to (*do something*)

quisiera — I (he/she) would like to

REPASO: ir a, querer

Las actividades en la clase de español
Activities in Spanish Class

aprender	to learn
comprender	to understand
contestar	to answer
decir	to say
explicar	to explain
hacer preguntas	to ask questions
hacer la tarea	to do homework
llegar (tarde)	to arrive (late); to be (late)
pensar (ie)	to think
tomar una clase	to take a class

REPASO: asistir (ir) a clase, escribir, escuchar

PALABRA SEMEJANTE: asignar

Las profesiones y las carreras *Professions and Careers*

el abogado/la abogada	lawyer
el cajero/la cajera	cashier
el/la cantante	singer
el/la carpintero	carpenter
el cocinero/la cocinera	cook
el/la chofer	driver
el dependiente/la dependienta	(sales)clerk
el enfermero/la enfermera	nurse
el guardia	guard
el ingeniero/la ingeniera	engineer
el/la juez	judge
el maestro/la maestra	teacher
el/la mecánico	mechanic
el/la médico	doctor
el mesero/la mesera	waiter/waitress
el obrero/la obrera (industrial)	(industrial) worker
el peluquero/la peluquera	hairdresser

REPASO: ser + *profesión*, el secretario/la secretaria

PALABRAS SEMEJANTES: el/la dentista, el doctor/la doctora, el/la piloto, el supervisor/la supervisora

Los lugares del trabajo *Workplaces*

el avión	plane
el banco	bank
el club nocturno	nightclub
la compañía	company
el consultorio	doctor's office
la fábrica	factory
la peluquería	beauty shop, barber shop
la sala de clase	classroom
el taller de reparaciones	garage

PALABRA SEMEJANTE: el bar

REPASO: el hospital

Las actividades del trabajo *Work Activities*

arreglar	to fix, arrange
atender (ie) mesas *atiendo / atiende*	to wait on tables
cortar	to cut
cuidar	to take care of
decidir	to decide
defender (ie) *defiendo / defiende*	to defend
entrar al trabajo	to start work
escribir a máquina	to type
estudiar leyes	to study law
examinar	to examine
ganar dinero	to earn money
hacer las compras	to go grocery shopping
pilotear	to pilot
pintar	to paint
preparar la cena	to get dinner ready, prepare dinner
salir del trabajo	to get off work
servir	to serve
trabajar de...	to be employed as a . . .

REPASO: reparar, tocar

Otras palabras relacionadas con el trabajo
Other Work-related Words

el cliente/la clienta	customer
el dinero	money
el empleo	job
las horas de trabajo	work schedule
la jornada completa	full-time work
la media jornada	part-time work
el sueldo	salary

Los verbos

adivinar	to guess
andar en motocicleta	to ride a motorcycle
buscar	to look for
deber	ought to (*obligation*)

Las clases y las carreras   **149**

encontrar (ue) encuentro / encuentra	to find
graduarse	to graduate
ir al cine	to go to the movies
obtener	to obtain, get
tener ganas de (+ *infin.*)	to feel like (*doing something*)
tener que (+ *infin.*)	to have to (*do something*)
traer	to bring
tratar de (+ *infin.*)	to try to (*do something*)
vestir(se)	to get dressed, dress (oneself)

Los sustantivos

el acusado/la acusada	accused
el anuncio (comercial)	advertisement, commercial
la carrera	career
el curso	course
el idioma	language
el juego	game
la lectura	reading
el mismo/la misma	the same one
los muebles	furniture
la novela	novel
la posibilidad	possibility
la residencia (estudiantil)	(student) dorm
la taza	cup

PALABRAS SEMEJANTES: el adulto/la adulta, el animal doméstico, la atención, el caso criminal, la comisión, la distracción, la experiencia, la graduación, la información, las instrucciones, la siesta, la solución

Los adjetivos

aquel/aquella	that (over there)
bilingüe	bilingual
cualquier(a)	any
desagradable	unpleasant
(estar) listo/a	(to be) ready
útil	useful

PALABRAS SEMEJANTES: diferente, estable, fracturado/a, frecuente, mínimo/a

¿Con qué frecuencia?   How Often?

a veces	sometimes
muchas veces	many times
nunca	never

¿Cuándo? ¿A qué hora?   When? At What Time?

a la(s)	at (*time*)
antes de	before
de... a...	from . . . to . . .
desde... hasta...	from . . . to . . .
después de	after

Los pronombres de complemento indirecto
Indirect Object Pronouns

me	(to) me
te	(to) you (*inf. sing.*)
le	(to) you (*pol. sing.*), him/her
nos	(to) us
les	(to) you (*pl.*), them

REPASO: me (te, le, nos, les) gusta, me (te, le, nos, les) interesa

Palabras y expresiones útiles

adentro	inside
cerca	near, close
claro	of course
¿Cuánto tiempo tardas en... ?	How long does it take you to . . . ?
dormir la siesta	to take a nap
estar casado/a con	to be married to
favor de llamar	please call
pasar la noche	to spend the night
personalmente	in person
porque	because
seguir una carrera	to have a career
según	according to
se necesita	is needed
tan	so (+ *adjective*)
tener que tener	to have to have
todo el día	all day (long)
venga	come (*pol. sing.*)
ya	already
ya sé	I already know

Palabras del texto

la comprensión	comprehension
la lectura	reading
la nota cultural	cultural note
el orden	order
el personaje	character (*in fiction*)
la pregunta	question
pregúntele a...	ask (*someone* [*pol.*])

GRAMÁTICA Y EJERCICIOS

5.1. Indirect Object Pronouns with Verbs of Reporting

A. You already know that indirect object pronouns (**me, te, nos, le, les**) are used with the verb **gustar** to say to whom something is pleasing.* These pronouns are also used with verbs of reporting that tell to whom something is said (told, explained, reported, asked, answered, and so on).

¿Qué **les explica** la profesora Martínez? —**Nos explica** el significado de las palabras nuevas.	What does Professor Martínez explain to you? —She explains the meaning of new words to us.
Amanda ya no **me habla**.	Amanda doesn't speak to me anymore.
¡Pobre Ernestito! Su mamá siempre **le dice** que no.	Poor little Ernestito! His mother always says no to him.

B. The indirect object pronouns, just like reflexive pronouns, are placed before the main verb or attached to infinitives (**-ar, -er, -ir** form) and present participles (**-ndo** form).

¿Qué **te va** a decir tu papá? —No sé qué va a **decirme**.	What is your father going to say to you? —I don't know what he is going to say to me.
Esteban **nos está** leyendo la respuesta. Esteban está **leyéndonos** la respuesta.	Esteban is reading the answer to us.

C. When using **le** (*to him, to her, to you* [*pol.*]) or **les** (*to them, to you* [*pl.*]), it is common to use a phrase with **a** to specify the person (or thing) involved. Spanish requires the pronoun even when the phrase with **a** is used.

¿**A quién le** escribe Clara la carta? —**Le** escribe la carta **a su amiga Norma**.	*To whom is Clara writing the letter? —She's writing the letter to her friend Norma.*
Yo siempre **le** aviso **a mi jefe** con tiempo si no voy a ir al trabajo.	*I always tell my boss ahead of time if I'm not going to go to work.*

5.1. This section points out the indirect object pronouns, so that students will begin to recognize their meaning when you use them in your input. We feel that it is unnecessary to spend time at this point on the production of indirect object pronouns. However, research has shown that students begin their acquisition of indirect object pronouns along with verbs of reporting like *decir* and *preguntar*. This is probably because instructors frequently use expressions like *dígale* or *pregúntale*. You may wish to review *gustar* and point out that the pronouns are the same: *me, te, nos, le, les*. It also helps some students if you compare the reflexive and indirect object pronouns, since they differ only in third person: *se/le(s)*. Indirect object pronouns will be reentered in several other grammar sections: 7.4, 9.5, 12.7, 13.3, 14.5, and 14.6. Practice them with verbs used in the classroom, asking yes/no questions: ¿*Qué hace el profesor? ¿Les explica la gramática a los estudiantes? ¿Les habla a los estudiantes en inglés? ¿Qué hacen los estudiantes en la clase? ¿Le hablan al profesor en inglés? ¿Le hacen preguntas al profesor sobre la lección? ¿Hablan con los otros estudiantes cuando el profesor está hablando?*, etc. We mention repetition of the pronoun for an expressed object (*le dice a la profesora*), but we do not expect students to master this very difficult concept now.

---

*Recognition: The indirect object pronoun for **vosotros/as** is **os**.

Las clases y las carreras **151**

Ej. 1–2. Assign as homework and ask students to check their answers in answer key. Follow up in class as pair assignment. Ask students to take turns reading paragraphs aloud. Emphasize pronunciation of the preverbal clitic with verb as if it were a single word. New words: *debemos, lo que.*

Ejercicio 1. Lo que pasa en la clase

Use el pronombre más lógico: **me, te, nos, le** o **les**.

Yo _____¹ pregunto a la profesora Martínez qué significa la palabra **enorme**. Ella _____² contesta que significa **muy grande**. Pero yo no oigo bien porque mis compañeros están hablando. Luego _____³ pregunto a mis amigos Luis y Alberto si ellos entienden a la profesora Martínez. Ellos _____⁴ dicen que sí y _____⁵ explican que en inglés se dice *enormous*. Yo trato de sacar el diccionario, pero la profesora _____⁶ ofrece el diccionario de ella. Mis compañeros _____⁷ indican la página correcta. Yo _____⁸ doy las gracias.

Ejercicio 2

Complete la siguiente carta con los pronombres apropiados.

Madrid,
27 de junio

Querida Andrea:
    _____¹ escribo esta carta para saludarte y preguntar_____² cómo estás. Nosotros estamos bien, gracias a Dios, pero muy tristes porque en tu carta _____³ dices que no puedes pasar Navidad con nosotros. ¡_____⁴ gusta tanto tenerte entre nosotros!
    Mira, quiero contestar_____⁵ lo que me preguntas en tu carta. Sí, voy a decir_____⁶ toda la verdad a mis padres. Como tú _____⁷ dices en tu carta, no es bueno tener secretos si deseamos tener una familia unida. De aquí de la universidad voy a escribir_____⁸ una larga carta a mamá, explicándo_____⁹ (a ella) por qué no quiero estudiar leyes. Tú sabes que ella es más comprensiva; además papá está en Buenos Aires ahora. Pienso pedir_____¹⁰ a ella un favor. Es más fácil si ella habla con papá antes que yo, ¿no crees? Voy a decir_____¹¹ que, si quiere, puede leer _____¹² mi carta a papá cuando hable por teléfono con él; o, si prefiere, puede mandar_____¹³ una copia a Buenos Aires. Después voy a hablar_____¹⁴ yo a papá por teléfono para comunicar _____¹⁵ que quiero ser actor de cine. Ya me imagino que no va a estar contento. Después _____¹⁶ cuento: «¡Deséa_____¹⁷ suerte!»
    Bueno, querida, no puedo escribir_____¹⁸ una carta larga esta vez, pero _____¹⁹ prometo que la próxima va a ser más larga que un periódico. Contésta_____²⁰ pronto, por favor. Ya sabes que _____²¹ gusta mucho recibir carta tuya.
    _____²² mando un fuerte abrazo y un beso. Tu primo que te recuerda siempre,

Ricardo

5.2. Expressing Abilities: *saber* and *poder* + Infinitive

A. In the present tense the verb **saber** (*to know*) is irregular only in the **yo** form: **sé, sabes, sabe, sabemos, saben.**

> ¿**Sabes** cuándo va a llegar Alberto? —No, lo siento. No **sé**.
>
> *Do you know when Al is going to arrive? —No, I'm sorry. I don't know.*

Saber followed by an infinitive means *to know how to do something*. Note in the following examples that there is no need to include a separate word to convey the English *how to*.

> ¿**Sabes hablar** francés? —No, pero **sé hablar** un poco de italiano.
>
> *Do you know how to speak French? —No, but I know how to speak a little Italian.*
>
> ¿Quién **sabe jugar** al ajedrez? —Yo **sé jugar** al dominó, pero no **sé jugar** al ajedrez.
>
> *Who knows how to play chess? —I know how to play dominoes, but I don't know how to play chess.*

B. The verb **poder** followed by an infinitive usually indicates potential (*can, to be able to do something*) or permission (*may*). **Poder** uses two stems: **pod-** for the infinitive and the **nosotros/as** forms, and **pued-** for all other present-tense forms: **puedo, puedes, puede, podemos, pueden.***

> ¿Van a correr una vuelta más Carmen y Nora? —No **pueden**. Ya están cansadas.
>
> *Are Carmen and Nora going to run another lap? —They can't. They're already tired.*
>
> Gustavo, ¿vas a jugar al fútbol el domingo? —No **puedo**. Tengo un examen de biología el lunes.
>
> *Gustavo, are you going to play soccer on Sunday? —I can't. I have a biology exam Monday.*

Ejercicio 3

Aquí aparecen algunas cosas que los personajes de la telenovela «Los vecinos» saben hacer. Complete las frases con la forma correcta de **saber**.

MODELO: Daniel dice: «Yo no <u>sé</u> mucho de matemáticas».

1. Doña Lola dice: «Yo ____ montar a caballo».
2. Don Eduardo, ¿____ usted hablar italiano?
3. Paula y Andrea no ____ andar en bicicleta todavía, porque son muy pequeñas.
4. Ernestito le pregunta a Gustavo: «¿____ esquiar?»
5. Amanda le dice a Ramón: «Graciela y yo ya ____ manejar».

---

*Recognition: **vosotros/as podéis**

Ejercicio 4

Aquí aparecen algunas cosas que pueden (o no pueden) hacer los personajes de la telenovela «Los vecinos». Complete las frases con la forma correcta de **poder**.

MODELO: Nosotros no <u>podemos</u> esperarte hoy después de clase, porque tenemos mucha prisa.

1. Gustavo le pregunta a Guillermo: «¿_____ salir a jugar conmigo un rato?»
2. Margarita les pregunta a Estela y a Ernesto: «¿_____ venir a cenar con nosotros mañana?»
3. Leticia no _____ salir con Daniel mañana porque va a trabajar.
4. Doña Lola y doña Rosita no _____ ver su programa favorito de televisión mañana porque van a ir de compras.
5. Amanda le pregunta a su mamá: «¿_____ Graciela y yo ir a la plaza a pasear después de comer?»

5.3. Demonstrative Adjectives

Demonstrative adjectives are normally used to point out nouns.

Quiero terminar **esta lección** primero.
I want to finish this lesson first.

Esos tres **muchachos** quieren ser médicos.
Those three boys want to be doctors.

A demonstrative adjective must agree in gender and number with the noun it modifies.

aquí/acá (here)			
este libro	this book	estos pantalones	these pants
esta señora	this lady	estas casas	these houses
allí/allá (there)			
ese libro	that book	esos pantalones	those pants
esa señora	that lady	esas casas	those houses

Amanda, ¿no te gusta **esta blusa**? —No, prefiero **esa blusa** roja.
Amanda, don't you like this blouse? —No, I prefer that red blouse.

Estos pantalones son nuevos. ¿Te gustan?
These pants are new. Do you like them?

Use the demonstrative pronouns **esto** or **eso** when you have not identified the object.

5.3. You have already used demonstrative adjectives in your speech many times, and students should understand them by now. However, they may still not clearly hear the difference between *este* (this) and *ese* (that). We include *aquel (aquella, aquellos, aquellas)*, but it is less commonly used than *este/ese*, and you may choose not to practice it. The problem students have with *este/ese* is remembering which corresponds to "this" and which to "that." You can help them bind the meaning to the correct form by exaggerating your pronunciation and pointing out the referent clearly every time you use a demonstrative adjective. It is also helpful to use *aquí* and *allí* (*este libro aquí/ese libro allí*) at first to orient students. We don't mention differences between *aquí/acá* and *allí/allá*, since they are subtle: *aquí* usually designates a specific point while *acá* roughly corresponds to English "over/around here." A possible strategy for students is to always use *aquí* and *allí* but recognize the meaning of *acá* and *allá* when native speakers use them or when they see them written.

Estela, ¿sabes qué es **esto**?　　*Estela, do you know what this is?*
　　—No, no sé.　　　　　　　　*—No, I don't know.*

Spanish has another set of demonstratives: **aquel, aquellos, aquella,** and **aquellas**. These words indicate that the person or thing pointed out is more distant.

—¿Ves **aquella casa**?　　　　　　*—Do you see that house (over there)?*
—¿**Aquella casa** de los árboles grandes?　　　*—That house with the big trees?*
—Sí.　　　　　　　　　　　　*—Yes.*
Estudio biología en **este edificio**, y estudio química en **aquel edificio**.　　　*I study biology in this building, and I study chemistry in that building (over there).*

Ej. 5–8. Assign as homework and ask students to check their answers in answer key.

Ejercicio 5

Amanda está hablando con Graciela de su ropa. Complete las frases con la forma correcta: **este, esta, estos** o **estas**.

MODELO: Me gusta <u>esta</u> blusa azul.

1. _____ blusa es mi favorita.
2. _____ zapatos son muy viejos.
3. _____ pantalones son nuevos.
4. _____ faldas son bonitas pero un poco viejas.
5. _____ suéter es de mi mamá.

Ejercicio 6

Doña Lola y doña Rosita están en la plaza hablando de sus vecinos. Complete las frases con la forma correcta: **ese, esa, esos** o **esas**.

MODELO: <u>Esa</u> señora es una cocinera magnífica.

1. _____ señoritas trabajan en la oficina con Margarita Ruiz.
2. _____ chico es Guillermo, el hijo de Pedro y Margarita Ruiz.
3. _____ muchacha se llama Amanda. Tiene 16 años.
4. _____ señores juegan al ajedrez con don Anselmo.
5. _____ muchachos son compañeros de escuela de Gustavo.

Ejercicio 7

Usted está en una fiesta con Esteban. Esteban no conoce a muchas personas y por eso le hace a usted estas preguntas. Complete las preguntas de Esteban con formas de **este** o **ese**.

1. ¿Cómo se llama _____ señora que está hablando con Nora allí en el rincón?
2. Creo que _____ señor que está aquí a la derecha es amigo de tu padre, ¿verdad?

3. ¿Son arquitectos ____ dos jóvenes que están allí en la cocina?
4. ¿Se llama Jesús ____ muchacho que está aquí detrás de nosotros?
5. ¿Cómo se llaman ____ muchachas que están sentadas aquí justamente enfrente de nosotros?

Ejercicio 8

Usted sale a comprar zapatos. ¿Cuáles recomienda usted? Use formas de **este, ese** y **aquel**, según la distancia entre usted y los dibujos.

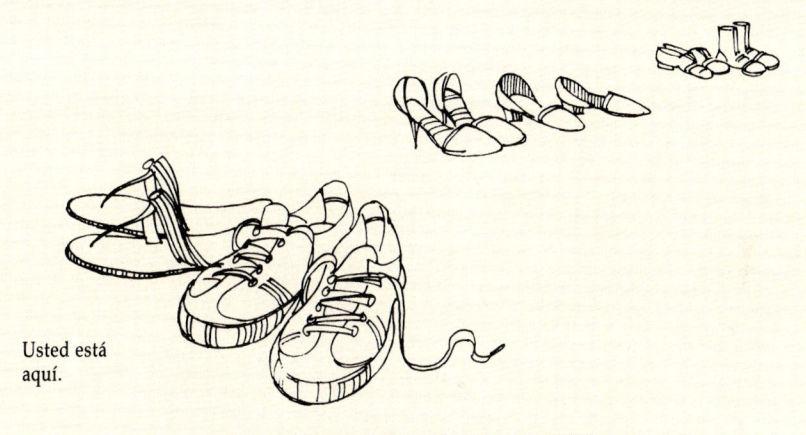

Usted está aquí.

1. ____ zapatos son mejores para jugar al tenis.
2. ____ zapatos son para un señor que trabaja en una oficina.
3. ____ zapatos me parecen muy incómodos.
4. ____ zapatos son para una mujer que trabaja en una oficina.
5. ____ botas son para un obrero.
6. ____ sandalias me gustan mucho.

5.4. Plans: *pensar, quisiera, me gustaría, tener ganas de*

You know already that the verbs **querer** (*to want*) and **ir + a** (*to be going to*) followed by infinitives are commonly used to talk about future actions in Spanish. The verb **pensar** (*to think*) followed by an infinitive expresses the idea of *to think about* or *to plan on doing* something. Here are the forms of **pensar (ie): pienso, piensas, piensa, pensamos, piensan.***

¿Qué **piensan hacer** ustedes durante las vacaciones?
—**Pensamos viajar** a Europa.

What are you thinking about doing for vacation? —We're planning on traveling to Europe.

5.4. We introduce conditional of *gustar* and past subjunctive of *querer* as "fixed" expressions without grammatical analysis, because they are so common in conversation. We only use *pensar* here followed by an infinitive; *pensar de* and *pensar en* are explained in *Gramática 17.4*.

---
*Recognition: **vosotros/as pensáis**

When not followed by an infinitive, **pensar (ie)** usually expresses *to think*: **pensar que** (*to think that*), **pensar de** (*to think about, have an opinion of*), **pensar en** (*to think about someone or something, have one's thoughts on*).

¿Qué **piensas del** nuevo plan? —**Pienso que** es muy bueno.	*What do you think about the new plan? —I think that it's very good.*
¿Ramón, **piensas** mucho **en** Amanda? —No, **pienso en** ella solamente de vez en cuando.	*Ramón, do you often think about Amanda? —No, I think about her only from time to time.*

Quisiera and **me (le) gustaría*** are also frequently used to indicate future desires, especially those that are speculative or unlikely to occur. Both forms are equivalent to English *would like*. Neither has a **yo** form ending in **-o**.

(yo) quisiera	me gustaría	*I would like*
(tú) quisieras	te gustaría	*you (inf. sing.) would like*
(usted, él/ella) quisiera	le gustaría	*you (pol. sing.), he/she/it would like*
(nosotros/as) quisiéramos	nos gustaría	*we would like*
(ustedes, ellos/as) quisieran	les gustaría	*you (pl.), they would like*

Quisiéramos viajar este verano si tenemos tiempo.	*We would like to travel this summer if we have time.*
A mi esposa **le gustaría viajar** a España.	*My wife would like to travel to Spain.*
Estoy cansado; **quisiera descansar** un poco.	*I'm tired; I would like to rest a while.*

Tener ganas de (*to feel like [doing something]*) is also followed by an infinitive.

Tenemos ganas de quedarnos en casa esta noche.	*We feel like staying home tonight.*
Tengo ganas de salir a bailar.	*I feel like going out dancing.*

Ej. 9–11. Assign as homework and ask students to check their answers in answer key.

Ejercicio 9

¿Qué quisieran hacer los estudiantes de la clase de español el sábado próximo? Escoja la forma correcta del verbo: **quisiera, quisieras, quisiera, quisiéramos, quisieran.**

1. Luis _____ ir al campo a montar a caballo.
2. Carmen y yo _____ ir de compras.
3. Alberto y Luis _____ merendar con unas amigas.

---

*Recognition: **vosotros/as quisierais, os gustaría**

4. Mónica, ¿_____ quedarte en casa a descansar?
5. Esteban dice: «Yo _____ jugar al tenis».

Ejercicio 10

¿Qué les gustaría hacer a la familia de Margarita Ruiz y a sus amigos? Escoja la forma correcta del pronombre: **me, te, nos, le, les.**

1. A Guillermo _____ gustaría no tener un examen de biología el viernes.
2. A mis hijos Amanda y Guillermo _____ gustaría ir al campo para merendar.
3. A mi esposo Pedro _____ gustaría ir al cine.
4. A mí _____ gustaría salir a comer a un buen restaurante.
5. A Estela y a mí _____ gustaría jugar a las cartas el sábado en la noche.

Ejercicio 11

¿Qué piensan hacer Pilar y sus amigos? Use la forma correcta del verbo **pensar: pienso, piensas, piensa, pensamos, piensan.**

1. El hermano de Pilar _____ quedarse en casa esta noche para estudiar.
2. Clara, ¿_____ tú ir de compras mañana?
3. José y yo _____ visitar a mis abuelos el sábado.
4. José y Clara _____ ir al Museo del Prado por la tarde.
5. Pilar dice: «Yo _____ hacer mi tarea el domingo en la noche».

5.5. Ordering Events: Infinitives After Prepositions

A. When telling a story or relating a sequence of events, speakers use "sequencing" words to let listeners know the order in which the events occur or occurred.

primero *first*
luego *then*
entonces *then; therefore*
después *afterward*
antes *before*
finalmente *finally*

Primero me baño y **luego** me cepillo los dientes. **Después**, me preparo el desayuno. **Luego** voy al trabajo y trabajo hasta las 6:00 de la tarde. **Finalmente** vuelvo a casa a eso de las 8:00.

First I take a bath and then I brush my teeth. Afterward I fix breakfast. Then I go to work and work until 6:00 P.M. Finally I return home about 8:00.

5.5. This section emphasizes *después de* and *antes de* + infinitive because this construction is so common, especially when describing daily activities and in narration. You may wish to point out that the infinitive is used after all prepositions in Spanish. Ask ¿*Qué hace después de/antes de...?*, filling in daily activities: *bañarse, afeitarse, llegar al trabajo, almorzar*, etc.

B. The words **después** and **antes** by themselves express the meanings *after(ward)* and *before*.

> **Después**, vamos a cenar con Pedro y Margarita Ruiz.
> *Afterward, we're going to have dinner with Pedro and Margarita Ruiz.*

C. The preposition **de** follows **antes** and **después** before a noun or an infinitive. (English uses the *-ing* form instead of the infinitive.) Don't forget to attach any object pronouns to the end of the infinitive.

> **Antes de acostarme**, quiero terminar la tarea.
> *Before going to bed, I want to finish my homework.*
>
> Vamos a terminar la tarea **antes de (después de) la comida**.
> *We are going to finish our homework before (after) dinner.*
>
> **Después de jugar** al béisbol, voy a ir a la playa.
> *After playing baseball, I'm going to go to the beach.*

Ej. 12–13. Assign as written homework and check answers in class. We have tried to think of unambiguous examples, but in some cases alternate answers may be correct.

Ejercicio 12

Complete las frases lógicamente.

1. Nos gusta lavar el coche antes de…
2. El señor Galván acostumbra leer el periódico después de…
3. Pedro Ruiz dice: «Antes de levantarme en la mañana, me gusta… »
4. Antes de acostarse, es necesario…
5. Gustavo siempre ayuda a su papá antes de…

a. trabajar.
b. apagar las luces.
c. dormir un poquito más.
d. salir a jugar con sus amigos.
e. salir a pasear.

Ejercicio 13

Haga una frase lógica con **antes de** o **después de**.

> MODELO: terminar la tarea / ver la televisión (nosotros) →
> Después de terminar la tarea, vamos a ver la televisión.
> Antes de ver la televisión, vamos a terminar la tarea.

1. preparar la comida / hacer las compras (Estela)
2. limpiar la casa / invitar a unos amigos (Pedro y Margarita Ruiz)
3. tomar una siesta / ayudar a su papá (Gustavo)
4. correr / bañarse (tú)
5. salir a bailar / ponerse la ropa (nosotros)

CAPÍTULO SEIS

LA RESIDENCIA

Caracas, Venezuela

GOALS—CHAPTER 6

The input and interactions in *Capítulo 6* concern where students live and their activities there. You should attempt to make some simple cultural comparisons whenever possible. This chapter also introduces the past-tense singular forms to talk about simple house/neighborhood activities.

PRE-TEXT ORAL ACTIVITIES

1. Use your PF to introduce/review (1) names of buildings and community locations (*edificio, apartamento, casa, parque,* etc.), (2) rooms of a house (*sala, comedor, cocina, baño, dormitorio*), (3) some activities associated with these places. Use the present tense (*¿Qué hacemos en la sala?*) or present progressive (*¿Qué está haciendo esta señora?*) with the PF. Take this opportunity to sample and preview some of the new vocabulary in the first three sections of this chapter, integrating its words and structures into your input.

2. Use association techniques to introduce singular forms of regular past (preterite) verbs in the narration of simple events. (See IM, association activities with the past (preterite), pp. 57–58.)
   You may start with first- or third-person singular. Concentrate on regular forms, to begin binding "past" to final stressed vowels -é and -í, but introduce common irregulars when necessary and convenient. Write verb forms on the board and draw attention to the final stressed syllable. First-person singular may be introduced by describing what you did the day before: *Ayer, yo jugué al tenis con una amiga; luego regresé a mi casa y me bañé,* etc.

METAS

In **Capítulo seis** you will learn vocabulary and expressions related to where you live and the activities that take place there. You will learn how to talk about past experiences, both your own and others'. You will also learn how to introduce people to each other.

ACTIVIDADES ORALES Y LECTURAS

La casa, los cuartos y los muebles
La casa y el vecindario
Las actividades en casa

El vecindario y los amigos

Las presentaciones

«Las ciudades hispanas»
«Habla la gata Manchitas»
«Don Pepe y doña Chelo»
«*Platero y yo*»: Juan Ramón Jiménez

GRAMÁTICA Y EJERCICIOS

6.1 Comparisons of Inequality: **más/menos**
6.2 Comparisons of Equality: **tan/tanto**
6.3 Expressing Obligation and Duty
6.4 The Past (Preterite) Tense of Regular Verbs (Part 1)
6.5 **Conocer** and **saber**
6.6 Personal Direct Object Pronouns

Third-person singular can be introduced with your PF: *¿Qué hizo este hombre ayer?* Answer your own question and line up 10+ pictures on the chalkboard. Number each picture and ask true/false questions: *La señora en el número 5 (la lámina número 5) manejó su carro al supermercado.* Repeat this and similar activities each day for 10–15 minutes, giving input with past forms. Only after students have heard you use a large number of past forms should you ask them to produce them.

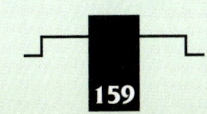

159

ACTIVIDADES ORALES Y LECTURAS

LA CASA, LOS CUARTOS Y LOS MUEBLES

¡OJO!   *Estudie Gramática 6.1.*

200	doscientos/as	600	seiscientos/as
300	trescientos/as	700	setecientos/as
400	cuatrocientos/as	800	ochocientos/as
500	quinientos/as	900	novecientos/as

Use your PF to review names of rooms in a house and to introduce words for furniture and household items. Keep in mind that many of these words vary from one Spanish-speaking country to another; use the most familiar items. For example, in Spain stove (range) is *cocina*: *cocina de gas* instead of *horno*. We use *dormitorio* for bedroom, as it appears to be universally understood. Other words for bedroom are *alcoba* (Spain), *recámara* (Mexico), *cuarto (de dormir)* (several countries), *habitación* (for some speakers this means only a hotel room). *Gabinetes* (cabinets) is not universally used; for toilet we give *inodoro*, for toilet bowl *taza*. For bathtub we recommend *bañera*, but *tina* is also common. Shower is usually *ducha*, but in Mexico you hear *regadera*. Both *sala de baño* and *cuarto de baño* are common. New words: *alfombra, armario, bañera, cama, chimenea, cocina, comedor, cortina, cuadro, dormitorio, espejo, estufa, fregadero, gabinete, horno, inodoro, lámpara, lavabo, mesita, refrigerador, sala, sala de baño, sillón, sofá, taza (del inodoro), tocador.*

La residencia

Actividad 1. ¿Qué hay en su casa?

Diga sí o no. Si la respuesta es **no**, explique por qué no.

1. En mi casa hay...
   a. una cancha de tenis.
   b. tres dormitorios.
   c. una cocina pequeña.
   d. un jardín con muchas flores.
   e. un garaje para dos carros.
   f. un patio detrás de la casa.
2. En la sala de mi casa hay...
   a. un sofá.
   b. una cama.
   c. un lavabo.
   d. varias lámparas.
   e. muchas plantas.
   f. una alfombra.
3. En la cocina de mi casa hay...
   a. una estufa.
   b. unas fotos de la familia.
   c. un lavaplatos.
   d. un refrigerador.
   e. un estante con libros.
   f. un horno de microondas.
4. En el cuarto donde yo duermo hay...
   a. una cama matrimonial.
   b. una bañera.
   c. un tocadiscos.
   d. un armario.
   e. cinco almohadas.
   f. una cómoda.

Actividad 2. Entrevista: Mi casa

1. ¿Vives en una residencia estudiantil, en un apartamento o en una casa?
2. ¿Es grande el lugar donde vives? ¿Es de uno o de dos pisos tu casa (apartamento)?
3. ¿Tienes comedor en tu casa (apartamento)? ¿Comes allí con frecuencia?
4. ¿Cuántas salas de baño hay en tu casa (apartamento)? ¿Cuándo te bañas, en la mañana o en la noche?
5. ¿Tiene patio o terraza tu casa (apartamento)? ¿Cómo es? ¿Hay piscina? ¿Es grande? ¿Nadas con frecuencia?
6. ¿Tienes tu propio dormitorio? ¿Qué muebles y aparatos eléctricos hay en tu dormitorio?
7. De todas las cosas que tienes, ¿cuál te gusta más? ¿Cuál es el aparato más útil que tienes en tu casa? ¿Por qué?
8. ¿Con quién vives? ¿Son personas simpáticas?

162 Capítulo seis

AA 4. Use your PF of various appliances and gadgets and ask students to guess prices. Teach the expression ¿Cuánto cuesta _____?

Actividad 3. Interacción: Las cosas de la casa

Mire los dibujos y conteste las preguntas.

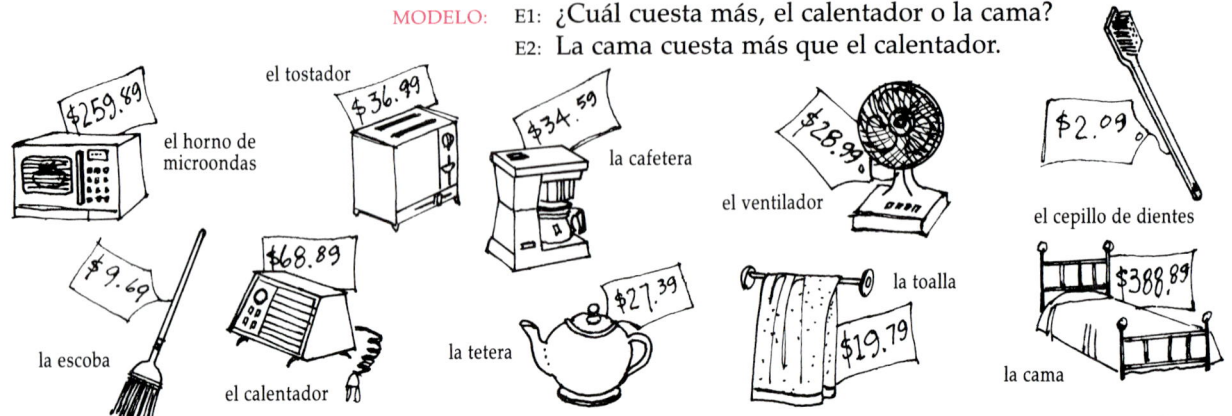

MODELO: E1: ¿Cuál cuesta más, el calentador o la cama?
E2: La cama cuesta más que el calentador.

- el horno de microondas — $259.89
- el tostador — $36.99
- la cafetera — $34.59
- el ventilador — $28.99
- el cepillo de dientes — $2.09
- la escoba — $9.69
- el calentador — $68.89
- la tetera — $27.39
- la toalla — $19.79
- la cama — $388.89

Act. 3. Emphasize use of comparative and superlative forms. Follow up with similar questions on items from your PF. Divide students into groups of 4 and give each 4–5 pictures of household items. Have them take turns asking questions that include comparative and superlative forms. New words: *cafetera, calentador, caro/a, cepillo de dientes, costar, el más..., la más..., escoba, objeto, tetera, tostador, ventilador.*

1. ¿Cuál cuesta más, el horno de microondas o la tetera? ¿el ventilador o la escoba?
2. ¿Cuál cuesta menos, la cafetera o el cepillo de dientes? ¿la toalla o el tostador?
3. ¿Cuál de estos tres objetos es el más caro: el tostador, el cepillo de dientes o la cafetera?
4. ¿Cuál de estas tres cosas es la más cara: la tetera, la toalla o la cama?
5. ¿Cuál de estas tres cosas cuesta menos: la escoba, el calentador o el cepillo de dientes?
6. ¿Cuál cuesta más, el ventilador o el tostador?
7. ¿Cuál cuesta menos, la tetera o la toalla?

LA CASA Y EL VECINDARIO

Use photos from your PF to introduce general terms that apply to buildings (*edificio, puerta, ascensor, ventanas, techo, pisos, cuartos*) and types of buildings (*teatro, centro comercial, condominios, apartamentos, casa*) and review rooms of a house: *dormitorio, sala, cocina, baño, comedor.* Include descriptions of the yard and outside areas: *la cerca, las flores, las plantas, los árboles, el patio, la esquina,* etc. Apartment is *departamento* in Mexico and *piso* in Spain. For fence we have heard both *cerca* and *cerco.* For swimming pool Mexico uses *alberca.* Teach also *el desván* (attic) and *el sótano* (cellar). New words: *ascensor, cerca, condominio, escalera.*

¡OJO! *Estudie Gramática 6.2.*

la casa particular

- el techo
- las ventanas
- el jardín
- la cerca
- el patio
- el piso
- la escalera

La residencia **163**

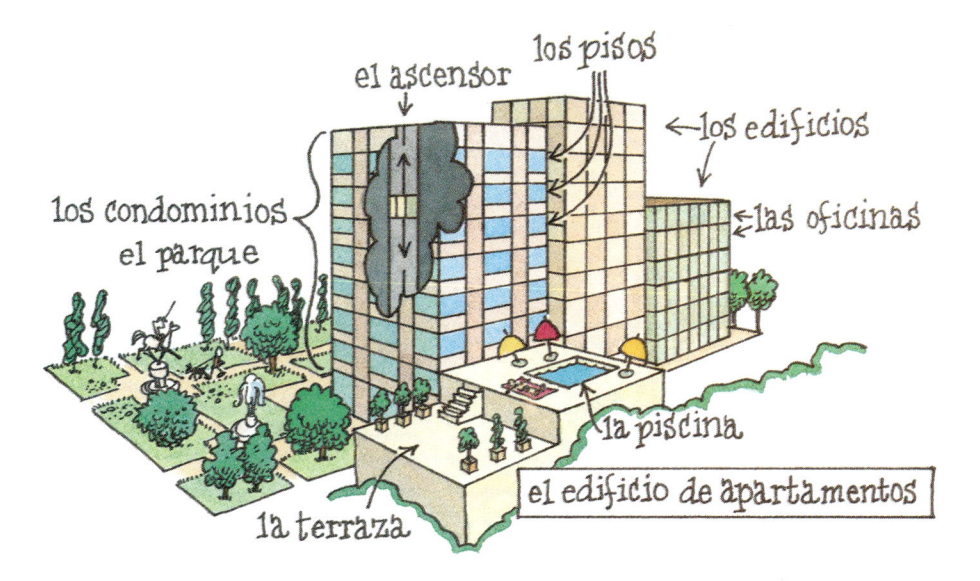

el ascensor *los pisos* *los edificios* *los condominios* *el parque* *las oficinas* *la piscina* *la terraza* *el edificio de apartamentos*

Act. 4. Preview with questions such as *¿Qué casa tiene más puertas?* Then have students do the interaction in pairs. New words: *balcón, baño, comparación, tantos/as como.*

Actividad 4. Interacción: Comparación de casas

E1: ¿Cuántos *dormitorios* tiene la casa de los *Toledo*?
E2: Tiene *tres*, pero no tiene *tantos como* la casa de los *Medrano*.

E1: ¿Cuántos *balcones* tiene la casa de los *Medrano*?
E2: Tiene *más balcones que* la casa de los *Toledo*; tiene *tres*.

la casa de los Medrano
5 dormitorios
3 baños
1 biblioteca
(servicio)

3 dormitorios
2 baños
la casa de los Toledo

2 dormitorios
1 baño
la casa de los García

Act. 5. Ask questions for scanning: *Si usted quiere un departamento en el centro, ¿a qué número debe llamar? Si usted necesita estar cerca del transporte, ¿a quién debe llamar?* New words: *agradable, alquilar, alquiler, amplio/a, amueblado/a, callado/a, cerca de, ciudad, dato, decorado/a, departamento (Mex.), el derecho, enviar, favor de, habitación, imaginar, ¿Cuál le parece mejor?, módico/a, pasar, personal, preferible, recámara (Mex.), serio/a, siguiente, transporte, utensilio, vista.*

Actividad 5. Anuncios comerciales: Un departamento en México

Imagine que va a pasar tres meses en la Ciudad de México y necesita alquilar un departamento. En el periódico mexicano «La Prensa» encuentra los siguientes anuncios. ¿Cuál le parece mejor? ¿Qué departamento o habitación le gustaría alquilar?

ANUNCIOS

SE ALQUILA departamento. Dos recámaras. Sala. Comedor. Cocina. Baño. Lugar céntrico. Alquiler módico. Llamar a Luz María Galván. Tel. 6-59-50-69. Calle 12 No. 49 México 22, D.F.

SE ALQUILA habitación amueblada. Preferible: joven estudiante, callado y serio. Alquiler bajo. Derecho a cocina. Favor de enviar datos personales. Isabel la Católica 96 (centro) México, D.F. Tel. 5-85-72-44.

SE ALQUILA departamento amueblado. Dos recámaras. Dos baños. Cocina amplia: estufa, refrigerador, gabinetes grandes y todos los utensilios. Ascensor. Avenida Juárez No. 420. México, D.F.

DEPARTAMENTO. Una recámara. Bien decorado. Ventanas grandes. Vista agradable. Cerca de todo transporte. Llamar al 7-79-09-22 o escribir a: Sres. Gallegos, Luis Kuhne No. 755, México 20, D.F.

Act. 6. New words: *a menudo, centro comercial, cercano/a, gasolinera, lavadora, público/a, secadora, vecindario.*

AA 5. Use pictures of houses from your PF to review large numbers: ask students to estimate the houses' prices.

Actividad 6. Entrevista: Mi vecindario

1. ¿Vives en un vecindario viejo o nuevo? ¿Te gusta vivir allí? ¿Por qué?
2. ¿Hay edificios de apartamentos en tu vecindario? ¿condominios?
3. ¿Hay muchos edificios comerciales en tu vecindario?
4. ¿Hay alguna gasolinera cerca de tu casa?
5. ¿Cuál es el centro comercial más cercano a tu casa? ¿Vas de compras allí a menudo?
6. ¿Llevas tu ropa a una lavandería o tienes lavadora y secadora en tu casa?
7. ¿Hay una piscina pública en tu vecindario? ¿Te gusta nadar allí?
8. ¿Hay un parque en tu vecindario? ¿Vas mucho allí? ¿Qué haces allí?

NOTA CULTURAL   Las ciudades hispanas

Las ciudades hispanas son antiguas.° Algunas tienen 300 ó 400 años, y en España hay ciudades que datan del Imperio Romano. En algunas ciudades la parte más antigua está reconstruida° y es un centro de interés turístico, como el Viejo San Juan, la ciudad colonial de Santo Domingo y el Quito colonial.

ancient

reconstructed

   La zona del centro de las ciudades hispanas es muy bulliciosa° y tiene mucha actividad comercial: tiendas, oficinas, restaurantes y una gran variedad de negocios. El centro de estas ciudades es un lugar lleno de vida

noisy

Cartagena, Colombia: El centro de las ciudades hispanas es un lugar de mucha actividad.

donde también viven muchas personas, algunas en casas particulares y otras en los apartamentos que hay encima de los locales comerciales.

Con el gran crecimiento° de la población las ciudades se extienden hasta las afueras.° Algunas zonas de la ciudad son únicamente residenciales, mientras que otras son industriales o comerciales. Más comunes, sin embargo,° son las zonas «mixtas»: calles con casas particulares, apartamentos, tiendas y oficinas — todos juntos. Las diferentes zonas de la ciudad suelen° tener nombres: «Argüelles», «La Loma», «La Villa». Frecuentemente los adultos de la familia trabajan lejos° de su casa, pero hacen sus compras en las tiendas de su vecindario y los niños pasan el tiempo jugando con otros niños allí también.

growth
suburbs

sin... however

usually

far

Lectura: Show slides or pictures of famous Hispanic cities. Mention that most Hispanic cities still have commercially active downtown sections, whereas in U.S. most business has shifted to suburbs. Many middle- and upper-class Hispanics live in downtown sections; the poor tend to live in outlying areas. Stress typical mixture of residences and businesses in Hispanic neighborhoods. After the reading do the *Comprensión* with class. Possible answers: **1.** Hispanic, especially in Spain. **2.** In Spain only. **3.** Mostly in Hispanic cities, although some U.S. cities have made strides toward this goal (Denver, New Orleans, etc.) **4.** Mostly Hispanic, although some U.S. cities have active downtowns (New York, San Francisco, etc.). **5.** Both. **6.** Mostly Hispanic. **7.** Both, although the custom is more Hispanic. **8.** Hispanic; in the U.S. shopping tends to be done in shopping centers, malls, and supermarkets that are not within walking distance. As a follow-up activity, have students compare their city to the 8 characteristics in *Comprensión*. Then discuss which ones are desirable. Have students discuss the personalized questions in groups.

Ciudadela, Menorca, en las Islas Baleares, España.

Comprensión

¿Se aplican estas descripciones más a las ciudades hispanas o a las norteamericanas o a las dos?

1. Son muy viejas.   2. Hay ciudades que datan del Imperio Romano.
3. Los centros son muchas veces zonas turísticas.   4. Hay mucha actividad comercial en los centros.   5. Hay muchos restaurantes.   6. Muchas personas viven en apartamentos en el centro.   7. Las diferentes áreas tienen sus propios nombres.   8. Se hacen las compras muy cerca de la casa.

¿Y usted?

1. ¿Le gusta el vecindario donde vive? ¿Le gustaría vivir en otro vecindario? ¿Por qué?   2. ¿Qué le gusta y qué no le gusta de la ciudad donde vive?
3. ¿Ha visitado una ciudad hispana? ¿Le parece muy diferente a una ciudad típica norteamericana? ¿Qué diferencias hay?

166 Capítulo seis

LAS ACTIVIDADES EN CASA

Use pictures of rooms in a house from your P.F. Ask *¿Qué hacemos en la sala (el baño, la cocina, el comedor, etc.)?* Possible answers: *Yo leo en la sala; mi papá ve la televisión; mi hermanito juega con sus amigos;* etc. Include all new verbs in the display in your follow-up questions. Then ask questions about the display: *¿Quién apaga la luz? ¿Qué hace Guillermo?*, etc. New words: *apagar, aspiradora, barrer, basura, césped, criada, encender, es necesario, hay que, pasar la aspiradora, plato, prender, regar, sacar, sacudir, secar, tender la cama.*

AA 6. Show pictures of people doing common things around the house. Ask *¿Qué está haciendo?* Elicit progressive forms.

AA 7. Have students name as many articles as they can in a given amount of time; for example, one minute: *En una casa moderna hay _____ y _____ y _____. En el dormitorio hay _____ ...*

AA 8. Have students pretend to be famous movie stars. Divide them into groups of two to four. Each will give the others a room-by-room tour of his/her house. Students take notes during the "tour," then try to describe the house to its "owner."

AA 9. Optional open dialogue model: E1: *¿Qué tienes que hacer este fin de semana en tu casa?* E2: *Tengo que _____.* E1: *Yo quiero _____, pero debo _____.* E2: *Puedo ayudarte a _____, y después podemos _____.*

AA 10. Use the 20-question game format to guess pieces of furniture and other household items. For example, the student who is "it" thinks of a toaster. The other students ask questions up to twenty: 1. *¿Es para el baño?* (no) 2. *¿Es para el dormitorio?* (no) 3. *¿Se usa en la cocina?* (sí) 4. *¿Se usa para lavar?* (no) 5. *¿Es para cocinar algo?* (sí) 6. *¿Se usa para cocinar legumbres?* (no) 7. *¿Se usa en la mañana?* (sí) 8. *¿Es para tostar el pan?* (sí) 9. *¡Es el tostador!* (sí)

¡OJO! *Estudie Gramática 6.3.*

En la casa de los Ramírez

Andrea debe encender (prender) la luz.

Es necesario apagar la luz.

La criada necesita limpiar el piso.

Hay que cortar el césped.

Estela necesita cocinar. Ernesto tiene que barrer el patio. Ernestito debe regar las plantas.

En la casa de los Ruiz

Guillermo tiene que sacar la basura.

Hay que secar la ropa.

Es necesario tender las camas.

Margarita tiene que lavar los platos. Amanda necesita planchar una blusa. La criada tiene que sacudir los muebles y pasar la aspiradora.

La residencia

Act. 7. Go through activities using *tener + que +* infinitive, then mix in questions with *deber* and *es necesario que:* ¿Cuántas veces por semana es necesario pasar la aspiradora? ¿Cuándo debemos limpiar la sala de baño? New words: *algo, limpio, mantener, obligación, ordenado, quehacer, sacar la basura.*

Actividad 7. Los quehaceres de la casa

Cuando uno vive en una casa o en un apartamento con otras personas, cada persona debe hacer algo para mantener limpia y ordenada la casa. Diga quién tiene la obligación de hacer estos quehaceres en su casa.

MODELO: cocinar →
En mi casa generalmente mi mamá tiene que cocinar.

1. lavar los platos   2. limpiar el piso   3. planchar la ropa   4. barrer el patio   5. sacar la basura   6. pasar la aspiradora   7. tender las camas   8. preparar la comida   9. sacudir los muebles   10. cortar el césped

Act. 8. Notice that all verb forms are first-person plural present tense. You may wish to review neighborhood activities here: ¿Dónde compramos gasolina? New words: *apropiado/a, radio, vida, visita.*

Actividad 8. Las actividades en casa

Aquí tenemos unas actividades de la vida en la casa. Diga cuál es el cuarto más apropiado para estas actividades.

MODELO: Reparamos el carro. → Reparamos el carro en el garaje.

1. Recibimos a las visitas.   2. Cenamos.   3. Cocinamos.   4. Nos bañamos.   5. Escuchamos el radio.   6. Vemos la televisión.   7. Lavamos los platos.   8. Dormimos la siesta.   9. Estudiamos.   10. Leemos el periódico.

Act. 9. New words: *ayudar, deberes, diversión, frecuentemente, en la (mañana, tarde, noche), responsabilidad.*

Actividad 9. Entrevista: Los deberes y las diversiones en casa

1. ¿Qué tienes que hacer los sábados por la mañana en tu casa? ¿Tienes que ayudar a tu padre? ¿a tu madre?
2. ¿Quién tiene la responsabilidad de limpiar tu casa? ¿Hay que limpiar frecuentemente?
3. ¿Quién mantiene limpio el jardín de tu casa? ¿Es necesario cortar el césped con frecuencia?
4. ¿Qué te gusta hacer en tu casa? ¿Qué aspecto de tu casa te gusta más?
5. ¿Te visitan mucho tus amigos?
6. ¿Pasas mucho tiempo en tu casa o prefieres salir?

AA 11. Write on the board: (1) *Tengo que hacerlo pero no me gusta.* (2) *Tengo que hacerlo y me gusta.* (3) *No lo hago nunca.* Then give students a series of activities (optional: use your PF to cue the activities), and have them react using (1), (2), or (3) above as answers. Suggestions: *lavar el carro, estudiar, lavar la ropa, cocinar, cortar el césped* (or *pasto, prado*—varies according to country) *tomar vitaminas, ir de compras, pasar la aspiradora, regar las plantas.*

All of the vocabulary in this ad from Spain is simple. Ask questions like ¿Por qué se usa la palabra «independiente» (descansado, relajante) para describir la lectura? Según los dibujos, ¿adónde van los españoles para pasar vacaciones? You can use this ad as a stimulus for talking about reading in general. (What types of books do the students read for pleasure? Where do they read? How much time do they spend on pleasure reading?) You may want to mention that people who read a great deal usually write better than those who read infrequently. Another possibility is to discuss activities that the students consider *relajantes* or that one can do *independientemente.*

GALERIAS TE PROPONE
EL DEPORTE MAS COMPLETO DEL VERANO:
"LEER UN LIBRO"

LECTURA   La telenovela «Los vecinos»: Habla la gata Manchitas

¡Ay! Estas pulgas°... ¡estas pulgas! Mis amos° nunca me prestan atención.° Sólo Ernestito y sus hermanas juegan conmigo. Y no siempre me gusta estar con ellos. A veces me jalan° la cola,° ¡miau!, o me tratan como si yo fuera° un juguete. ¡Y yo soy un animal de carne y hueso;° no soy una muñeca°!

Mis amos no saben que soy muy observadora. Ellos probablemente piensan que a mí sólo me gusta comer y dormir. ¡Ah! Los seres humanos° no comprenden a los animales, y mucho menos a nosotros, los felinos. Todos los días mis amos hacen las mismas cosas. Mi ama° se levanta temprano y va a la cocina para preparar esa bebida negra y caliente que ellos toman todas las mañanas. (Una vez Ernestito puso° ese líquido en mi plato y me obligó° a tomarlo. ¡Qué asco!° Los humanos tienen muy mal gusto.°) Después, mi ama llama a mi amo, aunque él siempre quiere dormir un poco más. «¡Unos minutos más, Estela!» dice él siempre. Mi ama abre entonces las ventanas y la luz entra en el cuarto. Luego va a la recámara° de los niños y los despierta. Ellos también quieren dormir más. «¡Vamos, a la escuela!» grita° mi ama. Y todos se levantan.

Mi amo se baña, se viste, toma la bebida negra y dice algunas cosas complicadas que yo no comprendo. Mi ama les prepara el desayuno a los niños y luego mi amo sale con ellos. Mi ama entonces vuelve a la cama y me permite acostarme a sus pies. Pero luego ella se levanta y me lleva afuera, diciendo: «Vete, Manchitas. ¡Busca ratones!»° Hace frío en la mañana y no me gusta estar afuera; por eso siempre busco un rayito° de sol o salto a la ventana. Y desde allí puedo mirar a mi ama que está adentro de la casa. Se baña, se viste, se maquilla, tiende la cama, sacude los muebles, pasa la aspiradora. ¡Miau! ¡No me gusta esa máquina! Después va a la cocina y prepara la comida. Ah, en el aire hay entonces olores° muy ricos a carne o a pescado o a pollo.° Mmmm. Los seres humanos comen mucho mejor que nosotros los gatos.

Mi ama sale todas las tardes y yo me quedo en el patio sola y aburrida. Por las noches mis amos comen y me dan las sobras.° Después de comer todos van a visitar a los vecinos o se sientan enfrente de la caja de luces.°

fleas / masters
prestan... pay attention

pull / tail / como... as if I were
carne... flesh and blood
doll

seres... human beings

mistress

put / forced
¡Qué... Yuck!
mal... bad taste

dormitorio (Mex.)
yells

¡Busca... Go look for mice!
little ray

smells
carne... meat, fish, or chicken

leftovers
caja... box of lights (T.V.)

¡Cómo les gusta mirar a otros seres humanos en esa caja! Por fin, todos se acuestan. Y yo, pues, me doy un buen baño con mi lengüita,° me acomodo en el sofá y me duermo también.

°little tongue

¡Miau! ¡Cuánto detesto estas pulgas!

Comprensión

¿A quiénes se refiere cada frase: al amo, al ama, a Ernestito, a Manchitas o a toda la familia?

_____ 1. Es muy observadora.
_____ 2. Se levanta temprano.
_____ 3. Toma una bebida negra.
_____ 4. Puso la bebida negra en el plato de Manchitas.
_____ 5. Detesta las pulgas.
_____ 6. Pasa la aspiradora.
_____ 7. Juega con Manchitas.
_____ 8. Ve la televisión.
_____ 9. Visita a los vecinos.
_____ 10. Siempre quiere dormir un poco más.

¿Y usted?

1. ¿Le gustan los animales? ¿Por qué?   2. ¿Tiene usted un animal doméstico? Descríbalo.   3. ¿Le gusta jugar o pasar mucho tiempo con este animal? ¿Por qué?

Si lo piensa bien...

se decidirá por Crolls,
La mejor lavadora automática

Piénselo bien... si hay que comprar lavadora de una vez que sea la mejor.

Crolls

EL VECINDARIO Y LOS AMIGOS

¡OJO! *Estudie Gramática 6.4.*

1. ¿Limpiaste la casa el sábado?
2. ¿Estudiaste mucho?
3. ¿Saliste a comer en algún restaurante?

1. ¿Miró usted la televisión?
2. ¿Ya escribió los exámenes?
3. ¿Visitó a sus amigos este fin de semana?

Actividad 10. ¿Qué hice?

Ponga estas actividades en orden cronológico.

1. Esta mañana (yo)…
   a. me lavé el pelo.
   b. desayuné.
   c. me desperté.
   d. corrí 2 millas.
2. Ayer por la tarde (yo)…
   a. volví a casa.
   b. asistí a una clase.
   c. preparé el almuerzo.
   d. salí para el trabajo.
3. Anoche antes de acostarme (yo)…
   a. miré la televisión.
   b. planché una blusa.
   c. lavé los platos.
   d. preparé la comida.
4. El sábado pasado (yo)…
   a. invité a unos amigos a cenar.
   b. cené con mis amigos.
   c. limpié la casa.
   d. barrí mi cuarto.

La residencia **171**

Act. 11. Give students the chance to produce third-person singular forms in this activity. Ask questions like *¿Quién limpió su cuarto el sábado? ¿Qué hizo el señor Álvar el domingo? ¿Preparó Estela la comida el viernes o fue a la iglesia?* New words: *salir a pasear, tocar el piano.*

Actividad 11. Interacción: El fin de semana

Aquí tiene usted algunas de las actividades del fin de semana pasado de Gustavo, de Estela y del señor Alvar.

NOMBRE	EL VIERNES	EL SÁBADO	EL DOMINGO
Gustavo Rivero	Bailó en una fiesta. Se acostó tarde.	Se levantó tarde. Limpió su cuarto.	Ayudó a su padre. Salió a pasear.
Estela Ramírez	Preparó la comida. Planchó la ropa.	Almorzó con una amiga. Charló con la vecina.	Visitó a su madre. Descansó toda la tarde.
el Sr. Alvar	Escribió una carta. Tocó el piano.	Jugó con sus nietos. Barrió el patio.	Asistió a Misa. Tomó unas fotografías.

E1: ¿Quién *preparó la comida* (*el viernes*)?
E2: *Estela.*

E1: ¿Cuándo *tomó fotografías el señor Alvar*?
E2: *El domingo.*

Act. 12. Encourage students to narrate Nora's weekend with as many details as they can. Possible answers: **1.** *Se bañó.* **2.** *Se peinó.* **3.** *Cenó con un amigo.* **4.** *Bailó con su amigo.* **5.** *Pasó la aspiradora.* **6.** *Lavó su ropa.* **7.** *Barrió el patio.* **8.** *Jugó al tenis.* **9.** *Asistió a misa.* **10.** *Visitó a su abuela.* **11.** *Almorzó (comió) en casa de su abuela.* **12.** *Compró una blusa nueva.*

Actividad 12. Un fin de semana de Nora Morales

Act. 13. New words: *hablar por teléfono, llegar.*

Actividad 13. Entrevistas

ESTA MAÑANA…

1. ¿A qué hora te levantaste? ¿Te bañaste?
2. ¿Desayunaste? ¿Qué tomaste?
3. ¿A qué hora saliste para la universidad? ¿A qué hora llegaste?
4. ¿A qué clase asististe primero?

ANOCHE…

5. ¿Trabajaste? ¿A qué hora volviste a casa?
6. ¿Estudiaste? ¿Qué?
7. ¿Hablaste por teléfono con tus amigos? ¿Escuchaste música?
8. ¿A qué hora te acostaste?

EL FIN DE SEMANA PASADO…

9. ¿Limpiaste tu cuarto (tu casa)?
10. ¿Saliste con amigos? ¿Adónde?
11. ¿Comiste en un restaurante? ¿Cuál? ¿Con quién?
12. ¿Jugaste a algún deporte? ¿Con quién? ¿Dónde?

LECTURA Los amigos hispanos: Don Pepe y doña Chelo

José González tiene 60 años. Don José —o don Pepe, como lo llama todo el mundo°— es un hombre muy activo a pesar de° su edad. Tiene una pequeña finca° en Arenal, en las afueras de Guadalajara, México, donde vive con su esposa, doña Consuelo. Don Pepe sabe que la vida del campesino° es difícil en México, probablemente en todas partes. Hay que trabajar mucho, de sol a sol,° a veces por muy poca recompensa.° Pero es un trabajo necesario e° importante.

   Don Pepe se levanta diariamente a las 4:30, ordeña° las vacas, corta la leña° y, por la tarde, después de almorzar, trabaja en el campo. Cuando no está muy ocupado con la cosecha,° construye algún mueble para la casa. Doña Chelo, como él llama afectuosamente° a su esposa, se levanta también muy temprano, prepara el desayuno y les da la comida a los animales. Durante el día se ocupa de los quehaceres domésticos: lava la ropa a mano, la plancha, limpia la casa, cose un poco. Pero aunque los dos trabajan bastante, encuentran el tiempo para estar con los amigos y para descansar. Don Pepe toma una cerveza de vez en cuando con sus compadres;° a doña

todo… everybody
a… in spite of / farm

farmer
de… from dawn to dusk
reward, payment
= y
milks
wood

crops
affectionately

amigos

Lectura: Tell students this reading is about an older couple who live in the country, in Mexico. Ask personalized questions: *¿A usted le gusta el campo? ¿Qué le gusta del campo? ¿Por qué no le gusta? ¿Tiene amigos o parientes que viven en el campo? ¿Cómo son la vida y las actividades diarias de esas personas?* After the reading, discuss how the characters' lives would be different in the city. Compare rural and urban life and activities: *¿Cuáles son las ventajas de vivir en el campo? ¿de vivir en la ciudad?* Discuss advantages and disadvantages of rural life and/or life in a small town. Teach the expression *pueblo chiquito, infierno grande* and ask students to interpret it *(En un pueblo chiquito todo el mundo te conoce y sabe lo que haces, ¿no?)*

Urubamba, Perú: El campesino trabaja de sol a sol y con métodos tradicionales de agricultura en algunas partes de la América Latina.

Chelo le gusta sentarse en la plaza con sus vecinas para tomar el sol y charlar.

Don Pepe y doña Chelo están satisfechos con su vida, aunque no siempre fue° así. Los dos recuerdan tiempos muy difíciles cuando apenas tenían° para comer. Las cosas, por suerte, cambiaron° para ellos. Hoy se sienten orgullosos° de sus hijos y nietos. Les gustaría verlos más a todos y pasar más tiempo con ellos, pero por razones de trabajo y por la distancia, no siempre es posible hacer esto. Juan, el hijo mayor, tiene un buen trabajo en la capital. Isabel, la menor, vive en Arenal con su esposo y sus tres hijos. La hermana de don Pepe, María González de Saucedo, también vive en Arenal. Se visitan° con frecuencia ya que° doña María es viuda. Los días de fiesta, como la Navidad, don Pepe y doña Chelo reúnen a todos sus hijos y nietos en su casa y les ofrecen los platillos deliciosos de doña Chelo.

Don José y doña Consuelo gozan de° buena salud y en su hogar no falta° nunca la alegría.

was
apenas... scarcely had enough
changed
proud

Se... They visit each other
ya... since

gozan... enjoy
lacks

Comprensión

Diga si las siguientes actividades son de don Pepe, de doña Chelo o de los dos.

_____ 1. Vive en una finca.
_____ 2. Trabaja en el campo.
_____ 3. Lava la ropa.
_____ 4. Toma una cerveza con los amigos.
_____ 5. Charla con las vecinas.
_____ 6. Se siente orgulloso de sus hijos.
_____ 7. Goza de buena salud.

174 Capítulo seis

LAS PRESENTACIONES

¡OJO! *Estudie Gramática 6.5–6.6.*

— Quiero presentarte a mi amigo, Jorge.
— Hola, Jorge, ¿qué tal?

— Señor Luján, quisiera presentarle a mi amiga, la señora Ruiz.
— Mucho gusto en conocerla, señora.
— Igualmente, señor Luján.

— Señora Batini, me gustaría presentarle a mi nuevo vecino, el señor Marcos.
— Mucho gusto en conocerlo, señor.
— Encantado, señora Batini.

Actividad 14. Diálogos abiertos: Las presentaciones

Preséntele su nuevo amigo (nueva amiga) a otro amigo (otra amiga).

E1: _____, quiero presentarte a mi amigo/a _____. Vive en _____.
E2: Mucho gusto.
E3: _____.

Ahora, preséntele su nuevo amigo (nueva amiga) a un amigo (una amiga) de su familia.

E1: Sr./Sra. _____, quiero presentarle a mi amigo/a _____. Es _____.
E2: _____ en conocerlo/la.
E3: _____.

Actividad 15. Entrevista: ¿Conoces tu vecindario?

1. ¿Conoces a los vecinos de la casa de la izquierda? ¿de la derecha? ¿de enfrente?
2. ¿Sabes el nombre del colegio más cercano a tu casa? ¿Conoces al director de ese colegio?
3. ¿Sabes dónde hay un buen restaurante cerca de tu casa?
4. ¿Conoces a los dependientes del supermercado donde haces las compras?
5. ¿Sabes cuánto cuesta un apartamento pequeño en tu ciudad?
6. ¿Conoces a alguien que tiene piscina?
7. ¿Sabes cuánto cuesta una casa en tu vecindario?
8. ¿Sabes dónde está el parque _____?

Act. 16. New words: *oye, así que.*

Actividad 16. Diálogo: Una fiesta en el apartamento de Pilar y Gloria Álvarez

PILAR: Oye, Antonio, ¿conoces a mi hermana Gloria?
ANTONIO: No, no la conozco.
PILAR: Gloria, te presento a Antonio.
GLORIA: Mucho gusto, Antonio.
ANTONIO: Igualmente, Gloria. ¿Eres estudiante aquí?
GLORIA: Sí, estudio psicología.
ANTONIO: ¡Qué coincidencia! Mi amigo Jaime estudia psicología también.
GLORIA: Me gustaría conocerlo.
ANTONIO: ¡Perfecto! Jaime esta aquí en la fiesta.

1. ¿A quién le presenta Pilar a Gloria? 2. ¿Cuál es la coincidencia de que habla Antonio? 3. ¿A quién quiere conocer Gloria?

LECTURA *Platero y yo* (fragmento)
Juan Ramón Jiménez
(España, 1881–1958)

Juan Ramón Jiménez es conocido por sus poemas modernistas y su prosa poética. Recibió el Premio Nóbel de Literatura en 1956. Este fragmento de *Platero y yo* es una descripción de un burrito que se llama Platero. Su dueño° lo quiere mucho y lo compara con una persona. ¿Cómo es Platero?

°owner

PLATERO

Platero es pequeño, peludo,° suave; tan blando° por fuera, que se diría° todo de algodón,° que no lleva huesos. Sólo los espejos de azabache° de sus ojos son duros cual dos escarabajos° de cristal negro.

Lo dejo suelto° y se va al prado, y acaricia° tibiamente con su hocico,° rozándolas apenas,° las florecillas rosas, celestes y gualdas°... Lo llamo dulcemente: «¿Platero?», y viene a mí con un trotecillo° alegre que parece que se ríe, en no sé qué cascabeleo ideal°...

Come cuanto le doy. Le gustan las naranjas mandarinas, las uvas moscateles,° todas de ámbar; los higos morados,° con su cristalina gotita de miel°...

Es tierno° y mimoso° igual que un niño, que una niña...; pero fuerte y seco° por dentro, como de piedra.° Cuando paseo sobre él,° los domingos, por las últimas callejas°

peludo / *blando* furry / soft
que se diría... algodón that one would say cotton
espejos... azabache jet-black mirrors
cual... escarabajos like two beetles
Lo dejo suelto / acaricia I leave him untied / caresses
hocico / rozándolas apenas snout / rozándolas... scarcely touching them (flowers)
gualdas amarillas
trotecillo little trot
en... cascabeleo ideal with an inexplicable jingling
moscateles muscatel
higos morados / miel dark purple figs / honey
tierno / mimoso tender / pampered
seco / piedra dry / stone
paseo sobre él / últimas callejas paseo... I go for a ride on him / últimas... back streets

Lectura: This is the second literary reading in *Dos mundos.* Encourage students to read it for enjoyment. Tell them that the text they are about to read presents a *retrato* of an animal: *Ésta es la descripción de un animal que se llama Platero; es un burrito. Su dueño lo quiere mucho y lo compara con una persona.* After the reading, do the *Comprensión.* (Possible answers: **1.** *Es pequeño; es suave por fuera y duro por dentro; come de todo; es tierno como un niño.* **2.** *Porque Platero es fuerte como el acero.*) Ask personal questions like ¿Les gustan a ustedes los animales? ¿Cuáles? ¿Por qué? ¿Les gusta verlos en el zoológico? ¿Por qué (no)? Optional: Ask students to write a short composition like "Platero y yo," describing their favorite pet, present or past. If they don't like animals, have them explain why.

España

del pueblo, los hombres del campo, vestidos de limpio y despaciosos,° se quedan mirándolo:
—Tien' asero°…
Tiene acero. Acero y plata de luna, al mismo tiempo.

°slow

Tien'… (= Tiene acero.)
He's strong as steel.

The ad on page 177 is taken from an Ecuadorian magazine. Note that the word for apartment (condo) is *departamento*. Ask students to scan the ad and tell you as much about these condos as they can. Most will not understand *acabados de lujo* (finished luxuriously). Use this ad to talk about geography, too. Guayaquil is on the Pacific coast, while Quito, the capital, is a highlands city in the Andes. Mention that not only the climate but also the culture and customs of coastal cities differs from that of the highlands. On the other hand, Quito has much in common with cities in the highlands of other countries, such as Bogotá, La Paz, and even Mexico City. Guayaquil has a rather warm climate and all the wateroriented sports and other activities one would expect in a resort town.

Comprensión

1. ¿Cuáles son algunas características de Platero, según su amo?   2. ¿Por qué dicen los campesinos que Platero «tiene acero»?

VOCABULARIO

Los cuartos y otras dependencias   *Rooms and Other Parts of the House*

el ascensor	elevator
el baño	bathroom
la cerca	fence
el césped	lawn
la cocina	kitchen
el comedor	dining room
la chimenea	fireplace
el dormitorio	bedroom
la escalera	stairway, stairs
la habitación	room
la recámara	bedroom (*Mex.*)
la sala	living room

REPASO: la sala de baño, el jardín

PALABRAS SEMEJANTES: el balcón, el garaje, el patio, la terraza

Los muebles y los aparatos eléctricos
Furniture and Electrical Appliances

la alfombra	carpet
la almohada	pillow
el armario	closet
la aspiradora	vacuum cleaner
la bañera	bathtub
la cafetera	coffeepot
el calentador	heater
la cama (**matrimonial**)	(double) bed
el cepillo de dientes	toothbrush
la cómoda	chest of drawers

la cortina	curtain
el cuadro	picture (*on the wall*)
la escoba	broom
el espejo	mirror
el estante	shelf
la estufa	stove, range
el fregadero	kitchen sink
el gabinete	cabinet
el horno (de microondas)	(microwave) oven
el inodoro	toilet
la lámpara	lamp
el lavabo	bathroom sink
la lavadora	washing machine
el lavaplatos	dishwasher
la mesita	coffee table
el mueble	(piece of) furniture
la secadora	dryer
el sillón	easy chair
la taza del inodoro	toilet bowl
la tetera	teapot
el tocadiscos	record player
el tocador	dresser
el ventilador	fan

REPASO: el congelador, la silla, la televisión, la toalla, el vaso

PALABRAS SEMEJANTES: el piano, el plato, el radio, el refrigerador, el sofá, el tostador

La casa y el vecindario *The House and the Neighborhood*

el barrio	neighborhood
la cancha de tenis	tennis court
el centro comercial	shopping center
la ciudad	city
la gasolinera	gas station

REPASO: el cine, el colegio, el edificio, la iglesia, el parque, la piscina, la plaza, la tienda

PALABRAS SEMEJANTES: el apartamento, el departamento (*Mex.*), el condominio

Los quehaceres domésticos *Domestic Chores*

ayudar	to help
barrer	to sweep
pasar la aspiradora	to vacuum
regar (ie)	to water
riego/riega	
sacar la basura	to take out the trash
sacudir (los muebles)	to dust (the furniture)
tender (ie) la cama	to make the bed
tiendo/tiende	

REPASO: cocinar, cuidar las plantas, hacer las compras, lavar, limpiar, planchar, secar

Los verbos

alquilar	to rent
apagar (la luz)	to turn off (the light)
conocer	to know; to meet
conozco/conoce	
costar (ue)	to cost
cuesta	it costs, it is (*with price*)
encender (ie) (la luz)	to turn on (the light)
enciendo/enciende	
enviar	to send
llegar	to arrive

pasar tiempo	to spend time
prender (la luz)	to turn on (the light)
sacar	to take out
salir a pasear	to go out for a walk
tocar el piano	to play the piano

REPASO: almorzar (ue), cenar, desayunar, saber

PALABRAS SEMEJANTES: imaginar, presentar

Los sustantivos

el alquiler	rent
la basura	trash
el/la criado/a	servant
el dato	datum, data
el deber	duty, obligation
el derecho	right (*legal, moral*)
la diversión	entertainment
el examen	exam(ination)
la flor	flower
la milla	mile
el pasado	past
la respuesta	answer
la tarde	afternoon
la vida	life

REPASO: la decoración, el lugar, el vecino/la vecina

PALABRAS SEMEJANTES: la comparación, el director/la directora, la frecuencia, el objeto, la obligación, la presentación, la responsabilidad, el transporte, el utensilio, la visita, la vista

Los adjetivos

agradable	pleasant, nice
amplio/a	roomy
amueblado/a	furnished
callado/a	quiet
caro/a	expensive
cercano/a	near, close by
encantado/a	delighted, pleased (to meet someone)
limpio/a	clean
módico/a	affordable
ordenado/a	tidy
propio/a	own
siguiente	following

PALABRAS SEMEJANTES: apropiado/a, comercial, decorado/a, personal, preferible, público/a, serio/a

¿Cuándo? ¿Con qué frecuencia? *When? How Often?*

a menudo	often
anoche	last night
ayer	yesterday
frecuentemente	frequently

REPASO: ahora, ahora mismo, el (día/mes/año) pasado, en la mañana/tarde/noche, esta noche, hoy, mañana

Las comparaciones *Comparisons*

bueno; mejor; el/la mejor	good; better; (the) best
malo; peor; el/la peor	bad; worse; (the) worst
el/la más (+ *adj.*)	the most . . . , the _____est
el/la menos (+ *adj.*)	the least . . . , the _____est
más/menos que	more/less than
tan... como	as . . . as
tanto(s)/tanta(s)... como	as many . . . as

REPASO: mayor, menor

Las obligaciones y los deberes *Obligations and Duties*

es necesario	it is necessary
hay que	one has to
necesitar (+ *infin.*)	to need (*to do something*)

REPASO: deber, tener que + *infin.*

Palabras y expresiones útiles

algo	something
alguien	someone
favor de (+ *infin.*)	please (*do something*)
hablar por teléfono	to talk on the phone
¡Qué coincidencia!	What a coincidence!
¿Qué tal?	How are you?

REPASO: a la derecha, a la izquierda

GRAMÁTICA Y EJERCICIOS

6.1. Comparisons of Inequality: *más/menos*

A. Use the words **más que** (*more than*) and **menos que** (*less than*) to make unequal comparisons in Spanish. English often uses the ending *-er* (*taller*) in such comparisons, but Spanish uses **más/menos** + *adjective*.

Gustavo es **más** alto **que** Ramón.	Gustavo is taller than Ramón.
Graciela es **menos** seria **que** Amanda.	Graciela is less serious than Amanda.
Yo tengo **más** experiencia **que** Pilar.	I have more experience than Pilar.
José tiene **menos** tiempo **que** Clara.	José has less time than Clara.

B. To single out a member of a group as "the most" or "the least," add an article (**el, la, los, las**) to this construction. Note again that English often uses the ending *-est*: **el más gordo** (*the fattest*), **las más grandes** (*the biggest ones*); **la más cara** (*the most expensive one*), **el menos útil** (*the least useful*).

Adriana es **la más** simpática (**de** las tres que conozco).	Adriana is the nicest (of the three I know).
Éstas son **las** casas **más** modernas **del** vecindario.	These are the most modern houses in the neighborhood.
Aquí tiene usted **el** cuarto **más** grande **de** la casa.	Here you have the largest room in the house.

C. There are special comparative forms for **bueno** and **malo**.

bueno	mejor	el/la mejor	good/better/best
malo	peor	el/la peor	bad/worse/worst

En mi opinión la cocina es el **mejor** cuarto de la casa.	In my opinion, the kitchen is the best room in the house.
No hay nada **peor** que el ruido del tránsito cuando uno quiere dormir.	There is nothing worse than traffic noise when you want to sleep.

D. The special forms **mayor/el (la) mayor** (*older/oldest*) and **menor/el (la) menor** (*younger/youngest*) are used to compare ages.

Mi hermano **mayor** se llama Jaime y mi hermana **menor** se llama Paula.	My older brother is called Jaime, and my younger sister is called Paula.

6.1. By now students know the basic meaning of both *más* and *menos*. We have suggested on several occasions that you introduce *más* as a comparative in your oral input. *Menos* in comparatives is less frequent and may be new for some students. Therefore the new element here is really the use of *que* corresponding to the English "than." We did not explicitly label the article + *más/menos* + adjective construction as the superlative; introduce this term if you feel it is helpful. You may wish to point out that just as English-speaking children have trouble with good/better (saying "more good" or "gooder"), Spanish-speaking children have trouble with *mejor/peor*, sometimes producing *más bueno* or *más mejor*. The comparative and superlative with *más/menos* may be practiced easily with your PF: show two pictures of the same (or similar) items and ask questions: ¿*Cuál cuesta más*? ¿*Es más grande la casa o el apartamento*? Review demonstratives with questions like ¿*Es más alto este hombre o aquél*?

Ejercicio 1

Haga comparaciones. Use **más/menos que.**

> MODELO: El sofá cuesta $150. El sofá-cama cuesta $500. →
> El sofá-cama cuesta más que el sofá.

1. La mesa pesa 5 kilos. El sillón pesa 10.
2. En mi casa viven ocho personas. En la casa de los vecinos viven cinco.
3. La casa de los López tiene cuatro dormitorios. La casa de los vecinos tiene dos.
4. En el patio de mis abuelos hay tres árboles. En nuestro patio hay cinco.
5. La sala tiene cuatro ventanas. La cocina tiene tres.
6. En la casa de los Ramírez hay tres dormitorios. En la casa de los Ruiz hay cuatro.
7. Los Ruiz tienen dos hijos. Los Ramírez tienen tres.

Ejercicio 2

Exprese su opinión. Use **mejor, peor, mayor, menor** o **el/la más.**

> MODELO: el Mercedes Benz; el Jaguar (mejor) →
> En mi opinión el Jaguar es mejor que el Mercedes.

1. tener una casa en la playa; tener una casa en las montañas (mejor)
2. vivir en el desierto; vivir en el centro de la ciudad (peor)
3. vivir en una casa; vivir en un apartamento (mejor)
4. un ventilador; un horno de microondas; un refrigerador (útil)
5. mi hermano Armando (tiene 12 años); mi hermana Irma (tiene 10) (mayor)
6. mi sobrino (tiene 6 meses); tu sobrina (tiene 1 año) (menor)
7. mi hermano (mide 1.83 m); mi padre (mide 1.63 m); y yo (mido 1.75 m) (alto/a)
8. mi cuñado (su cociente intelectual es 88); mi suegra (su cociente intelectual es 110); y yo (el mío es de más de 125) (inteligente)
9. un Ferrari que cuesta $85,000; un Rolls Royce que cuesta $200,000; un BMW que cuesta $50,000 (caro)

6.2. Comparisons of Equality: *tan/tanto*

A. When stating that qualities are (or are not) equal or identical (*as pretty as/ not as pretty as*), use **(no) tan... como. Tan** never changes form in comparisons or contrasts of qualities.

Marisa es **tan** inteligente **como** Clarisa.	*Marisa is as intelligent as Clarisa.*
Gustavo **no** es **tan** gordo **como** Roberto.	*Gustavo is not as fat as Roberto.*

B. When equating quantities (*as much/many as*), use **tanto… como**. Tanto agrees with the noun that follows in gender and number: **tanto, tanta, tantos, tantas.**

>Alicia no tiene **tanto dinero como** Adriana.
>Ustedes tienen **tantas tareas como** nosotros.

Alicia doesn't have as much money as Adriana.
You have as many assignments as we do.

Ejs. 3/4. Assign as written homework and ask students to check their answers in answer key. Note spelling change in *jugué*.

Ejercicio 3

Haga comparaciones. Use **tan… como**.

>MODELO: El parque Chapultepec es muy grande. El parque Juárez es pequeño. (grande) →
>El parque Juárez no es tan grande como el parque Chapultepec.

1. La piscina de los señores Montes es muy bonita. La piscina de los señores Lugo es muy bonita también. (bonita)
2. El edificio de la Avenida Oriente tiene seis pisos. El edificio nuevo de la Avenida del Libertador tiene diez. (alto)
3. La lavandería nueva de la Calle Ebro es muy limpia. La lavandería vieja de la Avenida Paseo no es muy limpia. (limpia)
4. El apartamento de Adriana Bolini es muy bonito. El apartamento de Julio Delgado es muy bonito también. (bonito)
5. Los condominios «Princesa» son muy modernos. Los condominios «San Juan» tienen ya once años. (modernos)
6. El edificio de la Avenida Oriente mide 200 metros. La torre San Martín mide 100 metros. (alto)

Ejercicio 4

Haga comparaciones. Use **tantos/tantas… como**.

>MODELO: Mi casa tiene dos dormitorios. Su casa tiene cuatro. (dormitorios) →
>Mi casa no tiene tantos dormitorios como su casa.

1. La sala de nuestra casa tiene cuatro lámparas. La sala de su casa tiene sólo dos lámparas. (lámparas)
2. La casa de los señores Ramírez tiene ocho cuartos. La casa de los señores Ruiz tiene cinco cuartos. (cuartos)
3. La casa de los señores Ramírez tiene dos baños. La casa de los señores Ruiz también tiene dos baños. (baños)
4. El edificio de la Calle Colón tiene cuatro pisos. El edificio de la Calle Bolívar también tiene cuatro pisos. (pisos)

5. El patio de doña Lola tiene muchas flores y plantas. El patio de don Anselmo tiene pocas flores y plantas. (flores y plantas)
6. La casa de los señores Ramírez tiene dos patios. La casa de los señores Ruiz tiene tres. (patios)

6.3. Expressing Obligation and Duty

The verbs **tener que** (*to have to*), **deber** (*should, ought to*), **necesitar** (*to need*), and the impersonal expressions **hay que** (*one must*) and **es necesario** (*it is necessary*) are always followed by infinitives.

¿A qué hora **tenemos que estar** en el teatro? —A las nueve.
Hay que llegar un poco antes para recoger los boletos.
¡Pero **necesito estudiar** más! —Está bien, pero **debemos salir** pronto.

What time do we have to be at the theater? —At 9:00.
We have to (One must) get there a little early to pick up the tickets.
But I need to study more! —OK, but we should leave soon.

Ejercicio 5

Esteban cuenta lo que él y sus compañeros de clase tienen que hacer hoy. Use la forma correcta de **tener** (+ **que**): **tengo, tienes, tiene, tenemos, tienen.**

1. Luis _____ trabajar hasta las doce.
2. Carmen y Nora _____ prepararse para un examen de sociología.
3. Yo _____ terminar la tarea para mi clase de matemáticas.
4. Alberto y yo _____ lavar el carro.
5. Mónica, ¿qué _____ hacer tú esta noche?

Ejercicio 6

Estela Ramírez está hablando de lo que ella y su familia deben hacer mañana. Use la forma correcta de **deber: debo, debes, debe, debemos, deben.**

1. Ernesto _____ barrer el patio.
2. Yo _____ limpiar la cocina.
3. Ernestito, tú _____ hacer la tarea para la escuela.
4. Paula y Andrea _____ recoger sus juguetes.
5. Ernesto, tú y yo _____ llevar a los niños al parque a jugar.

Ejercicio 7

Éstas son las necesidades y obligaciones que tienen Mónica y sus amigos. Complete las oraciones lógicamente con **debe, tengo que, necesitan, tienes que** o **debemos.**

1. _____ estudiar esta noche porque tengo un examen mañana.
2. Luis _____ escuchar al profesor con mucho cuidado, porque no comprende nada.
3. (Nosotros) _____ ayudar a mamá porque está muy cansada.
4. Nora y Carmen _____ comprar un regalo para la profesora Martínez.
5. _____ ir a la fiesta, porque todos tus amigos van a estar allí.

6.4. The Past (Preterite) Tense of Regular Verbs (Part 1)

The Spanish past (preterite) tense is formed by adding endings to the stem. Here are the singular past-tense endings of regular verbs.

	SPOKE	ATE	LIVED
(yo)	habl**é**	com**í**	viv**í**
(tú)	habl**aste**	com**iste**	viv**iste**
(usted, él/ella)	habl**ó**	com**ió**	viv**ió**

Concentrate on learning to recognize and use the singular forms in this chapter. Plural forms and many common irregular verbs will be introduced in the next chapter. These two clues will help you recognize past-tense forms: (a) the spoken stress in all past-tense forms is on the vowel (or diphthong) of the ending; and (b) the endings for **-er** and **-ir** verbs are identical.

Hablé con la vecina nueva ayer.

¿Ya **comiste**? —Sí, **comí** en casa.

I spoke with the new neighbor yesterday.
Did you already eat? —Yes, I ate at home.

Ejercicio 8

¿Hizo usted estas actividades ayer? Conteste sí o no.

MODELO: trabajar → Sí, trabajé por siete horas. (No, no trabajé.)

1. comprar un disco
2. comer en un restaurante
3. mirar la televisión
4. escribir una carta
5. estudiar por cuatro horas
6. abrir la ventana
7. visitar a un amigo (una amiga)
8. correr en la mañana
9. tomar un refresco
10. lavar los platos

Ejercicio 9

Diga si estas personas hicieron estas actividades.

MODELO: Mikhail Gorbachev / bailar ayer en la mejor discoteca de la ciudad →

Mikhail Gorbachev no bailó ayer en la mejor discoteca de la ciudad.

1. mi madre / escribirle una carta al presidente la semana pasada
2. la princesa Diana / cenar en un restaurante barato anoche
3. el presidente de México / comer tacos en la calle ayer
4. yo / jugar al tenis ayer a medianoche con Margaret Thatcher
5. Fidel Castro / visitar los Estados Unidos el mes pasado
6. Tom Cruise / comer en un restaurante francés conmigo ayer
7. Connie Chung / hablar español todo el día ayer
8. Julio Iglesias / casarse anoche con la profesora de español
9. el rey de España / viajar a la luna el año pasado
10. el Príncipe Felipe de España / cantar en nuestra universidad la semana pasada

6.5. *Conocer* and *saber*

A. **Conocer** (*to know*) is used in the sense of *to be acquainted with*; it is normally used with people and places. **Saber** (*to know*) is used in the sense of *to know something* or *to know how to do something*. The present-tense forms of **conocer** are **conozco, conoces, conoce, conocemos, conocen**. The present-tense forms of **saber** are **sé, sabes, sabe, sabemos, saben**.

Note that the preposition **a** precedes a direct object noun when that noun is a person.

¿**Conoces** a Carla Espinosa?
—Sí, y **conozco** también a su hermano.

Do you know Carla Espinosa?
—Yes, and I also know her brother.

¿**Conoces** muy bien la Ciudad de México? —Todavía no.

Do you know Mexico City well? —Not yet.

¿**Sabes** la respuesta? —¡Por supuesto, yo lo **sé** todo!

Do you know the answer? —Of course, I know everything!

¿**Sabes** nadar? —No, no **sé** nadar.

Do you know how to swim? —No, I don't know how to swim.

¿**Sabes** dónde está el restaurante? —No, no **sé**.

Do you know where the restaurant is? —No, I don't.

B. The past tense of **conocer** (**conocí, conociste, conoció**) expresses the meaning *met* (*for the first time*) in English.

Conocí a Raúl la semana pasada.

I met Raúl last week.

Ejercicio 10

Complete con las formas correctas de los verbos **saber** o **conocer**.

MODELO: ¿Conoces tú a Ricardo Sícora?

1. ¿____ nadar Rogelio y Carla?
2. ¿____ usted a mi hermano Fernando?

3. ¿_____ (tú) México?
4. (Yo) no _____ a muchas personas en esta fiesta.
5. (Yo) no _____ mucho de historia.

Ejercicio 11. El nuevo vecino

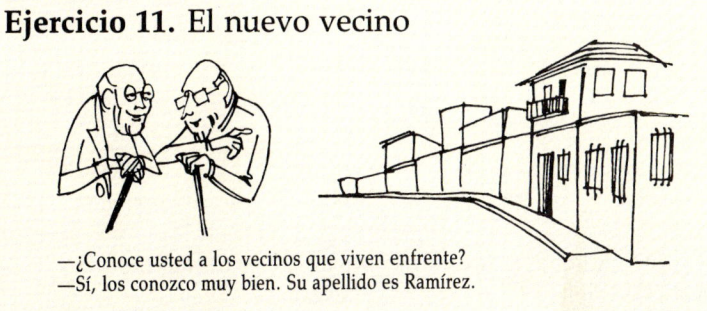

—¿Conoce usted a los vecinos que viven enfrente?
—Sí, los conozco muy bien. Su apellido es Ramírez.

El señor Valdés tiene sólo una semana viviendo en el vecindario de San Vicente. Está hablando con su vecino, don Eduardo. Complete con las frases apropiadas las preguntas del señor Valdés.

¿Conoce usted…
¿Sabe usted…

1. a los dueños de la casa de la esquina?
2. al cura de la parroquia?
3. si hay una farmacia cerca?
4. si hay una alberca (piscina) pública cerca?
5. al director del colegio que está en la esquina?
6. un buen restaurante chino?
7. dónde está el parque Colón?
8. si hay una lavandería en el centro comercial El Toro?
9. cuánto cuesta ponerle un techo nuevo a la casa?
10. a la vecina de la casa amarilla?

6.6. Personal Direct Object Pronouns

A. Personal direct object pronouns are used with verbs such as *to see* (*someone*), *to remember* (*someone*), *to know* (*someone*), *to love* (*someone*), *to take* (*someone somewhere*), *to invite* (*someone*), and so forth. Here are some examples of direct object pronouns in English.

> I don't remember him (her, them, you).
> We saw them (him, her, you) yesterday.
> Do you know her (him, them, us, me)?

B. You already know three of the personal direct object pronouns, because they are the same as the reflexive pronouns: **me** (*me*), **te** (*you*), **nos** (*us*).

> Usted no **me** conoce todavía.   *You don't know me yet. I'm Raúl*
> Soy Raúl Saucedo.   *Saucedo.*

Te quiero mucho.
Tú no **nos** recuerdas, ¿verdad?

I love you a lot.
You don't remember us, do you?

C. Four other direct object pronouns are used, according to the gender and number of the person(s) referred to.*

| lo | him | los | them |
| la | her | las | them (females only) |

¿Conoces a **José Estrada**, el amigo de Pilar? —Sí, **lo** conozco.

¿Mi hija **Carla**? **La** llevo todos los días a la escuela.

¿Y tus **parientes**? ¿**Los** ves frecuentemente? —Sí, durante las fiestas, **los** invitamos a casa para cenar con nosotros.

¿Vas a visitar a las **hermanas** de Ernestito mañana? —Sí, **las** voy a ver al mediodía.

Do you know José Estrada, Pilar's friend? —Yes, I know him.

My daughter Carla? I take her to school every day.

And your relatives? Do you see them frequently? —Yes, during holidays we invite them to our house to have dinner with us.

Are you going to visit Ernestito's sisters tomorrow? —Yes, I'm going to see them at noon.

Ejercicio 12

Complete las conversaciones con los pronombres apropiados.

MODELO: —¿Conoces a Marta Muñoz? →
—Sí, <u>la</u> conozco.

1. —¿Conocen ustedes a los señores Ramírez?
   —Sí, _____ conocemos muy bien.
2. —¿Conoces tú a doña Rosita?
   —Sí, _____ conozco un poco.
3. —¿Y a Daniel Galván?
   —Sí, _____ conozco también.
4. —¿Conoce Estela Ramírez a Margarita y a Pedro?
   —Sí, ella _____ conoce bien.
5. —¿Conocen ustedes al señor Ruiz?
   —No, no _____ conocemos.
6. —¿Conoce usted al esposo de Margarita Ruiz?
   —No, no _____ conozco.
7. —¿Conocen ustedes a la señora Batini?
   —Sí, _____ conocemos muy bien; es amiga de mi madre.

---

*Recognition: Some speakers from Spain use **le/les** instead of **lo/los** as the direct object pronoun to refer to males.

8. —¿Conocen los señores Ramírez a los señores Ruiz?
   —Sí, los señores Ramírez _____ conocen muy bien; son vecinos.
9. —¿Conoces tú a Gustavo?
   —Sí, _____ conozco muy bien; es mi primo.
10. —¿Conoce Amanda a Graciela?
    —Sí, _____ conoce muy bien; es su mejor amiga.

Ej. 13. Assign as homework and ask students to check their answers in answer key.

Ejercicio 13. Así es el amor...

Complete los diálogos con los pronombres **me, te, nos, lo, la, los** o **las**.

PARTE 1

—Clara, ¿ _____¹ quieres?
—Claro que no _____² quiero. Somos amigos, nada más.
—Pero, Clara, _____³ quiero mucho, mi vida. Por eso _____⁴ llamo todos los días.
—Si _____⁵ quieres tanto, ¿por qué no _____⁶ llevas al teatro el sábado?
—De acuerdo, mi amor. _____⁷ invito a ver *Drácula*.

PARTE 2

—Pilar, ¿viste a Clara el sábado?
—Sí, _____¹ vi con Pierre, ese chico francés que es tan guapo.
—¿Dónde _____² viste?
—_____³ vi en el Teatro Principal. ¿Y sabes qué pasó? ¡Al principio de la obra él _____⁴ besó! Clara tiene mucha suerte, ¿verdad?
—Pero... ¿Pierre? Yo _____⁵ vi el viernes en la discoteca Finlandia bailando con dos chicas rubias hasta las dos de la mañana.
—¡Ay, pobre Clara!...

CAPÍTULO SIETE

LAS EXPERIENCIAS

GOALS—CHAPTER 7

The purpose of *Capítulo 7* is to give students opportunities to interact in situations that deal with past events. However, although students will be able to recognize past forms and even produce some of them, they will not produce past forms with ease until they have experienced several months of oral and written input with these forms. For this reason, the past is re-entered in many activities in subsequent chapters. The imperfect will be introduced in *Capítulo 9*. (While differences between the past and the imperfect are "aspectual" rather than "temporal," we believe that simpler terminology is more appropriate for first-year students and for this reason will not discuss "aspect" [beginning, middle, or end of an action; cyclical or non-cyclical; etc.] as it relates to past-tense forms.) Indirect object pronouns are also introduced in this chapter, in combination with *decir*.

PRE-TEXT ORAL ACTIVITIES

As you begin this chapter continue to spend 5 minutes or so of each class period telling students what you did yesterday. As you narrate, write the verb forms on the board in a column. Expand on your context and focus on telling an interesting story. Each day have students work in pairs reacting to the verb forms you have used: did they do that specific activity the day before?

Cantabria, España

METAS
In **Capítulo siete** you will talk further of things that happened in the past: your own experiences and those of others.

ACTIVIDADES ORALES Y LECTURAS

Mis experiencias
Las experiencias con otros

«Las excusas de Gustavo»
«Una fiesta sorpresa» (parte 1)
«Una fiesta sorpresa» (parte 2)

Los hechos del pasado

«Una carta desde Perú»
«Oda a la tormenta»: Pablo Neruda

GRAMÁTICA Y EJERCICIOS

7.1 The Past (Preterite) Tense of Regular Verbs (Part 2)
7.2 Verbs with Irregular Past (Preterite)-tense Forms
7.3 Verbs with Stem-Vowel Changes in the Past (Preterite) Tense
7.4 Indirect Object Pronouns with **decir**
7.5 Question-and-Answer Patterns in the Past (Preterite) Tense
7.6 Expressing *ago*: **hacer** + Time

ACTIVIDADES ORALES Y LECTURAS

MIS EXPERIENCIAS

Ask students to spend a few minutes looking over the past verb forms from their notebooks and in the display. Students should write sentences that describe 5 activities they participated in during the previous day; then have them work in pairs and exchange sentences. They should not attempt to formulate questions. They may need help with pronunciation, especially with syllable-final stress. Work with these problem areas as you go from pair to pair.

¡OJO! *Estudie Gramática 7.1–7.2.*

Esta mañana...

Me lavé el pelo.

Desayuné rápidamente.

Salí de la casa.

Tomé café con algunos amigos.

Asistí a la clase de biología.

Escribí una composición para la clase de inglés.

Volví a casa a las dos.

Almorcé con mi mamá.

Esta tarde...

Esta noche...

Trabajé por cuatro horas en una tienda de ropa.

Cené con mi familia.

Leí un poco antes de acostarme.

Me acosté temprano.

190 Capítulo siete

Act. 1. Narration series. Go through the chart asking students to supply their versions of what happened in each drawing. As you work through the series, reinforce the *antes de/después de* + infinitive structures: *¿Qué hizo Ricardo después de ducharse?* After the students narrate series in the third-person singular, have them pretend to be Ricardo and narrate it with first-person singular forms. Suggestions: **1.** *Ricardo se despertó a las 9:00.* **2.** *Se duchó.* **3.** *Desayunó huevos con tocino.* **4.** *Buscó su traje de baño y la toalla.* **5.** *Manejó su carro a la playa.* **6.** *Estacionó el carro debajo de una palmera.* **7.** *Puso su toalla en la arena.* **8.** *Saludó a unos amigos.* **9.** *Se bañó por un rato en las olas.* **10.** *Se secó con la toalla.* **11.** *Jugó al «frisbi» con su amigo Pepe.* **12.** *Tomó agua de coco.* New words: *debajo de, dejar, estacionar, huevo, ola, palmera, rato, tocino, traje de baño.*

AA 1. TPR. Divide class into groups of 4 or 5. Give each group (in writing) a TPR sequence with a theme: Going Out, Going to the Beach, Cooking Dinner, and so on. Students read their sequence over as you circulate to answer any questions. Have each group act out its sequence. When each group has finished, have the rest of the class narrate what it did.

Act. 2. Ask the questions; volunteers respond. Expand the exchange when possible. New words: *cortarse el pelo, más de, última vez.*

AA 2. Use previous TPR sequences to give commands to individual members of the class. After they have performed a given activity, ask *¿Qué hizo Ted?*, and respond for the class: *Ted ____.* When this has been done several times, students will be able to answer by themselves. Sample sequence: *Ted, levántese, corra a la pizarra, escriba ahí su nombre, luego vaya a la mesa de Janis y quítele el libro. ¿Qué hizo Ted? Ted se levantó, corrió a la pizarra, escribió su nombre ahí, fue a la mesa de Janis y le quitó el libro.* Later the same activity can be done with groups of two and three students for practice using third-person plural forms.

Actividad 1. El fin de semana de Ricardo Sícora

Actividad 2. La última vez

¿Cuándo fue la última vez que usted hizo estas actividades? Aquí tiene usted algunas posibilidades: **ayer, anoche, la semana pasada, ayer por la mañana (tarde, noche), el lunes (martes...) pasado, el año pasado.**

MODELO: ¿Cuándo habló con su mamá por teléfono? →
Hablé con ella la semana pasada.

1. ¿Cuándo lavó su carro?
2. ¿Cuándo se bañó?
3. ¿Cuándo se cortó el pelo?
4. ¿Cuándo fue a la playa?
5. ¿Cuándo asistió a clase?
6. ¿Cuándo estudió por más de una hora?
7. ¿Cuándo vio la televisión?
8. ¿Cuándo limpió la casa?
9. ¿Cuándo fue de compras?
10. ¿Cuándo leyó el periódico?

Actividad 3. Entrevistas: La curiosidad

Usted es muy curioso/a y quiere saber exactamente lo que hizo su profesor(a) de español durante el fin de semana. Pero él/ella puede contestar solamente sí o no. Hágale diez preguntas para obtener toda la información posible.

MODELO: ¿Visitó usted a algún amigo?

A usted también le gustaría saber lo que hizo un compañero (una compañera) de clase. Hágale diez preguntas para obtener toda la información posible.

MODELO: ¿Adónde fuiste anoche?

Actividad 4. Diálogo original: El verano pasado

Usted se encuentra con un amigo (una amiga) del último año de la escuela secundaria. Él/Ella quiere saber qué hizo usted durante el verano. La verdad es que usted no hizo nada interesante, pero como quiere impresionar a su amigo/a, tiene que inventar algo. Imagine por lo menos cinco cosas interesantes que usted hizo.

E1: Hola, _____. ¡Tanto tiempo sin verte! ¿Qué hiciste este verano?
E2: Pues, este… yo _____.

LECTURA   La telenovela «Los vecinos»: Las excusas de Gustavo

Gustavo llega a la clase de francés y la profesora Goddard le pide la tarea.

PROFESORA: Gustavo, ¿tiene su tarea?
GUSTAVO: Perdón, profesora, no hice la tarea. No estuve en clase ayer… ¡Tuve un día terrible!
PROFESORA: ¡Qué excusa más interesante! ¿Quiere contarme un poco más?
GUSTAVO: Pues, profesora, primero no me desperté cuando sonó el despertador, y por eso me levanté tarde, claro. No desayuné. Me duché rápidamente y salí corriendo para llegar a tiempo a clase. Llegué un poco tarde… unos minutos solamente… pero no encontré a nadie aquí en el salón… Me senté y esperé veinte minutos…
PROFESORA: ¿No se acordó de que los lunes siempre vamos al laboratorio de idiomas?

GUSTAVO: ¡Ay, no! ¡Lo olvidé por completo! Luego vi a Roberto y él no me dijo nada sobre la tarea.
PROFESORA: ¿Por qué no le preguntó usted?
GUSTAVO: Es que no tuve tiempo. Lo vi en la clase de historia. No pude interrumpir al profesor Cárdenas. Usted sabe cómo es él. Habla siempre los cincuenta minutos sin parar… Y después…
PROFESORA: Bueno, bueno, Gustavo, basta de excusas.

¿Y usted?

Supongamos que usted tampoco hizo la tarea. Invente una excusa más imaginativa que las de Gustavo.

LAS EXPERIENCIAS CON OTROS

¡OJO! *Estudie Gramática 7.3–7.5.*

Use drawings and sentences in display as a guide for students to ask each other questions in pairs after you have modeled the past-tense *tú* forms. Then have them use the questions to interview you. Expand interactions when possible. New words: *aceptar, con cuidado, disculpe, lindo/a, ridículo/a, sentirse.*

AA 4. Use the following open-ended sentences to stimulate conversation about past experiences. You will probably want to use only one or two in each class period.

1. *Una vez, en la escuela primaria, yo...* 2. *En Navidad, el año pasado, yo hice algo totalmente diferente. (Yo)...* 3. *En la escuela primaria puse una rana en la silla de mi maestra. Ella inmediatamente...* 4. *La primera vez que traté de besar a mi novio/a, él/ella...* 5. *La cosa más tonta que hice en toda mi vida de estudiante fue cuando yo...* 6. *Una vez me enojé con mi papá porque él...*

AA 5. Choose an action picture from your PF and ask students to describe what happened. Then ask them to expand into a more complete narrative, thinking of things that must have happened before and after the action in the picture. For example, suppose the picture is described as follows: *Ana lavó su carro nuevo.* Here is a possible sequence: *Ana buscó los trapos y el jabón, lavó su carro, manejó a la casa de su amiga Luisa y las dos fueron a la playa.*

Ramón y Gustavo fueron a una fiesta ayer.

Se vistieron con cuidado.

Llegaron un poco tarde y les dijeron «¡Disculpen!» a sus amigos.

Bailaron y se divirtieron, pero bebieron mucha cerveza y...

¡Se sintieron mal! Tuvieron que regresar a su casa.

No quisimos beber en la fiesta.

Nos pusimos unos vestidos lindos.

Llegamos a la fiesta y nos sirvieron cerveza; no la aceptamos.

No nos quedamos en la fiesta. Preferimos ir a jugar al boliche.

Nos sentimos un poco ridículas con nuestros vestidos de fiesta, pero nos divertimos mucho.

Act. 5. New words: *la lista, salir a cenar, secreto/a.*

Actividad 5. Interacción: El fin de semana de los vecinos

Aquí tiene usted la lista de lo que hicieron algunos de los vecinos de Ernesto y Estela durante el fin de semana.

	LOS OLIVERA	LOS SILVA	LOS RUIZ
el viernes	Limpiaron la casa.	Fueron al cine y vieron *El amor secreto*.	Viajaron a Acapulco con sus hijos.
el sábado	Dieron una fiesta y se divirtieron mucho.	Salieron a cenar.	Pasaron el día en la playa.
el domingo	Durmieron hasta las once; no hicieron nada.	Jugaron al tenis.	Almorzaron en un restaurante elegante.

E1: ¿Qué hicieron *los Olivera el viernes*?
E2: Limpiaron la casa.

E1: ¿Quiénes *jugaron al tenis*?
E2: Los Silva.

Act. 6. Narration series. Suggestions: **1.** *Volaron (Viajaron) a México.* **2.** *Se quedaron en el Hotel María Isabel (en la Zona Rosa).* **3.** *Nadaron (se bañaron) en la piscina (Mex.: alberca) del hotel.* **4.** *Cenaron en el restaurante Villafontana.* **5.** *Subieron la Pirámide del Sol en Teotihuacán.* (Teotihuacán is a short distance north of Mexico City.) **6.** *Dieron un paseo por el parque Chapultepec y sacaron fotos.* **7.** *Vieron los osos panda en el Jardín Zoológico.* **8.** *Asistieron al Ballet Folklórico de México (en el Palacio de Bellas Artes).* Use this series to comment extensively on and perhaps show your slides of each place Bernardo and Inés visit. New words: *ballet, folklórico, hotel, oso, pirámide, sacar fotos, sol, subir, volar, zoológico.*

After students have practiced in pairs narrating what Inés and Bernardo did, group them in threes. One student will question the other two about "their trip to Mexico." The first will thus use the third-person plural in question form and the other two will answer using the first-person plural. Make sure that students understand how to form the questions and how to answer before grouping them for this activity.

Actividad 6. Las vacaciones de Inés y Bernardo

Bernardo e Inés

1. México, D.F.
2. María Isabel
3.
4. Las Palmas Villafontana
5.
6. Parque Chapultepec
7.
8.

Act. 7. Encourage students to use first-person plural forms and to expand on the context. New words: *al aire libre, campo, kilómetro, montar, muchísimo.*

Actividad 7. El mes pasado

Piense en lo que hizo usted con sus amigos o parientes durante el mes pasado. ¿Hizo usted las siguientes actividades? ¿Sí? ¿Con quién? ¿No las hizo? ¿Por qué no?

MODELO: Fuimos al cine. →
Sí, mi amiga Julia y yo fuimos al cine la semana pasada.

1. Practicamos un deporte.
2. Esquiamos.
3. Dormimos en el campo, al aire libre.
4. Dimos una fiesta.
5. Vimos una película.
6. Bailamos.
7. Nos divertimos muchísimo.
8. Montamos a caballo.
9. Corrimos varios kilómetros.
10. Trajimos refrescos a clase.

Act. 8. New words: *entreviste, lección.*

Actividad 8. Entrevista con su profesor(a)

Entreviste a un compañero (una compañera) de la clase. Uno/a de ustedes va a hacer el papel del profesor (de la profesora).

EL DOMINGO PASADO...

1. ¿Se levantó tarde? ¿A qué hora se levantó?   2. ¿Leyó el periódico?
3. ¿Dónde almorzó?   4. ¿Salió con algún amigo (alguna amiga)? ¿Adónde fueron? ¿Se divirtieron?   5. ¿Cenó en casa?   6. ¿Qué hizo después de cenar? ¿Vio la televisión?   7. ¿Preparó la lección para esta semana?   8. ¿A qué hora se acostó? ¿Durmió bien?

Act. 9. New words: *arrestar, asustado, atar, atrapar, aventura, bolsa, dar un beso, describir, desesperado/a, detrás de, dibujos, final, frase, grito, hermoso/a, héroe, heroico/a, ladrón, lógico/a, muchísimas gracias, narración, oír, ponerse rojo/a, preguntar, ¿Qué pasa?, quitar, representar, robar.*

Actividad 9. Narración: Los héroes y el ladrón

En la página 195 hay unos dibujos que representan una aventura de Gustavo y su primo Ernestito. Aquí están las frases que describen cada dibujo. Póngalas en orden lógico, según los dibujos.

_____ 1. Gustavo le ató las manos al ladrón y Ernestito llamó a la policía.
_____ 2. Los chicos se pusieron rojos. Pero se sintieron muy bien porque hicieron algo heroico.
_____ 3. Gustavo y Ernestito oyeron unos gritos desesperados.
_____ 4. Ellos corrieron detrás del ladrón.
_____ 5. Miraron por la ventana y vieron dos hermosas chicas muy asustadas.
_____ 6. Lo atraparon y le quitaron las bolsas de las chicas.
_____ 7. Ellas les dijeron: «¡Ayúdenos, por favor! ¡Aquel hombre nos robó las bolsas!»
_____ 8. Las chicas les dijeron: «¡Muchísimas gracias!» y les dieron un beso.
_____ 9. El policía arrestó al ladrón.
_____ 10. Salieron y les preguntaron: «¿Qué les pasa?»

Actividad 10. El fin de semana de Eduardo

Eduardo es un estudiante guatemalteco. Asiste a la Universidad de San Carlos en la Ciudad de Guatemala. Le escribe a su amigo Pepe para contarle lo que hizo con su nueva amiga Luisa. Aquí tiene usted parte de su carta.

El viernes por la tarde merendé con Luisa, una compañera de clase. Esa noche fuimos al cine. No me gustó mucho la película, pero después Luisa y yo dimos un paseo por la Quinta Avenida y eso sí fue muy divertido.

El sábado fuimos con unos amigos al Lago Amatitlán. Lo pasamos muy bien. Esquiamos, paseamos en lancha y merendamos en un café.

El domingo también fue un día estupendo. Luisa y yo tomamos el tren hasta el Puerto de San José y pasamos otro día en la playa. Llevamos comida y refrescos y estuvimos todo el tiempo nadando, comiendo, charlando. Por la noche, cuando desapareció el sol, hicimos una fogata.

Resuma con sus propias palabras todo lo que hicieron Eduardo y su amiga el fin de semana pasado.

LECTURA Los amigos hispanos: Una fiesta sorpresa (parte 1)

¿Qué tal, amigos? Soy Carla Espinosa. Estudio biología en la Universidad de Puerto Rico, en Río Piedras. Hoy voy a contarles° una experiencia divertidísima que tuve anoche. ¿Recuerdan a mi amigo Rogelio Varela? Rogelio también estudia en la UPR; quiere ser doctor, como yo. Bueno, anoche hicimos una fiesta sorpresa° para Rogelio

tell you

surprise

que resultó estupenda. Era° su cumpleaños y estoy segura que nunca se va a olvidar de la sorpresa que le dimos.   *It was*

Llamé a Rogelio por la mañana para invitarlo al cine a ver una nueva película española. Decidimos encontrarnos° por la noche en su casa, a las siete. El plan original (¡qué plan!) era salir con él para darles a todos nuestros amigos la oportunidad de entrar a su apartamento y esperarlo para darle una sorpresa. Llegué a la casa de Rogelio bastante temprano y él no estaba° listo, claro. «Espérame unos quince minutos. ¡No tardo nada!»° me dijo, y se metió a la ducha. Yo aproveché° la oportunidad y llamé por teléfono a nuestros amigos, los «cómplices». Todos se habían reunido° en el apartamento de David, en el mismo barrio donde vive Rogelio. Llegaron en seguida y fuimos directamente al baño. Tocamos varias veces a la puerta; Rogelio abrió la puerta todo mojado° y envuelto° en una toalla.   *meet* / *was* / *¡No… I won't be long!* / *I took advantage of* / *se… had met* / *wet* / *wrapped*

¡Pobre Rogelio! Nunca vi a nadie tan sorprendido en mi vida: rojo como un tomate y con una expresión tan extraña en la cara: ¿vergüenza?° ¿miedo? ¿rabia?° ¿deseos de echar a correr°? No dijo ni una sola palabra. En cuestión de segundos cerró con fuerza la puerta del baño y no salió por un rato. Luego apareció completamente vestido y dispuesto° a divertirse. ¡Y cómo nos divertimos!   *embarrassment / rage* / *echar… start running* / *ready*

Mucho más tarde, cuando nos despedimos, Rogelio me dijo que estaba muy agradecido,° que nunca había tenido° una sorpresa como ésa. Luego, riéndome a carcajadas° le describí la cara que puso° cuando abrió la puerta del baño. Y él, también riéndose y en tono de broma,° me dijo, «¡Otra fiesta como ésta y te mato°!»   *grateful* / *había… had had* / *riéndome… laughing loudly / la… the face he made* / *en… jokingly / te… I'll kill you*

Quito, Ecuador: Una fiesta llena de música, calor y energía, donde los jóvenes bailan y se divierten.

Comprensión

Busque el orden correcto.

_____ Carla llegó temprano a casa de Rogelio.
_____ Carla llamó a Rogelio para invitarlo al cine.
_____ Rogelio entró al baño.
_____ Todos los amigos llegaron.
_____ Carla llamó a todos los amigos.
_____ Rogelio salió del baño.
_____ Todos se divirtieron en la fiesta sorpresa.
_____ Rogelio dijo, «Espérame unos quince minutos».

LECTURA Los amigos hispanos: Una fiesta sorpresa (parte 2)

Mi amiga Carla me llamó ayer por la mañana. «¡Carla, hoy es sábado! ¿Por qué me despiertas tan temprano?» le dije medio en broma.° Carla me felicitó por mi cumpleaños; luego me habló de una nueva película española, muy buena, y me preguntó si quería° ir con ella a verla. Le respondí que sí, cómo no, y decidimos encontrarnos esa noche a las siete en mi apartamento. Qué extraño, pensé, por lo general yo la recojo° a ella en su casa.

Carla llegó a las seis y, por supuesto, yo no estaba° listo. Le serví un poco de vino y le puse el último disco de Lucecita Benítez,* su cantante favorita. «Tengo que ducharme y vestirme» le dije. «Ya sabes que estás en tu casa.» Y ella se sentó a disfrutar de° la música.

Me metí a la ducha y después de unos cinco minutos alguien tocó a la puerta del baño con golpes fuertes que aumentaron° y aumentaron gradualmente. Salí de la ducha un poco apurado° y todo mojado. «¿Qué pasa, Carla? ¿Por qué tanto ruido?» le pregunté, pero nadie contestó... y continuaron los golpes. Por fin me cubrí con una toalla y abrí la puerta.

¡¡¡¡SORPRESA!!!!

Todos mis amigos estaban allí enfrente del baño con regalos y tarjetas de felicitación en las manos. Todos me gritaron a la vez «¡Feliz cumpleaños, Rogelio!» Y yo, ¿qué hice? Primero no podía creerlo.° ¿Estaba soñando?° Me

medio... half in jest

I wanted

pick up

was

disfrutar... enjoy

got stronger
in a hurry

no... I couldn't believe it /
¿Estaba... Was I
dreaming?

---
*Cantante puertorriqueña que se hizo famosa en los años 60 con la canción «Génesis», y que todavía es muy popular en toda la América Latina.

quedé como una momia,° sujetando° fuertemente la toalla   *mummy / holding*
y sin poder decir una palabra. Qué tremenda sorpresa,
pensé. Inolvidable.

Comprensión

1. ¿Para qué llamó Carla a Rogelio ayer en la mañana?   2. ¿A qué hora llegó Carla a casa de Rogelio?   3. ¿Qué descubrió Rogelio cuando abrió la puerta del baño?   4. ¿Cómo se sintió Rogelio en ese momento?

¿Y usted?

1. ¿A usted le dieron alguna vez una fiesta sorpresa? ¿Le gustó? Describa la experiencia.   2. ¿Le dio usted una fiesta sorpresa alguna vez a un amigo o a una amiga? ¿A quién? ¿Cuándo? ¿Cómo reaccionó esta persona?

LOS HECHOS DEL PASADO

¡OJO! *Estudie Gramática 7.6.*

Cristóbal Colón descubrió las Américas hace cinco siglos.

12 de octubre de 1492

Jefferson firmó la Declaración de la Independencia hace más de 200 años.

4 de julio de 1776

Los mexicanos ganaron la batalla de Puebla hace aproximadamente ciento treinta años.

5 de mayo de 1862

Actividad 11. Los hechos del pasado

Busque la(s) actividad(es) que *no* son lógicas y explique por qué.

1. Soy Ernesto. Esta mañana me levanté muy tarde.
   a. El despertador no sonó.
   b. Llegué temprano al trabajo.
   c. Desayuné tranquilamente en casa.
   d. Manejé el carro muy rápido para llegar pronto a la oficina.

2. Hace una semana Ramón fue a acampar en las montañas con su familia.
   a. Su hermano se bañó en el río.
   b. Su hermana bailó toda la noche en una discoteca.
   c. Su papá subió una montaña.
   d. Su mamá preparó el desayuno.
3. Soy Amanda. Hace dos días fui con unas amigas a comprar el disco nuevo de Mecano.
   a. Tomamos el metro.
   b. No pagamos mucho por el disco.
   c. Compramos un taco en la tienda de discos.
   d. Encontramos otro disco de Miguel Mateos que nos gustó.
4. Hace un año Inés y Bernardo fueron a Europa.
   a. Visitaron el Museo del Prado en Madrid.
   b. Comieron en restaurantes franceses muy buenos.
   c. Subieron a las pirámides aztecas de Teotihuacán.
   d. Cruzaron el canal entre Inglaterra y Francia.

You will have to explain the words *aguanta* and *estornudo* and point out that *cambiarás* is the future tense.

Act. 12. Emphasize use of the *hace* construction for "ago." New words: *Barcelona, Buenos Aires, Madrid, París, Roma, barco, departamento de ventas, estar encargado de, hacer un viaje, itinerario, llegada a, negocio, salida de, Srta., tren.*

Actividad 12. Interacción: Los viajes de negocios

Adriana Bolini trabaja para una compañía de computadoras en Buenos Aires. Como está encargada del departamento de ventas, tiene que viajar mucho. Aquí tiene usted el itinerario de varios viajes que ella hizo el año pasado.

CIUDAD		¿CUÁNDO?	TRANSPORTE
salida de...	llegada a...	hace...	
Buenos Aires	París	un año	por avión
París	Madrid	seis meses	por tren
Madrid	Barcelona	cuatro semanas	en coche
Barcelona	Roma	nueve días	en barco
Roma	Buenos Aires	tres horas	por avión

E1: ¿Cuánto tiempo hace que la Srta. Bolini fue a *Madrid*?
E2: Hace *seis meses*.

E1: ¿Cómo llegó a *Barcelona*?
E2: *En coche*.

Act. 13. Answers shorter than the model are probably more normal, e.g., *Hace seis meses.* Remind students that *tiempo* is optional in this construction. New words: *exceso de velocidad, casarse, conocer, cumplir años, empezar, escuela secundaria, indiscreto/a, mejor amigo, memorable, multa, nacer.*

Actividad 13. Entrevista: Hechos memorables... una entrevista algo indiscreta

MODELO: ¿Cuánto tiempo hace que empezaste a estudiar español? →
Hace seis meses que empecé a estudiar español.

1. ¿Cuánto tiempo hace que saliste solo/a con un amigo (una amiga) por primera vez?
2. ¿Cuánto tiempo hace que recibiste (diste) tu primer beso?
3. ¿Cuánto tiempo hace que te graduaste en la escuela secundaria? ¿en la universidad?
4. ¿Cuánto tiempo hace que tus padres se casaron? ¿que tú te casaste?
5. ¿Cuánto tiempo hace que nació tu primer hijo (primera hija)?
6. ¿Cuánto hace que cumpliste años?
7. ¿Cuánto hace que conociste a tu mejor amigo/a?
8. ¿Cuánto hace que te pusieron una multa por manejar a exceso de velocidad?

Act. 14. This situation emphasizes past forms, especially second-person singular *(tú)* forms. New words: *aunque, continuar, entrar, furioso, madrugada, original, ¿Qué pasó?.*

Actividad 14. Diálogo original: ¿Qué pasó anoche?

Imagínese que usted está hablando con su hermano/a menor. Él/Ella sabe que usted regresó tarde anoche y que su padre quiere saber por qué. Continúe el diálogo con un compañero (una compañera) de clase.

SU HERMANO/A:	Te oí entrar a las tres de la madrugada… ¡Papá está furioso y quiere saber por qué llegaste tan tarde! También quiere saber por qué no llamaste. ¿Qué le vas a decir?
USTED:	Pues… tengo que decirle la verdad, aunque él no va a creerme.
SU HERMANO/A:	¿No? ¿Por qué no? ¿Qué te pasó?
USTED:	Pues, mira, anoche salí con… Fuimos…

LECTURA Los amigos hispanos: Una carta desde Perú

Cuzco, 15 de noviembre

Queridos padres:

    Aquí estoy en Perú finalmente y me encuentro bien. Llegamos a Cuzco* por avión desde Lima. Tomamos un taxi directamente al hotel y descansé una hora. Como estamos a tanta altura° sobre el nivel del mar,° uno tiene que acostumbrarse° a caminar lentamente para no marearse.° Después salí a pasear por la ciudad con Hernán y Luisa, dos ecuatorianos que venían° en el mismo vuelo. Fuimos al mercado donde compré un suéter de alpaca muy bonito. Los indígenas° de Cuzco hablan quechua† entre sí,° pero con nosotros hablaron castellano.‡

    La mañana siguiente me encontré con los otros miembros de la excursión en la estación de trenes, para ir a Machu Picchu. En el tren me senté al lado de la ventanilla para no perderme nada del paisaje.° A la salida de Cuzco el tren tiene que subir muchos metros en una distancia muy corta, así que subimos muy despacio dando muchas vueltas° por la misma ladera.°

    El viaje a Machu Picchu duró aproximadamente cuatro horas. Pasamos por valles con montañas muy verdes. ¡Qué paisajes tan bellos°! Llegamos a una pequeña estación dentro de un valle profundo. De allí subimos en autobús a la cima° de la montaña y por fin pudimos admirar las ruinas y una vista panorámica de los Andes. ¡Quedé° tan impresionada! ¿Cómo pudieron construir todo aquello en un lugar tan remoto, tan inaccesible? ¿Cómo pudieron traer las piedras?

altitude / nivel… sea level
get used to
get dizzy
came along

natives
entre… among themselves

landscape

turns / side (of a mountain)

bonitos

top

I was

---

*Cuzco es la antigua capital de Perú; Lima es la capital hoy día.
†El quechua es la lengua de los incas, hablada en Perú y Bolivia.
‡En algunos países como Argentina y Colombia se usa la palabra **castellano** en vez de **español**. La palabra se refiere a Castilla, el área de España donde se originó la lengua.

Machu Picchu, Perú: En el Templo del Sol puede admirarse el tamaño enorme de las piedras.

Comimos en el hotel que está en la cima de la montaña, al lado de las ruinas. Luego bajé en el autobús con los demás. Ya casi de noche abordamos el tren para el viaje de regreso a Cuzco. Como pueden ver, mi viaje ha sido° estupendo hasta ahora.

Hasta mis próximas noticias,

ha... *has been*

los abraza,

Adriana

Comprensión

Busque el orden correcto.

_____ Adriana compró un suéter.
_____ En el tren Adriana se sentó al lado de la ventanilla.
_____ Adriana salió a pasear con dos amigos ecuatorianos.
_____ Adriana vio las ruinas de Machu Picchu.
_____ Adriana bajó en autobús con los demás.
_____ Adriana subió a la cima de la montaña en autobús.
_____ Adriana llegó a Cuzco.

LECTURA «Oda a la tormenta» (fragmento)
Pablo Neruda (Chile, 1904–1973)

Pablo Neruda, uno de los más grandes poetas de la literatura hispana, ganó el Premio Nóbel de Literatura en 1971. En el siguiente poema describe una tormenta.° ¿Qué características tiene? ¿Qué hizo la tormenta?

    storm

Anoche
vino
ella,
rabiosa,°   furiosa
azul, color de noche,
roja, color de vino,
la tempestad°   storm
trajo
su cabellera° de agua,   head of hair
ojos de frío fuego,°   fire
anoche quiso
dormir sobre la tierra.°   earth
Llegó de pronto…
quería° dormir   wanted
y preparó su cama,
barrió selvas,° caminos,   jungles
barrió montes,°   woodlands
lavó piedras° de océano,   stones
y entonces
como si fueran plumas°   como… as if they were feathers
removió los pinares°   pine trees
para hacerse su cama.
Sacó relámpagos°   Sacó… She shook the lightning
de su saco de fuego,°   saco… quiver of fire
dejó caer los truenos°   dejó… dropped thunderclaps
como grandes barriles.°   barrels
De pronto
fue silencio:
una hoja°   leaf
iba° sola en el aire,   was floating
como un violín volante,°   flying
entonces,
antes
de que llegara° al suelo,°   arrived / ground
tempestad, en tus manos
la tomaste…

…barrió selvas, caminos,
barrió montes,
lavó piedras de océano,…

y cuando ya creíamos°   *ya... we were about to think*
que terminaba° el mundo,   *was ending*
entonces,
lluvia,
lluvia,
sólo
lluvia...

VOCABULARIO

La comida   *Food*
el desayuno	breakfast
el huevo	egg
el tocino	bacon

PALABRA SEMEJANTE: el taco

La naturaleza   *Nature*
la madrugada	dawn
la ola	wave
el oso	bear
la palmera	palm tree
el río	river
el sol	sun

PALABRA SEMEJANTE: la antropología

REPASO: la montaña

Palabras del texto
el ejemplo	example
el final	end
la frase	phrase; sentence
el hecho	event

PALABRAS SEMEJANTES: la composición, la lección, la lista, la narración

Lugares   *Places*
al aire libre	outdoors
el barco	ship
el campo	country(side)
la escuela secundaria	high school
la tienda de discos	record store
la tienda de ropa	clothing store
la torre	tower
el zoológico	zoo

PALABRAS SEMEJANTES: la basílica, el canal, el departamento, el hotel, el palacio, la pirámide, el tren

Otros sustantivos
la batalla	battle
la bolsa	bag
el despertador	alarm clock
el exceso de velocidad	speeding
el grito	shout, scream
el ladrón	thief
la llegada (a)	arrival
el mejor amigo/la mejor amiga	best friend
la multa	traffic ticket
el negocio	business
un rato	a while
la salida (de)	departure (from)
el siglo	century
el tiempo	time
el traje de baño	bathing suit
la venta	sale
el viaje	trip, journey

PALABRAS SEMEJANTES: la aventura, el ballet, la curiosidad, la declaración, el dólar, el grupo, el héroe, el itinerario, el kilómetro, el secreto, la virgen

Los verbos en el pasado   *Verbs in the Past*
atar	to tie
até/ató	
atrapar	to trap; to catch
atrapé/atrapó	

casarse	to get married
me casé/se casó	
conocer	to know; to meet
conocí/conoció	
cortarse el pelo	to cut one's hair, have one's hair cut
me corté/se cortó	
cruzar	to cross
crucé/cruzó	
cumplir años	to have a birthday
cumplí/cumplió	
dar un beso	to (give a) kiss
di/dio	
dejar	to leave
dejé/dejó	
descubrir	to discover
descubrí/descubrió	
empezar (ie)	to begin
empecé/empezó	
entrar	to enter, go into
entré/entró	
entrevistar	to interview
entrevisté/entrevistó	
estacionar	to park
estacioné/estacionó	
estar encargado/a de	to be in charge of
estuve/estuvo	
firmar	to sign
firmé/firmó	
formar parte de	to be part of
formé/formó	
ganar	to win; to earn (*money*)
gané/ganó	
hacer	to make; to do
hice/hizo	
hacer un viaje	to take a trip
incluir	to include
incluí/incluyó	
montar	to ride
monté/montó	
nacer	to be born
nací/nació	
oír	to hear
oí/oyó	
pagar	to pay
pagué/pagó	
ponerse rojo	to blush
me puse/se puso	
preguntar	to ask
pregunté/preguntó	
quitar	to take away, off
quité/quitó	
robar	to steal
robé/robó	
sacar fotos	to take pictures
saqué/sacó	
salir a cenar	to go out to dinner
salí/salió	
salir de	to leave, go out of
sentirse (ie)	to feel
me sentí/se sintió	
sonar (ue)	to ring, go off (*alarm clock*)
sonó	
subir	to go up
subí/subió	
volar (ue)	to fly
volé/voló	

PALABRAS SEMEJANTES: aceptar, arrestar, continuar, describir, representar

Los adjetivos

asustado/a	scared
desesperado/a	desperate
lindo/a	pretty
malo/a	bad
último/a	last, final

PALABRAS SEMEJANTES: curioso/a, folklórico/a, furioso/a, heroico/a, indiscreto/a, latinoamericano/a, lógico/a, memorable, original, posible, rápido/a, ridículo/a

Los adverbios   *Adverbs*

con cuidado	carefully
muchísimo	very much
tranquilamente	peacefully

PALABRAS SEMEJANTES: aproximadamente, exactamente

Palabras y expresiones útiles

aunque	although
disculpe	excuse me
entre	between
lo que	that which, what
más de	more than
muchísimas gracias	thank you very much
nada	nothing
pronto	soon
¿Qué pasa?	What's going on?
¿Qué pasó?	What happened?
Srta.	*abbreviation for* **señorita**
toda la noche	all night

GRAMÁTICA Y EJERCICIOS

7.1. The Past (Preterite) Tense of Regular Verbs (Part 2)

A. As you learned in **Capítulo 6,** the past tense is formed by adding a set of endings to the verb stem. There are only two sets of endings for regular verbs: one for **-ar** verbs and another for **-er/-ir** verbs.*

	hablar	comer	escribir
(yo)	hablé	comí	escribí
(tú)	hablaste	comiste	escribiste
(usted, él/ella)	habló	comió	escribió
(nosotros/as)	hablamos	comimos	escribimos
(ustedes, ellos/as)	hablaron	comieron	escribieron

Note the following details about the difference between present and past forms.

In regular past forms, the stress is always on the final syllable of the **yo** and **usted/él/ella** forms.

>Generalmente me levanto a las ocho, pero ayer **me levanté** a las siete.
>
>*Usually I get up at 8:00, but yesterday I got up at 7:00.*

Tú forms in the past do not end in **-s**.

>Normalmente me llamas en la noche, pero anoche no me **llamaste**.
>
>*Normally you call me in the evening, but last night you didn't call me.*

Though both present and past third-person plural forms end in **-n**, it is always **-ron** in the past.

>Por lo regular mis padres **salen** poco, pero la semana pasada **salieron** cinco veces.
>
>*Usually my parents go out very little, but last week they went out five times.*

Notice that the past and present **nosotros/as** forms are different in **-er** verbs. However, in **-ar** and **-ir** verbs, the **nosotros/as** form is the same in the present and past tenses (**hablamos, escribimos**). Context clarifies whether the speaker intends the present or past tense.

---

*Recognition: **vosotros/as hablasteis, comisteis, escribisteis**

> Ayer **salimos** para la universidad un poco tarde, pero mañana **salimos** temprano.
>
> *Yesterday we left for the university a little late, but tomorrow we're leaving early.*

B. If an **-er/-ir** verb's stem ends in a vowel, the **i** of the **-ió** and **-ieron** endings changes to **y** in the past tense.*

leer: leí, leíste, leyó, leímos, leyeron
oír: oí, oíste, oyó, oímos, oyeron

> Yo **leí** el libro pero Esteban no lo **leyó**.
>
> *I read the book, but Steve didn't read it.*

C. Regular verbs that end in **-car, -gar,** and **-zar** change the spelling of their **yo** form in order to preserve the same sound as the infinitive.†

buscar: busqué, buscaste, buscó, buscamos, buscaron
llegar: llegué, llegaste, llegó, llegamos, llegaron
almorzar: almorcé, almorzaste, almorzó, almorzamos, almorzaron

> **Llegué** al centro a las 4:00.
>
> *I arrived downtown at 4:00.*

Ejercicio 1

Éstas son algunas actividades que hizo Adriana ayer. ¿Hizo usted las mismas actividades?

MODELO: Ayer Adriana se levantó a las 6:00 de la mañana. →
Ayer yo no me levanté a las 6:00. Me levanté a las 7:00.

Adriana...
1. se bañó con agua fría.
2. se preparó un desayuno grande.
3. comió cereal con leche.
4. leyó el periódico.
5. llamó a sus padres por teléfono.
6. tomó el autobús al trabajo.
7. llegó al trabajo a las 8:00.
8. almorzó con un colega de su trabajo.

Ejercicio 2

Complete los diálogos entre Clara y José con las formas correctas de **llegar** y **leer**.

JOSÉ: ¿A qué hora _____ (tú) a la universidad?
CLARA: _____ a las ocho y media. ¿Y tú?

---

*Recognition: **vosotros/as leísteis, oísteis**
†For more information on spelling changes in the past tense, see **Capítulo 7** in the *Cuaderno de trabajo*.

JOSÉ: Pilar y yo no _____ hasta las nueve y media porque el metro _____ tarde.
CLARA: ¿_____ el artículo sobre el viaje a Mallorca la próxima semana?
JOSÉ: Sí, lo _____.
CLARA: ¿Lo _____ Pilar y Andrés?
JOSÉ: No sé si Andrés lo _____, pero lo _____ Pilar y yo.

Ejercicio 3

Éstas son las actividades de Pilar y su hermana Gloria durante un domingo de verano en Madrid. Piense en un domingo del verano pasado. ¿Hicieron usted y sus amigos (o sus parientes) las mismas actividades?

MODELO: Pilar y Gloria desayunaron pan y café en un pequeño restaurante al lado de su apartamento. →
Mi hermana y yo no desayunamos en un restaurante. Desayunamos en casa.

Pilar y Gloria...

1. salieron a pasear en el centro de Madrid.
2. almorzaron hamburguesas americanas en el Wendy's de la Gran Vía.
3. vieron una película francesa.
4. regresaron en el metro.
5. caminaron de la estación del metro a su apartamento.
6. llegaron a su apartamento a las 11:00 de la noche.
7. leyeron por un rato antes de apagar las luces.

7.2. Verbs with Irregular Past (Preterite)-tense Forms

A. Some irregular verbs have a different stem in the past tense and a slightly different set of endings. For example, look at the past-tense forms of the irregular verbs **poner** and **venir**.* Notice that unlike regular verbs, the **yo** and **usted/él/ella** forms are *not* stressed on their endings.

poner (*to put*)	venir (*to come*)
pus + e	vin + e
pus + iste	vin + iste
pus + o	vin + o
pus + imos	vin + imos
pus + ieron	vin + ieron

―――――――――――
*Recognition: **vosotros/as pusisteis, vinisteis**

¿Dónde **pusiste** mi chaqueta?
—La **puse** encima de la cama.

Where did you put my jacket? —I put it on top of the bed.

¿Quién **vino** contigo? —Nadie; **vine** solo.

Who came with you? —Nobody; I came alone.

B. The verb **hacer** also has an irregular stem and the same endings, without accent marks, in the past tense. Note the spelling change from **c** to **z** in the **usted/él/ella** form.*

    hacer: hice, hiciste, hizo, hicimos, hicieron

Alberto **hizo** más ejercicio hoy que yo.

Al exercised more today than I did.

C. The following verbs also have irregular past stems and use the endings without accents, but they drop the **i** of the **ustedes/ellos(as)** form as well.

    decir: dije, dijiste, dijo, dijimos, dijeron
    traducir: traduje, tradujiste, tradujo, tradujimos, tradujeron
    traer: traje, trajiste, trajo, trajimos, trajeron

¿Qué te **dijeron** de mí? —Me **dijeron** que estás locamente enamorado de Carmen.

What did they say about me? —They said that you were madly in love with Carmen.

¿Qué **trajeron** ustedes de comer? —**Trajimos** refrescos y sandwiches.

What did you bring to eat? —We brought sodas and sandwiches.

D. The verbs **dar** (*to give*), **ir** (*to go*), **ser** (*to be*), and **ver** (*to see*) take the **-er/-ir** endings, but with no written accents. The verbs **ser** (*to be*), and **ir** (*to go*) share the same stem in the past tense: their forms are thus identical, and their meaning must be inferred from the context.

    dar: di, diste, dio, dimos, dieron
    ir/ser: fui, fuiste, fue, fuimos, fueron
    ver: vi, viste, vio, vimos, vieron

¿Qué te **dieron**? —No me **dieron** nada.

What did they give you? —They didn't give me anything.

¿Adónde **fuiste** anoche? —**Fui** a la casa de un amigo.

Where did you go last night? —I went to a friend's house.

¿Qué **fue** ese ruido? —No **fue** nada. Estás empezando a imaginarte cosas.

What was that noise? —It wasn't anything. You're starting to imagine things.

¿**Viste** la película nueva de Leticia Reyes? —Sí, la **vi** el sábado pasado.

Did you see Leticia Reyes's new movie? —Yes, I saw it last Saturday.

---

*Recognition: **vosotros/as hicisteis**

E. Several common verbs that describe states of being also have irregular stems in the past tense and use the same endings as **poner** and **venir**.

estar: estuve, estuviste, estuvo, estuvimos, estuvieron
poder: pude, pudiste, pudo, pudimos, pudieron
querer: quise, quisiste, quiso, quisimos, quisieron
saber: supe, supiste, supo, supimos, supieron
tener: tuve, tuviste, tuvo, tuvimos, tuvieron

You will learn about special past-tense meanings of these verbs in **Capítulo 9**.

Ej. 4. Assign as written homework and ask students to check their answers in answer key. All verbs are irregular.

Ejercicio 4

Éstas son las actividades de ayer de algunos de los personajes de la telenovela «Los vecinos». Complete las frases con la forma correcta del tiempo pasado de **ver, ir, dar, hacer, decir, traer, poner** y **venir**.

1. Daniel Galván _____ una fiesta para sus compañeros de trabajo.
2. Dice Daniel: «_____ más de treinta personas a mi fiesta».
3. Dice Leticia: «yo _____ una botella de tequila».
4. Todos _____ que la fiesta fue fantástica.
5. Amanda _____ a Graciela hablando con su novio, Roberto.
6. Ernestito le _____ una cadena de identificación a su perro.
7. Gustavo _____ la tarea para su clase de biología.
8. Ernesto y Estela _____ al teatro.

Ej. 5. Read one of the narratives aloud to the class to be sure they understand the events. Then have students work in pairs to restate the narratives in the third person. We suggest that you do one or two in class and then assign the other(s) as homework. You may want to use these as models for a writing assignment.

Ejercicio 5

Cuente lo que hicieron estas personas.

MODELO: (Soy María.) Fui al cine. → María fue al cine.

1. (Soy Margarita Ruiz.) Anoche mi esposo y yo fuimos a cenar a un restaurante francés. Como Pedro no sabe ni una palabra de francés, yo le traduje los nombres de los platillos franceses. Decidimos comer la especialidad: *chateaubriand*. Después de comer caminamos por un rato por el Paseo de la Reforma, y luego tomamos un taxi a la casa.
2. (Soy Ricardo Sícora.) Un sábado por la mañana fui con mis hermanos Pablo y Enrique y unos amigos a una playa cerca de Ocumare a bucear. Me levanté temprano y busqué mi traje de baño y una toalla. También llevé mi guitarra y la loción bronceadora. Llegamos temprano a la playa, así que descansé un rato antes de meterme al agua. Buceamos por una hora y vimos muchísimos peces y animales marinos. En la noche hicimos una fogata en la playa y cocinamos un pescado. Luego, toqué la guitarra y cantamos y bailamos hasta muy tarde. Regresamos a casa contentos y satisfechos después de un día tan divertido.
3. (Soy Silvia Bustamante.) Anoche fui con mi novio Carlos Padilla a una

Las experiencias **211**

Ej. 6. The purpose of this review exercise is to contrast past and present third-person verb forms with *ir + a +* infinitive as the informal future. Here are suggestions for model sentences. *Mañana va a...* **1.** *Asistir a clases* **2.** *ir de compras* **3.** *aprender un programa nuevo* **4.** *cocinar/preparar la comida* **5.** *lavar el carro.* *Ayer:* **1.** *Visitó el museo del Prado.* **2.** *Viajaron/Volaron a Cali.* **3.** *Jugó al tenis.* **4.** *Tomó café (con los vecinos).* **5.** *Fueron a la playa. En la tarde generalmente:* **1.** *Duerme/hace la siesta.* **2.** *Almuerzan/Comen con sus hijos.* **3.** *Trabaja en su oficina.* **4.** *Se queda en casa.* **5.** *Estudian en la biblioteca.* First give sample true/false questions *(Mañana Adriana va*

fiesta. Llegamos a las nueve y cuando entré, vi a Luisa Hernández, una amiga del Instituto de Inglés, donde estudié el año pasado. La saludé y salimos al patio a charlar de los viejos amigos del Instituto. Bailé mucho con Carlos y tomé una copa de champaña. ¡Regresé a casa un poco mareada!

Ejercicio 6. La vida de los amigos hispanos: Ayer, hoy y mañana

Todas estas oraciones son correctas según el dibujo. Complételas con el infinitivo o las formas correctas del presente o pasado de los verbos apropiados.

Persona	Es/Son de...	Ayer...	Generalmente...	Mañana...
Pilar	ESP	Museo del Prado		
Bernardo/Inés	COL	Cali →		
Adriana	ARG			
doña María	MEX			
Carla/Rogelio	PR			

a aprender a usar un programa nuevo para la computadora.) until they are familiar with the chart. Then have students work in pairs to fill in the blanks with the correct verb forms. Follow up by having pairs create their own true/false statements.

1. Mañana Bernardo e Inés van a _____ de compras; ayer _____ a Cali.
2. La persona que _____ café con sus vecinos ayer generalmente se _____ en casa.
3. Ayer Pilar _____ el Museo del Prado, pero mañana va a _____ a clases.

4. Rogelio y Carla generalmente _____ en la biblioteca, pero ayer _____ a la playa.
5. La persona que _____ al tenis ayer generalmente _____ en su oficina por la tarde.

En estas oraciones hay un error. Complételas con el infinitivo o las formas correctas de los verbos (presente o pasado) y luego corrija el error.

6. La persona que generalmente _____ la siesta por la tarde _____ al tenis ayer.
7. Las personas que van a _____ el carro mañana _____ a Cali ayer.
8. La persona que _____ café con los vecinos ayer generalmente _____ en la oficina en la tarde.
9. Las personas que _____ a la playa ayer van a _____ un nuevo programa en la computadora mañana.
10. La persona que se _____ en casa en la tarde va a _____ a clases mañana.

7.3. Verbs with Stem-Vowel Changes in the Past (Preterite) Tense

A. You'll recall that a small number of verbs have stem-vowel changes in the present-tense forms in which the spoken stress is on the stem vowel: **pienso** (*I think*) versus **pensar** (*to think*). In most cases the vowels of these verbs do not change in the past tense, since the spoken stress in the past is always on the vowel of the ending. Here are the present- and past-tense forms of the verbs **cerrar** (*to close*) and **contar** (*to count*).*

cerrar		contar	
PRESENT	PAST	PRESENT	PAST
cierro	cerré	cuento	conté
cierras	cerraste	cuentas	contaste
cierra	cerró	cuenta	contó
cerramos	cerramos	contamos	contamos
cierran	cerraron	cuentan	contaron

B. However, a few verbs, all in the **-ir** group, do change their stem vowel in the **usted/él/ella** and the **ustedes/ellos/ellas** forms of the past tense. There are two possible changes: **e → i** and **o → u**.† The present- and past-tense forms of the verbs **divertirse** (*to have a good time*) and **dormir** (*to sleep*) are given on page 213.‡ Other common verbs with this change are **sentir** (*to feel*), **sugerir** (*to suggest*), **preferir** (*to prefer*), and **mentir** (*to lie*).

7.3. Point out that most stem-changing verbs do not change in the past. (This is due to the fact that past forms never carry stress on the stem vowel.) Third-conjugation verbs that undergo diphthongization (e → ie and o → ue), however, do undergo an additional change in the third-person forms: e → i and o → u, respectively. The condition that governs this change is the presence of a stressed i in the following syllable. However, this rule is not "learnable" for most students (much less usable), and we have chosen instead to present the changes by paradigm. Third-conjugation verbs with only the change e → i will be introduced in Gramática 8.6.

---
*Recognition: **vosotros/as cerrasteis, contasteis**
†This same stem-vowel change also occurs in the present participle: **durmiendo** (*sleeping*).
‡Recognition: **vosotros/as os divertisteis, dormisteis**

divertirse		dormir	
PRESENT	PAST	PRESENT	PAST
me divierto	me divertí	duermo	dormí
te diviertes	te divertiste	duermes	dormiste
se divierte	se divirtió	duerme	durmió
nos divertimos	nos divertimos	dormimos	dormimos
se divierten	se divirtieron	duermen	durmieron

Yo **dormí** bien, pero Estela **durmió** mal.
I slept well, but Estela slept poorly.

¿**Se divirtió** usted anoche?
—Sí, **me divertí** mucho.
Did you have fun last night?
—Yes, I had a great time.

Ej. 7. Oral pair work.

Ejercicio 7

Complete los siguientes diálogos con la forma correcta de los verbos.

DORMIR

—¿Cuántas horas ____¹ tú anoche?
—____² solamente cinco.
—¿Generalmente ____³ tan pocas horas?
—No, generalmente ____⁴ por lo menos siete, a veces ocho.

SENTIR(SE)

—¿Tú te ____⁵ mal ahora?
—No, me ____⁶ bastante bien.
—Pero anoche te ____⁷ muy mal, ¿verdad?
—Sí, anoche me ____⁸ mal por un dolor de cabeza.

DIVERTIR(SE)

—¿Te ____⁹ anoche en la fiesta?
—Sí, me ____¹⁰ muchísimo. ¿Se ____¹¹ tu esposa?
—No, no se ____¹² porque no le gustó la música.

MENTIR

—¿Tú me ____,¹³ ¿verdad?
—Claro que no te ____.¹⁴ Te dije la verdad.
—Pues, alguien me ____.¹⁵
—No fui yo.

7.4. Indirect Object Pronouns with *decir*

In **Gramática 5.1** you learned that the indirect object pronouns (**me, te, nos, le, les**) are frequently used with verbs of reporting such as **hablar, preguntar,** and **contestar**. In the past tense, the verb **decir** is particularly common with indirect object pronouns to report speech.

7.4. This is a review section for indirect object pronouns and an opportunity to emphasize the past forms of *decir*. Our opinion is that object pronouns are first acquired as a part of high frequency phrases like *le dije, le pregunté*, etc. In addition, *decir* is especially difficult because *dijo* looks

Le dije que... I told/said to you/him/her that . . .
Te dijimos que... We told/said to you that . . .
Me dijo que... You/He/She told/said to me that . . .
Me dijeron que... They told/said to me that . . .

and sounds like a present-tense form to students. It takes a fair amount of experience to bind *dije* and *dijo* to their respective meanings. We recommend that you practice the expressions *me/le dije/dijo que sí/no*. In our examples we have included only present or past in the dependent clauses, although the imperfect is also a common form in reported speech.

Note that the phrase **Le dijo que...** has several possible meanings; interpretation depends on the context.

Le dijo que...
{ He/She told him that . . .
He/She told her that . . .
He/She told you that . . .
You told him/her that . . . }

Don Anselmo fue a la casa de doña Rosita y **le dijo** que sus hijos van a llegar pasado mañana. *Anselmo went to Rosita's house and told her that his children are going to arrive the day after tomorrow.*

Ej. 8. Precede this exercise with an oral "chain" exercise. Have one student tell a second student in secret something he/she did the preceding day—for example, *Fui al cine anoche.* Then have a third student ask the second, *¿Qué te dijo?* The second replies, *Me dijo que fue al cine.*

Ejercicio 8

Complete esta conversación telefónica entre Graciela y Amanda usando pronombres de complemento indirecto (**me, te, le, nos, les**) y las formas correctas del pasado del verbo **decir** (**dije, dijiste, dijo, dijimos, dijeron**).

GRACIELA: No oigo bien, Amanda. ¿Qué _____¹ _____²?
AMANDA: _____³ _____⁴ que no voy a estar en casa esta noche.
GRACIELA: ¡Ay, lo mismo _____⁵ _____⁶ tu hermano Guillermo! ¿Adónde vas?
AMANDA: Es que mi madre _____⁷ _____⁸ que hay una venta especial con precios muy rebajados hoy en El Palacio de Hierro.
GRACIELA: ¿Y qué _____⁹ _____¹⁰ tú a ella? ¿No _____¹¹ _____¹² que hoy tenemos mucha tarea?
AMANDA: Mmm no, pero _____¹³ _____¹⁴ que tú quieres ir con nosotras. Es verdad, ¿no?
GRACIELA: Ay, sí, Amanda, sí quisiera acompañarlas, pero... ¡_____¹⁵ _____¹⁶ a mi papá que no voy a comprar más ropa este mes!
AMANDA: Pues, ven con nosotras pero... ¡deja tu dinero en casa!
GRACIELA: ¡Imposible!

7.5. Question-and-Answer Patterns in the Past (Preterite) Tense

7.5. This section emphasizes that students can figure out the form of the answer by listening carefully to the form of the question.

A. Three common question-and-answer patterns in the past tense include **yo** or **nosotros/as** in the answer.

SINGULAR INFORMAL

Did you . . . ? —Yes, I did./No, I didn't.

QUESTION	ANSWER	EXAMPLE
¿ -aste?	-é.	¿Terminaste? —Sí, terminé.
¿ -iste?	-í.	¿Comiste? —Sí, comí.

SINGULAR POLITE

Did you . . . ? —Yes, I did./No, I didn't.

QUESTION	ANSWER	EXAMPLE
¿ -ó usted?	-é.	¿Terminó usted? —Sí, terminé.
¿ -ió usted?	-í.	¿Comió usted? —Sí, comí.

PLURAL

Did you . . . ? —Yes, we did./No, we didn't.*

QUESTION	ANSWER	EXAMPLE
¿ -aron ustedes?	-amos.	¿Terminaron ustedes? —Sí, terminamos.
¿ -ieron ustedes?	-imos.	¿Comieron ustedes? —Sí, comimos.

B. If the question refers to others, then the verb form in the question and answer will usually be the same.

¿**Llegó** tu hermano a las ocho? *Did your brother arrive at eight?*
—No, **llegó** más tarde. *—No, he arrived later.*
Viajaron tus padres a Europa? *Did your parents travel to Europe?*
—Sí, **visitaron** España y Portugal. *—Yes, they visited Spain and Portugal.*

Ej. 9. Oral pair work.

Ejercicio 9

Conteste sí o no.

MODELO: ¿Te lavaste el pelo? → Sí, me lavé el pelo.

Ayer,...

1. ¿asististe a un concierto? 2. ¿cenaste con tus abuelos? 3. ¿escribiste una carta? 4. ¿compraste un auto? 5. ¿leíste un poema?

La semana pasada, tú y tus hermanos...

6. ¿fueron a Nueva York? 7. ¿vieron una película buena? 8. ¿ganaron dinero en la lotería? 9. ¿dieron una fiesta? 10. ¿sacaron muchas fotografías?

---

*Recognition: ¿Terminasteis vosotros/as? —Sí, terminamos. ¿Comisteis vosotros/as? —Sí, comimos.

7.6. Expressing *ago*: *hacer* + Time

The verb **hace** followed by an amount of time is equivalent to English expressions of time with *ago*.

hace cinco minutos	*five minutes ago*
hace una hora	*an hour ago*
hace dos años	*two years ago*
¿Cuándo salió Ricardo? —**Hace una hora**.	*When did Ricardo leave? —An hour ago.*

There are two ways to formulate the question *How long ago did . . . ?*:

¿Cuánto (tiempo) hace que + *past tense*?
¿Hace cuánto (tiempo) que + *past tense*?

Sra. Torres, ¿**cuánto tiempo hace que** usted **fue** a México? —**Fui hace tres años**.	*Mrs. Torres, how long ago did you go to Mexico? —I went three years ago.*

7.6. This structure is presented mainly for recognition. Some students are able to produce short phrases like hace una hora in response to ¿cuándo? questions; most first-year students, however, do not master the more complex question patterns: ¿Cuánto tiempo hace que + clause?

Ejercicio 10

Ej. 10. Assign as written homework and ask students to check their answers in answer key. If you do oral follow-up, exaggerate your intonation.

Estela está hoy de mal humor, y acusa a Ernesto de no hacer nada para ayudarla. ¿Cómo puede defenderse Ernesto?

MODELO: ESTELA: ¡Tú nunca lavas los platos en esta casa!
ERNESTO: Pero, Estela, lavé los platos hace una hora.

1. ¡Tú nunca limpias el baño!   2. ¡Tú nunca barres el patio!   3. ¡La alfombra está sucia porque tú nunca pasas la aspiradora!   4. El pobre perro, ¡tú nunca lo bañas!   5. Estoy cansada de comer las mismas cosas. ¡Tú nunca me llevas a ningún restaurante elegante!

Ejercicio 11

Ej. 11. Have students use short answers with hace + time only. Answers will vary according to the year in which the text is used. New word: derrocar.

¿Sabe usted mucho de historia? ¿Cuánto hace que… ?

MODELO: ¿Cuánto (tiempo) hace que terminó la Segunda Guerra Mundial? (1945) →
Terminó hace cuarenta y cinco años.

1. ¿Cuánto tiempo hace que Alejandro G. Bell inventó el teléfono? (1876)
2. ¿Cuánto tiempo hace que Gustave Eiffel construyó la Torre Eiffel? (1889)
3. ¿Cuánto hace que murió Pancho Villa? (1923)
4. ¿Cuánto tiempo hace que Colón llegó a América? (1492)
5. ¿Cuánto hace que murió Francisco Franco, el dictador de España? (1975)
6. ¿Cuánto tiempo hace que Fidel Castro derrocó a Batista en Cuba? (1959)
7. ¿Cuánto hace que los Sandinistas derrocaron al dictador Somoza en Nicaragua? (1979)

CAPÍTULO OCHO

LA COMIDA

el Viejo San Juan, Puerto Rico

GOALS—CHAPTER 8

In this chapter students will interact in situations that involve food, discussions about favorite foods, foods and meals in the Hispanic world, how to order a meal in a Hispanic restaurant, how to shop for food in a Hispanic market, and how to follow recipes in Spanish. The grammar describes the impersonal object pronouns *lo, la, los, las;* more about *gustar;* prepositional pronouns; additional rules for negation; impersonal *se;* and vowel changes in verbs like *pedir* and *servir.*

PRE-TEXT ORAL ACTIVITIES

1. Use your PF to introduce some food and beverage vocabulary for each main meal: breakfast, lunch, and dinner. It is not necessary to introduce every food word that will appear in subsequent activities; however, the most common words should be introduced so that when the oral activities are done in class, there will be only a few completely new words in each activity.

2. Use your PF to introduce very common foods of the Spanish-speaking world that differ from U.S. foods. Include Mexican dishes such as *tacos, enchiladas, tostadas, frijoles refritos, tortillas;* Caribbean dishes such as *arroz con pollo, frijoles negros* (Cuba); Spanish dishes such as *tortilla española, paella valenciana;* the Argentinean *parrillada;* and any others you are acquainted with. Mention the names of the three meals.

METAS

In **Capítulo ocho** you will learn to talk about food and food situations: ordering meals in restaurants, shopping for food, and following recipes in Spanish.

ACTIVIDADES ORALES Y LECTURAS

La comida y las bebidas
La compra y la preparación de la comida

Los restaurantes

«Las horas de la comida»
«Las recetas de doña Rosita»
«Algunos platillos hispanos»
«La comida mexicana»
«Oda al tomate»: Pablo Neruda

GRAMÁTICA Y EJERCICIOS

8.1 Impersonal Direct Object Pronouns: **lo, la, los, las**
8.2 More About the Verb **gustar**
8.3 Prepositions + Pronouns (Part 1)
8.4 Negation
8.5 The Impersonal **se**
8.6 Stem-Vowel Changes in Verbs Like **pedir** and **servir**

The following terms are regional variations that you may wish to mention in the course of the chapter.
las alubias (Spain, beans)
el bocadillo (Spain, sandwich)
los cacahuates (Mex., peanuts)
los cacahuetes (Spain, peanuts)
el chabacano (Mex., apricot)
los champiñones (Spain, mushrooms)
los chícharos (Mex., peas)
el choclo (South America, corn on the cob)
los ejotes (Mex., green beans)
el elote (Mex., corn on the cob)
las judías verdes (Spain, green beans)
el jugo de china (Puerto Rico, orange juice)
el maní (Caribbean, Central America, peanut)
las patatas (Spain, potatoes)
la tocineta (PR, bacon)
la torta (Mex., sandwich)
la torta (Spain, cake)

217

ACTIVIDADES ORALES Y LECTURAS

LA COMIDA Y LAS BEBIDAS

The display is organized according to American-style meals. Use your PF as an aid in talking about what students eat for the three main American meals: *el desayuno, el almuerzo,* and *la cena*. At times students will suggest foods that are not commonly eaten in Hispanic countries. Also keep in mind that words for foods vary a good bit from one country to another. We have attempted to use only words recognized by all Spanish speakers and have included regional variants in these notes when possible. Finally, explain that meals and mealtimes differ markedly from one country to another, and are quite different from the American system illustrated in the display. New words: *arroz, bistec, ensalada, fruta, galletita, jamón, lechuga, legumbre, mantequilla, naranja, pan, pan tostado, papas fritas, postre, queso, tomate, vino.*

Act. 1. Students have already heard and read impersonal object pronouns in previous chapters. We do not necessarily expect students to be

¡OJO! *Estudie Gramática 8.1–8.3.*

El desayuno
- los huevos
- el tocino
- el jamón
- el pan tostado con mantequilla
- el jugo de naranja
- la leche
- la fruta

¿La leche? La bebemos todas las mañanas.

El almuerzo
- el sandwich de queso
- las papas fritas
- el refresco
- las galletitas

¿Las papas fritas? Siempre las como para el almuerzo.

La cena
- la ensalada de lechuga y tomate
- el bistec
- el arroz
- las legumbres
- el vino
- el postre
- el pan

¿El vino? Lo compré ayer.

Actividad 1. Las comidas del día

¿Con qué frecuencia come usted estos alimentos?

frecuentemente   a veces   casi nunca   nunca

MODELO: Para el desayuno… ¿La lechuga? →
¿La lechuga? Nunca la como para el desayuno.

1. Para el desayuno...
   a. ¿los huevos?
   b. ¿los guisantes?
   c. ¿el tocino?
   d. ¿el cereal?
   e. ¿los panqueques?
2. Para el almuerzo...
   a. ¿un sandwich?
   b. ¿la avena?
   c. ¿las papas fritas?
   d. ¿la sopa?
   e. ¿el pollo frito?
3. Para la cena...
   a. ¿la jalea?
   b. ¿la coliflor?
   c. ¿los espárragos?
   d. ¿el bistec?
   e. ¿las chuletas de cerdo?

Actividad 2. Mis bebidas favoritas

Escoja su bebida favorita según la ocasión. Aquí tiene usted algunas: **refrescos, café, té caliente, té helado, cerveza, vino, agua mineral, leche, limonada, chocolate, batidos de leche, jugos naturales (de tomate, de naranja, de pera, de toronja)**.

MODELO: en la mañana → Cuando me levanto en la mañana me gusta tomar una taza de café con leche.

1. para el desayuno
2. para el almuerzo
3. en una fiesta de Año Nuevo
4. después de hacer ejercicio
5. para dormir
6. cuando hace frío

Actividad 3. Interacción

Pregúntele a un compañero (una compañera) cuántas calorías contienen los jugos de frutas mencionados en este artículo.

E1: ¿Cuántas calorías contiene el jugo de ciruelas?
E2: Ciento ochenta.

Los jugos y las calorías que contienen

Los jugos de frutas son muy saludables, sin embargo, cada uno de ellos tiene su contenido específico de calorías. De manera que si estás a dieta, es muy importante que sepas cuál de ellos te ayudará a mantener tu peso o cuál es mejor para tu dieta. El jugo de naranja (china) es el más popular de todos, pero... ¿es dietético? Examina la siguiente lista de jugos, donde te damos las calorías que contienen, por vaso (de 8 onzas):

- Jugo de manzana: 118 calorías.
- Jugo de arándano: 173 calorías.
- Jugo de toronja (pomelo): 170 calorías.
- Jugo de piña (ananá): 138 calorías.
- Jugo de ciruelas: 180 calorías.
- Jugo de naranja (china): 112 calorías.

Act. 4. Read the diet aloud while students follow along. Then, have students (individually or in groups of two) select foods and plan a diet menu for three days. New words: *aceite, a la parrilla, azúcar, brócoli, demasiado, dieta, durazno, entero/a, fresco/a, habichuela, horneado/a, huevo cocido/a, huevo revuelto, margarina, medio/a, mejorar, panecillo, pescado, poco/a, porción, salud, seleccionar, sin, sugerencia, té frío, trozo, uva, vinagre.*

AA 1. Prepare a tray with pieces of fruit and other food on toothpicks. Blindfold a volunteer and let him/her choose a piece. Then ask the person to describe what he/she is eating without saying what it is: *Es dulce, es salado; me gusta, no me gusta; es fruta fresca, es de lata.*

AA 2. Describe a situation and ask students what they would eat or drink in it. Possibilities: (1) *Es medianoche. Usted está estudiando para un examen de química. Tiene sueño y siente que no tiene energía, pero no quiere beber más café. ¿Qué va a comer/beber?* (2) *Usted quiere bajar rápidamente de peso. Quisiera bajar 6 kilos en 3 semanas. ¿Qué dieta piensa seguir?*

Actividad 4. Una dieta para mejorar la salud

Imagine que usted necesita comer mejor para mejorar su salud. Aquí tiene usted algunas sugerencias para una dieta buena. Escoja los alimentos que usted va a comer mañana. Diga lo que le gusta a usted y lo que no le gusta. ¡No coma demasiado!

Una dieta ideal

DESAYUNO
- jugo o porción de fruta: media toronja o una naranja entera, una porción de piña, durazno, uvas o manzanas
- Escoja uno: (a) cereal frío o caliente, (b) huevos revueltos o cocidos
- un panecillo con un poco de margarina (no use mantequilla)
- una taza de café, té (sin azúcar) o leche

ALMUERZO
- Seleccione uno de los grupos siguientes:
  - una ensalada de lechuga y tomate y una taza de sopa de legumbres
  - una ensalada de lechuga con trozos pequeños de queso o pollo, vinagre y muy poco aceite
  - una ensalada de fruta fresca sin azúcar
  - un sandwich de atún o una porción de pescado
- jugo de tomate, agua mineral, un refresco sin azúcar

CENA
- un vaso de jugo de tomate o una ensalada pequeña
- pollo horneado o pescado a la parrilla
- una papa horneada o arroz, sin mantequilla
- legumbres: brócoli, coliflor o habichuelas
- té frío sin azúcar o café sin azúcar
- una porción de fruta fresca o una porción de queso

Act. 5. New words: *comer entre comidas, mientras, normalmente, palomitas de maíz.*

Actividad 5. Entrevista: La comida en casa

1. ¿Qué desayunas normalmente? ¿Qué comiste esta mañana antes de salir de tu casa?
2. ¿Qué almorzaste hoy? ¿Qué almuerzas generalmente? ¿Qué vas a almorzar mañana?
3. ¿Tomas café durante el día? ¿Lo tomas con o sin azúcar? ¿con o sin leche? ¿Con quién lo tomas? ¿Dónde lo toman?
4. ¿Comes entre comidas? ¿Qué comes?
5. ¿Prefieres comer más al mediodía o en la noche? ¿Por qué? ¿Cenas en tu casa, generalmente? ¿Con quién?
6. ¿Qué prefieres de postre? ¿Siempre comes postre?
7. ¿Generalmente comes mientras ves la televisión? ¿Te gustan las palomitas de maíz? ¿Les pones mantequilla? ¿Qué otra cosa te gusta comer?

NOTA CULTURAL   Las horas de la comida

En los bares, o «tascas», la copa de vino y la cerveza van acompañadas de una variedad de tapas: aceitunas, pescado frito, cacahuetes, patatas fritas, trozos de tortilla de patatas, fiambres...

Los latinoamericanos desayunan generalmente entre las 7:00 y las 8:00 de la mañana. El almuerzo lo toman entre la 1:00 y las 4:00 de la tarde y, en algunos lugares, la cena o comida se sirve después de las 9:00 de la noche. El desayuno es ligero:° chocolate o café con leche y pan con mantequilla (o pan dulce en México). La comida más importante es la de la tarde, y muchas veces va seguida de una siesta. La cena no es tan fuerte como el almuerzo. Entre el almuerzo y la cena algunas personas comen una merienda.

En España se desayuna muy poco en las primeras horas del día: café solo o «cortado»,* con un poquito de leche. A media mañana (entre las 10:00 y las 11:00) se come un bocadillo° de jamón, de queso, de chorizo o de otras carnes en fiambre.° A las dos de la tarde se hace la segunda comida del día, la más grande, que incluye normalmente un plato de sopa o ensalada, carne, arroz, legumbres, postre y café. Algunos platillos preferidos por muchos españoles son la paella valenciana, la tortilla de patatas,† el cochinillo asado° y el caldo gallego.‡ Entre las 5:00 y las 7:00 de la noche, muchos españoles van a los bares para tomarse una copa de vino o una cerveza, que acompañan con una variedad de «tapas».° A las 9:00 de la noche, aproximadamente, se prepara la cena, la cual se come a las 10:00 ó 10:30.

° light

° sandwich (Spain)
carnes... cold cuts

cochinillo... roast suckling pig

hors d'oeuvres

---

*El cortado es una taza de café fuerte con muy poca leche.
†La tortilla es como una omeleta que lleva huevos, papas y cebollas.
‡El caldo gallego es un platillo original de la región de Galicia que lleva garbanzos, papas y tocino.

Lectura: Ask students, ¿A qué hora desayuna/almuerza/cena usted generalmente? Then tell them that in Spain meals are at different hours. Show pictures of a *paella* and describe its main ingredients. After the reading, ask questions like ¿A qué hora prefiere usted comer? ¿Es mejor tomar la comida más grande al mediodía o en la noche? ¿Por qué? Emphasize that names, hours, and content of meals vary widely from country to country. Here are two examples: (1) In Mexico *el desayuno* is taken early and normally consists only of *pan* and something to drink, usually *café*. A larger, mid-morning meal such as *huevos* and *frijoles* is called *el almuerzo*. Shortly after midday *la comida* is eaten; it is the largest meal of the day. Many people now eat a small midday meal they call *el lonche* (perhaps *un sandwich* or *una torta* (a sandwich made with a Mexican bun called *un bolillo*)). In the evening a smaller meal called *la cena* (some call it *la merienda*) is eaten. (2) In Spain *el desayuno* is a continental breakfast followed by a midmorning snack, usually a sandwich *(un bocadillo)*. The main meal, *la comida*, is served from 2:00–4:00 P.M. A late-afternoon snack of *tapas* (Spanish hors d'oeuvres) and something to drink such as *cerveza* tides you over until the evening meal, *la cena*, which is rarely eaten before 9:00 P.M.

Comprensión

Busque la definición correcta.

1. las tapas
2. el bocadillo
3. la paella
4. el cortado
5. el pan dulce
6. la merienda

a. un plato de arroz y mariscos
b. se come para el desayuno en México
c. café con un poco de leche
d. algo ligero que se come entre las dos comidas principales
e. pequeñas porciones de comida que acompañan el vino o la cerveza
f. pan con queso o carnes en fiambre

LA COMPRA Y LA PREPARACIÓN DE LA COMIDA

¡OJO! *Estudie Gramática 8.4–8.5.*

You already will have introduced many of the words in the display while doing activities and exercises of previous section. Take this opportunity to add some dishes, vegetables, and fruits found in Hispanic countries but not commonly eaten in the United States (*la guayaba, la yuca, la tuna*, etc). New words: *ajo, albaricoque, apio, ave, ¡Ay!, camarón, cangrejo, carne, carne de res, cebolla, flan, fresa, hígado, langosta, maduro/a, maíz, marisco, mazorca de maíz, a mí, ninguno, ostra, papaya, rábano, sandía, tampoco, zanahoria.*

AA 3. *Vamos a preparar un pastel.* Bring ingredients (flour, sugar, butter, eggs, spices, baking soda) and necessary utensils to class to mime the actions. Sample TPR sequence: *Vamos a preparar un pastel para la clase. Saquen los ingredientes: la harina, el azúcar, algunos huevos, la leche, la mantequilla, las especias. Ahora midan el azúcar, así es, sí, dos tazas y media de azúcar, y ahora pongan la mantequilla en una olla y caliéntenla. Agréguenle la mantequilla al azúcar y revuélvanlo bien. Pongan tres huevos en una olla y bátanlos con un batidor. Agréguenlos a la mezcla de azúcar y mantequilla y revuelvan todo muy bien. Ahora midan la harina: tres tazas y media de harina y agré-*

¿Hay papayas?
Sí, pero ninguna está madura.

A mí no me gusta el hígado.
¡A mí tampoco!

¿Te gusta el flan?
¡Ay no! Nunca lo como.

Las carnes, las aves, el pescado y los mariscos

la carne de res
el pollo
los cangrejos
el pescado
la langosta
los camarones
las ostras

guenle las especias y un poco de sal. No olviden ponerle una cucharadita de bicarbonato. Agréguenle lentamente la harina y las especias a la mezcla de azúcar, mantequilla y huevos. Revuélvanlo todo muy bien. Pónganlo al horno 45 minutos. Ahora laven los platos y limpien la cocina. ¡Ay, el pastel! Abran el horno y tóquenlo para ver si está listo. No, todavía no. Pasan diez minutos, ahora sí está listo. Abran el horno y saquen el pastel. ¡Cuidado, está caliente! Déjenlo enfriar. Ahora corten un pedazo y cómanselo con un vaso de leche. Have a cake already prepared, take it out of a bag (the "oven"), and serve pieces to the class. This sequence can be repeated on several days with different foods: *Vamos a hacer galletitas; Vamos a hacer chiles rellenos; Vamos a preparar una torta de jamón;* etc.

Act. 6. Have students work in pairs to match definitions with food items. Then give a few other definitions and have them guess the items you are thinking of. New words: *como* (for "like"), *dorado/a, dulce, espeso/a, hecho/a, ingrediente, líquido, mango, miel, paella, pasa, popular, por dentro/fuera, producto, sal, salsa, sardina, seco/a, tropical.*

AA 4. Describe how food and drinks are prepared. For example, have one student name a favorite food or drink. Then solicit from class how that item is prepared; *¿Qué ingredientes necesitamos? ¿Cuál es el primer paso? Y ahora, ¿qué hacemos?* Introduce the impersonal *se* construction: *¿Qué se hace primero? Y ahora, ¿qué se hace?*

Talk about the Spanish custom of eating *tapas* (and often drinking beer or wine) from about 6:00 to 9:00 P.M. Note that this is a Spanish restaurant in Chile, where Spanish *tapas* would be as exotic for Chileans as for American students. Emphasize the fact that each Hispanic country has its own cuisine. You may also wish to point out the *almuerzo ejecutivo* (the businessman's lunch), a recent phenomenon in urban areas where it is increasingly difficult to return home for the midday *comida* with the family.

Actividad 6. Definiciones

1. legumbre anaranjada que contiene vitamina A
2. legumbre pequeña, roja por fuera y blanca por dentro
3. fruta tropical
4. «salsa» para la ensalada
5. es blanca, como el azúcar, pero no es dulce
6. uvas secas
7. líquido dorado, muy espeso y muy dulce
8. son un producto del mar, pero se pueden comprar en lata con aceite
9. comida española hecha de arroz, mariscos y otros ingredientes
10. postre hecho de huevos, leche y azúcar, muy popular en los países hispanos

a. la sal
b. las sardinas
c. la paella
d. el aderezo
e. la miel
f. el mango
g. las pasas
h. la zanahoria
i. el rábano
j. el flan

224 Capítulo ocho

Act. 7. Use the supermarket ad to review price and quantity terms: *¿Cuánto cuesta el paquete de tocino? ¿Cuánto tiene que pagar por tres libras de carne molida? ¿Cuánto cuesta una libra de tomates?* Divide the class into groups of three and let them work together on the shopping problem. Check the totals to see which group finishes most rapidly and most accurately. Here is another possibility. *Lista: 2 libras de camarones, una sandía de 8 libras, 3 libras de chuletas de cerdo, un melón de 4 libras, 3 libras de tomates, una botella de aderezo.* New words: *aderezo, aguacate, alcance, botella, calcular, cantidad, carne molida, concentrado/a, cuidado, diamante, esquina, lata, libra, limón, mayonesa, melón, minuto, onza, paquete, precio, tarro, total.*

AA 5. *Vamos a hacer un sandwich especial como los de Dagwood (Lorenzo, en español). Todos vamos a cooperar con nuestro ingrediente favorito.* Ask the class for ingredients and write them on the board. Then, together describe how to make the sandwich: *Primero se toma el pan y se le pone mayonesa...* Use the impersonal *se* construction as much as possible. *Variaciones: Un super taco, una super tostada, una maxitorta mexicana.*

AA 6. Describe a food and have students try to guess what it is: *Estoy comiendo algo salado, caliente, con pan, mostaza y cebolla... ¿Qué es? (Es una salchicha.)*

AA 7. Ask students to name a common ingredient in each group: *Nombre un ingrediente esencial que tienen en común estas comidas.* **1.** *los panqueques, el pan dulce, los panecillos* **2.** *las «donas», las galletitas, el pastel* **3.** *el café, el té, la limonada, la cerveza* **4.** *el helado, la mantequilla, el queso* **5.** *las enchiladas, las tostadas, los tacos* Add any other foods you wish. Take this opportunity to review low-frequency vocabulary like *harina, azúcar.*

Actividad 7. Supermercado «El Diamante»

Usted va a ir al supermercado El Diamante en Puerto Rico para hacer las compras. Vea las dos listas y calcule el precio total de cada lista. ¡Cuidado con las cantidades!

SUPERMERCADO EL DIAMANTE
con precios a su alcance

abierto de lunes a sábado 8:00–7:30

Calle Montoya esquina Montoya y Real

- ZANAHORIAS paquete **.49**
- aderezo botella 8 onzas **1.39**
- mayonesa 16 onzas **2.29**
- sopas de legumbres lata de 10 onzas **.89**
- Avena tres minutos 14 onzas **1.29**
- jugos concentrados 8 onzas 2 por **1.89**
- aguacates 4x **.99**
- tocino pqte. 12 onzas **1.99**
- MELONES **.39** libra
- chuletas de cerdo **3.45** lb.
- LIMONES **.50** lb.
- CAMARONES frescos **6.99** libra
- TOMATES 2 lbs x **.99**
- manzanas **.89** lb.
- carne molida **3.15** libra
- sandías **.14** lb.
- cebollas amarillas **.39** lb.

LISTA 1

1 paquete de tocino
2 latas de sopa de legumbres
2 aguacates
3 libras de carne molida
2 libras de limones
14 onzas de avena

LISTA 2

1 libra de carne molida
1 tarro de 16 onzas de mayonesa
3 libras de cebollas amarillas
1 paquete de zanahorias
2 libras de manzanas

Todos juntos a la hora de comer. Después de la comida, los adultos se quedan a la mesa para la «sobremesa»: conversación y café. La sobremesa puede durar hasta dos horas y para el hispano es una parte muy importante de la comida.

Actividad 8. Busque el error

En cada grupo de palabras hay una que no pertenece a la lista. Búsquela y explique por qué.

MODELO: la salchicha, la hamburguesa, la chuleta, la pera →
La pera no pertenece a esta lista porque no es carne.

1. el apio, el pepino, la avena, los guisantes
2. el flan, el helado, las aceitunas, el pastel
3. la miel, la mazorca de maíz, la mermelada, la jalea
4. el plátano, las almejas, los camarones, la langosta
5. las nueces, el plátano, la piña, la toronja

Actividad 9. ¿Cómo se prepara… ?

Ponga en orden los pasos para la preparación de estas comidas.

UN SANDWICH DE JAMÓN Y QUESO

_____ Se cortan varias rebanadas de tomate.
_____ Se pone mayonesa y mostaza en las dos rebanadas de pan.
_____ Se corta el jamón y el queso.
_____ Se come con un refresco frío.
_____ Se sacan dos rebanadas de pan.
_____ Se le agrega la lechuga y las rebanadas de tomate.

UNA QUESADILLA MEXICANA

_____ Se dobla la tortilla.
_____ Se saca una lata de chiles y una tortilla de harina.
_____ Se pone en una sartén.
_____ Se pone el queso y un chile en un lado de la tortilla.
_____ Se tapa la sartén y se fríe la quesadilla por tres minutos de cada lado.
_____ Se ralla el queso.

Actividad 10. Cómo preparar el té helado en verano

Trabaje con un compañero (una compañera). Lean el anuncio y digan cómo se prepara el té con hielo. Digan también cómo se puede solicitar el folleto «Todo Sobre El Té», y qué se puede aprender leyéndolo.

Té con hielo. Refrescante.
HORNIMANS

En verano no cambies de sabor. Enfríalo.
Para ello prepara un té dos veces más fuerte de lo habitual, poniendo un par de bolsitas por persona.
Añade el azúcar que desees. Cuando lo sirvas llena el vaso de té hasta la mitad y el resto de hielo.

Hornimans te ofrece «Todo sobre el Té» donde encontrarás la historia, variedades y preparación del té, además de deliciosas y refrescantes recetas. Solicítalo gratis al Apartado 9459 de 08080 Barcelona, enviando 5 etiquetas con tu nombre y dirección.

Actividad 11. Discusión

¿Quién en la clase…

1. hizo las compras en el supermercado el sábado pasado?
2. desayunó huevos con tocino esta mañana?
3. preparó un platillo exótico el fin de semana pasado?
4. trajo un sandwich para almorzar en la universidad hoy?
5. comió una hamburguesa ayer?
6. come fruta y legumbres casi todos los días?
7. no va a restaurantes japoneses nunca?
8. no desayuna nada en la mañana?
9. siempre le pone mucha pimienta a la comida?
10. cena en algún restaurante por lo menos dos veces a la semana?

La comida

LECTURA   La telenovela «Los vecinos»: Las recetas de doña Rosita: Polvorones° mexicanos   *tea cakes*

INGREDIENTES

2 tazas de harina	2 yemas° de huevo	*yokes*
3/4 de taza de manteca vegetal	una pizca° de sal	*pinch*
3/4 de taza de azúcar	1/4 de cucharadita de bicarbonato°	*baking powder*

Se hace una mezcla cremosa con° la manteca y el azúcar; se agregan las dos yemas de huevo y se revuelven bien. Se agrega la harina cernida° con el bicarbonato y la sal. Se bate la mezcla hasta formar una pasta suave y seca. Se hacen cincuenta o sesenta bolitas° y se aplanan° con dos dedos. Se ponen en una lámina de hornear° sin engrasar.° Se hornean a 350° por ocho o diez minutos o hasta que estén dorados. Se sacan, se ponen en un plato grande o en una bandeja.° Se enfrían y luego se revuelcan° en azúcar pulverizada° con nuez moscada.°

Se... Cream

sifted

small balls / se... flatten
lámina... baking sheet
sin... ungreased

tray

roll / powdered / nuez... nutmeg

¿Y usted?

Describa los ingredientes de un platillo especial que a usted le guste mucho. Diga los pasos que hay que seguir en su preparación.

NOTA CULTURAL   Algunos platillos hispanos

La deliciosa paella es el plato más conocido de España.

La cocina° hispana es muy variada. Aun° dentro de un mismo país, los platos y la manera de prepararlos varían de región en región. El arroz con pollo se come especialmente en el Caribe; es un plato de arroz con trozos de pollo y tomate, aceitunas y otros condimentos. La paella valenciana es un plato de arroz que puede llevar carne de cerdo, pollo, chorizo, pescado y mariscos. La tortilla española es un tipo de omeleta hecha de huevos, papas y cebolla. Las empanadas,° muy populares en Sudamérica, son pasteles rellenos de diferentes tipos de carnes. El cebiche, un plato de pescado en escabeche,° es típico de Perú. En Argentina se preparan las parrilladas: cerdo, cordero, ternera, salchichas—todas estas carnes preparadas a la parrilla.

cooking / Even

filled pastries

marinade of oil, vinegar, and spices

Lectura: Use pictures and/or slides to illustrate the dishes mentioned. Describe your own experiences with Hispanic foods. Assign the reading, then have students name the ingredients for each dish as you show the pictures. If possible, prepare one of the dishes and have the class taste it. Try to organize a potluck activity in class, with students preparing Hispanic dishes.

Comprensión

¿Qué ingredientes se usan en estos platillos hispanos? (¡Ojo! Puede usar algunos ingredientes en más de un platillo.)

1. el arroz con pollo
2. la paella
3. la tortilla española
4. las empanadas
5. el cebiche
6. la parrillada

a. las aceitunas
b. los mariscos
c. los huevos
d. la cebolla
e. las papas
f. la carne de cerdo
g. el pescado
h. la ternera
i. las salchichas

LOS RESTAURANTES

TPR: Act out in three's: *Vamos a cenar fuera.* Sample TPR sequence: *Ustedes van a salir a cenar. Pónganse su ropa más elegante, manejen el carro al restaurante. Entren y esperen al mesero. Siéntense a la mesa y lean la carta. Mmm ustedes tienen hambre, ah, ahí viene su mesero. Pidan dos cervezas o refrescos, lean la carta un poco más y charlen con su amigo/a. Llegaron las cervezas/los refrescos, tomen un poco, pidan la comida, dos enchiladas suizas y chiles rellenos, esperen y tomen su cerveza, miren a las otras personas en el restaurante, ah, por fin, llegó la comida, coman y beban, pidan postre, helado y flan y café, ah ¡qué comida tan rica!, pidan la cuenta: «La cuenta por favor», dejen la propina, levántense y vayan a la caja, paguen la cuenta y salgan, den un paseo por la plaza y regresen a casa.* New words in display: *al punto, bien asado/cocido, cocido/a, con gusto, copa, crudo/a, cuenta, especial, pedir, platillo, poco asado/cocido, propina, tarjeta de crédito, vino tinto.*

¡OJO! *Estudie Gramática 8.6.*

Bernardo e Inés pidieron una ensalada, bistec al punto, papas fritas y brócoli.

El mesero les sirvió la comida.

El cocinero les preparó un platillo especial.

Inés tomó una copa de vino tinto, pero Bernardo prefirió tomar agua mineral.

Comieron con gusto.

Pagaron la cuenta con su tarjeta de crédito.

Dejaron una propina.

Act. 12. Comment on the different Mexican foods on the menu. Then pair students off and have them ask each other questions using *¿Cuánto cuesta?* Introduce/review appropriate restaurant expressions: *¿Qué va a pedir? Quisiera... Me gustaría... Voy a pedir..., tráigame/nos...,* etc. Then put students in groups of three: two are ordering and one is the waiter/waitress. If you ask students to bring tablecloths, paper plates, plasticware, and vases while you provide plastic or real flowers, the scene is very real. When their food has been served, the waiter can trade places with one of the patrons, and the group can role-play again. Optional: Combine this activity with an in-class potluck. New words: *almendra, almíbar, antojito, arroz con leche, burrito, caldo, cebiche, chile, chile relleno, crema, delicioso/a, enchilada, estar a dieta, exquisito/a, frijol, frontera, hongo, huevos rancheros, incluir, internacional, ligero/a, melocotón, menú, paella valenciana, puerco, rico/a, sabroso/a, sabrosísimo/a, sur, tamal, tamaño, tostada, vainilla, vasito, vino blanco.*

la carne cruda | el bistec | poco asado/ poco cocido | al punto/ cocido | bien asado/ bien cocido

Actividad 12. Restaurante Mi Casita: Interacción

Lea el menú del Restaurante Mi Casita con un compañero (una compañera). Primero vean los precios: después escojan las comidas y bebidas que van a pedir y digan por qué van a pedir esos platillos.

E1: ¿Cuánto cuestan *los tamales de puerco*?
E2: Cuestan *$9,800 pesos.*

E1: ¿Qué vas a pedir?
E2: Me gustaría pedir *los chiles rellenos de queso,* pero voy a pedir *el chop suey porque estoy a dieta.*

RESTAURANTE MI CASITA

Rica comida mexicana e internacional a precios módicos

DESAYUNO
(Incluye pan o tortillas.)

Huevos rancheros	$6,000.00
Cereal frío	$3,000.00
Avena	$3,500.00
Leche (vaso)	$1,900.00
Jugos frescos (vasito)	$2,100.00
Fruta fresca (3 piezas)	$4,200.00

SOPAS

Caldo de res con legumbres	$2,800.00
Crema de espárragos	$2,500.00
Crema de hongos	$2,000.00
Minestrone	$3,000.00
Sopa del día	$1,500.00

BEBIDAS

Cerveza Carta Blanca	$4,500.00
Cerveza Tecate	$4,000.00
Cerveza Superior	$5,000.00
Cerveza Bohemia	$3,900.00
Refrescos	$2,400.00
Limonada	$3,000.00
Té helado con limón	$2,000.00
Tehuacán (Agua mineral)	$1,700.00
Tehuacán de sabores	$2,100.00
Café	$2,500.00
Té caliente	$2,000.00
Vino tinto (copa)	$5,000.00
Vino blanco (copa)	$5,200.00

ANTOJITOS MEXICANOS

Se sirven para el almuerzo y la cena.
(Con cada uno se incluye pan o tortillas,
arroz y frijoles o sopa del día.)

Enchiladas (3)	verdes o rojas	$12,500.00
Tostadas (2)	de res o de pollo	$9,500.00
Tacos (4)	de res o de pollo	$13,000.00
Burritos (2)	de res y/o frijoles	$7,850.00
Chiles rellenos (2)	de carne o queso	$14,000.00
Tamales de puerco con chile verde (2)		$9,800.00
Tamales dulces con almendras y pasas (3)		$8,200.00

RINCÓN INTERNACIONAL

De España:	Rica paella valenciana (mínimo tres personas)	$35,000.00
De Perú:	Sabrosísimo cebiche	$12,000.00
De los Estados Unidos:	Las mejores hamburguesas al sur de la frontera	$7,000.00
De Italia:	Exquisita pizza de la casa (tamaño grande)	$18,000.00
De China:	Delicioso y ligero chop suey de pollo	$10,000.00

POSTRES

Arroz con leche	$1,700.00
Flan	$2,900.00
Helado de fresa o vainilla	$2,300.00
Melocotón en almíbar	$2,000.00
Mango en almíbar	$2,500.00
Pastel (rebanada)	$3,000.00

La comida 231

Act. 13. Have students name as many foods as they can. New words: *puesto, servicio rapido.*

AA 9. Read the following situations and ask what students would say *(¿Qué dice usted?)* in each case.
1. *Usted se sienta a una mesa en un restaurante. Tiene hambre pero necesita ver primero el menú. Viene el mesero y usted le dice...* 2. *Usted y sus amigos acaban de comer. Tienen prisa y necesitan la cuenta. Llaman al mesero y le dicen...* 3. *Usted está comiendo solo/a. El restaurante está lleno; no hay mesas vacías. De pronto llega una persona a quien usted no conoce y se sienta a su mesa. Usted le dice...* 4. *Usted está cenando en un restaurante con sus padres. Descubre que hay un insecto en su sopa. Usted llama al mesero y le dice...* 5. *Usted pidió un bistec bien asado y el mesero le sirvió uno casi quemado. Usted le dice...*

Act. 14. Develop the story in the preterite. Have students practice in groups using various person-number substitutions; for example, pretend that you and your friends did these things yesterday.

1. *Estela hizo una reservación para cuatro personas en el restaurante, a las ocho.* 2. *Se bañó.* 3. *Se puso ropa elegante.* 4. *Estela y Ernesto llegaron al restaurante.* 5. *Se reunieron con sus amigos.* 6. *Entraron al restaurante.* 7. *Se sentaron y tomaron una bebida.* 8. *Pidieron la comida.* 9. *Comieron y hablaron.* 10. *Pidieron la cuenta.* 11. *Dejaron la propina.* 12. *Pagaron la cuenta.* New words: *hacer reservaciones, reunirse con, salir a comer, sentarse.*

AA 10. *Hable sobre uno de los siguientes temas: (1) Una experiencia chistosa que usted tuvo alguna vez en un restaurante. (2) Una vez que usted comió o tomó demasiado y se enfermó. (3) Una experiencia que usted tuvo mientras comía en un restaurante en un país extranjero. (4) Descríbale un supermercado norteamericano a una persona que no conoce los supermercados. (5) Describa la receta de un platillo especial suyo.*

Act. 15. New words: *ambiente, considerar, excelente, importante, servicio.*

Actividad 13. Mis platillos favoritos

Diga lo que usted pide cuando come en...

1. un restaurante mexicano   2. la cafetería de la universidad   3. un restaurante de «servicio rápido»   4. un restaurante italiano   5. un puesto de comida en la calle

Actividad 14. Ernesto y Estela salieron a comer

Actividad 15. Entrevista: Los restaurantes

1. ¿Qué clase de restaurante te gusta más?
2. ¿Te gusta la comida japonesa? ¿la comida china?
3. ¿Cuál es el restaurante más elegante cerca de tu casa? ¿Comes allí con frecuencia? ¿Te gusta la comida? ¿el ambiente? ¿Te gustan los precios?
4. ¿Consideras muy importante el servicio?
5. ¿Cuánto consideras que se debe pagar por una comida excelente en un restaurante bueno?
6. ¿Cuántas veces por semana comes fuera de casa? ¿Hay algún lugar donde comes frecuentemente?
7. ¿Vas mucho a los restaurantes de «servicio rápido»? ¿Cuál de ellos es tu favorito? ¿Por qué?

NOTA CULTURAL   La comida mexicana

Gran parte de los platillos mexicanos proviene° de las culturas precolombinas;° por ejemplo, el guacamole: una salsa de aguacate, cebolla, jitomate° y chile. La base de muchos platos mexicanos es la tortilla, que puede ser de maíz o de harina. Los tacos, las tostadas y las enchiladas se hacen con tortillas de maíz. Los tacos se hacen con una tortilla frita que después se rellena con carne molida, lechuga, tomate y queso. Las tostadas se hacen con tortillas fritas, sin doblar, y llevan la carne y otros ingredientes encima. Las enchiladas también se hacen con tortillas, pero se rellenan primero y después se cocinan. Por lo general, se preparan las enchiladas con carne de res, con queso o con pollo.

Hay otros platillos mexicanos que no se hacen con tortillas, como el tamal yucateco,° un relleno° de carne envuelto° en una masa de maíz y cubierto° de hojas de mazorca o de plátano. El mole poblano° es una salsa que lleva veintitantos° ingredientes, incluso chocolate, y se sirve con pollo o pavo. Y, para el desayuno, el plato favorito de muchos mexicanos son los huevos rancheros, que son huevos fritos cubiertos de una salsa picante, que se sirven sobre tortillas fritas y con frijoles al lado.

originate
pre-Columbian (before Columbus)
tomato (Mex.)

from the Yucatan Peninsula / filling
wrapped / covered
mole... sauce for meat or poultry
twenty-odd

Lectura: Many students will already be familiar with the Mexican dishes mentioned. If possible, prepare (or have the class prepare) some of these dishes. After the reading, ask personal questions like ¿Le gusta la comida mexicana? ¿Cuál es su platillo favorito? En general, ¿le gusta la comida picante? ¿Va con frecuencia a restaurantes mexicanos? ¿Puede recomendar uno bueno? ¿Por qué es bueno?

Comprensión

1. ¿Qué contiene el guacamole?
2. ¿Se usan tortillas para preparar los tamales?
3. ¿Qué es el mole poblano?
4. ¿Con qué se sirven los huevos rancheros?

¿Y usted?

1. ¿Cuáles de estos platillos mexicanos son muy populares en los Estados Unidos?
2. ¿Le gusta a usted la comida mexicana? ¿Por qué (no)? ¿La come con frecuencia?

La comida mexicana es muy variada. Entre sus platillos más populares se encuentran los tacos.

LECTURA   «Oda al tomate» (fragmento)
Pablo Neruda (Chile, 1904–1973)

Es posible escribir un poema sobre un tomate. ¡Aquí tiene usted uno!

La calle
se llenó de tomates,
mediodía,
verano,
la luz
se parte°   *se... breaks*
en dos
mitades°   *halves*
de tomate,
corre
por las calles
el jugo.
En diciembre
se desata°   *se... breaks away*
el tomate,
invade
las cocinas,
entra por los almuerzos,
se sienta
reposado°   *calmado*
en los aparadores,°   *sideboards*
entre los vasos,
las mantequilleras,°   *butter dishes*
los saleros° azules.   *saltshakers*
Tiene
luz propia,°   *own*
majestad benigna°...   *buena*
Debemos, por desgracia,°   *por... unfortunately*
asesinarlo:
se hunde
el cuchillo
en su pulpa viviente,°   *se... the knife sinks into its living pulp*
es una roja
víscera,
un sol fresco,
profundo,
inagotable,°   *inexhaustible*
llena las ensaladas
de Chile,...

VOCABULARIO

El desayuno *Breakfast*
la avena	oatmeal
los huevos cocidos	hard-boiled eggs
los huevos revueltos	scrambled eggs
el pan	bread
el panecillo	roll, bun
los panqueques	pancakes
el pan tostado	toast

REPASO: el cereal, el tocino

El almuerzo *Lunch*
el caldo	broth
la ensalada	salad
las papas fritas	French fries
el queso	cheese
la salchicha	sausage, frankfurter, hot dog
la sopa	soup

REPASO: la hamburguesa, el sandwich

En el restaurante *In the Restaurant*
el ambiente	atmosphere
la cuenta	bill, check
dejar una propina	to leave a tip
gratis	free, at no cost
el postre	dessert
la tarjeta de crédito	credit card

PALABRAS SEMEJANTES: el menú, la reservación, el servicio, el servicio rápido

REPASO: atender (ie), la cena, cenar, la comida, la mesa, el mesero/la mesera, pagar, servir (i)

La carne *Meat*
el ave	fowl
la carne de cerdo/puerco	pork
la carne de res	beef
la carne molida	ground beef
las chuletas	chops
el hígado	liver
el jamón	ham
el pollo (frito)	(fried) chicken

PALABRA SEMEJANTE: el bistec

El pescado y los mariscos *Fish and Shellfish*
las almejas	clams
el atún	tuna
los camarones	shrimp
el cangrejo	crab
la langosta	lobster
la ostra	oyster

PALABRA SEMEJANTE: la sardina

Las legumbres *Vegetables*
el aguacate	avocado
el apio	celery
el arroz	rice
la cebolla	onion
la coliflor	cauliflower
los espárragos	asparagus
los frijoles	beans
los guisantes	peas
las habichuelas	green beans
los hongos	mushrooms
la lechuga	lettuce
el maíz	corn
la mazorca de maíz	ear of corn
la papa	potato
el pepino	cucumber
el rábano	radish
la zanahoria	carrot

PALABRAS SEMEJANTES: el bróculi, el tomate

Las frutas *Fruits*
el albaricoque	apricot
las almendras	almonds
los arándanos	cranberries
la ciruela	plum
la ciruela seca	prune
el durazno	peach
la fresa	strawberry
la manzana	apple
el melocotón	peach
la naranja	orange
la nuez (las nueces)	nut
las pasas	raisins
la pera	pear
la piña	pineapple

el plátano	banana
la sandía	watermelon
la toronja	grapefruit
las uvas	grapes

PALABRAS SEMEJANTES: la banana, el limón, el mango, el melón, la papaya

Los postres Desserts

el arroz con leche	rice pudding
la crema	cream
el flan	sweet custard
las galletitas	cookies

REPASO: el helado, el pastel

Las bebidas Drinks

el batido (de leche)	(milk) shake
el batido de frutas	fruit shake
el café	coffee
con leche	with milk
el jugo natural	fresh (natural) juice
el té	tea
caliente	hot
frío	cold
helado	iced
el vino	wine
blanco	white
tinto	red

PALABRAS SEMEJANTES: el agua mineral, la limonada

REPASO: el agua, la cerveza, la leche, el refresco

Los condimentos y las especias
Condiments and Spices

el aceite	oil
la aceituna	olive
el aderezo	salad dressing
el ajo	garlic
el almíbar	syrup
el azúcar	sugar
la harina	flour
la jalea	jelly
la mantequilla	butter
la miel	honey
la mostaza	mustard
la pimienta	pepper
la sal	salt
la salsa	sauce
el vinagre	vinegar

PALABRAS SEMEJANTES: el chile, la margarina, la mayonesa, la mermelada, la vainilla

Las medidas y los recipientes
Measurements and Containers

la botella	bottle
la cantidad	quantity
la copa	(wine)glass
la lata	can
la libra	pound
la mitad	half
la onza	ounce
el paquete	package
el par	pair
el platillo	dish (*food*)
un poco	a little
la porción	serving
la rebanada	slice
el resto	the rest
la sartén	(frying) pan
el tamaño	size
el tarro	jar
el trozo	piece

REPASO: el plato, la taza, el vaso

Los verbos

agregar	to add
añadir	to add
cambiar	to change
comer entre comidas	to eat between meals
contener	to contain
desear	to wish
doblar	to fold, bend
escoger	to choose
escojo/escoge	
estar a dieta	to be on a diet
freír (i)	to fry
frío/fríe	
hacer una reservación	to make a reservation
llenar	to fill
mejorar	to improve
pedir (i)	to ask for, order
pido, pide	(*in a restaurant*)
pertenecer	to belong
pertenezco/pertenece	
rallar	to grate
salir a comer	to go out to eat
seleccionar	to select

sentarse (ie)	to sit down
me siento/se sienta	
solicitar	to request
tapar	to cover

PALABRAS SEMEJANTES: calcular, considerar

REPASO: incluir

La descripción de la comida *Describing Food*

a la parrilla	grilled, charbroiled
al punto	medium rare
bien asado/a	well done
bien cocido/a	well done
cocido	medium rare
crudo/a	raw
dorado/a	golden brown
dulce	sweet
espeso/a	thick
fresco/a	fresh
fuerte	strong
hecho/a de	made of
horneado/a	baked
ligero/a	light
maduro/a	ripe
poco asado/a	rare
poco cocido/a	rare
refrescante	refreshing
rico/a	tasty, good (*food*)
sabroso/a	tasty
sabrosísimo/a	very tasty
saludable	healthy
seco/a	dry

PALABRAS SEMEJANTES: concentrado/a, delicioso/a, dietético/a, excelente, exquisito/a

Los adjetivos

entero/a	whole
medio/a	half
mencionado/a	mentioned

PALABRAS SEMEJANTES: especial, exótico/a, habitual, importante, internacional, popular, tropical

Los sustantivos

el alimento	nourishment, food
el antojito	typical Mexican dish
el artículo	item, article
el contenido	content
el diamante	diamond
la discusión	discussion; argument
la esquina	corner
la etiqueta	label
el folleto	brochure
la frontera	border, frontier
las palomitas de maíz	popcorn
el precio	price
el puesto	(food) stand
la receta	recipe
el sabor	taste
la salud	health
la sugerencia	suggestion
el sur	south

PALABRAS SEMEJANTES: las calorías, la dieta, el error, el ingrediente, el líquido, el minuto, la ocasión, la preparación, el producto, el total, la vitamina

Palabras afirmativas y negativas *Affirmative and Negative Words*

algo/nada	something/nothing
alguien/nadie	somebody/nobody
algún/ningún	some/none
alguno/a/os/as	some
ninguno/a	none
siempre/nunca	always/never
también/tampoco	also/neither

Palabras y expresiones útiles

además	besides
al alcance	within reach
casi	almost
casi nunca	very rarely
como	like
¿Cuánto cuesta?	How much does it cost?
¡Cuidado!	Be careful!
de cada lado	on each side
demasiado	too much
mientras	while
normalmente	normally
ponga	put (*command*)
por dentro	on the inside
por fuera	on the outside
por lo menos	at least
sin	without
sin embargo	however
sobre	about

PALABRA SEMEJANTE: etcétera

GRAMÁTICA Y EJERCICIOS

8.1. Impersonal Direct Object Pronouns: *lo, la, los, las*

A. The Spanish object pronouns **lo** and **la** correspond to the English object pronoun *it*; **lo** refers to masculine words and **la** to feminine words. Spanish **los** and **las** correspond to English *them*: **los** refers to masculine words and **las** to feminine words.

¿Quién compró **el pastel**? —**Lo** compró Raúl.	*Who bought the cake? —Raúl bought it.*
¿Quién trajo **la fruta**? —**La** trajo Nora.	*Who brought the fruit? —Nora brought it.*
Luis, ¿preparaste **los tacos**? —Sí, **los** preparé esta mañana.	*Luis, did you prepare the tacos? —Yes, I prepared them this morning.*
Carmen, ¿dónde pusiste **las servilletas**? —**Las** puse en la mesa.	*Carmen, where did you put the napkins? —I put them on the table.*

B. Recall that the pronouns **lo, la, los, las** also serve as personal direct object pronouns. (See *Gramática 6.6*.)

¿Viste a **Alberto** ayer? —No, no **lo** vi.	*Did you see Al yesterday? —No, I didn't see him.*
¿**La señora Martínez**? **La** vi ayer en el mercado, pero ella no me vio.	*Mrs. Martínez? I saw her yesterday at the market, but she didn't see me.*

Thus the Spanish direct object pronouns **lo, la, los, las** may substitute for words referring to people *or* to things. For example, **la** in the first sentence below refers to **Mónica** (*her*); in the second one it refers to **salsa** (*it*).

¿Llamaste a **Mónica**? —Sí, **la** llamé ayer.	*Did you call Monique? —Yes, I called her yesterday.*
Luis, ¿encontraste la **salsa**? —Sí, **la** encontré en el refrigerador.	*Luis, did you find the sauce? —Yes, I found it in the refrigerator.*

DIRECT OBJECT PRONOUNS	
Spanish	English
lo	him, it (m.)
la	her, it (f.)
los	them (m. nouns or males or males and females)
las	them (f. nouns or females)

8.1. In this section we add the impersonal use of *lo/la/los/las* (corresponding to English it/them) to their previously introduced use as personal direct object pronouns. Using these same pronouns to replace *usted/ustedes* is discussed in *Gramática 12.3*. Students have encountered impersonal direct object pronouns in your input and in readings many times, but this is the first formal explanation. Normally, first-year students are not able to produce direct object pronouns in their speech with much accuracy. We advise students to avoid them by saying the noun they would replace. However, direct object pronouns are very common in speech and reading, and students should be able to recognize them and determine their referent in real discourse. A number of activities that involve direct object pronouns are suggested in the oral activities section (see especially the AA's). It is unrealistic to expect that students will be able to produce object pronouns at this stage without heavy monitoring.

Ejercicio 1

Esteban y sus amigos de la clase de español están en casa preparando una comida. Carmen le hace muchas preguntas a Esteban. Tome el papel de Esteban y conteste las preguntas de Carmen usando un pronombre impersonal: **lo, la, los, las.**

> MODELO: ¿Dónde pusiste la leche? → La puse en la cocina.

1. ¿Cuándo preparaste el postre?
2. ¿Dónde dejaste la carne?
3. ¿Dónde compraste las legumbres?
4. ¿Cuándo trajiste el hielo?
5. ¿Dónde pusiste la mayonesa?
6. ¿Cuándo preparaste las bebidas?
7. ¿Dónde pusiste los vasos?
8. ¿Dónde compraste el pan?
9. ¿Dónde dejaste la mantequilla?
10. ¿Cuándo trajiste los tomates para la salsa?

Ejercicio 2

Complete estos diálogos con un pronombre personal: **lo, la, los, las.**

1. —¿Viste a Mónica y a Nora en la fiesta?
   —Sí, _____ vi. Las dos bailaron toda la noche.
2. —Raúl, ¿conoces a la señora Venegas?
   —No, no _____ conozco. ¿Quién es?
3. —¿Visitaron ustedes a sus parientes durante las vacaciones?
   —Sí, _____ visitamos por tres semanas.
4. —Alberto, ¿conociste al profesor nuevo en la reunión ayer?
   —Sí, _____ conocí. Me parece muy simpático.
5. —Carmen, ¿es esa señora que está allí la madre de Luis?
   —No sé; no _____ conozco.

8.2. More About the Verb *gustar*

A. In **Gramática 1.5** you learned that the verb **gustar** is the most common Spanish equivalent for the English verb *to like*, and that **gustar** resembles the English verb phrase *to be pleasing (to someone)*. You also learned that an indirect object pronoun (**me, te, nos, le, les**) is used with **gustar** to identify the person to whom something is pleasing.

Gustar can be followed by an infinitive.

> **Me gusta desayunar** temprano.   *I like to eat breakfast early.*

B. Gustar can also be followed by a noun. If the noun is singular, use the singular form **gusta**; if it is plural, use the plural form **gustan**.

> ¿Te gust**a la sandía**? —Sí, pero me gust**an** más **las uvas**.   *Do you like watermelon? —Yes, but I like grapes better.*

The past (preterite)-tense forms are **gustó** (*singular*) and **gustaron** (*plural*).

¿Te **gustó el** helado? —Sí, me **gustó** mucho.	*Did you like the ice cream? —Yes, I liked it a lot.*

C. To ask who likes something, begin with **¿A quién... ?**

¿A quién le gusta la pizza? —¡A todos nos gusta!	*Who likes pizza? —We all do!*

To identify a specific person or persons who like(s) something, use the following pattern:

a + *name* + **le(s)** + **gusta(n)**

A Graciela no **le** gusta la comida italiana.	*Graciela doesn't like Italian food.*
A Gustavo y **a Ernestito les** gusta mucho andar en bicicleta.	*Gustavo and Ernestito like to ride their bikes a lot.*

D. To state more emphatically that someone likes something, use the preposition **a** followed by the person (noun or pronoun) and then the corresponding indirect object pronoun (**me, te, nos, le, les**) + **gusta(n)**.

¿A Margarita? No, **a ella** no **le gustan** las hamburguesas.	*Margarita? No, she doesn't like hamburgers.*

The following emphatic phrases are made up of the preposition **a** followed by pronouns. Notice that these pronouns are the same as the subject pronouns, except for **mí** and **ti**.*

a mí me gusta
a ti te gusta
a usted le gusta
a él le gusta
a ella le gusta
a nosotros/as nos gusta
a ustedes les gusta
a ellos/as les gusta

Pues, **a mí me** gustan mucho todas las frutas, especialmente la papaya.	*Well, I really like all fruits, especially papaya.*
¿Y de veras **a ti no te** gustan las papas fritas?	*And do you really not like French fries?*

E. Emphatic short answers to questions with **gustar** are very common. Use the preposition **a** plus a pronoun or noun and the words **sí** or **no**.

---

*Recognition: **a vosotros/as os gusta**

¿A quién le gustan los camarones? —**A mí**, **sí**.

Who likes shrimp? —I do.

¿A quién le gustan los postres de chocolate? —A Alberto le gustan, pero **a Nora**, **no**.

Who likes chocolate desserts? —Al does, but Nora doesn't.

You can use the words **también** (*also*) and **tampoco** (*neither*) instead of **sí** and **no** in short answers.

A Nora le gustan las fajitas. —Pues, **a mí también**.

Nora likes fajitas. —Well, so do I.

Luis, a mí no me gustan mucho estos tacos. —**A mí tampoco**.

Luis, I don't like these tacos very much. —I don't either.

Ejercicio 3

Complete los siguientes diálogos.

Use **me, mí; te, ti**.

—¿____¹ gustan las zanahorias?
—A mí no ____² gustan mucho. ¿Y a ____³?
—A ____⁴, sí. Son muy buenas para los ojos.

Use **él, le; me, mí; te, ti**.

—¿A tu hermano ____⁵ gusta el pollo frito?
—A ____⁶ sí le gusta, pero a ____⁷, no.
—¡A ____⁸ no te gusta el pollo! ¿Por qué no ____⁹ gusta?
—A ____¹⁰ sí me gusta el pollo, pero no ____¹¹ gusta el pollo frito.

Use **me, mí; te, ti**.

—A ____¹² me gusta mucho el pescado.
—A ____¹³ también.
—A ____¹⁴ no me gusta el hígado frito.
—A ____¹⁵ tampoco.
—¿____¹⁶ gustan los camarones?
—Muchísimo. ¿Y a ____¹⁷ no?
—Sí, ____¹⁸ gustan, pero no mucho.

8.3. Prepositions + Pronouns (Part 1)

A. As you have seen in **Gramática 8.2**, pronouns often follow prepositions in Spanish. The pronouns used in this way are the same as the subject pronouns, except for **mí** and **ti**.

a mí	to, at me
de ti, usted(es)	of, from you
en él	in, on him
para ella	for her
sin nosotros/as	without us
con ellos/as	with them

¿Para quién es el regalo? ¿Es **para mí**? —No, es **para él**.
¿Sin Rogelio? No podemos ir **sin él**.
Adriana es una magnífica empleada. Tengo mucha confianza **en ella**.

Who is the present for? Is it for me? —No, it's for him.
Without Rogelio? We can't go without him.
Adriana is a magnificent employee. I have a lot of confidence in her.

B. **Con** and **mí** combine to form **conmigo** (*with me*). **Con** and **ti** form **contigo** (*with you*).

Marta, ¿quieres ir **conmigo** al teatro esta noche?

Marta, do you want to go to the theater with me this evening?

Ejercicio 4

Graciela le dice a Amanda para quién son algunas cosas, y Amanda reacciona con sorpresa. ¿Qué dice Amanda en cada caso?

MODELO: Esta cerveza es para mi hermanito. → ¿Para él? ¡No lo creo!

1. Este rifle es para mi madre. 2. Este dinero es para ti. 3. Esta tequila es para Paula y Andrea. 4. Estos ajos son para don Anselmo. 5. Esta rosa es para mi papá. 6. Este vino es para ti y para mí. 7. Estas cebollas son para Estela Ramírez.

Ejercicio 5

Complete estos diálogos con **mí, ti, él, conmigo** o **contigo**.

—Mira, Graciela, estas rosas son para ____¹.
—¿Para ____², Roberto? Ay, ¡qué bonitas son!

—Amanda, te invito al baile este fin de semana. ¿Quieres ir ____³?
—Sí, me gustaría ir ____⁴, pero no puedo. Voy a ir con Ramón.
—¡Con ____⁵! ¡Ay, qué triste para ____⁶!

—Graciela, ¿qué piensas del nuevo estudiante francés, Richard?
—¿Qué pienso de ____⁷? No sé. ¿Qué piensas tú de ____⁸?
—No sé, pero él va a estudiar ____⁹ esta noche.
—¿Va a estudiar ____¹⁰? ¿Dónde?
—En mi casa.
—¡Qué suerte para ____¹¹!

8.4. Negation

algo	nada	something/nothing
alguien	nadie	somebody/nobody
algún	ningún	some/none, no one
alguno/a/os/as	ninguno/a	
siempre	nunca (jamás)	always/never
también	tampoco	also/neither

8.4. These words have appeared many times in your speech and the readings; it is likely that students already know most of them. Although they have undoubtedly noticed the existence of multiple negatives in Spanish, they are unlikely to be aware of how they are used.

A. Spanish often requires the use of multiple negatives in the same sentence.

¿Tienes algo en el horno? —**No, no** tengo **nada**.
Do you have something in the oven? —No, I don't have anything.

¿Hay alguien en la puerta? —**No, no** hay **nadie**.
Is there someone at the door? —No, there is no one.

Señora Silva, ¿va usted siempre al mercado los martes? —**No, no** voy **nunca** los martes.
Mrs. Silva, do you always go to the market on Tuesdays? —No, I don't ever (I never) go on Tuesdays.

B. **Alguno** and **ninguno** shorten to **algún** and **ningún** before masculine singular nouns; **uno/un**, **bueno/buen**, **primero/primer**, and **tercero/tercer** follow the same rule.

¿Hay **algunos** postres sin azúcar? —No, señor, no tenemos **ningún** postre sin azúcar.
Are there any desserts without sugar? —No, sir, we don't have any desserts without sugar.

Spanish prefers to use **ninguno** in the singular form.

C. **No** is not needed when the negative word precedes the verb.

Nunca como entre comidas.
Nadie fue al mercado.
I never eat between meals.
Nobody went to the market.

D. Express *I (you, we . . .) don't either* with a subject pronoun + **tampoco**.

Yo no quiero comer helado. —**Yo tampoco**.
I don't want to eat ice cream. —I don't either. (Me neither.)

Yo no quiero más arroz. **Tú tampoco**, ¿verdad?
I don't want more rice. You don't either, do you?

Ejercicio 6

Ej. 6. Assign as homework and ask students to check their answers in answer key.

Usted está de mal humor. Su amigo/a le hace estas preguntas. Conteste en forma negativa a todas. Use **nada, nadie, nunca** o **ninguno/a**.

MODELO: —¿Hay algo de comer en el refrigerador?
—No, no hay <u>nada</u>.

1. —¿Fue alguien al supermercado ayer?
   —No, no fue _____.
2. —¿Desayunaste algo esta mañana?
   —No, no comí _____ .
3. —¿Siempre comes en restaurantes chinos?
   —No, _____ como allí.
4. —¿Invitaste a alguien a cenar esta noche?
   —No, no invité a _____.
5. —¿Compraste sandía?
   —No, no encontré _____ madura.
6. —¿Quieres algo de tomar?
   —No gracias, no quiero _____.
7. —¿Te sirvo espinacas?
   —No, gracias. ¡_____ las como!
8. —¿Por qué no invitaste a Roberto y a Ramón a la fiesta?
   —Sí los invité, pero _____ de los dos quiso venir.

Ejercicio 7

Usted todavía está de mal humor. Conteste todas estas preguntas en forma negativa. Use siempre **ninguno** o **ninguna**.

MODELO: —¿Quieres la manzana verde o la amarilla?
—No quiero <u>ninguna</u> (de las dos).

1. —¿Prefieres el batido de chocolate o el de vainilla?
   —¡No quiero _____ de los dos! Estoy a dieta.
2. —¿A quién quieres invitar a cenar esta noche, a tu profesora de español o a tu profesora de matemáticas?
   —No voy a invitar a _____ de las dos; ya invité a Carmen.
3. —¿Llamaste a Clara, a Nora o a Mónica?
   —No llamé a _____ de las tres; no tuve tiempo.
4. —¿Qué platillo pediste en el Restaurante Mi Casita, chiles rellenos o tamales?
   —No pedí _____ de los dos. No me gusta la comida mexicana.
5. —¿Compraste los tomates para la salsa?
   —No, porque no encontré _____ maduro.
6. —¿Qué te gustó más, la carne asada o la langosta?
   —No me gustó _____ de las dos.

Ejercicio 8

Complete estos otros diálogos con **mí, ti, él, ella, también, tampoco** o **ninguna**.

—Estela, ¿te gusta el hígado?
—¿A _____[1]? No, no me gusta.
—A _____[2] _____[3] me gusta, pero lo como porque es bueno para la salud.

¿Y a Ernesto le gusta?
—A _____[4] sí le gusta, y a Ernestito _____[5] le gusta.
—¿A Paula y a Andrea _____[6] les gusta?
—No, _____[7] de las dos lo come.

—Margarita, ¿vas a preparar avena para el desayuno?
—No, porque a los niños no les gusta… y a _____[8] _____[9] me gusta.
—Ay, pero a _____[10] sí me gusta.
—¿A _____[11], Pedro? Pero si nunca la comes.
—Ay, Margarita, a _____[12] me gusta muchísimo… no la como porque tú nunca la preparas.

—Ramón, este flan es para _____[13].
—¿Para _____[14]? Ay, Amanda, lo siento mucho, pero… a _____[15] no me gusta el flan… ¿Por qué no lo comes tú?
—Ay, Ramón, pues porque a _____[16] _____[17] me gusta.
—Pues, entonces ¿por qué no lo dejamos para Graciela? ¿O a _____[18] _____[19] le gusta?
—¡Qué buena idea! A _____[20] le gusta mucho.

Introduce this ad for an Argentinean restaurant from the magazine *APSI* (Chile) by talking about Argentinean geography and the fact that cattle (*ganado*) and meat products are an important export. For that reason, Argentineans have always been accustomed to eating a great deal of beef and other meat products, although recent economic problems in that country have made it more difficult for most Argentineans to buy as much beef as in the past. Especially popular is *carne a la parrilla*, also known as a *parrillada*. The specialty of this restaurant is *borrego* (lamb), *cabrito* (goat), and *lechón* (suckling pig).

8.5. The Impersonal *se*

In addition to its function as a reflexive marker, the pronoun **se** is also used in "impersonal" constructions. In English this structure is expressed with the impersonal *you* (*You need good film to take good pictures*), the pronoun *one* (*One should always think before acting*), the pronoun *they* (*They sell beer by the glass*), or the simple passive (*Beer is sold only by the glass here.*)

8.5. This is a very useful structure. We suggest that it be emphasized.

¿Cómo **se dice** tablecloth en español? —**Se dice** «mantel».
Aquí **se habla** español.

How do you say tablecloth in Spanish? —You say **mantel**.
Spanish is spoken here. (They speak Spanish here.)

Primero **se agrega** la sal y después **se mezcla** todo.
No **se debe** dormir inmediatamente después de comer.

First you add the salt and then you mix everything.
One shouldn't sleep immediately after eating.

If the topic in question is plural, the verb is also usually plural.

¿**Se sirven mariscos** frescos aquí? —Sí, **se preparan camarones** deliciosos y el precio es muy módico.

Are fresh shellfish served here? —Yes, they prepare delicious shrimp, and the price is very moderate.

Ej. 9. Assign as homework and ask students to check their answers in answer key.

Ejercicio 9

Escoja el verbo más lógico. No olvide usar el **se** impersonal: **comer, poner, cortar, lavar, agregar, necesitar, hablar, batir.**

1. Para preparar un sandwich de jamón y queso, _____ el jamón y el queso en rebanadas.
2. Para alimentarse (*eat*) bien, _____ comer de los cuatro grupos esenciales de alimentos.
3. Primero _____ el bróculi y luego _____ en el agua a hervir.
4. En este restaurante _____ mariscos frescos y deliciosos.
5. Para hacer un buen guacamole, _____ cebolla y otros ingredientes.
6. Para hacer una tortilla española _____ huevos y patatas.
7. ¿_____ francés en ese restaurante?
8. ¿_____ los huevos para la tortilla española?

8.6. Stem-Vowel Changes in Verbs Like *pedir* and *servir*

A few verbs like **pedir** (*to order; to ask for*) and **servir** (*to serve*) change **e → i** in certain present- and past (preterite)-tense forms. In the present, all forms of **pedir** and **servir** use the stems **pid-** and **sirv-** except for the **nosotros/as** form and the infinitive.*†

8.6. The conjugation of verbs like *pedir* is identical to the pattern of verbs like *dormir* or *sentir*, but without a diphthong. Although only *pedir* and *servir* really fit the theme of this chapter, other common verbs of this type deserve practice: *seguir, reírse,* and *sonreír* are all very useful. First-year students do not seem to master this type of verb, but they do pick up some of the forms of *pedir (pedí:* I ordered) and a few others (*sonríe:* he/she smiles) that occur often in the input. We do not present the rule that predicts which forms will change to *i* because it is difficult to apply (*e* in stems whose endings have a stressed *í,* but *i* in all other forms).

pedir	servir
pido	sirvo
pides	sirves
pide	sirve
pedimos	servimos
piden	sirven

In the past tense, only the **él/ella** and **ellos/as** forms use the stem with **i.**‡

pedir	servir
pedí	serví
pediste	serviste
pidió	sirvió
pedimos	servimos
pidieron	sirvieron

---

*The **e → i** change also occurs in present participles: **pidiendo** (*ordering*) and **sirviendo** (*serving*).
†Recognition: **vosotros/as pedís, servís**
‡Recognition: **vosotros/as pedisteis, servisteis**

En este restaurante **sirven** excelente comida. La semana pasada me **sirvieron** una paella sabrosísima.

They serve excellent food in this restaurant. Last week they served me a very tasty paella.

Pilar, ¿qué platillo **pediste** en el Restaurante Mi Casita? —**Pedí** unas enchiladas de pollo. Siempre **pido** lo mismo allí.

Pilar, what dish did you order at Restaurant Mi Casita? —I ordered chicken enchiladas. I always order the same thing there.

The verbs **vestir** (*to dress*) and **seguir** (*to follow*) also conform to this pattern. **Reír** (*to laugh*), **sonreír** (*to smile*), and **freír** (*to fry*) follow the pattern too, except that in the third-person forms of the past tense one **i** is dropped: **sonreí, sonreíste, sonrió** (**sonri- + -ió**), **sonreímos, sonrieron** (**sonri- + -ieron**).

Daniel se **vistió** muy rápido anoche.

Daniel dressed very quickly last night.

Estela no **siguió** la receta y el pastel no resultó.

Estela didn't follow the recipe and the cake didn't turn out.

Doña Rosita **está friendo** las tortillas.

Doña Rosita is frying the tortillas.

Ej. 10. Assign as homework; then follow up with oral pair work.

Ejercicio 10

Use las formas apropiadas de **servir** o **pedir**.

Ayer yo _____¹ una Coca-Cola, pero mi amigo José Estrada _____² un vaso de leche. Después los dos _____³ sandwiches de jamón y queso. ¡Pero el mesero nos _____⁴ sandwiches de pollo!

PILAR: ¿Qué vas a _____⁵ ahora?
CLARA: Creo que voy a _____⁶ pollo asado.
PILAR: Aquí _____⁷ muy buenos mariscos.
CLARA: Entonces yo voy a _____⁸ camarones fritos.

JOSÉ: ¿Qué _____⁹ tú en un restaurante mexicano?
PILAR: Eso depende. Si _____¹⁰ mariscos, _____¹¹ un coctel de mariscos.
JOSÉ: ¿Y si no hay mariscos?
PILAR: Entonces prefiero _____¹² un chile relleno.

PILAR: Ayer mi novio y yo fuimos a un restaurante francés muy elegante.
CLARA: ¿Qué _____¹³ ustedes?
PILAR: _____¹⁴ sopa de mariscos, ensalada y carne de res en salsa de vino.
CLARA: Mmm. ¿Y les _____¹⁵ postre también?
PILAR: Oh sí, yo _____¹⁶ flan y mi novio _____¹⁷ pastel de chocolate.

CAPÍTULO NUEVE

EL PASADO

Zaragoza, España

GOALS—CHAPTER 9

The activities in *Capítulo 9* give students the opportunity to understand and talk about habitual activities in the past. This includes childhood activities and memories of primary and secondary school. Talking about past habitual activities in Spanish requires the imperfect. Therefore we introduce the imperfect forms with action verbs, stressing the function of "habitual" repeated action in the past, i.e., the equivalent of "used to" in English. We also introduce the imperfect with "state-of-being" verbs (*tener, querer, poder*, etc.). The imperfect to indicate background action or action in progress is introduced in *Capítulo 11*, as is the contrast between the past (preterite) and the imperfect.

The semantic differences between the past (preterite) and imperfect are somewhat complex. It is unrealistic to think that first-year students will acquire them with the reduced language contacts available to them; even learning the rudiments of the contrast takes a great deal of time and effort. We have chosen to simplify the presentation and activities as much as possible (even at the risk of some inaccuracies) by keeping the two "tenses" (in reality, "aspects") apart. For now, we avoid contexts in which students will have to produce the two tenses together or choose between the two.

METAS
In **Capítulo nueve** you will expand your ability to talk about your family. You will learn to use a past tense to express different kinds of memories: your habitual activities and others', and the way you felt about things in the past.

ACTIVIDADES ORALES Y LECTURAS

La familia y los parientes

La niñez

La juventud
Las experiencias y los recuerdos

«Los hispanos hablan de su familia»
«¡Así piensan los niños!»
«Mi primo Gustavo»
«La matrícula de Raúl»
«El niño al que se le murió el amigo»: Ana María Matute

GRAMÁTICA Y EJERCICIOS

9.1 Diminutives
9.2 Past Habitual Actions: The Imperfect
9.3 The Imperfect and Past (Preterite) of "State" Verbs
9.4 The Imperfect of **Ir** + **a** + Infinitive
9.5 Unplanned Occurrences: **se**

ACTIVIDADES ORALES Y LECTURAS

LA FAMILIA Y LOS PARIENTES

Use your PF or photos of your own family to review family terms such as *abuelo/a, hijo/a,* and *padres* and to introduce a few new family terms (*tío/a, sobrino/a,* etc.). Then use the display (or your own family tree on the board) to define all other new terms: *suegro/a, cuñado/a, yerno, nuera.*

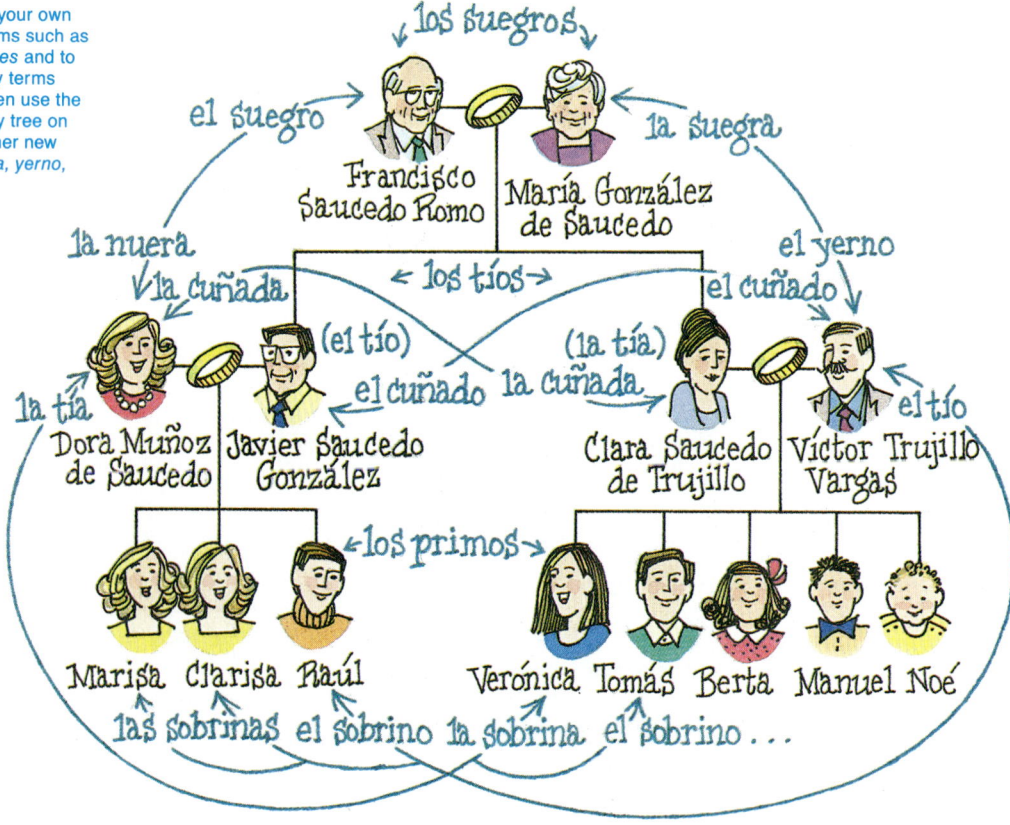

los suegros
el suegro → Francisco Saucedo Romo
María González de Saucedo ← la suegra
la nuera ↓
la cuñada ↓
← los tíos →
el yerno
el cuñado ↓
la tía
Dora Muñoz de Saucedo | Javier Saucedo González
(el tío) el cuñado | (la tía) la cuñada
Clara Saucedo de Trujillo | Víctor Trujillo Vargas
el tío
← los primos →
Marisa Clarisa Raúl   Verónica Tomás Berta Manuel Noé
las sobrinas el sobrino la sobrina el sobrino . . .

Act. 1. Pair work. Suggest that students make up their own questions based on the display.

Actividad 1. La familia de Raúl

1. ¿Cómo se llama la tía de Raúl, Clarisa y Marisa?
2. ¿Cuántos primos tiene Raúl?
3. ¿Cómo se llaman los abuelos de Raúl?
4. ¿Cómo se llama el tío de Tomás?
5. ¿Cuántas sobrinas tienen Dora y Javier? ¿Cómo se llaman?
6. ¿Cómo se llama el cuñado de Javier?
7. ¿Cómo se llaman los suegros de Dora?
8. ¿Cuántos nietos tienen Francisco y María?
9. ¿Cómo se llaman las primas de Tomás, Manuel, Berta, Verónica y Noé?
10. ¿Cómo se llama el yerno de Francisco y María? ¿y su nuera?

Actividad 2. Entrevista: Mi familia

1. ¿Cuántas personas hay en tu familia?
2. ¿Cuántos años tiene tu padre? ¿Y tu madre?
3. ¿Cuántos tíos tienes? ¿Dónde viven?
4. ¿Tienes muchos primos? ¿Cómo se llama tu primo favorito (prima favorita)?
5. ¿Están vivos (muertos) tus abuelos? ¿Cuántos años tienen? ¿Dónde viven?
6. ¿Tienes hermanos? ¿Están casados? ¿Tienes sobrinos? ¿Cómo se llaman?
7. ¿Estás casado/a? ¿Cómo se llama tu esposo/a? ¿Dónde viven tus suegros? ¿Te llevas bien con ellos?
8. ¿Cuántos cuñados tienes? ¿Son simpáticos?
9. ¿Tienes hijos? ¿Cómo se llaman?
10. ¿Están casados tus hijos? ¿Cómo se llaman tus yernos/nueras? ¿Son simpáticos? ¿Tienes nietos? ¿Cuántos años tienen tus nietos?

NOTA CULTURAL   Los hispanos hablan de su familia

¿Cómo describen los hispanos a sus familias? «Mi familia es unida», dice Rogelio Varela. Y Raúl Saucedo comenta: «Mi familia es bastante° grande... ». Carla Espinosa nos dice que le gusta reunirse con su familia: «Siempre nos divertimos cuando estamos juntos». Adriana Bolini tiene unas relaciones muy especiales con sus padres: «Somos como amigos». «A veces», dice Raúl Saucedo, «los domingos nos vamos todos al parque Chapultepec para merendar. Pasamos un día estupendo». Para Silvia Bustamante no hay vacaciones como las que pasa con sus padres en Morelia: «Espero ansiosamente° el verano para regresar y verlos. Los extraño° mucho».

Las familias de estos jóvenes representan bastante bien a la familia hispana: es grande y unida. El hispano prefiere hablar de sus problemas con el padre, la madre o un hermano antes que hablar con un amigo. «Un buen amigo», dice Rogelio, «puede tratar de ayudarnos, pero nadie puede entendernos tan bien como un miembro de la familia». La familia es sin duda° un núcleo importante en la sociedad hispana.

La familia hispana típica no consta° solamente de los padres y los hijos; también están incluidos los abuelos. La relación entre los más viejos y los jóvenes es especial: conversan, intercambian° ideas. Los nietos escuchan los consejos° y los recuerdos° de sus abuelos. Y claro, es

rather

anxiously
I miss

sin... undoubtedly

consists

exchange
advice / memories

La Alberca, España: La relación entre los más viejos y los jóvenes es especial. En la foto, la abuela viste a la nieta con un traje tradicional de la región.

normal encontrar a una tía, a un primo o a un sobrino viviendo en la casa familiar. Hasta los amigos se incorporan a las actividades de la familia. «Mi casa», explica Silvia, «nunca está vacía.° La puerta siempre está abierta para los amigos. Todos son parte de nuestra familia».   *empty*

Comprensión

1. ¿Qué hace Raúl Saucedo con su familia? 2. ¿Con quién prefiere hablar un hispano de sus problemas? 3. ¿Quiénes forman parte de la familia hispana?

¿Y usted?

1. ¿Qué le gusta hacer a usted con su familia? 2. ¿Con quién prefiere usted hablar de sus problemas? 3. ¿Quiénes forman parte de la típica familia norteamericana? ¿Y de su familia?

LA NIÑEZ

¡OJO! *Estudie Gramática 9.1–9.2.*

Cuando Adela Martínez era niña, vivía en Guanajuato.

Montaba a caballo.　　Leía las tiras cómicas los domingos.　　Saltaba la cuerda.

Mis amigas y yo jugábamos con nuestras muñequitas en el jardín de la casa.　　Mi abuela y yo preparábamos la cena.　　Mi perrito y yo corríamos por el parque.

Actividad 3. La niñez de algunas personas famosas

¿Qué hacían estas personas famosas en su niñez? A cuál(es) de estas personas le(s) atribuye usted las siguientes actividades?

Elizabeth Taylor, actriz
Fidel Castro, primer ministro de Cuba
Marie Curie, científica francesa
Fernando Valenzuela, jugador de béisbol mexicano
Cristóbal Colón, descubridor de las Américas

1. Soñaba con cambiar la sociedad.
2. Rompía las ventanas de sus vecinos con una pelota.
3. Pensaba mucho en la ciencia.
4. Vivía en Cuba.
5. Jugaba con muñecas.
6. Vivía en Francia.
7. Navegaba.
8. Hablaba francés.
9. Soñaba con viajar.
10. Jugaba al béisbol.
11. Trabajaba en el cine.
12. Leía mucho.
13. Estudiaba danza.
14. Quería descubrir «nuevos mundos».
15. Vivía en un pueblo mexicano.
16. Montaba a caballo.
17. Hablaba español.
18. Estudiaba los mapas.
19. Se miraba con frecuencia en el espejo.
20. Soñaba con descubrir una nueva ruta a la India.

252 Capítulo nueve

"Verlos así me hace feliz.
Yo les doy Klim todos los días."

Porque Klim es leche pura,
con toda su crema
y se conserva siempre fresca en su lata hermética.
Klim suministra las vitaminas A y D,
las proteínas y el calcio, que contribuyen a
la salud y el crecimiento
de los niños.

Use this ad to talk about the differences between nutrition needs of children and of adults.

Dé a sus hijos
Amor y leche Klim

Act. 4. Convert the statements into questions: *¿Quien(es) montaba(n) a caballo de niño/a?* Or do as autograph activity. New words: *equipo, gatito/a, historietas, pelear, sacar buenas/malas notas, Santa Claus, subirse a los árboles.*

AA 2. Pair students and ask them to discuss their primary school activities. They should take notes on each other's activities, then report back to the class. You may wish to write some infinitives on the board as a guide for discussion.

Act 5. New words: *abuelito, amiguito, carritos, ¿Cómo era? después de clases, pueblito, recordar, recreo.*

Actividad 4. La niñez

¿Quién en la clase hacía estas actividades cuando era niño/a?

    MODELO: Jugaba a las cartas. →
                   Martín y Roberto jugaban a las cartas cuando eran niños.

1. Montaba a caballo.
2. Peleaba frecuentemente con sus hermanos.
3. Sacaba buenas notas en la escuela.
4. Jugaba en un equipo de béisbol.
5. Tenía un perro y un gatito.
6. Nadaba mucho.
7. Saltaba la cuerda.
8. Leía historietas.
9. Se subía a los árboles.
10. Creía en Santa Claus.

Actividad 5. Entrevista: La niñez

1. ¿De niño/a, vivías en una ciudad o en un pueblito?
2. ¿Qué te gustaba hacer? ¿Jugabas con muñequitas? ¿con carritos?
3. ¿Tenías un perrito? ¿Cómo se llamaba?
4. ¿A qué escuela asistías? ¿Cómo era? ¿Recuerdas cómo se llamaba tu maestro/a favorito/a?

5. ¿Qué te gustaba hacer en la escuela? ¿Qué no te gustaba hacer?
6. ¿Tenías muchos amiguitos? ¿A qué jugaban durante la hora del recreo?
7. ¿Qué hacías después de clases todos los días?
8. ¿Hacías muchas cosas con tus padres? ¿Visitabas mucho a tus abuelitos? ¿Te divertías mucho con tus hermanitos?
9. ¿Ibas al cine con frecuencia? ¿Qué películas te gustaba ver?

LECTURA   ¡Así piensan los niños!

NIÑA PRECAVIDA[1]
Mi hija Ana (3 años) bajó corriendo por una cuesta[2] muy empinada.[3] «¡Ten cuidado, que te vas a caer!»[4] exclamé al verla correr tan alocada.[5] «No te preocupes mamá, voy agarrada a los tirantes.»[6]
(Lurdes Mejido, Badajoz)

¡QUÉ DIVER![7]
María (3 años) y su amiga Patricia (5 años) estaban jugando en el jardín de nuestra casa. De pronto, María hizo una propuesta[8] sugerente: «¿Por qué no jugamos a que tú te escondes[9] detrás de ese árbol y yo te busco?»
(Ana Isabel Fernández, Palma)

[1]*cautious* [2]*hill* [3]*steep* [4]*¡Ten... Be careful, you're going to fall down!* [5]*crazily* [6]*voy... I'm hanging on to my suspenders* [7]*divertido* [8]*proposal* [9]*te... hide*

¿Y usted?

1. ¿Recuerda algún concepto equivocado que usted tenía de niño/a? Explíquelo.   2. ¿Recuerda algo chistoso que usted (o su hijo/a) dijo cuando tenía 4, 5, 6 ó 7 años? Cuéntelo.

JUEGOS DE LA NATURALEZA
Serie documental producida por T.V.E. Mezclando imágenes reales con dibujos animados, se trata de mostrar a los niños la evolución de la naturaleza, desde las primeras manifestaciones de vida hasta la aparición del hombre. Los domingos por la 2.ª cadena.

Actividad 6. Discusión: Los niños y la comida

LÓGICA INFANTIL

Le dije a mi hija Conchita (4 años) que tenía que comer todo el arroz para hacerse grande[1] como papá y mamá. La pequeña se quedó pensativa[2] y después de un rato[3] me dijo: «Mami, yo tengo que comer para hacerme grande como papá y como tú, ¿verdad?» «¡Sí, mi niña!» exclamé, contenta de que por fin lo hubiese entendido.[4] «Oye —prosiguió—[5] ¿y vosotros para qué coméis?»

(*Conchita Palazón, Sardañola*)

---

[1]hacerse... *to become a big girl* [2]se... *looked thoughtful* [3]*while* [4]hubiese... *had understood* [5]*continued*

1. La niña de la anécdota que aparece aquí no quería comer el arroz. Según su madre, ¿por qué necesitan los niños comer todo lo que sus padres les sirven?
2. ¿Por qué pregunta la niña que para qué comen sus padres?
3. De niño/a, ¿qué comía usted con gusto? ¿Qué no comía nunca?
4. ¿Qué hacía usted cuando su madre le servía comida que no le gustaba? ¿Qué tenía que comer si quería comer postre?
5. ¿Comía usted en restaurantes con frecuencia? ¿Cuál era su favorito? ¿Qué comía allí? ¿Qué bebía? ¿Pedía usted su comida o la pedían sus padres?
6. ¿Le gustaba comer en restaurantes de servicio rápido como McDonald's? ¿Por qué?

LECTURA   La telenovela «Los vecinos»: Mi primo Gustavo

¡Cómo me divierto con mi primo Gustavo! Me gusta oírlo hablar de las cosas que les hace a sus maestros, como ponerles tachuelas° en el asiento y pegarles rabos° en la ropa. Yo una vez quise hacerle cosas así a mi maestra y me fue muy mal,° porque la maestra llamó a mi papá y le dijo que yo me portaba mal.° «¡Ernestito!», gritó mi padre. «¡No vas a ver televisión por una semana!»

   Tengo tantas ganas de que llegue° el verano, porque no hay clases y paso casi todo el día en la casa de Gustavo. El verano pasado íbamos mucho al cine; siempre entrábamos a escondidas° a las películas prohibidas para menores. Andábamos en bicicleta todas las mañanas. Por las tardes, antes de la cena, nadábamos en la alberca° del gimnasio. Y por la noche, antes de dormirnos, leíamos unas historietas buenísimas que Gustavo traía del

thumbtacks / tails

me... I got in a lot of trouble
yo... I was behaving badly

arrive

entrábamos... sneaked in

piscina (Mex.)

El pasado   **255**

colegio. Mis preferidas eran las del Hombre Araña.°

Cuando nos aburríamos, llamábamos por teléfono a nuestros amigos; también llamábamos a gente desconocida. Una vez Gustavo llamó al carnicero° y le preguntó si tenía patas de cerdo° y lengua de vaca. El hombre dijo que sí, que claro, y Gustavo entonces le dijo: «¡Pero usted sí que es un tipo raro,° con patas de cerdo y lengua de vaca!»

Siempre me divierto con Gustavo. ¡Es un primo a todo dar!°

Hombre... *Spider-Man*

butcher
patas... *pig's feet*

¡Pero... *Boy, are you strange*

¡Es... *He's a great cousin!* (Mex.)

niño/a? ¿Hacía usted este tipo de travesura cuando era niño/a? ¿Qué hacen normalmente los muchachos de 16? ¿Qué tipo de problemas tienen? ¿Tiene usted amigos o hermanos adolescentes? ¿Cuáles son sus pasatiempos? ¿sus preocupaciones? De niño/a, ¿hacía usted cosas con sus hermanos o primos durante los veranos? Explique. New words in questions: *chistoso/a, travesuras*.

Comprensión

1. ¿Qué travesuras hace Gustavo en su colegio?   2. ¿Por qué le gusta a Ernestito el verano?   3. ¿Qué hacían Ernestito y Gustavo durante el verano pasado?   4. ¿Qué le preguntó Gustavo al carnicero? ¿Por qué? ¿Fue chistoso?

¿Y usted?

¿Qué travesuras hacía usted cuando era niño/a?

LA JUVENTUD

Use the sketches of doña Lola's high school days as a point of departure to tell students about typical activities in your own high school or equivalent. Compare your high school activities with those of your parents. Emphasize changes from one generation to another. New words: *dar permiso, don/doña, juventud*.

¡OJO! *Estudie Gramática 9.3–9.4.*

doña Lola

Doña Lola era una joven muy bonita.

Bailaba con su novio en las fiestas.

Estudiaba todas las noches.

En la escuela siempre sabía la lección.

Tenía muchos amigos y amigas. Iba al cine con ellos.

Conoció a su mejor amiga, Rosita, cuando las dos tenían 8 años.

Quería casarse a los 15 años, pero su papá no quiso darle permiso.

La familia hispana, como lo demuestra esta familia de Torreón, México, es generalmente grande y muy unida.

Actividad 7. Cuando yo tenía 15 años...

Diga sí o no y por qué (no).

1. No sabía qué carrera quería seguir, pero estaba seguro/a de que iba a ser famoso/a y millonario/a.
2. Creía que ningún adulto podía comprenderme.
3. A veces pensaba que mis padres no sabían nada.
4. Me llevaba bien con mis amigos, pero no podía llevarme bien con mis padres.
5. No podía estar sin pelear con mis hermanos.

Diga con qué frecuencia (siempre, frecuentemente, a veces, casi nunca, nunca) hacía estas cosas.

6. Iba a la playa y jugaba con los tiburones.
7. Andaba en bicicleta.
8. Leía solamente las tiras cómicas y la sección deportiva del periódico.
9. Pasaba horas y horas al teléfono con mis amigos.
10. Iba de compras con mis amigos.

Actividad 8. La escuela secundaria

Diga qué hacía usted en estas situaciones cuando era estudiante de la escuela secundaria.

1. Cuando no quería ir a la escuela,...
    a. decía: «Ay, estoy enfermo/a».
    b. iba al cine.
    c. jugaba con mi perro.
    d. ¿_____?

2. Cuando mi madre no me permitía ver la televisión antes de hacer la tarea,...
   a. lloraba.
   b. hacía la tarea rápidamente.
   c. decía: «Pero hoy no tengo tarea».
   d. ¿____?
3. Cuando quería comprar ropa nueva y no tenía dinero,...
   a. le pedía dinero a mi padre (madre, abuelo, ¿____?).
   b. ahorraba dinero.
   c. trabajaba.
   d. ¿____?
4. Cuando quería salir con mis amigos y mi padre no me daba permiso,...
   a. me escapaba cuando todos estaban dormidos.
   b. discutía con mi padre.
   c. lloraba y gritaba.
   d. ¿____?
5. Cuando tenía que entregarle la tarea al profesor (a la profesora) y no la tenía,...
   a. la hacía rápidamente durante la clase.
   b. le decía: «Anoche no pude hacerla porque estaba enfermo/a».
   c. le preguntaba: «¿Teníamos tarea?».
   d. ¿____?

Actividad 9. Entrevista: La escuela secundaria

1. ¿Cómo se llamaba la escuela secundaria a la que asististe?
2. ¿Vivías lejos de la escuela? ¿Cómo ibas a la escuela?
3. ¿Llegabas a la escuela a tiempo o llegabas tarde?
4. ¿Te quejabas de las tareas que te daban los profesores?
5. ¿Qué materia preferías? ¿Estudiabas mucho? ¿Sacabas buenas notas?
6. ¿Participabas en actividades deportivas? ¿Cuáles?

Actividad 10. Entrevista: Los veranos

1. Cuando eras más joven, ¿dónde pasabas los veranos? ¿Viajabas solo/a o con tus padres?
2. ¿Visitabas a tus parientes? ¿Qué hacías con ellos?
3. ¿Trabajabas? ¿Dónde? ¿Qué hacías? ¿Ganabas mucho dinero?
4. ¿Qué hacías en las tardes? ¿en las noches? ¿Practicabas algún deporte?
5. Cuando empezaban las vacaciones, ¿pensabas que ibas a hacer muchas cosas? ¿Las hacías? ¿Por qué?
6. ¿Prometías que ibas a leer muchos libros? ¿Cuántos leías?
7. ¿Había cosas que querías hacer pero tus padres no te permitían hacerlas? ¿Recuerdas algunas? ¿Por qué no te permitían hacerlas? ¿Las hacías de todos modos?

Actividad 11. Diálogo original

Amanda Ruiz quiere ir con su novio a un baile y piensa volver después de las 2:00 de la mañana. Habla con sus padres y les explica la situación. Su papá está escandalizado porque, según él, eso no se permitía cuando él era joven. Hagan ustedes los papeles de Amanda y el Sr. Ruiz.

SR. RUIZ: Tienes que regresar a las 12:00 de la noche… en punto. En mis tiempos…
AMANDA: Sí, papá, pero en tus tiempos…
SR. RUIZ: Pero, Amanda, eso no es una excusa…
AMANDA: …

Actividad 12. Drama: El esposo celoso

Este año se celebra una reunión de los estudiantes de la escuela secundaria a la que asistió Estela Ramírez. Desde que ella se graduó hace dieciocho años, casi no ve a ninguno de sus antiguos amigos. Estela llega a la reunión y se encuentra con su primer novio. Empiezan a hablar del pasado, de cómo eran las cosas en aquel entonces. El ex novio comienza diciendo, «Siempre eras la más bonita de toda la escuela… » ¡Ernesto, el esposo de Estela, se muere de celos! Hagan ustedes los papeles de Estela, Ernesto y el ex novio y preparen un pequeño drama para presentarlo en clase.

LECTURA   Los amigos hispanos: La matrícula de Raúl

Uno puede tener muchas dificultades cuando no conoce muy bien el sistema de matrícula° de algunas universidades. Yo recuerdo mi primer año en la Universidad de Texas, en San Antonio, y ahora me da risa.° Nunca voy a olvidar aquel primer semestre…

El día de la matrícula me levanté muy temprano y fui a inscribirme° con mucho entusiasmo. Pero no esperaba tener que llenar° tantos papeles; creo que escribí mi nombre más de veinte veces. Pasaba de oficina a oficina sin saber adónde iba. A veces simplemente seguía a los otros estudiantes. Descubrí entonces que en dos de las clases que yo necesitaba, ya no aceptaban a más estudiantes. Como estaba tan confundido, me inscribí en una clase de natación avanzada… ¡Y yo no sabía nadar!

El primer día de clases encontré la alberca° sin dificultad. Luego el instructor me dijo que tenía que pasar un examen: mantenerme en la superficie° por diez minutos. Sentí pánico y pensé que por seguro iba a ahogarme.° Empecé a dar patadas° en el agua y en cuestión de°

registration

me… it makes me laugh

enroll
fill out

piscina (Mex.)

surface
drown
kicks / en… in a matter of

segundos me hundí como una piedra.° Supongo° que el salvavidas° corrió a ayudarme inmediatamente, pero a mí me pareció que tardaba siglos.° Cuando salí del agua, más muerto que vivo, me encontré con la cara asustada° del instructor. Me preguntó simplemente: «¿Qué hace usted en esta clase?» Y yo le contesté: «¿Qué hago? Pues... ¡me ahogo!»

me... I sank like a rock / I suppose
lifeguard
tardaba.. he took forever
frightened

El segundo semestre me matriculé en una clase de natación para principiantes.° Hoy puedo nadar bastante bien, pero todavía tengo cierto respeto por el agua profunda° y... los exámenes de natación.

beginners
deep

Ojo de Agua, Costa Rica: En la América Latina, la natación es un deporte popular en los sitios urbanos donde hay piscina. Donde no hay piscina, la gente nada en los lagos y ríos.

Comprensión

¿Quién dijo lo siguiente, el instructor o Raúl?

____ Tuve problemas cuando me inscribí en la universidad.
____ ¡Manténganse a flote!
____ ¡Yo no sé nadar!
____ ¡Naden más rápido!
____ Salgan del agua.
____ ¿Por qué está usted en una clase avanzada?
____ ¡Voy a ahogarme!
____ Tiene que practicar la natación diariamente.
____ Cuando recuerdo aquel incidente, me da mucha risa.

Ahora narre con sus propias palabras la experiencia de Raúl Saucedo, basándose en los siguientes pasos: (1) la matrícula, (2) el problema con las clases y (3) el examen de natación.

260 Capítulo nueve

LAS EXPERIENCIAS Y LOS RECUERDOS

The display focuses on the se-for-unplanned-occurrences construction. Introduce these forms in input by talking about a terrible day in your life, a day in which many bad things happened to you and you forgot or broke many things. Primarily use past forms in this narration. Then develop the topic of things that used to happen to you as a child (imperfect forms). Throughout the narration, ask comprehension/personal questions that require only sí/no answers. Switch to present-tense questions: ¿Se le _____ a veces? New words: descomponerse (se me descompuso), esquíes, olvidarse (se me olvidó), perderse (se le perdió), los recuerdos, romperse (se le rompieron).

¡OJO! *Estudie Gramática 9.5.*

PROFESORA: Alberto, ¿por qué no llegó a tiempo a tomar el examen?
ALBERTO: Profesora, se me descompuso el carro y no pude repararlo.

La profesora le preguntó a Esteban si tenía la tarea y él le dijo: «¡Ay, profesora, se me olvidó en casa!»

Carmen iba a comprar una blusa nueva, pero se le perdió su libro de química y tiene que comprar otro.

Nora iba a esquiar con sus amigos este fin de semana, pero se le rompieron los esquíes y ahora no puede ir.

Actividad 13. ¿Qué pasó?

¿Qué les pasó a estas personas? ¿Le pasó alguna vez algo semejante a usted?

Act. 13. Students may need a bit of coaching to produce sentences for this activity. Suggestion: Write useful infinitives on the board (perhaps coordinated with the numbers of the drawings): olvidar(se), romper(se), caer(se), descomponer(se), perder(se), escapar(se). New words: caerse, escaparse, semejante.

1. Gustavo
2. Amanda 
3. Ernesto y Estela 
4. Ernestito 
5. Amanda

Actividad 14. Los accidentes y las experiencias

¿Recuerda algunos accidentes y experiencias desagradables que tuvo cuando era joven? ¿Se le perdió alguna vez algún objeto favorito? ¿Se le rompió algo muy valioso? Cuénteles los detalles a sus compañeros. Use frases como **se me olvidó, se me rompió, se me descompuso, se me cayó, se me perdió** y **se me escapó**.

1. Una vez, en una fiesta,…
2. En un viaje…
3. Un día, en la escuela secundaria,…
4. Un día, en casa,…
5. La primera vez que fui a…

Actividad 15. Entrevista

Pregúntele a un compañero (una compañera) de clase qué hacía a la edad de _____. Compare lo que hacía con lo que hace actualmente.

MODELO: 10 años / ir al cine → Cuando tenías 10 años, ¿ibas mucho al cine? ¿Vas con frecuencia actualmente?

1. 14 años / ir a muchas fiestas
2. 7 años / jugar al béisbol (y practicar otros deportes) con tus amiguitos
3. 8 años / leer mucho
4. 12 años / pasar mucho tiempo con los abuelos
5. 17 años / trabajar después de asistir a las clases

LECTURA «El niño al que se le murió el amigo» Ana María Matute (España, 1926–)

Ésta es la historia de un niño que pierde a su mejor amigo. Ponga atención a los sentimientos del niño. ¿Qué siente?

Una mañana se levantó y fue a buscar al amigo, al otro lado de la valla.° Pero el amigo no estaba, y cuando volvió, le dijo la madre: «El amigo se murió. Niño, no pienses más en él y busca otros para jugar». El niño se sentó en el quicio° de la puerta, con la cara entre las manos y los codos° en las rodillas.° «Él volverá»,° pensó. Porque no podía ser que allí estuviesen las canicas,° el camión y la pistola de hojalata,° y el reloj aquel que ya no andaba, y el amigo no viniese° a buscarlos. Vino la noche, con una estrella° muy grande, y el niño no quería entrar a cenar. «Entra, niño, que llega el frío», dijo la madre. Pero, en lugar de entrar, el niño se levantó del quicio y se fue en busca del amigo, con las canicas, el camión, la pistola

fence

(door)jamb
elbows / knees / Él… He'll return
estuviesen… were the marbles
tin plate
no… didn't come
star

de hojalata y el reloj que no andaba. Al llegar a la cerca, la voz del amigo no le llamó, ni le oyó en el árbol, ni en el pozo.° Pasó buscándole toda la noche. Y fue una larga noche casi blanca, que le llenó de polvo° el traje y los zapatos. Cuando llegó el sol, el niño, que tenía sueño y sed, estiró° los brazos, y pensó: «Qué tontos° y pequeños son esos juguetes. Y ese reloj que no anda, no sirve para nada». Lo tiró° todo al pozo, y volvió a la casa, con mucha hambre. La madre le abrió la puerta, y dijo: «Cuánto ha crecido° este niño, Dios mío, cuánto ha crecido». Y le compró un traje de hombre, porque el que llevaba le venía muy corto.°

° well
° dust
° stretched / silly
° threw
° ha... has grown
° le... was too short on him

(Jesica Rodríguez, Puerto Rico)

This sketch is from the magazine *Padres e hijos*. Use it to ask about family ties; for example, what children need from their parents and vice versa.

Comprensión

1. ¿Qué le dijo la madre al niño respecto a su amigo? 2. ¿Cómo reaccionó el niño? ¿Por qué cree usted que reaccionó así? 3. ¿Qué hizo el niño toda la noche? 4. A la mañana siguiente, ¿por qué dice la madre que el niño ha crecido?

VOCABULARIO

La familia y los parientes *Family and Relatives*

el abuelito/la abuelita	grandfather/grandmother
el cuñado/la cuñada	brother-in-law/sister-in-law
la nuera	daughter-in-law
el sobrino/la sobrina	nephew/niece
el suegro/la suegra	father-in-law/mother-in-law
el tío/la tía	uncle/aunt
el yerno	son-in-law

REPASO: el abuelo/la abuela, el hijo/la hija, la madre, el nieto/la nieta, el padre, el primo/la prima

Otras personas *Other People*

la actriz	actress
el científico/la científica	scientist
el descubridor/la descubridora	discoverer
el ex novio/la ex novia	ex-boyfriend/ex-girlfriend
el jugador/la jugadora	player

PALABRAS SEMEJANTES: el primer ministro, Santa Claus

Los verbos

ahorrar	to save (money)
aparecer	to appear
atribuir	to attribute
atribuyo/atribuye	
comenzar (ie)	to begin
contar (ue)	to tell, narrate
dar permiso	to give permission
discutir	to discuss; to argue
encontrarse (ue) con	to run into, meet
entregar	to turn in, hand over
estar seguro/a	to be sure
gritar	to yell, shout, scream
había (haber)	there was, there were
hacer el papel de	to play the role of
llevarse bien	to get along well
mirarse en el espejo	to look at oneself in the mirror
morirse (ue) (de celos)	to die (of jealousy)
navegar	to sail
pelear	to fight
permitir(se)	to (be) allow(ed)
practicar un deporte	to play a sport

prometer	to promise
quejarse	to complain
recordar (ue)	to remember
sacar buenas/malas notas	to get good/bad grades
saltar la cuerda	to jump rope
soñar (ue) con	to dream about
subirse a los árboles	to climb trees
tener tarea	to have homework

Los accidentes *Accidents*

caerse	to fall down
se me cayó/cayeron	fell (from my hands)
se le cayó/cayeron	fell (from his/her/your hands)
descomponerse	to break down
se me descompuso/descompusieron	broke down (on me)
se le descompuso/descompusieron	broke down (on him/her/you)
escaparse	to escape, run away
se me escapó/escaparon	escaped (from me)
se le escapó/escaparon	escaped (from him/her/you)
irse	to go away
se me fue/fueron	went away (from me)
se le fue/fueron	went away (from him/her/you)
olvidarse	to forget
se me olvidó/olvidaron	slipped my mind
se le olvidó/olvidaron	slipped his/her/your mind
perderse (ie)	to get lost
se me perdió/perdieron	my _____ disappeared
se le perdió/perdieron	his/her/your _____ disappeared
romperse	to break
se me rompió/rompieron	broke (on me)
se le rompió/rompieron	broke (on him/her/you)

Los sustantivos

los celos	jealousy
el detalle	detail
el equipo	team
el esquí	ski
las historietas	comic books
la juventud	youth
la materia	(school) subject
el millonario/la millonaria	millionaire
el mundo	world
la muñeca	doll
la niñez	childhood
el papel	paper; role
la pelota	ball
el recreo	recess
el recuerdo	memory
el tiburón	shark
las tiras cómicas	comic strips

PALABRAS SEMEJANTES: la anécdota, la ciencia, la danza, la excusa, la India, el mapa, la ruta, la situación, la sociedad

Los adjetivos

antiguo/a	antique; old
celoso/a	jealous
deportivo/a	sports-related
dormido/a	asleep
escandalizado/a	scandalized
famoso/a	famous
muerto/a	dead
valioso/a	valuable

Expresiones relacionadas con el tiempo
Expressions Related to Time

actualmente	at (the) present (time)
¿Cómo era?	What were you/was he/she/it like?
de niño/a	as a child
en aquel entonces	at that time
en mis tiempos	in my time, when I was young
en punto	exactly, on the dot (*time*)
llegar a tiempo	to be/arrive on time
por fin	finally
por primera vez	for the first time
una vez	one time

Palabras y expresiones útiles

de todos modos	anyway
eso	that (*abstract*), that thing, that fact
lejos	far
¿para qué?	what for?, for what purpose?
el restaurante de servicio rápido	fast-food restaurant

GRAMÁTICA Y EJERCICIOS

9.1. Diminutives

The diminutive form of a noun usually denotes small size and/or a positive or affectionate attitude. English has a few common diminutives like *doggie*, *kitty*, and some names have diminutive forms (*Bobby*, *Tommy*, *Susie*). But in Spanish most nouns and many adjectives have diminutive forms. The most common diminutive endings are **-ito/a** and **-cito/a**.

> mesa → mesita
> carro → carrito
> pobre → pobrecito
> avión → avioncito
> pantalones → pantaloncitos

> A mi **hermanito** le gusta jugar a las canicas.   *My little brother likes to play with marbles.*

Usually words that end in **-o** or **-a** form their diminutives with **-ito/a**; others most often use **-cito/a**.

9.1. Diminutives are introduced for recognition only. We give a general rule for their formation, but there are many exceptions. Tell students that use of diminutives varies greatly from country to country in the Hispanic world and that women and children tend to use diminutives more often than men.

Ejercicio 1

Los parientes de Ernestito le regalaron muchas cosas en Navidad. Diga qué regalos recibió Ernestito, sin usar un diminutivo.

MODELO: Su papá le regaló un carrito. → Ernestito recibió un carro.

1. Su abuela le dio zapatitos.
2. Sus hermanas le dieron un avioncito.
3. La tía Sara le dio pantaloncitos.
4. Sus padres le dieron un perrito.
5. Su primo Gustavo le dio un sombrerito.

Ej. 1. Students must guess base forms. In this exercise all forms ending in -o and -a end in -ito/a; all others form the diminutive with -cito/a.

Ejercicio 2

Los mexicanos son famosos por su uso de los diminutivos. Complete la conversación de Estela con Viviana, usando diminutivos.

ESTELA: Pasa, Viviana. Te invito a tomar un _____. (*café*).
VIVIANA: Gracias. Sólo puedo quedarme un _____. (*rato*).
ESTELA: ¿Por qué tan _____ tiempo? (*poco*)
VIVIANA: Tengo al nene _____ (*enfermo*) y no me gusta dejarlo _____ (*solo*).
ESTELA: ¡Claro que no! ¡_____ (*pobre*)! Tal vez le gustarían algunos juguetes, este _____ (*carro*) y este _____ (*avión*).
VIVIANA: Gracias. Voy a decirle que son _____ (*regalos*) de su amigo Ernestito.

Ej. 2. Note spelling change in poco/poquito. The diminutive of café is cafecito, because of final stressed vowel.

9.2. Past Habitual Actions: The Imperfect

A. The Spanish imperfect is used to describe actions that occurred repeatedly or habitually in the past. To express the same idea, English often uses the phrases *used to* or *would*, or just the simple past.

¿A qué hora te **levantabas** aquel verano?
What time { did you / did you used to / would you } get up that summer?

Siempre me **levantaba** a las 9:00.
I always { got up / used to get up / would get up } at 9:00.

B. There are two patterns of endings for the imperfect: for **-ar** verbs, the **-aba** endings, and for **-er/-ir** verbs, the **-ía** endings.*

manejar	comer	vivir
manej**aba**	com**ía**	viv**ía**
manej**abas**	com**ías**	viv**ías**
manej**aba**	com**ía**	viv**ía**
manej**ábamos**	com**íamos**	viv**íamos**
manej**aban**	com**ían**	viv**ían**

Mis hermanos **comían** mucho cuando **visitábamos** a nuestros abuelos.
My brothers used to eat a lot when we visited (would visit) our grandparents.

¿Qué **hacía** Raúl los domingos cuando **estaba** en la secundaria? —**Jugaba** al tenis con sus amigos.
What did Raúl used to do on Sundays when he was in high school? —He used to play tennis with his friends.

C. Only three verbs are irregular in the imperfect.†

ir: iba, ibas, iba, íbamos, iban
ser: era, eras, era, éramos, eran
ver: veía, veías, veía, veíamos, veían

Te **veía** más cuando trabajabas en esta oficina.
I used to see you more when you worked in this office.

Cuando **era** muy joven, **íbamos** a la finca y mi padre me llevaba en su caballo.
When I was very young, we used to go to the farm and my father would let me ride with him on his horse.

---

*Recognition: **vosotros/as manejabais, comíais, vivíais**
†Recognition: **vosotros/as ibais, erais, veíais**

Ejercicio 3

¿Qué hacían los personajes de la telenovela «Los vecinos» cuando eran niños?

MODELO: jugar mucho al tenis / Leticia → Leticia jugaba mucho al tenis.

1. andar en bicicleta / Gustavo
2. jugar con muñecas / Amanda y yo
3. leer las tiras cómicas del periódico los domingos / Margarita
4. bañarse en el mar en Acapulco / doña Lola y doña Rosita
5. comer muchos dulces / don Eduardo
6. limpiar su recámara / Estela
7. pasar las vacaciones en Acapulco / la familia Ramírez
8. escuchar música rock / Pedro Ruiz
9. ver caricaturas en la televisión / Ernesto
10. cuidar el jardín / el abuelo de Margarita

Ejercicio 4

Los tiempos y la gente cambian. Complete las oraciones según el modelo.

MODELO: Amanda ya no juega con muñecas, pero de niña… → jugaba mucho.

1. Margarita y Pedro ya no juegan a las cartas, pero antes…
2. Gustavo ya no se pelea con sus hermanas, pero antes…
3. Estela Ramírez ya no salta la cuerda, pero de niña…
4. Graciela ya no llora cuando ve películas tristes, pero antes…
5. Estela y Ernesto ya no van a misa, pero antes…

9.3. The Imperfect and Past (Preterite) of "State" Verbs

A. Some verbs express actions (*run, jump, eat*); others express states (*want, have, be, can*). In the narration of a past event, "state" verbs are usually in the imperfect.

¿Gustavo, **sabías** la respuesta de la cuarta pregunta? —**Sabía** una parte pero no toda.

Gustavo, did you know the answer to the fourth question? —I knew part of it, but not all.

¿Qué **querías** hacer? —**Quería** ir al cine.

What did you want to do? —I wanted to go to the movies.

¿Por qué no **podías** ir? —Porque no **tenía** dinero.

Why couldn't you go? —Because I didn't have any money.

B. When Spanish speakers use state verbs in the past (preterite) tense, they usually do so to convey that the state came to an end. English speakers often use completely different verbs to express that meaning. Compare the English equivalents of the following state verbs in the imperfect and the past.

IMPERFECT		PAST (PRETERITE)	
sabía	I knew	supe	I found out
no sabía	I didn't know	no supe	I never knew
conocía	I was acquainted with	conocí	I met
tenía	I had	tuve	I had; I received
quería	I wanted	quise	I wanted (and tried)
no quería	I didn't want	no quise	I refused
podía	I was able, could	pude	I could (and did)
no podía	I wasn't able, couldn't	no pude	I (tried and) couldn't

¿**Supiste** lo que les pasó a Graciela y a Amanda? —No, no **supe** nada. ¿Qué les pasó?

Did you find out what happened to Graciela and Amanda? —No, I didn't find out (never heard) anything. What happened?

¿Por qué no **pudiste** terminar? —**Quise** terminar, pero me cansé mucho.

Why weren't you able to finish? —I tried to finish, but I got very tired.

C. The verbs **ser** and **estar** are usually used in the imperfect; they are used in the past only when the state has explicitly come to an end.

IMPERFECT		PAST (PRETERITE)	
era	I was	fui	I was
estaba	I was	estuve	I was

¿Cómo **eras** de niño? —Yo **era** muy tímido.

What were you like as a child? —I was very shy.

¿Por cuánto tiempo **fuiste** presidente del club? —**Fui** presidente por seis años.

How long were you president of the club? —I was president for six years.

¿Dónde **estaban** tus padres anoche? —**Estaban** con los abuelos.

Where were your parents last night? —They were with my grandparents.

¿Por cuánto tiempo **estuvieron** en España? —**Estuvimos** allí por seis meses.

How long were you in Spain? —We were there for six months.

---

repeated events. For state verbs, they should use imperfect forms. Except, perhaps, for *conocer* (met), the subtle meanings of other state verbs in the past are more appropriate for second-year students. The four-way contrast *era/fue/estaba/estuvo* is particularly difficult. We recommend that first-year students use *era/estaba* in their speech, while recognizing the approximate meaning of the other two.

Ejercicio 5

Complete las oraciones según el modelo.

MODELO: Ahora no soy tímido, pero de niño <u>era</u> muy tímido.

1. Ahora Gustavo tiene 16 años, pero cuando tú lo conociste _____ sólo 10 años.
2. Ahora sé muy bien la respuesta, pero esta mañana, cuando tomé el examen, no la _____.
3. Ahora conocemos muy bien a doña Rosita, pero hace un año no la _____.
4. Ahora Leticia es actriz, pero yo recuerdo cuando _____ secretaria.
5. Ahora puedo nadar muy bien, pero el año pasado no _____ nadar ni 15 metros.
6. Ahora Leticia Reyes está aquí en México, pero el verano pasado _____ en Hollywood.
7. Ahora Margarita y yo queremos visitar Canadá, pero el año pasado no _____ porque creíamos que allí siempre hacía frío.
8. Hoy hace muy buen tiempo, pero ayer, cuando fuimos a la playa, _____ frío y llovía.

Ejercicio 6

Use la forma apropiada del imperfecto de estos verbos de estado: **tener, querer, estar, ser, conocer, saber, poder.**

1. Luis _____ sólo 10 años cuando viajó a Colombia.
2. _____ las 10:00 de la noche cuando yo llegué a casa.
3. Mis compañeros no _____ que la capital de México era tan grande.
4. Einstein _____ un joven muy inteligente.
5. Yo no _____ a tu hermano. ¡Qué guapo es!
6. (Nosotras) _____ comprar un carro nuevo pero no _____ dinero. Ahora, por fin, tenemos suficiente dinero.
7. ¿Dónde _____ (tú) a las 8:00 esta mañana?
8. (Yo) No fui con Nora y Mónica porque no _____ tiempo.
9. ¿Dónde _____ Carmen y Esteban a las 5:00 de la tarde?
10. ¿_____ (tú) salir solo/a cuando _____ sólo 5 años?

9.4. The Imperfect of *ir* + *a* + Infinitive

Recall from **Gramática 2.2** that the present tense of **ir** + **a** followed by an infinitive is used to express future actions.

Amanda, ¿**vas a llamar** a Ramón esta noche?   Amanda, are you going to call Ramón tonight?

The imperfect of **ir** (**iba, ibas, iba, íbamos, iban**) can be used in this construction to express past intentions (*was/were going to do something*).

Íbamos a esquiar el jueves, pero ahora dicen que va a llover.

Inés y Bernardo **iban a pasar** el día en el parque, pero decidieron visitar las pirámides.

We were going to ski on Thursday, but now they say it's going to rain.

Inés and Bernardo were going to spend the day at the park, but they decided to visit the pyramids.

The imperfect of **querer** and **pensar** + *infinitive* is similar in meaning.

Quería acampar en las montañas este verano, pero resulta que tengo que trabajar.

Carmen **pensaba pasar** el verano en España para perfeccionar su español, pero no ahorró suficiente dinero.

I wanted (was hoping) to go camping in the mountains this summer, but it turns out I have to work.

Carmen was thinking about (was planning on) spending the summer in Spain in order to perfect her Spanish, but she didn't save enough money.

Ejercicio 7

¡Excusas! Invente una excusa. Use **iba** + **a** + infinitivo seguido de una excusa.

MODELO: ¿Por qué no me llamaste anoche? →
Iba a llamarte, pero llegué a casa muy tarde.

1. ¿Por qué no viniste en tu carro anoche?
2. ¿Por qué no trajiste flores?
3. ¿Por qué no me compraste un regalo?
4. ¿Por qué no cenaste con nosotros?
5. ¿Por qué no fuiste al «Baile de los Enamorados»?
6. ¿Por qué no me dijiste que no sabías bailar?

9.5. Unplanned Occurrences: *se*

Use the pronoun **se** + *verb* to describe unplanned occurrences such as forgetting, dropping, leaving behind, and breaking.

¿Qué le pasó al coche? —**Se** descompuso.
¿Qué le pasó al vaso? —**Se** cayó y **se** rompió.

What happened to the car? —It broke down.
What happened to the glass? —It fell and broke.

If a person is involved, he/she is referred to with an indirect object pronoun: **me, te, le, nos, les**.

Se me olvidó el libro.   *I forgot the book.*

A Ernestito **se le** perdió la pelota.   *Ernestito lost the ball.*

If the object involved is plural, the verb must also be plural.

Se me **quedaron los libros** en casa.   *I left my books at home.*

Ej. 8. New word: *enfatizando.*

Ejercicio 8

Cambie estas oraciones, enfatizando que ocurrieron accidentalmente.

MODELO: Se descompuso el radio de Alberto. →
A Alberto se le descompuso el radio.

1. Se rompieron los discos de Esteban.
2. Se perdió el libro de Luis.
3. Se descompuso el reloj de Nora.
4. Se cayó la pelota de Carmen.
5. Se descompusieron las cámaras de Alberto y Luis.

Ej. 9. This exercise requires relatively complex structure manipulation; you may wish to omit it.

Ejercicio 9

Haga una pregunta y una respuesta con la información indicada. Use **se le, se les** o **se me.**

MODELO: descomponer / bicicleta / Alberto →
—¿Se descompuso la bicicleta?
—Sí, a Alberto se le descompuso.

1. romper / botella / Esteban
2. perder / cassette / Luis
3. descomponer / carro / Nora
4. caer / pelota / Carmen
5. quedar en casa / cuadernos / yo (Sí, a mí...)
6. quedar dentro de la casa / llave / Estela y Ernesto
7. olvidar / el número de teléfono / yo (Sí, a mí...)
8. perder / libro / Luis y Alberto

CAPÍTULO DIEZ

LA GEOGRAFÍA Y EL TRANSPORTE

GOALS—CHAPTER 10

The focus of this and the following chapter is travel. *Capítulo 10* emphasizes students' own experiences; in *Capítulos 11–12* focus is on travel within the Hispanic world. The most important new grammatical topic in this chapter is the present perfect.

PRE-TEXT ORAL ACTIVITIES

1. Use your PF or sketches on the board to review and introduce new vocabulary to describe geographic locations.

2. Haber + past participle. Make a list of 50 or so interesting recreational activities. Ask the following sorts of questions of each student or the class. (Students will answer *sí/no* or with a short phrase.) *¿Quién ha viajado a París alguna vez? ¿Cuántas veces? ¿Cuántos de ustedes han subido una montaña a pie? ¿Dónde? ¿Con quién?* Write the past participles on the board. Do not force students to use the present perfect in their answers. (The present perfect is very often used to pose questions that, when answered affirmatively, are in the past tense if time limits are specified: *¿Ha nadado usted alguna vez una milla sin parar?* → *Sí, lo hice el verano pasado.* If the answer is negative, the answer often uses the present perfect. → *No, nunca he podido nadar una milla.* If the answer does not include a specific mention of time or duration, the present perfect can be used: *¿Has ido a París?* → *Sí, he ido dos veces.*)

Danli, Honduras

METAS
In **Capítulo diez** you will talk about places you have traveled to, including their geography and climate. You will also discuss transportation, in particular automobile travel.

ACTIVIDADES ORALES Y LECTURAS

La geografía y el clima

Los medios de transporte

Viajando en automóvil

«Las estaciones y el clima»
«Un terremoto»
«Un anuncio de Iberia»
«El transporte de Eeer»
«Seat: La asistencia en la carretera»
«El autostop»

GRAMÁTICA Y EJERCICIOS

10.1 The Present Perfect: "Have You Ever . . . ?"
10.2 **Por** and **para**: *By, Through,* Destination
10.3 Describing Actions: Adverbs
10.4 Exclamations with **qué, cuánto**
10.5 **Hace** + Time: "How Long Have You . . . ?"

ACTIVIDADES ORALES Y LECTURAS

LA GEOGRAFÍA Y EL CLIMA

Use your PF to talk about geography and climate conditions. Include some short definitions in the discussion: *El desierto es un lugar muy seco donde llueve poco. ¿Han visitado algún desierto? ¿Dónde? ¿Qué hicieron allí? ¿Qué tiempo hacía cuando estaban en el desierto?* Add a few of your own personal experiences associated with any of the new vocabulary; for example, a trip to an island or an experience in a hurricane. *El huracán* and *el ciclón* are used almost interchangeably in Spanish. Here are some other weather expressions included in the vocabulary that you will want to introduce in your input: *llovizna (lloviznar), rocío, neblina, truenos, humedad, escarcha.* New words: *arena, arrecife, bahía, bosque, cañón, cielo, clima, colina, costa, desierto, golfo, isla, llano, nube, oceano, península, relámpago, selva, tormenta, tornado, valle.*

¡OJO! *Estudie Gramática 10.1.*

[Illustration labeled: el tornado, el cielo, las nubes, las montañas, el bosque, el relámpago, el llano, el lago, la tormenta, el ciclón/el huracán, el río, el cañón, la selva, el golfo, las colinas, la península, el valle, la costa, la bahía, el desierto, la playa, la arena, la isla, el arrecife, el océano, el mar]

Act. 1. Most of these geographical terms will have been introduced in the pre-text activities and in the vocabulary display. There are many new words, mostly cognates, in the definitions; encourage students to use context to guess meanings. New words: *árido/a, completamente, considerable, corriente, elevación, entrada, espacio, extensión, tierra firme, hacia, orilla, parte, rodeado/a, terreno, unido/a, vegetación.*

Actividad 1. Definiciones: La geografía

1. la selva
2. el río
3. la montaña
4. el lago
5. la playa
6. el desierto
7. la península
8. la isla
9. el valle
10. la bahía

a. porción de tierra rodeada completamente de agua
b. espacio entre dos montañas
c. parte de arena a la orilla del mar
d. lugar árido, a veces con mucha arena
e. porción de tierra rodeada de agua pero unida a tierra firme por un lado
f. entrada del mar en la costa, más pequeña que un golfo
g. extensión de agua rodeada de tierra
h. lugar donde llueve mucho y hay mucha vegetación
i. elevación considerable del terreno
j. corriente de agua que generalmente corre hacia el mar

La geografía y el transporte **273**

Actividad 2. Entrevista: ¿Adónde has viajado?

1. ¿Has pasado algún tiempo en las montañas? ¿Dónde? ¿Qué hiciste allí? ¿Te gustó?
2. ¿Vives cerca del mar? ¿Cuántas veces has ido al mar/a la playa durante los últimos seis meses? ¿Cómo estaba el agua? ¿muy fría?
3. ¿Conoces algún lago cerca de donde tú vives? ¿Cómo se llama? ¿Qué puedes hacer allí? ¿Vas con frecuencia? ¿Por qué?
4. ¿Has ido alguna vez al desierto? ¿Dónde? ¿Cuándo? ¿Qué hiciste allí?
5. ¿Has visto una selva? ¿Dónde? ¿Qué animales hay allí?
6. ¿Viste algunos ríos en tu último viaje? ¿Cómo se llama el río más grande que has visto? ¿Qué te gusta hacer en un río?

Actividad 3. El pronóstico del tiempo

Busque la información en el siguiente anuncio de un periódico de Tampico, México.

La temperatura de la semana: Tampico

LUNES. Se anticipa un día de calor con una temperatura máxima de 30° C (grados centígrados) y una mínima de 18° C.

MARTES. Neblina por la costa en la mañana, pero se anticipa un día de mucho calor. La temperatura máxima va a llegar a 35° C. En la noche la temperatura va a bajar a 20° C.

MIÉRCOLES. Se pronostica un día fresco, parcialmente nublado. La temperatura máxima durante el día será de 22° C y la mínima esta noche será de 14° C.

JUEVES. Un día soleado pero va a hacer más frío que ayer. Temperatura máxima de 19° C, mínima de 15° C.

1. ¿Qué día va a ser el más caluroso?
2. ¿Cuál va a ser la noche más fría?
3. ¿Va a llover esta semana?
4. ¿Qué día va a estar nublado?
5. ¿Va a haber neblina? ¿Dónde? ¿Qué día?
6. ¿Ha visto el pronóstico de hoy para la ciudad donde vive? ¿Qué se pronostica?

Actividad 4. Interacción: Preguntas a un viajero

CIUDAD	DÍA/MES	TEMPERATURA
San Francisco	5/I	5° C
Londres	30/VI	15° C
Lima	13/X	23° C
San Juan, P.R.	15/VII	37° C
Buenos Aires	3/VIII	2° C
Nueva York	20/XII	−8° C

E1: ¿Dónde estabas el día ____ de ____?
E2: Estaba en ____.
E1: ¿Qué tiempo hacía?
E2: Hacía ____.
E1: ¿A cuánto estaba la temperatura?
E2: Estaba a ____ grados centígrados.

Actividad 5. Descripciones del tiempo

Use estas palabras para completar lógicamente las siguientes oraciones: **escarcha, nubes, truenos, viento, humedad, tormenta, neblina, fresco, llovizna.**

1. Después de los relámpagos, casi siempre vienen los ____.
2. Si baja la temperatura en la noche, puede aparecer ____ en las ventanas y en los techos.
3. Antes de una ____, las ____ cubren el sol.
4. Una lluvia ligera también se llama ____.
5. Cuando hace mucho ____, la gente pierde el sombrero.
6. En las zonas tropicales hay mucha ____.
7. Hay que manejar lentamente cuando hay mucha ____.
8. Cuando la temperatura está a 18° C, hace ____.

Actividad 6. Entrevista: Mis actividades y el tiempo

1. ¿Qué te gusta hacer cuando hace calor (frío, viento, mal tiempo)?
2. ¿Qué haces cuando llueve (nieva, hace buen tiempo, hay relámpagos y truenos)?
3. ¿Qué estación prefieres? ¿Por qué? ¿Qué te gusta hacer en el verano? ¿en el invierno?
4. ¿Has vivido en un lugar muy húmedo? ¿en un lugar muy seco? ¿Dónde? ¿Te gustó? ¿Por qué?
5. ¿Has estado alguna vez en un huracán? ¿Qué pasó?
6. ¿Has manejado alguna vez por la carretera en la neblina? ¿Tenías miedo?

7. ¿Has visto un tornado alguna vez? ¿Dónde? ¿Hubo daños?
8. ¿Has pasado por una tormenta en avión? ¿Dónde? ¿Te dio mucho miedo?

NOTA CULTURAL   Las estaciones y el clima

Los Pirineos, en la región vasca de España, al noroeste del país. El noroeste atlántico recibe mucha lluvia todos los años (de 1000 a 1500 milímetros). La costa mediterránea tiene un clima cálido en el verano; los inviernos son templados. En el centro de España el clima es muy seco, con temperaturas extremas.

Lectura: Before assigning the reading, point out the countries mentioned on a map of Latin America. After the reading, ask students to tell you what the weather is like in certain areas and why. Bring to class pictures of Latin America to illustrate rainy and dry seasons.

El clima de un lugar depende de varios factores. En primer lugar es importante su relación con el ecuador.° En los países hispanos al norte de la línea ecuatorial, como España, México, Colombia y los países de la América Central y del Caribe, es invierno desde el 21 de diciembre hasta el 21 de marzo. En cambio,° en los países hispanos al sur de la línea ecuatorial —Ecuador, Perú, Bolivia, Chile, Argentina, Paraguay y Uruguay— comienza el invierno el 21 de junio y dura hasta el 21 de septiembre. Al norte, la Navidad se asocia con el invierno; al sur, con el verano.

equator

En... On the other hand

Las estaciones de invierno y de verano no siempre se asocian° con el frío o el calor. En muchas zonas el clima está determinado por otros factores, la altura° sobre el nivel de mar, por ejemplo. La línea ecuatorial cruza el territorio de Ecuador, pero en las montañas altas, el clima es frío.

se... are associated
height

En algunos países hay solamente dos estaciones: la estación de las lluvias y la estación seca. En la Ciudad de Guatemala, por ejemplo, normalmente no llueve en los meses de noviembre a abril. Por su altura (aproximadamente 1500 metros), hace fresco en las noches y sol durante el día. En los meses de lluvia, de mayo a octubre, puede hacer buen tiempo en la mañana y llover por una o dos horas en la tarde. Muchos llaman a Guatemala «la tierra de la eterna° primavera».

eternal

Comprensión

1. ¿Durante qué meses es invierno en los países hispanos al norte del ecuador? 2. ¿Cuáles son los meses de invierno en países como Perú, Bolivia y Argentina? 3. ¿Cuáles son algunos de los factores que determinan el clima de una zona? 4. En algunos países solamente hay dos estaciones. ¿Cuándo son estas estaciones? 5. ¿Qué tiempo puede hacer durante los meses de lluvia en Guatemala?

El Lago de Nicaragua, al sur de Nicaragua, cerca de la frontera con Costa Rica. En Nicaragua, como en otros países del Caribe, la Navidad se asocia con el invierno. En la América del Sur, sin embargo, la Navidad se asocia con el verano.

LECTURA Un terremoto[1]

Pánico provocó sismo en la Tercera Región

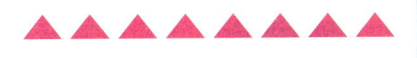

▲▲▲▲▲▲▲▲

COPIAPÓ, CHILE. Escenas de pánico y confusión se vivieron esta mañana en Copiapó como consecuencia de un sismo[2] que alcanzó[3] los 6 grados en la escala de Richter. Según se informó en la Dirección Regional de Emergencia de la provincia, el temblor se registró a las 5 de la mañana con 12 minutos. En Vallenar tuvo una intensidad de 5 a 6 grados, y en Chañaral de 3 a 4.

El movimiento telúrico[4] estuvo acompañado de fuertes ruidos subterráneos, que causaron pánico entre la población. Gran cantidad de personas abandonaron sus hogares[5] esperando posteriores réplicas[6] que no se produjeron. No se registraron heridos[7] ni destrucciones en viviendas, aunque algunas casas antiguas resultaron con grietas[8] o pequeños desmoronamientos.[9]

Carabineros informó en Vallenar que, hasta este mediodía, no se tenía conocimiento de desgracias[10] personales ni de derrumbes.[11] Tampoco había informaciones en tal sentido desde pueblos ubicados[12] al interior. «La situación es totalmente normal», se informó.

Vecinos agregaron que «más que el movimiento fue el gran ruido el que asustó[13] a la gente; parecía una avalancha».

Lectura: This article is from the Chilean newspaper *La estrella*. It is relatively simple; students should have no trouble reading it with the glosses. You might point out and explain to them the inverted word order of the article's title. Use this reading to talk about natural calamities that may affect your area, such as *terremotos, huracanes, tornados, lluvias fuertes, sequías,* or *nieve*.

---

[1]*earthquake* [2]*earthquake* [3]*attained, reached* [4]*de la tierra* [5]*casas* [6]*posteriores... aftershocks*
[7]*wounded* [8]*cracks* [9]*crumbling, breaks* [10]*misfortunes* [11]*landslides* [12]*situados* [13]*le dio miedo*

Comprensión

1. ¿Qué grado alcanzó este sismo en la escala de Richter? 2. ¿A qué hora ocurrió el terremoto? 3. ¿Qué se oyó? 4. Al sentir el terremoto, ¿qué hicieron muchas personas? 5. ¿Hubo muchos heridos? 6. ¿Qué le dio miedo a la gente?

LOS MEDIOS DE TRANSPORTE

¡OJO! *Estudie Gramática 10.2–10.3.*

Use your PF and this display to introduce new words related to transportation. Talk about when each means of transportation is more appropriate—plane for long distances, cruise ships for relaxation, etc. Recount one or more of your own experiences with public transportation. If you are a native speaker, describe the major modes of transportation in your own country. New words: *autopista, camión, cómodamente, crucero, kilómetro, lancha, letrero, medio de transporte, puntualmente, semáforo, señal, Suiza, transbordador, tranvía.*

Se puede viajar cómodamente por avión.

Salimos ahora para España.

Los trenes en Suiza salen y llegan puntualmente.

278 Capítulo diez

AA 2. TPR. Sample sequence: *Son las diez de la noche y usted acaba de cenar en un restaurante con unos amigos. Van a regresar a casa y necesitan un taxi. Caminen a la plaza central de la ciudad, allí viene un taxi, ah, no está libre, ah, pero ahí viene otro que sí está libre, levanten la mano y háganle una señal al taxista. ¡ay! ¡qué lástima!, no los vio. Esperen unos minutos, empieza a llover y ustedes tienen frío, ahí viene otro taxi. Levanten la mano y háganle una señal al taxista, ¡ay! por fin, éste sí se detiene, ¡errrrk! Pregúntenle, «¿Cuánto nos cobra por llevarnos a _____?» Es un buen precio, suban al taxi. Díganle al taxista su dirección. Páguenle y denle una propina. Díganle buenas noches.* New words included in *Vocabulario: cobrar, detenerse, ¡qué lástima!*

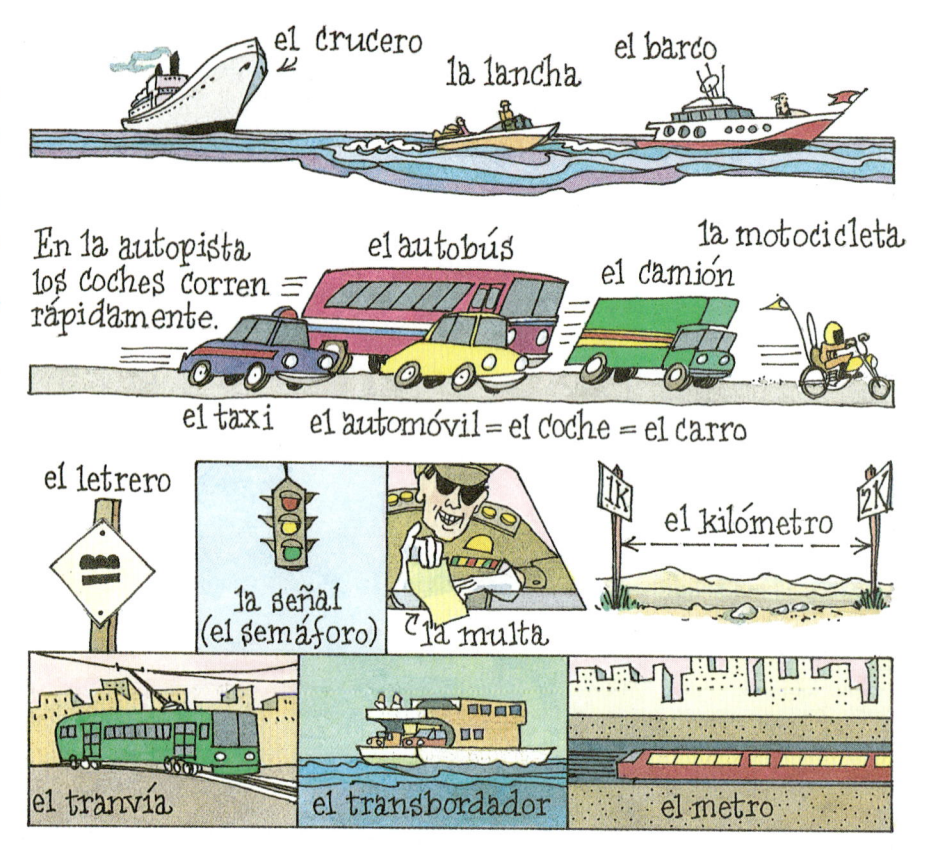

Act. 7. Use for pair work, or read the definition aloud and have students give answers. Ask them to make up their own definitions: *¿Qué es un tranvía, un metro, una autopista, una multa?* etc. New words: *aéreo/a, flotar, gasolina, locomotora, rueda, transportar, vagón, vehículo.*

Actividad 7. Definiciones: El transporte

1. el avión
2. el autobús
3. el barco
4. la bicicleta
5. el automóvil
6. el tren

a. vehículo aéreo
b. medio de transporte que tiene vagones y una locomotora
c. vehículo de dos ruedas que no usa gasolina
d. vehículo para el transporte personal o familiar
e. vehículo de ocho ruedas que puede transportar de 30 a 80 personas
f. medio de transporte que flota en el agua

Actividad 8. Anuncio: El verano en Europa

Lea el anuncio en la página 279 y conteste las preguntas.

La geografía y el transporte 279

Act. 8. Ask simple factual questions like ¿*Cuántos países se incluyen? ¿Cuánto se paga por 15 días de viaje? ¿por 21? ¿Cómo se llama la compañía que hace las giras?* Follow up with the personal questions in the text. New words: *de primera clase, desventaja, económico/a, es verdad, Europa, forma, lujoso/a, recorrer, respectivamente, ventaja, villa.*

Verano en Europa por tren
La forma más económica para conocerla

Por sólo US $210 y US $260 en 15 y 21 días respectivamente, viajando en lujosos trenes de primera clase, usted puede recorrer toda Europa, visitando 16 PAISES Y MAS DE 80 CIUDADES Y VILLAS.

Para más información llame a

dimargo TOURS

● SANTO DOMINGO: Lope de Vega 12 Tels. 567-1608/567-2834/565-7525. Sabana Larga 48-A, Tel. 594-0908
● SANTIAGO: Restauración 104, Tels. 582-3296/582-3874 y 582-8280. ● SAN FRANCISCO DE MACORIS: Mella 31, Tels. 588-2725/588-2594.

1. ¿Por qué hay dos precios?
2. El anuncio dice que el tren es más económico. ¿Es verdad?
3. ¿A usted le gusta viajar más por avión, por tren o por autobús?
4. ¿Cuáles son las ventajas y desventajas de viajar por avión (tren, autobús)?
5. ¿Conoce usted Europa? ¿Ha viajado por tren? ¿Ha ido a España? ¿Ha viajado en trenes españoles? ¿Le gustaron? ¿Por qué (no)?

RENFE stands for *Red nacional de ferrocarriles españoles.* Use this ad to talk first about traffic problems in your area. Expand the discussion to include the wide use of trains in Europe and buses in Latin America. Ask students to compare the advantages and disadvantages of a bus, train, or other public transportation versus a private automobile.

PARA ALCANZAR LOS 120 Km/h, NO HACE FALTA IR EN CUARTA. VAYA EN PRIMERA.

Si quiere utilizar un medio de comunicación veloz, moderno, que llegue a todas partes, no necesita sufrir estrecheces, ni pasar miedos.
Dé un cambio a su vida. Con el tren puede llegar hasta donde quiera sin sobresaltos ni incomodidades. El tren es un mundo en marcha.
En él encontrará todo lo que desee sin tener que detenerse.

RENFE
MEJORA TU TREN DE VIDA.

Capítulo diez

Act. 9. Note use of present perfect in some of the questions. New words: *alguna vez, auto, casco, hacer viajes, marearse, peligroso/a.*

Actividad 9. Entrevista: El transporte

1. ¿Usas mucho el autobús? ¿Por qué?
2. De niño/a, ¿viajabas mucho en auto con la familia? ¿Adónde? ¿Te gustaba hacer viajes con tu familia?
3. ¿Has viajado por tren? ¿Adónde fuiste? ¿Te gusta viajar por tren? ¿Por qué (no)?
4. ¿Andas mucho en bicicleta? ¿Por qué (no)? ¿Andabas mucho en bicicleta de niño/a?
5. ¿Has andado alguna vez en motocicleta? ¿Te gustó? ¿Llevas casco cuando andas en moto? ¿Crees que es peligroso no usar casco?
6. ¿Has viajado por avión? ¿Adónde fuiste? ¿Te gusta viajar por avión? ¿Por qué (no)? ¿Crees que es peligroso viajar por avión? ¿Por qué (no)?
7. ¿Has viajado en barco? ¿Adónde fuiste? ¿Te gustó el viaje? ¿Era grande o pequeño el barco? ¿Te mareas cuando viajas por barco?

AA 3. Use photos from your PF showing travel by plane. Recount some of your own experiences traveling by plane. Mention some of the well-known airlines *(líneas aéreas, compañías de aviación):* Iberia (España); Aeroméxico, Mexicana (México); Aerolíneas Argentinas; Avianca (Colombia); VIASA (Venezuela). Introduce vocabulary related to air travel: *abordar, abrocharse los cinturones de seguridad, aeropuerto, aterrizar, despegar, entregar el equipaje, sección de (no) fumar, tarjeta de abordaje,* etc.

LECTURA Un anuncio de Iberia, la aerolínea española

IBERIA
¡Volamos por el mundo adonde todo el mundo quiere volar!

IBERIA PRESENTA SERVICIO «CABINA ANCHA» A MADRID 5 DÍAS A LA SEMANA.

Bienvenido a bordo del nuevo 747 de Iberia. El avión de «cabina ancha» más avanzado tecnológicamente ahora está volando sin escala 5 días a la semana a las 6:10 P.M. de San Juan a Madrid. El 747 vuela suave y silenciosamente. La «cabina ancha» le ofrece más espacio para usted y su equipaje de mano. Y como siempre, usted disfruta del servicio y la hospitalidad que son tradicionales de Iberia... tanto en la lujosa primera clase como en la acogedora económica. Cuando usted quiera viajar a Madrid, o a cualquier ciudad de España, llame a su agente de viajes para que le reserve un asiento en el fabuloso 747 de Iberia.

Lectura: Have students read the ad and then ask these questions: **1.** *Explique el término «cabina ancha».* (You may have to draw a seat diagram for those who have never traveled on a jumbo/wide-body aircraft.) **2.** *¿Qué quiere decir «sin escala»?* **3.** *¿Dónde está Puerto Rico en relación con España?* (Many students will not realize that Puerto Rico is quite a bit to the east of Miami and thus much closer to Madrid than, say, New York is.) Then do the true/false questions in the text.

AA 4. TPR: Vamos a Cancún. Props needed: a suitcase and travel items, clothing, passport, tickets, etc. Sample sequence: *Ustedes van a hacer un viaje a Cancún con unos amigos. Hagan las maletas, no olviden sus trajes de baño, cierren sus maletas, recojan todas sus cosas y vayan al aeropuerto. Vayan al mostrador y muéstrenle su boleto al empleado y pidan la sección de (no) fumar: «Sección de (no) fumar y un asiento junto a la ventana, por favor». Entreguen sus maletas, cuéntenlas, una, dos, tres. Tomen su tarjeta de abordaje y las etiquetas de su equipaje, ahora vayan a la sala de espera y esperen. Lean un poco, miren a los otros viajeros. Escuchen el altoparlante: «Vuelo #314 con destino a Guadalajara y México, sale a las 10:20 de la puerta cinco». No es su vuelo; sigan leyendo. Otra vez, escuchen «Vuelo #468 con destino a Cancún y escalas en Monterrey y Mérida sale de la puerta ocho a las 10:45». Es su vuelo. Aborden el avión y busquen sus asientos. Guar-*

den sus bolsas de mano arriba y siéntense. Abróchense el cinturón de seguridad y apaguen los cigarrillos. El avión va a despegar. ¡Buen viaje!

Comprensión

¿Son ciertas o falsas estas afirmaciones? Busque la información en el anuncio de Iberia. Si son falsas, diga por qué.

1. La cabina del avión 747 es estrecha.   2. Los vuelos a Madrid salen todos los días a las 6:10 de la tarde.   3. El 747 es ruidoso pero muy rápido.   4. Usted no puede llevar equipaje de mano a bordo.   5. A bordo del avión usted disfruta del servicio y la hospitalidad tradicionales de esta compañía.   6. La clase económica es lujosa.

LECTURA   La telenovela «Los vecinos»: El transporte de Eeer

Eeer llegó al cuarto de Ernestito por la mañana y despertó al niño. Ernestito se sorprendió de verlo allí a esa hora. Eeer siempre llegaba por la noche, cuando Ernestito estaba aburrido y cansado de hacer su tarea. Eeer le dijo que hoy quería ir con él a la escuela, conocer a sus compañeros y a su maestra, ver la ciudad. Y que quería jugar con él en el patio, como uno más de sus amigos. A Ernestito le gustó la idea. ¡Eeer en la escuela! ¡Eeer jugando al fútbol! ¡Eeer andando en bicicleta!

Ernestito trató de explicarle a Eeer los detalles del día…

—Lo primero, —le dijo, —es desayunar con mucho pan dulce.* ¡Te va a gustar! Luego nos viene a buscar el camión° de la escuela.

—¿Camión? —preguntó Eeer.

—Camión, sí, ahí viaja la gente. En México hay muchos camiones. ¿Sabes? Mi papá está ahorrando dinero y el año que viene va a comprarse un coche y entonces nos va a llevar a la escuela en coche. Mejor, ¿no crees, Eeer?

—En mi planeta —responde Eeer —no se necesitan coches para viajar.

—¿Tienen bicicletas? —pregunta Ernestito, muy curioso.

—¿Bicicletas? —Eeer no entiende.

—Sí, Eeer. Bicicletas, o motocicletas. ¿Tienen metros?

—¿Metros? —pregunta Eeer.

—Sí, Eeer, trenes enormes y rápidos que van por debajo de la tierra; trenes que pasan también debajo del agua. ¡Qué cosa!

autobús (*Mex.*)

―――――――――――
*Un pan que se come en el desayuno. Hay muchos tipos diferentes; algunos parecen galletitas. Es comparable a las donas americanas o a los *sweet rolls*.

—No. —respondió Eeer. —En mi planeta no se necesitan «metros» para viajar. Y no tenemos camiones, ni bicicletas, ni motocicletas.

—¡Ah! —gritó Ernestito, entusiasmado. —Es porque ustedes tienen naves° espaciales que vuelan a la velocidad° de la luz, y que viajan en el tiempo, y además pueden transportarse desintegrándose,° ¿verdad?

°ships
°speed
°by disintegrating

—No, —dijo Eeer finalmente. —En mi planeta simplemente usamos las piernas.

Comprensión

¿Quién diría lo siguiente, Eeer o Ernestito?

_____ Comemos pan dulce.
_____ No se necesitan coches.
_____ El metro pasa por debajo de la tierra.
_____ No tenemos camiones.
_____ Usamos las piernas.
_____ Vamos a ir a la escuela en coche.
_____ Viajan en el tiempo.

VIAJANDO EN AUTOMÓVIL

¡OJO! *Estudie Gramática 10.4–10.5.*

Use photos from your PF and the display to talk about parts of a car and their functions. Vocabulary notes: *el acumulador* is also *la batería*, *tocar la bocina* is also *pitar*, *el bonete* or *el capacete* is also *el capó*. *La placa* is also Mexican slang for "police." New words: *acumulador, antena, bocina, cambios, capó, cinturón de seguridad, frenos, guardafango, limpiaparabrisas, llanta, manejar, parabrisas, parachoques, la placa, el radiador, tocar la bocina, tránsito, volante.* This is a good place to mention that compound words made up of a verb and a noun are masculine.

el limpiaparabrisas
el parabrisas
la antena
el automóvil
el volante
los cambios
la bocina (tocar la bocina)
el acumulador
el radiador
el motor

el cinturón de seguridad
los frenos
las llantas
las ruedas
una llanta desinflada
el capó
el guardafango
el parachoques
la placa

¡Qué auto más hermoso!

¡Cuánto tránsito hay hoy en la autopista!

—¿Cuánto hace que sabes manejar?
—Hace más de cinco años que sé manejar.

Act. 10. New words: *el arranque, el asiento, conseguir, contra, enfriar, en regla, guardar, identificar, motor, parar, pasajero, peatón, proteger, señal, tocar (se toca), usar (se usa).* Notice use of preposition *para* here.

Actividad 10. Definiciones: Las partes del coche

1. los frenos
2. el limpiaparabrisas
3. el volante
4. la bocina
5. la placa
6. los asientos
7. el acumulador
8. la antena
9. el parabrisas
10. el radiador

a. Se usan para sentarse en ellos.
b. Protegen a los pasajeros contra el viento.
c. Sirve para limpiar la «ventana» de enfrente.
d. Se usa para manejar el coche.
e. Se toca para conseguir la atención de los peatones y otros choferes.
f. Tiene los números para identificar el coche.
g. Recibe la señal del radio.
h. Da energía para las luces y el arranque.
i. Guarda agua para enfriar el motor.
j. Se usan para parar el coche.

AYUDA EN CARRETERA

Ojalá que no ocurra, pero hay que estar prevenidos. En caso de avería o cualquier otro percance es útil ser socio de algún club automovilístico o asociación de ayuda al automovilista como la AMA, o ANA, que, por una cuota mensual ofrecen distintos servicios en carretera. También conviene llevar la lista de los talleres oficiales de la marca del auto que se conduzca.

Act. 11. Homework or pair work. New words: *adecuado/a, en buenas condiciones, cada vez, estar de acuerdo, mantener (mantenga), milla, nivel, presión, revisar, transmisión.*

Actividad 11. Cómo mantener su auto en buenas condiciones

Diga si está de acuerdo con las siguientes sugerencias y explique por qué (no).

1. Mantenga la presión de las llantas a un nivel adecuado.
2. Revise el líquido de la transmisión cada vez que maneje el coche.
3. Revise el aceite del motor cada 2400 kilómetros (1500 millas).
4. Agregue líquido a los frenos tres veces al día.
5. Revise el acumulador: una vez al mes en tiempo frío, una vez a la semana en verano.

284 Capítulo diez

NOTA CULTURAL   SEAT: La asistencia en la carretera

Si piensa hacer un viaje — corto o largo — no necesita preocuparse por su coche. Uno de los 250 talleres-rodantes[1] de **SEAT** puede resolverle cualquier problema. Circulan diariamente, y sobre todo durante las vacaciones veraniegas,[2] domingos y días festivos.[3] Los talleres-rodantes pasan por todas las carreteras de España y reparan cualquier coche. Usted no necesita tener un **SEAT** para obtener nuestro servicio. La mano de obra[4] es gratis . . .

¡Así sus vacaciones van sobre ruedas!

SEAT asistencia en carretera

[1]*auto shops on wheels*   [2]*de verano*   [3]*de fiesta, feriados*   [4]*mano... labor*

Nota Cultural: Ask personal questions like ¿*Tiene usted su propio carro?* ¿*Qué hace cuando se descompone?* ¿*Lo lleva a un mecánico?* ¿*Lo repara usted mismo?* ¿*Ha tenido usted alguna vez problemas con su coche en la carretera?* ¿*Qué hizo?* ¿*Llamó a un club de automovilistas?* Tell students that in this ad they will read about a service for people (particularly foreigners) who have car trouble on the road. You can use this ad as a starting point for discussion of vacation habits—in particular, Spain as a vacation spot for Europeans. New words: *circular, preocuparse por, resolver, sobre todo*.

Comprensión

1. ¿Por qué no tiene que preocuparse por encontrar un taller en las carreteras de España?   2. ¿Qué es un taller-rodante?   3. ¿Hay talleres-rodantes durante el verano? ¿y durante los días festivos?   4. ¿Cuánto cuesta el servicio de SEAT? ¿Reparan coches de la marca SEAT solamente?   5. ¿Hay talleres-rodantes en los Estados Unidos? ¿Qué le parece a usted esta idea? ¿Por qué?

Santiago de Chile: En toda ciudad grande del mundo hispano hay mucho tráfico. El transporte público es barato y accesible; gran parte de la población prefiere usarlo en vez de manejar. Y, claro, mucha gente simplemente camina.

Actividad 12. Anuncios comerciales: Un coche usado

COCHES USADOS

PEUGEOT 78. 88,000 kms, aire acondicionado, 22 kilómetros por litro, muy bien conservado. Llamar al tel. 53-67-90, horas de trabajo; 53-47-59, en la noche.

SE VENDE COCHE. Plymouth, 4 cilindros, 4 puertas, aire acondicionado, cinturones de seguridad, modelo 73. Informes al tel. 68-45-89 y 53-49-68.

HONDA CIVIC 80 Se vende con aire acondicionado, radio, 4 puertas, motor en buenas condiciones. Informes al tel. 53-04-76. Calle 5, Núm. 12, Urbanización Real.

TOYOTA CELICA SUPRA 1980 se vende. Puede verse en el garaje estacionamiento El Colonial, Calle Conde Núm. 160.

MERCEDES BENZ 1976 Óptimas condiciones, 4 puertas, 6 cilindros, radio cassette, automático, aire acondicionado. Para informes tel. 59-45-86 de 8 a 12 A.M. y de 3 a 5 P.M.

SE VENDE COCHE SCIROCCO. Modelo 1978. Muy poco usado, aire acondicionado de fábrica, radio cassette. Inf. Calle Desiderio Arias No. 6, tel. 46-53-45.

1. ¿Cuál es el coche más exótico que está de venta?
2. ¿Cuál es el coche más viejo? ¿el más nuevo?
3. ¿Qué coches tienen transmisión automática?
4. ¿Qué coches tienen aire acondicionado? ¿radio cassette?
5. Si a usted le interesa el Peugeot, ¿cuál es el número de teléfono al que puede llamar durante las horas de trabajo?
6. ¿Cuántos kilómetros por litro hace el Peugeot?
7. ¿Dónde puede usted ver el Toyota?
8. De todos estos coches, ¿cuál prefiere usted? ¿Por qué?

Actividad 13. Entrevista: El automóvil

1. ¿Cuánto hace que tienes licencia de manejar? ¿Te gusta manejar?
2. ¿Tienes coche propio? ¿Cuánto hace que lo tienes? ¿Cómo es? ¿Te gusta manejarlo? ¿Por qué (no)?
3. ¿Qué marca de coche te gustaría tener? ¿Por qué?
4. ¿Por qué compraste el coche que tienes?
5. En tu opinión, ¿cuáles son los coches más prácticos? ¿los (coches) mejor fabricados?

Actividad 14. Los letreros de la carretera

Diga cuál es la frase descriptiva que corresponde a cada letrero en la página 286.

286 Capítulo diez

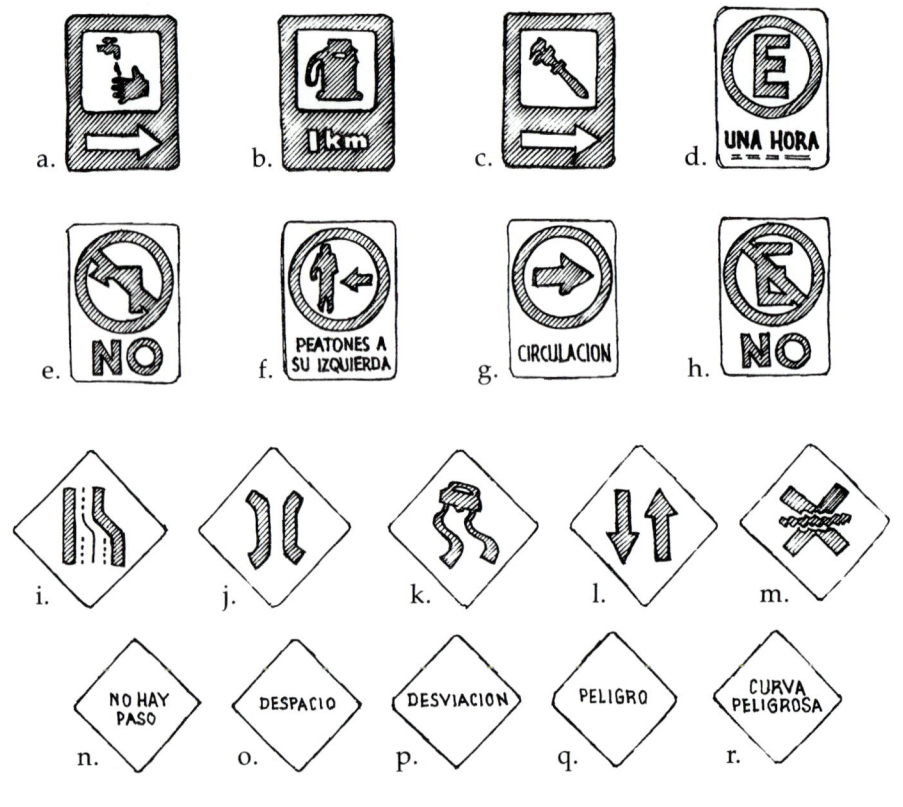

a. b. c. d.
e. f. g. h.
i. j. k. l. m.
n. o. p. q. r.

1. Puente angosto
2. No doble a la izquierda.
3. Tránsito de un solo sentido (una vía)
4. Baños
5. ¡Cuidado! Puede haber personas a su izquierda.
6. Gasolinera
7. Mecánico
8. Estacionamiento por una hora
9. Tránsito de doble sentido (vía)
10. No se estacione.
11. Tren
12. Camino angosto
13. Superficie resbalosa
14. Prohibido el tráfico
15. Disminuya la velocidad porque hay una curva.
16. Tiene que ir por otro camino.
17. Disminuya la velocidad.
18. Tenga mucho cuidado.

Act. 14. Pair work. New words: angosto/a, camino, circulación, corresponder, curva, descriptivo/a, despacio, desviación, disminuir, doble sentido, estacionarse, no hay paso, peligro, prohibido/a, puede haber, puente, resbaloso/a, superficie, tener cuidado, tráfico, un solo sentido, velocidad, vía.

Answers for road signs: 1 = i, 2 = e, 3 = g, 4 = a, 5 = f, 6 = b, 7 = c, 8 = d, 9 = l, 10 = h, 11 = m, 12 = j, 13 = k, 14 = n, 15 = r, 16 = p, 17 = o, 18 = q.

Act. 15. Write a list of 10–15 adjectives on board for students to choose from. First ask for a description of the place, then a reaction. New words: *bello/a, brillante, catedral, comentar, cordillera, Costa del Sol, denso/a, Holanda, impresionante, inolvidable, lento/a, Mallorca, norte, oscuro/a, paisaje, los Pirineos, el río Sena, separar, sobre, sucio/a.*

Actividad 15. Interacción: ¡Qué paisaje tan bello!

Usted y sus amigos están viajando en automóvil por Europa. Comente sobre los siguientes lugares usando **¡Qué** + sustantivo + **tan/más** + adjetivo! Use adjetivos como **aburrido/a, alto/a, antiguo/a, árido/a, brillante, denso/a, hermoso/a, impresionante, inolvidable, interesante, lento/a, limpio/a, moderno/a, oscuro/a, rápido/a, sucio/a, útil** y **verde**.

MODELO: el desierto en el sur de España → ¡Qué desierto más seco!

1. las autopistas de Alemania
2. las catedrales del norte de Francia
3. los campos de flores en Holanda
4. la playa por la Costa del Sol en España
5. el bosque en Suiza
6. el metro de Madrid
7. los Pirineos (cordillera que separa España de Francia)
8. el Río Sena en París
9. los llanos del centro de España
10. el viaje por transbordador de Barcelona a la isla de Mallorca

Act. 16. Notice the combination of exclamations with *hace* + present tense. Students may need some help or practice before they start working in pairs. If you have been to Guadalajara or Tlaquepaque, show some of your slides and/or some of the things you purchased there. New words: *anillo, artesanía, artesano, artístico/a, bastante, bordado/a, cerámica, conclusión, dulce de leche, fascinado/a, gerente, lana, local, perfección, pintura, plata, tejer, tener razón, turista.*

Actividad 16. Las artesanías y la experiencia

Imagine que usted está viajando en automóvil por México. Sale de Guadalajara y decide ir a Tlaquepaque porque el gerente del hotel le dice que hay muchos puestos de artesanías muy hermosas allí. Usted llega y ve que tenía razón el gerente. Está fascinado con la perfección de las artesanías y llega a la conclusión de que los artesanos son muy artísticos y que tienen bastante experiencia. Trabajando con un compañero (una compañera), hagan los papeles de un turista y un artesano.

MODELO: suéteres de lana →
TURISTA: ¡Qué suéteres más hermosos!
ARTESANO: Gracias. Hace diez años que los tejo y los vendo aquí.

1. blusas bordadas 2. anillos de plata 3. dulces de leche 4. pinturas de paisajes locales 5. tazas de cerámica 6. flores de seda

Lagos de los Andes en Argentina. Como en otros países que están al sur de la línea ecuatorial, en Argentina los meses de junio y julio se asocian con el invierno.

NOTA CULTURAL   El autostop

Cuando una persona no tiene coche, usa con frecuencia el transporte público: el metro, los autobuses y los taxis. Pero algunas personas prefieren pedirle a cualquier automovilista que las lleve adonde necesitan ir para ahorrarse así el dinero del pasaje. En casi todos los países de Europa, la expresión que se usa es «hacer autostop». En los países de las Américas se prefieren otras expresiones. En los Estados Unidos y Canadá, por ejemplo, se dice *hitch-hike*. En México la expresión que se usa es un «aventón»: «¿Me da un aventón, por favor?». En Puerto Rico, se pide un «pon».

A algunas personas les gusta viajar así porque no cuesta nada y porque a veces se conocen personas interesantes. Otras no lo hacen porque creen que es peligroso.

Nota cultural: Preview reading with a short discussion of hitchhiking in the U.S. Then have students read silently. Afterward, compare U.S. and European attitudes toward *autostop* (as it is called in most European countries). If possible, describe your own experiences.

¿Y usted?

¿Piensa usted que es recomendable hacer autostop? ¿Lo ha hecho alguna vez? ¿Lo hace usted con frecuencia? Cuente algunas de sus experiencias.

VOCABULARIO

La geografía   *Geography*

la arena	sand
el arrecife	reef
la bahía	bay
el bosque	forest
el cañón	canyon
la colina	hill
la cordillera	mountain range
la corriente	current
la costa	coast
el desierto	desert
el golfo	gulf
la isla	island
el llano	plain
la orilla	(river) edge, bank
el paisaje	landscape
la selva	jungle
el terreno	(piece of) land
la tierra	earth

PALABRAS SEMEJANTES: la Costa del Sol, Europa, Holanda, Nueva York, el océano, la península, los Pirineos, el Río Sena, Suiza, el valle, la vegetación, la zona

El clima   *Climate*

caluroso/a	hot (*weather*)
el cielo	sky
la escarcha	frost
el grado	degree
la humedad	humidity
llover (ue)	to rain
la llovizna	drizzle
la lluvia	rain
la neblina	fog
la nube	cloud
(parcialmente) nublado	(partly) cloudy
pronosticar	to forecast
se pronostica	

el pronóstico	forecast (*weather*)
el relámpago	lightning
seco/a	dry
soleado/a	sunny
la tormenta	storm
el trueno	thunder
el viento	wind

PALABRAS SEMEJANTES: anticiparse (se anticipa), el centígrado, húmedo/a, el huracán, la temperatura, el tornado

REPASO: hace (mucho) calor/frío/viento

El transporte *Transportation*

el camión	truck
el casco	helmet
el crucero	cruise ship; pleasure cruise
la lancha	boat
la locomotora	locomotive
el pasajero/la pasajera	passenger
el transbordador	ferry
el tranvía	cable car
el vagón	wagon
la vía	rail (*for railroad*)

PALABRAS SEMEJANTES: el tráfico, el tránsito, transportar, el vehículo

REPASO: el autobús, el avión, la bicicleta, el metro, la motocicleta, el tren

El automóvil *The Automobile*

el acumulador	battery
el arranque	ignition
el asiento	seat
la autopista	freeway
la bocina	horn
los cambios	gears
el camino	road
el capó	(car) hood
la carretera	highway
el cinturón de seguridad	seat belt
estacionarse	to park
los frenos	brakes
la licencia de manejar	driver's license
el limpiaparabrisas	windshield wiper
el litro	liter
la llanta (desinflada)	(flat) tire
la marca	make (*of a car*); brand
el parabrisas	windshield
el parachoques	bumper
el peatón	pedestrian
la placa	license plate
la presión	pressure
el puente	bridge
la rueda	wheel
el semáforo	traffic light
usar	to use
se usa para...	it is used for . . .
la velocidad (máxima/mínima)	(maximum/minimum) speed
el volante	steering wheel

PALABRAS SEMEJANTES: la antena, el auto, el cilindro, el galón, la gasolina, el modelo, el motor, el radiador, el radio cassette, la transmisión

REPASO: el carro, el coche, el kilómetro, manejar, la milla

Los letreros de la carretera *Road Signs*

despacio	slow
desviación	detour
doble sentido	two-way (*street*)
no hay paso	no entrance
peligro	danger
peligroso/a	dangerous
la señal	signal
un solo sentido	one-way

PALABRA SEMEJANTE: la curva

Los sustantivos

el anillo	ring
la artesanía	arts and crafts
el artesano/la artesana	artisan
el daño	damage
la desventaja	disadvantage
el dulce de leche	type of candy
la entrada	entrance
el/la gerente	manager
los informes	information
la lana	wool
el nivel	level
el norte	north
la oración	sentence; prayer
la pintura	paint; painting
la plata	silver
la seda	silk
la superficie	surface
el viajero	traveler
la villa	village

PALABRAS SEMEJANTES: el aire acondicionado, la catedral, la cerámica, la circulación, la conclusión, la condición, la elevación, el espacio, la extensión, la forma, la parte, la perfección, el/la turista

Los verbos

bajar	to go down
conseguir (i)	to get
cubrir	to cover
dar (mucho) miedo	to frighten (very much)
disminuir	to diminish
disminuyo/disminuye	
enfriar	to cool off
estar de acuerdo	to agree
estar de venta	to be for sale
guardar	to put away
hacer viajes	to take trips, travel
hubo (haber)	there was/were
marearse	to get seasick/carsick; to get dizzy
parar	to stop
pasar por	to pass through/by
proteger	to protect
protejo/protege	
puede haber	there may/can be
recorrer	to pass over/through; to travel over
revisar	to check
ser verdad	to be true
subir	to go up
subirán	will go up
tejer	to knit
tener cuidado	to be careful
tener razón	to be right
vender	to sell
se vende	to be for sale
venir (ie)	to come
vengo/viene	

PALABRAS SEMEJANTES: comentar, completar, corresponder, flotar, identificar, separar

Los adjetivos

adecuado/a	adequate
aéreo/a	air; of or pertaining to air travel
angosto/a	narrow
bello/a	beautiful
bordado/a	embroidered
fabricado/a	made
inolvidable	unforgettable
lento/a	slow
lujoso/a	luxurious
oscuro/a	dark
prohibido/a	forbidden
resbaloso/a	slippery
rodeado/a	surrounded
sucio/a	dirty
todos/as	all, every
unido/a	united; attached

PALABRAS SEMEJANTES: árido/a, artístico/a, automático/a, brillante, considerable, denso/a, descriptivo/a, económico/a, fascinado/a, local, óptimo/a, práctico/a, usado/a

Los adverbios

bastante	rather; quite
cómodamente	comfortably
completamente	completely
lentamente	slowly
ligeramente	lightly
lógicamente	logically
puntualmente	punctually
respectivamente	respectively

Palabras y expresiones útiles

¿A cuánto está la temperatura?	What's the temperature?
alguna vez	some time
cada vez	each time
contra	against
¿Cuánto hace que... ?	How long have/has . . . ?
¿Cuántos kilómetros hace por litro/galón?	How many kilometers per liter/gallon do you get?
de primera clase	first class
en buenas condiciones	in good condition
en regla	in order
Hace... que...	(I) have . . . for . . .
hacia	toward
será (ser)	will be
sobre	on, on top
Va a estar...	It is going to be . . .
Va a haber...	It is going to be . . . / There is going to be . . .
Va a hacer...	It is going to be . . .
Va a ser...	It is going to be . . .

GRAMÁTICA Y EJERCICIOS

10.1. The Present Perfect: "Have You Ever . . . ?"

A. The Spanish present perfect is formed with the present tense of the auxiliary verb **haber** (*to have*) followed by the participle of any verb.

¿**Han visitado** ustedes Europa? —Sí, **hemos visitado** España dos veces.

Have you visited Europe? —Yes, we've visited Spain twice.

B. The present-tense forms of **haber** are irregular.*

haber (*to have*)		
(yo)	he	*I have*
(tú)	has	*you (inf. sing.) have*
(usted, él/ella)	ha	*you (pol. sing.) have; he/she has*
(nosotros/as)	hemos	*we have*
(ustedes, ellos/as)	han	*you (pl.), they have*

Bernardo, ¿**has recogido** las maletas? —No, no **han llegado** todavía.

Bernardo, have you picked up the suitcases? —No, they haven't arrived yet.

C. The participle is formed by adding **-ado** to the stem of **-ar** verbs and **-ido** to the stem of **-er** and **-ir** verbs.

-ar	-ado
hablar	hablado
jugar	jugado
preparar	preparado

-er/-ir	-ido
comer	comido
vivir	vivido
dormir	dormido
salir	salido

¿Ya **han comprado** los señores Torres los boletos? —No, no **han tenido** tiempo todavía.
Inés, ¿**has terminado**? —No, el agente de la aduana no **ha inspeccionado** mi equipaje todavía.

Have the Torres' already bought the tickets? —No, they haven't had time yet.
Inés, have you finished? —No, the customs agent hasn't inspected my baggage yet.

---

*Recognition: **vosotros/as habéis**

> 10.1. The present perfect is often used by speakers from Spain to relate simple past completed events: *¿Has visto a Pilar ayer?* We have chosen to present the Latin American usage, because it corresponds more closely to English. For most Latin Americans, the simple past is preferred except in "Have you ever . . ." questions and in negative answers ("I have never . . ."). The past participle forms are very common as adjectives.

D. A few verbs have irregular participles.

abrir: **abierto**	to open / opened
cubrir: **cubierto**	to cover / covered
decir: **dicho**	to say / said
describir: **descrito**	to describe / described
escribir: **escrito**	to write / written
hacer: **hecho**	to do / done
morir: **muerto**	to die / died; dead
poner: **puesto**	to put / put
resolver: **resuelto**	to resolve / resolved
romper: **roto**	to break / broken
ver: **visto**	to see / seen
volver: **vuelto**	to return / returned

The participles of verbs derived from these verbs are also irregular.

devolver: **devuelto**	to return / returned
inscribir: **inscrito**	to enroll / enrolled
reponer: **repuesto**	to put back / put back
suponer: **supuesto**	to suppose / supposed

Inés, ¿dónde **has puesto** mis pantalones nuevos? —Ya te **he dicho** que están encima de la cama.

Inés, where have you put my new pants? —I've already told you that they're on top of the bed.

Bernardo fue a la agencia de viajes hace dos horas y todavía no **ha vuelto**.

Bernardo went to the travel agency two hours ago and hasn't come back yet.

Ejercicio 1

Los estudiantes de la profesora Martínez hablan de sus viajes. Complete los diálogos con la forma correcta de **haber**: **he, has, ha, hemos, han.**

NORA: ¿_____¹ ido ustedes muchas veces a México?
CARMEN Y SU HERMANA: No, _____² ido solamente tres veces.

LUIS: ¿_____³ visto las pirámides de Teotihuacán en México?
ALBERTO: No, pero _____⁴ visto las pirámides de Tikal en Guatemala.

ESTEBAN: ¿_____⁵ viajado Mónica fuera de Texas?
CARMEN: No, la verdad es que nunca _____⁶ viajado fuera de Texas.

NORA: ¿_____⁷ subido ustedes la Torre de las Américas?
ALBERTO Y ESTEBAN: ¡Claro que sí! La _____⁸ subido varias veces.

LA PROFESORA MARTÍNEZ: Nora, ¿_____⁹ visto a Luis hoy?
NORA: No, no lo _____¹⁰ visto todavía.

Ejercicio 2

Éstas son algunas de las cosas que han hecho los amigos y parientes de Gustavo. Complete lógicamente usando los participios de **comer, escribir, ver, viajar, comprar, hablar, limpiar, oír, ir** y **pasar**.

MODELO: Mis primos han <u>ido</u> mucho a Puerto Vallarta porque les gustan las playas y el sol.

1. Pedro ha _____ la nueva película de Almodóvar cuatro veces.
2. Ramón le ha _____ una carta a Amanda.
3. Yo he _____ tres veces este mes a Cuernavaca.
4. Los señores Ramírez han _____ una casa nueva.
5. Ernesto, ¿has _____ en un restaurante chino últimamente?
6. Gustavo no ha _____ con Ernestito hoy.
7. Graciela, tú nunca has _____ a España, ¿verdad?
8. Marisa y Clarisa han _____ la casa muy bien.
9. Amanda, ¿has _____? ¡El profesor Baez dice que no vamos a tener tarea hoy!
10. Los señores Ramírez han _____ sus vacaciones en Cancún muchas veces.

Ejercicio 3

¿Cuántas veces ha hecho usted estas cosas? Haga preguntas y respuestas.

MODELO: bucear en el mar Caribe →
¿Cuántas veces has buceado en el mar Caribe?
Nunca he buceado allí.
He buceado en el mar Caribe dos o tres veces.

1. viajar a México
2. esquiar en un lago
3. subir a una pirámide
4. acampar en las montañas
5. alquilar un coche
6. cocinar para diez personas
7. leer tres novelas en un día
8. correr 5 kilómetros sin parar
9. decirles una mentira a sus padres
10. romper un vaso en un restaurante

10.2. *Por* and *para*: By, Through, Destination

The Spanish prepositions **por** and **para** have distinct meanings. **Para** indicates movement *toward* a destination.

Cuando era niño, salía **para** la escuela a las 7:30.

Perdón, señor, ¿cuál es el tren que sale **para** Madrid?

When I was a kid, I used to leave for school at 7:30.

Excuse me, sir, which is the train that is leaving for Madrid?

On the other hand, **por** indicates motion *through* or *by* a place.

Pasamos **por** varios pueblos antes de llegar a Salamanca.
We went through various villages before arriving in Salamanca.

En la noche caminábamos **por** la orilla del lago de Chapala.
In the evenings we would take a walk along the shore of Lake Chapala.

Por is also used to indicate means of transportation.

Mis hermanos quieren viajar **por** tren, pero yo quiero ir **por** avión.
My brothers want to travel by train, but I want to go by plane.

Ejercicio 4

Seleccione **por** o **para**.

1. Vamos a salir _____ el cine a las 7:00.
2. Voy a pasar _____ tu casa temprano.
3. ¿De dónde sale el avión _____ Veracruz?
4. Es necesario pasar _____ la aduana en México.
5. ¿Vas a viajar _____ avión?
6. Vamos a caminar un rato _____ el parque.
7. Hay que pasar _____ Barranquilla para llegar a Cartagena.
8. Mis padres salen _____ Madrid mañana.

10.3. Describing Actions: Adverbs

Words that describe actions are called *adverbs*. Many adverbs are formed in Spanish by adding **-mente** to the feminine form of the adjective: **rápida** (*fast*) → **rápidamente** (*quickly*); **libre** (*free*) → **libremente** (*freely*).

Amanda, ¿vas al cine **frecuentemente**? —No, voy una vez al mes.
Amanda, do you go to the movies frequently? —No, I go once a month.

En este país puedes hablar **abiertamente**.
In this country you can talk openly.

Ejercicio 5

Describa estas acciones. Primero escoja el adjetivo más lógico entre **puntual, inmediata, constante, cómoda** y **rápida**. Luego use al adjetivo para formar un adverbio.

MODELO: (general) → <u>Generalmente</u> tomo el autobús número 73 para ir a la universidad.

1. ¡Los trenes en Japón transitan a 250 kilómetros por hora! Los pasajeros llegan _____ a su destino.
2. Me gusta viajar por tren. Me siento _____ en el vagón y miro el paisaje

La geografía y el transporte

3. En Suiza los trenes y los autobuses llegan y salen _____.
4. ¡Nunca he visto tantos autobuses! En la estación de autobuses en Guadalajara, los autobuses llegan y salen _____.
5. Vamos a tener que correr; el próximo autobús sale _____.

10.4. Exclamations with *qué, cuánto*

A. Form exclamations with **qué** using ¡Qué + adjective . . . !*

    ¡**Qué bonita** es la playa!   *How pretty the beach is!*
    ¡**Qué interesante** fue ese viaje!   *What an interesting trip that was!*

B. Use the pattern ¡**Qué** + *noun* + **tan/más** + *adjective*! to express *What a . . . !*

    ¡**Qué** país **tan** grande!   *What a large country!*
    ¡**Qué** viaje **más** divertido!   *What an enjoyable trip!*

C. Use **cuánto/a/os/as** to express surprise about quantity.

    ¡**Cuánto** dinero tiene ese hombre!   *That man has a lot of money!*
    ¡No te imaginas **cuántas** horas tuvimos que esperar!   *You can't imagine how many hours we had to wait!*

Ejercicio 6

Usted está mirando las diapositivas de Inés Torres y su esposo Bernardo, quienes acaban de regresar de un viaje por la América Latina. Exprese su sorpresa al ver estas fotos.

MODELO: las pirámides de Teotihuacán: pirámides / altas →
Las pirámides de Teotihuacán… ¡Qué pirámides tan (más) altas!

1. Bolivia: país / interesante
2. un vuelo de Quito a Bogotá: vuelo / largo
3. los Andes: montañas / altas
4. una selva tropical en Venezuela: selva / verde
5. una playa en el Caribe: arena / blanca

Ejercicio 7

Usted también ha hecho un viaje por España y por la América Latina. Haga comentarios sobre los lugares interesantes que ha visto.

MODELO: azul / el agua del Caribe → ¡Qué azul es el agua del Caribe!

---

*Note that **qué** and **cuánto** take an accent mark in exclamations as well as in questions.

1. impresionantes / las ruinas de Machu Picchu
2. grande / el lago Titicaca
3. cosmopolita / la ciudad de Buenos Aires
4. húmeda / la selva de Ecuador
5. seco / el desierto de Atacama en Chile
6. alta / la torre de la Giralda
7. hermoso / el edificio del Alcázar de Segovia
8. inmenso / el parque del Retiro en Madrid
9. interesante / el Museo del Prado
10. antiguo / el acueducto de Segovia

10.5. *Hace* + Time: "How Long Have You . . . ?"

10.5. Students should recognize this structure, but few if any beginners use it in their own speech.

A. Recall that **hace** + time preceded or followed by a verb in the past tense expresses the idea of English *ago*.

> Fui a Puerto Rico **hace un año**.   *I went to Puerto Rico a year ago.*

B. **Hace** followed by an expression of time plus a present-tense verb expresses the duration of an action or state from past to present. To express this same idea, English uses the present perfect and the preposition *for*.

> **Hace diez años** que tenemos el mismo gato.   *We have had the same cat for ten years.*

C. To ask how long someone has been doing something, use one of these patterns: **¿cuánto hace que** + *present tense*? or **¿cuánto tiempo hace que** + *present tense*?

> **¿Cuánto hace** que usted **estudia** español? —**Hace** más de **dos años**.   *How long have you studied Spanish? —It's been (It makes) more than two years.*
>
> **¿Cuánto tiempo hace** que no **ves** a Ricardo? —**Hace un mes**, porque está en Puerto Rico ahora.   *How long has it been since you've seen Ricardo? —It's been a month, because he's in Puerto Rico now.*

Ej. 8. Have students use short answers with *hace* + time.

Ejercicio 8. ¿Cuánto tiempo hace que usted... ?

Conteste, inventando la información si es necesario.

> MODELO: ¿Cuánto tiempo hace que usted juega al tenis? →
> Hace cinco años (que juego al tenis).

1. ¿Cuánto tiempo hace que usted vive en esta casa?
2. ¿Cuánto tiempo hace que usted tiene el mismo trabajo?
3. ¿Cuánto tiempo hace que usted estudia en esta universidad?
4. ¿Cuánto tiempo hace que usted tiene un gato o perro en casa?
5. ¿Cuánto tiempo hace que usted sabe manejar un auto?

CAPÍTULO ONCE

LOS VIAJES

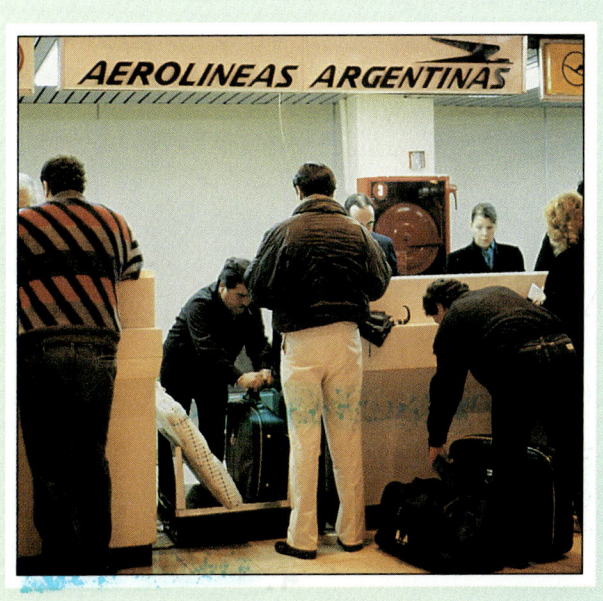

METAS

In **Capítulo once** you will continue to talk about travel-related experiences: making travel plans, getting around in unfamiliar places, following directions, reading maps, and so on. You will also talk about your past travel experiences.

GOALS—CHAPTER 11

Chapter 11 focuses on travel. The activities address common travel situations and topics: making travel plans and reservations, using maps, and following directions, as well as travel experiences and advice for travelers. The pronouns *vosotros/as* and *os* as well as associated verb forms appear for recognition in this

Santiago, Chile

chapter, after having been footnoted in the *Gramática* of previous chapters. If you want your students to be able to produce the *vosotros* pronouns and verb forms, you will want to expand activities that could naturally include *vosotros*. *Vosotros* forms are included in some listening materials and in certain readings. We also present rules for the formal command forms (students will recognize most of them already from experiences with TPR). In addition, we introduce the imperfect progressive and the imperfect to describe background actions or states that are interrupted by events.

ACTIVIDADES ORALES Y LECTURAS

Los planes de viaje

Buscando sitios y usando mapas

Las experiencias en los viajes

«¿Qué calle, qué número?»

«Número 56 Norte»

«La leyenda de Popocatépetl e Iztaccíhuatl»

GRAMÁTICA Y EJERCICIOS

11.1 Regional Pronouns: **vos** and **vosotros/as** Forms
11.2 To Have Just Done Something: **acabar de** + Infinitive
11.3 Prepositions + Pronouns (Part 2)
11.4 Polite Commands
11.5 Describing What Was Going On: Imperfect Progressive
11.6 Imperfect in Contrast to the Past (Preterite)

ACTIVIDADES ORALES Y LECTURAS

LOS PLANES DE VIAJE

Describe a trip you took. Introduce as many new items from the display as possible in input.

¡OJO! *Estudie Gramática 11.1–11.2.*

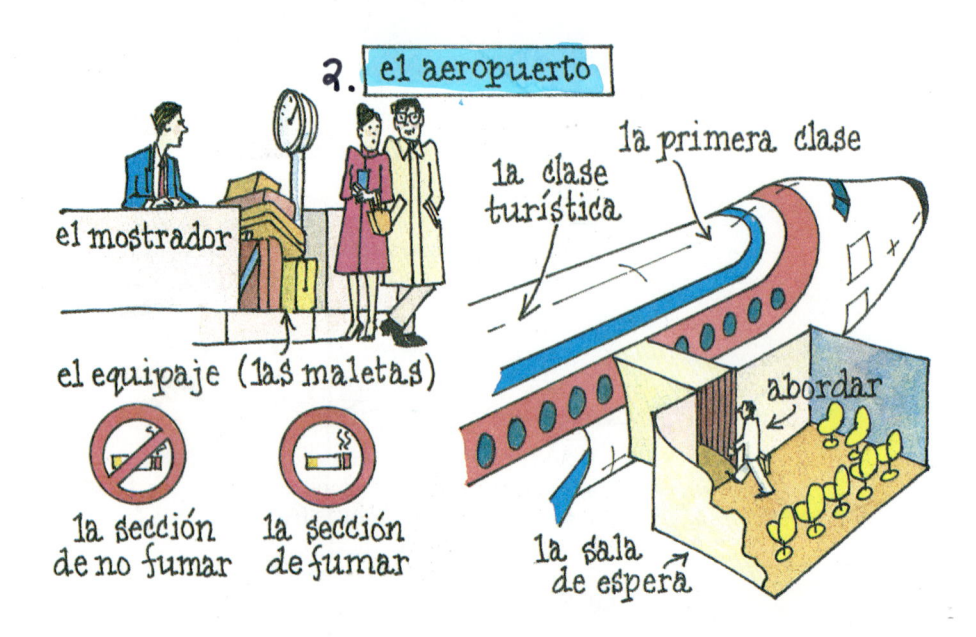

Show slides of a Latin American country or of Spain. Tell what you are doing in each slide (reviewing the present progressive). Then ask students to narrate what you did on the trip and what you saw. We have used *reservación, visa,* and *boleto*; in Spain *reserva, visado,* and *billete* are used. New words: *abordar, aeropuerto, agencia de viajes, boleto de ida y vuelta, cheque de viajero, clase turística, consulado, equipaje, maleta, mostrador, pasaje, primera clase, reservaciones, sala de espera, sección de fumar, sección de no fumar, vacuna, visa.*

1. la agencia de viajes

- 8 mayo / 28 mayo
- ¿Quieren un boleto de ida y vuelta?
- ¿Se necesitan vacunas?
- el agente de viajes
- el boleto
- el pasaporte
- las reservaciones
- los cheques de viajero
- el Consulado de México
- la visa

2. el aeropuerto

- el mostrador
- el equipaje (las maletas)
- la sección de no fumar
- la sección de fumar
- la clase turística
- la primera clase
- abordar
- la sala de espera

Los viajes

Actividad 1. Interacción: Agencia de viajes Salinas

E1: ¿Cuánto cuesta el pasaje a Costa Rica desde Los Ángeles?
E2: Cuesta $500.00.

AGENCIA DE VIAJES SALINAS
TEL. 850-8921 • Los Ángeles, California

No haga sus reservaciones a última hora. Hágalas ahora y pase los próximos días feriados en su país natal, junto a su familia. Nosotros tenemos los precios que usted busca. Disponemos de un moderno sistema de computadoras «SABRE» para hacer sus reservaciones inmediatamente. ¡Llame ahora mismo al 850-8921 y disfrute de sus próximas vacaciones!

Tarifas de ida y vuelta desde Los Ángeles
(sujetas a cambios y ciertas restricciones)

ARGENTINA (Buenos Aires)	$1,366
BOLIVIA (La Paz/Cochabamba)	$987
COLOMBIA (Bogotá)	$699
COSTA RICA (San José)	$500
CHILE (Santiago)	$1,001
ECUADOR (Quito)	$834
EL SALVADOR (San Salvador)	$495
GUATEMALA (Guatemala)	$460
HONDURAS (Tegucigalpa)	$484
NICARAGUA (Managua)	$485
PANAMÁ (Panamá)	$579
PERÚ (Lima)	$954
VENEZUELA (Caracas)	$810

AGENCIA DE VIAJES SALINAS
¡Nombre de excelencia desde 1969!

Actividad 2. ¡Viajar es tan fácil como decir 1, 2, 3!

Ordene lógicamente estas actividades.

__4__ comprar los boletos
__10__ abordar el avión
__7__ comprar ropa y otras cosas
__2__ planear el viaje
__9__ ir al aeropuerto
__5__ sacar el pasaporte y la visa
__8__ hacer las maletas (empacar)
__6__ comprar cheques de viajero
__1__ ahorrar el dinero necesario
__3__ hacer las reservaciones

Actividad 3. ¿Qué acaba de hacer Adriana?

MODELO: Adriana acaba de hacer las reservaciones.

Sí, para una, de ida y vuelta a Australia. Lo recojo mañana.

1. Acaba de sacar su pasaporte
2. comprar
3. comprar
4. hacer las maletas
5. entregar
6. abordar

Actividad 4. El agente de viajes

Usted es agente de viajes. Tiene varios clientes que han viajado mucho y que quieren planear unas vacaciones exóticas para el verano próximo. Lea lo que estos clientes ya han hecho y prepáreles un plan de viaje atractivo.

LOS SEÑORES RUIZ

Él es un escritor mexicano muy famoso y ella es presidenta de Mariola, una compañía de juguetes. Conocen muy bien México; tienen amigos en Argentina y también conocen ese país muy bien; han esquiado en Bariloche, han ido de vacaciones a Mar del Plata. Han viajado a Europa más de diez veces, pero nunca han visto los países nórdicos: Dinamarca, Suecia y Noruega. Han visto las pirámides de Egipto y las de México, pero nunca han visto las ruinas de la civilización griega en Atenas. Han hecho cruceros muchas veces por el Caribe y no tienen ganas de hacer otro viaje allí. Ya han hecho un viaje a Alaska, y acaban de regresar de la Antártida. El señor Ruiz habla inglés muy bien, porque vivió en Nueva York mientras estudiaba en la Universidad de Nueva York. La señora Ruiz habla italiano, francés y ruso y tiene muchas ganas de ver Moscú.

Prepare un itinerario de un mes de vacaciones para los Ruiz: «Ustedes van a salir de México el día 5 de julio y van a llegar a... »

Actividad 5. El mejor precio de Madrid

Hágale estas preguntas a un compañero (una compañera). Ojo: ¡los precios están en pesetas!

Pesetas ↓

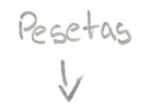

Exclusivamente vuelos regulares de Iberia.   Más de 100 destinos en todo el mundo.

El mejor precio

DESDE MADRID	DURACION	DESDE PTAS.
Costa del Sol	8 Días	18.800
Italia	8 Días	43.450
Turquía	8 Días	63.850
Tierra Santa	8 Días	62.250
Londres	8 Días	23.050
Amsterdam	8 Días	36.050

del mejor viaje.

DESDE MADRID	DURACION	DESDE PTAS.
Nueva York	9 Días	78.850
México	16 Días	126.000
Brasil	15 Días	123.350
Egipto	9 Días	75.300
Santo Domingo	9 Días	130.900
Miami	9 Días	130.100

MUNDI COLOR IBERIA

El Tour Operador Internacional n.º 1 de España.   Le están esperando en su Agencia de Viajes.

rectly on the first syllable.) Give them the current exchange rate and have them practice approximate conversions. (Do not use a calculator!) (The peseta-to-dollar conversion will be about 100 pesetas to $1.) New words: barato/a, destino, duración, exclusivamente, peseta, (viajar por) todo el mundo, vuelo.

1. ¿Cuánto cuesta un viaje a Italia?
2. ¿Cuál es más caro, el viaje a Turquía o el viaje a Tierra Santa (Israel y Jordán)?
3. ¿Qué viaje cuesta menos, el viaje a Brasil o el viaje a México?
4. ¿Es más económico viajar a Miami o a Santo Domingo?
5. ¿Cuál es el viaje más barato? ¿Por qué? ¿Y cuál es el más caro? ¿Por qué?

LECTURA   Los amigos norteamericanos: ¿Qué calle, qué número?

Carmen, Esteban y Luis están de vacaciones en el Caribe. Esta noche piensan visitar a Rubén, un profesor de inglés que conocieron a comienzos de su estancia° en Santo Domingo. Rubén les ha mostrado lugares interesantes de la ciudad y se ha hecho muy buen amigo de ellos. Como los tres estudiantes regresan pronto a su país, Rubén los ha invitado a una cena de despedida en su casa.

stay

En este momento Esteban habla por teléfono con Rubén.

—No tienes que venir a recogernos al hotel, Rubén. Simplemente danos la dirección de tu casa…

—Bueno, está bien —responde Rubén. —Tomen un autobús en el Parque Independencia, que está cerca del hotel. Bájense en la Avenida Winston Churchill y sigan por esa avenida hasta un mercado que se llama La Estrella. Llámenme cuando lleguen allí y yo paso a recogerlos.

—Pero, Rubén, —dice Esteban, un poco preocupado —dime por lo menos el número del apartamento, por si acaso° nos perdemos o por si no encontramos ese mercado…

por… in case

—No, hombre, no —interrumpe Rubén, —no te preocupes. Es más fácil encontrar ese mercado que encontrar mi casa.

—¿Y la calle? ¿En qué calle vives? —insiste Esteban.

Lectura: Tell students that in this story the characters have trouble following directions to a friend's house. You may want to talk about the vague—from a U.S. point of view— directions many Hispanics often give when you ask them how to get somewhere: *por ahí, para abajo, más adelante, al fondo de la calle.* After the reading, ask the following personal question in addition to those in ¿Y usted? ¿Ha buscado alguna dirección en un país hispano? Describa la experiencia.

—Avenida Anaconda. El tercer edificio de apartamentos a mano derecha viniendo del mercado La Estrella. El apartamento está en la planta baja; afuera hay un carro cubierto con una lona° de color amarillo.   *canvas cover*

—¿Un carro cubierto con qué? —pregunta Esteban, confundido.

—Es mi carro. Siempre lo cubro con una lona amarilla para protegerlo del sol y del calor...

* * * * * *

Los tres amigos tomaron un autobús. Se bajaron en la Avenida Winston Churchill y llegaron por fin al mercado La Estrella. Desde allí Esteban llamó por teléfono a Rubén.

—¡No lo puedo creer! —dice Esteban, molesto.° —¡La línea está ocupada!   *upset*

—Bueno, —responde Carmen, —esperemos unos minutos y llamemos otra vez.

Pasaron diez minutos y Esteban volvió a llamar.

—¡Caramba! ¡Sigue ocupada!

—Tratemos de encontrar esa avenida, —agrega Luis, también molesto.

Les preguntaron dónde estaba la Avenida Anaconda a los empleados del mercado La Estrella y a varias personas que pasaban por la calle. Unos les decían que por aquí, otros que por allá, otros que al fondo,° que a la derecha, que a la izquierda. Después de andar caminando por media hora, encontraron la Avenida Anaconda.   *al... at the end*

—¡Por fin! —exclama Esteban. —Ahora va a ser fácil encontrar el apartamento.

* * * * * *

Recorrieron varias cuadras de Anaconda sin encontrar el famoso carro con lona amarilla. Decidieron entonces probar una vez más y llamar a Rubén. El teléfono público que encontraron no funcionaba. Ya impacientes y con deseos de regresar al hotel, tocaron a una puerta. Salió la señora de la casa.

—Sí, ¿qué se les ofrece?°   *¿qué... may I help you?*

—Estamos perdidos. ¿Nos permite usar su teléfono, por favor?

—Claro que sí. Pasen.

Los tres amigos siguieron a la señora hasta una mesita donde estaba el teléfono.

—¡Dios mío! —grita la mujer. —¡El teléfono está descolgado°! ¡Y Rubén esperando una llamada toda la noche!   *off the hook*

—¿¡Rubén?! —gritan Esteban, Carmen y Luis a la vez.

—Sí, Rubén. Es mi hijo.

—¿Ésta es la casa de Rubén Castellán? —pregunta

¿DONDE ESTAN LAS MALETAS?

Viajes en tren o en avión, factures las maletas o no, pega siempre una etiqueta con tu nombre y dirección en uno de sus lados. Las etiquetas que se cuelgan del asa pueden soltarse, con lo que la pérdida de una maleta es sumamente fácil.

PARA EVITAR ROBOS Y PERIDAS

No es recomendable llevar mucho dinero en efectivo, pero algo hay que tener al alcance. Llévenlo mitad él, mitad ella. Hagan fotocopias de todos los documentos, en caso de robo o pérdida ayudan a aligerar los trámites.

Calle en la ciudad de Santiago, en Cuba: Los diferentes colores de las casas, las rejas (*grating*) en las ventanas y la vegetación tropical les dan a las ciudades del Caribe un aspecto atractivo y pintoresco.

Esteban, sin poder creer la coincidencia.

—Sí.

—¡Por fin! Nosotros somos los amigos que él está esperando.

—¡Ave María Purísima! No es posible. Por favor, siéntense ustedes. Rubén vuelve en seguida.° Él no podía comprender por qué no llamaban. ¡Y el teléfono descolgado! en... *right away*

—¿Y dónde está Rubén? —pregunta Luis.

—Como ustedes se demoraban tanto,° salió a ver si los encontraba. se... *were taking so long*

—Y, claro, se fue en el carro —comenta Carmen. —Ésa es la razón...

—¿La razón de qué? —pregunta la señora.

—¡La razón por la que no podíamos encontrar la «famosa» lona!

Salieron al portal° y vieron allí, tirada° en el piso, una lona de color amarillo. *porch / thrown*

Comprensión

1. ¿Qué problemas tuvieron Esteban, Carmen y Luis para seguir las instrucciones de su amigo Rubén?   2. ¿Por qué no podían encontrar la casa de Rubén? ¿Qué detalle faltaba?   3. ¿Por qué no pudieron comunicarse con Rubén?

Ahora narre lo que pasó en la lectura basándose en los siguientes pasos: (1) la conversación telefónica, (2) el viaje y (3) la llegada a casa de Rubén.

¿Y usted?

Generalmente, ¿es difícil para usted encontrar una dirección? ¿Necesita instrucciones muy específicas?

BUSCANDO SITIOS Y USANDO MAPAS

¡OJO! *Estudie Gramática 11.3–11.4.*

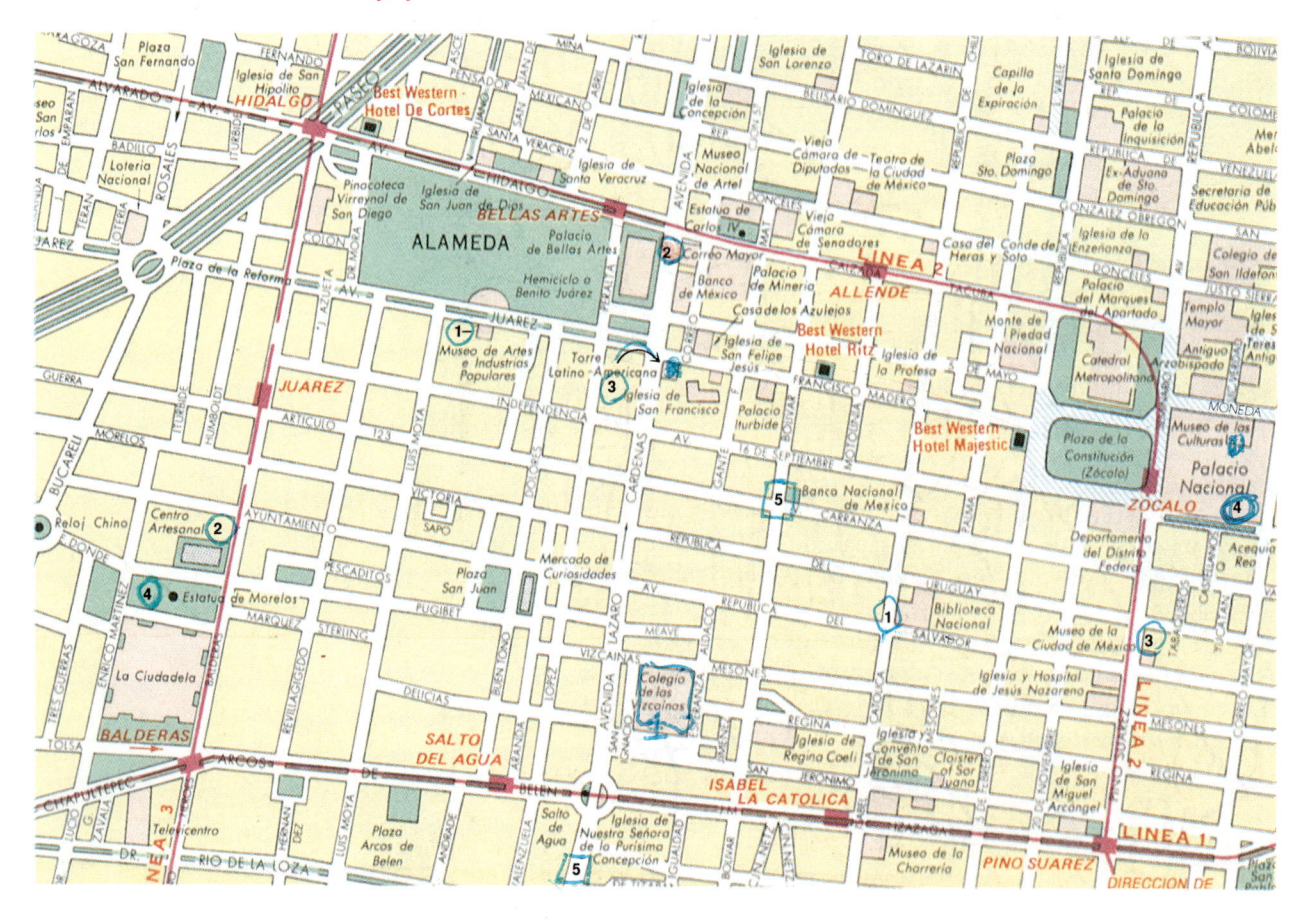

Review formal commands with TPR commands that include directions: *camine, doble (a la derecha, a la izquierda), siga derecho, suba, baje, pare, mire,* etc. Use the overhead transparency of this map to point out the typical attributes of a Hispanic city: *glorieta* (Mex. traffic circle), *monumento, parque, plaza central, mercado,* etc. Ask for volunteers to come up and follow your directions on the map (indicating their route on the map with a pointer). New words: *a la derecha/izquierda, adiós, camine, cuadra, doble, llegue, para servirle, pase, perdone, salga.*

DEL MUSEO DE ARTES E INDUSTRIAS POPULARES AL COLEGIO DE LAS VIZCAÍNAS

TURISTA: Perdone, ¿puede decirme cómo llegar al Colegio de las Vizcaínas?
RAÚL: Sí. Mire aquí en su mapa. **Salga** del museo **a la derecha** y **camine por** Juárez hasta la Avenida Lázaro Cárdenas. En Lázaro Cárdenas **doble a la derecha**. Así puede ver la Torre Latinoamericana también. Va a estar a su izquierda. Si tiene tiempo, **suba**. Desde el último piso hay una vista hermosa del centro de la ciudad. **Camine seis cuadras por** Lázaro Cárdenas. Luego **doble a la izquierda** en Vizcaínas. El colegio está al lado derecho.
TURISTA: Muchísimas gracias, señor.
RAÚL: Para servirle. Adiós.

Actividad 6. Mapa: La Ciudad de México

Mire el mapa en la página 304 y explique cómo se va de una parte del centro de la ciudad a otra.

> MODELO: del Museo de las Culturas hasta el Palacio de Bellas Artes →
> Después de salir del museo, tome Moneda a la izquierda y siga hasta Seminario. Doble a la derecha en Seminario y siga hasta Calzada Tacuba; doble a la izquierda. Camine ocho cuadras hasta la Avenida Lázaro Cárdenas. El Palacio de Bellas Artes está en la Avenida Lázaro Cárdenas.

1. de la Biblioteca Nacional al Museo de Artes e Industrias Populares
2. del Centro Artesanal al Correo Mayor
3. del Museo de la Ciudad de México a la Torre Latinoamericana
4. del Palacio Nacional a la Estatua de Morelos
5. de la Iglesia de la Purísima al Banco Nacional de México

Actividad 7. Consejos para los viajeros

Lea este artículo de una revista. Luego, con un compañero (una compañera) de clase, escriban otros dos o tres consejos útiles para los viajeros.

PARA VIAJAR SIN PROBLEMAS...

Publicamos aquí una lista de consejos para los viajeros al extranjero. Si usted sigue nuestros consejos, podrá disfrutar de unas vacaciones divertidas y seguras.

¡HÁGALO!

1. Llame a la embajada o al consulado del país al cual usted quiere viajar y pregunte si necesita un visado.
2. Haga varias fotocopias de su pasaporte; deje una en casa y lleve otra en su maleta. Así, si se le pierde el pasaporte, va a tener toda la información necesaria para obtener otro inmediatamente.
3. Para no tener problemas o preocupaciones en los hoteles, deje sus joyas valiosas en casa.
4. Si no habla el idioma del país que va a visitar, compre un diccionario de frases útiles.

¡NO LO HAGA!

1. Si necesita tomar medicinas diariamente, llévelas a bordo; no las ponga en su maleta. ¡Su equipaje puede perderse!
2. Si quiere aprender el idioma y las costumbres del país, no se hospede en hoteles para turistas, ni pase mucho tiempo en lugares donde hay muchos turistas.
3. No olvide preguntar qué vacunas se necesitan para entrar al país a donde usted piensa viajar, y para regresar a su país.
4. No ponga objetos de metal en sus bolsas de mano, porque pueden causarle problemas con los detectores en el aeropuerto.

Le deseamos ¡BUEN VIAJE! ▲

Act. 8. Guide students through a metro route by giving them directions that they follow with their finger on their maps. For example: *Busquen la estación Empalme* (bottom left of map). *Tomen el metro dirección A. Martínez y pasen por las estaciones Campamento, Batán, Lago, hasta la Plaza (de) España. Ahora tomen la línea 3, dirección Legazpi, y pasen las estaciones de Callao, Sol, Lavapiés, Embajadores y Palos de Moguer. Bájense en la estación de Delicias.* After two or three examples, have students practice giving directions to each other. Emphasize *bajar de* and *subir a*. We have taken out some of the stations to make the map easier to read. New words: *bájese, dé, línea, olvide, suba, transbordo*.

AA 4. Diálogo original. Ask students working in pairs to create an original dialogue based on this situation: *Usted va saliendo de su casa cuando para un automóvil lleno de turistas. Ellos le explican que están buscando una gasolinera. Dígales cómo llegar a la gasolinera más cercana.*

AA 5. Do an autograph activity using the *has* + past participle construction. By now you probably know enough about your students to design an activity that ensures that they get many signatures. If not, here are some suggestions: **1.** ¿Has viajado fuera de tu país? **2.** ¿Has visitado México? **3.** ¿Has comido comida mexicana? **4.** ¿Has viajado al hemisferio sur? **5.** ¿Has visto el Museo del Prado en Madrid? **6.** ¿Has viajado por tren? **7.** ¿Has hecho un crucero? **8.** ¿Has viajado por avión? **9.** ¿Has visitado una pirámide? **10.** ¿Has ido al Gran Cañón?

Actividad 8. Mapa: Los metros de Madrid

Dé instrucciones para ir de una estación del metro a otra. No olvide hacer los transbordos donde debe.

MODELO: De Atocha a El Carmen → Suba a un tren de la Línea 1 en Atocha, dirección Plaza de Castilla, y baje en la Estación Sol. Allí suba a un tren de la Línea 2, dirección Ventas, y baje en la Estación Ventas. En Ventas, suba a un tren de la Línea 5, dirección Canillejas, y siga hasta la primera estación. Bájese; allí es El Carmen.

1. de Tetuán a Sevilla   2. de Puente de Vallecas a Ríos Rosas   3. de Aluche a Puerta de Toledo   4. de Oporto a Portazgo   5. de Esperanza a Quintana

LECTURA La telenovela «Los vecinos»: Número 56 Norte

Ernesto Ramírez, gerente° de una compañía de seguros,° está preparándose para salir a trabajar. Como siempre, está un poco atrasado. *manager / insurance*

Cada mañana Ernesto hace lo mismo. Apaga el despertador a las 6:00 y luego se queda durmiendo unos minutos más. Estela le trae el café a la cama y abre las ventanas.

—¡Unos minutos más, Estela! —dice Ernesto siempre. Y Estela le responde:

—Tus minutos son demasiado largos, Ernesto. ¡Vas a llegar tarde otra vez al trabajo!

—Tienes razón —dice Ernesto finalmente, mientras se levanta. —Sería° la tercera vez que llego tarde esta semana. ¡Arriba! *It would be*

Ernesto se ducha, se viste y desayuna.

—A ver,° ¿lo tengo todo? El portafolio,° el dinero para el camión... ¡Listo! —Ernesto sale de la casa. —Me quedan° veinte minutos; cinco para llegar a la parada y tomar el camión, diez para el viaje y luego cinco para caminar hasta la oficina. Si no me encuentro con nadie, entro al trabajo a las 8:00 en punto. *A... Let's see / briefcase* *Me... I still have*

—¡Oiga, por favor! —un señor con cara de turista está llamando a Ernesto. —Mire, por favor, estoy un poco perdido; no conozco muy bien la ciudad. Estoy tratando de encontrar la Terminal Central de Autobuses.

—¿La Terminal...? —pregunta Ernesto. —Sí, yo sé donde está. A ver, cómo le explico... (En realidad lo que debo decirle es que yo tampoco conozco la ciudad, que no puedo ayudarlo.)

—¡Qué bueno que por fin alguien puede explicármelo! —dice el turista, muy contento. —Yo no entiendo muy bien estos mapas turísticos.

—Es muy fácil... (¡El camión llegará° en cualquier momento! Pobre hombre... de verdad que tiene cara de perdido.) Tome el camión 56 y bájese en el Paseo de la Reforma, esquina Hidalgo, y allí transborde al número 21. Bájese en la Plaza de Río de Janeiro, que es donde está la Terminal, en la Avenida Durango. *will arrive*

—¿En la Avenida qué?... pero... el camión 21, luego el 56, el Paseo del Río...

—No, hombre, primero el 56, tome el 56. (Pero este hombre no entiende, ¡no entiende nada!)

—El 56... Pero...
—Sí, señor, el... (¡Qué suerte la mía! El 56 Norte es el mismo camión que tomo yo para ir a trabajar todos los días.) Mire, sígame; yo también tengo que tomar ese autobús.

El turista sonríe, aliviado,° y sigue a Ernesto a la parada. *relieved*
—Y yo —piensa Ernesto— yo... llegaré° un poco tarde *I'll arrive*
al trabajo. ¡La tercera vez esta semana!

Comprensión

1. ¿Por qué no quiere Ernesto ayudar al turista? 2. ¿Por qué no puede encontrar el turista los lugares que busca? 3. ¿Por qué piensa Ernesto que va a llegar tarde al trabajo?

¿Y usted?

1. ¿Tiene usted problemas cuando busca lugares que no conoce? 2. ¿Ha estado en una situación como la de Ernesto o como la del turista? 3. Cuando alguien le pide ayuda, ¿se la da usted con gusto?

Los viajes **309**

Have students pick their first, second, and third destination choices and justify them. Poll the class to find out the favorites. (Autocar is a large bus used extensively in Europe for longer trips.)

Las VACACIONES DEL AÑO
No tienen fronteras

ALGUNOS DE NUESTROS CIRCUITOS (AVION + AUTOCAR)

FOLLETO CIRCUITOS	Ptas desde Barcelona	Madrid
SUIZA Y SELVA NEGRA (7 días visitando Berna · Friburgo · Zurich · Interlaken · Ginebra)	95.100	102.200
GRAN ITALIA TURISTICA (8 días visitando Roma · Asís · Florencia · Venecia · Milán)	97.300	107.500
BENELUX - CRUCERO DEL RHIN (8 días visitando Bruselas · La Haya · Amsterdam · Colonia · Ginebra)	104.800	111.500
LONDRES - ESCOCIA (9 días visitando Londres · Oxford · Liverpool · Edimburgo · York)	105.900	108.200
PARIS - BENELUX - CRUCERO DEL RHIN (9 días visitando Ginebra · Colonia · Amsterdam · Bruselas · Paris)	112.000	123.800
RUTA ROMANTICA «SELVA NEGRA - CATARATAS DEL RHIN» (9 días visitando Friburgo · Heidelberg · Rothemburg · Munich · Fussen · Lindau)	115.700	122.900

	Ptas desde Barcelona	Madrid
EUROPA DE ENSUEÑO (13 días visitando Suiza · Alemania · Países Bajos · Inglaterra y Francia)	142.900	154.600
HUNGRIA - AUSTRIA - BAVIERA (11 días visitando Venecia · Budapest · Viena · Salzburgo · Munich)	144.100	151.600
AUSTRIA - HUNGRIA - YUGOSLAVIA (12 días visitando Insbruck · Salzburgo · Viena · Budapest · Belgrado · Zagreb · Venecia)	149.900	158.900
GRAN CIRCUITO DE LAS DOS ALEMANIAS Y CHECOSLOVAQUIA (13 días visitando Bonn · Colonia · Hamburgo · Berlín Oeste y Este · Leipzig · Praga · Munich)	162.600	172.900
ESCANDINAVIA DE ENSUEÑO (14 días visitando Oslo · Fiordos · Estocolmo · Copenhague)	190.300	194.800

	Ptas desde Barcelona	Madrid
YUGOSLAVIA (Estancias en Dubrovnik y Opatija, circuitos y combinados)	41.200	41.700
GRECIA E ISLAS GRIEGAS (Estancias, circuitos, cruceros, islas y combinados)	43.050	48.990
TURQUIA (Estancias, circuitos y combinados)	55.630	61.570
PARIS (Estancias y alrededores)	38.100	45.760
ITALIA Y SICILIA (Estancias, circuitos, playas y combinados)	45.190	55.290
TUNEZ (Estancias en Hammamet, Sousse, Isla Jerba, circuitos y combinados)	34.050	35.980
ISRAEL (Tierra Santa, circuitos, estancias y combinado)	100.300	102.300

Pida GRATIS estos Folletos en su Agencia de Viajes

JULIATOURS

LAS EXPERIENCIAS EN LOS VIAJES

Use pictures from your PF of scenes to introduce the concept of background descriptions and interrupting actions. Describe each scene using the imperfect progressive and/or the imperfect, and then ask students to give a possible interrupting action. For example, if the scene depicts people sunbathing on the beach, the description might be *Hacía sol y mucho calor. La gente estaba tomando el sol y dormía en la playa. De repente empezó a llover/apareció un tiburón/se nubló/llegaron los soldados*, etc. New word: *facturar*.

¡OJO! *Estudie Gramática 11.5–11.6.*

Bernardo e Inés estaban sacando fotos cuando empezó a llover.

Bernardo, no olvides...

Bernardo estaba facturando el equipaje cuando Inés lo llamó.

Capítulo once

Act. 9. You may wish to use the simple imperfect instead of the imperfect progressive. Keep in mind that normally the verb in the past (preterite) directly follows *cuando* in these sentences. Here are our suggestions. **1.** *Inés estaba empacando sus maletas cuando oyó un choque afuera de su apartamento.* **2.** *Bernardo e Inés estaban en la sala de espera cuando oyeron el anuncio de la salida de su vuelo a México.* **3.** *Inés estaba abordando el avión cuando se le cayó su bolsa.* **4.** *Bernardo e Inés estaban subiendo la pirámide cuando empezó a llover.* **5.** *Pilar estaba buscando su pasaporte cuando sonó el teléfono.* **6.** *Clara estaba mirando el mapa cuando entró Pilar.* **7.** *Pilar y Clara estaban hablando de su viaje cuando llegó el autobús.* **8.** *Pilar estaba leyendo cuando paró el autobús.* New words: *afuera de, caer/se le cayó, choque, salida* (departure).

Act. 10. Give students a few minutes to read the description of the situation and then 5 or 10 minutes to create an original dialogue to present to the class. New words: *¡Ay, no!, cobrar, confirmado/a, el/la empleado/a, espere, exceso de equipaje, imposible, kilo, lo siento, magnífico/a, momento, pesar, querido/a.*

Actividad 9. ¿Qué estaba pasando?

New words:

1. Inés *estaba empacando*
2. Inés y Bernardo *estaban esperando* 
3. Inés *estaba abordando* 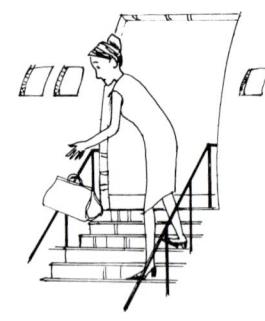
4. Inés y Bernardo *estaban subiendo* 
5. Pilar *estaba buscando* 
6. Clara y Pilar *estaba mirando el mapa cuando* 
7. Pilar y Clara *estaban hablando* 
8. Pilar *estaba leyendo* 

Actividad 10. Diálogo original: El exceso de equipaje

La familia Ramírez, Ernesto, Estela y sus hijos, van a hacer un viaje de vacaciones por América del Sur. Tienen sus reservaciones ya confirmadas y llegan al aeropuerto antes de la salida del vuelo. Llegan al mostrador y el empleado (la empleada) les asigna cinco asientos magníficos. Al pesar su equipaje, el empleado (la empleada) dice que tienen 10 kilos de exceso. Ernesto no quiere pagar más. Hagan ustedes los papeles de Ernesto, Estela y el empleado (la empleada).

EMPLEADO/A: Lo siento, señores, pero les voy a tener que cobrar por el exceso de equipaje.
ERNESTO: No, espere un momento. Querida, vamos a sacar…
ESTELA: ¡Ay, no! Es imposible sacarlo, porque… ¿Por qué no sacamos… ?
ERNESTO: …

Actividad 11. El último viaje de Adriana Bolini

A Adriana Bolini le gusta mucho viajar, y cada año viaja a un lugar distinto. Este año escogió Australia y ahora está en Melbourne. En este momento está escribiendo en su diario. Ésta es la página que acaba de terminar.

Act. 11. Have students read this diary entry and then pair up to do the activity. If students are having trouble with *Gramática* 11.5 and 11.6, you may want to point out the imperfect progressive and the imperfect contrasted with the preterite as they appear in this narrative. New words: acento, acercarse, arruinar, australiano/a, chistoso/a, cómico/a, comunicarse, cuéntele, darse media vuelta, de repente, desesperación, el diario (diary), dificultad, ¡Dios mío!, distinto/a, enamorarse, en general, entender, idea, incontrolablemente, el/la joven, llegada, lo mismo, lo único, mostrar, narrar, obviamente, parecer, perfectamente, pintura fresca, pobre, ponerse nervioso/a, positivo/a, postal, raya, reírse, repetir, resolver, sonreír, tanto (so much), terminar, tratar de.

Querido diario:

¡Hace años que no disfruto tanto de unas vacaciones! Llegué hace una semana; me enamoré de Melbourne desde el primer día. En general he tenido experiencias positivas... y una bastante chistosa.

El día después de mi llegada salí a pasear por el centro. Hacía buen tiempo y quise sentarme en un banco en un parque para escribir algunas postales. Iba a sentarme cuando se acercó un joven y empezó a hablarme. Me hablaba tan rápidamente que yo no comprendía nada. Me puse de lo más nerviosa. Todo el mundo dice que yo hablo inglés perfectamente y, obviamente, los australianos hablan inglés, pero este joven me repitió lo mismo cuatro veces y lo único que yo comprendí fue «don't». De repente, tuve una idea. Saqué un papel y escribí: «I don't understand. Please write it down». Él sonrió y escribió con desesperación: «Please don't sit down. The benches have just been painted».

¡Ay, Dios mío! Al momento entendí... El problema no era mi inglés... ¡El acento australiano es diferente! Lo que el pobre joven quería decirme era que no había letrero pero que él sabía que acababan de pintar los bancos y la pintura estaba fresca. Mientras yo me reía incontrolablemente él me repetía que no debía sentarme para no arruinar mi vestido.

Era tan simpático que muy pronto me pareció que lo conocía desde siempre. Empecé a hablar con él... le expliqué por qué me reía y él comprendió mi inglés perfectamente. Le pregunté cómo sabía que la pintura estaba fresca. Sonrió otra vez, se dio media vuelta y me mostró sus pantalones. Eran grises, ¡con unas cómicas rayas verdes!

Con un compañero (una compañera), narre lo que le pasó a Adriana. Usen estas preguntas como guía.

1. ¿Qué pasó cuando Adriana quiso sentarse en un banco del parque?
2. Adriana no comprendía lo que el joven le decía, y se puso nerviosa. ¿Cómo resolvió el problema?
3. ¿Qué estaba tratando de decirle el joven australiano a Adriana?
4. ¿Qué hizo el joven cuando Adriana le preguntó cómo lo sabía?

¿Ha tenido usted una experiencia semejante a la de Adriana? ¿Ha tenido dificultad para comunicarse con alguien de otro estado u otro país? Cuéntele a su compañero/a cómo resolvió el problema.

LECTURA   Los amigos hispanos: La leyenda de Popocatépetl e Iztaccíhuatl

Raúl Saucedo y su amigo Esteban Brown pasaron unos días en la Ciudad de México con los padres de Raúl antes de salir para Arenal, Jalisco, a pasar las vacaciones de Navidad con doña María, la abuela de Raúl. En la capital, Esteban quedó muy impresionado con los volcanes Popocatépetl e Iztaccíhuatl. Raúl comentó que su abuela conocía una leyenda acerca de ellos. Al llegar a Arenal, Esteban le pidió a la abuela que le contara esta leyenda.

—Hace varios siglos... —comenzó a contar doña María, —antes de la llegada de los españoles, el emperador° azteca tenía una hija hermosísima que se llamaba Iztaccíhuatl. Esta doncella° estaba enamorada de Popocatépetl, un joven guerrero.° El emperador, como todos los padres, quería lo mejor para su hija. Para permitir el matrimonio entre los dos jóvenes, puso como condición que Popocatépetl encabezara° el ejército° del imperio° porque él ya no podía guiarlo por ser muy viejo. Le pidió también que derrotara° a sus enemigos. Popocatépetl amaba tanto a la princesa que aceptó inmediatamente y partió° para la guerra.

Después de crueles batallas, el ejército del imperio venció° y empezó la marcha de regreso. Popo° iba feliz. Por el camino recogió plumas de colores brillantes para regalárselas° a su amada.°

Mientras tanto, otro guerrero que también amaba a la princesa se separó del ejército, y se apresuró° a llegar, sin parar ni de día ni de noche. Al llegar, sucio y cansado, se dirigió° inmediatamente al palacio. Mintiendo,° declaró que Popocatépetl había muerto y él había llevado el ejército a la victoria. La corte lo felicitó.° El emperador ofreció darle una recompensa.° Él, naturalmente, pidió la mano de la princesa y el emperador se vio obligado a concedérsela. Las fiestas empezaron en seguida. La princesa obedeció pálida y llorosa,° pero cuando su nuevo prometido° quiso tomarle la mano ella solamente pronunció el nombre de Popocatépetl y cayó muerta ante la sorpresa de todos.

Al día siguiente llegó el ejército con Popocatépetl triunfante a la cabeza. Cuando éste entró al palacio, en vez de los cantos de las ceremonias nupciales escuchó lamentos fúnebres.° Corrió hacia el salón y encontró a su amada tendida entre flores y rodeada de mujeres llorosas. Se

emperor

maiden
warrior

would head / army / empire

he defeat

left

tuvo la victoria / Popocatépetl
to give them / loved one

se... fue muy rápido

se... fue / Lying

lo... congratulated him
reward

crying
fiancé

lamentos... cries of mourning

Los volcanes Popocatépetl e Iztaccíhuatl pueden verse desde la capital de México. Según la leyenda, dos jóvenes enamorados fueron convertidos en estos dos volcanes.

acercó y tomándola en sus brazos, le prometió estar siempre a su lado.

Se alejó entonces con ella. Caminó lentamente hasta llegar a la Sierra Nevada...

—Esteban, ¿sabes que el Popocatépetl está sólo a sesenta kilómetros del D.F.?

—Shhh, Raúl. Quiero oír el final.

—Hombre, si no hay más, —dijo Raúl, —Popocatépetl llegó a la sierra, depositó el cadáver de Iztaccíhuatl en una colina y luego se sentó a llorar a su lado. ¿Verdad, abuela?

—Bueno, sí... pero luego los dioses° premiaron° la fidelidad de ese amor. Los convirtieron a ambos en volcanes.

gods / rewarded

—¿El Iztaccíhuatl es un volcán también? —preguntó Esteban.

—Sí, aunque ya no está activo, —contestó Raúl.

—Claro, no puede estar activo, —dijo la abuela, —porque la doncella estaba muerta. En cambio el Popo hace erupción de vez en cuando porque todavía llora al ver a su amada que duerme el sueño de la muerte...

—Por cierto, Esteban, —interrumpió Raúl, —¿no te fijaste° en la forma de los dos volcanes? El Iztaccíhuatl tiene la forma de una mujer acostada boca arriba.

¿no... didn't you notice

Comprensión

Ordene las siguientes oraciones cronológicamente.

____ El emperador puso una condición para permitir el matrimonio.
____ El ejército del imperio, encabezado por Popocatépetl, venció.

_____ La princesa cayó muerta.
_____ Popocatépetl e Iztaccíhuatl fueron convertidos en volcanes.
_____ Otro guerrero dijo que Popocatépetl había muerto.
_____ Popocatépetl recogió plumas para regalárselas a Iztaccíhuatl.
_____ La princesa Iztaccíhuatl estaba enamorada de Popocatépetl.
_____ Popocatépetl salió para la guerra.
_____ El emperador le concedió la mano de la princesa al otro guerrero.
_____ Popocatépetl se llevó a su amada muerta a la sierra.

VOCABULARIO

Los viajes *Trips*
el boleto	ticket
de ida y vuelta	round-trip
¡Buen viaje!	Have a nice trip!
el cheque de viajero	traveler's check
el destino	destination
la embajada	embassy
empacar	to pack
el equipaje	baggage
el extranjero	abroad
hacer un crucero	to take a cruise
hacer las maletas	to pack one's suitcases
hospedarse en	to stay at
ir de vacaciones	to go on vacation
la maleta	suitcase
el mostrador	counter
sacar el pasaporte	to get one's passport
sacar una visa	to obtain a visa
la sala de espera	waiting room
la vacuna	shot, inoculation
la visa	visa

PALABRAS SEMEJANTES: la clase turística, el consulado, planear, la tarifa

REPASO: la agencia de viajes, el/la agente de viajes, viajar

El transporte aéreo *Air Transportation*
abordar	to board
a bordo	on board
la aerolínea	airline
Iberia	Spanish airline
el aeropuerto	airport
la bolsa de mano	carry-on luggage; handbag
el exceso de equipaje	excess baggage
facturar (el equipaje)	to check (one's baggage)
la sección	section
de fumar	smoking
de no fumar	nonsmoking
el transbordo	transfer
el vuelo	flight

REPASO: el/la asistente de vuelo, el avión, la llegada, el piloto, la salida

Los mandatos *Commands*
perdonar	
perdone	excuse (me)
seguir (i)	
siga adelante	keep on going
siga derecho	go straight ahead

REPASO: baje, bájese, compre, cuéntele, dé, deje, doble, espere, haga, hágalo, llame, lleve, olvide, pase, pregunte, salga, suba, tome

Los verbos
acabar de (+ *infin.*)	to have just (*done something*)
acercarse	to get/come closer
arruinar	to ruin

cobrar	to charge (money)	
disfrutar	to enjoy	
disponer	to have at one's disposal	
enamorarse	to fall in love	
entender (ie)	to understand	
mostrar (ue)	to show	
parecer	to seem	
pesar	to weigh	
podrá (poder)	will be able to	
ponerse nervioso/a	to get nervous	
publicar	to publish	
reírse (i)	to laugh	
resolver (ue)	to solve	
sonreír (i)	to smile	
sonreí/sonrió		
terminar	to finish	

PALABRAS SEMEJANTES: causar, comunicar, narrar, ordenar, repetir (i)

Los sustantivos

el acento	accent
el cambio	change (coins)
el centro	downtown
el consejo	advice
la costumbre	habit; custom
la cuadra	block (street)
el choque	(automobile) crash
el día feriado	holiday
el empleado/la empleada	employee
el escritor/la escritora	writer
el/la joven	young man/woman
la joya	jewel
el juguete	toy
el país natal	native country
la peseta	monetary unit of Spain
la pintura (fresca)	(fresh) paint
la preocupación	worry
la raya	stripe
la revista	magazine
los señores	Mr. and Mrs.
el sitio	place, location

PALABRAS SEMEJANTES: la civilización, la desesperación, el detector, el diccionario, la dificultad, la duración, la estatua, la excelencia, la fotocopia, la idea, la línea, el metal, el momento, el monumento, el presidente/la presidenta, el problema, la restricción, la ruina, el sistema

Los adjetivos

barato/a caro/a	cheap, inexpensive
cierto/a	certain
chistoso/a	funny
distinto/a	different
griego/a	Greek
pobre	poor
querido/a	dear
seguro/a	safe

PALABRAS SEMEJANTES: atractivo/a, cómico/a, confirmado/a, imposible, magnífico/a, nacional, necesario/a, nórdico/a, positivo/a, postal

Los adverbios

afuera (de)	outside (of)
a la derecha/izquierda	to the right/left
así	this way
junto a	close to
otra vez	again
tanto	so much

PALABRAS SEMEJANTES: exclusivamente, incontrolablemente, inmediatamente, obviamente, perfectamente

Países y ciudades

Noruega	Norway
Suecia	Sweden
Tierra Santa	the Holy Land

PALABRAS SEMEJANTES: América del Sur, Antártida, Atenas, australiano/a, Dinamarca, Egipto, Jordán, Moscú, Turquía

Palabras y expresiones útiles

adiós	good-bye
a última hora	at the last minute
¡Ay, no!	Oh, no!
¿Cómo se va a... ?	How does one get to . . . ?
darse media vuelta	to turn around
¡Dios mío!	Oh, my God!
lo mismo	the same (thing)
lo siento	I'm sorry
para servirle	at your service
viajar por todo el mundo	to travel around the world

GRAMÁTICA Y EJERCICIOS

11.1. Regional Pronouns: *vos* and *vosotros/as* Forms

A. The pronouns **tú** and **usted(es)** are used by the majority of Spanish speakers and recognized by everyone. As you know from some of the dialogues in the *Cuaderno de trabajo* and previous explanations, Spanish has two other pronouns that are equivalent to English *you:* **vos** (*sing.*) and **vosotros/as** (*pl.*).

In some countries, particularly Argentina, Uruguay, Paraguay, and most of Central America, most speakers prefer to use the pronoun **vos** and its verb forms when speaking with friends. **Vos** is also used by many speakers in parts of Colombia, Chile, and Ecuador. If you travel to areas where **vos** is used, everyone will assume that you use **tú** and **usted** because you are a foreigner, but if you stay in one of those countries for any length of time, you will probably find yourself using **vos** and **vos** verb forms with your friends. **Vos** is, however, almost unknown in Mexico, the Caribbean, and Spain.

Like **tú**, the plural pronoun **ustedes** is recognized and used by all speakers of Spanish. However, in the northern and central areas of Spain, including Madrid, speakers distinguish informal and formal *you* in the plural. They use **vosotros/as** as an informal plural pronoun and **ustedes** as a formal plural pronoun. For example, students in Madrid prefer **vosotros/as** to **ustedes** when talking to each other. Latin American students recognize **vosotros/as** from the Bible and from church services, but they never use it among themselves. If you are in Spain for more than a brief stay, however, you will hear **vosotros/as** and its verb forms so often that you will soon begin to use them yourself. Even if you do not incorporate these forms into your own speech, it is useful to learn to recognize them, because they appear in all literature written in Spain.

B. Except for the present tense (and some forms you have not yet learned), the **vos** verb forms are almost identical to the **tú** verb forms. In the present tense use the endings **-ás, -és,** and **-ís.** Stem vowels do not change: **querés, podés, dormís.** Note in the examples that follow that, unlike the pronoun **tú,** the pronoun **vos** is commonly used in place of someone's name.

¿Que **querés** comer, **vos**?   *What do you want to eat?*

The **vos** commands are formed with the infinitive minus its **-r: terminá, comé, escribí.**

Vení con nosotros.   *Come with us.*

Most other tenses use the same forms as **tú.**

¿Adónde **fuiste** ayer, **vos**?
Y **vos,** ¿dónde **vivías** de joven?

11.1. We briefly introduced the regional pronouns *vos* and *vosotros/as* in B.1 and have included the verb forms for *vosotros/as* in Appendix 1. In most cases, beginning U.S. students can safely ignore both forms until they have reached an "intermediate low" level of proficiency. *Vosotros/as* is probably more useful than *vos* because it appears in more literature, and even most Latin Americans will have heard *vosotros/as* in church and seen it in the Bible. We expect students to recognize and understand the forms for *vos* and *vosotros/as* whenever Argentineans and Spaniards use them on the tapes or in the exercises. There are very few exercises with *vos* and *vosotros/as;* if you feel strongly that the recognition of these forms is a second-year topic, you may omit this section and all exercises dealing with these pronouns. However, for those who feel this is an appropriate first-year topic, we have included minimal information on verb forms and pronouns, as well as observations on the discourse use of *vos*, which is not used like *vosotros/as*. In our experience instructors who use these pronouns often take advantage of this section to talk about their own speech, and students enjoy it. (We show the movies *El Norte* and *La Historia Oficial* to our first-year classes; as *vos* is used extensively in both movies, we necessarily include a short discussion of *vos* based on this section.)

¿Qué **estás** haciendo, **vos**?
¿**Has** terminado, **vos**?

The subject pronoun **vos** is also used after a preposition. All other pronouns are the same as the **tú** forms.

Este regalo es para **vos**.
Vos, ¿cómo es el clima en tu ciudad?
¿En qué hotel **te** quedaste, **vos**?
No **te** vi ayer, **vos**. ¿Dónde estabas?
Te voy a contar un buen chiste, **vos**.

C. Here are the **vosotros/as** endings for the tenses you have learned so far. Like the pronoun **tú**, the pronoun **vosotros/as** is usually dropped.

PRESENT: habláis, coméis, recibís
PAST: hablasteis, comisteis, recibisteis
IMPERFECT: hablabais, comíais, recibíais
PRESENT PROGRESSIVE: estáis + hablando/comiendo/recibiendo
PRESENT PERFECT: habéis + hablado/comido/recibido
COMMANDS: hablad, comed, vivid

¿Qué **queréis** comer?
¿Adónde **fuisteis**?
Y vosotros, ¿dónde **vivíais** cuando **estabais** en Madrid?
¿Qué **estáis** haciendo?
¿**Habéis** terminado?

The pronouns are **vosotros/as** (subject, object of preposition), **vuestro/a(s)** (possessive), and **os** (all other object pronouns).

Soy de Madrid. ¿De dónde sois **vosotros**?
Estos billetes son para **vosotras**.
¿Cómo es el clima en **vuestro** país en el invierno?
¿En qué hotel **os** quedasteis?
No **os** vi ayer. ¿Dónde estabais?
Os voy a contar una historia interesante de este castillo.

Ej. 1. Assign as homework. Students change or drop the pronoun *vos* and change the verb forms to *tú* forms. Remind them that *vos* is sometimes expressed when *tú* is not. (See lines 1, 4.)

Ejercicio 1

Aquí tiene una conversación entre dos amigos en Argentina, donde naturalmente usan **vos** en vez de **tú**. Imagine que el diálogo ahora tiene lugar en La Habana, Cuba, y haga todos los cambios necesarios para eliminar **vos** a favor de **tú**.

—¿Vas a quedarte en casa esta noche, vos?
—No, pienso salir al cine. ¿Y vos?
—No sé.
—¿Por qué no venís conmigo, vos?
—¿Qué pensás hacer después del cine?

—Dar una vuelta por el centro. ¿Querés?
—¿Tenés coche?
—Claro que sí. ¿Qué decís?
—De acuerdo. ¿A qué hora pasás a buscarme?
—A las ocho.

Ejercicio 2

Esta conversación tuvo lugar en Madrid, pero vamos a suponer que estamos ahora en Santiago de Chile. Lea el diálogo en voz alta con dos compañeros, haciendo todos los cambios necesarios para usar **ustedes** en vez de **vosotros.**

—¿Qué pensáis hacer esta noche?
—No sé. ¿Qué queréis hacer vosotros?
—¿Qué os parece ir al cine? Hay una nueva película francesa que tengo ganas de ver.
—A vosotros os gustan las películas francesas, pero a mí no. Me aburren. ¿No os gustaría salir a bailar un rato?
—Pero si vosotras sabéis que soy el peor bailador de Madrid. ¡No, gracias! ¿Qué tal si hacemos una fiesta en casa?
—¡Excelente idea! Vosotros dos invitáis a vuestros amigos y yo invito a los míos. ¿A qué hora?
—¿Qué os parece si empezamos a las diez?

11.2. To Have Just Done Something: *acabar de* + Infinitive

To express "just having done something," English uses the present perfect or the past tense and the word *just*.

   Is Mr. López in? —No, Mr. López (has) just left.

Spanish uses the verb **acabar** (*to finish*) in the present tense, followed by the preposition **de** plus an infinitive to express this idea. Here are the forms of **acabar: acabo, acabas, acaba, acabamos, acaban.**

   ¿Puedes esperarme un rato?   Can you wait for me awhile? I just
   Acabo de levantarme.   got up.

Ejercicio 3. ¿Qué acaban de hacer?

Escoja la respuesta más lógica.

1. ¿Ha hecho el agente las reservaciones?
2. ¿Tienen un coche nuevo Margarita y Pedro?
3. ¿Dónde está Ernestito?

a. Sí, acabamos de hablar con él ahora mismo.
b. En el parque. Acaba de jugar al fútbol con sus amigos.
c. Sí, acaban de comprarlo ayer.

4. ¿Tienen ustedes hambre? d
5. ¿Han hablado con Daniel a últimamente?

d. No, porque acabamos de cenar.
e. Sí, acaba de hacerlas.

Ejercicio 4. Preparativos para un viaje

Diga que usted o estos amigos norteamericanos acaban de hacer estas actividades.

MODELO: ¿Has comprado los cheques de viajero? (esta mañana) →
Sí, acabo de comprarlos esta mañana.

1. ¿Han abordado el avión Raúl y Esteban? (hace cinco minutos)
2. ¿Ha sacado su pasaporte Nora? (ayer)
3. ¿Has hecho las maletas? (hace una hora)
4. ¿Ya han salido para el aeropuerto Mónica y Alberto? (hace media hora)
5. ¿Han comprado ustedes los boletos? (hace dos horas)

11.3. Prepositions + Pronouns (Part 2)

By now you probably recognize the meanings of the following prepositions: **para, de, sin, en, con, a,** and **por.** Many other prepositions of location or time are combined with the preposition **de.** Here are some examples with prepositional pronouns.

acerca de mí *about me*
alrededor de ti *around you*
al lado de usted *beside you*
antes de él *before him*
cerca de ella *near her*
debajo de nosotros *under us*

después de ellos *after them*
detrás de ellas *behind them*
encima de usted *on top of you*
enfrente de ustedes *in front of you*
lejos de mí *far from me*

¿Está el Museo del Oro **cerca de ustedes**?

Is the Gold Museum near you?

Of course, all of these prepositions can also be used with nouns instead of pronouns.

Machu Picchu está **encima de una montaña.**
El Palacio de Bellas Artes está **al lado del parque Juárez.**

Machu Picchu is on top of a mountain.
The Palace of Fine Arts is beside (to the side of) Juárez Park.

The prepositions **entre** (*between*) and **según** (*according to*) are commonly used with nouns.

El correo está en la Calle 14, **entre la Avenida Chapultepec** y la Avenida Insurgentes.

The post office is on Fourteenth Street, between Chapultepec and Insurgentes avenues.

11.3. This is an optional section that some instructors may prefer to cover in the second year. Its purpose is to review prepositional pronouns, using prepositions students already know, and to provide additional practice with pronouns after *para* when it means "for" (beneficiary), as in "do it for me." Students do not usually have problems selecting the correct pronouns for use after prepositions in Spanish, possibly because the subject pronouns are so well known, (and possibly because students hear them as stressed pronouns, while the object pronouns are never stressed). The meaning and function of the prepositions is more difficult. Stress the use of *de* after each of these expressions and review their meanings. *Entre* and *según* are mentioned not so much because they take subject pronouns, but because they are so frequent in simple discourse.

Note that unlike other prepositions, **entre** and **según** are always followed by subject pronouns.

Según tú, no está muy lejos de aquí el Museo de Antropología.	*According to you, the Museum of Anthropology is not very far from here.*
Entre tú y yo, no tengo muchas ganas de volver al trabajo mañana.	*Just between you and me, I really don't feel like going back to work tomorrow.*

Ej. 5. Assign as homework or pair work. Answers may vary.

Ejercicio 5. ¿Dónde viven estas personas?

Escoja una preposición y un pronombre. Aquí tiene algunas posibilidades: **lejos de, cerca de, al lado de, encima de, debajo de; mí, ti, él, nosotros.**

1. Yo vivo en Puebla. Desgraciadamente, mis hermanos viven en Monterrey, muy... *lejos de mí*
2. La abuela de Ernestito vive en la casa...
3. Tú vives en el segundo piso; mis primos viven en el apartamento del tercer piso,... *encima de ti*
4. Nuestros abuelos viven en el apartamento 102 en el primer piso... *debajo de*
5. Tengo mucha suerte porque toda mi familia vive... *cerca de mí*

Ej. 6. Assign as homework and ask students to check their answers in answer key. New words: tener el valor de, esforzarse.

Ejercicio 6

Aquí aparecen partes de una conversación entre Graciela y Amanda. Seleccione el pronombre correcto.

1. ¿Te ha contado Ramón mucho acerca de _____? (yo/me/mí)
2. Mi primo Miguel vive en la casa grande al lado de _____. (yo/ustedes/los)
3. ¿Sabes quiénes viven en el apartamento directamente debajo de _____? (nosotros/nos/yo)
4. Evelina y Marta me dijeron que ese nuevo estudiante guapo se sienta detrás de _____ en la clase de inglés. (ellas/las/yo)
5. ¿Puedo sentarme enfrente de _____ mañana en la clase de historia? (tú/te/ti)
6. Tú sabes, Graciela, que no debe haber secretos entre tú y _____. (yo/me/mí)
7. ¿Sabes qué? Hablé con Ernestito y según _____, Ramón y Gustavo van a invitarnos al Baile de los Enamorados. (él/lo/ellos)
8. Mira, Amanda, tú sabes que sin _____ no tengo el valor de hablarle a Gustavo. (tú/te/ti)
9. Voy a hacer casi todo por _____, pero tú también tienes que esforzarte un poco. (tú/te/ti)
10. No te preocupes. De _____ no van a sacar ninguna información sobre nuestros planes. (yo/me/mí)

11.4. Polite Commands

A. Polite singular commands are formed by changing **-ar** verb endings to **-e**; **-er** and **-ir** endings change to **-a**.

> **-ar:** Lleve el paquete.　　　　　*Take the package.*
> **-er:** Coma cereal en la mañana.　*Eat cereal in the morning.*
> **-ir:** Abra la ventana, por favor.　*Open the window, please.*

B. To give polite commands to more than one person, add **-n**.

> No bailen más de dos horas.　*Don't dance more than two hours.*

C. If a verb stem is irregular in the **yo** form of the present tense, it usually has the same irregularity in the command form: **yo pongo** (*I put*) → **ponga** (*put*).

> **Venga(n)** temprano, por favor.　*Come early, please.*
> **Salga(n)** inmediatamente.　　　*Leave immediately.*

Here are some common irregular commands based on the **yo** form.

diga	(decir)	say	tenga	(tener)	have
haga	(hacer)	do; make	traiga	(traer)	bring
oiga	(oír)	hear	vea	(ver)	see
ponga	(poner)	put	venga	(venir)	come

> **Tengan** cuidado en la autopista.　　　　*Be careful on the freeway.*
> **Traiga** sus documentos mañana a la oficina de la aduana.　　*Bring your documents tomorrow to the customs office.*

D. A small number of verbs' command forms do not match the first person singular.

dé	(dar)	give	sepa	(saber)	know (5)
esté	(estar)	be	vaya	(ir)	go
sea	(ser)	be			

> **Sepa** muy bien lo que quiere decir antes de hablar.　*Know well what you want to say before speaking.*
> Si quiere reservar un asiento para diciembre, **vaya** ahora mismo a la agencia de viajes.　*If you want to reserve a seat for December, go to the travel agency right away.*

E. Verbs with vowel changes in the stem show the same changes in the polite command.

piense	pensar (ie)	think
duerma	dormir (ue)	sleep
sirva	servir (i)	serve

> **Duerma** por lo menos ocho horas cada noche.　*Sleep at least eight hours nightly.*

11.4. Formal commands have been used receptively in TPR activities in each chapter, as well as in instructions for the activities and exercises. The explanation here is a preliminary introduction to the subjunctive, which will be introduced in *Capítulo* 12. Here we suggest you concentrate on forms, so that in the next chapter the only new concepts will involve syntax and function.

F. Object pronouns are attached to affirmative commands and precede negative ones.

Tráigale café, por favor; **no le traiga** té.	*Bring her coffee, please; don't bring her tea.*
Dígame la verdad; **no me diga** que usted no la sabe.	*Tell me the truth; don't tell me that you don't know it.*
Espere, **no lo haga** ahora; **hágalo** más tarde.	*Wait, don't do it now; do it later.*

Ejercicio 7

Sus primos dicen que deben hacer las siguientes cosas. Déles mandatos directos. ¡Ojo! Si es necesario, use un pronombre de complemento directo (**lo, la, los** o **las**).

MODELO: Debemos llamar a Jorge. → ¡Buena idea! ¡Llámenlo!

1. Debemos preparar el itinerario.
2. Debemos conseguir los pasaportes.
3. Debemos comprar unos pantalones nuevos.
4. Debemos limpiar las maletas.
5. Debemos llevar este libro para leer durante el vuelo.
6. Debemos hacer las maletas esta noche.
7. Debemos dormir antes de salir.
8. Debemos apagar todas las luces antes de salir.
9. Debemos salir inmediatamente.
10. Debemos volver antes de septiembre.

11.5. Describing What Was Going On: Imperfect Progressive

To describe an action that was taking place at some past moment, use the imperfect tense of **estar** followed by a present participle.

¿Qué **estabas haciendo** a las 4:00? —Creo que **estaba viendo** la televisión.	*What were you doing at 4:00? —I think I was watching television.*

Recall the imperfect forms of **estar: estaba, estabas, estaba, estábamos, estaban.**

Bernardo, ¿qué **estabas haciendo** ayer cuando te llamé? —¡Durmiendo, por supuesto!	*Bernardo, what were you doing yesterday when I called? —Sleeping, of course!*

Ejercicio 8

Ayer, en el vecindario donde viven los Ramírez, cada persona estaba haciendo una cosa distinta. Escoja el verbo más lógico: **ver, caminar, tomar, limpiar, hablar, leer, reparar, examinar, descansar, servir (i).**

MODELO: Ayer a las 11:00 de la mañana **estábamos hablando** con el médico.

Ayer a las 4:00 de la tarde…

1. Estela _____ _____ un periódico. *leyendo*
2. Ernesto _____ _____ el carro. *(limpiando) (reparando)*
3. Margarita y Pedro Ruiz _____ _____ el garaje. *limpiando*
4. Mi padre y yo _____ _____ la televisión. *viendo*
5. Amanda _____ _____ por teléfono. *hablando*
6. Don Anselmo _____ _____ una siesta. *tomando*
7. Yo _____ _____ en el sofá. *descansando*
8. La enfermera le _____ _____ la comida a doña Lola. *sirviendo*
9. Gustavo y Ernestito _____ _____ por la Avenida Juárez. *caminando*
10. El médico _____ _____ a un paciente nuevo. *examinando*

11.6. Imperfect in Contrast to the Past (Preterite)

Although the imperfect and the past (preterite) tenses both describe past actions or states, they have been presented separately because their uses are not the same. As you know, the past (preterite) is used with verbs of action to emphasize that a past event was completed.

¿Qué **hiciste** ayer? —**Visité** el Museo del Prado.

What did you do yesterday? —I visited the Prado Museum.

The imperfect, on the other hand, is chosen if the speaker wishes to emphasize that an action happened over and over in the past.

Cuando **íbamos** de vacaciones a Acapulco, siempre **nos quedábamos** en el Hotel Condesa del Mar.

When we were on vacation in Acapulco, we would always stay at the Condesa del Mar Hotel.

Recently, you've learned that the imperfect progressive can be used to indicate that something was happening at a particular time.

¿Qué **estabas haciendo** cuando te llamé? —**Estaba bañándome.**

What were you doing when I called? —I was taking a bath.

Similarly, you can use the simple imperfect to describe an action that was in progress in the past when something else interrupted it. The interrupting action is expressed in the past (preterite) tense.

Caminaba por la calle	cuando	**vi** al agente de policía.
Descansaba en mi cuarto	cuando	**sonó** el teléfono.
Comía un postre	cuando	alguien **tocó** a la puerta.
Salía de la casa	cuando	me **gritó** la vecina.
Llegábamos a Madrid	cuando	**se descompuso** el motor.

11.6. This section introduces the simple imperfect in its function of describing background states or events with the conjunction *cuando* leading to a past form. (You may wish to introduce *mientras* to connect two background actions or states.) Keep in mind that up to this point we have concentrated on the imperfect in its function of describing past habitual action, reserving past ongoing action for the imperfect progressive. We believe that this strategy helps students to posit a prototypical meaning for each of the tenses before being confronted with overlapping meanings and functions. However, it is the case here that both the progressive and the simple imperfect can have the same function. We will return to the imperfect/past (preterite) contrast in 13.4.

Ejercicio 9

Aquí tiene usted algunas de las cosas que pasaron ayer en la telenovela «Los vecinos». Seleccione entre **hacer, hablar, cocinar, cruzar, caminar, preparar, ver, tomar, ponerse, llamar** y **escuchar**.

1. Cuando Estela entró en su cuarto, Ernestito _escuchaba_ el radio.
2. Gustavo _caminaba_ por la Calle Sexta cuando oyó el choque de los coches.
3. La muchacha _preparaba_ la comida cuando se cortó el dedo con un cuchillo.
4. Estela _se ponía_ el vestido cuando Ernesto llegó a casa.
5. Graciela _hablaba_ por teléfono cuando Ramón tocó a la puerta.
6. Doña Lola _____ cuando el cartero le entregó la correspondencia.
7. Don Anselmo _cruzaba_ la calle cuando vio a la esposa de Pedro Ruiz al otro lado.
8. Doña Rosita _veía_ la televisión cuando de repente se descompuso su televisor.
9. Pedro Ruiz _tomaba_ una siesta cuando empezaron a reparar la calle enfrente de su casa.
10. Gustavo _hacía_ su tarea cuando su madre le preguntó si quería almorzar.

Ejercicio 10. Las vacaciones de Amanda

Escoja entre el imperfecto y el ~~pasado~~ _Pretérito_. Lea toda la historia primero y luego escoja los verbos correctos según el significado.

Cuando *era/fui*[1] niña, todos los años mi familia y yo *íbamos/fuimos*[2] a las islas Baleares. Siempre *alquilábamos/alquilamos*[3] una casa con vista al mar. De día *buceábamos/buceamos*[4] y nos *bañábamos/bañamos*.[5] De noche *salíamos/salimos*[6] a cenar a algún restaurante elegante y luego *caminábamos/caminamos*[7] por la plaza.

Una tarde de verano, cuando mi hermano menor, Guillermo, *tenía/tuvo*[8] 8 años, él y yo *íbamos/fuimos*[9] solos a la playa. Nuestros padres *estaban durmiendo/durmieron*[10] todavía. Mi hermanito *jugaba/jugó*[11] en el agua y yo *hablaba/hablé*[12] con unos chicos que ya *conocía/conocí*[13] de otros veranos. Después de unos minutos *miraba/miré*[14] hacia donde *jugaba/jugó*[15] mi hermanito y no lo *veía/vi*.[16] Mis amigos y yo nos *levantábamos/levantamos*[17] y *corríamos/corrimos*[18] al agua para buscarlo. No lo *encontrábamos/encontramos*.[19] Lo *buscábamos/buscamos*[20] por toda la playa y no lo *podíamos/pudimos*[21] encontrar. *Estaba/Estuve*[22] desesperada. Por fin *regresábamos/regresamos*[23] adonde *teníamos/tuvimos*[24] las toallas... allí *estaba/estuvo*[25] sentado mi hermanito, comiendo un sandwich. «¿Adónde *ibas/fuiste?*»[26] le *gritaba/grité*.[27] Él no me *contestaba/contestó*[28] pero yo *estaba/estuve*[29] tan contenta de verlo que no me *enojaba/enojé*[30] con él.

CAPÍTULO DOCE

EL TURISTA EN LOS PAÍSES HISPANOS

Isla Mujeres, México

METAS

In **Capítulo doce** you will learn about travel in Spanish-speaking countries, including changing money and finding lodging. You will also discover new places to visit in the Hispanic world.

ACTIVIDADES ORALES Y LECTURAS

El turista en los países hispanos
El alojamiento

Los sitios turísticos

«De visita en México»
«Los paradores españoles»
«Las ruinas de Tikal»
«Una visita a Tikal»

GRAMÁTICA Y EJERCICIOS

12.1 Present Subjunctive Following **querer**
12.2 Present Subjunctive: Irregular Verbs
12.3 Direct Object Pronouns
12.4 Present Subjunctive Following **cuando**
12.5 **Por/para** + Time
12.6 Making Suggestions: *Let's*
12.7 Indirect Object Verbs Like **parecer**

GOALS—CHAPTER 12

Chapter 12 continues the travel themes of Chapter 11; here the emphasis is on travel in Hispanic countries. Among the grammar topics covered are direct object pronouns (to complete the presentation of earlier chapters) and the present subjunctive after *querer* and *cuando*, the two most common contexts for use of the subjunctive in Spanish.

ACTIVIDADES ORALES Y LECTURAS

EL TURISTA EN LOS PAÍSES HISPANOS

Use your PF, slides, or pictures from your travels to introduce the situations in the display: *inmigración, aduana,* and *banco*. Recount one or more of your own experiences in these situations, writing key vocabulary items on the board.

Introduce present-subjunctive forms in the structure *querer que* + subjunctive with TPR commands: *Mark, quiero que usted se ponga de pie. Ahora quiero que camine. Muy bien. Ahora quiero que se siente.* Continue with other students, giving 20 or more commands with *querer*. In the next class period, repeat these TPR commands with *querer*, but this time write the subjunctive forms on the board as you say them. Provide additional input using the display. Ask students yes/no, either/or questions such as *¿Qué quiere el aduanero (oficial de aduana) que haga Inés? ¿Quiere que abra las maletas? ¿Quiere [el aduanero] que [Inés] las abra o las cierre?* Point out that US in the art refers to dollars; MN stands for *moneda nacional*, that is, the currency of the country in question. New words: *abrir, aduana, aquí lo tiene, contrabando, derechos de aduana, hacer cola, impuesto, inmigración, revisar, suizo/a, tirar a la basura, valor.*

¡OJO! *Estudie Gramática 12.1–12.3.*

la aduana

el contrabando

los impuestos (los derechos de aduana)

revisar el equipaje

—Abra sus maletas, por favor. Voy a revisarlas.
—Pero señor, si no traigo nada de contrabando.

Point out difference w/ factura

—Mmm, reloj suizo... Tiene que pagar 240,000 pesos de derechos.
—¡Tres veces el valor del reloj! ¡Prefiero tirarlo a la basura!

la inmigración
←la cola→

hacer cola

—Su pasaporte, por favor.
—Aquí lo tiene.

en el banco

los billetes ← bills

Cambio US $100 = MN 2.500
el cajero

—Quisiera cambiar cheques de viajero.
—¿Tiene usted su pasaporte?

Actividad 1. Sugerencias para un viaje

Imagine que usted tiene 20 años y va a viajar a México con dos compañeros por primera vez. Su papá le hace algunas recomendaciones. ¿Son éstas las recomendaciones que le haría su papá? ¿Por qué (no)?

1. Quiero que me llames si tienes algún problema.
2. No quiero que salgas solo/a de noche.
3. Quiero que te cases en México.
4. Quiero que te quedes a vivir allí.
5. Quiero que me mandes una tarjeta postal todos los días.
6. No quiero que aprendas bien el español.
7. Quiero que te cuides y que comas bien.
8. No quiero que te diviertas.
9. Quiero que me traigas muchos regalos caros.

Trabaje con un compañero (una compañera). Hagan los papeles del padre y del hijo (de la hija). El padre repite las sugerencias y el hijo (la hija) debe reaccionar a cada sugerencia.

MODELO: —Quiero que me llames si tienes algún problema.
—Sí, de acuerdo. Voy a llamarte si tengo algún problema.

Actividad 2. Banco Hispano Americano

Compre y pague cómodamente.

En el Banco Hispano Americano, le facilitamos los medios para que usted pueda comprar y pagar cómodamente en cualquier momento y lugar.

Nuestras tarjetas de crédito, cajeros automáticos, cheques de viajero y cheques garantizados le ofrecen además servicios complementarios de mucha utilidad.

BANCO HISPANO AMERICANO

1. Describa lo que hay en el anuncio. Explique la función de cada cosa mencionada en el anuncio.
2. Explique los servicios que ofrece el Banco Hispano Americano.
3. ¿Usa usted tarjetas de crédito? ¿Por qué (no)?
4. ¿Utiliza cheques de viajero cuando viaja? ¿Por qué (no)?

AA 1. Before doing *Act. 3*, talk about procedures for changing money (in many countries one often has to wait in two or three lines, for example: one to pick up the exchange voucher and another to collect the money), exchange rates, black market, parallel market (two exchange rates: one official, one for tourists), official rates, where to exchange, and so forth. Recount any experiences and problems you have had changing money. Show sample currencies from Latin America and Spain, and refer students to the illustrations on page 384 of this text.

Act. 3. Precede this situation with simple skits in which one student plays the role of teller and the other is a tourist who wants to change money. Remind students to ask the exchange rate for the day *(tipo de cambio; ¿A cuánto está el dólar hoy?)* and how much the commission is *(la comisión)*. Use play money to enliven the skits. New words: *cambiar dinero, ¿En qué puedo servirle? identificación.*

Act. 4. Precede this complex situation with simple skits in which one student plays the role of *aduanero* and the others the role of entering *turistas*. Recount experiences of your own going through customs in different countries. Discuss possible reasons for high import tariffs, especially in developing countries *(países en vías de desarrollo)*. New words: *costoso/a, esconder, sobre todo, tener líos.*

Actividad 3. Diálogo original: Cambiando dinero

Usted trabaja en la sección de cambio de un banco. Llega un(a) turista de Argentina con cheques de viajero en dólares; quiere cambiarlos a pesos mexicanos. El problema es que el/la turista dejó su pasaporte en el hotel y no tiene identificación.

USTED: ¿En qué puedo servirle, señor(ita)?
TURISTA: Quisiera cambiar unos cheques de viajero.
USTED: Muy bien. Su pasaporte, por favor.
TURISTA: No tengo mi pasaporte. Lo dejé…
USTED: Lo siento…

Actividad 4. Diálogo original: En la aduana

Adriana Bolini y su amiga Alicia están haciendo sus maletas en el hotel. Regresan mañana a Argentina después de un largo viaje por España. Llevan muchos regalos para sus parientes y amigos. Como llevan algunos anillos y otros regalos bastante costosos, van a tener que pagar derechos al llegar a la aduana en Buenos Aires. Alicia piensa que deben esconder los objetos más caros, sobre todo los pequeños. Según ella, todo el mundo lo hace. Hagan ustedes los papeles de Adriana y Alicia.

ADRIANA: Pero, Alicia, yo no quiero tener líos en la aduana.
ALICIA: ¡Qué lío va a haber! Lo que quiero que hagamos es…
ADRIANA: Pero yo creo que…
ALICIA: El problema es que tú…

Niña de la tribu Cuna en las Islas San Blas, Panamá: La población india en la América Latina es grande. Afortunadamente, los indios mantienen vivo su pasado y conservan su cultura a pesar de la industrialización.

LECTURA   Los amigos hispanos: De visita en México

Lectura: Preview by showing pictures and/or slides of Mexico City and of other sites mentioned in the reading. After the reading, have students describe the sites based on information they have learned from Silvia's letter. Ask personal questions such as *¿Ha estado usted en México? ¿Dónde? ¿Le gustó? ¿Qué sitios turísticos visitó? ¿Cuáles de las ciudades mencionadas en la lectura conoce? ¿Qué platillos probó?* If you have visited Mexico, talk about your experiences there.

Silvia Bustamante ha entablado correspondencia con° Pilar Álvarez. Se han escrito muchas veces y se han hecho grandes amigas. Este verano por fin van a conocerse. Pilar está planeando una visita a México. Silvia, entusiasmada, le escribió la siguiente carta a su amiga española.

ha... has begun writing to

Querida Pilar:

¡Por fin vamos a conocernos! Sé que te va a gustar mi país. Hay tanto que ver en el Distrito Federal. Estoy planeando un itinerario para tu visita. ¡No vamos a tener un solo minuto libre! Me pediste en tu última carta que te contara° de México. Pues, aquí va.

que... that I tell you

Ya sabes que la Ciudad de México es la capital más grande del mundo hispano y que está ubicada° en el D.F. Las otras ciudades grandes del país son Guadalajara, Monterrey y Tijuana. También hay muchas ciudades hermosas en mi país que debes conocer, como Veracruz, un puerto en el golfo de México, y Mérida, que está situada en la península de Yucatán y es un centro de la cultura maya. Acapulco y Puerto Vallarta, ambas en la costa del Pacífico, son dos sitios turísticos con clima tropical el año entero. Si quieres broncearte° y nadar, tendremos que° ir a esas dos ciudades. Hay muchas otras que conservan el aspecto colonial por su arquitectura, como Taxco, San Miguel de Allende y Guanajuato.

located

to get a tan / tendremos... we will have to

Aquí en la capital visitaremos° el parque Chapultepec. En este parque se encuentran el mundialmente° famoso Museo de Antropología, un castillo que data de los tiempos coloniales, dos parques zoológicos y muchas sendas frondosas° por donde caminar. Los domingos por la tarde

we will visit
universally

sendas... shaded paths

Detalle del mural de Diego Rivera en el Palacio Nacional de México, D.F.: Los impresionantes murales de Rivera ilustran la historia de México. Muestran también las clases sociales y los grupos étnicos del país.

hay conciertos gratis al aire libre en el parque.

El centro y corazón de la ciudad es el Zócalo, que en España ustedes llaman «plaza mayor». En este centro está la catedral, que data también de los tiempos coloniales, y el Palacio Nacional. En el Palacio veremos° los murales impresionantes de Diego Rivera.* Sé que te va a gustar su obra.°

we will see

work

En la capital visitaremos también el Palacio de Bellas Artes. Es un edificio de mármol° blanco donde se presentan conciertos, óperas, dramas de los más famosos dramaturgos° del mundo, espectáculos de danza y conferencias.°

marble

playwrights
lectures

Creo que esta carta se está haciendo demasiado larga. Antes de concluir, sólo te quiero mencionar las pirámides de Teotihuacán, que están al nordeste de la capital. Son una muestra° importante de la cultura indígena. ¡Tendrás° que verlas!

example
You will have

Bueno, estamos todos ansiosos por verte y recibirte en nuestra casa. Avísame cuando tengas tu viaje confirmado.

Te estima,

Silvia

---

*Diego Rivera (1886-1957) fue un pintor mexicano, famoso por sus grandes murales que narran la historia de México.

Comprensión

Busque la definición correcta.

_____ 1. el Palacio de Bellas Artes
_____ 2. el Zócalo
_____ 3. el Palacio Nacional
_____ 4. Guanajuato
_____ 5. Teotihuacán
_____ 6. el parque Chapultepec
_____ 7. la Ciudad de México
_____ 8. Puerto Vallarta
_____ 9. Veracruz
_____ 10. Monterrey

a. la plaza principal del centro de la ciudad
b. ciudad grande ubicada en el Distrito Federal
c. lugar al nordeste del D.F. donde están ubicadas las Pirámides del Sol y de la Luna
d. una de las ciudades grandes en el norte del país
e. ciudad turística en la costa del Océano Pacífico
f. edificio donde se hacen presentaciones culturales
g. ciudad con puerto en el Golfo de México
h. parque donde se ofrecen conciertos los domingos
i. ciudad que conserva su aspecto colonial
j. donde se encuentran los murales impresionantes de Diego Rivera

Have students describe possible vacation activities for each of the photos in the ad.

EL ALOJAMIENTO

¡OJO! *Estudie Gramática 12.4–12.5.*

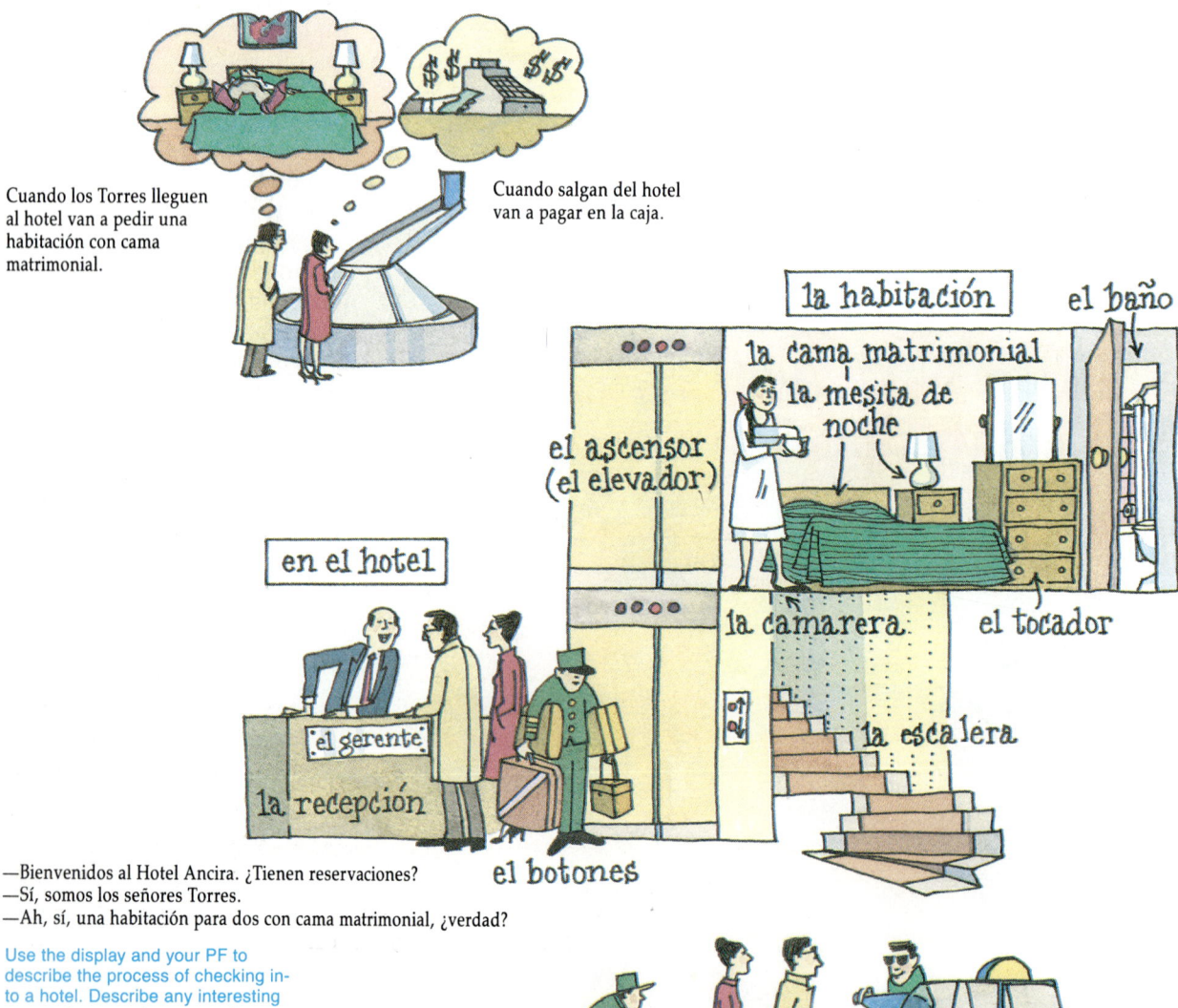

Cuando los Torres lleguen al hotel van a pedir una habitación con cama matrimonial.

Cuando salgan del hotel van a pagar en la caja.

la habitación — el baño
la cama matrimonial
la mesita de noche
el ascensor (el elevador)
la camarera — el tocador
en el hotel
el gerente
la recepción
la escalera
el botones

—Bienvenidos al Hotel Ancira. ¿Tienen reservaciones?
—Sí, somos los señores Torres.
—Ah, sí, una habitación para dos con cama matrimonial, ¿verdad?

Use the display and your PF to describe the process of checking into a hotel. Describe any interesting or amusing experiences you have had while doing so. Optional: Discuss the widespread popularity of youth hostels in Europe: *albergues de la juventud.* Do a TPR sequence: *Usted llega al hotel en un taxi. Abra la puerta y baje del taxi. Recoja su equipaje del maletero (baúl, cajón, cajuela) del taxi. Páguele al chofer y déle una propina. Llega el botones. Muéstrele su equipaje y sígalo a la*

Los Torres se hospedaron en el Hotel Ancira por tres días. Hoy regresan a Colombia porque tienen que estar en Bogotá para el viernes.

El turista en los países hispanos   **333**

recepción. Firme los papeles. Siga al botones. Tome el ascensor al séptimo piso. Camine a la habitación. Abra la puerta y entre a la habitación. Tome la llave que le da el botones y dígale gracias. Déle una propina al botones. Acuéstese en la cama y descanse. ¡Qué viaje tan largo! New words: el alojamiento, el botones, bienvenido/a, la caja.

Act. 5. This is a slightly revised version of an authentic Argentinean hotel bill. Give students about 30 seconds to look it over. Then have them scan for answers to questions such as ¿Dónde se encuentra el Carsson Hotel? ¿Qué día llegó Adela Martínez? ¿Cuántos días se quedó? As you ask questions, add comments about your own experiences in hotels. For example, when you ask how much she spent on dry cleaning, you might recall an incident in which a hotel lost your dress or didn't return a suit in time for an important dinner. Then have students work in pairs to recall an event that happened when they were staying at a hotel. Explain that *heladera* is used in Argentina and *nevera* in Spain for *refrigerador*. Here *heladera* refers to a small, stocked refrigerator in the hotel room. New words: *el año pasado, la cochera, el domicilio, la factura, gastar, heladera, telefónico/a, tintorería.*

Actividad 5. Interacción

El año pasado Adela Martínez viajó a Argentina para pasar allí las Navidades. Ésta es la cuenta por los cuatro días que estuvo en el hotel Carsson.

T.E. 392-3551/3601
392-3653/3701
392-3751/3801
392-3851/3901
TELEX: 23511 HOCAR AR

CARSSON HOTEL

Nº GANANCIAS. 391900-010-03
Nº I.V.A.: 05017815
ING. BRUTOS: 117.300-06
DNR. PREV.: 246700
IMP. INTERNOS: NO RESP.

CARSSON HOTEL S.R.L.
VIAMONTE 650
(1053) BUENOS AIRES

NOMBRE: ADELA MARTINEZ
DOMICILIO: EEUU
Nº GANANCIAS: 0
Nº I.V.A.: CONSUMIDOR FINAL

FACTURA: 80944
CARSSON HOTEL, SRL
IMP. INT. NO RESP.
HABITACION: 308
MES 12   AÑO 87

	DIA: 23/12	DIA: 24/12	DIA: 25/12	DIA: 26/12	
ALOJAMIENTO	125.00	125.00	125.00	125.00	500
SERVICIO DE BAR		25.00	20.00	30.00	
VARIOS			11.00	5.00	
TELEFONO	35.00	15.00	28.00	18.00	96
COCHERA					
TINTORERIA		40.00		15.00	55
HELADERA	6.00		3.00	19.00	28
SUB-TOTAL	166.00	205.00	187.00	212.00	
PAGOS					
TOTAL	166.00	371.00	558.00	770.00	

Hágale estas preguntas a su compañero/a.

1. ¿Dónde está el hotel Carsson?
2. ¿En qué habitación se hospedó la profesora Martínez? 308
3. ¿Usó el servicio del bar todos los días?
4. ¿Cuánto gastó en servicio telefónico?
5. ¿Gastó mucho en bebidas (de la heladera en su habitación)? ¿Cuánto?
6. ¿Qué otro(s) servicio(s) usó? ¿Cuánto pagó? tintorería
7. ¿Cuánto pagó por la habitación al día? ¿En total?

125

Actividad 6. ¿Cuándo?

Usted está haciendo planes para un viaje a Hispanoamérica. Diga cuándo va a hacer lo siguiente.

MODELO: Voy a empezar a empacar las maletas cuando… → tenga mi ropa nueva.

1. Voy a comprar los pasajes cuando…
2. Voy a hacer las reservaciones cuando…
3. Voy a ir al aeropuerto cuando…
4. Voy a mandar tarjetas postales cuando…
5. Voy a descansar cuando…

Actividad 7. En el hotel

Suponga que usted es botones en el Hotel Ritz de Madrid. Lo llaman los huéspedes de la habitación 333. Hacen gestos desesperados, porque hablan solamente un poco de español. Usted trata de interpretar sus gestos. Mire los dibujos y hágales preguntas para determinar si usted comprende lo que quieren expresar.

MODELO: ¿Quieren que les **sirva** la comida?

1.
2.
3.
4.
5.
6.

El turista en los países hispanos   **335**

Act. 8. Note use of the *-ísimo* suffix. Optional: Suggest that the tourist turn down the first couple of rooms he/she is shown for various reasons and then finally take the last one shown. New words: *cansadísimo/a, la capital, el día siguiente, por supuesto, sígame, uno/a solo/a, ya que.*

Actividad 8. Diálogo original: ¿Puedo ver la habitación?

Usted acaba de llegar a Monterrey, México, por carretera desde Laredo, Texas. Está cansadísimo/a y necesita una habitación para una sola noche, ya que piensa seguir hacia la capital al día siguiente. Usted llega al Motel Camino Real y le pide al empleado (a la empleada) que le muestre la habitación y que le dé toda la información necesaria. Decida si quiere el cuarto.

EMPLEADO/A: Buenas noches señor(ita), ¿una habitación para una persona?
USTED: Sí, señor(ita), pero primero quisiera ver...
EMPLEADO/A: Por supuesto. Sígame...
USTED: ...

NOTA CULTURAL   Los paradores españoles

UN DESCANSO EN SU CAMINO

▲▲▲▲▲▲▲▲▲▲▲▲▲

Un Parador Nacional no es un hotel común y corriente... Puede ser un castillo legendario o un convento misterioso o un palacio suntuoso o ¡claro! también puede ser un moderno complejo[1] turístico.

Los Paradores Nacionales se encuentran tanto en lugares de incomparable belleza natural como en sitios históricos. Abren sus puertas para ofrecerle la cocina[2] tradicional de la zona y le permiten pasar noches inolvidables en habitaciones legendarias, misteriosas,... o simplemente modernas y cómodas.

¡Pare en un Parador Nacional! Tanto los monumentos históricos (castillos, conventos, palacios) como los edificios de reciente construcción disponen de[3] confortables y completas instalaciones y de servicio impecable. Y... lo mejor... ¡los precios lo van a sorprender agradablemente!

¡Pare una vez y ya siempre irá[4] de parador en parador! ▲

Castillo en Carmona

© ROBERT FRERCK/ODYSSEY

Nota cultural: This is an authentic text that appeared a few years ago in a Spanish magazine. First explain briefly the system of *paradores* in Spain: *En España, se han convertido algunos castillos, conventos y palacios en hoteles donde los viajeros pueden hospedarse. Son muy populares entre los turistas (y por eso hay que hacer reservaciones con mucha anticipación), tanto por su comodidad como por su interés histórico.* Show any pictures or slides you might have of *paradores.* Most of the new words are easily recognizable cognates.

---

[1]*complex*   [2]*comida*   [3]*disponen... tienen*   [4]*va a ir*

Comprensión

1. Use palabras del texto para describir cada tipo de edificio histórico que se usa ahora como parador nacional en España.
2. Ahora describa un parador español que no es un edificio histórico. ¿Cómo es?
3. Según la lectura, ¿qué tienen en común todos estos tipos de paradores?
4. ¿En cuál de los cuatro tipos de parador le gustaría hospedarse? ¿Por qué?

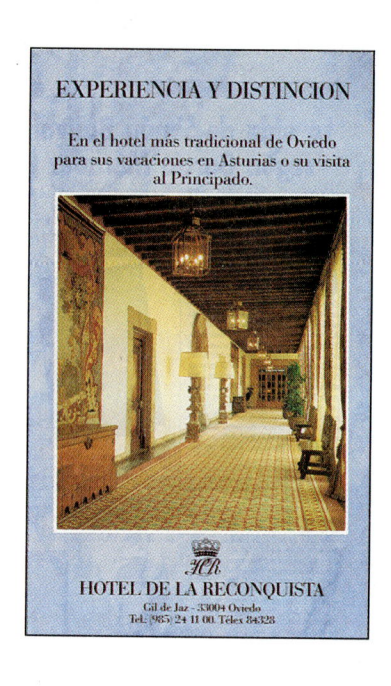

EXPERIENCIA Y DISTINCION

En el hotel más tradicional de Oviedo para sus vacaciones en Asturias o su visita al Principado.

HOTEL DE LA RECONQUISTA
Gil de Jaz - 33004 Oviedo
Tel. (985) 24 11 00. Télex 84328

LOS SITIOS TURÍSTICOS

¡OJO! *Estudie Gramática 12.6–12.7.*

Show slides of a trip you have taken to a Hispanic country. As you show the slides, integrate into your input as many of the following expressions as possible—*me encanta, me fascina, me importa, me llama la atención, me interesa, me parece*—in any logical tense or number. New words: *encantar, fascinar, importar, llamar la atención, turístico/a.*

¿Qué te parece un viaje a México?

Vamos a subir. Quiero ver la vista desde arriba.

Vamos a entrar. Me fascina la historia de México.

AA 2. Create situations that are outrageous, fantastic, or humorous and then ask, *¿Qué vamos a hacer?* Examples: *Estamos en un avión y de pronto alguien saca una pistola y le dice al piloto, ¡Vámonos a Cuba!*

Estoy cansado. ¿Te importa si no vemos el resto del museo ahora?

¡Me encanta la comida mexicana!

Nos llamaron mucho la atención las pirámides de México.

El turista en los países hispanos **337**

Act. 9. Read aloud one of the situations and encourage a variety of suggestions. Add comments about each place or situation mentioned, when possible. Recount any anecdotes of your own from your travels in Hispanic countries. New words: *camino a, sugerir, supongamos.*

Actividad 9. Vamos a...

Supongamos que usted está en los siguientes lugares con sus amigos. ¿Qué actividades puede usted sugerirles a sus amigos?

MODELO: Acaban de llegar a la Ciudad de México. Están en el hotel y comienza a llover. →
Vamos a salir. Me encanta caminar en la lluvia.

1. Están subiendo a la famosa Pirámide del Sol en Teotihuacán, México.
2. Están en un tren, camino a la playa, en la costa del sur de España.
3. Están en un avión en un vuelo de doce horas de Los Ángeles a Buenos Aires.
4. Están en un hotel en la ciudad de San José, Costa Rica, a las 7:00 de la noche después de un vuelo desde Miami.
5. Están en la playa de Cancún, México.

Act. 10. Have students work first in pairs to come up with suggestions. Then have them report their sentences to the class. You will want to comment on the following drawings: (1) the increasing popularity of Mexican restaurants in the United States and Europe, (2) the excellence and popularity of the Mexican *Ballet Folklórico*, (4) the very fine *Museo de Antropología* in Chapultepec Park in Mexico City, (6) the historical significance of Machu Picchu, and (7) the use of alpaca wool for making sweaters. New words: *comentario, inca, inventar, maya.*

Actividad 10. Sugerencias y comentarios

Con un compañero (una compañera) invente las sugerencias y/o los comentarios de Pilar y José durante su viaje por Sudamérica. Use **vamos a** + infinitivo o **me fascina, me encanta, me interesa, me llama la atención,** etcétera.

MODELO: Vamos a sacar fotos. Me fascinan las pirámides de los mayas.

AA 3. Situaciones: Problemas en el viaje. 1. *Usted tiene tres hijos; uno tiene ocho años, otro seis y la más pequeña tiene solamente dos años y medio. Los niños de menos de dos años vuelan gratis. Cuando llega al aeropuerto la señorita que vende los boletos le pregunta a usted la edad de la menor. ¿Qué le dice usted?* **2.** *Usted está viajando de Nueva York a San Juan, Puerto Rico, en un vuelo de American, un 747 que va lleno. Usted no fuma y está en la sección de no fumar. Al lado de usted hay una señora que fuma un cigarrillo tras otro. ¿Qué va a hacer usted?* **3.** *Usted tiene reservaciones en Mexicana para volar desde la ciudad de México a Cozumel. Usted llega al aeropuerto un poco tarde, unos 15 minutos antes de la salida del vuelo. El señor que asigna los asientos le dice que no puede encontrar su nombre en la lista de pasajeros confirmados y que el avión está lleno. ¿Qué va a hacer usted?*

338 Capítulo doce

Act. 11. Use a large classroom map of Spain to point out cities visited by Bernardo and Inés. Here are our suggestions for the series. **1.** *Margarita y Pedro llegaron al Aeropuerto de Barajas en Madrid a las 6:00 de la tarde.* **2.** *Se hospedaron en el Hotel Pintor.* **3.** *Cenaron en el restaurante Botín.* **4.** *Visitaron el Museo del Prado y vieron muchos cuadros de Velázquez.* **5.** *Pasaron una tarde en Toledo y visitaron la casa de El Greco.* **6.** *Tomaron el tren a Segovia.* **7.** *Vieron el famoso acueducto de Segovia.* **8.** *Pedro participó en la corrida de toros de Pamplona.* **9.** *Alquilaron un coche para ir a Barcelona.* **10.** *Compraron porcelana Lladró en Barcelona.* **11.** *Vieron el Patio de los Leones en la Alhambra en Granada.* **12.** *Pedro bailó flamenco en Sevilla.* Use this opportunity to talk about your own experiences in Spain and give additional cultural information about each of the places visited. New words: *acueducto, corrida de toros, de turista, flamenco/a, pintor, porcelana.*

Actividad 11. Los Ruiz: De turistas en España

Diga qué hicieron Pedro y Margarita durante su viaje a España.

Act. 12. This is an authentic ad for Viasa, the main Venezuelan airline. Introduce it by talking first about other Latin American airlines *(Colombia, Avianca; Argentina, Aerolíneas Argentinas; Chile, Lan-Chile; Perú, AeroPerú; México, Mexicana de Aviación* and *Aeroméxico)* and about any experiences you have had on flights in Latin America or Spain. Show a map of the Caribbean and point out the proximity of Puerto Rico, the Dominican Republic, and Cuba to Venezuela. Also point out the islands of Curaçao and Aruba (Dutch) and the large role they play in tourism in the area. Have students use the map of South America in their text to trace the Viasa routes from Caracas to other Latin American cities. New words: *conexión, consultar, encanto, gozar de, iniciar, pasar momentos, prestigio, recorrido, sudamericano/a.*

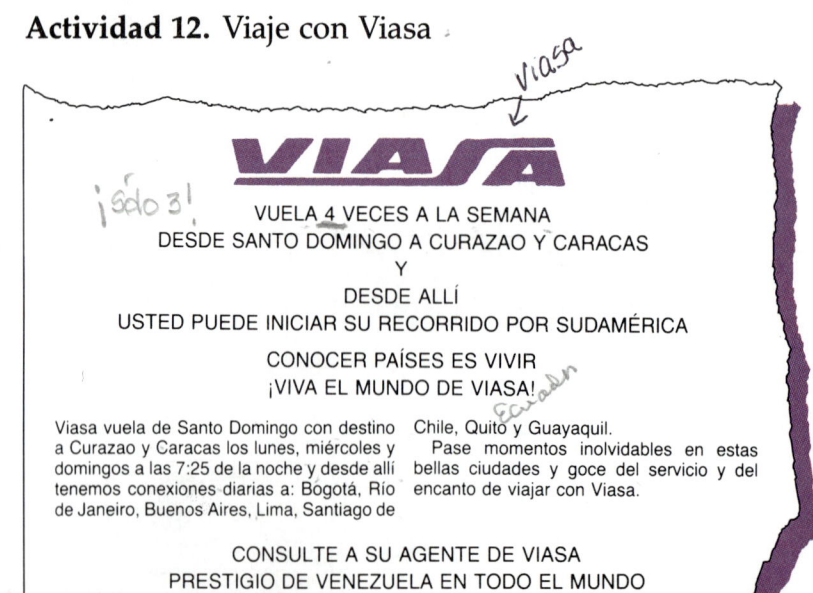

Actividad 12. Viaje con Viasa

VIASA

VUELA 4 VECES A LA SEMANA
DESDE SANTO DOMINGO A CURAZAO Y CARACAS
Y
DESDE ALLÍ
USTED PUEDE INICIAR SU RECORRIDO POR SUDAMÉRICA

CONOCER PAÍSES ES VIVIR
¡VIVA EL MUNDO DE VIASA!

Viasa vuela de Santo Domingo con destino a Curazao y Caracas los lunes, miércoles y domingos a las 7:25 de la noche y desde allí tenemos conexiones diarias a: Bogotá, Río de Janeiro, Buenos Aires, Lima, Santiago de Chile, Quito y Guayaquil.
Pase momentos inolvidables en estas bellas ciudades y goce del servicio y del encanto de viajar con Viasa.

CONSULTE A SU AGENTE DE VIASA
PRESTIGIO DE VENEZUELA EN TODO EL MUNDO

Busque esta información en el anuncio de Viasa.

1. ¿A qué capitales sudamericanas puede usted volar con Viasa?
2. ¿Qué días salen los vuelos de Viasa de Santo Domingo a Caracas?
3. ¿A qué hora salen los aviones de aerolíneas Viasa de Santo Domingo a Caracas?
4. ¿Hay vuelos a Bolivia? ¿a Argentina? ¿a Paraguay?

LECTURA

Las ruinas de Tikal

Uno de los lugares más fascinantes de Guatemala es Tikal, el conjunto[1] de ruinas mayas que fueron descubiertas en medio de la selva,[2] en el enorme departamento guatemalteco de El Petén. Viajando desde la capital, el avión pasa primero por una zona montañosa y después por una selva espesa que se extiende en todas direcciones. Al cabo[3] de una hora de vuelo, aproximadamente, aparece el gran lago Petén Itzá, con lagunas más pequeñas al este. La isla-ciudad de Flores se encuentra en el sur de este lago. Aquí fue donde los mayas de esta región fueron finalmente derrotados[4] por los españoles en 1697.

El avión vuela a baja altura sobre los grandes templos de Tikal. Tras[5] quince minutos de vuelo al norte del lago, el avión aterriza en un campo que cubre 2000 metros, a unos 200 metros sobre el nivel del mar. Hay vehículos que esperan el avión para transportar a los visitantes a la Posada de la Selva, un pequeño hotel rústico donde los visitantes descansan antes de comenzar su visita a las ruinas mayas. Y esta visita es sin duda una experiencia inolvidable. Las ruinas de Tikal son impresionantes. ▲

Templo del Gran Jaguar

---

[1]grupo   [2]*jungle*   [3]Al... Después   [4]*defeated*   [5]*After*

Comprensión

1. ¿Qué es Tikal?   2. ¿Qué formaciones geográficas puede ver el pasajero que viaja a Tikal?   3. ¿Cuándo fueron derrotados los mayas?   4. ¿Qué es la Posada de la Selva?

LECTURA Los amigos norteamericanos: Una visita a Tikal

Adela Martínez, profesora norteamericana, habla con su amigo, el profesor Alejandro López, sobre su viaje a Centroamérica.

ALEJANDRO: Cuéntame, Adela, ¿pudiste visitar las ruinas de Tikal en Guatemala?

ADELA: Claro que sí. ¿Sabías que los mayas abandonaron esa ciudad mucho antes de la llegada de los españoles?

ALEJANDRO: No, no lo sabía. ¿Y por qué la abandonaron?

ADELA: No se sabe por cierto. Algunos arqueólogos dicen que fue por una epidemia, o quizás por cambios bruscos en el clima.

ALEJANDRO: ¿Es difícil llegar a las ruinas?

ADELA: Un poco. Hay que viajar en avión y aterrizar° en medio de la selva. Pero vale la pena.° Las ruinas son verdaderamente impresionantes. Hay como tres mil construcciones distintas.

ALEJANDRO: ¿Qué tipo de construcciones?

ADELA: Templos, palacios, plataformas ceremoniales, una estructura que se usaba para baños

° land
° vale... it's worth it

ALEJANDRO: de vapor en las ceremonias y muchas residencias de tamaño mediano.
ALEJANDRO: ¿Qué fue lo que más te llamó la atención?
ADELA: El palacio ceremonial de la ciudad. Allí puedes ver más de doscientos monumentos de piedra, altares, figuras y muchísimas «chultunes», que son cámaras° subterráneas cavadas en la roca.

chambers

ALEJANDRO: ¿Eran los mayas tan avanzados como los aztecas?
ADELA: Bueno, los mayas eran un poco diferentes. Tenían una cerámica muy avanzada y practicaban el comercio. También tenían un calendario muy preciso y un sistema de escritura que todavía no se ha podido interpretar.
ALEJANDRO: Parece que te impresionaron mucho esas ruinas.
ADELA: Sí, Alejandro, tienes que ir a Tikal algún día.

¿Cierto o falso?

Los mayas...

___C___ 1. sabían escribir.
___C___ 2. tenían un sistema de comercio.
___F___ 3. eran más avanzados que los aztecas. *doesn't say*
___F___ 4. no tenían calendario.
___C___ 5. fabricaban objetos de cerámica.

VOCABULARIO

De viaje por los países hispanos — *Traveling in Hispanic Countries*

la aduana	customs
el alojamiento	lodging
bienvenido/a	welcome
el botones	bellhop
el cajero automático	automatic teller
cambiar dinero	to exchange money
la cola	line (*of people*)
hacer cola	to stand in line
el contrabando	smuggled goods
la corrida de toros	bullfight
el cheque garantizado	cashier's check
los derechos de aduana	customs duties, taxes
la factura	invoice, bill
el huésped/la huéspeda	guest
el impuesto	tax
el recorrido	journey
la tarjeta postal	postcard

PALABRAS SEMEJANTES: la conexión, la identificación, la inmigración

Los verbos

abrir	to open
cuidarse	to take care of oneself
encantar	to like very much
esconder	to hide
gastar	to spend
gozar de	to enjoy (*something*)
hacer ruido	to make noise
haría (hacer)	I/you/he/she would do
importar	to matter
llamar la atención	to attract attention
mandar	to send
pasar momentos	to spend moments
salir solo/a	to go out alone
sugerir (ie)	to suggest
suponer	to suppose
supongamos	let's suppose
tener líos	to have problems
tirar a la basura	to throw away

PALABRAS SEMEJANTES: consultar, determinar, expresar, facilitar, fascinar, iniciar, interpretar, inventar, ofrecer, reaccionar, utilizar

REPASO: tomar el tren

Los sustantivos

el año pasado	last year
la caja	cash register
el comentario	comment
el domicilio	address *residence*
el encanto	charm, enchantment
el gesto	gesture
el pintor	painter
la razón	reason
el ruido	noise
la sábana	(bed)sheet
la tintorería	dry cleaner
el valor	worth

PALABRAS SEMEJANTES: el acueducto, la capital, la función, el prestigio, la recomendación, la utilidad

Los adjetivos

cansadísimo/a	very tired
telefónico/a	(of or related to the) telephone
turístico/a	(of or related to) tourism

PALABRAS SEMEJANTES: complementario/a, costoso/a

Palabras y expresiones útiles

Aquí lo tiene.	Here it is.
camino a	on the way to
de noche	at night
de turista	as a tourist
el día siguiente	the next/following day
¿En qué puedo servirle?	May I help you?
lo siguiente	the following
por supuesto	of course
sígame	follow me
sobre todo	above all
uno/a solo/a	only one
ya que	since, inasmuch as

GRAMÁTICA Y EJERCICIOS

12.1. Present Subjunctive Following *querer*

A. You already know the Spanish verb forms used to give direct commands: **siéntese** (*sit down*), **descanse** (*rest*), **tome la medicina** (*take the medicine*). Rather than give a direct command, a speaker may prefer to use a "softened" expression, such as *I want you to . . . , it's necessary for you to . . . , I suggest that you . . .* , or *I prefer that you . . .* These softened expressions are also used to talk about what one person wants another to do: *My parents want me to . . . , Jim wants his teacher to . . .* , and so forth. In conversation, the most frequently used softened command is expressed by the verb *to want* (*somebody to do something*).

¿Qué **quiere** el aduanero? — **Quiere** que abramos todas las maletas.

What does the customs inspector want? —He wants us to open all of our suitcases.

In Spanish, the verb in the clause that follows softened expressions like **quiero que...** (*I want that . . .*) has the same form as a command. But because these softened commands (or suggestions) can be addressed to anyone, the second verb changes endings to indicate who is to do the action. Grammarians call these forms the *subjunctive mood*. You will learn more about the subjunctive in **Capítulo 15**.

Quiero que { **vayamos** al museo primero.
tú **te quedes** con Adriana.
Carla nos **compre** los boletos. }

I want { us to go to the museum first.
you to stay with Adriana.
Carla to buy us the tickets. }

B. The forms of the present subjunctive are the same as the **usted** command plus the person/number endings: **hablar** → **hable** + **-s, -mos, -n**. Thus, the endings contain a different vowel from the present tense (which we will call *present indicative* when we want to contrast it with the present subjunctive).

INFINITIVE	PRESENT INDICATIVE	PRESENT SUBJUNCTIVE
hablar	habl + a	habl + e
comer	com + e	com + a
escribir	escrib + e	escrib + a

12.1. This is the first formal introduction of subjunctive forms and structures. Even though you may previously have used subjunctive forms in your speech, the change for regular verbs (habla → hable; come → coma) is so slight that it is highly unlikely that students will have noticed them. Even when you use the more obvious irregular forms (*Pablo, quiero que me traiga su papel, por favor.*), students tend to interpret them as commands and are not confused by the forms. Students are acquainted with the command forms (11.4), so subjunctive forms will not be new. We have chosen to introduce the subjunctive structure with only the volition matrix *querer que* for two reasons. First, students will have a chance to get used to understanding utterances containing the structure itself (*querer* + *que* + clause, plus the preverbal placement of pronouns). Also, this is the most common context for the subjunctive in native speaker speech and the most useful one for students to learn. The second-most-common use of the present subjunctive (after *cuando* to signal an anticipated event) is introduced in this chapter in 12.4, and other uses of the subjunctive are described in 15.3, 15.4, 15.5, 17.1, 17.2, 17.3, 18.1, 18.3, and 18.4. We suggest that you introduce the subjunctive for recognition purposes in the first year and return to it in more detail in second- and third-year courses. Most students do not master the subjunctive until after several years of experience speaking Spanish, but keep in mind that the present and past subjunctive together make up less than 5 percent of all verb forms in normal native speaker conversation.

Here are the rest of the present subjunctive forms.*

-ar	-er	-ir
habl**e**	com**a**	escrib**a**
habl**es**	com**as**	escrib**as**
habl**e**	com**a**	escrib**a**
habl**emos**	com**amos**	escrib**amos**
habl**en**	com**an**	escrib**an**

¿Qué quiere la mesera?
—Quiere que **paguemos**† en la caja a la salida.

What does the waitress want?
—She wants us to pay at the cash register when we leave.

C. Although pronouns are attached to affirmative commands (**cómalo**), they are placed before conjugated verbs. (Pronouns are also attached to infinitives and present participles.)

¿Qué quiere nuestro agente de viajes? —Quiere que **lo llamemos** mañana.

What does our travel agent want?
—He wants us to call him tomorrow.

Ejercicio 1

Aquí tiene usted algunas recomendaciones del agente de viajes de Bernardo e Inés Torres. Ahora Inés está repitiéndole la información a una vecina. Use el subjuntivo en todos los casos.

MODELO: Lleguen al aeropuerto con una hora de anticipación. →
Nuestro agente de viajes quiere que lleguemos al aeropuerto con una hora de anticipación.

1. Compren sus boletos pronto.
2. Escriban una lista de lo que van a necesitar.
3. No dejen comida en el refrigerador.
4. No lleven demasiadas cosas en las maletas.
5. Avísenles a los vecinos que salen de viaje.
6. No apaguen todas las luces de la casa.
7. Compren cheques de viajero.
8. Paguen sus cuentas.
9. Lleguen al aeropuerto temprano.
10. Mándenme una tarjeta postal.

---

*Recognition: **vosotros/as habléis, comáis, escribáis**
†See the *Cuaderno de trabajo*, **Capítulo 12**, for an explanation of spelling changes in the present subjunctive.

12.2. Present Subjunctive: Irregular Verbs

A. Verbs that have different stems in the **yo** forms of the present tense have those same stems in the present subjunctive (as they do in the command forms).

decir	digo	diga, digas, diga, digamos, digan
hacer	hago	haga, hagas, haga, hagamos, hagan
oír	oigo	oiga, oigas, oiga, oigamos, oigan
poner	pongo	ponga, pongas, ponga, pongamos, pongan
salir	salgo	salga, salgas, salga, salgamos, salgan
tener	tengo	tenga, tengas, tenga, tengamos, tengan
traer	traigo	traiga, traigas, traiga, traigamos, traigan
venir	vengo	venga, vengas, venga, vengamos, vengan
ver	veo	vea, veas, vea, veamos, vean

¿Qué quiere el agente de viajes? —Quiere que **traigas** el boleto a su oficina.

What does the travel agent want? —He wants you to bring the ticket to his office.

B. Verbs that end in **-oy** in the **yo** form, as well as the verb **saber,** have irregular stems in the present subjunctive.*

dar	doy	dé, des, dé, demos, den
estar	estoy	esté, estés, esté, estemos, estén
ir	voy	vaya, vayas, vaya, vayamos, vayan
ser	soy	sea, seas, sea, seamos, sean
saber	sé	sepa, sepas, sepa, sepamos, sepan

Quiero que me **des** tu nuevo número de teléfono antes de salir.

I want you to give me your new telephone number before you leave.

La profesora Martínez quiere que **sepamos** todos estos verbos para el examen.

Professor Martínez wants us to know all these verbs for the exam.

C. The present subjunctive forms of the three groups of stem-changing verbs are as follows.

Group I. Verbs that have the stem-vowel changes **e → ie** and **o → ue** in the present indicative maintain those changes in the present subjunctive. For example, the stems of **pensar** and **volver** change in every form except the **nosotros/as** form.†

---

*Recognition: **vosotros/as deis, estéis, vayáis, seáis, sepáis**
†Recognition: **vosotros/as penséis, volváis**

Capítulo doce

	pensar		volver	
	Present Indicative	Present Subjunctive	Present Indicative	Present Subjunctive
	pienso	piense	vuelvo	vuelva
	piensas	pienses	vuelves	vuelvas
	piensa	piense	vuelve	vuelva
	pensamos	pensemos	volvemos	volvamos
	piensan	piensen	vuelven	vuelvan

No quiero que tú **pienses** mal de mí.
I don't want you to think badly of me.

El presidente del Banco de Guadalajara quiere que sus empleados **vuelvan** al trabajo a las 2:00.
The president of the Bank of Guadalajara wants his employees to return to work at 2:00.

Group II. Verbs like **pedir** and **servir,** whose stems show the change **e** → **i** in the present tense (except for the **nosotros/as** form), will have the same stem-vowel change in *all* the present subjunctive forms.*

	pedir		servir	
	Present Indicative	Present Subjunctive	Present Indicative	Present Subjunctive
	pido	pida	sirvo	sirva
	pides	pidas	sirves	sirvas
	pide	pida	sirve	sirva
	pedimos	pidamos	servimos	sirvamos
	piden	pidan	sirven	sirvan

Papá quiere que todos **pidamos** un sandwich.
Dad wants all of us to order a sandwich.

El cocinero quiere que se **sirva** la comida a partir de las 7:00.
The cook wants the meal to be served starting at 7:00.

Group III. Verbs like **divertirse,** which show an **e** → **ie** change in the present as well as an **e** → **i** change in the past, and verbs like **dormir,** which show an **o** → **ue** change in the present and an **o** → **u** change in the past, maintain *both* changes in the present subjunctive.†

---

*Recognition: **vosotros/as pidáis, sirváis**
†Recognition: **vosotros/as os divirtáis, durmáis**

El turista en los países hispanos 347

divertirse		dormir	
Present Indicative	Present Subjunctive	Present Indicative	Present Subjunctive
me divierto	me divierta	duermo	duerma
te diviertes	te diviertas	duermes	duermas
se divierte	se divierta	duerme	duerma
nos divertimos	nos divirtamos	dormimos	durmamos
se divierten	se diviertan	duermen	duerman

Todos quieren que **nos divirtamos** mucho en el viaje.
Quiero que **te duermas** ahora, porque el viaje mañana va a ser difícil.

Everyone wants us to have a lot of fun on the trip.
I want you to sleep now, because the trip tomorrow is going to be difficult.

Ejercicio 2. Hablando de planes

Complete estos diálogos con la forma correcta de estos verbos: **jugar, preparar, ir, comprar, lavar, esperar.** Recuerde usar el presente del subjuntivo después de **querer**.

1. —Graciela, mi padre no quiere que nosotras _____ a Cuernavaca este fin de semana.
   —Sí, ya lo sé. Mi padre quiere que _____ hasta junio.
2. —Gustavo, mi madre no quiere que yo _____ al fútbol hoy.
   —Está bien, porque mi padre quiere que yo _____ el coche para el viaje a Acapulco este fin de semana.
3. —Estela, quiero que tú _____ la merienda mientras yo pongo las maletas en el coche.
   —De acuerdo. Pero quiero que tú _____ refrescos; así podemos tomarlos durante el viaje.

Ejercicio 3

Usted va a ir de excursión a México con un grupo de estudiantes de la clase de español. Ahora sus padres quieren saber las recomendaciones que su profesor ha hecho. Repítales la información.

MODELO: No salgan sin los boletos. →
Mi profesor no quiere que yo salga sin los boletos.

1. Hagan las maletas dos días antes de la salida.
2. Duerman ocho horas la noche anterior a la salida.
3. Traigan ropa para ocho días.
4. Vayan directamente a la estación de autobuses.

5. Pongan el dinero en un lugar seguro.
6. Denme los pasaportes.
7. Vuelvan con buenos recuerdos del viaje.
8. No pidan comida americana en los restaurantes.
9. Diviértanse mucho.
10. Díganle adiós a su familia.

12.3. Direct Object Pronouns

A. As you know, direct object pronouns (**lo, la, los, las**) can be used to refer to people: *him, her, them (m./f.).*

| ¿Conoces al señor Montalbán? | *Do you know Mr. Montalbán?* |
| —No, no **lo** conozco. | *—No, I don't know him.* |

B. You also know that these pronouns may refer to things or ideas.

| ¿Sabes la respuesta? —No, no **la** sé. | *Do you know the answer? —No, I don't know it.* |

Note the different meanings of **lo** when used with **conocer** and **saber**.

| No **lo** conozco. | *I don't know him.* |
| No **lo** sé. | *I don't know it.* |

C. The pronouns **lo, la, los,** and **las** also can refer to formal *you* (**usted/ustedes**).*

SINGULAR	PLURAL
lo *you (m.)*	los *you (pl.)*
la *you (f.)*	las *you (f. pl.)*

| Sr. Ruiz, vuelvo mañana. —Muy bien, **lo** espero a las 9:00. | *Mr. Ruiz, I will return tomorrow. —Fine, I'll wait for you at 9:00.* |
| Señor Ramírez, usted no me conoce todavía. —Al contrario, señora Silva. **La** conozco muy bien y sé que usted es dedicada a su trabajo. | *Mr. Ramírez, you don't know me yet. —Quite the contrary, Mrs. Silva. I know you very well and I know that you are dedicated to your work.* |

D. Remember that the forms of indirect object pronouns are somewhat different. (See **Gramática 1.5.**)

---

*Recognition: The direct object pronoun corresponding to **vosotros/as** is **os**.

¿Vas a invitarnos a la fiesta? —Claro que voy a invitar**los**.

Are you going to invite us to the party? —Of course I'm going to invite you (all).

¿Siempre **les** explica la lección a los estudiantes la profesora Martínez? —Sí, **les** explica la lección con mucha paciencia.

Does Professor Martínez always explain the lesson to the students? —Yes, she explains the lesson to them very patiently.

INDIRECT OBJECTS		DIRECT OBJECTS	
me	to me	me	me
te	to you (inf.)	te	you (inf.)
nos	to us	nos	us
le	to him	lo	him, it
le	to her	la	her, it
le	to you (m. pol.)	lo	you (m. pol.)
le	to you (f. pol.)	la	you (f. pol.)
les	to them (m.)	los	them (m.)
les	to them (f.)	las	them (f.)
les	to you (pl.)	los	you (pl.)
les	to you (f. pl.)	las	you (f. pl.)

Ej. 4. All blanks require a direct object pronoun.

Ejercicio 4

Complete estos diálogos con los pronombres correctos.

EN EL CONGRESO DE AGENTES DE VIAJES

—Señor Galván, le presento al señor Gonzáles.
—Mucho gusto en conocer____¹, señor Gonzáles.
—Igualmente, señor. No ____² vi ayer en la reunión de los agentes de viajes.
—¿La reunión a las cuatro? Yo estaba allí, pero no ____³ vi a usted tampoco.

ENFRENTE DE LA CASA DE DOÑA ROSITA

—Ah, allí está usted, señora Silva. No ____⁴ vi esta mañana en misa. ¿Estaba enferma?
—¿No ____⁵ vio usted? Pues, allí estaba con mi sobrina. Y yo no ____⁶ vi a usted tampoco. ¿Dónde estaba usted sentada?

Ej. 5. You may wish to remind students that *ver* and *conocer* + people signal direct objects. *Saber* and *creer* usually take *lo* (the indefinite "it").

Ejercicio 5

En la página siguiente tiene usted partes de una conversación entre Clara, Pilar y José mientras se sentaban en un café en la Gran Vía, la avenida principal de Madrid. Escoja el pronombre más lógico (**nos, la** o **lo**).

—Pepe no ____¹ vio ayer cuando pasamos por la Plaza de España.
—Pero vio a Marta, ¿verdad?
—No, a ella no ____² vio tampoco.

—Pilar, ¿conoces a Magdalena Morales?
—No, no ____³ conozco. ¿Y tú?
—Pues, yo no ____⁴ conozco muy bien. Parece que es amiga de José.

—José, ¿sabías que María y Roberto van con nosotros al concierto mañana?
—Sí, ya ____⁵ sabía.

—El domingo que viene va a haber un concierto gratis del grupo *Miami Sound Machine*.
—¡No, hombre! ¿Gratis? Es imposible, no ____⁶ creo.

12.4. Present Subjunctive Following *cuando*

When the action or state described in a clause that begins with **cuando** refers to the future, the present subjunctive form of the verb is used. English prefers the present indicative in this context.

Vamos a facturar el equipaje **cuando revisen** el boleto.	We are going to check in the bags when they check the ticket.
Bernardo va a pagar el boleto **cuando** se lo **traigan**.	Bernardo is going to pay for the ticket when they bring it to him.
Cuando lleguemos a Madrid, quiero ver el Museo del Prado.	When we get to Madrid, I want to see the Prado Museum.

12.4. The second-most-common function of the present subjunctive in Spanish is to signal the future after the temporal conjunction *cuando*. This construction is used often by beginning students. (We will provide a description of other adverbial conjunctions in 18.3. and 18.4.) Although we discuss here the contrast between habitual (present indicative) and future (present subjunctive) action, our experience is that first-year students practice it, learn it, and promptly forget it, so be prepared to teach it again in second year.

However, if the action or state described in the **cuando** clause refers to a habitual action, the present indicative is used.

Mis primos **siempre** van a la costa **cuando viajan**.	My cousins always go to the coast when they travel.

Ej. 6/7. All blanks in these exercises require the present subjunctive, because all the verbs after *cuando* signal a future event.

Ejercicio 6. De viaje

Escoja la forma correcta del subjuntivo del verbo entre paréntesis.

1. Cuando nosotros ____ a Cuzco, vamos a ir a ver las ruinas de Machu Picchu. (llegar)
2. Cuando Adriana ____ a Buenos Aires, va a contarles a todos sus aventuras en Australia. (volver)
3. Cuando José y Pilar ____ de vacaciones, van a ir a América Latina. (salir)
4. Cuando Raúl ____ a Nueva York, va a visitar a unos amigos de su tío. (viajar)
5. Cuando Esteban ____ las Navidades en México, va a quedarse en casa de la abuela de Raúl. (pasar)

Ejercicio 7

Inés Torres va a hacer un viaje a Cartagena, Colombia. Complete el párrafo. Los verbos son **llegar, cansar, tener, poner** (**ponerse el sol** = *to set* [*the sun*]), **terminar**.

El mes que viene cuando _____¹ dinero, voy a hacer un viaje a Cartagena. Cuando _____² a Cartagena, voy a ir directamente a la casa de mis primos. Supongo que primero vamos a almorzar, pero cuando _____³ de almorzar, voy a ir corriendo a la playa. Cuando me _____⁴ de bañarme, voy a caminar por la playa. Y cuando se _____⁵ el sol, voy a volver a casa. ¡Qué buenas van a ser mis vacaciones en Cartagena!

12.5. *Por/para* + Time

A. Recall that the preposition **para** expresses destination (*for*), and that the preposition **por** expresses means (*by way of, through, by*).

> Mañana salgo **para** París. Voy a viajar **por** autocar.
>
> *Tomorrow I'm leaving for Paris. I'm going to travel by bus.*

B. **Por** and **para** can also be followed by expressions of time. Use **por** to indicate length of time. (You may also omit **por** in these cases.) Some examples of time expressions are **por una semana, por tres meses, por un año,** and **por mucho tiempo**.

> Hoy tengo que trabajar en la recepción (**por**) diez horas.
>
> *Today I have to work at the front desk for ten hours.*

You can also use **por** to express *during, in,* or *at* with parts of the day: **por la mañana, por la tarde, por la noche.**

> Aquí **por la noche** todo el mundo sale a pasear.
>
> *Here in (during) the evening everybody goes out for a walk.*

C. Use **para** to indicate a deadline by which something is expected to happen.

> Hay que limpiar las habitaciones en el tercer piso **para** las 8:00.
>
> *We have to clean the rooms on the third floor by 8:00.*

Ejercicio 8

Aquí tiene usted parte de una conversación entre Daniel Galván y Leticia Reyes. Escoja **por** o **para**.

—Anoche trabajamos _____¹ cinco horas en una sola escena.
—¿Por qué tuvieron que trabajar _____² tanto tiempo?
—Tenemos que tener todo filmado _____³ el martes.
—¿Trabajan ustedes también _____⁴ la noche?
—Preferimos ensayar _____⁵ la mañana y filmar _____⁶ la tarde.

—¿_____⁷ cuánto tiempo van a continuar con esta rutina?
—Imagínate, _____⁸ tres semanas. Pero _____⁹ el verano, todo va a estar listo.

Aquí tiene usted parte de una conversación entre Silvia Bustamante y su novio Carlos Padilla. Escoja **por** o **para.**

—Ayer trabajé _____¹ ocho horas en la terminal de autobuses.
—Yo manejé mi taxi _____² solamente cinco horas.
—¿Cuándo sales _____³ Morelia?
—En dos días. Y voy a viajar _____⁴ toda la tarde.
—¿No vas _____⁵ avión?
—¡Claro que no! Voy _____⁶ tren.
—¿Cuánto tiempo piensas quedarte allí?
—Cuatro semanas. Voy a tener todo listo _____⁷ el viernes.

12.6. Making Suggestions: *Let's*

To make a suggestion in Spanish, most speakers use the expression **vamos a** followed by an infinitive.

Este hotel es muy caro. ¡**Vamos a buscar** uno más económico!	This hotel is quite expensive. Let's look for a cheaper one!
Estoy cansado de esperar el autobús. ¡**Vamos a tomar** un taxi!	I'm tired of waiting for the bus. Let's take a taxi!

Let's go! is expressed by ¡**Vamos!** The infinitive **ir** is not needed.

¿Adónde quieres ir? —¡**Vamos** a la playa!	Where do you want to go? —Let's go to the beach!
¡**Vamos** con ellos! No quiero quedarme aquí.	Let's go with them! I don't want to stay here.

The use of **nos** makes the ¡**vamos!** command more emphatic. When **nos** is added, the **-s** of **vamos** is dropped.

¡**Vámonos!**   Let's go! (Let's get going!)

Ejercicio 9

Usted está en las montañas con algunos amigos. De pronto empieza a nevar. Haga algunas sugerencias, usando **vamos** + **a** + infinitivo.

MODELO: tomar un café → ¡Vamos a tomar un café!

1. esquiar
2. hacer un muñeco de nieve

3. regresar al hotel
4. preparar chocolate caliente
5. sentarse al lado de la chimenea

12.7. Indirect Object Verbs Like *parecer*

A. Recall that **gustar** is used with indirect object pronouns to express *to be pleasing to*.

me	*to me*
te	*to you (inf.)*
nos	*to us*
le	*to you (pol.), to him/her*
les	*to you (pl.), to them*

B. Several other useful verbs like **gustar** also use indirect object pronouns.

encantar *to like a lot*
fascinar *to be fascinating to; to love*
importar *to be important to*, to mind (object)
interesar *to be interesting to*
llamar la atención *to call attention to*
parecer *to seem like (to)*

The English equivalents to these verbs vary according to context.

¿Qué **te interesa**? —**Me interesa** la geografía porque **me fascina** viajar.	*What interests you? —I'm interested in geography because I love to travel.*
El paisaje es tan lindo que no **nos importa** si llueve.	*The countryside is so pretty that it doesn't matter to us if it rains.*
Inés, ¿qué **te parece** un viaje a Perú y Bolivia? —**Me parece** una idea fantástica.	*Inés, what do you think about a trip to Peru and Bolivia? —It seems like a great idea to me.*

The person whose opinion is described (the indirect object) is usually mentioned first; the subject of the Spanish sentence usually follows the verb. If the subject is plural then the verb must also be plural.

Me gusta**n las maletas** que usted compró; **me** parece**n** muy prácticas.	*I like the new suitcases you bought; they seem very practical to me.*
No **me** interesa**n los detalles,** pero sí quiero acompañarlo.	*I'm not interested in the details, but I do want to go with you.*

Ejercicio 10

Complete lógicamente los diálogos de la página 354 con **importar, parecer, interesar, gustar** o **encantar.**

MODELO: —A usted no le <u>importa</u> si salimos tarde, ¿verdad?
—Conmigo no hay problema.

1. —¿A usted le _____ los viajes largos?
   —No, porque me cansan mucho.
2. —¿Le _____ viajar a China?
   —Sí, porque es un país muy desconocido.
3. —¿Les _____ si regresamos temprano?
   —No, no tenemos inconveniente.
4. —¿Qué les parece el clima de la isla?
   —Fabuloso, nos _____.
5. —¿Qué le _____ un viaje a España este verano?
   —Fantástico.

Use this ticket for the Alhambra as a stimulus for a brief discussion of the Moorish invasion and the Reconquest. You may want to point out some of the Arabic words still used in Spanish today: *alcohol, álgebra, algodón,* etc.

ALHAMBRA Y GENERALIFE

Casa Real, Partal, Torres, Alcazaba y Generalife

Billete individual para visita diurna, por una sola vez en el día que se expende y el siguiente para continuarla en los Recintos no visitados.

Precio: 200 pesetas

Consérvese hasta la salida.   Nº 659269

Granada

CAPÍTULO TRECE

LA SALUD Y LAS EMERGENCIAS

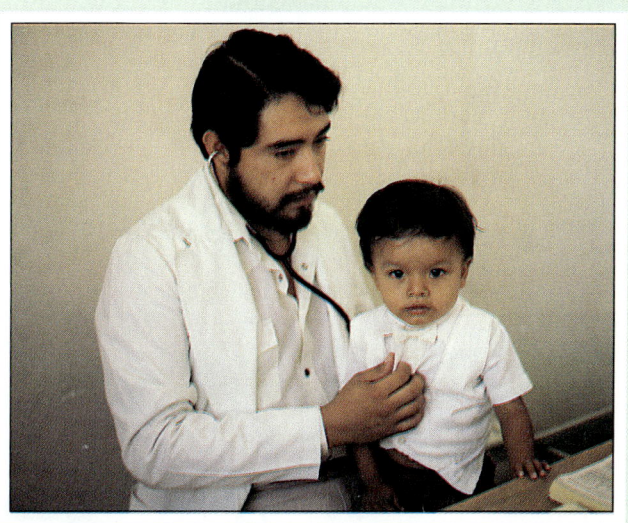

Quintana Roo, México

METAS

In **Capítulo trece** you will talk about health-related situations and problems: keeping healthy and fit as well as experiencing illnesses and accidents. You will continue to describe your past experiences.

ACTIVIDADES ORALES Y LECTURAS

Las partes del cuerpo
Los estados de salud; las enfermedades y su tratamiento
Las visitas al médico, a la farmacia y al hospital
Los accidentes y las emergencias

«La postura»
«Cuidado con los jarabes»

«La medicina en Hispanoamérica»
«Cuatro sobrevivientes en tragedia aérea»

GRAMÁTICA Y EJERCICIOS

13.1 Expressing Existence: **haber**
13.2 Expressing Changes in States: *Become, Get*
13.3 Indirect Object Pronouns with Commands and the Present Subjunctive
13.4 Narration of Past Experiences: Present Perfect, Imperfect, Past (Preterite)

GOALS—CHAPTER 13

The purpose of Chapter 13 is to create opportunities to communicate about health-related situations involving illnesses, accidents, emergencies, and staying healthy. In the grammar section we review the tenses of impersonal *haber* and introduce ways of expressing changes in states (become, get). We review direct *usted* command forms, which are used in health-related situations and in emergencies. We describe indirect object pronouns with verbs of volition (*aconsejar, pedir, decir,* etc.). There is also a summary of the past tenses presented to date and a more detailed explanation of the functions of the past and imperfect in narration.

ACTIVIDADES ORALES Y LECTURAS

LAS PARTES DEL CUERPO

TPR: Parts of the body. Review the words for body parts that students already know by using TPR: *Tóquense el brazo derecho, tóquense la pierna derecha con la mano izquierda,* etc. Include some of the new vocabulary found in the display: *la rodilla, la muñeca,* etc. Then use TPR to review and introduce verbs associated with body parts: *respirar, tragar, estornudar,* etc. Give a command, and then ask a What is he/she doing? question: *¡Estornude! ¿Qué está haciendo Jaime? ¿Está tosiendo o estornudando?* Or use the past tense: *¿Qué hizo Jaime? ¿Estornudó o tosió?* Teach *¡salud!* and comment on the other phrases Hispanics use, such as *Jesús* or *Jesús te (lo/la) ayude.* for "God bless you." New words: *la cadera, la ceja, el cerebro, la cintura, el codo, el corazón, el costado, la costilla, el cuello, el dedo, el diente, las encías, el esqueleto, la frente, la garganta, el hueso, el labio, la mejilla, la muñeca, el músculo, el muslo, la nalga, el nervio, el oído, la pantorrilla, el pecho, la pestaña, el pulmón, el riñón, la rodilla, la sangre, el tobillo, la uña, la vena, el órgano interno.*

AA 1. Write 10–15 words for parts of the body on cards. One student selects a card and the others ask questions until they guess the part of the body on the card: *¿Es parte de la pierna? ¿Es parte de la cabeza?* Repeat the activity later using the expression *¿Te duele(n) el/la/los/las _____?* to guess the body part.

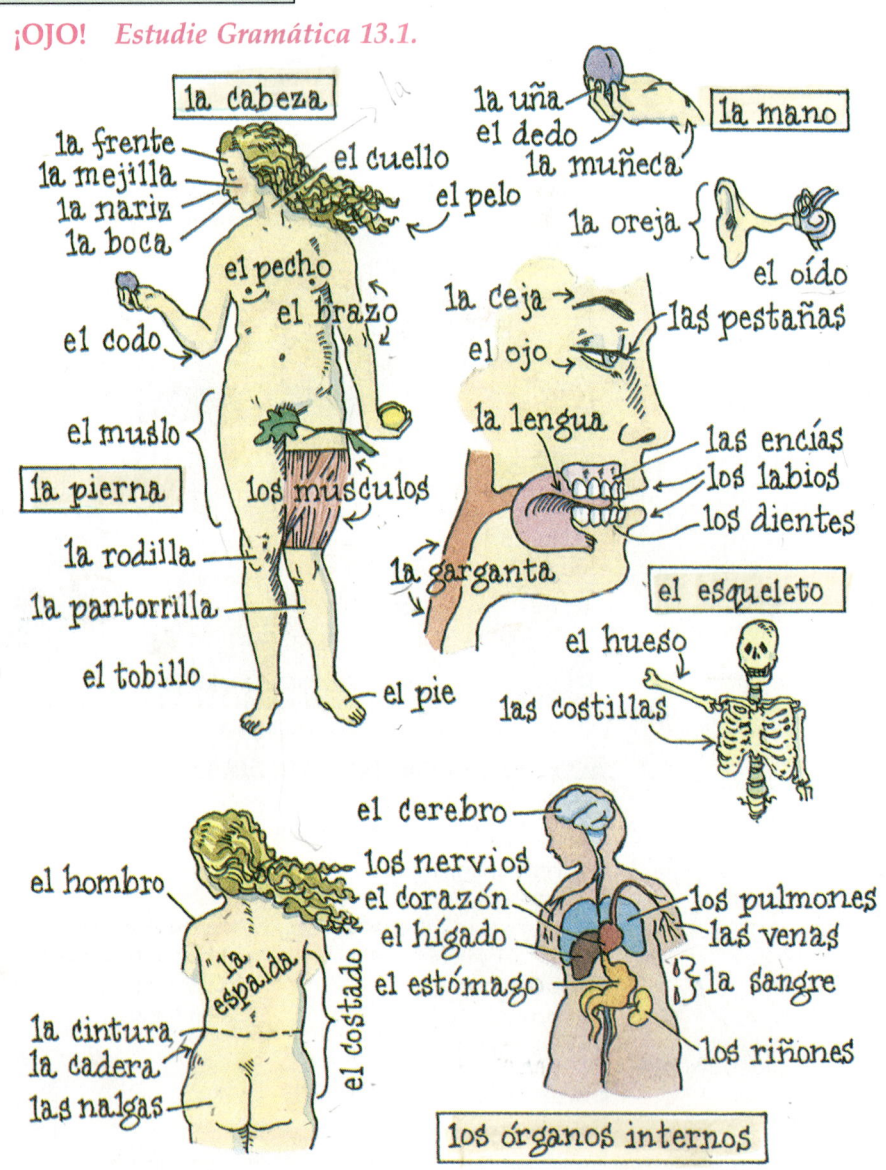

¡OJO! *Estudie Gramática 13.1.*

Actividad 1. Las funciones de las partes del cuerpo

¿Para qué usamos estas partes del cuerpo?

MODELO: la boca → Usamos la boca para comer y para hablar.

La salud y las emergencias   **357**

Act. 1. Use TPR to review and introduce the verbs in the right-hand column. Give students a few minutes to match parts of the body with actions. Expand their responses to include *para*, e.g., *Usamos las manos para tocar.* Allow several different answers and encourage students to include verbs other than those on the list. Other possibilities: *las muelas, masticar; los pulmones, respirar; los dientes, morder.* New words: *abrazar, besar, oler.*

1. las manos — escribir
2. las piernas — caminar
3. los ojos — ver
4. los brazos — abrazar
5. los labios — besar
6. la nariz — oler
7. los oídos — oír
8. los dedos — tocar

a. caminar
b. tocar
c. abrazar
d. besar
e. oír
f. ver
g. oler
h. escribir

Act. 2. Definiciones. Answers: 1 = a, 2 = e, 3 = f, 4 = b, 5 = g, 6 = h, 7 = d, 8 = c. After doing this matching activity, have students brainstorm definitions of parts of body. For example, *riñones: órganos internos que limpian la sangre; costillas: huesos a los dos lados del pecho; muñeca: parte que permite mover la mano.* New words: *arteria, circular, contracción, formar parte de, interior, movimiento, pensamiento, percibir, principal, respirar, sonido.*

Actividad 2. Definiciones: Las partes del cuerpo

1. los pulmones — a
2. el cerebro — e
3. el corazón — f
4. la garganta — b
5. los músculos — g
6. la sangre — h
7. los oídos — d
8. la lengua — c

a. Órganos internos que se usan para respirar.
b. Parte interior del cuello.
c. Órgano que se usa para hablar y comer.
d. Lo que usamos para percibir los sonidos.
e. Órgano del pensamiento que forma parte del sistema nervioso.
f. Órgano principal de la circulación de la sangre.
g. Sus contracciones permiten los movimientos del cuerpo.
h. Líquido rojo que circula por las venas y las arterias.

LECTURA
LA POSTURA

write words on board and have students guess meaning

▲▲▲▲▲▲▲▲▲▲▲▲▲▲▲▲

Adoptar posturas incorrectas con frecuencia produce agotamiento[1] físico e incluso problemas de circulación sanguínea[2] y digestión. Lee esta nota; a continuación,[3] comprueba[4] si tu postura es correcta o incorrecta.

- Cuando estás de pie... ¿apoyas[5] a menudo todo el peso del cuerpo sobre una pierna, mientras la otra descansa?
- ¿Te sientas habitualmente con las piernas cruzadas?
- Cuando te agachas[6] a recoger algo del suelo[7]... ¿doblas la espalda en lugar de las piernas?

- ¿Tienes algunos kilos de más?
- ¿A veces tienes dolores de espalda?
- ¿Tienes dolores en los músculos del cuello, con mucha frecuencia?
- ¿A menudo te duele la cabeza?
- ¿Tienes mala circulación sanguínea? ¿Se te adormecen[8] a veces las puntas[9] de los dedos de las manos y los pies?

Si contestaste positivamente a casi todas las preguntas, ya es hora de que cuides tu postura, porque esto puede traerte graves problemas en el futuro. ▲

Lectura: First ask students to name some behaviors and conditions that lead to bad posture so that you can introduce them to the topic and include some of the new vocabulary in your oral input. Then have them read the text silently and answer the questions in pairs.

Que producen las posturas incorrectas?

---
[1]*fatigue* [2]*de la sangre* [3]*a... below, following* [4]*decida* [5]*do you support* [6]*te... you bend down* [7]*piso* [8]*¿Se... Do they fall asleep* [9]*tips*

quitarva

358   Capítulo trece

Comprensión

1. ¿Cuáles son las consecuencias de una postura incorrecta?
2. ¿Qué posturas incorrectas se mencionan aquí?
3. ¿Qué síntomas específicos produce la mala postura?
4. ¿Qué síntomas suyos se mencionan aquí?
5. ¿Va a tener este artículo una influencia positiva sobre usted? Explique.

LOS ESTADOS DE SALUD; LAS ENFERMEDADES Y SU TRATAMIENTO

Reintroduce the structure *se siente* + adjective. From your PF select people in various states of health. Review and introduce *estar* + adjectives: *adolorido/a, congestionado/a, débil, fracturado/a, herido/a, inconsciente, mareado/a, torcido/a;* tener *alergia, catarro, dolor de, fiebre, gripe, infección, lesión, náuseas, tos.* Discuss illnesses students had when they were children: *paperas, sarampión, varicela,* etc. Ask what sorts of remedies they use: *antibióticos, aspirinas, curitas, jarabes, píldoras, rayos X.* New words: *alergia, alérgico/a, catarro, cicatriz, congestionado/a, desmayarse, dolor (de), enfermedad, enyesado/a, fiebre, gripe, herida, inconsciente, muleta, pulso, nariz tapada, torcido/a, tos, tratamiento.*

AA 2. TPR. Sample sequence: *Usted está enfermo. Acuéstese, tome aspirinas. Usted se siente muy mal. Estornude, achú, trague una vez, ¡jay, le duele la garganta! Mire la televisión, duerma un poco, despiértese, tosa, caj, caj, caj. Levántese y vaya a la cocina. Abra el refrigerador y sírvase un poco de jugo de naranja, tómelo. Vuelva a la cama y acuéstese.*

¡OJO! *Estudie Gramática 13.2.*

Act. 3. Assign as homework or have students work in pairs for a few minutes to write their responses to each item. Then read each *cuando* clause aloud and ask them to give you the

Actividad 3. Cuando me siento mal...

Escoja entre **siempre, generalmente, a veces** y **nunca**. Explique su selección en cada caso.

La salud y las emergencias

1. Cuando tengo fiebre,…
   a. me quedo en la cama.
   b. tomo aspirinas.
   c. consulto con el médico.
   d. tomo mucho líquido.
   e. me baño con agua fría.
2. Cuando tengo tos,…
   a. tomo jarabe.
   b. tomo té caliente.
   c. corro.
   d. voy a mi trabajo.
   e. fumo cigarrillos.
3. Cuando tengo dolor de cabeza,…
   a. me acuesto y descanso.
   b. escucho música clásica.
   c. tomo aspirinas.
   d. canto y bailo mucho.
   e. me pongo algo frío en la frente.
4. Cuando tengo gripe,…
   a. tomo aspirinas y me acuesto.
   b. bebo mucho líquido.
   c. tomo el sol en la playa.
   d. leo y descanso.
   e. consulto con el médico.

Es peor el remedio…

Sabemos lo recomendable de hervir el agua antes de beberla. El otro día, cuando mi hijo Eduardo (7 años) llegó corriendo y se fue a la llave a beber, le dije que no lo hiciera, que había que hervirla para matar a los microbios. El puso una cara muy rara y me dijo: "Pues qué asco, beberse luego los microbios muertos".

Estrella Serrano

Actividad 4. Los remedios: ¿Qué hace usted… ?

MODELO: Si tiene el tobillo hinchado… →
Si tengo el tobillo hinchado, lo pongo en agua caliente.

1. Si tiene un resfriado…
2. Si tiene tos…
3. Si le duele la cabeza…
4. Si se corta un dedo…
5. Si tiene dolor de garganta…

a. tomo vitamina C.
b. me pongo una curita.
c. tomo jarabe para la tos.
d. hago gárgaras de agua con sal.
e. tomo dos aspirinas.
f. me pongo un vendaje.

Actividad 5. Las enfermedades

Escoja la(s) actividad(es) que no pertenece(n) al grupo. Explique por qué.

1. Ayer mi hija estuvo enferma.
   a. Fue a consultar con la doctora Estrada.
   b. Jugó en el parque.
   c. Tomó unas pastillas.
   d. Se acostó temprano.
2. De niño/a, cuando tenía tos…
   a. Me ponía gotas en la nariz.
   b. Hacía gárgaras.
   c. Tomaba miel con limón.
   d. Mi madre me daba jarabe.
3. Si usted tiene una cortada (herida) en la mano derecha,…
   a. se pone una curita o un vendaje.
   b. no ve a nadie porque es contagiosa.
   c. saluda con la mano izquierda.
   d. la mantiene limpia para evitar una infección.

Actividad 6. Anuncio comercial: El Gimnasio Macías

¡Póngase en forma y baje de peso este verano!

Venga al Gimnasio Macías y aproveche nuestra última oferta especial: un curso de seis meses por sólo treinta mil pesos mensuales. Con este plan de seis meses usted tiene derecho a los siguientes servicios. En todos va a recibir la atención y la supervisión profesional que nos caracteriza.

- SAUNA
- VISITAS ILIMITADAS
- SISTEMA DE EJERCICIOS AERÓBICOS

Ocúpese de su salud. Abrimos de lunes a sábado desde las 10:00 de la mañana hasta las 9:00 de la noche. Domingos de 9:00 a 3:00. Aceptamos tarjetas de crédito.

GIMNASIO MACÍAS
Avenida Juárez 163
México, Distrito Federal
TEL. 5-64-66-13

1. ¿Cuál es el costo total por el curso de seis meses? 30,000
2. ¿A qué tiene usted derecho si aprovecha esta oferta?
3. ¿Es usted miembro de algún gimnasio? ¿Cómo se llama? ¿Es caro o barato? ¿Cada cuándo va allí? ¿Por qué va?

Actividad 7. Los estados de ánimo

¿Es usted irritable? ¿tranquilo/a? Conteste estas preguntas.

1. Me pongo muy nervioso/a cuando tengo un examen.	sí	no	a veces
2. Me vuelvo loco/a con las presiones de la vida moderna.	sí	no	a veces
3. Me pongo molesto/a cuando mi familia quiere que yo haga algo que no quiero hacer.	sí	no	a veces
4. Me enojo si pierdo algo valioso.	sí	no	a veces
5. Me pongo de mal humor cuando hay mucho tránsito y no puedo llegar a tiempo a una cita.	sí	no	a veces

possibilities: *Cuando nieva,... Cuando maneja un carro nuevo,... Cuando no puede dormir,... Cuando compra ropa nueva,... Cuando llega tarde a clase,... Cuando come demasiado,... Cuando corre más de un kilómetro,...*

Act. 8. Have students work in pairs first and then ask for volunteers to answer each question for the whole class. The responses will vary from funny to serious. New words: *cansarse, entristecerse, fácilmente, feliz, hacer enojar.*

Act. 9. Encourage students to give reasons for their responses. Here are some other possibilities: **9.** *lavarse los dientes una vez al día?* **10.** *consultar con el médico una vez por semana?* **11.** *tomar una siesta después del almuerzo?* **12.** *comer comidas muy picantes?* **13.** *comer pescado por lo menos tres veces a la semana?* New words: *al día, beneficioso/a, cada día, cajetilla, condición física, mantenerse, todas las mañanas* (every morning).

AA 4. Lead a class discussion about health and nutrition. Here are possible questions. **1.** ¿Qué comidas son buenas para la salud? ¿Y cuáles son malas? **2.** ¿Come usted siempre alimentos saludables? ¿Por qué? **3.** ¿Come usted comidas con conservadores artificiales? ¿Los considera necesarios? ¿peligrosos? **4.** Si uno quiere adelgazar, ¿qué comidas debe comer? **5.** ¿Es importante el desayuno? ¿Desayuna usted generalmente? **6.** ¿Es indispensable tomar vitaminas o es suficiente comer comidas nutritivas?

Read the ad aloud as students follow along. They will understand most of it, although you may want to point out the use of the future: *sentirá, respirará.* Have students use this as a model to write their own ad for a medicine. Comment that in Hispanic countries people often consult a pharmacist before–or instead of—a doctor.

VALOR DE SU RESPUESTA: sí = 2 puntos   a veces = 1 punto   no = 0 puntos

De 8 a 10 puntos = Usted es una persona muy irritable. No es bueno para su salud. ¡Contrólese un poco!

De 5 a 8 puntos = Usted es una persona de un estado de ánimo normal.

De 0 a 5 puntos = Usted es una persona muy calmada.

Actividad 8. Entrevista: Los estados físicos y mentales

1. ¿Cuándo estás más contento/a?
2. ¿Estás feliz cuando estás solo/a? ¿Por qué (no)?
3. ¿Te sientes cansado/a frecuentemente? ¿Qué actividades te cansan mucho?
4. ¿Te enojas con frecuencia? ¿Qué te hace enojar?
5. ¿Qué cosas te entristecen? ¿Te entristeces fácilmente?

Actividad 9. Opiniones: ¿Es bueno para la salud?

Diga si estas actividades son beneficiosas para mantenerse en buena salud y en buenas condiciones físicas. Explique por qué (no).

¿Es (No es) beneficioso...

1. comer carne con frecuencia?
2. tomar el sol por tres horas o más diariamente?
3. hacer ejercicio cada día?
4. trabajar diez horas al día?
5. tomar vino con la cena?
6. dormir siete horas o más cada noche?
7. fumar una cajetilla de cigarrillos al día?
8. tomar café todas las mañanas?

LECTURA

CUIDADO CON LOS JARABES

La Sociedad Americana de Pediatría está advirtiendo[1] a los padres que presten mucha atención a la cantidad de alcohol que incluyen los medicamentos líquidos para niños. Una comisión encargada publicó un informe sobre este tema e hizo notar[2] que hay más de 700 medicamentos líquidos que contienen alcohol, incluyendo remedios para la tos, descongestionantes y fórmulas para ayudar a la dentición. En algunos de ellos se ha llegado a medir[3] hasta un 68% de concentración alcohólica, lo que puede ser grave para un niño si ingiere[4] una dosis grande (cosa que es muy frecuente por el agradable sabor de los jarabes).

[1]*warning* [2]*hizo... pointed out* [3]*to measure* [4]*ingests*

Comprensión

1. ¿Cuál es el problema con los jarabes, según la asociación de pediatras? ¿Por qué es serio este problema?
2. ¿De qué tipos de jarabe habla este artículo?
3. ¿Toma usted alguno de estos productos cuando tiene tos o catarro? ¿Les da usted jarabes a sus hijos? ¿Por qué (no)?
4. ¿Va a cambiar este artículo su opinión sobre los jarabes? Explique.

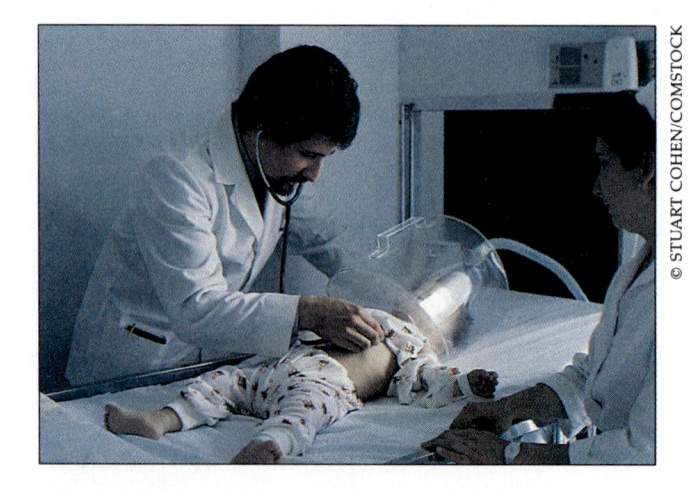

Bogotá: Este doctor especialista en pediatría revisa el aparato de oxígeno de su pequeño paciente.

La salud y las emergencias 363

LAS VISITAS AL MÉDICO, A LA FARMACIA Y AL HOSPITAL

TPR: Instrucciones del médico. Use TPR to introduce the following doctor's instructions: *Desvístase, siéntese en la mesa, extienda los brazos, muéstreme dónde le duele, mire adelante, respire profundo, respire rápido, trague, abra la boca y diga «ah», acuéstese en la mesa, dígame cuando sienta dolor, póngase boca abajo, póngase boca arriba, tosa varias veces, tome esta medicina.* New words: *atender, el/la cirujano/a, cuidar de, el/la enfermo/a, el/la farmacéutico/a, médico/a (adj.), operar, el/la paciente, el/la psicólogo/a, el/la psiquiatra, surtir (una receta), el/la veterinario.*

AA 5. Use the display to ask students who does what: *¿Quién opera a los pacientes?* etc.

AA 6. TPR. Sample sequence: *Usted tiene la gripe. Llame al médico y hable con la recepcionista. Usted tiene cita en una hora. Acuéstese y descanse por 30 minutos. Maneje su carro al consultorio del médico. Pase a la oficina y dígale su nombre a la recepcionista. Espere 30 minutos, lea una revista, tosa varias veces. La enfermera dice su nombre, levántese y pase al consultorio del médico. ¡Ay, qué frío! Siéntese en la mesa. Aquí viene el médico. Explíquele sus síntomas. El médico escucha y entonces le dice: quítese la camisa, respire profundo, tosa tres veces, trague, otra vez, abra la boca y diga «ah», póngase la camisa, tome esta medicina tres veces al día, duerma mucho, tome muchos líquidos y vuelva a verme en una semana.*

¡OJO! *Estudie Gramática 13.3.*

La enfermera atiende a los pacientes.

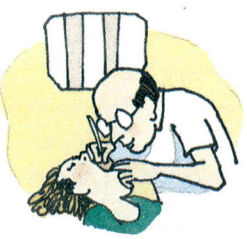

El dentista le examina los dientes.

La farmacéutica surte las recetas médicas.

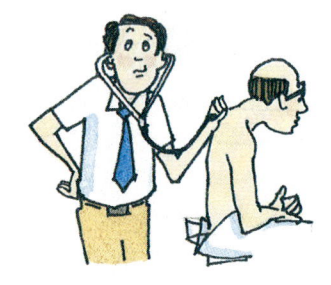

El médico examina al enfermo.

La psiquiatra (psicóloga) cuida de la salud mental de sus pacientes.

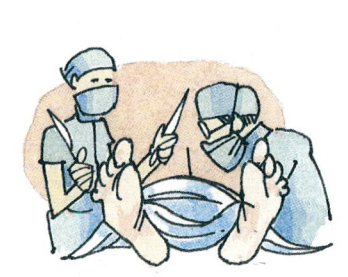

El cirujano opera a los pacientes.

El veterinario cuida a los animales.

Act. 10. Call students' attention to use of present subjunctive in the recommendations. New words: *dolor de cabeza, estar mareado/a, recomendar, el síntoma, tener catarro, tener náuseas.*

Actividad 10. Interacción

Usted es el médico y su compañero/a es el/la paciente. Escuche sus síntomas y diga qué le recomienda usted.

MODELO: Tengo mucho catarro. (Descanse/tome caldo de pollo.) →
Le recomiendo que descanse y que tome caldo de pollo.

364 Capítulo trece

Le recomiendo que...

LOS SÍNTOMAS

1. Me duele la garganta.
2. Tengo mucha tos.
3. Tengo náuseas (estoy mareado/a).
4. Tengo dolor de cabeza.
5. Me duele la rodilla.

LAS RECOMENDACIONES

(No) Tome aspirinas/líquidos/ jarabe.
(No) Haga gárgaras/hable mucho.
(No) Coma mucho/baile/haga ejercicio.
(No) Salga/vaya a trabajar/ descanse.
(No) ¿_____?

Act. 11. New words: análisis, doloroso/a, estar internado/a, faltar a clase, mismo/a (self), tú mismo/a, seguro médico.

Actividad 11. Entrevista: El hospital

1. ¿Has estado internado/a alguna vez en un hospital?
2. ¿Qué tenías? ¿Cuánto tiempo estuviste allí?
3. ¿Te hicieron un análisis de sangre?
4. ¿Tuviste que quedarte mucho tiempo en cama después de regresar a casa?
5. ¿Faltaste a muchas clases? ¿al trabajo?
6. ¿Fue muy doloroso/a? ¿Qué medicinas tomaste?
7. ¿Tenías seguro médico o tuviste que pagarlo tú mismo/a?

Act. 12. First have students make up paciente-recepcionista skits without scheduling problems. Then have them make up one for the situation in the text. New words: insistir, lo siento mucho.

Actividad 12. Diálogo original: Problema de salud

Usted se siente muy mal. Necesita consultar con su médico pero no tiene cita. Usted llama al consultorio, pero la recepcionista le dice que no es posible porque el doctor tiene todas las horas del día ocupadas. Usted insiste.

USTED: ¿Puedo ver al doctor esta tarde, señor(it)a?
LA RECEPCIONISTA: Lo siento mucho, señor(a), pero...
USTED: Señor(it)a, por favor, me siento muy mal...

LECTURA   Los amigos hispanos: La medicina en Hispanoamérica

Aunque mucha gente todavía prefiere curarse en casa, el mundo hispano tiene modernos recursos médicos y doctores muy bien preparados. Esta foto es del Hospital Universitario en Caracas, Venezuela, un centro importante de investigación científica en la América Latina.

En el programa «Hispanidad» del Canal 24 de Miami, Julio Delgado entrevista al Dr. Gabriel Ochoa. El Dr. Ochoa es médico en la ciudad de Montevideo, Uruguay, y acaba de publicar un libro en el que analiza la situación de la medicina en los países hispanos. El Dr. Ochoa cursó° la especialidad de Pediatría en Alemania y después trabajó por un tiempo atendiendo a la comunidad hispana de Miami.

     °estudió

JD: Me da mucho gusto tenerlo en el programa, Dr. Ochoa. Bienvenido a Miami.

GO: Gracias, Julio. Para mí es un placer regresar a Miami; tengo muchos amigos en esta ciudad.

JD: Doctor, uno de los temas que usted trata en su libro, *La medicina en Hispanoamérica,* es el de los «otros médicos». ¿Quisiera hablar un poco de este tema?

GO: Cómo no. En muchos países hispanos, en México y Guatemala, por ejemplo, es un requisito que los estudiantes de medicina pasen un año trabajando en zonas rurales como parte de su entrenamiento y de su servicio social. Pero aunque estos servicios médicos se les ofrecen a los campesinos, muchos prefieren todavía las hierbas, los remedios caseros y la ayuda de los «otros médicos» para curarse. Muchos desconfían de° la ciencia.

     °desconfían... *distrust*

JD: Entre esos «otros médicos», usted describe especialmente a las parteras° y a los curanderos.°

     °*midwives* / *faith healers*

366 Capítulo trece

Lima, Perú: En los pueblos pequeños de España e Hispanoamérica, muchas personas intentan curarse con remedios naturales que les recetan los curanderos o que pasan de padres a hijos. Algunos de estos remedios, como la «balsamina» en la foto, tienen varios usos.

GO: Sí, porque son los más prevalentes. Muchas de las parteras no han tenido ninguna preparación médica. Han aprendido su oficio con la práctica. El curandero apela° a las creencias religiosas de sus enfermos; les ofrece hierbas, oraciones,° consejos y brebajes° mágicos.   *appeals / prayers / potions*

JD: ¿Piensa usted que el trabajo de estos «otros médicos» es perjudicial°?   *harmful*

GO: No, porque es parte de la cultura y la tradición. Muchos de los remedios pasan de padres a hijos y de generación a generación. Yo no creo que debamos erradicar este tipo de medicina basada en la fe° religiosa y en las hierbas, pero sí opino que el campesino y el ciudadano sin grandes recursos° económicos deben tener mayor acceso a los tratamientos médicos profesionales.   *faith / resources*

JD: ¿Y cómo se podría lograr° este mayor acceso para los pobres?   *obtener*

GO: Los gobiernos de nuestros países deben esforzarse° en mejorar las condiciones sanitarias de sus ciudadanos, en instruirlos. No basta con° llevarles los últimos avances científicos; hay que ayudarlos a confiar y creer en esos avances.   *make an effort / No... No es suficiente*

JD: Doctor, usted ha vivido aquí en los Estados Unidos. ¿Es muy diferente la relación entre los médicos y los pacientes en los países hispanos a la de este país?

GO: Creo que, en general, la relación entre doctor y paciente en nuestros países es más personal.

JD: Y usted opina que esa relación debe ser así...

GO: ¡Por supuesto! Una cosa que ningún profesional de la medicina debe olvidar es tratar con afecto a sus pacientes. La relación entre el médico y el enfermo es muy importante a la hora de diagnosticar y tratar una enfermedad.

JD: Bueno, Dr. Ochoa, lamentablemente° se nos acaba el tiempo. Le agradezco° su visita y le deseo mucha suerte con su libro.

°unfortunately
°I am grateful

GO: Gracias, Julio.

Comprensión

1. ¿Cuáles son los «otros médicos» que menciona el Dr. Ochoa? ¿Qué servicios ofrece cada uno?   2. Según el Dr. Ochoa, ¿debe eliminarse la medicina tradicional?   3. ¿Cómo debe ser la relación entre el médico y el paciente, según el Dr. Ochoa?

¿Y usted?

1. ¿Qué opina usted de los «otros médicos»? ¿Deben continuar su actividad?   2. ¿Cree usted que son importantes los remedios caseros? ¿Por qué (no)?   3. Describa un remedio casero que se usa en su familia.

Para estar siempre en forma.

Leche descremada larga vida Lonco Leche.
Leche pura y sana de bajas calorías.
Para alimentarse sanamente.
Para estar siempre en forma.

LONCO LECHE
La mejor leche.

368 Capítulo trece

LOS ACCIDENTES Y LAS EMERGENCIAS

¡OJO! *Estudie Gramática 13.4.*

Describe an auto accident you saw or were involved in or ask students to look at the display art while you make up a story about what might have happened. Write key words on board as you talk. Then have students work in pairs to describe an accident they have had some experience with or to create a dialogue corresponding to the situation described in the display. New words: *ambulancia, ¡auxilio!, camilla, clínica, Cruz Roja, emergencia, sobreviviente, ¡socorro!, el/la testigo.*

AA 7. Select pictures of people doing various activities from your PF. Ask students to pretend they were doing this activity: *¿Qué estaba haciendo? ¿a qué hora? ¿Por qué lo estaba haciendo?*

AA 8. Acontecimientos en la vida. Divide the class into groups of 2 or 3. Each student thinks of an incident in his/her life in which for some reason he/she was very frightened, then describes the incident to the group. While students prepare for activity, walk around room, helping with past or imperfect forms.

AA 9. Situaciones adicionales: 1. *Usted toma el ascensor para subir al décimo piso de un edificio ultramoderno. Las paredes del ascensor son de cristal y el techo es un espejo. Cuando aprieta el botón número 12, el aparato salta y sube velozmente. Pero al llegar al octavo piso, se detiene. El botón de emergencia no funciona y la puerta no se abre. Usted está atrapado/a. ¿Qué puede hacer?* **2.** *Usted espera su turno para el dentista en el sexto piso de un edificio. De repente usted oye una explosión en el primer piso. Usted está atrapado/a en el consultorio del dentista. Hay dos ventanas pequeñas. ¿Qué puede hacer?*

Act. 13. New words: *a eso de, como* (since), *único/a.*

Actividad 13. Diálogo original: El/la testigo

Anoche, mientras usted caminaba por la calle enfrente de su casa, vio un choque entre dos coches. Como usted fue el único testigo (la única testigo) del accidente, la policía le pide ahora una descripción de lo que pasó.

EL/LA POLICÍA: Cuénteme exactamente lo que usted vio, por favor.
USTED: Iba por la Avenida Central a eso de las seis…

Actividad 14. Anuncio comercial: El Licenciado Joaquín Benítez

Lea el anuncio en la página 369 y conteste estas preguntas.

Act. 14. A version of this appeared in *La Opinión*, a Spanish language newspaper published in Los Angeles. Since advertising for lawyers and doctors hasn't always been legal, you may wish to ask students whether they think such professionals should advertise their services. New words: *alcoholismo, consulta, drogadicción, licenciado, quemadura, servicios.*

AA 10. 1. *Describa un accidente que usted tuvo, tal vez un accidente que le ocurrió en casa o mientras estaba manejando su carro.* **2.** *Piense en una emergencia en la que usted hizo un papel importante. ¿Qué pasó? ¿Cómo reaccionó? ¿Qué hizo? ¿Cómo terminó el incidente?*

La salud y las emergencias   **369**

LICENCIADO JOAQUÍN BENÍTEZ
tel. (213) 261-3978
SU PRIMERA CONSULTA ES GRATIS

- Accidentes de auto y autobús
- Quemaduras
- Accidentes de trabajo
- Drogadicción y alcoholismo
- Accidentes aéreos
- Accidentes de motocicleta

1. ¿Cuánto cuesta la primera consulta?
2. ¿En qué casos de emergencia puede ayudarle el licenciado Benítez?
3. ¿Ha necesitado usted los servicios de un abogado alguna vez? ¿Para qué?
4. ¿Ha tenido usted alguno de los accidentes mencionados en el anuncio? Describa cómo pasó.

Actividad 15. Así son los niños…

Use estas preguntas como guía para narrar lo que pasa en la tira cómica.

Act. 15. If you have not already done so, tell the class that this is a comic strip similar to "Peanuts," that it is popular in the Spanish-speaking world, and that the little boy's name is Guille. Warm up by telling one or two similar anecdotes involving children, then put students in groups to work on the narrative and to tell their groups their own experiences. As you walk around the class, listen for particularly good anecdotes that can then be shared with the whole class. Possible sequence: *se subió... , se cayó... , se golpeó la cabeza, salió de... con su... , se sentó al lado de... , esperó a... , cuando ella llegó él comenzó a llorar.* New words: *al lado de, episodio, golpearse, subirse, tira cómica.*

1. ¿Para qué se subió el niño a su sillita? ¿Qué quería hacer?   2. ¿Qué le pasó?   3. ¿Qué hizo después?   4. ¿Por qué se sentó al lado de la puerta?   5. ¿Qué hizo cuando llegó su mamá? ¿Por qué?

¿Recuerda un episodio semejante de su niñez? Cuénteselo a la clase.

Actividad 16. Entrevista: Historial clínico

Act. 16. Some of the questions will not be relevant for many of the students. New words: *automovilístico/a, historial clínico, enfermarse, grave, ocurrir, paperas, resfrío, sala de emergencia, sarampión, sufrir, tener la culpa, varicela.*

1. De niño/a, ¿te enfermabas con frecuencia? ¿Cuál de estas enfermedades no tuviste: las paperas, la varicela, el sarampión, la gripe, un resfrío?
2. ¿Tenías miedo de ir al médico cuando eras niño/a? Cuenta una experiencia chistosa o interesante que tuviste en el consultorio del médico o en el hospital.
3. ¿Cuántas veces has ido a la sala de emergencias? ¿Te atendieron

rápidamente? ¿De niño/a, tuviste que ir a la sala de emergencias alguna vez? ¿Qué pasó? ¿Fue grave?
4. ¿Has sufrido un accidente automovilístico alguna vez? ¿Cómo ocurrió? ¿Quién tuvo la culpa?

Actividad 17. ¿Qué pasaba?

En cada uno de los dibujos hay dos actividades, y una actividad interrumpe la otra. Describa cada dibujo, siguiendo el modelo.

MODELO: Amanda y Graciela caminaban por el parque cuando don Eduardo tuvo un infarto (ataque del corazón).

Amanda y Graciela, don Eduardo

Act. 17. Since this activity requires contrast between the imperfect (or imperfect progressive) and the preterite, have the students read grammar section 13.4 before doing the activity in class. As a warm-up, ask them to identify the picture you describe. Give the descriptions in scrambled order. Descriptions: **1.** *Estela barría (estaba barriendo) el patio cuando Ernesto se cayó de la escalera.* **2.** *Amanda se cayó cuando patinaba (estaba patinando).* **3.** *Margarita se maquillaba (se estaba maquillando) cuando Pedro se resbaló y se cayó en la bañera.* **4.** *Ernesto manejaba (iba/estaba manejando) su coche cuando un perro atravesó la calle. . . . ¿Lo atropelló Ernesto?* **5.** *Los chicos jugaban (estaban jugando) cuando la pelota rompió el vidrio/la ventana.* **6.** *Ernesto y Estela veían (estaban viendo) la televisión cuando ocurrió un terremoto.*

1. Estela y Ernesto

2. Ramón y Amanda

3. Margarita y Pedro

4. Ernesto

5. Ernestito y sus amigos

6. Ernesto y Estela

LECTURA

Cuatro sobrevivientes en tragedia aérea

▲▲▲▲▲▲▲▲

El Sol de Lima
14 de julio de 1989

Cuatro personas sobrevivieron el trágico accidente aéreo que ocurrió en los Andes el mes pasado. Hasta el momento, no se sabe exactamente cómo ocurrió la tragedia. El avión pequeño salió de Cuzco con solamente ocho pasajeros. Según la señorita Ana Román, asistente de vuelo, todo iba bien cuando de repente hubo una explosión en el motor del ala[1] derecha. Pero el avión no se estrelló inmediatamente. «El piloto», dice la Srta. Román, «pudo controlar el avión por un rato, aunque íbamos descendiendo rápidamente. Por suerte, encontró un campo abierto e intentó aterrizar.[2] Hasta el último momento íbamos más o menos bien, pero el ángulo de impacto fue demasiado grande.» Hubo sobrevivientes gracias al esfuerzo del piloto, quien lamentablemente falleció.[3]

Sobrevivieron esta tragedia Rafael Martínez, Tomás Romero, Jorge Rocha y Ana Román. Los señores Martínez y Romero salieron ilesos.[4] Saltaron a la tierra por la puerta de emergencia. El señor Rocha había[5] quedado atrapado entre dos asientos. La señorita Román vio que estaba todavía vivo y llamó a los señores Martínez y Rocha y ellos le ayudaron a sacarlo. El señor Rocha estaba ya casi inconsciente.

Sin duda la Srta. Román fue la verdadera heroína de esta tragedia. «Yo solamente cumplí con[6] mi deber», dice ella. «Aunque quería salir tan rápidamente como fuera posible, tenía la obligación de averiguar[7] si había alguien todavía vivo entre los pasajeros.» La señorita Román sabía dónde estaban los comestibles, las frazadas[8] y el botiquín.[9] Después de salir del avión, ella y Tomás Romero volvieron al avión y buscaron lo necesario. «Luego», dice el Sr. Romero, «milagrosamente[10] el radio todavía funcionaba y lo usamos para comunicarnos con el aeropuerto.» Los sobrevivientes fueron rescatados[11] el mismo día por un helicóptero del ejército peruano. ▲

---

[1]*wing* [2]*intentó... he tried to land* [3]*died* [4]*uninjured* [5]*had* [6]*cumplí... did, fulfilled* [7]*find out* [8]*blankets* [9]*emergency kit* [10]*miraculously* [11]*rescued*

Lectura: Ask if students have ever flown in a small plane in a mountainous region, have ever been in an airplane accident, etc. Then describe the circumstances that led to the accident in the reading. After the reading, do the *Comprensión*. After students have put items in order, use items to retell story. Have students rewrite reading in the form of an interview, with a *reportero*. Then ask volunteers to play the roles of the survivors and the interviewer. Have the class ask the survivors questions.

Comprensión

Ordene cronológicamente estos hechos.

_____ Sacaron al señor Rocha de entre los asientos.
_____ Fueron rescatados.
_____ Encontraron el radio.
_____ Buscaron alimentos.
_____ Se estrelló el avión.
_____ Pudieron llamar al aeropuerto.
_____ Hubo una explosión en el motor.
_____ Despegaron del aeropuerto en Cuzco.
_____ Llamaron al aeropuerto en Cuzco.

VOCABULARIO

Las partes del cuerpo *Parts of the Body*

la cadera	hip	la cintura	waist
la ceja	eyebrow	el codo	elbow
el cerebro	brain	el corazón	heart

el costado	side
la costilla	rib
el cuello	neck
el dedo	finger
el diente	tooth
las encías	gums
el esqueleto	skeleton
la frente	forehead
la garganta	throat
el hueso	bone
el labio	lip
la mejilla	cheek
la muñeca	wrist
el músculo	muscle
el muslo	thigh
la nalga	buttock
el nervio	nerve
el oído	(inner) ear
la pantorrilla	calf
el pecho	chest
la pestaña	eyelash
el pulmón	lung
el riñón	kidney
la rodilla	knee
la sangre	blood
el tobillo	ankle
la uña	fingernail
la vena	vein

PALABRAS SEMEJANTES: la arteria, el órgano interno

REPASO: la boca, el brazo, la cabeza, la cara, la espalda, el estómago, los hombros, la lengua, las manos, la nariz, los ojos, las orejas, el pelo, las piernas, los pies

Las enfermedades   *Illnesses*

el catarro	cold
la fiebre	fever
la gripe	flu
el infarto	heart attack; stroke
las paperas	mumps
el resfrío	cold
el sarampión	measles
el síntoma	symptom
la tos	cough
la varicela	chicken pox

PALABRAS SEMEJANTES: el alcoholismo, la alergia, alérgico/a, el caso, contagioso/a, la drogadicción, la infección

Los estados físicos y mentales   *Physical and Mental States*

estar...	to be . . .
congestionado/a	congested
hinchado/a	swollen
internado/a (en el hospital)	in the hospital
mareado/a	dizzy
estar resfriado/a	to have a cold
tener...	to have . . .
catarro	a cold
dolor de cabeza	a headache
dolor de estómago	a stomachache
fiebre	a fever
gripe	the flu
tos	a cough
tener náuseas	to be nauseous

Las medicinas y los remedios   *Medicines and Remedies*

el agua con sal	saltwater
el análisis (de sangre)	(blood) test
la consulta	consultation (*with a professional*)
la curita	bandage
las gotas (para la nariz)	(nose) drops
el jarabe (para la tos)	(cough) syrup
la pastilla	tablet
el tratamiento	treatment
el vendaje	bandage

PALABRA SEMEJANTE: la aspirina

Las profesiones médicas   *Medical Professions*

el cirujano/la cirujana	surgeon
el farmacéutico/la farmacéutica	pharmacist
el psicólogo/la psicóloga	psychologist
el/la psiquiatra	psychiatrist
el/la veterinario	veterinarian

REPASO: el/la dentista, el doctor/la doctora, el enfermero/la enfermera, el/la médico

Los accidentes y las emergencias   *Accidents and Emergencies*

atropellar	to run over (*with a vehicle*)
¡Auxilio!	Help!
la camilla	stretcher
la cicatriz (las cicatrices)	scar
la cortada	cut

La salud y las emergencias **373**

la Cruz Roja	Red Cross
el enfermo/la enferma	sick person
la herida	wound
el herido/la herida	wounded person
la muleta	crutch
la quemadura	burn
la sala de emergencia	emergency room
el/la sobreviviente	survivor
¡Socorro!	Help!
el/la testigo	witness

PALABRAS SEMEJANTES: la ambulancia, la clínica, la emergencia

Los verbos

abrazar	to embrace
aprovechar	to take advantage of
atender (ie)	to assist, take care of
atravesar (ie)	to cross in front of
bajar de peso	to lose weight
besar	to kiss
cansar	to tire, make tired
cansarse	to get tired
cortarse	to cut oneself
desmayarse	to faint
doler (ue)	to hurt, ache
enfermarse	to get sick
enojarse	to get angry
entristecerse	to become sad
estornudar	to sneeze
evitar	to avoid
faltar a clase	to miss class, be absent
golpear(se)	to hit (oneself)
hacer enojar	to make angry, anger
hacer gárgaras	to gargle
mantenerse (ie)	to maintain oneself
ocuparse de	to take charge of
oler (ue)	to smell
huelo/huele	
percibir	to perceive
ponerse en forma	to get in shape
respirar	to breathe
subirse	to climb
surtir (una receta)	to fill (a prescription)
tener la culpa	to be to blame, guilty
tener derecho a	to have the right to
tragar	to swallow
volverse (ue) (+ adj./noun)	to get, turn into

PALABRAS SEMEJANTES: caracterizar, controlarse, insistir, interrumpir, ocurrir, operar, recomendar (ie), sufrir

Los sustantivos

la cajetilla (de cigarrillos)	pack (of cigarettes)
la cita	appointment; date
el estado de ánimo	state of mind
el historial (médico)	(medical) history
el licenciado/la licenciada	lawyer
el movimiento	movement
el pensamiento	thought
el punto	point
el seguro médico	health insurance
el sonido	sound
el terremoto	earthquake
la tira cómica	comic strip

PALABRAS SEMEJANTES: el ataque, la condición física, la contracción, el ejercicio aeróbico, el episodio, el espectador/la espectadora, la oferta, el/la paciente, el pulso, el (baño) sauna, la selección, la supervisión

Los adjetivos

doloroso/a	painful
enyesado/a	in a cast
feliz	happy
grave	serious
ilimitado/a	unlimited
inconsciente	unconscious
loco/a	crazy
médico/a	medical
mensual	monthly
mismo/a	self
molesto/a	upset
torcido/a	twisted, sprained
único/a	only

PALABRAS SEMEJANTES: automovilístico/a, beneficioso/a, calmado/a, circular, clínico/a, interior, irritable, principal, profesional, tranquilo/a

REPASO: derecho/a, izquierdo/a

Palabras y expresiones útiles

a eso de (hora)	around (a specific time)
al día	per day
cada día	each day
cada uno/a	each one
como	since, as
fácilmente	easily
¡Salud!	God bless you! (*response to a sneeze*)
todas las mañanas	every morning

GRAMÁTICA Y EJERCICIOS

13.1. Expressing Existence: *haber*

The verb that signals existence in Spanish is **haber**. It has only singular forms when used in this manner.

hay	there is/are
hubo, había	there was/were
va a haber	there is/are going to be
tiene que haber	there has/have to be
cuando haya	whenever there is/are

Hay 118 pacientes en el hospital.
There are 118 patients in the hospital.

Ayer **hubo** un accidente en la Calle Octava.
Yesterday there was an accident on Eighth Street.

¿**Había** mucha gente allí cuando llegaste?
Were there many people there when you arrived?

¿**Va a haber** mucha gente en el consultorio?
Are there going to be many people at the doctor's office?

Tiene que haber varios médicos, no uno solo.
There have to be several doctors, not just one.

Avíseme cuando **haya** una enfermera disponible.
Let me know when there is a nurse available.

> 13.1. Although these forms of *haber* can be generated by normal syntactic and morphological rules, our experience is that students often do not recognize the combinations and forms; they need to hear (and see) each one in the input.

> Ej. 1. Assign as homework and ask students to check their answers in answer key.

Ejercicio 1. La cita con el médico

Seleccione entre **hay, tiene que haber, había, haya** y **va a haber**.

Ayer me sentía mal y llamé a la doctora Estrada a las 9:00 de la mañana. Yo pensaba: «____¹ una buena medicina para mis dolores». La recepcionista me dijo que ____² una hora libre esa tarde, de 2:00 a 3:00. «Ay, por la tarde no puedo ir», le dije. «¿____³ muchos pacientes esperando en este momento?» le pregunté. «No», me contestó, «solamente ____⁴ dos ahora, pero seguramente ____⁵ más. ¡Hay una epidemia de gripe!» Luego se preocupó por mí y me dijo que la doctora podía tener unos minutos libres esa mañana, porque los casos de gripe no toman mucho tiempo. «Bueno», le dije, «llámeme, por favor, cuando no ____⁶ nadie allí esperando. Vivo muy cerca y puedo estar allí en cinco minutos.»

13.2. Expressing Changes in States: *Become, Get*

A. **Ponerse, hacerse,** and **volverse** describe changes in states when followed by adjectives.

Use **ponerse** with most adjectives, such as **triste, furioso/a, nervioso/a, contento/a, serio/a, de mal (buen) humor,** and so on.

Use **hacerse** with **rico/a, bueno/a, malo/a;** all professions (**abogado**, and so on); religions and political affiliations (**católico/a**, and so on).

Use **volverse** with **loco/a.**

Me puse muy contenta cuando leí tu carta.
I became very happy when I read your letter.

Adela estudió mucho y **se hizo profesora** en tres años.
Adela studied a lot and became a professor in three years.

El pobre Alberto va a **volverse loco** con todo el trabajo que tiene.
Poor Al is going to go crazy with all the work that he has.

B. Some adjectives have corresponding verb forms that express *become* + the adjective.

triste	entristecerse	enfermo/a	enfermarse
alegre	alegrarse	delgado/a	adelgazar
enojado/a	enojarse	gordo/a	engordar

Cuando Estela leyó la noticia de la muerte de su primo, **se entristeció.**
When Estela read the news of her cousin's death, she became sad.

Ernesto **se enojó** mucho cuando le contaron la historia del accidente.
Ernesto got very angry when they told him the story of the accident.

Roberto **engordó** mucho el verano pasado porque no hizo bastante ejercicio.
Roberto became very fat last summer because he didn't exercise enough.

Ejercicio 2

Use el pasado de **ponerse, hacerse** o **volverse,** según el significado de la oración.

MODELO: Mi hermana se puso de mal humor cuando supo la noticia.

1. Después del accidente en que murió su esposa, don Eduardo casi _____ loco.
2. Los padres de Amanda _____ molestos cuando supieron que ella tuvo un accidente con el coche nuevo.
3. Mi abuela _____ triste cuando oyó la canción «Te voy a querer hasta la muerte».
4. ¡Imagínate! Mi abuelo _____ abogado a los 60 años de edad.
5. Nosotros _____ de buen humor ayer cuando salió el sol.

13.3. Indirect Object Pronouns with Commands and the Present Subjunctive

A. As you know, object pronouns follow and are attached to affirmative commands but precede negative ones.

Muéstreme dónde le duele.	*Show me where it hurts* (you).
No le lleve la medicina al señor Ruiz hasta mañana.	*Don't take the medicine to Mr. Ruiz until tomorrow.*

B. Object pronouns also precede subjunctive verb forms when **querer** is used to give a "softened" command.

El médico quiere que le dé a la señora Silva una inyección de antibióticos.	*The doctor wants you to give Mrs. Silva an injection of antibiotics.*

Here are four additional verbs that can be used like **querer** to give "softened" commands. It is customary to use an indirect object pronoun with these verbs, to point out to whom the command is given.

aconsejar *to advise* (someone to do something)
decir *to tell* (someone to do something)
recomendar (ie) *to recommend* (that someone do something)
pedir (i) *to ask* (that someone do something)

Los médicos siempre **les recomiendan** a los niños que no coman muchos dulces.	*Doctors always recommend to children that they not eat a lot of candy.*
Voy a **pedirles** a las enfermeras que estén aquí mañana a las 4:00.	*I am going to ask the nurses to be here tomorrow at 4:00.*
Mi papá siempre **me dice** que tenga mucho cuidado en la autopista.	*My dad always tells me to be very careful on the freeway.*
El psiquiatra **les aconseja** a muchos de sus pacientes que tomen unas vacaciones.	*The psychiatrist advises many of his patients to take a vacation.*

Ejercicio 3

Usted no está de acuerdo. Haga negativos estos mandatos afirmativos.

MODELO: Hágale las preguntas a la dentista.
          No le haga las preguntas.

1. Muéstrele su pierna a la enfermera.
2. Dígame si le duele mucho.

3. Llévele estos papeles a la recepcionista.
4. Tráigale la comida al paciente.
5. Déle la receta al farmacéutico.

Ejercicio 4

Cambie estos mandatos negativos por mandatos afirmativos.

> MODELO: No le muestre la herida a la enfermera. →
> Muéstrele la herida a la enfermera.

1. No me llame el miércoles.   2. No nos traiga la medicina.   3. No le diga su nombre al médico.   4. No les lleve la receta a los pacientes.   5. No me dé la información.

Ejercicio 5

Al doctor Sánchez le gusta hacer recomendaciones. ¿Qué les recomienda a estas personas?

> MODELO: Al paciente: Explíqueme sus síntomas. →
> El doctor Sánchez le recomienda al paciente que le explique sus síntomas.

1. A la enfermera: Póngale la inyección a la paciente del cuarto número 408.
2. Al paciente: Llámeme mañana para preguntar por los resultados del análisis de sangre.
3. A la enfermera: Explíquele los síntomas de la gripe a la señora López.
4. A la recepcionista: Lléveles a los señores Gómez estos papeles del seguro médico.
5. Al paciente: Cuéntele a la enfermera cómo ocurrió el accidente.

Ejercicio 6. Consejos médicos

Haga oraciones según el modelo.

> MODELO: Don Anselmo / aconsejar / don Eduardo / consultar con el médico →
> Don Anselmo le aconseja a don Eduardo que consulte con el médico.

1. Estela / decir / Ernesto / tener mucho cuidado
2. el médico / pedir / Pedro / tomar la medicina regularmente
3. Estela / pedir / Andrea y Paula / comer pocos dulces
4. Pedro / recomendar / Ernesto / no decir nada sobre el problema
5. don Anselmo / aconsejar / don Eduardo / descansar mucho en casa

13.4. Narration of Past Experiences: Present Perfect, Imperfect, Past (Preterite)

A. English and Spanish each have several verb forms to choose from that relate past experiences. Among the most common English forms are *went, used to go, was going,* and *have gone.* Here are some guidelines to help you choose the Spanish form that will best convey the information you want to express.

PRESENT PERFECT

This tense is used to ask and answer a *Have you ever . . . ?* question.

| ¿**Has escalado** una montaña alguna vez en tu vida? —Sí, **he escalado** muchas montañas. | Have you ever in your life climbed a mountain? —Yes, I've climbed many mountains. |

It also describes something you *have* or *have not yet* done.

| Nunca **he montado** a caballo, pero mañana voy a aprender. | I have never ridden a horse, but tomorrow I am going to learn. |

IMPERFECT

The imperfect tense describes things you *used to* do or *would always* do.

| De niña, siempre **jugaba** con mis muñecas en el patio. | As a little girl, I used to play with my dolls in the patio. |

It commonly describes "states" in the past.

| En el kínder, yo **era** una niña muy curiosa y nunca **tenía** miedo de nada. | In kindergarten, I was a very curious little girl and was never afraid of anything. |

It also describes what someone was doing or what was happening when something else interrupted.

| **Caminaba** tranquilamente por la calle cuando oí los gritos. | I was walking peacefully down the street when I heard the shouts. |

To tell time: Eran las once.
age: tenía 18 años.

PAST (PRETERITE)

The simple past tense is used to describe *completed* events in the past.

| Anoche **fui** al cine con mis amigos. **Vimos** una película muy aburrida. Después **comimos** pizza en un restaurante italiano. | Last night I went to the movies with my friends. We saw a very boring movie. Afterward we ate pizza in an Italian restaurant. |

13.4. In this section we describe the meaning of the past and imperfect when they are used in simple narration. For those students whose speech is good enough to attempt narration, such explanations are useful. If your students are still in the question/answer stage, this grammatical detail will not be very helpful. Our opinion is that students develop a feel for the past and imperfect by listening to and reading Spanish rather than by reading grammar explanations and doing exercises.

B. To tell a story or relate past events, the past (preterite) forms are most frequently used: **fui, comí, salí, bailé, me divertí, dormí,** and so on. Imperfect forms usually describe the background or set the stage for the story: **vivía, jugaba, llovía, hacía calor.**

> One night I was waiting (*imperfect*) at the bus stop on my way home from work. It was raining (*imperfect*) very hard, and I was (*imperfect*) very tired after a long, difficult day at work.

In most stories after the stage has been set with the imperfect, as in the preceding example, the story line is developed with the past tense.

> Suddenly, I saw (*past*) the familiar face of my friend Ralph speed by in a new car. I waved (*past*) to him, but he didn't stop (*past*). He sped (*past*) on by without even a glance toward me. The bus arrived (*past*) within a few minutes, and I boarded (*past*).

Often in a story, description and narration of the main events are intermixed, so the tenses are, too.

> I immediately noticed (*past*) that the bus was (*imperfect*) full and that I had to (*imperfect*) stand. Many other people were standing (*imperfect*), too. Buses during rush hour were (*imperfect*) always so crowded in San Francisco.

The past tense is often used at the end of a story to narrate the final outcome.

> Finally we arrived (*past*) at my stop. I quickly got off (*past*) and walked (*past*) home. The house was (*imperfect*) dark, but when I opened (*past*) the door about fifty people, including Ralph, shouted (*past*) "Happy Birthday!" It turned out (*past*) to be a very good day indeed!

Ejercicio 7

Éstas son dos historias que contaron Amanda y Gustavo. Escoja la forma correcta del verbo.

HABLA AMANDA

Graciela, no te imaginas lo que me *pasó/pasaba*[1] mientras te *hablé/hablaba*[2] por teléfono. *Oí/Oía*[3] a alguien que *tocó/tocaba*[4] a la puerta. *Fui/Iba*[5] a la puerta, la *abrí/abría*[6] y allí *estuvo/estaba*[7] Ramón. Me *invitó/invitaba*[8] al Baile de los Enamorados.

HABLA GUSTAVO

Ernestito, anoche cuando *caminamos/caminábamos*[9] al centro a jugar a las «maquinitas», *vimos/veíamos*[10] un coche que *chocó/chocaba*[11] contra un poste de luz. Por suerte no *hubo/había*[12] heridos.

Ejercicio 8

Aquí tiene usted lo que Adriana le contó a su hermano anoche. Escoja la forma correcta del verbo.

Ayer *trabajé/trabajaba*[1] hasta las ocho de la noche. *Salí/Salía*[2] como de costumbre de mi oficina y *caminé/caminaba*[3] hasta la parada del autobús. *Hubo/Había*[4] poca gente que *esperó/esperaba*[5] porque ya *fue/era*[6] muy tarde. *Lloviznó/Lloviznaba*[7] un poco pero no *tuve/tenía*[8] paraguas. *Pensé/Pensaba*[9] en el proyecto para el día siguiente, cuando *vi/veía*[10] a una señora vieja que *caminó/caminaba*[11] por la calle directamente enfrente de la parada donde yo *estuve/estaba*.[12] De repente, *llegó/llegaba*[13] un hombre, muy joven, y por supuesto, mucho más grande que la viejita, y le *robó/robaba*[14] la bolsa a la señora. Ella, por su parte, *quedó/quedaba*[15] sorprendida y *empezó/empezaba*[16] a gritar. El ladrón *desapareció/desaparecía*[17] rápidamente, pero cuando *llegó/llegaba*[18] el policía, yo le *di/daba*[19] una descripción muy detallada del hombre y de su ropa. Por fin *llegó/llegaba*[20] el autobús y *llegué/llegaba*[21] a casa un poco antes de las diez.

CAPÍTULO CATORCE

DE COMPRAS

Burgos, España

METAS
In **Capítulo catorce** you will talk about manufactured goods of all kinds and practice using numbers in the thousands and millions to describe buying and selling. You will learn about clothing fashions as well as other aspects of shopping and commerce in the Hispanic world.

ACTIVIDADES ORALES Y LECTURAS

Los productos, los materiales y sus usos
Los precios
Comprando ropa
Las compras y el regateo

«La moda en el mundo hispano»
«El Rastro»
«Un Stradivarius»: Vicente Riva Palacio

GRAMÁTICA Y EJERCICIOS

14.1 Adjectives Used As Nouns
14.2 Demonstrative Pronouns
14.3 Possessive Pronouns
14.4 **Por** and **para**: Price, Beneficiary, Purpose
14.5 Exchanging Items: Indirect Object Pronouns
14.6 Using Indirect and Direct Object Pronouns Together

GOALS—CHAPTER 14

Chapter 14 gives students the opportunity to talk about manufactured products and the materials they are made of, as well as about their experiences buying and selling. They will practice using numbers in the thousands and millions through several different types of activities. The chapter also provides information on clothing, fashion, shopping, and commerce in the Hispanic world. New grammatical points include nominalization of adjectives, demonstrative and possessive pronouns, additional uses of *por* and *para,* more on indirect object pronouns, and the use of direct and indirect object pronouns together.

ACTIVIDADES ORALES Y LECTURAS

LOS PRODUCTOS, LOS MATERIALES Y SUS USOS

Bring in objects and pictures to illustrate materials in the display. Talk about each, asking questions such as *¿Para qué se usa _____? ¿De qué está hecho/a _____?* New words: *el abrelatas, el acero, el algodón, el cartón, el cemento, el cuero, estar hecho/a de, la goma, la herramienta, el hierro, el ladrillo, la madera, el material, la mecedora, el oro, el plástico, las tijeras, el uso, el vidrio.* (Note: the correct gender for "pan" is feminine: *la sartén*, but in many countries one hears *el sartén*.)

¡OJO! Estudie Gramática 14.1.

Las tijeras son de acero.
El vestido es de algodón. 
La caja es de cartón. 
El edificio es de cemento. 
Las botas son de cuero. 

El anillo tiene un diamante.
Las botas están hechas de goma. 
La sartén es de hierro. 
Las herramientas son de acero. 
La chimenea es de ladrillos. 

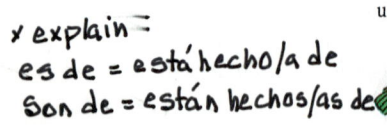

El suéter es de lana.
La mecedora es de madera. 
El abrelatas está hecho de plástico. 
Las joyas son de oro y plata. 
El vaso es de vidrio. 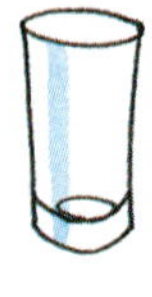

Act. 1. Have students work in pairs. Here are possible answers: **1.** *para construir edificios* **2.** *para hacer ropa como camisas y blusas* **3.** *para hacer abrigos y suéteres* **4.** *para hacer ventanas y vasos* **5.** *para hacer llantas* **6.** *para hacer aceras, calles, casas.* **7.** *Está hecha de madera.* **8.** *Están hechas de acero.* **9.** *Está hecho de acero y madera.* **10.** *Está hecho de oro o plata.* **11.** *Están hechos de cuero.* **12.** *Están hechas de goma.* New words: *el martillo, usarse.*

Actividad 1. Los materiales y sus usos

¿Para qué se usan los siguientes materiales?

MODELO: ¿Para qué se usa la plata? → Se usa para hacer anillos y joyas.

1. el acero
2. el algodón
3. la lana
4. el vidrio
5. la goma
6. el cemento

¿De qué están hechos estos objetos?

MODELO: ¿De qué están hechos los lentes? → Están hechos de vidrio, plástico y metal.

7. la mesa
8. las tijeras
9. el martillo
10. el anillo
11. los zapatos
12. las llantas

De compras **383**

AA 1. Use your PF to introduce nominalization of adjectives. *Aquí hay dos faldas. ¿Prefiere usted la roja o la azul?* Clothing, houses, and cars lend themselves particularly well to questions containing nominalizations.

Act. 2. Encourage students to explain their preferences. New words: *la calculadora, eléctrico/a, el estilo, manual.*

Actividad 2. Interacción: Mis preferencias

Usted necesita comprar varios regalos. El dependiente (la dependienta) le ha mostrado varios productos de diferentes colores y estilos. Diga cuál prefiere usted y por qué. Con otro/a estudiante, hagan los papeles de las dos personas.

MODELO: —¿Prefiere usted el suéter de lana o el de algodón?
—Prefiero el de lana porque es más caliente.

¿Prefiere usted…

1. el anillo de oro o el de plata?
2. las tijeras de acero o las de plástico?
3. la calculadora pequeña o la grande?
4. la mesa de madera o la de vidrio?
5. el abrelatas eléctrico o el manual?

Act. 3. Write useful infinitives on board. Ask questions that encourage humorous or nonstereotypical combinations. *¿Usa el cocinero un martillo? Sí, (lo usa) para romper los huevos.* Here are some possible answers. **1.** (g) *Los novios usan un anillo para demostrar su amor, para casarse.* **2.** (d) *El ama de casa usa una licuadora para hacer bebidas.* **3.** (b) *El carpintero usa un martillo para clavar clavos (para clavar la madera).* **4.** (c) *La contadora usa una calculadora para hacer cálculos, para calcular, para sumar y restar.* **5.** (i) *La escritora usa una computadora para escribir novelas y artículos.* **6.** (a) *El cocinero usa una sartén para freír.* **7.** (f) *El mecánico usa herramientas para reparar carros.* **8.** (h) *El fotógrafo usa un rollo de película para sacar (tomar) fotos.* **9.** (e) *Los abuelos usan la mecedora para descansar.* New words: *el ama de casa, el compás, la computadora, el/la contador(a), el/la fotógrafo/a, la licuadora, el ordenador* (Spain), *el rollo de película.* You may wish to teach other words you consider useful here (*clavar, clavo,* etc.).

Actividad 3. ¿Para qué se usa?

Escoja las cosas que usan estas personas. ¿Para qué las usan?

MODELO: el piloto, un compás → El piloto usa un compás para navegar.

1. los novios
2. el ama de casa
3. el carpintero
4. la contadora
5. la escritora
6. el cocinero
7. el mecánico
8. el fotógrafo
9. los abuelos

a. una sartén
b. un martillo
c. una calculadora
d. una licuadora
e. una mecedora
f. herramientas
g. un anillo
h. un rollo de película
i. una computadora
j. ¿____?

Act. 4. Remind students that they should use *se necesita* for singular items. Here are possible answers. **1.** *Para cortar tela se necesitan las tijeras.* **2.** *Para abrir una lata se necesita un abrelatas.* **3.** *Para reparar un carro se necesitan varias herramientas.* **4.** *Para quitar la nieve se necesita una pala.* **5.** *Para dormir en el campo se necesita una tienda de campaña.* New words: *necesitarse, la pala, la tela, la tienda de campaña.*

Actividad 4. ¿Qué se necesita para… ?

Escoja las cosas que se necesitan para hacer estas actividades.

MODELO: para esquiar, los esquíes →
Para esquiar se necesitan los esquíes.

1. para cortar tela
2. para abrir una lata
3. para reparar un carro
4. para quitar la nieve
5. para dormir en el campo

a. una tienda de campaña
b. herramientas
c. una pala
d. las tijeras
e. un abrelatas
f. ¿____?

384 Capítulo catorce

LOS PRECIOS

¡OJO! *Estudie Gramática 14.2–14.3.*

1000	mil	230,000	doscientos treinta mil
2000	dos mil	500,000	quinientos mil
10,000	diez mil	1,000,000	un millón (de)
26,000	veintiséis mil	3,700,000	tres millones, setecientos mil
100,000	cien mil	150,000,000	ciento cincuenta millones (de)

First use pictures of houses to introduce and review large numbers: *¿Cuánto cuesta esta casa? $560,000 (quinientos sesenta mil dólares).* Place houses in a row on the board and write their prices in dollars above them. Then give students the current conversion rates for the Mexican peso or the Spanish peseta and ask them to calculate (and say) the equivalents. For example, at the time of writing this note the Mexican peso was worth about 2500 to the dollar so the above house would have cost 1'400,000,000 (*mil cuatrocientos millones de pesos*).

You might also pass out clothing or household items and have students pair up to create dialogues similar to the ones in the display.

None of the activities in this section deals specifically with possessive pronouns or demonstrative pronouns. You

—¿Cuánto valen estas playeras?
—Pido solo 15,000 pesos por cada una.
—¡Qué ganga!

—¿Cuánto cuesta esta chamarra de cuero?
—Cuesta 75,000 pesos, señorita.
—¡Qué lástima! Sólo tengo 60,000.

—Compré una playera y una chamarra muy lindas hoy.
—¿Cuánto pagaste por la chamarra?
—Pagué 60,000 pesos ¡y ahora no tengo ni un centavo!

will find, however, that it is relatively easy to integrate them into your input on the topics in this and the other sections in this chapter.

Introduce/practice numbers to the millions here, using prices in Mexican pesos.

If you haven't already done so, explain to the class that Europe uses a comma to separate decimals ($10,99), while in America we use a decimal point ($10.99). Mention also that the period is used as we use the comma: (1.000 = 1,000) and that an apostrophe is used for millions (see Act. 7.). New words: *centavo, chamarra* (Mex.), *¿Cuánto vale?, ganga, mil, ni un centavo, playera, ¡Qué lástima!, valer.*

el peso ← México D.F.
México
Guatemala
Guatemala
el centavo
¼ de un quetzal

la peseta → España
Madrid
Venezuela → el bolívar
Caracas

De compras **385**

AA 2. Call a bank to find out what the current exchange rate is for the money shown in the display art on p. 384. Have students practice converting from dollars to *pesetas, bolívares, quetzales,* and *pesos mexicanos.* Bring in photos of objects and have the class as a whole decide on prices for items in pesetas one day, pesos another, etc. If you have samples of any of these coins or paper bills, bring them in.

Act. 5. Encourage students to disagree with each others' assessments so that they have to use numbers. Follow up with questions such as *¿Tiene usted un televisor en colores en su cuarto? ¿Tiene control remoto? ¿Tiene cable? ¿Cuántos canales recibe?* As you might expect, the words used to refer to modern electronic equipment are often cognates; however, they vary from country to country. We use *videocasetera* for a videorecorder or a video playback unit, but we have also heard *videograbadora.* We call the portable "boomboxes" *un radio cassette portátil,* but most people leave off the word *portátil.* The Walkman-type radio cassette players are called *audífonos* by most Mexicans, even though the word properly refers only to the earphones. *Televisor a colores, televisor en colores,* and *televisor de color* are all used. Ask students to give prices in a Hispanic currency with which you are familiar. New words: *de bolsillo, radio-reloj despertador, televisor en colores, videocasetera.*

Act. 6. We have used Spanish pesetas, but you may wish to switch characters and use another currency. Preview the activity by asking the prices of items from your picture file. New words: *collar (de perlas), disco compacto.*

Actividad 5. ¿Cuánto cuestan?

¿Cuánto cuestan en los Estados Unidos los siguientes aparatos para la casa? Haga una lista empezando con el artículo más caro y terminando con el más barato. Luego decida cuáles considera usted más útiles y necesarios.

GRUPO A
1. un televisor en colores *de cuesta...*
2. un abrelatas eléctrico
3. una calculadora de bolsillo
4. un horno de microondas
5. un refrigerador

GRUPO B
1. un radio-reloj despertador
2. una licuadora
3. una sartén eléctrica
4. un radio cassette portátil
5. una videocasetera

Actividad 6. Interacción: ¿Cuánto cuesta?

Pregúntele a Pilar Álvarez cuánto cuestan estas cosas en pesetas.

MODELO: —¿Cuánto cuesta este suéter de lana?
—Cuesta ocho mil setecientas sesenta y tres pesetas.

1. 224.215 ptas. — *collar*
2. 9.968 ptas. — *Radio cassette*
3. 24.663,00 ptas. — *SEDA*
4. 1.055 ptas.
5. 7.286 ptas.
6. 560 ptas. — *boleto entrada*
7. 1.120,90 ptas. — *calculadora*
8. 580.000,00 ptas.

Hermosos textiles fabricados a mano por los indios se venden en el Mercado de San Francisco el Alto, Guatemala.

386 Capítulo catorce

Act. 7. Have students scan the list of *productos electrodomésticos*. They will know most of them but may have to guess *olla de presión*. The table reflects 1988 prices; the exchange rate was about 2000 Mexican pesos for one U.S. dollar when it was published.

Although prices undoubtedly will have changed again by the time you do this activity, the table does show dramatically the effects of strong inflation. Point out that if you travel to a country with an exchange rate similar to Mexico's, you have to become accustomed to dealing in large numbers. Again, call students' attention to use of apostrophe to mark millions.

The first part of this activity is to be done in pairs. The *discusión* is to be done as a whole-class discussion. Use it to get the class back together and to focus on the realia. Although indirect and direct object pronouns together are not introduced until *Gramática* 14.6., the use of *se lo* in #4 should cause no problems because the context is clear. New words: *acerca, con frecuencia, (aparato) electrodoméstico, estéreo, gran(de), olla de presión, plancha, prestar.*

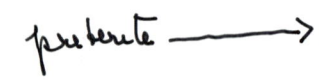

Actividad 7. Los aparatos eléctricos

Precios de productos electrodomésticos en el Distrito Federal (enero—abril de 1988)

PRODUCTO	ENERO (1)	FEBRERO (2)	MARZO (3)	ABRIL (4)	VARIACIONES 4/1	4/2
Refrigerador	759,000	949,000	949,990	949,990	25.2	0.1
Estufa *stove*	583,177	896,540	869,999	869,999	41.0	-3.0
Lavadora	1'261,910	1'652,835	1'417,130	1'489,990	18.1	-9.9
Televisor de color	973,999	1'551,420	1'551,420	1'551,420	59.3	0.0
Equipo de sonido	698,000	755,000	890,000	890,000	27.5	17.9
Plancha *iron*	58,574	71,300	71,300	71,300	21.7	0.0
Licuadora *blender*	112,030	151,195	145,000	145,000	29.4	-4.1
Olla de presión	59,000	110,313	99,500	99,030	67.8	-10.1
Suma	**4'505,690**	**6'137,603**	**5'900,379**	**6'066,729**	**34.6**	**-1.2**

Fuente: INCO, Departamento de Estudios Económicos. Recopilación de precios en 18 establecimientos en el Distrito Federal.

Nota: Para efectos de análisis, se consideró la opción más cara para la adquisición de estos productos, que no corresponden al mismo establecimiento, pero sí a la misma fecha.

INTERACCIÓN

Hágale preguntas a un compañero (una compañera) acerca de los precios de estos aparatos eléctricos (electrodomésticos). Haga preguntas como las siguientes.

pretérito →
¿Cuánto costó un *refrigerador* en *abril*?
¿Qué costó más en *enero*, *una licuadora* o *una plancha*?
¿Cuánto subió el precio de *los televisores de enero a febrero*?

DISCUSIÓN

1. ¿Qué aparatos eléctricos hay en su casa?
2. De los aparatos que no tiene ahora, ¿cuáles le gustaría comprar?
3. Imagine que puede tener sólo un aparato eléctrico en su casa. ¿Cuál prefiere? ¿Por qué?
4. Su amigo/a le pide que le preste su estéreo para una gran fiesta en su casa. ¿Se lo va a prestar? ¿Por qué (no)?
5. ¿Presta sus cosas con frecuencia? ¿Tiene cosas que nunca le presta a nadie? ¿Por qué no?

Use this survey to talk about the types of *equipo electrónico* students own and use frequently. Have them do their own *encuesta* of the class and see how it compares to that of readers of the Spanish newspaper *ABC*. Point out the words used in Spain for computer sciences (*la informática*) and computer (*ordenador*).

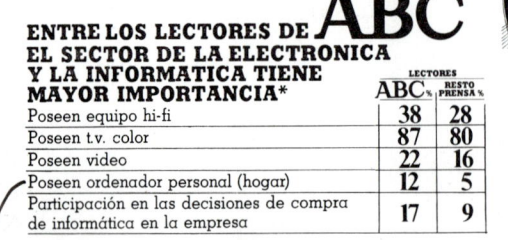

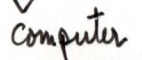

ENTRE LOS LECTORES DE ABC EL SECTOR DE LA ELECTRÓNICA Y LA INFORMÁTICA TIENE MAYOR IMPORTANCIA*

	LECTORES ABC %	RESTO PRENSA %
Poseen equipo hi-fi	38	28
Poseen t.v. color	87	80
Poseen video	22	16
Poseen ordenador personal (hogar)	12	5
Participación en las decisiones de compra de informática en la empresa	17	9

↓ *computer*

*Según estudio realizado en Febrero/Marzo de 1985 por CISE, Investigaciones Socioeconómicas, en el marco de la Autonomía de Madrid.

COMPRANDO ROPA

¡OJO! *Estudie Gramática 14.4.*

Use old clothing to introduce words for items of clothing students have not learned yet. Comment about size and colors: *Esta blusa es muy bonita, pero me queda grande. A ver, ¿qué talla es?* Keep in mind that words for clothing change somewhat from country to country. Here are some variants: *medias* (for both socks and hose in the Caribbean), *billetera* (used in many places for *cartera*), *cinto* (used for *cinturón*), *trusa* (Mex.) for *calzoncillos*, *pantuflas* (for *zapatillas*). Note that the activities do not focus on the use of *para/por*, but *para/por* are easily included in the input with these topics. New words: *la bata, el bolsillo, la bufanda, el calcetín, los calzoncillos, el camisón, la cartera, el cinturón, la combinación, de cuadros, de lunares, de rayas, el guante, la guayabera, la manga, quedarle a uno (me queda) apretado/suelto, bien/mal, grande/pequeño, las pantaletas, el paraguas, el pijama, la ropa interior, el sostén, la talla, la zapatilla.*

Act. 8. Give the definition and have students name the clothing. Have them make up definitions for other *prendas: el sombrero, los zapatos, los calzoncillos,* etc. You can also integrate *para* by asking them *¿Para qué nos ponemos una bufanda? (para no tener frío en el cuello)* Por can be integrated by asking students who are wearing some of the items being studied, *¿Cuánto pagó por...? (¿Cuánto pagó por esta cinturón tan bonito?/¿Quién tiene guantes de piel? ¿Cuánto pagó por ellos?)* New words: *pantalón* (used interchangeably by many speakers for *pantalones*), *sujetar.*

Actividad 8. Definiciones: La ropa

1. la bufanda
2. el pijama
3. los calcetines
4. el cinturón
5. los guantes

a. Se ponen en los pies.
b. Se usa para dormir.
c. Se usa para sujetar los pantalones.
d. Se ponen en las manos cuando hace frío.
e. Se pone en el cuello cuando hace frío.

388 Capítulo catorce

Act. 9. This is a slightly revised version of an ad that appeared in a Mexican newspaper in December of 1988. Preview with questions about materials: *acrilán, poliéster, mezclilla, pana.* You will probably have to explain some of these terms, as well as *corte recto* (straight legs). Note the use of *piel* for what English calls leather (*cuero*). The vocabulary is authentic for Mexican clothing ads. The exchange rate when the ad was published was about 2300 Mexican pesos to $1 U.S., but suggest that students use 2000/1 for a quick calculation to estimate prices. Have students do the interaction in pairs. New words: *acrilán, azul marino* (navy blue), *caballero, calidad, cerrado/a, cómodo/a, corte, cuello en V, dama, de moda, elástico, fino/a, hilo, importado/a, lote, mezclilla, moda, pana, piel, poliéster, rebajado/a, recto/a, tener de todo, vaquero/a.*

AA 3. Ask students to think of special items of clothing they would like to buy for certain people: *Piense en una prenda de vestir muy especial que usted quisiera comprar para las siguientes personas. Explique por qué quiere regalarles lo que ha escogido: su padre, su profesor(a) de español, su hermano/a, su abuelo/a, su novio/a, su mejor amigo/a.*

AA 4. Each student thinks of a gift for the instructor. He/she describes the gift until the class guesses what it is. The class can ask yes/no questions of each student until they guess correctly. Direct students to use items in the first display in this chapter (*Los productos, los materiales y sus usos*) and/or clothing in the third display (*Comprando ropa*).

AA 5. Have students write their own ads for various products. They should bring in a picture of the product with the text of the ad in Spanish. Each student should show his/her product and try to persuade the class to buy it.

Act. 10. New words: *¿De qué es? (¿De qué está hecho?) Es de... piel de visón* (mink), *prenda, seda.*

Actividad 9. Interacción: Una venta

deTodo
San Francisco esquina Félix Cuevas

GRAN LOTE REBAJADO

PARA NIÑAS
PANTALONES de pana de algodón, corte vaquero; tallas para 10 a 16 años de 29,000.00 a **19,990.00**
SUÉTER cerrado, de acrilán, cuello «V» en colores de moda; tallas 4 a 16 años de 25,990.00 a **20,990.00**

PARA NIÑOS
CHAMARRA en pana de algodón, elástico en mangas y cintura, en gris, azul marino o beige; tallas 8 a 10 años de 109,990.00 a **79,900.00**
PLAYERA de algodón, manga larga o corta; tallas de 6 a 15 años, colores de moda de 15,000.00 a **11,900.00**

PARA DAMAS
PANTALÓN estilo «jean» en mezclilla de algodón, corte recto; tallas del 5 al 13 de 49,900.00 a **29,999.00**
Elegante VESTIDO de manga corta y elástico en la cintura, 100% poliéster en los modelos y los colores de moda; tallas del 36 al 42 de 49,900.00 a **34,990.00**

PARA CABALLEROS
SACO de hilo y algodón, en gris y negro de 66,000.00 a **46,000.00**
Comodísimos ZAPATOS de fina piel, importados de Italia, en todos los tamaños de 140,000.00 a **119,999.00**

deTodo *tiene* de todo
Para toda la familia

E1: ¿Cuánto cuesta *una playera de algodón*?
E2: Cuesta *11,900 pesos.*

E1: ¿Cuánto costaban *los sacos*?
E2: Costaban *66,000 pesos.*

Actividad 10. Interacción: De compras

Usted acaba de ir de compras a varias tiendas de ropa en México, D.F. Su compañero/a le pregunta qué cosas compró usted, dónde las compró, cuánto le costaron, y de qué material son.

MODELO: E1: ¿Qué compraste?
                     E2: Una guayabera azul.
                     E1: ¿Cuánto te costó?
                     E2: Estaba rebajada a 35,000 pesos.
                     E1: ¡Qué barata! ¿De qué es?

De compras **389**

E2: Es de algodón.
E1: ¿Dónde la compraste?
E2: En el Bazar de San Ángel.

SELECCIONE ENTRE ESTAS PRENDAS:

un suéter de lana ($137,500)
un par de zapatos de piel ($80,000)
una bufanda de seda ($55,000)
unos guantes de piel ($48,000)
una cartera de cuero ($65,000)
una guayabera de algodón ($35,000)
un pijama de seda ($105,000)
una bata de algodón ($75,999)
unos calcetines ($6,700)
un vestido de seda ($180,000)
un anillo de plata ($12,550)
un abrigo de piel de visón ($3,000,000)
un pantalón de poliéster ($35,000)

SELECCIONE UNA DE ESTAS TIENDAS:

El Palacio de Hierro
El Correo Francés
Safari Europeo
Sanborn's
el Bazar de San Ángel
Milano—Ropa Para Caballeros
Zapatería Estrella
Trajes Suárez
El Puerto de Liverpool

This ad was taken from the Spanish magazine *Natura*. Students should be able to figure out most of the words. Optional: Give more examples of the verb *lucir*, especially when used with new clothing.

¡Luce este verano la camiseta natura!

Por 800 pesetas (incluido I.V.A. y gastos de envío) puedes conseguir una camiseta de Natura, fabricada en algodón puro 100 × 100, talla única (grande) y serigrafiada en bicolor con el logo y el símbolo del águila y el arco iris, característicos de nuestra revista.

Deseo que me envíen la cantidad de _____ CAMISETAS exclusivas de la revista NATURA, al precio de 800 pesetas unidad, donde se incluyen todos los gastos de envío.

Nombre y apellidos _____
Dirección _____
Cód. Postal _____ Población _____
Provincia _____ Firma _____

FORMA DE PAGO
☐ Adjunto cheque a G+J NATURA
   Marqués de Villamagna, 4
   28001 MADRID
☐ Giro Postal N.°_____
   a G+J NATURA

Recorta o fotocopia este cupón y envíalo a
G+J. Marqués de Villamagna, 4. 28001 MADRID

Act. 11. Bring in several items, the crazier the better; have volunteers bring in some, too. If you can, bring in cotton, silk, wool, linen, etc., and stripes, polka dots, and checks. On the board write useful phrases such as *Me queda: mal, horrible, estrecho, angosto, apretado, pequeño; Me queda (muy) bien; Me queda grande, suelto. Prefiero éste/a de rayas, lunares, cuadros; es de lino, lana, algodón,* etc. Do one or two with a student so the class gets an idea of what is expected. Pair up students and give several items to each pair; have the *turista* try them on and comment on how they fit, following the pattern given in the activity. Later, volunteers can present/act out the dialogue for the class. New words: *apretado/a, de vacaciones, entonces, éste/a, estrecho/a, horrible, lino, probarse, quedarle (bien, mal), suelto/a.*

AA 6. Subasta: Have students each bring in an object or a picture of an object. In groups of 4 to 6, set up an auction. The auctioneer describes the object, pointing out its qualities.

Actividad 11. Diálogo original

Usted está en Nueva York, de vacaciones. Va a Greenwich Village y entra a una tienda de ropa donde hay ropa muy original y diferente. Todo le gusta, y quiere comprar algo. Trabaje con un compañero (una compañera). Uno/a de ustedes debe hacer el papel de dependiente/a y el otro (la otra) el papel de turista. Pruébese varias cosas y comente sobre cómo le quedan.

DEPENDIENTE/A: ¿En qué puedo servirle?
TURISTA: Quisiera probarme un(a) ____.
DEPENDIENTE/A: ¿Qué talla usa?
TURISTA: ¿Talla? Pues, creo que ____.
DEPENDIENTE/A: Mmm, ¿por qué no se prueba éste/a? Creo que le va a quedar bien.
TURISTA: A ver… Mmm… creo que me queda ____.
DEPENDIENTE/A: Entonces, pruébese éste/a.
TURISTA: …

CARIBE
EL PLACER DE CAMINAR

Tampa Sunesta Miami
Pensacola

Nueva
LINEA PARA LA MUJER DE HOY
Disponible en todos los almacenes Croydon del país y distribuidores autorizados

CARIBE   Con la garantía de CROYDON S.A.

De compras 391

LECTURA
LA MODA EN EL MUNDO HISPANO

▲▲▲▲▲▲▲▲▲▲▲▲▲

POR PEDRO RUIZ

Las modas cambian constantemente, o por lo menos dan la impresión de cambio. Hay una tendencia en la industria de la costura[1] a utilizar modelos del pasado y presentarlos como «nuevos». Hoy parece difícil que los pantalones de campana[2] vuelvan a ser usados. Los dejamos enterrados[3] en la década de los años sesenta, con los collares, las barbas, las patillas[4] y las minifaldas. Y sin embargo, no nos vamos a sorprender cuando los veamos regresar a la lista de lo aceptado y moderno.

La moda en el mundo hispano sigue en general modelos extranjeros. Esto es inevitable, ya que es en París, Italia, Londres, Nueva York y Tokio donde se fabrican las imágenes más osadas,[5] los estilos de ropa y peinado[6] más extravagantes. A nosotros los hispanos siempre nos ha gustado vestir bien. Y estamos dispuestos a[7] sacrificar la comodidad en nombre de la elegancia.

Pero los jóvenes están cambiando nuestras tradiciones. Aquí en México los códigos[8] estrictos parecen menos importantes, menos observados por los adolescentes. «A nosotros nos gusta la ropa cómoda, amplia», dice Amanda, mi hija de 16 años. «Preferimos llevar jeans, playera y tenis en vez de falda estrecha y zapatos de tacón.» Los jeans, o pantalones vaqueros, siempre están de moda; pueden llevarse en casi todas las ocasiones. Y los zapatos de tenis acompañan muchos atuendos[9] del día. Esos zapatos, que antes desdeñábamos,[10] ahora son un símbolo de la modernidad y el buen gusto, especialmente entre los jóvenes. Los adolescentes, claro, tienen sus propias reglas respecto a la forma de vestir. Mis hijos Amanda y Guillermo, por ejemplo, tienden a llevar la ropa «aceptada» por otros miembros de su grupo. No les gusta sobresalir[11] demasiado.

Ciertas ocasiones —como ir al teatro, al trabajo, a un restaurante— requieren una manera de vestir particular. La ropa que llevamos depende también del clima y la región. En las ciudades como Madrid, donde hace frío en el invierno, se lleva con frecuencia ropa de colores oscuros: café, azul marino[12] y negro. Y nunca faltan los abrigos gruesos[13] y los impermeables. En las regiones cálidas[14] de la costa son indispensables las amplias y frescas guayaberas. La guayabera es una prenda auténticamente latinoamericana y sirve para cualquier ocasión. Es práctica, vistosa,[15] elegante, y ¡es nuestra!

En el mundo hispano las modas cambian, como en todas partes. Pero ciertas prendas insisten en no ser descartadas. Los pantalones vaqueros y los zapatos de tenis persisten en nuestros armarios y en nuestras actividades diarias. Y muchas prendas del folklore latinoamericano, como la guayabera, por suerte siguen estando de moda. ¿Volveremos a llevar un día los pantalones de campana? Yo, por si acaso,[16] no he tirado ninguno de los míos a la basura. ▲

---

[1]fashion [2]pantalones... bell-bottom pants [3]buried [4]sideburns [5]daring [6]hairdo [7]dispuestos... willing to [8]codes, traditions [9]outfits [10]we used to scorn [11]stand out [12]azul... navy blue [13]heavy [14]donde hace calor [15]pretty [16]por... just in case

Comprensión

1. Según Pedro Ruiz, ¿qué países influyen en la moda del hispano? ¿Por qué?   2. ¿De qué manera están cambiando los jóvenes las tradiciones hispanas con respecto a la moda?   3. ¿Cómo son las guayaberas? ¿En qué lugares son muy populares? ¿Por qué?

¿Y usted?

1. ¿Qué ropa estaba de moda cuando usted tenía 14 años?   2. ¿Qué importancia tiene la moda en su vida?

LAS COMPRAS Y EL REGATEO

¡OJO!   *Estudie Gramática 14.5–14.6.*

¿Y el asador, para quién es?

Se lo compré a papá.

¿Cuánto cuesta ése?

Es demasiado. Le doy 8,000.

Se lo dejo en 10,000 pesos.

Lléveselo por 8,500.

¿Qué se vende en:
la carnicería   la heladería
la panadería   la zapatería
la papelería

Ask the class what is sold or made in each of the stores illustrated. *¿Qué se vende en una heladería?* After you have finished with the ones here, ask students *¿Cómo se llama una tienda donde se venden tortillas, café, joyas, etc.?* New words: *asador, carnicería, compras, dejar en, heladería, llevarse, regateo.*

AA 7. TPR. Review indirect object pronouns with *dar, traer, llevar.* Use present subjunctive structures: *Robert, quiero que usted le lleve la chaqueta amarilla a Martha. Ahora, Martha, quiero que usted me traiga la pluma roja que tiene John.* Ask volunteers to give these "soft" commands (*quiero que*) to you or to other classmates. Encourage zany commands, giving examples of a few yourself.

De compras 393

Actividad 12. Los regalos de Navidad

Usted quiere comprarles algunos regalos de Navidad a estos amigos. ¿Qué les va a regalar? ¿Por qué?

1. Luis Alberto Sánchez, un señor de 60 años de edad, aficionado a la música
2. Carlos Gutiérrez, joven a quien le gusta reparar cosas
3. María Hinostoza, señora a quien le gusta viajar
4. Elena Quiroga, señora a quien le gusta esquiar
5. Juan y Miriam Laredo, pareja de recién casados

Actividad 13. Mi cumpleaños

Para su cumpleaños usted recibió varios cheques. Sus padres le dieron uno de $100. Sus abuelos paternos le enviaron uno de $75, y su abuela materna le dio uno de $30. Sus tíos también le enviaron uno, de $50. Usted quisiera comprar todos los artículos de esta lista, pero desgraciadamente el dinero no le alcanza. Escoja lo que va a comprar, pero recuerde que no debe gastar más de lo que le han regalado sus parientes.

una chaqueta deportiva	$109.00
unos zapatos de tenis	$54.95
una raqueta de tenis	$49.99
unas pelotas de tenis	$2.89
un diccionario español-inglés	$6.95
un cinturón	$18.99
un radio despertador	$36.79
un cassette de Julio Iglesias	$7.99
un rollo de película Kodak	$4.35
una calculadora de bolsillo	$6.95

Actividad 14. Situación: El cuadro de terciopelo

Hace varios años que usted no visita a su tía Julia, quien vive en Guadalajara. Ella nunca ha venido a visitarlo/la a usted. El año pasado ella le mandó un regalo de Navidad: un cuadro pintado sobre terciopelo. A usted no le gustó y lo vendió hace algunos meses. Ahora usted acaba de recibir una carta de su tía Julia, anunciándole que llega el sábado próximo para pasar cinco días con usted. ¿Qué va a hacer? ¿Qué le va a decir acerca del cuadro?

Actividad 15. Diálogo original: A regatear

Usted está en el Rastro de Madrid y está buscando un suéter de lana o una chaqueta de cuero. Se acerca a un puesto donde se venden suéteres y chaquetas. Regatee con el vendedor (la vendedora) para obtener el mejor precio. No olvide usar expresiones como las siguientes:

USTED: No traigo tanto dinero.
No puedo gastar tanto.
¿Me lo/la puede dejar en $____?
VENDEDOR(A): Es de muy buena calidad.
Está hecho/a a mano.
No puedo rebajar tanto el precio.
Lléveselo/la por $____. ¿Se lo/la envuelvo?

USTED: Buenas tardes, señor(a). Quisiera ver algunos/as ____.
VENDEDOR(A): Aquí tengo algunos/as ____ muy lindos/as.
USTED: …
VENDEDOR(A): …

NOTA CULTURAL El Rastro

Clara Martin está participando en un programa para estudiantes norteamericanos en la Universidad Complutense de Madrid. En Illinois Clara tiene una amiga, Norma, a quien le escribe con frecuencia.

Madrid, 24 de agosto

Querida Norma:

¡Qué calor hace en Madrid! Con razón dicen los españoles que la capital de su país tiene nueve meses de invierno y tres de infierno. Ya he visitado muchas ciudades, entre ellas Toledo y Segovia, que me encantaron. Y he ido varias veces al Museo del Prado;* ya sabes cuánto me gusta la pintura española.

---

*El museo de arte más importante de España.

De compras   395

El Rastro, un mercado al aire libre en un barrio típico de Madrid. Para comprar en el Rastro hay que regatear. ¡Es un juego y hay que saber jugarlo!

AA 11. Here is an *entrevista* that you can do in pairs. **1.** *¿Has ido de compras en otro país? ¿Qué compraste? ¿Dónde? ¿Cuándo?* **2.** *¿Pudiste regatear o era una tienda de precios fijos?* **3.** *¿Qué diferencia hay entre comprar en los Estados Unidos y comprar en el extranjero?* **4.** *¿Te gusta ir de compras solo/a o prefieres ir acompañado/a?* **5.** *¿Te gusta ir de compras cuando hay una venta especial o prefieres ir cuando hay menos gente?*

Hoy tuve una experiencia muy interesante que quiero contarte. Fui de compras con un grupo de estudiantes al Rastro de Madrid. Nos sirvió de guía José Estrada, un amigo español que estudia ciencias computacionales. El Rastro es un mercado al aire libre que está en un barrio muy típico de la capital. Los sábados y los domingos por la mañana varias calles de esta zona se cierran al tráfico y se llenan de una infinidad de puestos. Se puede comprar desde pájaros o cuadros hasta ropa, zapatos, radios, libros... Al mediodía ya no se puede dar un paso° sin tropezar con° algo o con alguien.

dar... *take a step*
tropezar... *tripping on*

Inmediatamente después de llegar, vi varias cosas que me gustaron y quise comprar algunas.

—¡Espera! —me dijo José. Y luego nos advirtió a todos:

—Para comprar en el Rastro hay que regatear. Es como un juego, y hay que saber jugarlo. Miradme° a mí y tomad° nota de cómo lo hago yo. La regla más importante es ser firme y no dejarse convencer.° Fijaos bien.°

mirad = vosotros *command*
tomad = vosotros *command*
no... *don't let yourselves be convinced* / Fijaos... *Pay attention.*
se... *caminó*

José se acercó° entonces a un puesto de ropa para hombres.

—Oiga, señor, ¿cuánto cuesta esta chaqueta? —le preguntó al vendedor.

—Diez mil pesetas, joven.

—¿Diez mil pesetas? Es demasiado cara.

—Muy bien, joven, ¿qué considera usted un buen precio por esta chaqueta?

José la tocó, la miró, la inspeccionó con cuidado y luego le dijo al vendedor:

—Siete mil pesetas.

—Imposible —respondió el vendedor. —Se la dejo en ocho mil quinientas.
—Bueno, voy a pensarlo.
Dimos sólo unos pasos para irnos° y en seguida escuchamos la voz del vendedor.

Dimos... *We started to walk away*

—No se vaya, joven, no se vaya. Pues... ocho mil. ¿Qué le parece?
José no compró la chaqueta. Cuando nos alejamos° de aquel puesto nos dijo sonriendo:

nos... *we walked away*

—Probablemente encontraremos° una chaqueta igual por un precio todavía más bajo.

vamos a encontrar

En esa misma calle, un poco más abajo, encontramos otro puesto de ropa para hombres y en ese puesto José sí compró la chaqueta. ¿A que no adivinas° por cuánto? ¡Por seis mil quinientas pesetas!

¿A... *I bet you can't guess*

Todos pensamos regresar al Rastro el próximo domingo, porque hoy no nos atrevimos a° comprar nada.

no... *we didn't dare*

¡Escríbeme, chica! ¿Tienes alguna clase interesante este trimestre? ¿Vas a poder venir de vacaciones a Madrid en diciembre?

Besos y abrazos,

Clara

Comprensión

¿Quién dice cada frase, Clara, José, el vendedor o ninguno de ellos?

_____ «Cuesta demasiado.»
_____ «Es una chaqueta de muy buena calidad.»
_____ «Me gusta, pero es muy barata. Le ofrezco 1.000 pesetas más.»
_____ «¿Se la envuelvo?»
_____ «Voy a pensarlo un poco.»
_____ «Se la dejo en 8.500 pesetas.»
_____ «Debes de comprarla; me parece muy bajo el precio.»
_____ «Sí, señor, me gusta. Envuélvamela, por favor.»
_____ «En el Rastro hay que regatear.»
_____ «En Madrid hace mucho calor.»

LECTURA   Un Stradivarius
Vicente Riva Palacio
(México, 1832–1896)

Vicente Riva Palacio es conocido por sus novelas históricas y sus cuentos. Su obra describe muchas tradiciones culturales de su país.

En este cuento, el dueño de una tienda recibe la extraña visita de un músico pobre. Este músico trae consigo un violín que deja en la tienda para que el dueño se lo cuide por un tiempo. Pero don Samuel no sospecha que el músico pobre tiene un plan. Descubramos° el plan...

Let's discover

I

Don Samuel es un señor muy rico. Tiene mucho dinero. Tiene una tienda. La tienda de don Samuel está en México. Es una de las tiendas más ricas de México. En México hay otras tiendas como la tienda de don Samuel, pero no tan ricas.

En su tienda don Samuel tiene muchas cosas. Don Samuel tiene mucho dinero porque vende muchas cosas en su tienda a las personas ricas de México.

Don Samuel está todo el día en su tienda. Como es un señor que tiene mucho dinero, también tiene muchos amigos. Algunos de sus amigos van a su tienda todos los días. Otros amigos van muy poco a su tienda. Pero todos los días hay uno o dos amigos en la tienda de don Samuel. Algunas personas dicen que estos señores no son amigos de don Samuel, sino de su dinero. Pero nadie sabe la verdad.

Como don Samuel es un señor muy rico, todos los días muchas personas van a su tienda para tratar de venderle muchas cosas. Pero don Samuel les dice que él no tiene dinero.

II

Un día un señor va solo a la tienda de don Samuel. Cuando ve a este señor, don Samuel le dice:

—¿Qué desea usted?

—Sólo deseo ver algunas cosas para una iglesia.

—Tengo todo lo que usted desea. Yo vendo muchas cosas a todas las iglesias de México. ¿Desea usted ver otras cosas también?

—No; sólo deseo ver algo para una iglesia. Tengo un tío muy rico en Guadalajara que desea algo para una iglesia.

—¿No le gustan estas cosas que tengo aquí?

El señor que está en la tienda de don Samuel y que desea las cosas para la iglesia de Guadalajara es músico. Como es músico no es rico ni tiene dinero. Tiene un traje muy viejo. Este señor no parece estar muy contento.

El músico tiene en la mano un violín. El violín está en una caja muy vieja. A don Samuel no le gusta mucho el traje del músico, pero no le dice nada porque desea venderle algo. Cuando ve la caja del violín en la mano del músico le dice:

—¿Es usted músico?

—Sí, señor.

—A mí me gusta mucho la música. Siempre voy con mi familia a Chapultepec° porque allí siempre hay música. ¿Le gusta a usted la música de Chapultepec?

<small>parque grande en el centro de la Ciudad de México</small>

—Sí, señor, me gusta mucho.

—A mí y a mi esposa también nos gusta, pero a nuestros hijos no les gusta. ¿Tiene usted hijos?

—No, señor, no tengo hijos.

Después de decir esto sobre la música, don Samuel le enseña al músico algunas cosas para las iglesias. Al músico le gustan algunas de las cosas que le enseña don Samuel. Después de verlas muy bien y de decirle a don Samuel cuáles son las cosas que le gustan, pone algunas de ellas en una caja que tiene don Samuel en su tienda. El músico necesita la caja porque tiene que mandar las cosas a Guadalajara. Después de algunos minutos le dice el músico a don Samuel:

—Deseo estas cosas, pero antes quiero escribirle a mi tío que está en Guadalajara porque no tengo dinero aquí para pagar ahora.

—¿Va usted a escribirle a su tío ahora?

—Sí, señor, voy a escribirle ahora porque mi tío desea estas cosas para la iglesia de Guadalajara antes de cuatro o cinco días.

—Muy bien. ¿Desea usted todas las cosas en esta caja?

—Sí, señor, mi tío va a pagarle por ellas.

Después de decir esto el músico mira otra vez las cosas que tiene en la caja. Unos cuantos° minutos después le dice a don Samuel:

<small>Unos... A few</small>

—¿Puedo dejar este violín aquí en su tienda por uno o dos días?

—Sí, señor, puede dejarlo aquí en mi tienda.

—¿Dónde lo puede poner?

—Aquí.

—Debe tener mucho cuidado con mi violín. Es un vio-

Una familia en el parque Chapultepec, México, D.F. A muchas familias les gusta merendar y escuchar música al aire libre.

lín muy bueno y siempre tengo mucho cuidado con él porque es el único que tengo.

—Sí, voy a tener mucho cuidado con él. En mi tienda nadie toca las cosas que no son suyas.

Don Samuel pone el violín en un lugar donde se puede ver y le dice al músico:

—Allí está bien.

—Sí, allí en ese lugar parece estar muy bien.

El músico deja su violín en la tienda de don Samuel. Don Samuel mira el violín y piensa: «Este violín es muy viejo y no parece ser muy bueno. Pero no le puedo decir a un señor tan bueno como éste que no lo deseo tener aquí en la tienda por unos cuantos días. Después de todo, no me va a costar nada tener aquí esa caja tan vieja». Después de pensar en esto, toma el violín, lo inspecciona con cuidado y lo pone nuevamente en su lugar.

III

Dos días después, entre las muchas personas que van a la tienda de don Samuel, llega un señor un poco viejo. Es un señor muy rico y bien vestido que desea un reloj para su esposa. Don Samuel le enseña muchos relojes. Después de ver algunos, el señor rico toma uno de ellos y le dice a don Samuel:

—¿Cuánto desea usted por este reloj?

—Cincuenta pesos.

—¿Cincuenta pesos? No, cincuenta pesos es mucho dinero.

El señor rico mira otros relojes, pero ninguno le gusta. Cuando mira los otros relojes, también ve la caja vieja del violín del músico. Como ve una caja tan vieja entre tantas cosas tan buenas, le pregunta a don Samuel:

—¿También vende usted violines? ¿Tan bueno es que está en una caja tan vieja?

—Ese violín no es mío. Ese violín en esa caja tan antigua es de un músico.

—¿Puede usted enseñármelo? A mí me gustan mucho los violines.

Don Samuel toma la caja y la pone en las manos del señor rico. Éste saca el violín de la caja. Después de mirarlo con mucho cuidado lo pone en la caja y dice:

—Ese violín es un Stradivarius, y si usted desea venderlo le pago ahora seiscientos pesos por él.

Don Samuel no dice nada. No puede decir nada. No dice nada pero piensa mucho. Piensa en el dinero que puede ganar si le vende el violín del músico a este señor por seiscientos pesos. Pero el violín no es de él todavía y no lo puede vender. Piensa en pagarle al músico unos cuantos pesos por él. El músico no es rico ni tiene dinero. El traje del músico es muy viejo y le puede pagar por el violín con un traje. Y si no desea un traje, le puede pagar hasta trescientos pesos. Si paga trescientos pesos por el violín y se lo vende al señor rico por seiscientos, gana trescientos pesos. Ganar trescientos pesos en un día no es nada malo. No todos sus amigos pueden ganar trescientos pesos en un día. Después de pensar en esto por algunos minutos dice:

—El violín no es mío, pero si usted desea yo puedo hablar con el músico y preguntarle si desea venderlo.

—¿Puede usted ver a ese señor? Deseo tener un Stradivarius y puedo pagar mucho dinero por éste.

—¿Y hasta cuánto puedo pagarle al músico por su violín?

—Puede pagarle hasta mil pesos por él. Y yo le pago cincuenta pesos más para usted. Dentro de dos días deseo saber si el músico vende o no vende su violín, porque deseo ir a Veracruz y no puedo estar aquí en México más de tres días.

Cuando don Samuel ve que el señor rico quiere pagar mil pesos por el violín, no sabe qué decir. Sólo piensa en los trescientos pesos o más que va a ganar. También piensa en el músico. Piensa que el músico no sabe que tiene un Stradivarius. Y ahora sólo desea ver al músico otra vez, para preguntarle si quiere vender el violín.

El señor rico se va de la tienda. Don Samuel, después de unos minutos, toma el violín con mucho cuidado y lo pone en la caja vieja. Después piensa otra vez en lo que va a ganar.

IV

Al día siguiente el músico regresa a la tienda de don Samuel. Le dice que todavía no sabe nada de su tío en Guadalajara, pero que espera saber algo dentro de uno o dos días más. También le dice que quiere su violín. Don Samuel toma el violín y lo pone en las manos del músico. Unos minutos después le dice:

—Si no sabe usted nada de su tío todavía, no hay cuidado;° puede dejar aquí esas cosas unos días más. También quiero decirle que si desea vender su violín yo tengo un amigo a quien le gusta mucho la música y desea tener un violín. ¿Dice usted que este violín es bueno?

°no... no se preocupe

—Sí, señor, es muy bueno y no lo vendo.

—Pero yo le pago muy bien. Le doy a usted trescientos pesos por su violín.

—¿Trescientos pesos por mi violín? Por seiscientos pesos no lo vendo.

—Le voy a dar los seiscientos pesos.

—No, señor, no puedo vender mi violín.

Don Samuel, cuando ve que el músico no desea vender el violín por seiscientos pesos, le dice que le da seiscientos cincuenta pesos. El músico después de pensar unos cuantos minutos, dice:

—¿Seiscientos cincuenta pesos por mi violín? Yo no tengo dinero ni soy rico. Este violín es todo lo que tengo y no lo puedo vender por seiscientos cincuenta pesos. Pero si usted me da ochocientos pesos... ochocientos pesos ya es algo.

Don Samuel, antes de decir que sí, piensa por algunos minutos: «Le pago ochocientos pesos a este músico y lo vendo por mil al otro señor. Me gano doscientos pesos. También gano los cincuenta pesos más que me va a dar el señor. Ya son doscientos cincuenta pesos que gano. No está mal ganar todo esto en sólo un día. Ninguno de mis amigos puede ganar tanto dinero como yo en un día». Después de pensar en esto, le dice al músico:

—Aquí están los ochocientos pesos.

Don Samuel saca de una caja ochocientos pesos y se

los da al músico. Éste toma el dinero y dice:

—Este dinero es todo lo que tengo. Para mí ochocientos pesos es mucho dinero. Pero ahora ya no tengo violín. Ya soy rico, pero ahora no soy músico.

El músico mira su violín por última vez y se va muy contento, sin pensar en pagar las cosas de su tío de Guadalajara con los ochocientos pesos. Don Samuel, como está tan contento por tener el violín, tampoco le dice nada al músico sobre esto.

Don Samuel espera todo el día al señor rico que va a pagar mil pesos por el violín, pero el señor no viene a la tienda. Espera otro día y tampoco llega. Espera dos días más y tampoco. Después de esperar seis días, don Samuel ya no está muy contento y piensa que el señor de los mil pesos no va a llegar nunca.

Pero cuando piensa que tiene un Stradivarius, está contento porque dice que ninguno de sus amigos tiene un violín tan bueno. Cuando está solo en la tienda, don Samuel toma el violín en sus manos, lo inspecciona con mucho cuidado y dice: «No todos pueden tener un Stradivarius como yo. Yo no soy músico, pero me gusta tener un violín tan bueno como éste. Y si deseo, puedo venderlo y ganar mucho dinero».

Un día llega a la tienda de don Samuel un músico que es amigo de él. Este músico sabe mucho de violines.

—¿Qué piensa Ud. de este violín? —le dice don Samuel, y toma la caja para enseñarle el Stradivarius a su amigo.

—El músico toma el violín en sus manos, lo inspecciona con mucho cuidado y le dice a don Samuel:

—Don Samuel, este violín es muy malo; no vale más de cinco pesos.

—Pero amigo mío, ¿qué dice usted? ¿que este violín es muy malo? ¿que no es un Stradivarius?

—Don Samuel, si este violín es un Stradivarius yo soy Paganini.° Este violín no es un Stradivarius ni vale más de cinco pesos, —le dice el músico por última vez.

° famoso violinista y compositor italiano

Desde ese día don Samuel ya no está tan contento como antes. Siempre piensa en los ochocientos pesos del violín. Ya no va a Chapultepec con su familia porque ya no le interesa la música. Cuando ve los violines de los músicos piensa en sus ochocientos pesos. Pero siempre tiene el violín en su tienda. A todos sus amigos se lo enseña y les dice:

—Esta lección de música vale para mí ochocientos pesos.

Comprensión

Cada parte del cuento tiene una idea central. Narre en sus propias palabras el cuento, partiendo de los siguientes temas:

PARTE I: descripción de don Samuel
PARTE II: el músico del Stradivarius
PARTE III: el señor viejo que busca un reloj
PARTE IV: la compra del Stradivarius

¿Y usted?

1. ¿Piensa usted que hay una moraleja en este cuento? Explique.   2. ¿Cree usted que se puede justificar lo que hace el músico pobre?   3. ¿Qué lección aprende el dueño de la tienda? ¿Opina usted que este señor merecía aprender esta lección? ¿Por qué (no)?

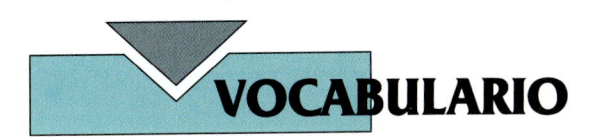

VOCABULARIO

Los materiales

el acero	steel
el algodón	cotton
el cartón	cardboard
el cuero	leather
la goma	rubber
el hierro	iron
el hilo	linen
el ladrillo	brick
el lino	linen
la madera	wood
la mezclilla	denim
el oro	gold
la pana	corduroy
la piel	leather; fur
la piel de visón	mink
la seda	silk
el terciopelo	velvet
el vidrio	glass

PALABRAS SEMEJANTES: el acrilán, el cemento, el plástico, el poliéster

REPASO: la lana, la plata

Las prendas de vestir y las joyas   *Clothing and Jewelry*

la bata	robe
el bolsillo	pocket
la bufanda	scarf
el calcetín	sock
los calzoncillos	men's underpants
la camiseta	T-shirt, undershirt
el camisón	nightgown
la cartera [chamarra]	wallet
el cinturón	belt
el collar (de perlas)	(pearl) necklace
la combinación	slip
el cuello (en V)	(V-neck) collar
el guante	glove
la guayabera	*embroidered shirt of light material, worn in tropical climates*
la manga	sleeve
las pantaletas	women's underpants
el pantalón	pants (*variant of* **pantalones**)
el paraguas	umbrella

el pijama	pajamas	el billete	bank note, bill (*money*)
la playera	T-shirt	la calculadora	calculator
la prenda	garment	la carnicería	meat market
la ropa interior	underwear	el centavo	cent
el sostén	bra	las compras	purchases
la talla	size	el corte	cut
la zapatilla	slipper	el cheque	check

REPASO: el anillo, los pantalones

el electrodoméstico — electrical home appliance
el estilo — style
la ganga — bargain
la heladería — ice-cream parlor

Los verbos

alcanzar	to be sufficient; to last
anunciar	to announce
dejar	to let (*someone do something*)
se lo(s)/la(s) dejo en…	I'll let you have it (them) for . . .
envolver (ue)	to wrap
envuelvo/envuelve	
llevarse	to take (away)
me lo llevo	I'll take/buy it
necesitarse	to be needed, necessary
prestar	to lend
probarse (ue)	to try on
me pruebo/se prueba	
quedarle apretado/suelto	to be tight/loose (*in fit*)
quedarle bien/mal	to look nice/bad on one
quedarle grande/pequeño	to be too big/small
me queda…	it is . . . on me
rebajar	to reduce (*in price*)
regalar	to give as a gift
regatear	to bargain
sujetar	to hold (*in place*)
traer dinero	to be carrying/have money at the moment
valer	to be worth; to cost
¿Cuánto vale?	How much is it?

costar: ¿cuánto cuesta?

las herramientas — tools
la licuadora — blender *el mantel*
el martillo — hammer
la mecedora — rocking chair
la moda — fashion, style
el ordenador — computer (Spain)
la pala — shovel
la plancha — iron
el radio-reloj (despertador) — (alarm) clock radio
la raqueta — racket
el regateo — bargaining
el rollo de película — roll of film
la tela = *sartén* — cloth
el televisor (en colores) — (color) TV set
la tienda de campaña — tent
las tijeras — scissors
la videocasetera — videocassette player

PALABRAS SEMEJANTES: el cassette, el compás, la computadora, el costo, el disco compacto, el elástico, el estéreo, la expresión, el lote, el uso

Los adjetivos

aficionado/a a	fond of
apretado/a	tight
azul marino	navy blue
cerrado/a	closed
cómodo/a	comfortable
de bolsillo	pocket (-size)
de cuadros	checked
de lunares	polka-dotted
de moda	fashionable
de rayas	striped
estrecho/a	tight
fino/a	of good quality
hecho/a a mano	handmade
pintado/a	painted
portátil	portable
rebajado/a	reduced (*in price*)

Las personas — People

el ama de casa	housewife
el caballero	gentleman
el contador/la contadora	accountant
la dama	lady
el/la fotógrafo	photographer
la pareja	couple
el vendedor/la vendedora	salesman/saleswoman

Los sustantivos

el abrelatas	can opener
el asador	barbecue grill

recién casado/a	just married	desgraciadamente	unfortunately
recto/a	straight	de vacaciones	on vacation
suelto/a	loose	entonces	then
		estar hecho/a de	to be made of

PALABRAS SEMEJANTES: eléctrico/a, horrible, importado/a, manual, materno/a, paterno/a

		gran	large, big (*when placed before noun*)
		mil	one thousand

Palabras y expresiones útiles

acerca de	about	(no tener) ni un centavo	to be broke
con frecuencia	frequently	¡Qué lástima!	What a pity!
¿De qué es?	What is it (made) of?	tener de todo	to be well stocked, have everything
Es de…	It is (made) of . . .		

OTOÑO

LA MODA COMIENZA EN LOS TEJIDOS

Ya están aquí. Todo un mundo de tejidos abiertos a la imaginación. Nobles, cálidos, de plena moda. Con los tonos que van a pegar fuerte esta temporada. Diseñados en exclusiva por los mejores creadores internacionales. Si quiere ver hasta dónde puede llegar la moda este Otoño, hay todo un departamento dedicado a usted. Exclusivamente.

El Corte Inglés

Use this ad to talk about changing styles, especially in women's clothing but in recent years in men's styles also. Ask students to describe changes from last season's styles to this season's. Optional: teach the expression *pegar* (to be "in").

GRAMÁTICA Y EJERCICIOS

14.1. Adjectives Used As Nouns

A. In English and Spanish, adjectives can be used as nouns, or nominalized. To nominalize an adjective in Spanish, delete the noun to which it refers and use a definite or indefinite article before the adjective.

¿Te gusta esta **blusa**? —Sí, pero prefiero **la roja**.	Do you like this blouse? —Yes, but I prefer the red one.
¿Quieres una **ensalada** grande o **una pequeña**? —**Una grande**, por favor.	Do you want a large salad or a small one? —A large one, please.

Note that **uno** rather than **un** is used in nominalizations before masculine singular adjectives.

¿Tienes un **coche** viejo o **uno nuevo**? —Tengo **uno** muy **viejo**.	Do you have an old car or a new one? —I have a very old one.

B. The nominalization of adjectives is also possible in sentences that contain **de** phrases.

Me gustan más los muebles de madera que **los de plástico**.	I like wood furniture more than plastic (furniture).
Carmen se compró una blusa de seda, pero yo me compré **una de algodón**.	Carmen bought herself a silk blouse, but I bought myself a cotton one.

C. To express an abstract idea using a nominalized adjective, use **lo** before the masculine singular form of the adjective.

lo moderno *the modern (thing)*
lo difícil *the difficult (part)*
lo interesante *the interesting (part)*

Lo malo es que él nunca comprendió lo que hizo.	The bad part (thing) is that he never understood what he did.
¡Qué mercado más lleno de gente! **Lo bueno** es que pudimos regatear y comprar varias cosas a precios bajos.	What a crowded market! The good thing is that we were able to bargain and buy some things at low prices.

D. **Lo que** corresponds to *that which* in English.

Carlos no sabe **lo que** quiere.	Carlos doesn't know what (that which) he wants.
Lo bueno es que Amanda nunca supo **lo que** pasó.	The good thing is that Amanda never found out what (that which) happened.

14.1. Students should be able to recognize the meaning of nominalized adjectives, but we do not expect them to produce them in their own speech. Stress the use of *lo* + adjective for abstract ideas and the meaning of *lo que*, because they are both commonly used and their meaning is not always obvious from context.

Ejercicio 1

Los estudiantes de la clase de español van a una fiesta, pero nadie puede decidir lo que va a llevar. Dígales lo que prefiere usted.

> MODELO: Carmen / las botas largas o las cortas →
> Carmen, yo prefiero las largas.

1. Nora / el vestido largo o el corto
2. Alberto / el abrigo de cuero o el de lana
3. Mónica / el suéter ligero o el grueso
4. Carmen / la falda azul o la blanca
5. Esteban / la camisa de seda o la de algodón

Ejercicio 2

Los amigos y vecinos de Estela no pueden decidir lo que van a comprar. Pregúnteles lo que van a comprar.

> MODELO: Pedro Ruiz: un carro rojo / un carro azul →
> Sr. Ruiz, ¿va a comprar uno rojo o uno azul?

1. Margarita Ruiz: una licuadora verde / una licuadora amarilla
2. Lola Batini: un abrelatas eléctrico / un abrelatas manual
3. Gustavo: una calculadora pequeña / una calculadora grande
4. Guillermo: una raqueta grande / una raqueta mediana
5. Amanda: una grabadora grande / una grabadora portátil

14.2. Demonstrative Pronouns

When a demonstrative adjective (**este, ese, aquel**) functions as a noun, it is called a *demonstrative pronoun*. Demonstrative pronouns are written with an accent mark to distinguish them from the demonstrative adjectives.

> ¿Quieres este reloj o **ése**?
> —Prefiero **éste**.
> Estos vestidos son muy caros.
> —Sí, pero **aquéllos** no.

> *Do you want this watch or that one? —I prefer this one.*
> *These dresses are very expensive. —Yes, but those aren't.*

Ejercicio 3

Usted no está de acuerdo con sus decisiones anteriores. Use el demostrativo **éste/a/os/as** o **ése/a/os/as** según el contexto.

> MODELO: Me gusta esta blusa pero prefiero ésa.

1. Yo pensaba comprar ese carro, pero ahora prefiero _____ que está aquí.
2. No he visto esa película, pero creo que prefiero ver _____.
3. No me gustan estos muebles, pero sí me gustan _____ de la otra tienda.
4. A Guillermo le gustan estas camas de agua, pero yo prefiero dormir en _____ que vimos ayer.

5. No me gusta este cuadro. Quiero comprar _____ que está allí en el rincón.
6. Me gusta esta bata, pero voy a comprar _____ que está allá, la rosada.
7. No me gustan esos guantes; quiero comprar _____ que están aquí.
8. Estas tijeras no funcionan muy bien; voy a comprar _____ que cuestan más.
9. No me dé este martillo; es demasiado pequeño. Déme _____ que está allí.
10. Ese pijama es caro. Prefiero comprar _____ de aquí que tiene un precio rebajado.

14.3. Possessive Pronouns

A. When a possessive adjective (**mi, tu, nuestro, su**) functions as a noun, it is called a *possessive pronoun* (**mío, tuyo, nuestro, suyo**). The most common use of possessive pronouns is to identify to whom something belongs.

| ¿De quién son estos guantes? —Son **míos**. | Whose are these gloves? —They're mine. |
| ¿Son de Alberto las herramientas? —Sí, creo que son **suyas**. | Do these tools belong to Al? —Yes, I think they're his. |

B. Note that possessive pronouns change their form to show gender and number.* Except after the verb **ser** (as in the above examples), they are accompanied by a definite article (**el, la, los, las**).

el mío	la mía	los míos	las mías
el tuyo	la tuya	los tuyos	las tuyas
el nuestro	la nuestra	los nuestros	las nuestras
el suyo	la suya	los suyos	las suyas

¿Dónde están los coches? —**El mío** está aquí, pero no veo **el tuyo**.	Where are the cars? —Mine is here, but I don't see yours.
¿Dónde están las raquetas? —**La mía** está en casa. ¿Dónde está **la tuya**?	Where are the rackets? —Mine is at home. Where is yours?
¿Es nuestro avión el grande? —No, **el nuestro** está al otro lado del edificio.	Is our plane the big one? —No, ours is on the other side of the building.

---

*Recognition: The possessive pronoun corresponding to **vosotros/as** is **el vuestro, la vuestra, los vuestros, las vuestras**.

C. In Spanish one possessive pronoun (**el suyo**) corresponds to the English possessive pronouns *yours* (*sing.* or *pl.*), *his*, *hers*, and *theirs*. Therefore, out of context, the sentence **El suyo no ha llegado** could correspond to all of the following English meanings: *His/hers/theirs/yours* (*sing.* or *pl.*) *hasn't arrived*. Normally in conversation, context will tell you to what and to whom **suyo/a/os/as** refers.

> ¿Dónde está la bicicleta de Mónica? —La mía está aquí, pero no he visto **la suya**.
>
> Where is Monique's bicycle? —Mine is here, but I haven't seen hers.

D. As an alternative to **suyo**, you may use the article followed directly by **de** plus the person.

> ¿Dónde está la motocicleta de Alberto? —**La de Alberto** está detrás de su apartamento.
>
> Where is Al's motorcycle? —Al's is in back of his apartment.

Ej. 4. Assign as homework and ask students to check their answers in answer key. Remind students that persons in answers must be part of the Ramírez family or among their friends and neighbors.

Ejercicio 4

Ernesto Ramírez estaba limpiando el garaje y encontró varias cosas. Ahora quiere saber de quién son. Estela contesta sus preguntas. Dé las respuestas de Estela, según el modelo.

MODELO: ¿De quién son estas herramientas? ¿Son de Jaime y Rodrigo? →
Sí, son suyas. (No, no son suyas. Son de _____.)

1. ¿De quién es este abrigo? ¿Es tuyo?
2. ¿De quién son estas tijeras? ¿Son de Paula y Andrea?
3. ¿De quién es este aceite? ¿Es mío?
4. ¿De quién son estas calculadoras? ¿Son de Ernestito?
5. ¿De quién es este televisor? ¿Es de tus padres?
6. ¿De quién es esta alfombra? ¿Es nuestra?
7. ¿De quién son estas cajas? ¿Son de Margarita y Pedro?
8. ¿De quién es la tienda de campaña? ¿Es de Gustavo?
9. ¿De quién es esta sartén? ¿Es tuya?
10. ¿De quién son estos ladrillos? ¿Son míos?

14.4. *Por* and *para*: Price, Beneficiary, Purpose

14.4. The use of *para* as an equivalent for "in order to" is common in ordinary speech and very useful to beginning students.

A. You already know that **por** is used as an equivalent for *through*, *by*, and *along* (**Caminamos por el río.**) and with time (**Esperamos por diez minutos.**). **Por** is also used with quantities and prices and corresponds to English (*in exchange*) *for*.

Gustavo, ¿cuánto pagaste **por** el suéter? —Lo compré **por** 30.000 pesos.

Gustavo, how much did you pay for the sweater? —I bought it for 30,000 pesos.

B. In addition to indicating destination (**Mañana salgo para Madrid.**) and deadlines (**La tarea es para el lunes.**), **para** can be followed by an infinitive to indicate function or purpose. In such cases **para** corresponds to English (*in order*) *to*.

¿**Para** qué usan estos trapos?
—**Para** limpiar las ventanas.
Para coser su propia ropa se necesita mucha paciencia.

What do you use these rags for?
—To clean the windows.
In order to make your own clothes you need a lot of patience.

Para is also used to indicate the beneficiary or recipient of something.

¿**Para** quién es este regalo?
—Es **para** mi esposa Margarita.

For whom is this gift? —It's for my wife, Margarita.

Ejercicio 5

Conteste las preguntas usando la preposición **para**.

MODELO: ¿Para qué haces ejercicio? →
Para mantenerme en buena condición física.

1. ¿Para qué vas a la biblioteca?
2. ¿Para qué estás limpiando tu cuarto ahora?
3. ¿Para qué vas a usar la aspiradora?
4. ¿Para qué trajiste las herramientas?
5. ¿Para qué compraste el mantel rojo?

a. Para limpiar la alfombra de la sala.
b. Para reparar el coche.
c. Para buscar un libro que necesito para mi clase de historia.
d. Para usarlo en la fiesta esta noche.
e. Para no tener que limpiarlo después.

Ejercicio 6

Complete los diálogos entre Pilar y Clara con **por** o **para**.

—Mira, ¡qué blusa más bonita! Y la compré _____¹ solamente 1.300 pesetas.
—¿_____² quién es?
—Es _____³ mi hermana, pero me gustaría comprar una _____⁴ mí también.
—En El Corte Inglés vi unos pantalones Levi _____⁵ 3.000 pesetas.
—Eso es un poco caro. Los míos los compré _____⁶ 2.800.
—Acabo de comprar una bufanda de lana _____⁷ 2.800 pesetas.

—¿_____⁸ quién es?
—Es _____⁹ mi abuela.
—Yo vi unas bufandas de seda muy lindas en Galerías Preciados _____¹⁰ solamente 3.600 pesetas.
—¿Bufandas de seda? ¿A ese precio? ¡Es una ganga! Tal vez compro una _____¹¹ mi mamá también.

14.5. Exchanging Items: Indirect Object Pronouns

Certain verbs describe the exchange of items between persons: **dar** (*to give [something to someone]*), **traer** (*to bring [something to someone]*), **llevar** (*to carry, take [something to someone]*), **prestar** (*to lend [something to someone]*), **devolver** (*to give [something] back [to someone]*), **regalar** (*to give as a gift [to someone]*), and so forth. entregar, vender

Amanda me va a **traer** el disco que le **presté**.	*Amanda is going to bring me the record that I lent her.*
Gustavo me **devolvió** el dinero que me debía.	*Gustavo returned (to me) the money that he owed me.*

Normally these verbs are accompanied by indirect object pronouns (**me, te, le, nos, les**) even when the person involved is specifically mentioned.

Le di el dinero **a mi hermano Guillermo**.	*I gave the money to my brother Guillermo.*
Daniel, ¿**le** llevaste **a tu novia** las flores que le prometiste?	*Daniel, did you take your girlfriend the flowers you promised her?*
Amanda, ¿qué **le** vas a regalar **a tu novio** para Navidad?	*Amanda, what are you going to give (to) your boyfriend for Christmas?*

Ejercicio 7

Estas oraciones son parte de una conversación que se oyó en la casa de los Saucedo el día de Navidad. Llene los espacios con el pronombre apropiado, según el contexto.

—Raúl, ¿qué _____¹ regalaste a tu papá?
—_____² regalé una bata nueva.

—Miren, todos, lo que _____³ trajo la tía Clara a mamá: una licuadora.

—Marisa, ¿qué _____⁴ llevaste a tu abuelita ayer?
—_____⁵ llevé un perfume que papá _____⁶ trajo de Francia a Clarisa y a mí.

—Papá, mira lo que _____⁷ dio mami a nosotras: un juego de ajedrez.

—Raúl, creo que vas a tener que devolver_____⁸ esta camisa a tu abuelo, porque te queda muy pequeña.

14.6. Using Indirect and Direct Object Pronouns Together

A. Sometimes there is more than one object pronoun in a sentence. This is common if you want to *do something for someone, take something to someone, fix something for someone, buy something for someone,* and so forth. The indirect object (**me, te, le, nos, les**) is usually the person *for whom* you are doing something, and the direct object (**lo, la, los, las**) is the thing involved.

¿Quiere usted **el postre** ahora? —Sí, tráiga**melo**,* por favor.
Do you want the dessert now? —Yes, bring it to me, please.

¿**Me** devolviste **las llaves** ayer? —Sí, **te las** devolví en la tarde.
Did you return the keys to me yesterday? —Yes, I returned them to you in the afternoon.

B. Note the following possible combinations with **me, te,** and **nos.**

me lo(s) me la(s) }	it (them) to me	nos lo(s) nos la(s) }	it (them) to us
te lo(s) te la(s) }	it (them) to you		

Pedro, si **te** falta **dinero**, puedo prestár**telo**.
Pedro, if you need money, I can lend it to you.

¿**Me** trajiste **las llaves**? —Sí, **te las** traje; aquí están.
Did you bring me the keys? —Yes, I brought them to you; here they are.

¿Señores, **les** preparo **la cena** ahora? —No, por favor, prepáre**nosla** más tarde.
Gentlemen, should I prepare dinner for you now? —No, please prepare it for us later.

C. The indirect object pronouns **le** and **les** change to **se** when used together with the direct object pronouns **lo, la, los,** and **las.**

se lo	it (m.) to you, him, her, them
se la	it (f.) to you, him, her, them
se los	them (m.) to you, him, her, them
se las	them (f.) to you, him, her, them

While all these combinations may look confusing in abstract sentences, in the context of real conversations you will generally know to whom and to what the pronouns refer.

Guillermo, ¿**le** llevaste a **papá** sus zapatillas? —Sí, ya **se las** llevé.
Guillermo, did you take Dad his slippers? —Yes, I already took them to him.

---

*Remember that when object pronouns follow a verb form, they are written together as one word and have an accent mark on the stressed syllable.

14.6. Students must be able to understand two object pronouns together when they hear or read them, but most first-year students are unable to use double-object pronouns spontaneously in their speech, except for a few common phrases such as *hágamelo, tráigamelo,* and *lléveselo.* However, we recommend that you introduce them and even practice them in order to lay the foundation for future review and eventual acquisition. We are convinced that when proficiency is finally attained, learners operate with the double pronouns as sets—such as *me lo, se lo, se las*—rather than as two separate words.

Mamá, ¿**le** compraste una camisa nueva a **papá**? —Sí, **se la** compré hoy.

Mom, did you buy Dad a new shirt? —Yes, I bought it for him today.

Ernestito, ¿**les** diste los discos a tus **hermanas**? —Sí, **se los** di esta mañana.

Ernestito, did you give the records to your sisters? —Yes, I gave them to them this morning.

Sr. Ramírez, ¿**le** entregó usted las llaves al **gerente**? —Sí, **se las** entregué ayer.

Mr. Ramírez, did you hand in the keys to the manager? —Yes, I handed them in to him yesterday.

D. Remember that any object pronoun can be attached to an infinitive or present participle.

Srta. López, el informe para la presidenta Ruiz, ¿va usted a **entregárselo** ahora? —No, ya **se lo entregué** esta mañana.

Miss López, the report for President Ruiz, are you going to hand it in to her now? —No, I already turned it in to her this morning.

Adriana, necesito las listas de los clientes. ¿Vas a **preparármelas** esta tarde? —No, estoy **preparándotelas** ahora mismo.

Adriana, I need the lists of clients. Are you going to get them ready for me this afternoon? —No, I'm getting them ready for you right now.

Ejercicio 8

Hace varios días que Gustavo y su primo Ernestito no se ven. Por eso Ernestito le hace muchas preguntas hoy a Gustavo. Haga el papel de Gustavo y conteste según el modelo.

MODELO: ERNESTITO: ¿Ya le diste la revista a tu madre?
GUSTAVO: Sí, se la di ayer.

1. ¿Ya le entregaste la tarea de biología al profesor?
2. ¿Ya le vendiste el cassette de José José a Ramón?
3. ¿Ya le diste la carta a Amanda?
4. ¿Ya le prestaste la calculadora a Roberto?
5. ¿Ya le llevaste las muñecas a tu hermana?

Ahora Gustavo le hace a Ernestito algunas preguntas. Haga el papel de Ernestito y conteste según el modelo.

MODELO: GUSTAVO: ¿Cuándo me vas a mostrar tu nuevo radio cassette?
ERNESTITO: Voy a mostrártelo mañana.

6. ¿Cuándo vas a prestarme las herramientas para reparar mi bicicleta?
7. ¿Cuándo vas a devolverme el suéter que te presté la semana pasada?
8. ¿Cuándo vas a traerme el cassette de Roberto Carlos que me prometiste?

9. ¿Cuándo vas a darme la carta que me escribió Amanda?
10. ¿Cuándo vas a mostrarme tus libros nuevos?

Ejercicio 9

La madre de Gustavo le hace algunas preguntas sobre lo que él va a hacer mañana. Conteste por él, según el modelo.

MODELO: MADRE: ¿Les vas a mostrar tu nuevo radio portátil a tus amigos?
GUSTAVO: Sí, voy a mostrárselo ahora.

1. ¿Le vas a pedir dinero a tu padre?
2. ¿Les vas a prestar las tijeras a Ernesto y a Estela?
3. ¿Le vas a llevar las fotos a tu abuelita?
4. ¿Les vas a devolver las herramientas a los Ruiz?
5. ¿Le vas a regalar un anillo a Graciela?

Ejercicio 10

Ernesto tiene mucha prisa y por eso le pide a Estela que haga algunas cosas. Estela dice que ya está haciendo lo que él le pide que haga. Conteste las preguntas, haciendo el papel de Estela.

MODELO: ERNESTO: ¡Ay Estela, qué hambre! ¿Ya está el desayuno?
ESTELA: Te lo estoy sirviendo ahora mismo.

1. ¿Puedes darme una servilleta, por favor?
2. No voy a tener tiempo de salir a almorzar. ¿Puedes prepararme una torta de jamón?
3. Estela, quiero ponerme una camisa limpia. ¿Puedes planchármela?
4. Ay, tengo prisa y no encuentro mi cinturón. ¿Puedes buscármelo?
5. Hoy trabajé mucho y estoy muy cansado. ¿Puedes buscarme las pantuflas?

Ejercicio 11

Pedro Ruiz le hace a Amanda varias preguntas sobre lo que van a hacer sus amigos, vecinos y familiares. Haga el papel de Amanda y conteste según el modelo.

MODELO: PEDRO: ¿Te va a reparar Ramón tu radio cassette?
AMANDA: Ya me lo reparó la semana pasada.

1. ¿Te va a regalar tu abuela una blusa nueva para tu cumpleaños?
2. ¿Te va a comprar Graciela un regalo para tu cumpleaños?
3. ¿Te va a prestar Gustavo su bicicleta para el paseo este fin de semana?
4. ¿Te va a traer Roberto los libros de la escuela?
5. ¿Te va a dar tu madre el dinero para el cine?

CAPÍTULO QUINCE

LOS CONSEJOS

Caracas, Venezuela

METAS

In **Capítulo quince** you will learn how to persuade others to do things by giving commands, making suggestions, offering advice, and extending invitations.

ACTIVIDADES ORALES Y LECTURAS

Las instrucciones y los mandatos
Los consejos
La crianza y el comportamiento social

«Tips para dar una súper-fiesta»
«Los dichos populares»
«Cómo enseñarles»
«La telenovela»
«Lazarillo y el ciego»: Anónimo

GRAMÁTICA Y EJERCICIOS

15.1 Direct Commands: Polite and Informal
15.2 Pronoun Placement (Summary)
15.3 The Subjunctive Mood
15.4 "Let/Have Someone Else Do It": ¡**Que** + Subjunctive!
15.5 Making Suggestions: *Let's* (Subjunctive)

GOALS—CHAPTER 15

The focus of Chapter 15 is on persuasion, asking others to do things. This includes direct commands of all sorts; giving and following advice; and making dates, suggestions, and invitations. The structures include both formal and informal commands (students need only recognize the latter), and the subjunctive forms used in noun phrases preceded by expressions of volition.

ACTIVIDADES ORALES Y LECTURAS

LAS INSTRUCCIONES Y LOS MANDATOS

Review formal commands with TPR. Make the commands as complex as possible. Examples: *Ponga la mano derecha en el hombro izquierdo. Toque un zapato azul. Dé una vuelta a la derecha. Camine a la pizarra y escriba su nombre.* Write commands on the board in two columns of *-ar* and *-er/-ir* verbs to remind students of the vowel correspondences. New words: *comerse, haz (hacer)*.

AA 1. TPR. Ask students to give you commands that you can act out in class. Write each command on the board as it is given. If they do not know a command form, ask them to give it in English and then supply the correct form in Spanish. Each student must give you a different command. Encourage them to give funny or outrageous commands.

AA 2. Show pictures of people doing things. Give a picture to a student and ask him/her to command you to do whatever is being done in the picture.

AA 3. Review giving directions. Have a volunteer stand up. Command him/her to walk in various directions: *Siga adelante. Doble a la derecha. Doble a la izquierda,* etc. Pair up students and have them give each other directional commands.

¡OJO!   *Estudie Gramática 15.1–15.2.*

Los mandatos de los Ruiz...

- Arregla tu cuarto, haz la tarea y luego acuéstate.
- Cómete toda la comida y no hables mientras comes.
- Sí, tráigame un café, por favor.
- Revíselo y llámeme a casa.
- Sacuda y pase la aspiradora.
- ¿Y las ventanas, señora?
- No las lave hoy. Mejor la semana próxima.

Actividad 1. Los mandatos

¿Qué mandatos se le puede dar a… ?

1. la señora que limpia la casa c
2. un asistente de vuelo b
3. una dependienta en una tienda de ropa f
4. un mesero en un restaurante a
5. un mecánico e
6. una estudiante en una clase universitaria d

a. Tráigame primero la sopa, por favor.
b. Tráigame una almohada, por favor.
c. Sacuda los muebles y después pase la aspiradora, por favor.
d. Entregue su tarea mañana, por favor.
e. Revíselo y dígame si necesita reparaciones, por favor.
f. Muéstreme uno un poco más grande, por favor.

Actividad 2. Mandatos para Ernestito

Piense un poco en su niñez y va a recordar que los niños pasan la mayor parte del tiempo escuchando órdenes. Imagine que usted es Ernestito y que tiene 8 años. Son las 7:00 de la mañana y su mamá entra en su cuarto. De los siguientes mandatos, ¿cuáles cree usted que le da Estela a Ernestito? ¿Por qué?

1. Haz la tarea antes de acostarte.
2. Levántate pronto o vas a llegar tarde a la escuela.
3. Báñate y lávate los dientes.
4. Ven a desayunar ya o se te va a enfriar la comida.
5. Saca la basura antes de cenar.
6. Péinate con cuidado.

Actividad 3. Mandatos para Ernestito en la escuela

Ernestito ha obedecido todas las órdenes de su mamá y ahora está en el salón de clase. Su maestra, la señorita Marta Moreno, se pasa la mañana dándole órdenes. Indique los mandatos apropiados. Explique por qué son —o no son— apropiados.

1. Guarda tus juguetes en el armario del garaje.
2. Lee la Lección dos con mucho cuidado.
3. Cómete todo el almuerzo.
4. Lávate las manos antes de estudiar la lección.
5. Escribe las respuestas en la pizarra.
6. Ponte los pantalones verdes hoy.
7. Borra la pizarra, por favor.

Actividad 4. Más mandatos

El pobre de Ernestito va a pasar la otra mitad del tiempo escuchando la palabra «no». ¿Quién le da los siguientes mandatos: la madre, la maestra o las dos? Explique su respuesta.

madre 1. No juegues en la sala.
" 2. No le pidas dinero a tu abuelita.
maestra 3. No escribas en tu pupitre.
madre 4. No comas dulces ahora, que ya vamos a cenar.
" 5. No grites; estoy hablando por teléfono.
" 6. No pongas tus juguetes encima de la cama.
maestra 7. No <u>tires</u> la pelota dentro del salón de clase.

LECTURA   Sugerencias para los chicos jóvenes

TIPS PARA DAR UNA SÚPER-FIESTA

▲▲▲▲▲▲▲▲▲▲▲▲▲▲

Lectura: This article was taken from the Mexican magazine *Tú internacional*. We suspect it was written for high school students. Brainstorm other ideas for a successful party for college-age students. If you have older students, ask them to compare parties in their school days with parties now. The use of subjunctive forms in the *Discusión* questions should pose no comprehension problems.

¿Quieres dar una fiesta inolvidable? La Sra. Liety Raventos de Pubillones, del *International Etiquette School* en Coral Gables, Florida (EE.UU.), nos explica las reglas a seguir:
- Tus padres deben recibir a los invitados a su llegada y retirarse a sus habitaciones o a la sala de estar, permaneciendo disponibles[1] por si las cosas no van bien y necesitas de ellos.
- Si es una reunión numerosa, invita a diferentes tipos de personas. Pero si es pequeña, entonces debes *equilibrarla*. Es decir, no invites a personas que no se lleven entre sí[2] o que no tengan puntos en común.
- Haz las invitaciones por teléfono o por escrito.

Aunque la primera alternativa es más económica, en la segunda no corres el riesgo[3] de que los invitados olviden los detalles de la fiesta.
- Especifica si la fiesta es informal o formal para que se vistan para la ocasión.
- El día de la fiesta, ten en mente estos detalles:
  1. Estar listo antes de tiempo.
  2. Saludar a todos los invitados.
  3. Hacer que se sientan como en su casa.
  4. Si surgen[4] problemas (abuso del alcohol, invitados inesperados, discusiones, etc.), pídele a tus padres que te ayuden a deshacerte[5] de esos invitados indeseados.

---

[1]*available*   [2]*se... get along together*   [3]*risk*   [4]*arise*   [5]*get rid of*

Discusión

1. En su opinión, ¿es buena idea que los padres del chico (de la chica) que da la fiesta estén en otra habitación durante la fiesta? ¿Por qué (no)?
2. ¿Por qué es necesario que la persona que da una fiesta pequeña se preocupe por equilibrar la lista de invitados?
3. ¿Le parece buena la idea de que los padres ayuden al chico (a la chica) a

deshacerse de los invitados que causan problemas? ¿Por qué (no)?
4. Entre estas sugerencias, ¿cuáles son útiles para cualquier fiesta, no sólo para una de chicos jóvenes? ¿Por qué?

LOS CONSEJOS

Tell various students to do things in classroom, using commands familiar to them but in the following pattern: *Quiero que usted se levante. Ahora quiero que se siente*, etc. Also use the other expressions of volition included in the display. Include object pronouns whenever possible. New words: *notas, prohibir, proyecto, rogar.*

¡OJO! *Estudie Gramática 15.3–15.4.*

Los consejos de los Ruiz...

Es necesario que terminemos este proyecto hoy.

Les prohíbo que se casen tan jóvenes.

Te recomiendo que no compres un coche deportivo.

Espero que recibas buenas notas este año.

Pedro es un sarape mojado.

¡Que los lave Amanda!

Les ruego que no hagan tanto ruido. Estoy trabajando.

Act. 5. The 3 suggestions (*es indispensable que, es importante que, no es necesario que*) were meant to illustrate three levels of possible replies; however, you may want to substitute your own replies or have students supply their own. Have students brainstorm other suggestions with *es importante que uno...* New words: *conservar, droga, es importante que, es indispensable que, físicamente, gusto, importancia, paciencia, sentido del humor.*

Actividad 5. Consejos para una vida feliz

¿Qué importancia tienen estos mandatos para tener una vida feliz? Explique sus opiniones.

Para vivir feliz, es indispensable que uno...
　　　　　　　　es importante que uno...
　　　　　　　　no es necesario que uno...

1. tenga paciencia.
2. cuide su salud.
3. visite a la familia y a los amigos con frecuencia.
4. trabaje por el gusto de trabajar y no solamente para ganar dinero.
5. duerma ocho horas diariamente.
6. se case con una persona físicamente atractiva.
7. conserve su sentido del humor.
8. no use drogas.
9. disfrute cada día.
10. viaje a otros países.

Ahora invente usted dos o tres mandatos que usted crea importantes para tener una vida feliz.

Es importante que uno...
Es indispensable que uno...

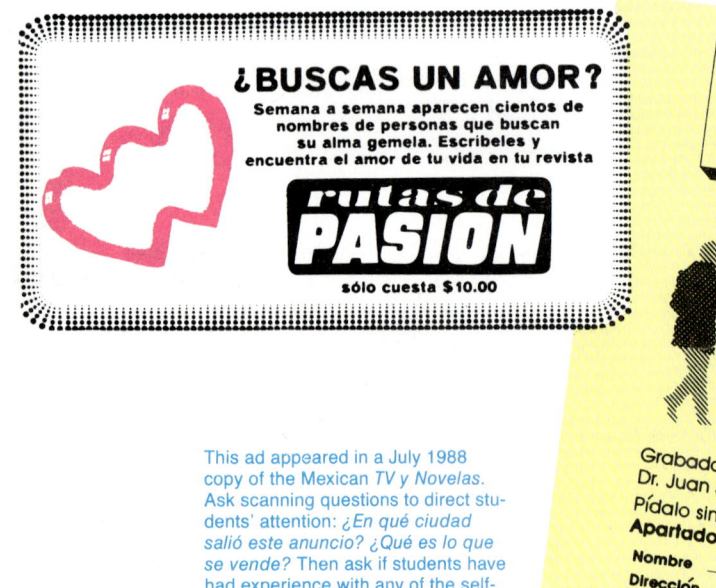

This ad appeared in the Mexican magazine *Claudia*. It is for a *fotonovela* called *Rutas de pasión*, which contains a complete photo story as well as lonely hearts ads. Use it as a starting point for a discussion of ways in which people meet potential mates.

This ad appeared in a July 1988 copy of the Mexican *TV y Novelas*. Ask scanning questions to direct students' attention: ¿En qué ciudad salió este anuncio? ¿Qué es lo que se vende? Then ask if students have had experience with any of the self-help cassettes now widely available. Optional: Discuss the trend to recording novels on cassettes for people who don't wish (or have time) to read.

¿BUSCAS UN AMOR?
Semana a semana aparecen cientos de nombres de personas que buscan su alma gemela. Escríbeles y encuentra el amor de tu vida en tu revista
rutas de PASIÓN
sólo cuesta $10.00

EL SECRETO DE LA FELICIDAD
¡Todos lo buscan!
¡CASSETTE GRATIS!
Grabado por el reconocido conferencista argentino, Dr. Juan S. Boonstra.
Pídalo sin compromiso a "REFLEXION"
Apartado Postal No. 14-351 07000 MEXICO, D.F.
Nombre _____
Dirección _____
Ciudad _____ Estado _____

Act. 6. Work with entire class on first part. Formulate advice, with their help, using verbs at right. Then encourage students to suggest *consejos* about current events. Divide them into groups for the second section. New words: *aconsejar, aprobar, aumentar, directamente, es mejor, es preferible, es recomendable, el/la gobernador(a), hogar, influir, el/la jefe/a, presupuesto, el/la senador(a), social, en voz alta/baja*.

Actividad 6. Influyendo sobre las acciones de otros

En algunos casos usted cree que sabe lo que otras personas deben hacer, pero considera que no es correcto decírselo directamente. Use las siguientes frases para sugerirles algo importante a estas personas: **le aconsejo que, espero que, es necesario que, es preferible que, es mejor que.**

MODELO: Sr. Gobernador, *es recomendable que* usted nos *dé* más dinero para los servicios sociales.

LAS PERSONAS:

1. Sr. Presidente,…
2. Sra. _____ (su jefa),…
3. Sra. Senadora,…
4. Sr. Profesor,…

ALGUNAS IDEAS:

dar(nos) más/menos tarea
resolver el problema del presupuesto
(no) ayudar a las personas sin hogar
(no) subir los impuestos
aumentar(me) el sueldo
(no) aprobar el proyecto nuevo

Ahora, déles consejos a algunos de sus compañeros de clase. *use other verbs from P437*

MODELO: Mike, *te ruego* que *no fumes* en clase.

ALGUNAS IDEAS:

(no) venir a la fiesta
(no) invitar a _____ a la fiesta
(no) prestar(le) dinero a _____
(no) hacer la tarea ahora

(no) llegar tarde/a tiempo
(no) hablar en voz alta/baja
(no) manejar rápido

Act. 7. Be aware that some of the matrices require the subjunctive and some the infinitive. An easy way of helping students remember this is to use as a springboard for conversation a question such as #4: ¿*Qué quieres hacer...?* ¿*Qué quieren tus padres que hagas?* Lead students in the right direction without too much explanation by putting patterns for both types of answers on the board: *Después de graduarme quiero _____r. Mis padres quieren que (yo) _____.* Fill in blanks as students give their responses. We have used the expression *graduarse* to correspond to the American situation, but the Spanish term varies from country to country (*recibirse, terminar el título, completar el grado,* etc.). New words: *meta, seguir + -ndo, uno/a mismo/a*.

Actividad 7. Entrevistas: Las metas

AL FINAL DE ESTE SEMESTRE (TRIMESTRE)

1. Después de terminar este curso, ¿vas a seguir estudiando español?
2. ¿Tienes amigos con quienes puedes practicarlo? ¿Puedes usar el español en tu trabajo?
3. ¿Te gustaría visitar algún país hispano? ¿Cuál?

DESPUÉS DE LA GRADUACIÓN

4. ¿Qué quieres hacer después de graduarte en la universidad? ¿Qué quieren tus padres que hagas?
5. Si vives ahora con tus padres, ¿quieres seguir viviendo con ellos por un tiempo? ¿Por qué (no)? ¿Quieren tus padres que sigas viviendo con ellos?
6. ¿Qué es más importante, seguir los deseos de uno mismo o los de los padres?
7. Si no estás casado/a, ¿quieres casarte? ¿Quieren tus padres que te cases? ¿Por qué (no)?

Actividad 8. Diálogo original

Gustavo quiere pasar una semana acampando en las montañas con un grupo de amigos. La idea en sí no le parece mala a su padre, pero el problema es que Gustavo quiere usar el coche de la familia, porque es grande y caben muchas cosas. Trabajando con un compañero (una compañera), hagan el papel de Gustavo y de su padre.

GUSTAVO: Pero papá, soy muy buen chofer; nunca he tenido un accidente.
SR. RIVERO: Ya lo sé, hijo, pero… y no quiero que…
GUSTAVO: Papá, te ruego que…

Actividad 9. ¡Supongamos!

Esteban tiene que tomar un examen mañana a las 8:00. Es muy tarde y en el apartamento de al lado hay una fiesta con música que no le permite dormir. Esteban va al apartamento y cuando les pide que bajen el volumen de la música, cierran la puerta sin contestarle. ¿Qué le recomienda usted a Esteban?

MODELO: Le recomiendo (aconsejo) que…
Es mejor que…

Su amigo Juan Carlos solicitó empleo de cajero en el Banco Comercial. Hoy tiene una entrevista. Llega a su casa dos horas antes de la entrevista y le pide a usted consejos sobre lo que debe hacer y decir. Usted lo mira y se da cuenta de que tiene el pelo hasta los hombros y que lleva sandalias, pantalones cortos y una camiseta sin planchar. ¿Qué le sugiere usted?

MODELO: Mira, Juan Carlos, en un banco la apariencia es muy importante. Es preferible que…
También te sugiero que…

Actividad 10. ¿Qué le va a aconsejar?

Usted es un trabajador social (una trabajadora social) en el Departamento de Bienestar Público. La mayor parte del tiempo trabaja de consejero/a, tratando de ayudar a las personas que lo/la visitan a solucionar sus problemas. Hoy ha llegado a su oficina el señor Rafael Gallegos pidiendo consejo. ¿Cómo va a ayudarlo usted? ¿Qué le va a aconsejar?

Mi padre abandonó a mi madre cuando yo tenía doce años. Soy el mayor de cuatro hermanos y mi madre tuvo que trabajar muy duro para sostenernos y mandarnos a la escuela. Mi padre nunca regresó ni se preocupó por nosotros. Mis hermanos y yo nos criamos° sin el apoyo de un padre. Mi madre nunca tuvo suficiente tiempo para atendernos° porque tenía que trabajar mucho.

    Empecé a trabajar muy pronto y a tomar clases por la noche. Gracias a mis buenas notas, pude entrar en la universidad. Mi madre siempre ha estado muy orgullosa de sus hijos, pero últimamente mis dos hermanos menores se han metido en líos, drogas y pandillas de delincuentes.° No estudian ni trabajan. Mi madre está desesperada y me ha pedido que deje° los estudios y que por favor regrese a casa para que la ayude. Ahora yo no sé qué hacer. Quiero a mi madre y deseo ayudarla, pero también quiero continuar mis estudios en la universidad. ¿Qué me aconseja usted?

nos... were raised
to take care of us
pandillas... juvenile gangs
I quit

Actividad 11. Los quehaceres de la casa

Estela se cansa porque tiene que hacer todos los quehaceres de la casa. Ernesto le dice que no es necesario que haga todo, que los niños deben aprender a ayudarla. Haga el papel de Ernesto y déle sugerencias a Estela.

MODELO: ESTELA: Ay, no tengo tiempo de barrer el patio.
               ERNESTO: Que lo barra Ernestito.

    ESTELA: Necesito ir a comprar el pan.
   ERNESTO: …
    ESTELA: No he tendido las camas.
   ERNESTO: …
    ESTELA: Hay que lavar los platos.
   ERNESTO: …
    ESTELA: Es necesario planchar el mantel.
   ERNESTO: …
    ESTELA: Quiero descansar pero debo hacer unas tortas para el almuerzo.
   ERNESTO: …

NOTA CULTURAL   Los dichos populares

Los dichos° populares son una parte esencial de todo idioma. Estas frases expresan la actitud del hombre hacia la vida; reflejan su cultura y también su clase social. El origen de muchas de estas expresiones se encuentra en la literatura, en el folklore y en la tradición oral. Los eufemismos y los modismos° enriquecen° el idioma y agregan° un toque° de humor al lenguaje coloquial, aunque a veces se necesita conocer el contexto para comprender su significado.

Al decir que una persona «pasó a mejor vida» o que «estiró la pata»,° se quiere decir que esa persona murió. Si se dice que un hombre y una mujer están «casados detrás de la iglesia», significa que viven juntos sin casarse. Una persona que se encuentra frente a un dilema difícil de resolver está «entre la espada° y la pared». De una persona que expresa su opinión abiertamente, sin rodeos,° se dice que llama «al pan, pan y al vino, vino», o sea° que dice la verdad. Cuando alguien habla mucho pero no hace nada, se dice: «Perro que ladra° no muerde°».

Aquí hay algunos consejos en forma de dichos:

- «El martes ni te cases ni te embarques°.» El martes trece es un día de mala suerte, como el viernes trece lo es en los Estados Unidos.
- «Más vale pájaro en mano que cien volando.» No corra riesgos.° Lo más seguro es lo que se tiene, aunque sea° poco.
- «Más sabe el diablo° por viejo que por diablo.» Escuche los consejos de las personas mayores, porque por haber vivido° más tienen más experiencia del mundo.

sayings

expresiones / enrich
dan / touch

"he stretched a paw"

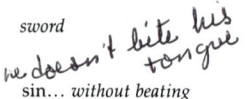

sword

he doesn't bite his tongue

sin... without beating around the bush
o... that is
barks / bite

te... embark (on a journey)

risks / aunque... although it may be

devil

haber... having lived

Comprensión

Adivine el significado de los siguientes dichos y agregue otros que usted conozca.

1. Cada loco con su tema.
2. Ojos que no ven, corazón que no siente.
3. Si le viene el saco, póngaselo.
4. Dime con quién andas y te diré quién eres.
5. En boca cerrada no entran moscas.
6. No le pidas peras al olmo.
7. Aunque la mona se vista de seda, mona se queda.
8. La esposa ideal nunca se casa.
9. La mentira tiene las piernas cortas.
10. Si no puedes morder, no enseñes los dientes.

Los consejos **425**

LA CRIANZA Y EL COMPORTAMIENTO SOCIAL

¡OJO!   *Estudie Gramática 15.5.*

Las sugerencias de los Ruiz...

- Tomemos un refresco.
- Sigamos trabajando.
- Corramos por el parque.
- Estudiemos juntas.
- Paseemos por la plaza.
- Tomemos fotos del monumento.

Actividad 12. Cómo criar a los niños

Aquí tiene usted algunas ideas y sugerencias que da Ernesto para la crianza de Ernestito. ¿Está usted de acuerdo con estas sugerencias? Explique.

1. Démosle toda la comida que quiera.

2. Comprémosle muchos libros.
3. Limitémosle las horas que puede ver la televisión cada día.
4. Expliquémosle con paciencia por qué no se le permite hacer algo.
5. Castiguémoslo cuando llora.
6. No dejemos que lo cuide la niñera nunca.
7. Démosle una buena educación en una escuela privada.
8. No le permitamos que hable con desconocidos.

Actividad 13. Para dar una fiesta...

Siempre es mejor planear una fiesta con otra persona. Trabaje con uno o dos compañeros de clase. Supongan que necesitan planear las siguientes fiestas y hagan sugerencias para dar unas fiestas muy divertidas.

MODELO: una fiesta informal en la playa →
Llevemos una pelota de voleibol.
Busquemos un lugar tranquilo.

1. una fiesta de Año Nuevo en su casa
2. una fiesta sorpresa de cumpleaños para su mejor amigo/a
3. una fiesta de fin de curso en la clase
4. una fiesta formal para su jefe/a

Actividad 14. Diálogos originales

1) Esteban quiere salir con una muchacha que se sienta a su lado en la clase de química. La llama por teléfono.

ESTEBAN: Bueno, ¿está Lucía?
LUCÍA: Sí, soy yo. ¿Quién habla?
ESTEBAN: ...

2) Usted es una persona soltera. Trabaja en una oficina con varias personas muy simpáticas a las que no conoce muy bien. A usted le gustaría salir con una de ellas pero no sabe si es casada, soltera o divorciada pues a causa del tipo de trabajo que ustedes hacen, nadie acostumbra llevar anillos. Usted decide charlar con la persona para saber si puede invitarla a salir.

USTED: Hola, es una tarde linda para...
ÉL/ELLA: Sí, tiene razón...

Actividad 15. Situación

Esteban finalmente consigue una cita con Lucía, la muchacha de su clase de química. El día de la cita Esteban está trabajando cuando llega su jefe a pedirle que trabaje hasta la 1:00 de la mañana porque se ha enfermado otro empleado. Si trabaja, tiene que cancelar la cita. Si no trabaja, el jefe puede disgustarse. ¿Qué le aconseja usted a Esteban?

MODELO: Le aconsejo (recomiendo) que...
Le voy a decir que...

Act. 16. Follow up this interview with a discussion of the most interesting questions; for example, #3.

Actividad 16. Entrevistas: Las citas

1. ¿Sales mucho con tus amigos?
2. ¿Qué le dices a una persona a quien quieres invitar a salir contigo aunque no la conoces bien?
3. ¿Adónde vas la primera vez que sales con una persona?
4. ¿Es recomendable salir con una persona a quien no se conoce? ¿Te gusta salir en grupo o prefieres salir solo/a?

LECTURA

Cómo enseñarles

No sería[1] posible la vida en comunidad si todos quisiéramos decir la verdad siempre. El niño ha de aprender qué clase de mentiras pueden aceptarse.

■ Las mentiras nos acompañan a lo largo de[2] toda la vida. Los cuentos son mentira, el ratoncito Pérez y los Reyes Magos, y cuando nos llega la muerte, probablemente nos la ocultan[3] con una mentira piadosa.[4] Entre el principio y el fin de la vida mentimos constantemente. Decimos «no tengo tiempo» cuando no tenemos ganas, damos las gracias por un regalo que nos parece horrible y deseamos «buenos días» hasta a nuestros enemigos.[5] Frente a nuestros hijos no podemos convertirnos en unos fanáticos de la verdad. Eso sí que sería una mentira rechazable[6] porque daría[7] unas bases falsas a nuestra vida.
Los niños no pueden sustraerse[8] de las mentiras, ni como víctimas ni como autores. Por eso, nuestra educación debe conducirlos[9] razonablemente a través del confuso mar de las buenas y malas mentiras, hasta que puedan discernir por sí mismos.

■ Rechazamos[10] las mentiras si son egoístas, constituyen un abuso de confianza o hacen daño. Las aceptamos si la verdad puede herir sentimientos, provocar dolor o incluso poner en peligro la vida. Y naturalmente, también aceptamos los cuentos y las fantasías, aun a sabiendas de que no son fieles a la verdad.

Lectura: This is part of an article that appeared in the Mexican magazine *Padres e hijos*. The reading is somewhat dense, but the topic will be of interest. Ask students if they agree or disagree with the main premise of the article—that there are *mentiras buenas y malas*. Encourage them to describe "white" lies they have told in the past.

---

[1] would be [2] a... durante, por [3] esconden [4] mentira... white lie [5] que no son sus amigos [6] unacceptable
[7] would give [8] get away from [9] guide them [10] we reject

Comprensión

1. Según el artículo, ¿cuáles son algunos ejemplos de las mentiras que decimos en la vida cotidiana?
2. Según el artículo, ¿qué mentiras debemos rechazar? ¿Cuáles debemos aceptar?

¿Y usted?

1. ¿Está usted de acuerdo en que debemos educar a los niños con respecto a las buenas y malas mentiras? En su opinión, ¿existen mentiras «buenas»?
2. ¿Qué mentiras usa usted a menudo para no herir los sentimientos o para salir de una situación difícil?

NOTA CULTURAL   La telenovela

Una de las formas de entretenimiento° más populares en la América Latina es la telenovela, un tipo de drama lleno de pasiones e intrigas que se ve en la televisión. Los temas constantes de estos programas son la infidelidad, la traición,° el engaño,° el adulterio y la fuerza implacable° del destino. Muchas de las telenovelas llevan como título el nombre de su protagonista: *Yesenia, Simplemente María, Colorina, Rosa salvaje*. Un argumento° muy usado es el de la pobre sirvienta que llega a ser una gran dama de sociedad, o que se casa con el joven apuesto,° hijo de la familia para la cual trabaja. Los personajes° se destacan° por su gran bondad° o por su maldad.° El mundo de la telenovela está dividido en muy buenos y muy malos, pobres y ricos, fuertes y débiles.

entertainment

betrayal / deceit
relentless

plot

handsome
characters
se... se caracterizan / goodness / evil

Muchos hispanos, como esta pareja de colombianos, se entretienen por las tardes viendo telenovelas. Aunque este programa tiene fama de ser «para mujeres», también lo disfrutan los hombres.

El público de la telenovela es, por la mayor parte, femenino. Según el estereotipo, las mujeres tienen una sensibilidad mucho más afinada° que los hombres y son más sentimentales. El hombre hispano se jacta° de no ver «esos programas para mujeres». Pero a veces él también se sienta delante del televisor, junto a su esposa, madre, hija o hermana, por aquello de acompañarlas,° y al cabo de un rato° termina mordiendo el anzuelo.° Una de las técnicas más eficaces° de la telenovela es la de crear el suspenso. Y claro, aquél que ve un episodio por lo general queda con la curiosidad de saber «qué pasará después».

    En los canales de televisión hispanos aparecen diariamente varias telenovelas. Los países que más producen este tipo de programas son México, Argentina y Venezuela. Estos países exportan sus programas a todo el mundo de habla hispana,° y también a los canales afiliados de Univisión* en los Estados Unidos. Las telenovelas hispanas tienen un número determinado de episodios y un desenlace° planeado de antemano.° En cambio,° las *soap operas* norteamericanas frecuentemente no tienen un final fijo y pueden durar años.

    ¿Por qué son tan populares estos programas? Algunos opinan que la telenovela sirve de escape, que sirve para que los televidentes° olviden su rutina diaria. Otros dicen que al ver los grandes conflictos de los personajes, sus propios° problemas no les parecen tan graves.

    ¿Qué opina usted?

Glosses: refined / se... está orgulloso / por... just to keep them company / al... after a while / mordiendo... taking the bait / effective / de... que habla español / outcome / de... beforehand / En... On the other hand / los que miran la TV / own

Comprensión

1. ¿Cuál es un argumento típico de las telenovelas? ¿Es similar al de las *soap operas*? ¿Podría usted mencionar otros argumentos típicos?
2. ¿Por qué a veces los hombres terminan viendo las telenovelas, aunque dicen que son cosas de mujeres?

¿Y usted?

1. ¿Ve usted las *soap operas*? ¿Por qué (no)? ¿Qué le gusta de estos programas? ¿Qué no le gusta?
2. ¿Ha visto algún episodio de una telenovela latinoamericana? ¿Qué le pareció?

---

*Univisión es la cadena (*network*) de televisión hispana en los Estados Unidos.

LECTURA Lazarillo y el ciego
Anónimo (España, 1554)

Lazarillo es un niño pobre que a lo largo de° su infancia trabaja para diferentes amos. En el siguiente pasaje de su vida, adaptado de la versión original, Lazarillo cuenta un suceso° que le ocurrió con el ciego,° uno de sus amos.

Un campesino le dio al ciego un racimo° de uvas y el ciego decidió compartirlas conmigo. Nos sentamos entonces a disfrutar del banquete. Pero antes de empezar a comer, me advirtió:°

—Quiero que los dos nos comamos este racimo y que tú tengas tantas uvas como yo. Tú tomarás° una y yo otra, con tal que me prometas no tomar cada vez más que una uva. Yo haré° lo mismo hasta que lo acabemos y de esa manera no habrá engaño.°

Hecho así el acuerdo, comenzamos. Pero inmediatamente el ciego empezó a tomar uvas de dos en dos.° Como vi que él rompía nuestro trato,° no me contenté con hacer lo mismo que él, sino que empecé a tomar las uvas de tres en tres y a veces hasta más.

Cuando terminamos el racimo, el ciego levantó su bastón° y, meneando° la cabeza dijo:

—Lázaro, me has engañado.

—¿Yo? ¡No, señor! —le respondí.

—Estoy seguro que tomaste tres uvas cada vez. ¡Y a veces más!

—No es verdad. ¿Por qué sospechas eso? —le pregunté.

Y el ciego astuto° respondió:

—¿Sabes cómo lo sé? Porque cuando yo tomaba dos, tú no decías nada.

a... throughout

event / blind man

bunch

me... he warned me

will take

will do

no... there won't be any tricks

de... by two's

agreement

cane / shaking

astute, clever

Lectura: Preview by talking about the typical *pícaro: El Lazarillo* es considerado un «pícaro», un personaje que aparece mucho en la literatura española. Es un niño muy pobre que va de amo en amo para sobrevivir. Algunos amos lo tratan bien y otros no. Su historia tiene humor, ironía y varios mensajes sobre la naturaleza humana. Tell students that this passage contains a message about *la honestidad*. Assign the reading in class and then do the *Comprensión*. (Possible answer for #3: *Tenía hambre. El ciego tomaba dos. / Creía que el ciego no lo iba a descubrir.* For #4: *Si queremos que los demás sean honestos con nosotros, debemos primero actuar honestamente.*)

Related topics that you may want to discuss: (1) los niños sin padres (huérfanos) que tienen que ser fuertes y astutos para sobrevivir; (2) la gran cantidad de niños pobres en la América Latina; (3) las personas incapacitadas (como el ciego) y su manera de desarrollar sus sentidos no impedidos; (4) el creciente acceso que tienen las personas incapacitadas a la universidad y a la fuerza laboral en los Estados Unidos (as compared to the Hispanic world, where handicapped people don't have as many options yet).

Comprensión

1. ¿En qué consiste el «acuerdo» que propone el ciego?   2. ¿Quién rompió el acuerdo primero?   3. ¿Por qué empezó Lazarillo a tomar varias uvas a la vez?   4. ¿Cuál es el mensaje de esta breve historia?

VOCABULARIO

Los verbos

| aconsejar | to advise | aprobar (ue) | to approve |
| acostumbrar | to be in the habit of | apruebo/aprueba | |

Los consejos 431

aumentar	to increase
bajar/subir el volumen	to lower/raise the volume
borrar	to erase
caber	to fit
quepo/cabe	
castigar	to punish
cerrar (ie)	to close
cierro/cierra	
comerse	to eat up
criar(se)	to bring up (to be brought up)
darse cuenta (de)	to realize
disgustarse	to be annoyed, displeased
enfriarse	to get cold
influir	to influence
influyo/influye	
llamar por teléfono	to (tele)phone
meterse en líos	to get in trouble
obedecer	to obey
obedezco/obedece	
pasarse (+ *time*)	to spend (one's time) doing something
preocuparse	to worry
querer a (alguien)	to love/care for someone
rogar (ue)	to beg, plead
ruego/ruega	
seguir (i) + -ndo	to go on doing something
solucionar	to solve
sostener	to support (*financially*)
tirar	to throw

PALABRAS SEMEJANTES: abandonar, conservar, indicar, limitar, prohibir

Frases impersonales — *Impersonal Phrases*

Es... que (+ *subjunctive*)	It's... that
importante	important
indispensable	indispensable
mejor	better
preferible	preferable
recomendable	recommendable

Las personas

el/la asistente de vuelo	flight attendant
el consejero/la consejera	counselor
el desconocido/la desconocida	stranger
el jefe/la jefa	boss; chief
la niñera	baby-sitter
la pandilla	gang
el trabajador social/la trabajadora social	social worker

PALABRAS SEMEJANTES: el/la delincuente, el gobernador/la gobernadora, el senador/la senadora

Los sustantivos

el apoyo	support
la crianza	upbringing
el Departamento de Bienestar Público	Welfare Department
los dulces	candy
los estudios	studies
el gusto	pleasure
el hogar	home
el mantel	tablecloth
la mayor parte	majority
las notas	grades (*school*)
las órdenes	orders, commands
el presupuesto	budget
el sentido del humor	sense of humor

PALABRAS SEMEJANTES: la apariencia, la droga, la educación, la importancia, el proyecto, la reparación, la sandalia, la sorpresa

Los adjetivos

duro/a	hard; difficult
orgulloso/a	proud
universitario/a	of or pertaining to a university

PALABRAS SEMEJANTES: formal, informal, privado/a, social

Adverbios y frases adverbiales — *Adverbs and Adverbial Phrases*

dentro (de)	inside
directamente	directly
en voz alta/baja	in a loud/low voice
finalmente	finally
físicamente	physically
últimamente	lately

Palabras y expresiones útiles

a causa de	because of
en sí	in itself
Es tarde.	It's late.
los/las dos	both, the two of them
uno/a mismo/a	oneself
(Ya) lo sé.	I (already) know it.

GRAMÁTICA Y EJERCICIOS

15.1. Direct Commands: Polite and Informal

A. Polite commands are used to give a direct order or to make a suggestion to someone you address with **usted**. The forms of the polite commands were introduced in **Gramática 11.4**. The commands for **-ar** verbs have an **e** in the ending; those for **-er** and **-ir** verbs have an **a** in the ending. They are also the same as the **usted** form of the present subjunctive (see **Gramática 12.1**). Plural commands end in **-n**.

INFINITIVE	PRESENT (**yo/usted**)	COMMAND (**usted**)	COMMAND (**ustedes**)
habl**ar**	hablo/habla	habl**e**	habl**en**
vend**er**	vendo/vende	vend**a**	vend**an**
escrib**ir**	escribo/escribe	escrib**a**	escrib**an**

B. Informal commands are given to people you address with **tú** rather than **usted**—for example, your classmates or close friends.

Esteban, **trae** algunas bebidas para la fiesta.
Steve, bring some drinks for the party.

Nora, no **mandes** los libros ahora, por favor.
Nora, don't send the books now, please.

C. If the informal command is affirmative, it is identical to the *he/she* form of the present indicative.

Nora, **busca** las palabras en el diccionario y después **escribe** las definiciones.
Nora, look up the words in the dictionary and afterward write down the definitions.

Alberto, **come** temprano porque después vamos a la discoteca.
Al, eat early because afterward we're going to the discotheque.

All topics in this and the next 3 chapters are more appropriate to second-year students or advanced first-year students. If you are using this text with second-year students, you will want to follow up each section with more intensive oral work. If you are using it with first-year students, use the explanations and exercises as a brief introduction to the topic.

15.1. This section reviews the formation of direct *usted/ustedes* commands and introduces the rules for the formation of *tú* commands. One can derive affirmative informal commands from the present indicative and negative commands from the present subjunctive. The short forms (*sal, ten, ven,* etc.) are simply listed without explanation. We do not attempt to provide grammar exercises for all of the irregular forms. Students are usually able to recognize informal commands in context. Our feeling is that because direct commands are used more with children than with other adults, students will not often hear or use direct commands themselves. Almost no first-year student becomes proficient in the use of command forms. Also, keep in mind that pronoun placement with commands is extremely difficult for English speakers. A useful grasp of command forms usually begins in the second year of study.

¡Suscríbete a mia!

MIA está en los quioscos todos los lunes y es posible que en más de una ocasión te hayas quedado sin ella, al haberse agotado. Por ello, te ofrecemos la oportunidad de suscribirte a la revista más práctica y llena de consejos útiles para cada día de tu vida. Escríbenos.

D. If the informal command is negative, add **-s** to the **usted** command form.

No hables con ella; habla con Esteban. — *Don't talk to her; talk to Steve.*

No comas tanto, Luis, y come más despacio. — *Don't eat so much, Luis, and eat more slowly.*

E. Here is a summary of the informal command forms.

-ar VERBS		-er/-ir VERBS	
(+) (-a)	(−) (-es)	(+) (-e)	(−) (-as)
habla	no hables	come	no comas
canta	no cantes	escribe	no escribas
estudia	no estudies	pide	no pidas

F. Some verbs have a short affirmative informal command form. Such verbs still take the long forms in the negative.

INFINITIVE	tú (+)	tú (−)	
hacer	haz	no hagas	*do/don't do*
poner	pon	no pongas	*put/don't put*
salir	sal	no salgas	*leave/don't leave*
venir	ven	no vengas	*come/don't come*
tener	ten	no tengas	*have/don't have*
decir	di	no digas	*say/don't say*
ser	sé	no seas	*be/don't be*
ir	ve	no vayas	*go/don't go*

Ven ahora; no **vengas** mañana. — *Come now; don't come tomorrow.*
Ponlo en tu cuarto; no lo **pongas** en la cocina. — *Put it in your room; don't put it in the kitchen.*

G. Here is a summary of the **tú** and **usted/ustedes** command forms.*

INFINITIVE	PRESENT	usted	ustedes	tú (−)	tú (+)
hablar	hablo/habla	hable	hablen	no hables	habla
comer	como/come	coma	coman	no comas	come
escribir	escribo/escribe	escriba	escriban	no escribas	escribe
decir	digo/dice	diga	digan	no digas	di
poner	pongo/pone	ponga	pongan	no pongas	pon

---

*Affirmative **vosotros/as** commands are derived from the infinitive by changing the final **-r** to **-d**: **hablad, comed, venid**. Negative **vosotros/as** commands use the subjunctive: **no habléis, no comáis, no vengáis**.

Ejercicio 1

Nora y Esteban están de compras en Nuevo Laredo. Éstos son algunos de los mandatos que Nora dio durante el día. Pero Nora se equivocó, porque usó mandatos informales con los dependientes de las tiendas. Cambie los mandatos informales a mandatos con **usted**.

1. Déjame ver esa bolsa, por favor.
2. Tráeme un refresco, por favor.
3. Dame dos chicles, por favor.
4. Espera un momentito, por favor.
5. Habla más lentamente, por favor.
6. Repite, por favor.
7. Rebájame el precio un poco, por favor.
8. Dime dónde está el correo, por favor.
9. Mira, tengo solamente 10,000 pesos.
10. Toma; son 8,000 pesos.

Ejercicio 2

Estela está hablando con Ernestito. Escoja los mandatos informales más lógicos que ella le da: **acuéstate, levántate, apaga, haz, dile, ven, ve, ten, habla, sal, bájate** o **lee**.

1. _____ rápido porque es muy tarde.
2. _____ conmigo a tu cuarto ahora.
3. _____ cuidado al cruzar la calle.
4. _____ de la casa por un ratito.
5. _____ de ese árbol ahora mismo.
6. _____ con tu papá si quieres una bicicleta nueva.
7. _____ en tu cama y _____ la luz.
8. _____ adiós a tu abuelita.
9. _____ a la sala y _____ uno de tus libros.
10. _____ tu tarea ahora y luego puedes ver la televisión.

15.2. Pronoun Placement (Summary)

A single set of rules governs the placement of reflexive (**me, te, nos, se**), indirect (**me, te, nos, le, les**) and direct (**me, te, nos, lo, la, los, las**) object pronouns.

A. Object pronouns directly precede a conjugated verb (a verb with endings in any tense).

¿Cuándo **te diviertes** más?
—Cuando salgo a pasear con mis amigos.

¿Qué **te dijo** Carmen? —**Me dijo** que no tenía mucho tiempo.

When do you have the most fun?
—When I go out with my friends.

What did Carmen tell you? —She told me that she didn't have much time.

Los consejos 435

¿Has visto a Alberto hoy? *Have you seen Al today? —No, I*
—No, no **lo he visto** todavía. *haven't seen him yet.*

B. Object pronouns can either precede a conjugated verb or follow and be attached to infinitives or present participles in verb phrases.

¿Qué **ibas a decirme?** —**Quería** *What were you going to tell me?*
decirte que te quiero. *—I wanted to tell you that I love you.*

¿Ya llamaste a Amanda? —No, *Did you call Amanda? —No, but*
pero estoy **llamándola** ahora. *I'm calling her now.*

¿Ya terminaste la tarea? —No, *Did you finish the homework?*
pero **la estoy terminando** *—No, but I'm finishing it now.*
ahora.

C. These same pronouns follow and are attached to affirmative commands but precede negative ones.

Tráeme el café. *Bring me the coffee.*
¡No **lo hagas**! *Don't do it!*

D. Double pronoun sequences such as **me lo** (*it to me*) also follow the rules described above.

¿Te preparo el almuerzo ahora? *Shall I prepare lunch for you now?*
—Sí, **prepáramelo** por favor. *—Yes, prepare it for me, please.*
¿Tienes el libro? —No, Carmen *Do you have the book? —No, Car-*
no **me lo ha dado** todavía. *men hasn't given it to me yet.*

E. Note that it is necessary to add an accent on the verb in following combinations: (1) present participles with one or two pronouns (**bañándome**); (2) affirmative commands with one or two pronouns (**tráigaselo**); and (3) infinitives with two pronouns (**vendérmelo**). This is done to preserve the original stress on the verb form.

Ej. 3. Assign as written homework and ask students to check their answers in answer key. This exercise requires the production of informal command forms; the necessary pronoun is always *me* and is attached to the command form in all cases. 1 and 3 are irregular.

Ej. 4. Assign as written homework and ask students to check their answers in answer key. All are regular *-ar* verbs, so the form always ends in *-es*. The required pronoun sequence will always begin with *me*, and as the object is singular, the only choice is *me lo* or *me la*.

Ejercicio 3

Los Ruiz están de vacaciones en Acapulco. Acaban de regresar de la playa, y Amanda le pide muchas cosas a su madre. Diga la forma correcta de los mandatos de Amanda.

MODELO: traer / refresco → Mamá, tráeme un refresco, por favor.

1. hacer / sandwich
2. lavar / traje de baño
3. poner / música
4. comprar / playera
5. dar / loción

Ejercicio 4

En la página 436, Gustavo le hace preguntas a Amanda, y ella contesta siempre que no. ¿Qué dice Amanda?

MODELO: ¿Te traigo los libros? → No, no me los traigas.

1. ¿Te arreglo el radio cassette?
2. ¿Te tiro la pelota?
3. ¿Te presto el dinero?
4. ¿Te cuido el perro?
5. ¿Te apago el televisor?

Ejercicio 5

Adriana le hace preguntas a su jefe. Él siempre contesta que sí. Dé las contestaciones del jefe usando mandatos formales y dos pronombres.

MODELO: ¿Le doy los cuadernos a la señora Ruiz? → Sí, déselos.

1. ¿Le arreglo los documentos a la señora Vargas ahora?
2. ¿Le mando las cartas al señor Ruiz?
3. ¿Le presto el dinero a la recepcionista?
4. ¿Le envío el paquete al presidente?
5. ¿Le anuncio las noticias al señor Ramírez?

Ejercicio 6. Los regalos de cumpleaños

Ponga las palabras en su orden correcto.

1. le / Estela / a Ernesto / quiere / un traje nuevo / comprar
2. le / a Gustavo / un radio cassette / van a / comprar / sus padres
3. lo / ¿El regalo para Ernestito? / compramos / Estela y yo / ayer   (*dos oraciones*)
4. que / Amanda / le / dice / quiere ir de compras / a Graciela
5. Margarita / para su cumpleaños / a Pedro / un reloj nuevo / le / compró

15.3. The Subjunctive Mood ver p. 343

A. Spanish has two present tenses: the present indicative and the present subjunctive. The present indicative is used to ask questions and make statements. In Spanish the present subjunctive is used after the verb **querer** in "softened" commands.

¿Qué quiere Ramón? —Quiere que yo **vaya** con él al Baile de los Enamorados.

What does Ramón want? —He wants me to go with him to the Valentine Ball.

Like Spanish, English has a present subjunctive, but because most of its forms are identical to the infinitive, many speakers never notice them. In fact only in the singular *he/she* form is there a difference between the present indicative and the present subjunctive. Note the indicative *goes* and the subjunctive *go* in the following examples.

Did you know that John *goes* to football practice after classes?
Is it necessary that John *go* to football practice after classes?

B. As you learned in **Gramática 12.1** and **13.3,** it is possible to give "softened" commands in Spanish with verbs like **querer** (*to want*) and **aconsejar** (*to advise*) plus a present subjunctive verb form.

Gustavo, **te aconsejo que no comas** tantos dulces.	*Gustavo, I advise you not to eat so many sweets.*

Such sentences consist of two parts, or clauses. The first clause contains a verb or a verb phrase that indicates a desire, a recommendation, or a suggestion. The second clause begins with the connector **que** (*that*) and contains a verb in the subjunctive.

Other, similar sentences may contain a personal verb phrase like **espero que** (*I hope that*) or an impersonal one like **es necesario que** (*it is necessary that*).

Espero que no nos llame nadie esta noche.	*I hope nobody calls us tonight.*
Es necesario que llegues a tiempo para el banquete.	*It is necessary that you arrive on time for the banquet.*

Here is a list of typical phrases, both personal and impersonal, that are used with the present subjunctive to give "softened" commands.

PERSONAL	
aconsejar que	to *advise* (that)
decir que	to *tell, order* (that)
dejar que	to *allow* (that)
desear que	to *desire* (that)
esperar que	to *hope* (that)
exigir que	to *demand* (that)
mandar que	to *command, order* (that)
pedir (i) que	to *ask, request* (that)
permitir que	to *permit* (that)
preferir (ie) que	to *prefer* (that)
prohibir que	to *prohibit* (that)
querer (ie) que	to *want* (that)
rogar (ue) que	to *beg, plead* (that)

IMPERSONAL	
es importante que	it is important that
es imposible que	it is impossible that
es mejor que	it is better that
es necesario que	it is necessary that
es preferible que	it is preferable that

preferible que, just as its use after personal expressions (*preferir que*), depends on the meaning of those expressions. (Avoid giving the impression that all impersonal expressions take the subjunctive.) If you go over the exercises on the subjunctive in class, we suggest that you focus on the meaning and use of the matrix expressions (such as *preferir que*) and on the word order of the dependent clause (making sure that the conjunction *que* is used and that the correct pronouns are in the proper order). Remember that the subjunctive forms themselves are almost always redundant and that student errors of form will not cause misunderstanding. On the other hand, leaving out the *que* or misplacing pronouns can lead to confusion.

You may wish to review the forms of the present subjunctive in **Gramática 12.1** and **12.2** before doing the exercises that follow.

Ej. 7. Remind students that *rogar* is a *ue* verb and that, like *aconsejar*, it takes an indirect object pronoun.

Ejercicio 7

Guillermo se queja porque nadie le presta atención. Diga lo que quiere Guillermo, siguiendo el modelo.

MODELO: Amanda, tú nunca traes los refrescos. (preferir) →
Guillermo prefiere que Amanda traiga los refrescos.

1. Papá, tú nunca barres el patio. (desear)
2. Mamá, tú nunca me haces un sandwich. (esperar)
3. Amanda, tú nunca me prestas tus cassettes. (pedir)
4. Ernestito, tú nunca juegas al fútbol conmigo. (querer)
5. Gustavo, tú nunca me invitas a andar contigo en bicicleta. (rogar)

Ej. 8. Tell students to be careful with pronoun placement in #4 and 5.

Ejercicio 8

Margarita Ruiz les hace sugerencias a varias personas.

MODELO: a Pedro: prefiero que / lavar el coche →
Pedro, prefiero que tú laves el coche.

1. a Ramón: es mejor que / hacer la tarea
2. a Graciela: quiero que / hablar con Amanda
3. a Amanda: es necesario que / llamar a Graciela
4. a Andrea: es muy importante que / quedarse en el patio
5. a Paula: sugiero que / jugar con tu hermanita

Ej. 9. Warn students to be careful with pronoun placement.

Ejercicio 9. Sugerencias y preferencias

Forme oraciones lógicas. No olvide usar la palabra **que**.

MODELO: Margarita: Guillermo / limpiar su cuarto (sugerir) →
Margarita sugiere que Guillermo limpie su cuarto.

1. sus padres: a Gustavo / fumar / le (prohibir)
2. Gustavo: Ernestito / prestarle su bicicleta (querer)
3. Graciela y Amanda: ir con ellas al cine / me / yo (pedir)
4. nuestro profesor: nosotros / entregar la tarea a tiempo (querer)
5. el médico: a mi mamá / quedarse en cama por una semana / le (aconsejar)
6. Ernesto y Estela: a sus hijos / no / jugar en la calle / les (decir)
7. Ramón: Amanda / ir al baile con él (querer)
8. Daniel: Leticia / no / hablar con otros hombres (preferir)
9. don Anselmo: a don Eduardo / jugar ajedrez / con él / le (sugerir)
10. doña Lola: doña Rosita / venir a visitarla (necesitar)

15.4. "Let/Have Someone Else Do It": ¡*Que* + Subjunctive!

A. To form the indirect command *let/have someone else do it*, omit the initial verb of the softened command and start the sentence with **que**.

Quiero que manejen con cuidado.   ¡**Que manejen** con cuidado!
I want them to drive carefully.   *Have them drive carefully!*

Sugiero que lo termine Carmen.   ¡**Que lo termine** Carmen!
I suggest that Carmen finish it.   *Have/Let Carmen finish it!*

Here are some common indirect commands.

¡**Que les vaya** bien!   *I hope everything goes well for you!*
¡**Que pasen** buenas noches!   *Have a nice evening!*
¡**Que tengas** un buen día!   *Have a nice day!*
¡**Que duermas** bien!   *Sleep well!*
¡**Que vuelvan** pronto!   *Come back soon!*

B. The word **ojalá** derives from an old Arabic expression that meant *May Allah grant that*. Today it means *I hope that* and is used with the present subjunctive.

Ojalá que no llueva.   *I hope it doesn't rain.*
Ojalá que me quiera.   *I hope that she loves me.*

Ejercicio 10

Estela está muy cansada y no quiere hacer las siguientes cosas. Por eso sugiere que las hagan otras personas. ¿Qué dice Estela?

MODELO: preparar las hamburguesas / Leticia →
¿Las hamburguesas? ¡Que las prepare Leticia!

1. bañar el perro / Ernestito
2. limpiar el baño / Berta
3. pagar las cuentas / Ernesto
4. cuidar a las niñas / Ernesto
5. lavar el coche / Ernestito
6. arreglar el coche / Ernesto
7. enviar el paquete / Margarita
8. cuidar el gato / Paula y Andrea
9. esconder el regalo / Ernestito
10. firmar el cheque / Ernesto

Ejercicio 11

Es su cumpleaños. Use **ojalá que (no)** para responder a las siguientes posibilidades.

MODELO: llover hoy → Ojalá que no llueva hoy.

1. recibir muchos regalos
2. hacer buen tiempo
3. tener que trabajar
4. estar enfermo
5. venir a visitarme mis amigos

15.5. Making Suggestions: *Let's* (Subjunctive)

A. As you know, an invitation to do something can be expressed in Spanish with **vamos a** + *infinitive*. It can also be expressed with the *we* form of the present subjunctive.

Vamos a trabajar ahora.
Trabajemos ahora. } *Let's work now.*

Vamos a leer.
Leamos. } *Let's read.*

B. Pronouns are attached to affirmative and precede negative *let's* commands.

Parece riquísimo. **Pidámoslo.**   *It looks delicious. Let's order it.*
Tomás siempre se emborracha.   *Tomás always gets drunk. Let's not*
   No lo invitemos a la fiesta.   *invite him to the party.*

When the pronoun **nos** is added to a *let's* command, the final **-s** is omitted: **levantemos** + **nos** → **levantémonos** (*let's get up*).

Estoy rendido. **Acostémonos**   *I'm exhausted. Let's go to bed early*
temprano esta noche.   *tonight.*

Ejercicio 12

Aquí tiene usted algunas situaciones. ¿Qué sugiere usted?

MODELO: Hace calor y usted y sus amigos tienen sed. (tomar refrescos) →
Tomemos unos refrescos.

1. Vienen a visitarlo/la unos amigos de otra ciudad. Ellos quieren conocer su ciudad. (salir a dar un paseo en carro)
2. Usted y su hermano/a están limpiando la casa; los dos están muy cansados. (descansar un rato)
3. Usted y su madre están de compras en una tienda muy elegante que hay en el centro de su ciudad. (comprarle a papá esta camisa)
4. Usted y sus amigos están hablando de sus planes para el fin de semana. (asistir a un concierto)
5. Usted y un amigo están leyendo el periódico. Ven que hay una película de estreno que quieren ver. (ver una película esta noche)

Ejercicio 13

Aquí tiene usted unas sugerencias de su amigo/a para el fin de semana. Usted no está de acuerdo.

MODELO: Vamos a comer ahora. →
No, no comamos ahora. Vamos a comer más tarde.

1. Vamos a descansar primero.
2. Vamos a caminar por el parque a la 1:00.
3. Vamos a buscar un hotel ahora.
4. Vamos a ducharnos antes de salir.
5. Vamos a llamar a Pablo ahora.

CAPÍTULO DIECISÉIS

EL FUTURO

Madrid, España

METAS

In **Capítulo dieciséis** you will learn to express your opinions in several ways and to talk about future plans, goals, possibilities, and consequences. You will get to share your views on family life as well as on your own life values.

GOALS—CHAPTER 16

This is the first of 3 chapters that we consider optional for first-year students. The grammar topics are integrated into the activities, but it is possible to do the activities without emphasizing the grammar in detail. The topics included here are normally quite interesting to students, so participation will not be difficult to elicit. Remember, however, that the more comprehensible input you provide at the beginning of the chapter, the easier it will be for students to acquire the vocabulary as well as a working command of some of these grammar points—especially of the future and conditional. *Por/para* and *ser/estar* will still be difficult for students. They should be aware that acquisition of these concepts takes much more contact time than that provided by the average length of first-year college courses (100 to 160 contact hours).

ACTIVIDADES ORALES Y LECTURAS

La familia, las amistades y el matrimonio

Las posibilidades y las consecuencias
El futuro y las metas personales

«¡Cómo cambia el mundo!»
«Mi madre cuando nos visita»: Gustavo Pérez Firmat

«El amuleto»
«Eeer se despide»
«El tiempo borra»: Javier de Viana

GRAMÁTICA Y EJERCICIOS

16.1 Reciprocal Pronouns: "Each Other"
16.2 Describing: **ser** and **estar**
16.3 Hypothetical Reactions: The Conditional
16.4 The Future
16.5 **Por/para:** Summary

ACTIVIDADES ORALES Y LECTURAS

LA FAMILIA, LAS AMISTADES Y EL MATRIMONIO

¡OJO! *Estudie Gramática 16.1–16.2.*

Review family terms by means of a family tree—perhaps your own. Talk first about a typical American wedding, introducing words such as *boda, anillo, luna de miel,* and *novio.* Then talk about Hispanic weddings and the roles played by the various participants. You may want to explain the function of the *padrinos de velación, de lazo,* and *de arras.* The *padrinos de velación* are in charge of lowering and lifting the bride's veil at the nuptial mass, the *padrinos de lazo* symbolically tie the bride and groom together, and the *padrinos de arras* present the 13 coins that are given to the bride by the groom, to symbolize his role as provider. New words: *abrazarse, el/la ahijado/a, amistad, bautizo, besarse, el/la bisabuelo/a, boda, comadre, compadre, cura, darse la mano, madrina, matrimonio, novia, padrino.*

La boda

las comadres y los compadres — se abrazan — se besan — se dan la mano
los parientes — las madrinas — los padrinos
el hermano / la hermana — los padres / los suegros — la novia / el novio — los abuelos — el cura
los cuñados

El bautizo

la madrina — el padrino
los ahijados (god-sons) — los bisabuelos

Act. 1. Have students work in pairs: one reads a term to which the other responds with a definition, and then they switch roles. Here are some others you may want to add: *la luna de miel (el viaje que hacen los recién casados), la tatarabuela (la abuela de su abuela), la boda (una*

Actividad 1. Definiciones

1. el noviazgo c
2. el compadre b
3. la amistad e
4. el bautizo f

a. El hijo de un amigo de la familia, a quien usted lleva a bautizar; usted es responsable del bienestar del niño en caso

El futuro 443

¡Felicidades! Los novios reciben los mejores deseos para su felicidad por parte de parientes y amigos en esta boda en Madrid. La recepción, después de la ceremonia religiosa, generalmente tiene lugar en un salón donde se sirve un buen almuerzo o una cena elegante antes de empezar el baile.

ceremonia que une a un hombre y a una mujer en matrimonio), el parentesco (la relación entre los miembros de una familia). New words: bienestar, en caso de que, estar comprometido/a, el/la hermanastro/a, madrastra, noviazgo, padrastro, recién nacido/a, relación, responsable.

AA 1. Ask students how many are married; then ask if they had a large or small wedding, if it was very expensive, how many people came, how long it took them to plan it, if anything went wrong, etc. Ask the unmarried personal questions such as *¿Van a casarse ustedes? ¿Cómo va a ser la boda? ¿Van a casarse por la iglesia o será solamente una ceremonia civil? ¿Por qué? En su opinión, ¿hoy día hay menos parejas que deciden casarse? ¿Hay más personas solteras hoy? ¿Por qué (no)?* Ask students to describe in detail a wedding they have attended.

5. la hermanastra d
6. el ahijado a

      de que los padres de él se mueran.
b. El padrino de su hijo.
c. La relación entre dos personas que están comprometidas para casarse.
d. La hija de su madrastra o padrastro.
e. La relación entre amigos.
f. Una ceremonia religiosa en la cual se le da un nombre al niño recién nacido (a la niña recién nacida).

Actividad 2. Los comentarios de Esteban

Raúl y Esteban están en una fiesta de Año Nuevo en casa de la abuela de Raúl. Raúl le habla a Esteban de su familia, de sus vecinos y de la fiesta y Esteban comenta sobre lo que él dice. Haga usted los comentarios de Esteban. Comente según los dibujos en la página 444, usando **Sí, pero esta noche está(n)...** o **Sí, y esta noche está(n)...**

Act. 2. Reactions: emphasize the use of *estar* for uncharacteristic states. Make sure students understand that they are to invent comments for Esteban based on what he sees at the party as opposed to what Raúl tells him. This can be done as a whole-class activity, with students working silently first and then volunteering comments, or it can be done as pair work, with students sharing their

MODELO: (Mi bisabuelo es muy viejo.) ESTEBAN: Sí, pero esta noche él está muy activo. *joven*

444 Capítulo dieciséis

comments afterward. Possible comments are **1.** *Sí, y esta noche está muy limpia también/más limpia que nunca.* **2.** *Sí, y esta noche también está bellísima.* **3.** *Sí, pero esta noche está muy alegre.* **4.** *Sí, pero esta noche están muy cansadas,* **5.** *Sí, y esta noche está más sabrosa que nunca/sabrosísima.* **6.** *Sí, pero esta noche está aburrida.* New words: *activo/a, bellísimo/a.*

1. *La casa de la abuela es la más limpia de Arenal.*

2. *Esa chica es mi prima Verónica. Es muy inteligente.*

3. *Ese señor es mi padrino. Es muy serio.*

4. *Mis hermanas son muy activas.*

5. *La comida que prepara mi abuela siempre es buena.*

6. *Esa señora es la comadre de mi mamá. Es una mujer muy entusiasta.*

Act. 3. Assign this ahead of time so that students will have had time to think about their responses. You may want to have them jot down some ideas before they come to class. New words: *ayuda, carácter, característica, cualidad, egoísta, en común, esperar de, esto, incondicional, inteligencia, íntimo/a, lealtad, miembro, valorar.*

Actividad 3. Discusión: El buen carácter

1. ¿Qué características va a tener la persona con quien usted se case? (Si está casado/a ya, ¿qué características valora más en su esposo/a?)

AA 2. Pair work: *Usted acaba de conocer a Eeer, el extraterrestre, y lo invitó a una reunión familiar. Ahora tiene que presentarle a todos sus parientes. Explíquele a Eeer el parentesco entre sus familiares. Mencione por lo menos tres generaciones. Por ejemplo: Eeer, quiero presentarte a mi cuñada, _____; es la esposa de mi hermano.* Give one student (the presenter) a card with a description of his/her "family" on it. The other student should try to jot down a description of the family. Then the two can compare notes to see if the "family" was accurately described and understood.

2. ¿Qué características tiene un buen padre? ¿una buena madre? ¿una buena abuela?
3. Piense en su mejor amigo/a. ¿Qué características quiere usted que tenga un amigo? ¿Por qué son importantes los amigos? ¿Quiénes son más importantes en su vida, sus amigos íntimos o los miembros de su familia? ¿Por qué?
4. ¿Cree que una persona egoísta puede ser un buen amigo? ¿Por qué (no)?
5. ¿Cuál de estas cualidades es más importante en un buen amigo, la lealtad o la inteligencia?
6. ¿Tiene amigos de la escuela secundaria que no asisten a la universidad? ¿Cree que es importante conservarlos, o piensa que usted y ellos ya no tienen nada en común? Explique.
7. ¿Qué espera de un amigo? ¿comprensión? ¿lealtad? ¿ayuda incondicional? ¿Les ofrece usted todo esto a sus amigos?

Act. 4. Read the situations with the class and ask them to choose possible answers. Here are our responses: 1. b, c; 2. b, d; 3. a, c; 4. c, d; 5. a, b, c, d. Note: *echarse de menos* in 2d could also be expressed with *extrañar*. Generate class discussion by asking other students what their reactions are to a given student's selection. New words: *ayudarse, comprenderse, divorciarse, echarse de menos, escribirse, extremo, gritarse, idéntico/a, insultarse, llamarse por teléfono, más de uno/a, parecerse, pedirse perdón, pelearse, quererse, reacción, recíproco/a, reconciliarse, respetarse, saludarse, ser novios, surgir, todo el año, verse.*

Actividad 4. Acciones y reacciones

Generalmente cuando una persona hace algo, otra persona reacciona. Algunas veces la reacción es recíproca. Para cada situación, escojan las reacciones recíprocas más lógicas.

1. El esposo regresa de un viaje de negocios. La esposa está muy contenta y
   a. se enojan.
   b. se abrazan y se besan.
   c. se saludan.
   d. se insultan.
2. Dos jóvenes chilenos están muy enamorados. Son novios y quieren casarse, pero son muy pobres. Él trabaja en Santiago todo el año; ella se queda en su pueblo, en el extremo norte del país.
   a. Se llaman por teléfono todos los días.
   b. Se escriben largas cartas de amor.
   c. Se ven cada tercer día.
   d. Se echan de menos.
3. Clarisa y Marisa son hermanas gemelas. Se parecen mucho—son casi idénticas—y se quieren mucho pero, como son jóvenes, algunas veces se enojan y
   a. se pelean.
   b. se ayudan.
   c. se gritan.
   d. se besan.
4. Después de estar enojados, cuando los esposos se reconcilian
   a. se divorcian.
   b. se golpean.
   c. se abrazan y se besan.
   d. se piden perdón.
5. En un matrimonio a veces surgen problemas serios entre los esposos porque
   a. no se comunican.
   b. no se saludan.
   c. no se comprenden.
   d. no se respetan.

Act. 5. Have students scan the table as you ask the questions. Include personal questions such as *¿Piensas casarte antes o después de esa edad* (the age referred to in the table)? *¿Piensas tener hijos? ¿Cuántos? ¿Por qué? ¿Estás de acuerdo con las opiniones de los españoles?* New words: *artificial, católico/a, con respecto a, edad límite, encuesta, indicación, inseminación, mayoría, natalidad, número medio, porcentaje, por ciento, promedio, rechazar.*

AA 3. Discusión: El matrimonio. Possible discussion questions: *Dé una definición del papel de la madre y el del padre. ¿Cuál es más difícil? ¿Deben trabajar fuera de casa las madres que tienen niños pequeños? ¿Ama la madre a sus hijos más que el padre? ¿Hay personas que no deben de tener hijos? Explique su respuesta.*

Actividad 5. Los españoles y la natalidad

Los españoles y la natalidad

1. *Edad a la que se casó:* Hombre, 27 años. Mujer, 24 años.
2. *Matrimonios con hijos:* 89 %
3. *Número medio de hijos:* 2,6
4. *Edad «límite» para que la mujer tenga hijos:* 36 años
5. *Momento para tener el primer hijo:*
   Tenerlo enseguida: 33 %
   Que pase algún tiempo: 62 %
6. *La inseminación artificial es una buena solución para los matrimonios que no puedan tener hijos*
   Sí: 66 %
   No: 27 %
7. *Siguen las indicaciones de la Iglesia sobre la natalidad:*
   Siempre o a veces: 31 %
   Nunca: 62 %

1. Entre los hombres, ¿cuál es la edad promedio para casarse? ¿y entre las mujeres?
2. ¿Cuántos matrimonios españoles tienen hijos? ¿Cuál es el número medio de hijos que tienen los españoles?
3. ¿Qué piensan los españoles con respecto a la edad límite para que la mujer tenga hijos?
4. ¿Cree la mayoría de los españoles que es mejor tener el primer hijo inmediatamente después de casarse, o que es mejor esperar un poco?
5. Según la encuesta, ¿acepta o rechaza la inseminación artificial la mayoría de los españoles?
6. ¿Qué porcentaje de españoles sigue las indicaciones de la Iglesia sobre la natalidad? ¿Es un porcentaje alto para un país católico?

Las familias hispanas se reúnen los domingos y los días de fiesta, aun en estos tiempos en que la influencia del cine y la televisión ha conseguido cambiar muchas costumbres típicas.

Act. 6. This article is taken from the Spanish magazine *Mía*. Have students read it silently. Use the questions as a springboard to a broader discussion of the topic. Then have students pair up and interview each other. New words: *estar a favor/en contra de, estar dispuesto/a, hijo/a único/a, numeroso/a, opinar, oportunidad, el pasado, símbolo.*

Actividad 6. Familia numerosa

SI O NO
Familia numerosa

Hace años, tener familia numerosa era un síntoma de prosperidad. Ahora, que los tiempos han cambiado, la gente se piensa un poco más eso de tener hijos y más hijos, para lograr un premio de natalidad. ¿Es, pues, un beneficio o una desventaja la familia numerosa?

★★★★★ **Félix Tabernero, médico:** Estoy a favor de la familia numerosa, y de hecho yo tengo seis hijos. Sabiéndose administrar, uno no encuentra excesivos problemas para vivir desahogadamente.[2] Pero soy consciente de que al tener tantos hijos hay que estar dispuesto a renunciar[3] a muchas cosas, cómo salidas con los amigos, vicios mayores...

★★★★★ **Ana Mérida, estudiante:** No soy partidaria[4] de familias numerosas, tal y como funciona la sociedad española de hoy día. Ya es difícil sacar adelante[5] a un par de hijos, como para tener seis o siete.

---

[1]eso... *the idea of* [2]confortablemente [3]*to give up* [4]*a fan, in favor* [5]sacar... *to raise*

PREGUNTAS

1. En el pasado, ¿de qué era símbolo el tener muchos hijos?
2. Según Félix Tabernero, ¿a qué deben estar dispuestos los padres que quieren tener muchos hijos?
3. ¿Está a favor o en contra de una familia numerosa Ana Mérida?

ENTREVISTA

4. ¿Con quién estás de acuerdo, con Félix o con Ana? ¿Por qué?

5. ¿Crees que es mejor para un niño criarse en una familia numerosa o en una de dos hijos? ¿Por qué?
6. ¿Qué opinas de la situación de un hijo único? ¿Qué ventajas o desventajas tiene?
7. ¿Qué oportunidades quieres darles a tus hijos que tú no tuviste?

Así no hay quien pueda

Fuimos a casa de unos compañeros de trabajo de mi marido, con mi hijo Ernesto (4 años). Por el camino le advertimos que no debía comer nada y que si le ofrecían caramelos dijera: no gracias. Llevábamos un rato charlando en la casa cuando el pequeño nos interrumpió diciendo: «¿Pero, cuándo me preguntan que si quiero caramelos, para poder decir que no?».

—Ernesto Moreno

LECTURA   ¡Cómo cambia el mundo!

ENLACE CONDE SARO-PASCUAL IBÁÑEZ

En la iglesia de San Jerónimo el Real se celebró el enlace matrimonial[1] de la señorita María del Mar Pascual Ibáñez con don Luis Conde Saro.

La novia, bellísima, que lucía un precioso modelo, entró en el templo del brazo de su padre y padrino, don Maximino Pascual Castellot, y el novio acompañaba a su madre y madrina, la excelentísima señora doña María Jesús Saro y Díaz Ordóñez, viuda de Conde.

Actuaron de pajes,[2] portando las arras[3] y alianzas,[4] los niños Amalia, Rocío y Pablo.

Terminada la ceremonia religiosa, los invitados fueron obsequiados con una cena en el hotel Palace.

---

[1]enlace... boda   [2]flower girl/ring bearer   [3]coins   [4]rings

Se celebran divorcios

Pedro, el propietario¹ del madrileño restaurante La Poveda, está muy contento por lo bien que le marcha² el negocio desde que puso en el escaparate³ un cartel que dice: *«Aquí se celebran divorcios».* Tras las bromas⁴ iniciales de los amigos —*«¿para cuándo podemos reservar mesa?, ya que estamos por aquí podíamos aprovechar»...—* vinieron los auténticos clientes. *«Se reúnen en una fiesta parecida a las despedidas de soltero,⁵ donde hay mucha alegría, lógica porque ellos se sienten libres otra vez»,* afirma el dueño. *«Es un negocio tan serio como las bodas, bautizos y comuniones que celebramos, aunque el número de invitados suele⁶ ser menor.»⁷* ∎

---
¹dueño   ²va   ³*display window*   ⁴*jokes*   ⁵*despedidas... bridal showers/bachelor parties*   ⁶*tends to*   ⁷*fewer*

Comprensión

ENLACE CONDE SARO-PASCUAL IBÁÑEZ

1. ¿Con quién se casó María del Mar?   2. ¿Cómo estaba ese día la novia?   3. ¿Con quién entró la novia en la iglesia?   4. ¿Qué llevaban los niños (pajes)?   5. ¿Qué hubo después de la ceremonia religiosa?

SE CELEBRAN DIVORCIOS

6. ¿Por qué está contento el dueño de este restaurante de Madrid?
7. ¿Qué es lo que se puede «celebrar» en La Poveda?   8. ¿Cómo son esas celebraciones?   9. ¿Qué piensa usted de este tipo de celebración? Explique.

LECTURA   «Mi madre cuando nos visita»
Gustavo Pérez Firmat (Cuba, 1949–   )

Gustavo Pérez Firmat es poeta y crítico y miembro del grupo de escritores cubanoamericanos llamado «Los

Lectura: Tell students that Gustavo Pérez Firmat grew up in Miami but now lives in North Carolina. He is a professor of Spanish American literature at Duke University. In this poem, as in many others, Firmat juxtaposes the Hispanic culture of his native Cuba and of his home town in Florida with the environment of North Carolina.

atrevidos».° "The Bold Ones"
En el siguiente poema, el poeta describe la llegada de su madre. ¿Qué cambios ocurren en su mundo cuando ella lo visita?

Mi madre cuando nos visita
tiñe° todo   *colors, tints*
de familiaridad:
viste de verde y mar
mi jardín de tierra adentro
(cuando ella está mi casa es carabela°),   *swift-sailing ship*
imparte el color del cariño
a estos raros rojos otoñales
y bajo sus pisadas° las hojas   *footsteps*
crujen° amorosamente.   *rustle*
El aire se hace respiración.
La soledad se vuelve habitable.
Lo extraño torna hogareño°   *del hogar*
cada otoño
mi madre cuando nos visita.

LAS POSIBILIDADES Y LAS CONSECUENCIAS

¡OJO! *Estudie Gramática 16.3.* [Conditional]

¿Qué haría Luis Ventura si ganara $10,000 en la lotería?

Tomaría vacaciones más a menudo.

Saldría a cenar con más frecuencia.

Le daría una parte del dinero a su abuela.

Haría un viaje a Europa.

Compraría muchos regalos para su familia.

El futuro   451

Actividad 7. ¡Cómo cambiaría la vida de los Torres!

¿Qué harían los Torres si ganaran el premio gordo de la lotería? Narre las acciones de ellos.

to apply

Act. 7. Here are our suggestions for the series. **1.** Comprarían una casa nueva. **2.** Comprarían muebles nuevos. **3.** Pagarían las cuentas. **4.** Tomarían vacaciones. **5.** Irían a cenar en un restaurante de primera clase. **6.** Irían al teatro. **7.** Ahorrarían dinero para los estudios de sus hijos. **8.** Seguirían trabajando. **9.** Volarían a España a visitar a sus parientes. New words: *condicional, premio gordo.* You may wish to point out that *título de propiedad* means "deed."

Actividad 8. Situaciones: ¿Qué haría usted si... ?

Decidan cuáles son las mejores soluciones para los siguientes problemas. Después, expliquen sus selecciones. Si no les parece buena ninguna de las soluciones, piensen en lo que harían y expliquen por qué.

1. Si su hermana pequeña estuviera enamorada de un hombre casado,...
   a. le presentaría a otros hombres.
   b. hablaría con el hombre.
   c. no haría nada.
2. Si durante un examen su mejor amigo estuviera copiando las respuestas de usted,...
   a. se lo diría al profesor.
   b. no haría nada.
   c. escribiría respuestas equivocadas y las borraría después.
3. Si el día de su boda estuviera esperando en la iglesia y su futuro esposo (futura esposa) no llegara, después de dos horas...
   a. regresaría a mi casa y lloraría.
   b. llamaría a todos los hospitales de la ciudad y preguntaría por él/ella.
   c. me pondría furioso/a y juraría no volver a verlo/la en toda mi vida.
4. Si su cuñado, con quien usted no se lleva bien, le dijera que quiere vivir en la casa de ustedes,...
   a. me volvería loco/a.
   b. me divorciaría.
   c. aceptaría pero hablaría seriamente con él antes.

Act. 8. Do one question with students before letting them work in pairs. Encourage them to add other possibilities. As they have not yet studied the past subjunctive, you may want to write these words on board: *estuviera* = were, *llegara* = arrived, *dijera* = told, *tuviera* = had. New words: *copiar, equivocado/a, futuro/a, jurar, pedir prestado, preguntar por, remedio casero, seriamente, volver a* + infin., *volverse loco/a.*

AA 5. Ask students to imagine what their life would be like without the following items. Encourage use of the conditional. *Imagine su vida sin un carro propio. ¿Cómo cambiaría su estilo de vida? ¿Sería grande el cambio? ¿Se adaptaría usted fácilmente? ¿Es verdaderamente indispensable tener un carro propio?* Considere estas mismas preguntas para las siguientes cosas: la electricidad, las fotocopiadoras, el cine, los aviones, la máquina de escribir, el agua corriente, las computadoras.

5. Si su hijo pequeño estuviera muy enfermo y usted no tuviera dinero ni seguro médico,…
   a. le daría un remedio casero.
   b. pediría dinero prestado.
   c. vendería mis joyas, o mi auto, o…

Actividad 9. Encuesta sobre las posibilidades del futuro

Generalmente, cuando las personas piensan en casarse, también piensan seriamente en el futuro. Empiezan a preocuparse por lo que pueden ofrecerles a sus hijos y por el mundo en que van a vivir sus hijos. Haga esta encuesta como proyecto de la clase. Pídale a cada persona que use estos tres números para indicar sus respuestas.

1 = definitivamente   2 = tal vez   3 = nunca

_____ 1. Si no pudieras conseguir trabajo en la tierra, ¿irías a otro planeta y llevarías a tu familia?
_____ 2. Si fuera necesario, para controlar la contaminación del medio ambiente, ¿aceptarías no manejar tu auto más de una vez por semana?
_____ 3. Si hubiera menos producción de alimentos y más contaminación ambiental cada día, ¿preferirías no tener hijos?
_____ 4. Si fuera necesario, ¿compartirías tu vivienda con otra familia?
      5. Si hubiera escasez de agua,…
_____   a. ¿te bañarías solamente una vez por semana?
_____   b. ¿regarías el jardín de tu casa?
_____   c. ¿lavarías el auto?

EL FUTURO Y LAS METAS PERSONALES

¡OJO! *Estudie Gramática 16.4–16.5.*

Éstos son los planes de Amanda Ruiz, Estela Ramírez y Pedro Ruiz.

Europa →   Rio de Janeiro

1. Cuando me gradúe, viajaré a Europa.
2. Cuando me case, iré a Rio de Janeiro de luna de miel.
3. Cuando nazca nuestro primer hijo, nos sentiremos orgullosos.

1. Cuando mis hijos sean grandes, trabajaré otra vez para una empresa importante.
2. Cuando gane más de 350 millones de pesos al año, me mudaré a un vecindario elegante.

1. Cuando logre mis metas, seré feliz.
2. Si me cuido bien, viviré por mucho tiempo y gozaré de la vida.
3. Cuando me jubile, realizaré mi sueño de vivir en las montañas.

JUAN BALLESTA

Un día, todo esto será tuyo.

454   Capítulo dieciséis

Actividad 10. El futuro de Adriana Bolini

Adriana Bolini consultó a una adivina en España. ¿Qué le predijo la adivina? Use las formas del futuro para narrar la vida de Adriana según la adivina.

Act. 10. Here are our suggestions for the series. **1.** *Adriana se casará con un español alto y guapo.* **2.** *Tendrán una boda muy grande e invitarán a muchas personas.* **3.** *Pasarán su luna de miel en Chile.* **4.** *Se mudarán a Madrid y vivirán en un apartamento.* **5.** *Adriana trabajará para una compañía de informática.* **6.** *Tendrán (nacerá) un hijo y Adriana estará contenta.* **7.** *Llevará a sus hijos al parque.* / *Buscará trabajo cuando los niños crezcan un poco.* **8.** *Conseguirá trabajo en una empresa de informática otra vez.* **9.** *Regresará a casa cansada pero contenta.* New words: *adivina, predecir.*

Actividad 11. ¿Cómo será el mundo dentro de cincuenta años?

¿Está usted de acuerdo con estas afirmaciones? Explique sus respuestas.

1. Ya no habrá guerras en el mundo. Gozaremos de paz.
2. Todos tendremos aviones privados.
3. Las computadoras sabrán hablar y pensar como los seres humanos.
4. No se producirá suficiente comida y muchos se morirán de hambre.
5. Ya no habrá bosques en el mundo.
6. Ya no habrá contaminación ambiental ni lluvia ácida.
7. Colonizaremos la luna.
8. Tendremos mucho más tiempo libre.
9. Todavía se escucharán las canciones de Julio Iglesias.
10. Ya no iremos a cines; todo el mundo verá las películas en casa.

Act. 11. Have students work in small groups, selecting and explaining their responses to the group. Circulate, noting particularly interesting explanations to be shared with the whole class. Use some of these as springboards for serious discussion of the future. New words: *afirmación, canción, colonizar, contaminación ambiental, escucharse, guerra, lluvia ácida, luna, morirse de hambre, paz, ser humano, tiempo libre, todavía.*

Actividad 12. Discusión: Las carreras y la felicidad

1. ¿Qué carrera quiere seguir usted? ¿Por qué va a escoger usted esa carrera?
2. ¿Qué querrá usted en su carrera? ¿dinero? ¿satisfacción personal? ¿aventuras?
3. ¿Cree usted que trabajará toda la vida en la misma profesión?

Act. 12. Have students go over questions at home and jot down ideas in preparation for class discussion. New words: *alcanzar, comprarse, consistir en, felicidad, satisfacción, toda la vida.*

AA 7. Here are some possibilities for future situations. Have students complete each with a future-tense verb: *Después de graduarse, ¿qué hará? (después de conseguir su primer empleo, después de casarse, después de tener hijos, después de jubilarse).*

4. ¿Tendrá su propio negocio?
5. ¿Cuáles serán sus metas en la vida? ¿Las podrá alcanzar sin dinero?
6. ¿En qué consiste la felicidad?
7. ¿Hay aspectos de la felicidad que pueden comprarse? ¿Hay una clase de felicidad que no pueda comprarse?
8. ¿Qué hará usted para lograr la felicidad?

LECTURA   Los amigos hispanos: El amuleto

Lectura: Point out that in Hispanic cultures, the young and the elderly often live together in the same household and are very close: *Los nietos y los abuelos conversan; intercambian ideas*. Tell students this reading is a conversation between Raúl and his grandmother about an experience she once had. After the reading, ask personal questions such as *¿Habrá diferencias entre la vida de los jóvenes del año 2000 y los de hoy? Descríbalas.*

Raúl está de visita con su abuela, doña María, en Arenal.

—Abuela, ¿te casaste muy joven, verdad?

—No. En comparación con mis amigas, no. Yo me casé a los 22. Mi mejor amiga se casó a los 15. A los 16 ya tenía un hijo.

—¿Por qué se casaban tan jóvenes?

—M'ijo,° ésa era la costumbre. Recuerda que estamos hablando de los años veinte y treinta. Muy pocas mujeres tenían los recursos económicos para seguir estudiando después del sexto grado.

Mi hijo (*Mex.*)

—¡Qué vida tan difícil!

—Sí. Eran años de mucha dificultad. Pero por suerte había algunas diversiones. Teníamos veladas,° tardeadas,° bailes; íbamos al cine... El cine sonoro° era la sensación del momento...

parties
get-togethers / cine... "talkies"

—¿Y qué hacían en las tardeadas?

Las parejas se divierten en una fiesta en Caracas, Venezuela. Muchas relaciones duraderas (*lasting*) comienzan en las fiestas.

—Pues bailábamos y platicábamos con los muchachos.
—Tenían que llevar chaperona, ¿verdad?
—¡Claro que sí!
—¿No te molestaba eso?
—No, m'ijo. A mí me acompañaba una tía joven. Era como una amiga y de regreso a casa comentábamos todo.
—¿Y las veladas eran diferentes?
—Sí. Las veladas eran más... artísticas. Cantábamos, tocábamos el piano, declamábamos°... °we recited poetry
—¿Qué te gustaba más de todo eso?
—Pues... cuando era muy joven me encantaban los bailes de gala.° Llevábamos vestidos largos muy hermosos. Pasábamos semanas soñando con «el día». Preparábamos el vestido, escogíamos el peinado°... Nunca voy a olvidar el baile de «Blanco y Negro» del veintinueve.° Mi prima Lolita me dijo que debía llevar un amuleto°...

°de... formal

°hair style

°el... the "Black and White" Ball of 1929
°lucky charm

—¿Un amuleto? ¿Y eso para qué?
—Para no quedarme sin bailar, claro. Lolita me explicó cómo hacerlo y todo.
—¿Y lo hiciste, abuela? ¡No lo puedo creer! ¿Tú, supersticiosa?
—Ay, eso no es superstición. Son cosas de jóvenes. Lolita me contó que todas sus amigas llevaban un amuleto y me mostró el suyo.
—¿Y?
—Pues nada,° que me conseguí todo lo necesario: un diente de ajo,° un imán° pequeñito, un pedazo de seda roja y... la corona de oro° de la muela° de tu bisabuelo. Hice mi bolsita de seda. Me quedó muy bien. Me la puse dentro de la blusa.

°Pues... Well
°un... a clove of garlic / °magnet
°corona... gold crown / tooth

—¿Y te sirvió?
—Al principio, sí... Tocaron un pasodoble° que me fascinaba y el muchacho más guapo del salón me sacó° a bailar. Yo estaba tan feliz bailando cuando sentí que algo se me deslizaba° por el cuerpo y de pronto vi mi amuleto en el suelo. ¡Me moría de vergüenza!°

°baile tradicional de España
°me... asked me

°se... was slipping
°¡Me... I was so embarrassed!

—¿Y él no se dio cuenta?
—No. Poco a poco y sin perder el ritmo fui empujando el amuleto con el pie hasta que quedó debajo de un sofá. Se terminó la pieza y él me llevó a mi sitio y ahí terminó todo.
—¡Cómo! ¿No te volvió a sacar a bailar?
—No, ni él ni nadie.
—¡Pobre abuela! ¿Y todo porque perdiste el amuleto?
—No sé. Tal vez. ¿Qué crees tú?

España: En tiempos pasados los jóvenes asistían a las funciones de la iglesia o salían con la familia. Hoy día van con frecuencia al cine o a clubes y no siempre van acompañados de un miembro de la familia.

Comprensión

¿Qué pasó la noche del baile de Blanco y Negro? Busque el orden correcto.

La abuela…

_____ se puso la bolsa de seda dentro de la blusa.
_____ empujó el amuleto con el pie.
_____ sintió que algo se deslizaba por su cuerpo.
_____ hizo una bolsa de seda.
_____ salió a bailar con un muchacho guapo.

¿Y usted?

1. ¿Conversa usted con sus padres y abuelos sobre el pasado de ellos?
2. ¿Fue muy diferente la juventud de ellos a la de usted?
3. ¿Qué diferencias hay?
4. ¿Cree en los amuletos? ¿Tiene alguno?

LECTURA   La telenovela «Los vecinos»: Eeer se despide

El día que Ernestito cumplió nueve años, le dieron una gran fiesta con piñata y todos sus amiguitos del vecindario asistieron. Después de la fiesta, mientras esperaba la visita de Eeer en su cuarto, Ernestito se puso a inspeccionar todos sus regalos, carritos, pistolas de laser…

—Yo también te traigo un regalo. —Era la voz de Eeer.

Ernestito corrió a la ventana, la abrió y llamó a su amigo, pero Eeer no respondía. Lo buscó por todo el cuarto, también afuera, pero nada. Luego escuchó de nuevo la voz:

—¡Hace un año que nos conocemos, Ernestito!
—¿Dónde estás, Eeer? ¿Por qué no apareces? —Ernestito miró para arriba, como esperando ver a Eeer caer del techo.
—No, no estoy en el techo, no me busques allá arriba.
—¿¡Dónde estás, pues?! —Ernestito se tiró, enojado, a la cama. —¡Qué bromitas te traes hoy!°
—Me voy, amiguito. Regreso a mi mundo.
—¿Y no volverás más? ¿Nunca más?
—Un día nos veremos otra vez, después de muchos años...
—¿Me dejas ir contigo, Eeer?
—No, tú debes quedarte aquí, en la Tierra,° con tu familia.
—¿Tienes familia, Eeer?
—Sí, tengo padres y hermanos. Igual que tú.
—Llévame contigo, Eeer. Tu planeta es lo máximo.° ¡El mío es tan aburrido!
—Tu planeta es fantástico, Ernestito.
—Pero aquí nunca podré volar en el espacio, como tú. ¡Nunca saldré de la Tierra!
—¿No quieres saber qué regalo te traigo? —preguntó Eeer finalmente, su voz mucho más lejana.
—¡Claro que quiero saber!
—Mi regalo es cumplirte° un deseo.
—¿Cualquier deseo?
—Cualquier deseo... Cierra los ojos y pide lo que quieras: ése será mi regalo.
Ernestito cerró los ojos y trató de concentrarse. Deseó con todas sus fuerzas que un día pudiera ser astronauta y viajar en el espacio como Eeer. Luego escuchó desde muy lejos, desde alguna estrella en el cielo, las últimas palabras de su amigo:
—¡Feliz cumpleaños, Eeeeerrrnestitoooooo!

°¡Qué... What a joker you are today!

°Earth

°lo... the best (Mex.)

°to grant you

Comprensión

1. ¿Qué le regaló Eeer a Ernestito?   2. ¿Qué quiere hacer Ernestito en el futuro?

¿Y usted?

1. ¿Se inventó usted un amigo imaginario (una amiga imaginaria) cuando era niño/a?   2. ¿Qué función tienen los amigos imaginarios? ¿Cree usted que la soledad es una razón por la que los niños se inventan amigos? Explique.

El futuro   459

LECTURA «El tiempo borra»
Javier de Viana (Uruguay, 1868–1926)

Javier de Viana es autor de cuentos, obras de teatro y novelas. Muchos de sus personajes son gauchos pobres, y sus temas tienen que ver con la vida dura del campo.

En «El tiempo borra°», el autor describe el viaje de un hombre que regresa a su hogar después de quince años de ausencia. ¿Qué cambios encuentra a su regreso? ¿Qué es lo que el tiempo ha borrado?

°erases

En el cielo, de un azul puro, no se movía una nube. Sobre la llanura° una multitud de vacas° blancas y negras, amarillas y rojas, pastaba.° Ni calor, ni frío, ni brisa, ni ruidos. Luz y silencio, eso sí; una luz intensa y un silencio infinito.

°plain / cows
°was grazing

A medida que avanzaba al trote por° el camino zigzagueante,° sentía Indalecio una gran tristeza en el alma, pero una tristeza muy suave. Experimentaba° deseos de no continuar aquel viaje, y sensaciones de miedo a las sorpresas que pudieran esperarle.

°A... As he went along
°meandering
°He felt

¡Qué triste retorno era el suyo!° Quince años y dos meses de ausencia. Revivía en su memoria la tarde gris, la disputa con Benites por cuestión de una carrera mal ganada,° la lucha,° la muerte de aquél,° la detención suya por la policía, la triste despedida a su campito,° a su ganado,° al rancho recién construido, a la esposa de un año... Tenía veinticinco años entonces y ahora regresaba viejo, destruido con los quince años de prisión.

°¡Qué... How sad was his return!
°una... a race unfairly won / fight / Benites
°pequeño campo
°vacas

Regresaba... ¿para qué? ¿Existían aún su mujer y su hijo? ¿Lo recordaban, lo amaban aún? ¿Podía esperarle algo bueno a uno que había escapado del sepulcro?° ¿Estaba bien seguro de que aquél era su campo? Él no lo reconocía. Antes no estaban allí esos edificios blancos que ahora se presentaban a la izquierda. Y cada vez con el corazón más triste siguió su camino, impulsado por una fuerza irresistible.

°tomb (prison)

¿Era realmente su rancho aquél ante el cual había detenido su caballo? Por un momento dudó. Sin embargo, a pesar del techo de zinc que reemplazaba el de paja,° era su mismo rancho.

°thatch

—Bájese —le gritó desde la puerta de la cocina una mujer de apariencia vieja, que en seguida, arreglándose el pelo, fue hacia él, seguida de media docena de chiquillos° curiosos.

°niños

—¿Cómo está?

—Bien, gracias; pase para adentro.

Ella no lo había reconocido.° Él creía ver a su linda esposa en aquel rostro° cansado y aquel pelo gris que aparecía bajo el pañuelo° grande.

Entraron en el rancho, se sentaron, y entonces él dijo:

—¿No me conoces?

Ella quedó mirándolo, se puso pálida y exclamó con espanto:°

—¡Indalecio!

Empezó a llorar, y los chicos la rodearon.° Después, se calmó un poco y habló, creyendo justificarse:

—Yo estaba sola; no podía cuidar los intereses.° Hoy me robaban una vaca; mañana me carneaban° una oveja; después... habían pasado cinco años. Todos me decían que tú no volverías° más, que te habían condenado por la vida.° Entonces... Manuel Silva propuso casarse conmigo. Yo resistí mucho tiempo... pero después...

Y la infeliz° seguía hablando, hablando, repitiendo, recomenzando, defendiéndose, defendiendo a sus hijos. Pero hacía rato que Indalecio no la escuchaba. Sentado frente a la puerta, tenía delante el extensivo panorama, la enorme llanura verde, en cuyo fin se veía el bosque occidental del Uruguay.

—Comprendes —continuaba ella, —si yo hubiera creído° que ibas a volver...

Él la interrumpió:

—¿Todavía pelean° en la Banda Oriental?*

Ella se quedó atónita° y respondió:

—Sí, el otro día un grupo de soldados† pasó por aquí, yendo hacia la laguna Negra,° y...

—Adiosito —interrumpió el gaucho.

° no... *hadn't recognized him*
° cara
° kerchief

° sorpresa

° surrounded

° la propiedad
° butchered

° *would not return*
° por... *to life* (in prison)

° la... *the poor woman*

° hubiera... *had thought*

° *are they fighting*
° *astonished*

° laguna... *"Black Lake," a small lake near the Argentinean border*

Comprensión

Indalecio regresa a su casa después de muchos años de ausencia...

1. ¿Dónde estaba? 2. ¿Por qué tuvo que ausentarse? 3. ¿Qué cambios encuentra a su regreso? 4. ¿Qué explicación le da su esposa? 5. Al final, ¿qué decide hacer Indalecio? ¿Cree usted que se une a los soldados? ¿Por qué (no)?

---

*Se refiere a Uruguay. En tiempos de la colonia española, Uruguay era considerado «la Banda Oriental» del virreinato (*vice royalty*) del Río de la Plata. El virreinato incluía lo que hoy se conoce como Argentina, Bolivia, Paraguay y la región suroeste de Brasil.

†En el siglo diecinueve, Uruguay se vio envuelto en una serie de guerras con sus países vecinos.

El futuro

«Sentado frente a la puerta, tenía delante el extensivo panorama, la enorme llanura verde, en cuyo fin se veía el bosque occidental del Uruguay... »

VOCABULARIO

La familia, las amistades y el matrimonio
Family, Friends, and Marriage

el ahijado/la ahijada	godson/goddaughter
la amistad	friendship
el bautizo	christening ceremony, baptism
el bisabuelo/la bisabuela	great-grandfather/great-grandmother
la boda	wedding
la comadre	godmother; mother of one's godchild
el compadre	godfather; father of one's godchild
divorciarse	to get divorced
estar comprometido/a	to be engaged
el hermanastro/la hermanastra	stepbrother/stepsister
el hijo único/la hija única	only child
la luna de miel	honeymoon
la madrastra	stepmother
la madrina	godmother
la novia	bride
el noviazgo	courtship
el padrastro	stepfather
el padrino	godfather

Acciones recíprocas

abrazarse	to embrace each other
ayudarse	to help each other
besarse	to kiss each other
comprenderse	to understand each other
darse la mano	to shake each other's hand
echarse de menos	to miss each other
escribirse	to write each other

gritarse — to yell at each other
parecerse — to look alike
pedirse (i) perdón — to apologize to each other
pelearse — to fight with each other

PALABRAS SEMEJANTES: insultarse, reconciliarse, respetarse

REPASO: escucharse, llamarse por teléfono, quererse, saludarse, verse

Otros verbos

alcanzar — to reach
compartir — to share
consistir en — to consist of
copiar — to copy
crecer (zc) — to grow (up)
esperar de — to expect (*something*) from (*somebody*)
estar a favor/en contra de — to be for/against
estar dispuesto a — to be willing to
jubilarse — to retire
jurar — to swear
lograr — to achieve
morirse (ue) de hambre — to starve
mudarse — to move to another home/location
opinar — to give one's opinion
pedir (i) prestado — to borrow
pensar (ie) en — to think about
predecir — to predict
  predigo/predice
preguntar por — to ask about
realizar — to realize (*one's goals, dreams*)
rechazar — to reject
ser grande — to be grown-up, big
surgir — to arise
volver (ue) a (+ *infin.*) — to do (*something*) again

PALABRAS SEMEJANTES: colonizar, controlar, valorar

Los sustantivos

el adivino/la adivina — fortune-teller
la ayuda — help
el bienestar — well-being, comfort
la canción — song
el carácter — personality, character
la contaminación (ambiental) — (environmental) pollution
la cualidad — quality
el cura — Catholic priest
la edad límite — maximum age
la empresa — company, firm
la escasez — scarcity, lack
la felicidad — happiness
la guerra — war
la lealtad — loyalty
la luna — moon
la lluvia ácida — acid rain
el medio ambiente — environment
la natalidad — birthrate
el número medio — median
la paz — peace
el por ciento — percentage
el premio gordo — grand prize
el promedio — average
el recién nacido/la recién nacida — newborn
el remedio casero — household remedy
el ser humano — human being
el tiempo libre — free time
la vivienda — housing

PALABRAS SEMEJANTES: la afirmación, la característica, la consecuencia, el extremo, la indicación, la inseminación, la inteligencia, la lotería, la mayoría, el miembro, la oportunidad, el pasado, el planeta, el porcentaje, la producción, la reacción, la relación, la satisfacción, el símbolo

Los adjetivos

ambiental — environmental
bellísimo/a — extremely beautiful
equivocado/a — wrong, mistaken

PALABRAS SEMEJANTES: activo/a, artificial, católico/a, egoísta, futuro/a, idéntico/a, incondicional, íntimo/a, numeroso/a, responsable

Palabras y expresiones útiles

con respecto a — with respect to
definitivamente — definitely
en caso de que — in case
en común — in common
esto — this (*abstract*)
seriamente — seriously
tal vez — maybe
todavía — still; yet
toda la vida — one's whole life
todo el año — year round

GRAMÁTICA Y EJERCICIOS

16.1. Reciprocal Pronouns: "Each Other"

Reciprocal actions are expressed in Spanish with the reflexive pronouns.

Los novios **se** **abrazaron** y luego **se besaron.**
The bride and groom embraced (each other) and then kissed (each other).

Nos **vemos** mañana en el bautizo de tu sobrino.
We'll see each other tomorrow at the christening of your nephew.

Context usually indicates whether the pronoun is reflexive (*self*) or reciprocal (*each other*).

Tenemos que **vestirnos** antes de ir a la boda.
We have to get dressed before going to the wedding.

Don Eduardo y don Anselmo **se reconocieron** en seguida y **se dieron** la mano.
Don Eduardo and don Anselmo recognized each other at once and shook each other's hand.

Ejercicio 1

Exprese las acciones recíprocas según el modelo.

MODELO: Yo quiero a mi esposo y mi esposo me quiere mucho también. →
Mi esposo y yo nos queremos mucho.

1. El señor Ruiz llamó a su suegra por teléfono y su suegra lo llamó a él también.
2. Mi ahijada me escribe a mí y yo le escribo a ella a menudo.
3. Amanda habla con su novio y él habla con Amanda todos los días.
4. Mi madre respeta mucho a mi padre y mi padre respeta mucho a mi madre.
5. El abuelo de Gustavo me conoce y yo lo conozco a él muy bien.

16.2. Describing: *ser* and *estar*

A. To identify someone or something, use the verb **ser** followed by a noun.

¿Quién **es** ese **muchacho**? —**Es** Gustavo, el primo de Ernestito.
Who is that guy? —That's Gustavo, Ernestito's cousin.

¿Y este vestido? —**Es** el **vestido** de novia que llevó mi abuelita.
And this dress? —It's the wedding dress that my grandmother wore.

B. To form the progressive tenses, use **estar** with a present participle.

¿Qué **estaban haciendo** el padrino y la madrina? —**Estaban saludando** a los invitados que llegaban.

What were the godfather and godmother doing? —They were greeting the guests who were arriving.

C. Use the verb **estar** to give the location of people or things.

¿Dónde **está** el novio? —No sé; no lo he visto.

Where is the groom? —I don't know. I haven't seen him.

Use the verb **ser** to tell the location of an event.

¿Dónde va a **ser** la ceremonia? —En la capilla.

Where is the ceremony going to be (held)? —In the chapel.

¿Dónde **es** la conferencia? —En el salón 450.

Where is the lecture? —In room 450.

D. Although **ser** and **estar** are both used with adjectives to describe nouns, they are used in different situations. An adjective with **ser** tells what someone or something is like.

La novia **es** muy hermosa. **Es** alta, de pelo negro y es joven.

The bride is very beautiful. She is tall, has black hair, and is young.

An adjective with **estar** describes the condition of someone or something at a particular moment.

¿Cómo **está** la novia? —Ahora mismo **está** un poco nerviosa y cansada.

How is the bride? —Right now she's a bit nervous and tired.

In the following example, note that **ser** and **estar** can convey different meanings even when used with the same adjective. **Ser** emphasizes identification or normal characteristics, **estar** the state of someone or something at a certain point in time.

¿**Son** azules los ojos de la novia? —Sí, pero hoy parece que **están** aun más azules por el sol.

Are the bride's eyes blue? —Yes, but they look even bluer today because of the sun.

By using **estar** with an adjective usually associated with **ser,** we can emphasize how something is or looks *right now,* rather than how it is normally. Thus, the choice between **ser** + adjective or **estar** + adjective emphasizes the difference between the norm and variation from the norm.

Te juro que **generalmente** el mar aquí **es** calmado y limpio y las olas **son** pequeñas. Pero

I swear to you that the ocean here is usually calm and clear, and the waves small. But today

hoy **está** todo muy feo. Las olas **están** muy grandes y el mar **está** muy sucio por la tormenta de anoche.

everything is very ugly. The waves are very large and the ocean is dirty due to last night's storm.

Here are some other phrases that emphasize the difference in meanings between **ser** and **estar** with adjectives.

es bonito/está bonito	*is pretty/looks pretty*
es generoso/está generoso	*is generous/is being generous*
es nervioso/está nervioso	*is a nervous person/is nervous now*

In a few cases, the meaning of the adjective is quite different depending on whether it is used with **ser** or **estar**.

es listo/está listo	*is clever/is ready*
es aburrido/está aburrido	*is boring/is bored*
es verde/está verde	*is green/looks green; is unripe*

ser	estar
Identification Es hombre.	*Present Progressive* Está comiendo.
Location of Event El baile es aquí.	*Location of People, Things* El muchacho está aquí.
Description of Norm Es bonita.	*Description of State* Está enferma.

Ejercicio 2

Graciela y Amanda están hablando de los amigos y vecinos que están presentes en la boda de Daniel y Leticia. Escoja las formas correctas de **ser** o **estar**.

—Mira, Amanda, la señora Ramírez ____[1] muy bonita hoy.
—Ay, Graciela, Estela Ramírez ____[2] una mujer muy elegante.
—¿Dónde ____[3] don Eduardo y don Anselmo?
—Allí en el rincón. ____[4] hablando con doña Rosita.
—¡Qué bien se ve doña Rosita hoy! Su pelo ____[5] muy bonito.
—Y mira a Gustavo, hablando con la rubia. ¡Qué guapo ____[6] hoy!
—¿Guapo? Tal vez, pero no ____[7] muy simpático.
—Y tú ____[8] un poco celosa.
—¿Yo? Te equivocas. Yo no ____[9] una persona muy insegura.
—Ya ____[10] las dos y media. La recepción ____[11] en el otro salón, ¿verdad?
—Creo que sí.

Ejercicio 3

Don Anselmo está de mal humor hoy y no está de acuerdo con nada de lo que le dice don Eduardo.

> MODELO: DON EDUARDO: Doña Rosita es una persona muy activa. →
> DON ANSELMO: Pues, no está muy activa hoy.

1. Leticia es muy amable con todos.
2. El clima de aquí es algo frío.
3. Normalmente este programa es muy cómico.
4. En la Tienda Miraflores la ropa es muy cara.
5. Daniel es muy eficiente en su trabajo.

16.3. Hypothetical Reactions: The Conditional

A. The conditional is formed by adding these endings to the infinitive: **-ía, -ías, -ía, -íamos, -ían.***

CONDITIONAL	
jugaría	I would play
comerías	you (inf. sing.) would eat
dormiría	you (pol. sing.), he/she would sleep
tomaríamos	we would drink
escribirían	you (pl.), they would write

Yo **hablaría** con su familia primero.
I would speak with her family first.

A Leticia Reyes le **gustaría** ir de luna de miel a Acapulco.
Leticia Reyes would like to go to Acapulco on her honeymoon.

B. A few verbs form the conditional on irregular stems.

poner→	pondría	decir→	diría	caber→	cabría
salir→	saldría	hacer→	haría	haber→	habría
tener→	tendría			poder→	podría
venir→	vendría			querer→	querría
				saber→	sabría

¡Yo no **sabría** qué decirle!
—Pues yo le **diría** la verdad.

I wouldn't know what to tell him!
—Well, I would tell him the truth.

---

*Recognition: **vosotros/as jugaríais.**

16.3. This section introduces the forms of the conditional. Its most common use with the imperfect subjunctive is described in 17.3. Our opinion is that the conditional is a topic for second-year students, but some instructors like to introduce it in the first year so that students will recognize its meaning when they hear or read it. It is a relatively simple tense to learn and students pick it up quickly after being exposed to it. Keep in mind that in some areas of the Spanish-speaking world, the conditional is used very infrequently, being replaced by the imperfect subjunctive: *Si supiera, te lo dijera.* This use is not accepted by the Real Academia or by educational establishments, but it is very widespread.

Ejercicio 4

Aquí aparecen algunas actividades que a los estudiantes de la Universidad de San Antonio les gustaría hacer en España. Escoja el verbo mas lógico y dé la forma del condicional: **correr, usar, caminar, comer, tomar, tratar, visitar, comprar, practicar, pasar, acostarse**.

1. Esteban y Carmen _____ los sitios turísticos. *visitar*
2. Alberto _____ de conocer a nuevos amigos. *tratar*
3. Nora _____ zapatos españoles. *comprar*
4. Luis y Mónica _____ tapas y _____ cerveza por la tarde. *comer, tomar*
5. Todos _____ el español. *practicar*
6. Esteban _____ por el parque del Retiro. *caminar*
7. Carmen _____ mucho tiempo en el Museo del Prado. *pasar*
8. Todos _____ el metro para ir de un lugar a otro. *usar*
9. Mónica y Nora _____ a la 1:00 cada noche. *acostarse*
10. Luis _____ todos los días para mantenerse en buen estado físico. *correr*

16.4. The Future

A. The future tense is formed by adding these endings to the infinitive: **-é, -ás, -á, -emos, -án.***

FUTURE	
jugar**é**	I will play
terminar**ás**	you (inf. sing.) will finish
escribir**á**	you (pol. sing.), he/she will write
lavar**emos**	we will wash
dormir**án**	you (pl.), they will sleep

Me **jubilaré** en dos años. I will retire in two years.
Los políticos nunca **cumplirán** The politicians will never carry
　con lo que prometen. 　out what they promise.

B. The verbs that have irregular stems for the conditional use the same stems for the future.

poner → pondré　　decir → diré　　caber → cabré
salir → saldré　　hacer → haré　　haber → habré
tener → tendré　　　　　　　　　　poder → podré
venir → vendré　　　　　　　　　　querer → querré
　　　　　　　　　　　　　　　　　saber → sabré

---

*Recognition: **vosotros/as hablaréis**

Mi hermana dice que **podrá** casarse cuando encuentre al hombre perfecto.

My sister says that she will be able to get married when she finds the perfect man.

C. For statements about future events, the **ir** + **a** + infinitive construction is more frequently used in conversation than are the future verb forms.

Mañana **vamos a escuchar** el noticiero de las 6:00.

Tomorrow we are going to listen to the 6:00 news.

However, when doubt or speculation are involved, especially in questions, the future tense is common.

¿A qué hora **llegarán**?

What time do you think they'll arrive? (I wonder what time they'll get here.)

This "future of probability" may also refer to present conditions.

¿Qué **estarán haciendo** ahora?

What do you think they are doing now? (I wonder what they're doing now.)

¿Qué hora **será**? ¿**Serán** ya las 7:00?

What time do you think it is? (I wonder what time it is.) Do you think it's already 7:00?

Ej. 5. Assign as homework and ask students to check their answers in the answer key. We do not recommend oral practice with the future. (This exercise is somewhat forced, because in ordinary conversation most speakers would prefer the periphrastic future: *ir a* + infin.)

Ejercicio 5

Dé la respuesta más lógica. Use **venir, ser, casarse, trabajar, estudiar, salir, vivir, asistir, decir, tener** o **hacer la tarea**.

MODELO: Silvia <u>vivirá</u> en México después de casarse.

1. Mi hermano _____ a la Universidad Nacional Autónoma de México después de graduarse en la secundaria.
2. Creo que Esteban _____ con Alicia antes de terminar su carrera.
3. No, yo no _____ hijos antes de terminar mi carrera.
4. Yo creo que Luis y Alberto _____ en la oficina de sus padres.
5. Dicen que Jorge _____ abogado muy pronto.
6. (Yo) _____ en Perú y Bolivia antes de escribir mi novela sobre los incas.
7. (Nosotros) _____ mucho y _____ todos los días para graduarnos con las notas más altas de la clase.
8. ¿Le _____ a tu padre que quieres casarte con Silvia?
9. Dicen que mis cuñadas _____ para Europa el 22 de junio.
10. Mamá dice que los tíos _____ a visitarnos durante el mes de agosto.

16.5. *Por/para:* Summary   See p p. 351

You'll recall that **por** and **para** have a variety of meanings and correspond to English prepositions like *for, by, through,* and *in order to.* Here are some additional meanings of **por** and **para.**

A. **Por** is used with **aquí** and **allí** to mean *around* or *in a general area.*

¿Hay una gasolinera **por aquí**? —Sí, hay una cerca, pero tenemos que bajar **por allí**.	*Is there a gas station somewhere around here? —Yes, there's one nearby, but we have to go down that way, over there.*

Para is often used with **acá** and **allá** instead of **aquí** and **allí,** to indicate destination.

¿Quién es el muchacho que viene **para acá**? —Es Alberto.	*Who's the guy coming this way? —That's Al.*

B. **Por** used with **trabajar** (and similar verbs) means *in place of.* **Para** used with **trabajar** refers to an employer or means *for someone's benefit.*

Puedo **trabajar por** ti el viernes, pero no el sábado.	*I can work for you Friday, but not Saturday.*
Daniel **trabaja** ahora **para** la compañía Mexicana de Aviación.	*Daniel is working for Mexicana Airlines now.*

Here is a summary of the most common meanings of **por** and **para.**

PARA (*for, in order to*)
Recipient: Este regalo es para mamá.
In order to: Vamos a salir ahora para llegar a tiempo.
Destination: Salimos para México mañana.
Employer: Trabajo para las Naciones Unidas.
Deadline: El jefe quiere el reportaje para el viernes.

POR (*for, by, through*)
Time: Dormimos por ocho horas.
General time/area: por la mañana, por la playa, por aquí
In exchange for/paying: Pagué 13,000 pesetas por el suéter.
Transportation: Quería ir por tren, no por avión.
Substitute for: Ayer trabajé por ti.

Ejercicio 6

Luis Ventura habla de sus planes para cuando se gradúe en la universidad. Complete las frases con **por** o **para,** según el contexto.

1. Habrá una fiesta y muchos regalos _____ mí.

16.5. As with *ser/estar,* our approach with *por/para* has been to introduce their different meanings separately as required by the particular topics in each chapter. (See 10.2, 12.5, and 14.4.) This summary section, aimed at advanced first-year students and second-year students, emphasizes that each preposition has a variety of related but separate meanings. The speaker chooses one or the other, depending on the meaning being expressed.

Ej. 6. Assign as homework and ask students to check their answers in the answer key.

2. Pienso salir _____ Europa en julio.
3. Pagaré mi viaje con el dinero que gané cuando trabajaba _____ la empresa Texicán en San Antonio.
4. Cuando yo esté en Europa, otro joven, Esteban Brown, trabajará _____ mí en la empresa Texicán.
5. Voy a ir a Europa _____ avión, pero cuando esté en Europa prefiero viajar _____ tren.
6. Llevaré mi cámara nueva _____ sacar fotos bonitas de todos los lugares más interesantes.
7. Llevaré una maleta pequeña _____ poder caminar fácilmente con mi equipaje.
8. Me quedaré en Francia _____ seis días y luego en España _____ diez días.
9. Viajaré _____ la Costa Brava de España.
10. Cuando esté en Madrid, quiero pasear _____ el parque del Retiro.
11. Compraré regalos bonitos _____ todos mis amigos y familiares.
12. Cuando regrese de Europa, trabajaré de nuevo _____ Texicán.

CAPÍTULO DIECISIETE

LA SOCIEDAD MODERNA

Buenos Aires, Argentina

METAS

In **Capítulo diecisiete** you will talk about modern society—especially its values and stereotypes—and learn how to express your opinion of current issues. You will also learn to talk about geography and history, including famous people in Hispanic culture.

ACTIVIDADES ORALES Y LECTURAS

Las opiniones y las reacciones
Los valores de la sociedad moderna

La geografía y la historia

«¿Qué son los estereotipos?»
«Sofía a los cuarenta»
«Hombre pequeñito»: Alfonsina Storni
«Pablo Ruiz Picasso»
«Por qué muchas personas no figuran en el censo»: Conrado Nalé Roxlo

GRAMÁTICA Y EJERCICIOS

17.1 Expressing Opinions: Indicative and Subjunctive
17.2 Expressing Reactions: Indicative and Subjunctive
17.3 Hypothesizing: "If" Clauses and the Past Subjunctive
17.4 Adjective Clauses

GOALS—CHAPTER 17

Remember that because this is an optional chapter for first-year courses, the grammar topics are not necessary for basic communication. The grammar is purposely tied only loosely to the topics of the activities and readings. Students can enjoy the activities and readings without studying the grammar in any detail. Reassure them that you do not expect mastery of these points, if yours is a first-year course.

ACTIVIDADES ORALES Y LECTURAS

LAS OPINIONES Y LAS REACCIONES

The purpose of this section is to learn ways of reacting to opinions with matrices of affirmation/doubt and subjective reaction. Matrices of doubt and subjective reaction require the subjunctive in a dependent clause that follows them. In our experience, the most difficult thing about these sentences is their length; students are not used to producing sentences composed of a matrix and a dependent clause. We suggest that they first practice the use of the matrices in short answers. Make statements based on pictures from your PF: *Los jugadores de baloncesto son altos. Los políticos son ladrones.* Write possible reactions on the board and have students choose a reaction: *no lo creo, es imposible, es verdad, es posible,* etc. The idea is to give them a chance to learn the meanings and functions of the matrices in short form, as they are very common in ordinary conversation. In a different class period, do the same with the matrices of subjective reaction: *me alegro mucho, ¡qué bueno!, es una lástima,* etc. Again, the purpose is to learn the meanings of the matrices without having to use them with a following dependent clause. Optional: With very good first-year students, or with second-year students, in subsequent class periods do the same activity but encourage them to use complete sentences (with subjunctive in the appropriate contexts). Keep in mind that the subjunctive is mostly redundant in these two contexts—doubt and subjective reaction—and that the use of the indicative will not confuse native speakers. In addition, these constructions are more common in written than in spoken Spanish. Note that in the sentences in this display we have tried to avoid using stereotypes that would be offensive to any group. New words: *alegrarse de que, causa, consciente, dudoso, es dudoso que, es imposible que, es posible que, estar contento de que, fabricante, fumador, funcionar, gas natural, qué bueno que, sacar al mercado.*

¡OJO! *Estudie Gramática 17.1–17.2.*

Es imposible que todos los italianos coman espaguetis todos los días.

No es posible que todos los ingleses sean fríos.

Es dudoso que todos los norteamericanos lleguen a tiempo.

¡Qué bueno que la juventud de hoy esté más consciente de las causas de la contaminación ambiental!

Me alegro de que los fabricantes de automóviles quieran sacar al mercado un coche que funcione con gas natural.

Estoy contento/a de que cada día haya menos fumadores.

Actividad 1. Reacciones al progreso científico

¡Ya era hora!	¡Qué maravilla!	¡Qué desastre!
¡Así es la vida!	¡No lo puedo creer!	¡Qué va!
¡Qué me importa a mí!	¡Qué bueno!	¡Ni modo!
¡No me digas!	¡A mí qué!	¡Súper!

Usted y su amigo están en el coche escuchando un programa de noticias breves. Exprese su reacción a las siguientes noticias usando una de las expresiones que aparecen arriba. Después diga si usted cree que estos avances científicos son posibles o no.

1. Un grupo de científicos argentinos anunció haber encontrado una droga que mejora la memoria. Ellos declaran que esto cambiará el mundo académico.

La sociedad moderna 473

Act. 1. Read each news item aloud to the class and ask for reactions using phrases from the list. Additional possibilities to write on board: *¡Qué basura!, Son puras mentiras, ¡Quién lo iba a decir!, ¿Adónde vamos a parar?, ¡Qué horror!, ¡Fantástico!* Add any issues of local and immediate importance to your class. Keep in mind that the goal for this section is to learn to express opinions and to react to what someone has just said. If you would like your students to practice the subjunctive after verb phrases of doubt, remind them that the phrases *no creo que..., dudo que...,* and *es dudoso que...* require the subjunctive in the following clause. As a follow-up activity, ask class to generate more stereotypical statements that are commonly heard and have the entire class react to them. New words: *el/la académico/a, afirmar, ¡A mí qué!, Así es la vida, a través de, avance, bebé, breve, capacidad, el/la científico/a, concebido/a, declarar, espacial, especialista, estadounidense, extraterrestre, extrauterino, gestado/a, gramo, humano/a, el/la investigador(a), memoria, mensaje, ni modo, no lo puedo creer, no me digas, noticias, perfeccionar, píldora, por completo, potente, ¡Qué desastre!, ¡Qué maravilla!, ¡Qué me importa a mí!, ¡Qué va!, reemplazar, rejuvenecer, salir al mercado, soviético/a, ¡Súper!, útero, verdaderamente, ¡Ya era hora!*

Act. 2. This activity is set up so that replies with dependent clauses and subjunctive verb forms are possible. Most of the time students will reply with infinitives (*me gusta comer*) rather than construct more complex sentences with a change of subject (*me gusta que mis amigos me visiten*). Even when they do attempt (continued on p. 474)

En Nicaragua, el Frente Sandinista de Liberación Nacional, un movimiento popular, derrocó al dictador Anastasio Somoza en 1979. Los nicaragüenses, con la ayuda de voluntarios de todo el mundo, han realizado una gran labor de alfabetización. También se han hecho muchos esfuerzos por proveer de servicios médicos a todos. En esta foto, la juventud Sandinista demuestra su admiración por los héroes de la patria.

2. Dos científicos españoles declararon que dentro de poco saldrá al mercado una píldora para rejuvenecer.
3. Nació el primer bebé verdaderamente «extrauterino». El niño fue concebido y gestado fuera del útero. Al nacer el bebé pesó 3 kilos y 20 gramos, y los científicos dicen que está en perfectas condiciones.
4. Varios científicos soviéticos declararon haber recibido un mensaje de seres extraterrestres a través de un radio espacial. Los soviéticos no han dado más detalles.
5. Investigadores estadounidenses han perfeccionado una computadora que tiene toda la capacidad del cerebro humano. Especialistas afirman que una computadora tan potente podría reemplazar por completo el cerebro humano dentro de veinte años.

Actividad 2. Preferencias

En la vida diaria hay algunas cosas que nos gustan y otras que nos disgustan. Piense en algunos aspectos de las siguientes situaciones que le gustan y en otros que le disgustan. Puede usar expresiones positivas como **me gusta que** y **me encanta que,** o formas negativas como **no me gusta que, me molesta que,** etcétera.

MODELO: Cuando visito a mis padres... →
Cuando visito a mis padres, me gusta que mi mamá me prepare una cena especial, pero me molesta que mi papá vea la televisión mientras comemos.

1. Cuando viajo por avión,...
2. Cuando estoy enamorado/a,...
3. Cuando estoy de vacaciones,...
4. Cuando salgo con mi novio/a,...
5. Cuando como demasiado,...
6. Cuando ceno en un restaurante,...
7. Cuando me levanto muy tarde,...
8. Cuando asisto a un concierto,...
9. Cuando trabajo muchas horas,...
10. Cuando voy a una fiesta,...

Photo: Use as chance to have students volunteer opinions about positive and negative results of Sandinista revolution.

Actividad 3. Discusión: Los estereotipos en el trabajo

Hombre y mujer cuando de trabajo se trata

De derecho[1] la igualdad entre el hombre y la mujer se encuentra reconocida, pero no así de hecho.[2] En el día a día, aunque vivamos en 1986, hasta en los comentarios más nimios,[3] en el trabajo por ejemplo, se continúa apreciando un cierto tufillo[4] machista. Si no, observemos las distintas actitudes tomadas en situaciones iguales según el sujeto de la acción sea varón o hembra.[5]

Así le califican a él en la oficina

- **Tiene colocadas[6] encima de su mesa las fotos de su esposa e hijos.**
  Es un hombre responsable que se preocupa por su familia.
- **Su escritorio está lleno de papeles.**
  Se nota que es una persona ocupada, siempre trabajando.
- **Está hablando con sus compañeros de trabajo.**
  Seguro que está discutiendo nuevos proyectos.
- **No se encuentra en su despacho.[7]**
  Debe estar en una reunión.
- **No está en la oficina.**
  Habrá ido a visitar a unos clientes.
- **Salió a almorzar con el jefe.**
  Su prestigio aumenta.
- **El jefe criticó su actuación.[8]**
  Rápidamente mejorará.
- **Hizo un mal negocio.**
  ¿Estaba muy disgustado?[9]
- **Le gritó a un empleado que no cumplió sus órdenes.**
  Tiene carácter, sabe imponerse.
- **Se va a casar.**
  Eso le estabilizará.
- **Va a tener un hijo.**
  Necesitará un aumento de sueldo.
- **Va a hacer un viaje de negocios.**
  Es conveniente para su carrera.
- **Se va. Tiene un trabajo mejor.**
  Hace bien en aprovechar[10] la oportunidad.
- **Faltó al trabajo por enfermedad.**
  Debe de encontrarse muy mal.

De esta manera a ella

- **Tiene colocadas encima de la mesa las fotos de su esposo e hijos.**
  ¡Um! Su familia tiene prioridad sobre su carrera.
- **Su escritorio está lleno de papeles.**
  Es una desordenada.
- **Está hablando con sus compañeros de trabajo.**
  Seguro que está cotilleando.[11]
- **No se encuentra en su despacho.**
  Estará en el tocador.[12]
- **No está en la oficina.**
  Debe haberse ido de tiendas.[13]
- **Salió a almorzar con el jefe.**
  Debe tener un «affaire».
- **El jefe criticó su actuación.**
  Estará furiosa.
- **Hizo un mal negocio.**
  ¿Se echó a llorar?
- **Le gritó a un empleado que no cumplió sus órdenes.**
  Está histérica.
- **Se va a casar.**
  Pronto quedará embarazada y dejará el trabajo.
- **Va a tener un hijo.**
  Le costará a la empresa la maternidad.
- **Va a hacer un viaje de negocios.**
  ¿Qué opina su marido?
- **Se va. Tiene un trabajo mejor.**
  No se puede confiar[14] en las mujeres.
- **Faltó al trabajo por enfermedad.**
  Tendrá un catarrito. ▲

---

[1]*De… In theory* [2]*de… in fact* [3]*insignificantes* [4]*air, attitude* [5]*varón… hombre o mujer* [6]*puestas* [7]*oficina* [8]*performance* [9]*upset* [10]*taking advantage of* [11]*gossiping* [12]*powder room* [13]*de compras* [14]*trust*

Hay mujeres en todas las profesiones. Esta ingeniera supervisa a los trabajadores en una zona de construcción en Bogotá.

estereotipo permitía que la superficie original fuera impresa° y duplicada con exactitud muchas veces. *imprinted*

Hoy la palabra se refiere a todo aquello que es duplicado o repetido sin variación. Una figura estereotípica no tiene rasgos° individuales; es una imagen sin características distintivas. Hablamos de estereotipos cuando encontramos conceptos simplistas y prejuiciados de un grupo de personas, de una raza o de una cultura. *features*

Los medios de comunicación han contribuido mucho a la propagación de los estereotipos. En la televisión y el cine, por ejemplo, se encuentran diariamente conceptos simplistas de la gente. Muchos productores de la industria del entretenimiento justifican la utilización de los estereotipos alegando que sólo por medio de éstos el público puede entender el «mensaje» sin tener que esforzarse° demasiado. Al ofrecer conceptos conocidos por la mayoría, los productores se aseguran el éxito. *make an effort*

Hollywood es sin duda uno de los fabricantes más poderosos de «moldes sin variación». Esto es cierto especialmente con respecto a las minorías. Por ejemplo, un programa reciente de televisión, «*I Married Dora*», muestra a una joven hispana como sirvienta de un arquitecto norteamericano. El acomodado° «patrón»° es viudo y se casa con Dora para evitar que la deporten a su país; le hace este favor para que siga siendo su criada y niñera de sus hijos. Pero por suerte en los Estados Unidos está surgiendo una imagen más auténtica y positiva de las minorías. El show de Bill Cosby ilustra esta imagen; allí se muestra a una familia negra profesionalmente exitosa.° El padre es doctor y la madre es abogada; todos *well-to-do / boss*

successful

focus, such as professions. ¿Cuál es la imagen estereotípica del doctor, del abogado, del escritor, del profesor, etc.? Ask personal questions such as ¿Cuál es el peligro de los estereotipos? ¿Por qué es dañino hacer generalizaciones sobre las personas? ¿Están de acuerdo con la opinión de Julio Delgado que los medios de comunicación propagan muchos estereotipos? ¿Qué haría usted para erradicar los estereotipos? ¿Considera usted que hay estereotipos más ofensivos que otros? ¿Cuáles, por ejemplo? ¿Ha sido usted catalogado/a bajo un estereotipo alguna vez?

1. Según este artículo, ¿cuál es el estereotipo de un hombre que tiene fotos de su familia sobre su escritorio? ¿Y cuando se trata de una mujer? ¿Cree usted que la familia debe tener prioridad sobre la carrera?
2. Si usted ve a un empleado ante un escritorio lleno de papeles, ¿cómo lo caracteriza, como persona ocupada o desordenada?
3. ¿Cree que es verdad o que es una idea preconcebida que las mujeres chismean (cotillean) más que los hombres? ¿En qué se basa su opinión?
4. Según este artículo, ¿cuál es el estereotipo de la mujer que no está en su oficina durante las horas de trabajo? ¿Y del hombre?
5. Si una jefa les gritara a sus empleados, ¿la consideraría usted una mujer histérica? ¿Y si fuera un hombre?
6. ¿Cuáles son algunos estereotipos negativos del hombre en el mundo del trabajo?

Actividad 4. Discusión: Los estereotipos

El dicho «mujer al volante, peligro constante» ilustra cierta idea preconcebida sobre la mujer. Es un estereotipo totalmente falso, por supuesto, porque se sabe que los hombres no manejan mejor que las mujeres. Aquí tiene usted otras ideas preconcebidas muy comunes. ¿Son totalmente falsas o hay algo de verdad en ellas? Dé su opinión sobre cada una. Puede utilizar frases como las siguientes: **creo que sí/no, pienso que..., no creo que..., dudo que..., es dudoso que..., no es probable que...** Luego diga si cree que estas ideas son dañinas y explique por qué (no).

MODELO: Los puertorriqueños van diariamente a la playa. →
No creo que vayan *todos* los días.
No es bueno aceptar esta idea, porque da la impresión de que los puertorriqueños no trabajan.

1. Los anglohablantes sólo hablan inglés cuando viajan por el mundo.
2. Los hombres no expresan sus emociones.
3. Los inmigrantes se avergüenzan de la lengua y de la cultura de sus antepasados.
4. Las mujeres son demasiado sensibles.
5. Los norteamericanos son «trabajólicos».

LECTURA   Un editorial: ¿Qué son los estereotipos?

Buenos días, radioyentes. Les habla su amigo Julio Delgado. En el programa de hoy quiero hacer un breve comentario sobre el tema de los estereotipos. Recuerden que después del editorial pueden llamar y dar su opinión.

Originalmente «estereotipo» fue la palabra asignada a la duplicación metálica de una superficie.° Un molde   *surface*

los hijos estudian y planean seguir una carrera.

¿Qué podemos hacer nosotros para combatir las ideas simplistas y estereotípicas de las minorías que propagan los medios de comunicación? ¡Llámenme y opinen!

Comprensión

Considere las siguientes afirmaciones y diga si coinciden con el punto de vista del editorial. Luego ofrezca su opinión de cada afirmación.

1. El concepto del estereotipo se refiere a una figura sin características individuales.
2. Muchos estereotipos se basan en ideas prejuiciadas.
3. En los medios de comunicación se propagan muchos estereotipos.
4. Los estereotipos pueden ser positivos; nos ayudan a entender los «mensajes».
5. Los medios de comunicación presentan algunas imágenes positivas de las minorías.

LOS VALORES DE LA SOCIEDAD MODERNA

¡OJO! *Estudie Gramática 17.3.*

temas controvertibles
el aborto   la educación sexual
la violación sexual
la eutanasia   el SIDA
el suicidio   el divorcio

Ayer les pedí que se prepararan para discutir estos temas en clase. ¿Quién quiere empezar?

—Si se permitiera la eutanasia, las víctimas de enfermedades incurables no sufrirían.
—Tal vez, Mónica. Pero si se permitiera, pronto se convertiría en licencia para matar también a gente sana.

Actividad 5. Si fuera así...

Describa la condición necesaria.

MODELO: Viajaría a Francia si (yo)... →
Viajaría a Francia si hablara francés.

1. Estudiaría más si (yo)...
2. Iría a México si (yo)...
3. Estaría más contento/a si mis padres...
4. Pasaría más tiempo con mis abuelos si ellos...
5. Mi hermano/a no tendría tantos líos si no...
6. No castigaría a mis hijos si ellos no...
7. Mi esposo/a y yo no nos pelearíamos si él/ella no...
8. Mi vida sería menos compleja si (yo)...

Actividad 6. Si pudiera resolver los problemas de nuestra sociedad...

¿Qué opina usted? ¿Cómo podríamos resolver estos problemas de nuestra sociedad?

MODELO: Los jóvenes no usarían tantas drogas si... →
Los jóvenes no usarían tantas drogas si no fuera tan fácil conseguirlas.

1. Habría menos crímenes violentos si...
2. No quedarían tantas jóvenes embarazadas si...
3. Se publicarían menos revistas y libros pornográficos si...
4. Los niños aprenderían a leer bien si...
5. Los jóvenes se suicidarían con menos frecuencia si...
6. No habría tantos divorcios si...
7. Menos personas dependerían de las agencias de bienestar social si...
8. No ocurrirían tantos casos de violación sexual si...

Act. 6. Have students write out one response to each situation. Then have them work in groups of 3 or 4 to produce 2 or 3 responses to each item. Remind them to use the past subjunctive in the if-clause. New words: *bienestar social, crimen, depender de, pornográfico/a, quedar embarazada, suicidarse, violento/a.*

AA 1. Divide students into small groups (4 or 5) and ask them to prepare a short skit based on any one of the following themes: the family, friendship, love, marriage, sex roles, stereotypes. Suggest a few formats, such as an interview, the news, a scene from a movie or soap opera, a new version of a fairy tale or any other children's story, a historical event, a famous movie, a meeting between two famous people from two different centuries.

AA 2. Ask students to write a list of the important political and social issues of the last 2 years. Give them some suggestions to get them started: social programs, the defense budget, minority participation, nuclear arms control, labor unions, energy, women's liberation.

AA 3. Discusión: Los medios de comunicación. Here is a topic you may want to discuss with your class. ¿Hay temas que no deban aparecer en los programas de televisión—por ejemplo, el adulterio, el divorcio, el suicidio, el aborto, el incesto, la homosexualidad, la violencia, el abuso de las drogas, el maltrato de los niños, la violación sexual? ¿Por qué?

La sociedad moderna **479**

Act. 7. Have students select one of the topics and write down a few ideas and reactions to it. Then group students who chose the same topic together (in groups of 5 or 6) and ask them to come to a consensus that they can report to the rest of the class. New words: *aceptable, acto, arma de fuego, brevemente, ciudadano, deber ser, educación sexual, homicidio, portar (armas...), principios, sobrepoblación, violencia.*

Actividad 7. Discusión: Los principios

¿Está usted de acuerdo con las siguientes declaraciones? Explique brevemente sus razones.

1. El aborto es un acto de homicidio y debe ser prohibido.
2. La eutanasia es una solución aceptable al problema de la sobrepoblación.
3. La educación sexual es obligación de los padres y no de las escuelas públicas.
4. Hay que prohibir la violencia y el sexo en los programas de televisión y en las películas.
5. Se debe prohibir que los ciudadanos porten armas de fuego.

Act. 8. Assign students to read this article on drug detection from the Spanish magazine *Muy interesante*. In the following class period, use the questions as a springboard for discussion of issues such as drug testing in the workplace. New words: *el/*

Actividad 8. Lectura-discusión: La detección de drogas

DETECTOR RÁPIDO DE DROGA

El doctor Víctor Rosas ha desarrollado en la Facultad de Medicina de la Complutense unos sistemas *relámpago* para extraer psicofármacos[1] de la sangre, orina,[2] suero,[3] plasma… El químico ha logrado detectar por sistemas colorimétricos[4] en breves minutos y mediante[5] un proceso muy simple, los diferentes tipos de drogas y psicofármacos (barbitúrico, heroína, morfina, cocaína, metadona…).

Sus métodos podrían aplicarse en hospitales, sobre todo en urgencias[6] e intoxicación;[7] control de *doping* en deportistas y carreras de caballos, o también en laboratorios químicobiológicos de la Policía y de la Guardia Civil, y en institutos de toxicología.

Según se ha podido comprobar ya, estos sistemas superan[8] en rapidez, eficacia y economía a los que hoy se utilizan en nuestro país, que, por otra parte, son de importación. Hasta ahora sólo empresas extranjeras y multinacionales se han interesado por ello, y el doctor Rosas teme que tengamos que comprar en el futuro a empresas foráneas[9] lo que se ha descubierto en España. ▲

[1]drogas [2]urine [3]serum [4]color-measurement [5]by means of [6]emergencias [7]overdoses [8]exceed [9]extranjeras

PREGUNTAS
1. ¿De qué sustancias ha podido extraer drogas el doctor Rosas?
2. ¿Qué drogas se puede detectar mediante este proceso?
3. ¿En qué lugares se podría usar este nuevo método?
4. ¿Qué ventajas tiene el sistema relámpago del doctor Rosas?

DISCUSIÓN
5. ¿Cree usted que el problema de la drogadicción ha llegado a un punto crítico en el mundo? ¿A qué se puede atribuir este problema?
6. ¿Está a favor de que se permita hacerles análisis para la detección de drogas a varios sectores de la población? ¿a los militares? ¿a maestros y

profesores? ¿a doctores y enfermeras? ¿a los atletas? ¿a los pilotos? ¿a los trabajadores de las plantas nucleares?
7. Si fuera requerido en su trabajo, ¿permitiría que le hicieran un análisis de orina o de sangre para comprobar que no usa drogas? ¿Por qué (no)?

LECTURA   «Sofía a los cuarenta»

Sofía escuchó el despertador. Trató de apagarlo a tientas,° medio dormida aún, pero no acertó.° Volvió a intentarlo y la segunda vez el reloj dejó de sonar. Cuando su esposo Pablo dormía con ella, él se encargaba de apretar° el botoncito del aparato y luego la despertaba suavemente. Pensar en él ahora, en la mañana, era como recibir el primer golpe del día, la primera bofetada.° Y había estado pensando en él, sin sosiego,° cada mañana durante los últimos tres meses.

Su vida en realidad había cambiado poco: ella seguía trabajando en el salón de belleza, seguía viviendo en el mismo apartamento y tenía las mismas amigas. Pero ahora todo lo hacía mecánicamente. Su rutina: ocho horas de peinados,° champús, permanentes, tintes° y su camino a casa, sola. El trabajo, por suerte, la distraía, la hacía sentirse acompañada y viva. Con las clientas conversaba de mil cosas.

Se levantó con pereza° y escogió la ropa del día. Se había convertido en un verdadero problema escoger un atuendo° nuevo para cada jornada de trabajo. Su jefa se fijaba° diariamente en la ropa que llevaban sus empleadas: «Ustedes ya lo saben, la apariencia es esencial». Antes disfrutaba tanto de sus vestidos y sus prendas; se vestía bien y nunca recibía críticas de su jefa. Ahora, sin ánimo, se ponía lo primero que encontraba en el armario. Sofía se miró en el espejo; pensó en Pablo, en lo mucho que le gustaba a él observarla desde la cama, mientras ella se vestía. A veces se burlaba,° en broma, cuando ella no podía decidir entre dos o más vestidos.

Sofía recordó, como cada mañana, aquel día cuando Pablo le habló por primera vez del divorcio. Últimamente había estado distante, distraído, pero ella atribuyó° ese cambio a las presiones del trabajo y al estrés. No podía imaginarse que su esposo planeara deshacer su matrimonio. Aquella mañana estaban desayunando...

—Sofía, sé que éste no es el mejor momento para ha-

a... sin ver / no... no pudo hacerlo

pushing

slap in the face
sin... constantemente

hairdos / hair dyes

con... lazily

outfit
se... observaba

se... made fun of

attributed

blar, pero...

—¿Hablar? ¿De qué?

—De nosotros.

—Pablo, querido, ¿en qué estás pensando? Tienes un tono tan dramático...

—No sé cómo explicarte, Sofía, cómo decirte...

Sofía sospechaba ya, sin que él dijera una palabra más, que algo terrible iba a suceder. Trató de evadir el asunto, posponer la verdad, pero él insistió...

—Sofía, he empezado los trámites° para el divorcio.   *proceedings*

Sí, su querido Pablo, su compañero de años, estaba enamorado de otra mujer; una mujer más joven. Sofía se negó a creerlo. Le parecía todo aquello la comedia más ridícula que había visto en su vida. Y lo peor de todo era que ella la estaba viviendo. Un divorcio, de buenas a primeras,° ¿cómo era posible? Una historia digna de Hollywood: Hombre mayor se enamora de una jovencita y abandona a su esposa, la que le ayudó a salir adelante° en sus tiempos difíciles. Este hombre busca su juventud perdida y rechaza° la inminente vejez de su esposa. Su vida con ella se ha hecho rutinaria, tediosa, sin pasión.   *de... suddenly*   *salir... tener éxito*   *rejects*

Sofía se peinó y se maquilló con cuidado. El espejo le mostraba la imagen de una mujer todavía joven, todavía hermosa. Una mujer de cuarenta años. La posibilidad de empezar de nuevo, de ver a otros hombres, la asustaba.° Y sin embargo, ¿cómo iba a poder seguir así, viendo a Pablo en cada objeto, en cada detalle? Decidió detenerse unos minutos para beber con calma su café. Miró a través de la ventana y se dejó llevar, como hipnotizada, por aquellas multitudes y aquel tráfico. Mientras bebía sorbo a sorbo° su café, se confesó a sí misma que ésta había sido la mañana más difícil desde su separación de Pablo, hacía ya tres meses. Tal vez si hubieran tenido hijos ella ahora habría podido apoyarse° en ellos. Pero no, no pudieron tenerlos.   *scared*   *sorbo... sip by sip*   *ella... she would have been able to lean*

¿Sería ella capaz de empezar otra vez a los cuarenta? «Qué estúpidas somos nosotras las mujeres», pensó. «Nos enseñan a ser dependientes. Aplauden desde que somos niñas nuestro sentimentalismo, nuestra ineptitud; mientras más ineptas mejor; mientras más inservibles,° más femeninas; mientras más tontas y calladas, más atractivas... ¡Y lo aceptamos todo, sonriendo!» Estos últimos meses habían sido los peores de su vida. Veinte años de matrimonio eran muchos años. Se preguntó entonces si aquel amor que ella había sentido por Pablo, aquella devoción, habían sido sólo necesidad; necesidad de estar   *useless* enamorada, de cumplir con las costumbres y la sociedad; necesidad de estar casada, de complacer° a sus padres y parientes... °*please*

Se levantó y llamó al trabajo. Hoy no iría. Hoy necesitaba estar consigo° misma, pensar en su futuro. Quién sabe,° tal vez buscaría otro empleo más estimulante, o viajaría. Lo importante ahora era ocuparse de sí misma, cambiar... °*with herself* °*Quién... Who knows*

Sofía se miró una vez más al espejo. Al abrir la puerta y salir a la calle, pensó, más segura de sí misma: «Me queda tanto por hacer... En realidad nunca me gustó el papel de esposa abandonada».

Comprensión

1. ¿Cuáles son las cosas que hacía Pablo y que ahora Sofía extraña al despertarse cada mañana? 2. Describa con sus propias palabras la escena en que Pablo le dice a Sofía que quiere divorciarse. ¿Qué opina Sofía de esta situación? 3. Al final, ¿qué decide hacer Sofía?

LECTURA «Hombre pequeñito» Alfonsina Storni (Argentina, 1892–1938)

Storni es una de las poetisas más reconocidas de la literatura hispanoamericana. Fue una persona rebelde que criticó las convenciones sociales y los abusos sufridos por la mujer en la sociedad patriarcal hispana.

En el siguiente poema, la autora se compara a sí misma con un canario. ¿Cómo refleja esta comparación la situación de la mujer? ¿Qué opinión del hombre tiene esta poetisa?

Hombre pequeñito, hombre pequeñito,
suelta° a tu canario que quiere volar...   °*set loose, free*
Yo soy el canario, hombre pequeñito,
déjame saltar.

Estuve en tu jaula,° hombre pequeñito,   °*cage*
hombre pequeñito que jaula me das.
Digo pequeñito porque no me entiendes,
ni me entenderás.

Tampoco te entiendo, pero mientras tanto
ábreme la jaula, que quiero escapar;
hombre pequeñito, te amé media hora,
no me pidas más.

LA GEOGRAFÍA Y LA HISTORIA

¡OJO! *Estudie Gramática 17.4.*

The display concentrates on the contrast in meaning between the indicative and subjunctive in adjective clauses. Read each pair of examples with students, explaining the difference between the two. In our experience, students quickly catch on to the difference in meaning, but as this sort of relative clause is uncommon, they do not produce this structure often themselves.

Conozco una tienda que vende suéteres de lana muy lindos.

Busco una tienda que venda suéteres de lana.

Vivo en una casa que está al lado de un lago.

Quiero una casa que esté al lado del mar.

Vivo en un país que tiene una estación fría.

Quiero vivir en un país que tenga un clima tropical.

Conocí a una señorita de Argentina.

No conozco a nadie que sea de Argentina.

Act. 9. Introduce this activity by using pictures as well as a large map of the world, then some of Latin America and Spain, to review the main geographical features. The statements use the subjunctive, but the subjunctive is not required in the answers. Possible answers: **1.** *EE.UU., Inglaterra, Japón* **2.** *EE.UU., Canadá* **3.** *Sudáfrica* **4.** *Cuba, Puerto Rico, la República Dominicana, Panamá* **5.** *México, España, Italia, Grecia* **6.** *la Unión Soviética, China, India* **7.** *Israel, Irán, Vietnám, Sudán* **8.** *EE.UU., Israel, México, Canadá.* New words: *agricultura, exportar, habitante, industrializado/a, nombrar, occidente, oriente, producir, turismo.*

Actividad 9. Discusión: El occidente y el oriente

Nombre algún país...

1. que esté muy industrializado.
2. que tenga una agricultura muy moderna.
3. que produzca muchos diamantes.
4. que tenga un clima tropical.
5. que dependa mucho del turismo.
6. que tenga una población de más de 250 millones de habitantes.
7. que no mantenga buenas relaciones con un país vecino.
8. que importe más de lo que exporta.

484 Capítulo diecisiete

Act. 10. Students will recognize only some of these persons, but they can find the others by deduction. Give some background information on each figure, according to the interests of your particular class.
Answers: **1.** c **2.** e **3.** h **4.** b **5.** k **6.** j **7.** i **8.** a **9.** g **10.** l **11.** d **12.** f. New words: *actual, autor, el/la conquistador(a), el/la dictador(a), el/la diplomático/a, elegido/a, ex presidente, el/la ganador(a), general, el/la libertador(a), luchar por, Naciones Unidas, novelista, patriota, poeta, Premio Nóbel, reina, rey, secretario general, simpatizar.*

Actividad 10. Personas famosas del mundo hispano

1. Pablo Neruda
2. Simón Bolívar
3. el General Francisco Franco
4. Cristóbal Colón
5. Juan Carlos de Borbón
6. Hernán Cortés
7. José Martí
8. Miguel de Cervantes
9. Gabriel García Márquez
10. Isabel la Católica
11. Isabel Allende
12. Javier Pérez de Cuéllar

a. autor de la novela *Don Quijote*
b. el descubridor de América, que nació en Italia
c. el poeta chileno que ganó el Premio Nóbel
d. la escritora chilena, sobrina del ex presidente Salvador Allende
e. el libertador de Bolivia, Colombia y Ecuador
f. diplomático peruano, elegido Secretario General de las Naciones Unidas en 1981
g. el novelista colombiano, ganador del Premio Nóbel, autor de *Cien años de soledad*
h. el dictador español que simpatizó con Hitler
i. el patriota cubano que luchó por la independencia de su país
j. el conquistador de los aztecas
k. el actual rey de España
l. la reina de España cuando Colón descubrió América

Ahora, toda la Historia en 100 Cuadernos.

Actividad 11. Las capitales de los países hispanos

Encuentre la capital que corresponde a los siguientes países.

PAÍS	CAPITAL
1. Chile	a. Caracas
2. Cuba	b. Santiago
3. España	c. Santo Domingo
4. México	d. La Paz/Sucre
5. la República Dominicana	e. San Juan
6. Puerto Rico	f. México, D.F.
7. Bolivia	g. Madrid
8. Venezuela	h. Lima
9. Argentina	i. La Habana
10. Perú	j. Buenos Aires

Decida a cuál de las capitales mencionadas arriba se aplica cada una de estas descripciones.

1. Esta capital está ubicada a corta distancia del mar Caribe, y el país produce mucho petróleo.
2. Es la capital del país más largo de Sudamérica.
3. Esta capital está muy cerca del estado de la Florida; hay unos puros famosos que tienen el mismo nombre.
4. Es una ciudad muy cosmopolita y de ambiente europeo. Aquí se establecieron muchos emigrantes italianos.
5. Está muy cerca de la costa del Pacífico. En esta ciudad, una llovizna o neblina oceánica, llamada «garúa», persiste en algunos meses del año.
6. La moneda oficial de esta isla es el dólar. Su capital atrae mucho turismo por su clima tropical y sus magníficas playas.
7. Está situada a una altura de 3400 metros (11,000 pies) sobre el nivel del mar.
8. En esta capital europea está el famoso Museo del Prado.
9. Esta capital, de clima tropical, es la ciudad hispana más antigua del hemisferio occidental. Se dice que aquí descansan los restos de Cristóbal Colón.
10. Esta ciudad es la antigua capital de los aztecas; fue construida sobre un lago.

Actividad 12. ¿Qué país?

¿Qué país hispano identifica usted con… ?

1. el tequila
2. el petróleo
3. la cerámica indígena
4. los suéteres de alpaca
5. el café
6. el plátano
7. la caña de azúcar
8. el tabaco
9. el cuero / la carne de res
10. el cobre

Act. 13. Here are our suggested answers. **1.** Quiero ir a un país/lugar donde pueda esquiar en julio. / Prefiero visitar un país donde haya ruinas mayas. **2.** Quiero visitar un país que tenga muchos museos. / Prefiero ir a un lugar que tenga muchos sitios donde divertirse por la noche. **3.** Quiero viajar a un lugar donde haya muchas tiendas de ropa. / Prefiero visitar un país que tenga muchos restaurantes y cafés. New word: *maya*.

AA 4. Optional: Have students think of advantages and disadvantages to the following aspects of our lives: *Hay cosas en la vida que limitan o que restringen nuestras actividades. Un animal doméstico, un gato o un perro, por ejemplo, necesita atención; además hay que darle de comer cada día. No es fácil salir de vacaciones si no se encuentra a alguien que cuide al animal. Considere las ventajas y desventajas que representan estas personas, animales o cosas. ¿Piensa usted que tendrá o hará algunas de ellas en el futuro? Diga sí o no y explique por qué.* **1.** un perro **2.** un gato **3.** un carro propio **4.** hijos **5.** una casa propia **6.** vivir en el centro **7.** mucho dinero **8.** vivir en un apartamento **9.** estar casado/a **10.** vivir cerca del mar.

Actividad 13. Quiero ir a un lugar que...

Bernardo e Inés están con el agente de viajes. Cada uno tiene ideas diferentes de dónde quiere pasar sus próximas vacaciones. Mire los dibujos y diga lo que está pensando cada uno.

MODELO:

INÉS: Quiero ir a un país donde haya montañas muy altas.
BERNARDO: Prefiero viajar a un país que tenga clima tropical y playas bonitas.

1.   2.   3.

Act. 14. Have students work in groups of 3 or 4 to carry out this task. New words: *acceso, asemejarse, basarse en, constitución, creación, crear, dar a conocer, democrático/a, deuda, deuda externa, día festivo, diferenciarse, educativo/a, elaborar, estar situado, existir, gobierno, ideal, incorporar, institución, justificar, ley, natural, naturaleza, preparado/a, preservar, recurso, responder, totalitario/a.*

Actividad 14. Un país ideal

En grupos, inventen un nuevo país ideal en Sudamérica. Descríbanlo en detalle. ¿Tiene costas y cordilleras? ¿Tiene desiertos, selvas? ¿Tiene grandes recursos naturales? ¿Cuáles? ¿Cómo es su gobierno? ¿su historia? ¿Fue colonizado por los españoles o por otro grupo? ¿Qué lengua hablan sus habitantes? ¿Tiene ruinas indígenas? ¿Se asemeja este país a otros de América Latina, como Chile, Argentina, Colombia o Perú? ¿En qué se diferencia?

Ahora que ustedes han creado este país ideal, deben ponerlo en el mapa y darlo a conocer al mundo. Respondan a estas preguntas que otros compañeros de clase les van a hacer sobre su creación. Estén preparados para elaborar y justificar sus respuestas.

La sociedad moderna **487**

1. ¿Cómo se llama su país?
2. ¿Dónde está situado? ¿Cómo es el clima y la geografía?
3. ¿Cómo son sus relaciones con los países vecinos?
4. ¿Tiene su país un gobierno democrático o uno totalitario?
5. ¿Tiene una cultura que incorpora lo indígena y lo moderno?
6. ¿Tiene un sistema educativo que les permita a todos los ciudadanos el acceso a la educación?
7. ¿En qué se basa la economía? ¿Tiene grandes deudas externas, o depende de su propia economía?
8. ¿Existen leyes para preservar la naturaleza y el medio ambiente?
9. ¿Tiene una constitución en la cual se basan todas las instituciones?
10. ¿Cuáles son los días festivos más importantes? ¿Cuándo y por qué se celebran?

Lectura: Taken from the Spanish magazine *Mercado*, this reading portrays Picasso the man (his many women, his longevity) and the artist (his innovation, his phases). The article emphasizes Picasso's "revolution" in the art world, briefly describing the early influences and then his major original contribution: Cubism.

Before doing reading, show students slides or prints of representative paintings. Explain names mentioned in article—Altamira (caves in northern Spain containing prehistoric paintings); Fra Angelico (1400?–1455: Florentine painter who flourished in the early *quattrocento* and decorated the Vatican with frescos); Isidro Nonell (1863–1911: Spanish painter active in the Impressionist Movement); Henri Toulouse-Lautrec (1864–1901: French artist of vigorous talent who painted scenes of street life with bohemians and common folk).

The reading on p. 508 in *Capítulo 18* offers further discussion of Picasso's famous *Guernica* (1937) and his political ideas.

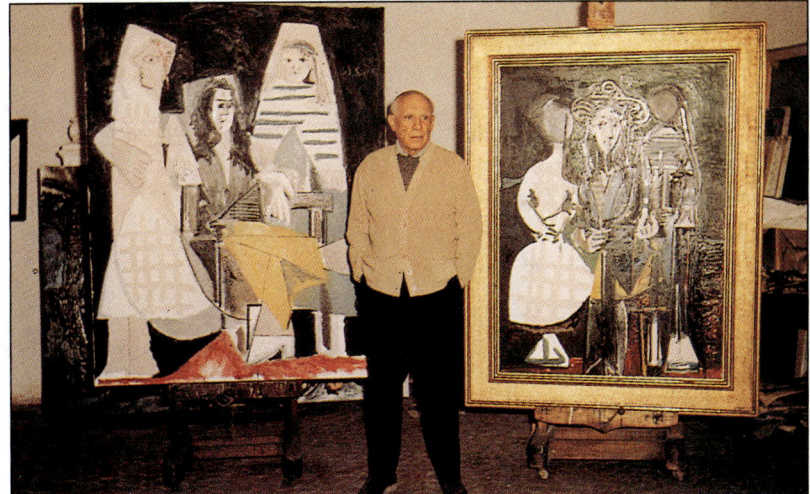

LECTURA

Pablo Ruiz Picasso

▲▲▲▲▲▲▲▲

En todo el mundo el nombre de Picasso es sinónimo de pintura cubista vagamente comprensible, longevidad, muchos hijos con diferentes mujeres y una herencia[1] fabulosa que se repartió a bofetadas.[2] Pero en realidad debería ser sinónimo de revolución. El genio[3] de este andaluz cabezón[4] y de mirada hacia adentro[5] hizo avanzar la pintura universal casi cien años. Porque la pintura que encontró Picasso y la que legó[6] tienen tan poca relación entre sí como las cuevas de Altamira y Fra Angélico. Si sería genial que los franceses no tienen empacho en[7] considerarlo como un pintor francés.

Desde 1904, fecha en la que se establece en París, comienza el rosario de épocas cromáticas (el Picasso azul, el rosa), como síntesis de la influencia de Nonell y Toulouse-Lautrec. De repente se pasa a un estilo geometrizado y crea él solito una nueva fórmula de pintura conocida como *cubismo*. Los expertos dicen que hay dos cubismos, el analítico y el sintético; pero antes de que puedan comprobar si es verdad, Picasso ya está en la «pintura surrealista». Y así seguiría creando y cambiando de estilo, imponiendo siempre una técnica genial a los conocidos, prácticamente hasta el último minuto de su vida. También hasta que entró en coma estuvo cambiando de «compañera», con una vitalidad que asombrará[8] a los siglos venideros.

Picasso se comprometió[9] políticamente con la República, y así le lució el pelo[10] en España. Su cuadro *Guernica* es una de las diatribas más feroces contra la barbarie y la guerra que sufrió su país. Después de grandes controversias, el cuadro se instaló en el Casón del Buen Retiro, en Madrid. ▲

---

[1]*inheritance* [2]*se... was bitterly contested* [3]*genius* [4]*obstinate* [5]*de... introspective* [6]*bequeathed* [7]*no... have no qualms about* [8]*sorprenderá* [9]*se... became involved with, took the side of* [10]*le... acquired fame*

Comprensión

1. Según el autor de este artículo, ¿de qué debería ser sinónimo el nombre de Pablo Picasso? ¿Por qué?
2. ¿Cómo se titulan las primeras etapas de la pintura de Picasso?
3. ¿Cómo se llama el nuevo estilo de pintura geometrizada que creó Picasso?
4. ¿A qué estilo se pasó Picasso después de dejar el cubismo?
5. Según el autor, Picasso cambió frecuentemente de estilo de pintura. ¿De qué más estuvo cambiando hasta casi el día de su muerte?
6. Durante la Guerra Civil de España, ¿con qué partido político se comprometió Picasso? ¿Cómo se llama la pintura que representa la barbarie y las atrocidades de la guerra civil de España durante esa época?

LECTURA «Por qué muchas personas no figuran en el censo» Conrado Nalé Roxlo (Argentina, 1898–1971)

Conrado Nalé Roxlo es un dramaturgo° y cuentista que se hizo famoso especialmente por sus obras de teatro poético. Sus cuentos muestran con gran naturalidad la voz de los personajes.

    playwright

En el siguiente cuento, un joven que trabaja para la Oficina del Censo° entrevista a una señora. Su trabajo se le hace difícil, pues la mujer le habla de temas diferentes y no responde a las preguntas. ¿De qué o quién habla la señora? Escuchemos su historia…

    Oficina… Census Bureau

La casita está situada en las afueras° del pueblo. Está cercada de alambre,° del cual cuelgan campanillas° azules. Detrás del cerco ladra un perro chico que se considera grande. Detrás del perro aparece una señora algo vieja que se considera joven, arreglándose el pelo.

    en… on the outskirts
    wire / morning glories

—Buenas tardes, señora. Vengo de la Oficina del Censo.
—¿Del Censo? ¡Qué sorpresa más agradable! ¡Adelante, joven, adelante! ¡Cuánto van a sentir las chicas° no estar en casa! Son tan aficionadas…
—¿A los censos, señora?
—En general, caballero, a las visitas cultas.°
—Muchas gracias, señora. ¿Llenaron la planilla°?
—¿Qué planilla? Ah sí, el documento… Estaba confundida pues todos los días reparten° tantas hojas sueltas, tanta basura, anunciando píldoras y Dios sabe qué más… No alcanza el tiempo para leer tantos anuncios, ¿no es cierto?
—De acuerdo, señora, el tiempo vuela. ¿Quiere tener la bondad de devolverme la planilla?

    ¡Cuánto… How sorry the girls are going to be

    educated, refined
    form

    they hand out

—¡Qué compromiso!° Pero usted sabrá disimular.° Resulta que cuando estábamos por° llenarla, mi sobrino, el hijo de mi hermana viuda, que es el propio Satanás, volcó el tintero° que nos había prestado el turco,° el dueño de la tienda de la esquina. ¡Qué contratiempo°!

—Eso no es nada, señora; aquí tiene otra planilla y mi estilográfica.° ¿Quién es aquí el jefe de la familia?

—Mi esposo.

—¿Cómo se llama su esposo?

—Cómo se llamaba, joven, cómo se llamaba, porque ya es finado.° Estaba tan sano como usted y como yo, pero el médico se equivocó, y cuando llamamos al curandero,° ya era demasiado tarde. El curandero le ató una gallina blanca a la pierna izquierda para pasar el mal° al ave, pero ya era demasiado tarde: la gallina puso un huevo y mi esposo dejó de respirar.

—Lo lamento, señora. Pero, ¿quién es ahora el jefe de la familia?

—Siempre lo sigue siendo el finadito,° porque yo hice una promesa de no desobedecerlo jamás, ya que él se molestaba tanto en vida cuando no le hacíamos caso. Me acuerdo cómo se enojó en el carnaval de 1898 porque me disfracé de bailarina... Bueno, hay que tener en cuenta que siempre fue muy celoso, sin motivo, naturalmente.

—Con el permiso, señora, ¿quiénes viven ahora en la casa?

—Nosotras: ¿quiénes van a vivir? Hasta el año pasado teníamos un italiano, único inquilino,° pero usted sabe cómo son los italianos. Nélida, la mayor de mis niñas, que ahora estudia costura, lo puso en su lugar, y yo le dije: «Muy bien hecho, nena, porque a mí no me gustan los juegos de manos». Pero usted se debe estar aburriendo. Voy a poner la radio.

—¡No, por Dios, señora! Decirme, por favor, ¿quiénes viven ahora en la casa?

—Desde que se fue el italiano, nosotras solas. En un tiempo vivió aquí mi compadre, pero en este barrio hay gente muy murmuradora,° y como la menor de mis chicas, Adelita, se le parece tanto°...

—¿Así que vive usted aquí con sus hijas?

—Temporariamente, caballero, temporariamente, porque esta casa está demasiado lejos del centro del pueblo. Yo les digo siempre a las muchachas que debíamos mudarnos a un departamento con calefacción y agua caliente, en mitad del pueblo. ¿No le parece que estaríamos mejor entonces?

¡Qué... *How embarrassing! / overlook (the problem)*
estábamos... *we were about to*
volcó... *overturned the inkwell / Turk*
mishap

fountain pen

deceased

medicine man
el... *la enfermedad*

muerto

tenant

gossipy
se... *resembles him so much*

—Todo depende, señora...
—Claro, usted dice «todo depende» por no contrariar° a Noemí, que como tiene su novio en el horno, no se quiere ir del barrio.

—¿Tiene a su novio en el horno? ¿Y no se quemará?

—Es un decir: trabaja en un horno para cocer ladrillos;° buen muchacho, pero sin porvenir.°

—Señora, por favor, responder a mis preguntas en forma más concreta.

—Me parece que no le oculto° nada a usted; le estoy hablando como a un miembro de la familia.

—Pues bien, ¿cómo se llama usted?

—Casilda Ortigosa de Salvatierra. Salvatierra viene de mi esposo, el finado, que se llamaba Bartolomé Salvatierra. Fue cochero° del general Mitre,* que le decía tocayo.° ¡Era tan amistoso el general Mitre! ¿Usted lo conoció?

—No, señora, considerando lo joven que soy...

—Naturalmente, ¡sí usted es un niño! Soltero, ¿no?

—No, señora, casado.

—¡Usted bromea!° ¿Cómo va a ser casado con esa cara tan alegre y tan bien vestido? Supongo que no tendrá hijos.

—Tengo tres.

—¿Mellizos?°

—No, señora, uno por vez.

—¿Usted vio las mellizas Dionne en el cine? A nosotras nos gusta mucho el cine: es un espectáculo altamente moral para familias. Los picnics también son entretenidos. Y usted, ¿cuánto gana, si no es indiscreción?

—Señora, el que tiene que hacer el censo soy yo.

—Disculpe, joven, si lo he ofendido, pero como usted hace tantas preguntas creí que yo también podía hacer una o dos.

—No me ofendo, señora, pero a ese paso no vamos a terminar nunca.

—Comprendo; usted tendrá apuro° por llegar a su casa a ver a sus hijos y a su esposa, o a alguna otra hembra, pues usted tiene cara de ser muy pícaro.° Pero usted peca:° los esposos nunca deben dar mal ejemplo. Eso le decía yo siempre a mi finado, pero él no me hacía caso y seguía con sus galanteos,° hasta que le pasó lo del maíz°...

—Naturalmente, señora. ¿Edad?

antagonize

para... for baking bricks / futuro

I'm hiding

coachman / namesake

¡Usted... You're kidding me!

Triplets? (lit., multiple births)

tendrá... must be in a hurry

rascal
are wrong (lit., sinning)

flirtations
lo... the "corn affair"

---

*Bartolomé Mitre (1821–1906), general argentino que llegó a ser presidente de su país en 1862. Fue también periodista, poeta e historiador.

—La muchacha tendría unos veinte años, aunque ella decía tener diez y ocho. Era en realidad una chiruza.° — *streetwalker*

—¿De qué muchacha está hablando?

—De la del maíz, naturalmente. Porque a mí no me gusta hablar por hablar. Sin duda lo del maíz fue una exageración por parte del padre de la muchacha. ¡Cómo se rió el general Mitre cuando se lo contaron!

—¿Terminará de una vez,° señora? — *de... once and for all*

—Se lo cuento en dos palabras. Parece que mi marido estaba enamorando a la hija del dueño de una cochería:° dicho señor se entera° y una noche cuando mi marido, que era casado, fue a dejar el coche del general, lo esperó con una horquilla,° y atándolo a un pesebre,° no lo dejó salir hasta que se comió dos libras de maíz. — *carriage house* / *se... finds out* / *pitchfork* / *atándolo... tying him up to a manger*

—¡Qué barbaridad!

—Menos mal que era maíz pisado.° — *maíz... ground corn*

—Menos mal. Y ahora, ¿me quiere decir su edad?

—¡Claro que sí! ¿Cuántos años cree que tengo?

—Señora, no soy adivino.

—¿Cuántos años cree usted? Porque todos dicen que estoy muy conservada y no represento mi edad.

—¡No puedo más, señora! Decirme, sin más comentarios, el día, el mes y el año en que nació para mi desdicha.° — *misfortune*

—Nací el día de Santa Casilda, por eso me dieron el nombre de Casilda, aunque mamá quería llamarme Dosia, como la heroína de una novela que estaba leyendo. Papá, que era masón,° prefería Luz de Oriente.° A propósito, ¿es usted masón? — *Mason / Luz... name of a Masonic lodge*

—No, señora, lo que soy es un pobre diablo que tiene que ganarse la vida. Pero ahora mismo voy a presentar mi renuncia,° aunque sé muy bien que mi mujer y mis hijos tendrán que comer maíz pisado el resto de su vida. — *resignation*

Y echó a correr, seguido por el perro y la voz de doña Casilda que gritaba:

—¡Qué mosca le habrá picado!° — *¡Qué... What's with him? (lit., I wonder what fly stung him!)*

Comprensión

1. ¿Por qué siente la señora que sus hijas no estén en casa?
2. ¿Por qué está confundida doña Casilda respecto al «documento»?
3. ¿Qué pasó cuando empezaron a llenar la planilla?
4. ¿Qué dice doña Casilda de su esposo? ¿Cómo era él?
5. ¿Quiénes han vivido en la casa desde la muerte de don Bartolomé? ¿Por qué ya no viven esas personas ahí?

6. ¿Por qué quiere mudarse doña Casilda?
7. Narre en sus propias palabras el «incidente del maíz». ¿Qué pasó? ¿Por qué?
8. ¿Qué termina haciendo el joven del censo? ¿Por qué? ¿Cómo reacciona doña Casilda?

VOCABULARIO

Las opiniones y las reacciones *Opinions and Reactions*

alegrarse de que	to be happy that
dudar que	to doubt that
es dudoso que	it is doubtful that
es probable que	it is probable that
estar contento/a de que	to be happy that
me encanta que	I love it when
me gusta que	I like it when
me molesta que	it bothers me when
pensar (ie) que	to think that
qué bueno que	how great that

REPASO: es importante que, es posible que, (no) creer que

Otras expresiones subjetivas

¡A mí qué!	What's it to me?
Así es la vida.	*C'est la vie.* That's life.
¡Ni modo!	Tough!
¡No lo puedo creer!	I can't believe it!
¡No me digas!	Don't tell me!
¡Qué bueno!	That's good!
¡Qué desastre!	What a mess!
¡Qué maravilla!	How marvelous!
¡Qué me importa a mí!	I don't care!
¡Qué va!	No way!
¡Súper!	Great!
¡Ya era hora!	It was about time!

Los verbos

aplicarse	to be applied to
asemejarse	to resemble
atraer	to attract
avergonzarse (ue)	to be ashamed
me avergüenzo/	
se avergüenza	
comprobar (ue)	to check, verify
construir	to build
construyo/construye	
crear	to create
chismear	to gossip
dar a conocer	to make known
debe ser	should be
depender de	to depend on
elaborar	to manufacture, produce
establecer(se)	to establish (oneself)
(me) establezco/	
(se) establece	
estar de vacaciones	to be on vacation
estar situado/a	to be located
hacer análisis	to do (medical) tests
luchar por	to fight for
matar	to kill
nombrar	to name
portar armas	to bear arms
quedar embarazada	to be pregnant
reemplazar	to replace
rejuvenecer	to recover one's youth
responder	to answer
sacar al mercado	to put (*a new product*) on the market
salir al mercado	to be out on the market
suicidarse	to commit suicide
tratarse de	to be about (*something*)

PALABRAS SEMEJANTES: afirmar, basar, basarse en, convertir(se) (ie), declarar, detectar, diferenciarse, existir, exportar, extraer, funcionar, ilustrar, incorporar, justificar, perfeccionar, persistir, preservar, producir, simpatizar

Las personas

el académico/la académica	academician
el/la anglohablante	English speaker
el antepasado	ancestor

el ciudadano/la ciudadana	citizen
el conquistador/la conquistadora	conqueror
el dictador/la dictadora	dictator
el/la emigrante	emigré, person who moves to another country
el/la fabricante	manufacturer
el fumador/la fumadora	smoker
el ganador/la ganadora	winner
el libertador/la libertadora	liberator
el militar	soldier, military personnel
la reina	queen
el rey	king
el ser extraterrestre	extraterrestrial

PALABRAS SEMEJANTES: el/la atleta, el autor/la autora, el diplomático/la diplomática, el/la especialista, el/la ex presidente, el general, el/la habitante, el/la inmigrante, el investigador/la investigadora, el/la novelista, el/la patriota, el poeta/la poetisa, el secretario general, la víctima

Los sustantivos

la altura	height
el arma de fuego	firearm
el avance	advancement, progress
el cobre	copper
la deuda (externa)	(foreign) debt
el día festivo	holiday
el dicho	saying
la idea preconcebida	preconceived idea
la ley	law
la licencia	license, permission
la moneda	currency; coin
las noticias	news
el occidente	west
el oriente	Orient; east
la píldora	pill
la población	population
los principios	principles
el puro	cigar
el recurso	resource
los restos	remains
la sobrepoblación	overpopulation
la violación sexual	rape

PALABRAS SEMEJANTES: el aborto, el acceso, el acto, la agricultura, la alpaca, la caña de azúcar, la capacidad, la causa, el concierto, la constitución, la creación, el crimen, la cultura, la detección, la distancia, el divorcio, la educación sexual, la emoción, el estereotipo, la eutanasia, el gas natural, el gobierno, el gramo, el hemisferio, el homicidio, la impresión, la institución, la memoria, el mensaje, el método, las Naciones Unidas, la orina, el petróleo, la prioridad, el proceso, el sector, el suicidio, la sustancia, el tema, el tequila, el turismo, el útero, la violación, la violencia

REPASO: el bienestar social

Los adjetivos

actual	present-day, current
breve	brief
complejo/a	complex
consciente	conscious
controvertible	controversial
crítico/a	critical, very serious
dañino/a	harmful
educativo/a	educational
elegido/a	chosen, elected
espacial	pertaining to outer space
estadounidense	of or pertaining to the United States
indígena	Indian; native
llamado/a	called
lleno/a	full
sano/a	healthy
sensible	sensitive
ubicado/a	located

PALABRAS SEMEJANTES: aceptable, común, constante, democrático/a, desordenado/a, europeo/a, externo/a, falso/a, histérico/a, humano/a, ideal, incurable, industrializado/a, militar, natural, negativo/a, nuclear, occidental, oceánico/a, oficial, pornográfico/a, potente, requerido/a, soviético/a, totalitario/a, trabajólico/a, violento/a

Palabras y expresiones útiles

ante	before, in front of
a través	through, by means of
mediante	through
por completo	totally
el Premio Nóbel	Nobel Prize
el SIDA (síndrome de inmunodeficiencia adquirida)	AIDS
tantos/as	so many
totalmente	totally
verdaderamente	truly

See subjunctive p343-347

GRAMÁTICA Y EJERCICIOS

17.1. Expressing Opinions: Indicative and Subjunctive

A. The most common way to convey opinions is by asserting an idea directly. Assertion is expressed by indicative verb forms.

> Los japoneses **son** muy trabajadores.
> *The Japanese are hardworking.*

Another way to convey opinions is to report others' assertions by using verb phrases such as **decir que** (*to say that*) in a second clause. Indicative verb forms are also used in such sentences.

> Carmen **dice que** los latinoamericanos **son** optimistas.
> *Carmen says that Latin Americans are optimists.*

In addition, it is possible to introduce assertions with verb phrases such as **creer que** (*to believe that*), **pensar que** (*to think that*), and **es verdad** (**cierto, seguro, indudable**) **que** (*it is true, certain, sure, undoubtable that*). The verb in the second clause of such sentences of positive opinion is indicative.

> **Pienso que** el nuevo programa del presidente no **es** adecuado para las necesidades del pueblo.
> *I think the president's new program is inadequate for the needs of the people.*

Here are some useful short forms of verb phrases of opinion.

Creo que sí.	*I believe so.*
Creo que no.	*I don't believe so.*
Pienso que sí.	*I think so.*
Pienso que no.	*I don't think so.*
No lo creo.	*I don't believe it.*
¡Ya lo creo!	*I should think so!*

B. To deny a statement or to cast doubt on it, use a verb phrase like **no creer que** (*not to believe that*) or **dudar que** (*to doubt that*). In such negative statements, use a subjunctive verb form in the second clause.

> **No creo que** los valores humanos **se basen** en una creencia en Dios.
> *I do not believe that human values are based on a belief in God.*

Here are some verb phrases that can be used to introduce the subjunctive in the second clause; they all express doubt or disbelief.

> dudar que *to doubt that*
> no creer que *not to believe that*

In our opinion all topics in this chapter are appropriate only for very advanced first-year or second-year students.

17.1. This section describes the use of indicative and subjunctive tenses in statements of opinion. An assertion requires the indicative; a non-assertion (doubt, denial) requires the subjunctive. While in theory any tense may be used in the matrix clause and any logical tense in the dependent clause, we have given examples only with the sequence present-present. It is important for students to learn to use both the matrices of positive opinion (especially the short forms) and the matrices of doubt to expand their ability to express opinions. You may wish to point out that some native speakers vary their use of subjunctive after verb phrases like ¿(No) Cree usted que... ? to express greater or lesser doubt. We do not practice this point because it will be learned by advanced students of Spanish in appropriate contexts. With minor exceptions, the subjunctive in these sentences is redundant, and student errors will never confuse native speakers. (On the other hand, students almost never notice the subjunctive use by native speakers in these sentences, and if it weren't pointed out, it is doubtful they would ever acquire it.)

es dudoso que *it's doubtful that*
es (im)probable que *it's (im)probable that*
es (im)posible que *it's (im)possible that*
no es seguro que *it's not certain that*

Ej. 1. Assign as homework and ask students to check their answers in answer key.

Ejercicio 1

Aquí tiene usted algunas opiniones y afirmaciones de varias personas de la telenovela «Los vecinos». Seleccione la forma correcta del verbo: el presente del indicativo o el presente del subjuntivo.

MODELO: ESTELA: La inflación sigue igual; es dudoso que bajen los precios de los alimentos. (bajan/**bajen**)

1. PEDRO: Los jóvenes no manejan muy bien; no creo que Amanda ____ manejar a los 16 años. (debe/**deba**)
2. ESTELA: Es verdad que Margarita ____ vacaciones por un mes. (**toma**/tome)
3. PEDRO: Dudo que Daniel y Leticia ____ pronto. (se casan/**se casen**)
4. AMANDA: Es dudoso que Graciela ____ con Tomás. (sale/**salga**)
5. GRACIELA: No creo que Ramón ____ enamorado de Amanda. (está/**esté**)
6. RAMÓN: Es seguro que Roberto no ____ al Baile de los Enamorados. (**va**/vaya)
7. MARGARITA: Es posible que mis suegros ____ esta noche. (llegan/**lleguen**)
8. DON ANSELMO: Es cierto que don Eduardo ____ muy activo. (es/sea)
9. DOÑA LOLA: Es dudoso que doña Rosita ____ asistir a la boda de Daniel y Leticia. (puede/**pueda**)
10. LETICIA: Creo que Daniel ____ el hombre más guapo del mundo. (es/sea)

17.2. Expressing Reactions: Indicative and Subjunctive

Here are some expressions commonly used by Spanish speakers.

¡Qué bueno!	*How nice!*
(Eso) Es interesante.	*That's interesting.*
Me alegro.	*I'm glad.*
Estoy muy contento/a.	*I'm very happy.*
Lo siento mucho.	*I'm very sorry.*
(Eso) Me sorprende.	*That surprises me.*
¡Qué lástima!	*What a pity!*
¡Qué triste!	*How sad!*

These expressions can stand alone or be combined into longer sentences explaining what the speaker is reacting to. The conjunctions **y**, **pero**, and **porque** can be used to link the two parts of the sentence.

17.2. This section presents expressions used to react emotionally to an idea or a situation. In informal speech most Spanish speakers simply combine these expressions with other sentences, using a coordinating conjunction. If they are combined with a dependent clause, however, they require subjunctive forms in that clause: *Me alegro de que vengas.* These constructions are found in written Spanish but are relatively rare in ordinary conversation. Keep in mind that the subjunctive in this context is completely redundant. We recommend that students be encouraged to use the short forms of these expressions.

Estoy muy contenta **porque** mi hija va a estudiar medicina.	*I am very happy because my daughter is going to study medicine.*
Lo siento mucho **pero** usted tiene que volver mañana.	*I'm very sorry, but you'll have to come back tomorrow.*

Another possibility is to join the two parts of the sentence directly with **que**; the verb in the second clause is then in the subjunctive.

Siento que no **puedas estar** con nosotros para la Navidad.	*I am very sorry that you can't be with us for Christmas.*
Es una lástima que el niño **tenga que quedarse** en casa todo el día.	*It's a pity the child has to stay at home all day.*

Ej. 2. Assign as homework and ask students to check answers in answer key.

Ejercicio 2

Amanda y Graciela están hablando de sus amigos y experiencias en el colegio. Seleccione la forma correcta del verbo: el presente del indicativo o el presente del subjuntivo.

MODELO: Es interesante que los profesores no quieran ir a la huelga. (quieren/quieran)

1. ¡Qué triste que Roberto no _____ ir al Baile de los Enamorados! (puede/pueda)
2. Me sorprende que los padres de Juan Carlos _____. (se divorcian/se divorcien)
3. Me alegro de que no _____ clases el viernes. (tenemos/tengamos)
4. Siento que no _____ al partido de fútbol el sábado. (vamos/vayamos)
5. Es verdad que nadie _____ bailar con Laura. (quiere/quiera)
6. ¡Qué lástima que tú no _____ invitar a Elena a la fiesta! (piensas/pienses)
7. Es cierto que el profesor López _____ con la profesora Andújar. (se casa/se case)
8. ¡Qué bueno que Ramón _____ asistir a la universidad! (puede/pueda)
9. ¡Estoy tan contenta de que mis notas _____ tan buenas este semestre! (son/sean)
10. Sé que Francisco y Angélica _____ novios. (son/sean)

17.3. Hypothesizing: "If" Clauses and the Past Subjunctive

A. Statements of possibility introduced with the conjunction **si** (*if*) take indicative verb forms in both the "if" clauses and the conclusion.

Si Carmen **se gradúa** este año, **puede trabajar** para la empresa de su padre.	*If Carmen graduates this year, she can work for her father's company.*

17.3. Past subjunctive (also known as imperfect subjunctive) forms are relatively easy for students to learn, and the hypothetical construction is almost identical to English in both syntax and meaning. Even so, first-year students' general level of proficiency restricts their conversational range, so they rarely have occasion to use it.

Voy a trabajar para mi tío **si termino** el curso de contabilidad.

I'm going to work for my uncle if I finish the accounting course.

B. To imply that a situation is contrary to fact, however, another form, the past subjunctive, must be used in the "if" clause and a conditional verb form in the conclusion.

Si tuviera más dinero, **me jubilaría.**

If I had more money, I would retire.

Past subjunctive forms of both regular and irregular verbs are based on the stem of the past (preterite) plus these endings: **-ara, -aras, -ara, -áramos, -aran** for **-ar** verbs and **-iera, -ieras, -iera, -iéramos, -ieran** for **-er** and **-ir** verbs.*

PAST SUBJUNCTIVE		
hablar	**comer**	**tener**
hablara	comiera	tuviera
hablaras	comieras	tuvieras
hablara	comiera	tuviera
habláramos	comiéramos	tuviéramos
hablaran	comieran	tuvieran

Si su madre **trabajara,** Andrea y Paula **tendrían que estar** todo el día en la guardería.

If their mother worked, Andrea and Paula would have to be at the child care center all day.

Verbs like **decir (dij-)** and **traer (traj-)** differ somewhat from the pattern; they take endings without the initial **-i: dijera, trajera.**

Te sorprenderías si yo **te dijera** la verdad.

You'd be surprised if I told you the truth.

C. You can also use the expression **ojalá que** (*I wish that*) followed by the past subjunctive to express a desire that is contrary to fact.

Ojalá que **tuviéramos** más tiempo.

I wish we had more time.

Ejercicio 3

Escoja la respuesta más lógica. Use **estudiara, hiciera, hubiera, pudiéramos** o **tuviéramos.**

1. Si _____ más tiempo, iríamos de vacaciones ahora.
2. Si _____ buen tiempo, saldríamos a pasear con ustedes.

---

*Recognition: **vosotros/as hablarais, comierais, tuvierais**

3. Si ____ [hubiera] un buen programa en la televisión esta noche, nos quedaríamos en casa.
4. Si ____ [pudiéramos] conseguir una visa, visitaríamos Cuba.
5. Si ____ [estudiara] más, Ernestito tendría buenas notas.

Ejercicio 4

Leticia está hablando de sí misma, de sus amigos y de sus vecinos. Llene los espacios en blanco con la forma correcta del imperfecto del subjuntivo.

1. Si ____ este año, yo podría buscar un trabajo de jornada completa. (graduarse)
2. Si mi padre ____ en diciembre, podríamos pasar las vacaciones en España con nuestros primos. (jubilarse)
3. Si nosotros ____, no tendríamos que manejar distancias tan largas. (mudarse)
4. Si don Anselmo y don Eduardo solamente ____ la mano, podrían ser amigos de nuevo. (darse)
5. Daniel, si tú me ____ tanto como me dices, no me tratarías así. (amar)
6. Si Estela ____ criada, no tendría que pasar tanto tiempo limpiando la casa. (tener)
7. Si Pedro y Margarita ____, sus hijos tendrían que vivir con los abuelos. (divorciarse)
8. Si Amanda y Graciela no ____ a tantas fiestas, sacarían mejores notas en el colegio. (ir)
9. Si Pedro no ____ escritor, no podría quedarse en casa todo el día. (ser)
10. Si Margarita no ____ tanto dinero en la compañía Mariola, Pedro no podría dedicarse a escribir. (ganar)

17.4. Adjective Clauses

A. Adjective clauses modify nouns, just as adjectives do. In English adjective clauses usually begin with *that*, *which*, or *who*.

> I need the name of a country that exports rice.
>
> The Spanish Civil War, which was fought in the 1930s, resulted in the loss of political freedom for the Spaniards.
>
> This is the senator who proposed to negotiate a peaceful solution.

In Spanish adjective clauses normally begin with the conjunction **que**, whether they refer to things or to people.

> Sr. Presidente, éste es el tratado **que** le mencioné.
> Benito Juárez fue el presidente mexicano **que** se opuso a la ocupación francesa.

> Mr. President, this is the treaty I mentioned to you.
> Benito Juárez was the Mexican president who opposed the French occupation.

17.4. Most students produce adjective clauses spontaneously without any explicit instruction, because in the most common cases they are virtually identical to English. A few students attempt to form adjective clauses without *que*, as this is permitted in certain cases in English ("The man I saw yesterday is standing beside your cousin"), but most students do not. On the other hand, adjective clauses preceded by a preposition are quite different from English, especially if *cual* is used. Even advanced first-year students need only to recognize their meaning, though. The indicative/subjunctive contrast is relatively easy for students to grasp, but few beginning students ever need to produce these sorts of sentences. Second-year students usually manage to use the subjunctive correctly in these contexts after a moderate amount of practice. In our view, the use of sub-

B. When an adjective clause is preceded by a preposition and modifies a person, **quien**, not **que**, follows the preposition.

> Aquí tienen ustedes un cuento escrito por el famoso escritor de **quien** les hablé en la clase pasada.
>
> *Here you have a short story written by the famous writer about whom I spoke to you in the last class.*

If the adjective clause is preceded by a preposition but modifies a thing, use either **que,** which is more informal, or **el cual** (**la cual, los cuales, las cuales**), which is more formal.

> ¿Pueden ustedes identificar el país **en que** (**en el cual**) se produce más cobre?
>
> *Can you identify the country in which the most copper is produced?*

Here are some combinations you will see frequently in written texts.

> sobre el cual *about which*   en el cual *in which*
> por el cual *through which*   al cual *to which*
> para el cual *for which*

C. If the person, place, or thing the adjective clause modifies is unknown to the speaker, the verb in the adjective clause must be subjunctive.

> Bernardo busca **un lugar** que **tenga** un clima tropical.
>
> *Bernardo is looking for a place that has a tropical climate.*

The subjunctive is also used in adjective clauses if the person, place, or thing modified is nonexistent.

> **No hay ninguna región** que **produzca** tanto café como ésta.
>
> *There is no region that produces as much coffee as this one.*

D. Here are some common expressions containing subjunctive verb forms, used when the speaker is in doubt about the wishes of the person being addressed.

> Como tú quieras.   *However you want.*
> Cuando tú digas.   *Whenever you say.*
> Donde tú quieras.   *Wherever you want.*
> Lo que tú digas.   *Whatever you say.*
>
> ¿Cómo lo vamos a hacer? *How are we going to do it?*
>   —**Como tú quieras.**   —*However you want.*
> ¿Cuándo nos vamos?   *When are we leaving?* —*Whenever*
>   —**Cuando tú quieras.**   *you want.*
> ¿Adónde vamos mañana?   *Where are we going tomorrow?*
>   —**Adonde tú digas.**   —*Wherever you say.*
> ¿Qué vamos a hacer ahora? *What are we going to do now?*
>   —**Lo que tú digas.**   —*Whatever you say.*

These expressions contain indicative verb forms if what is expressed in the second clause is already known.

Lo que tú **dices** es verdad.   *What you are saying is true.*

Ejercicio 5

Leticia y su futuro esposo, Daniel, están planeando su luna de miel. Escoja la forma correcta del verbo: el presente del indicativo o el presente del subjuntivo.

LETICIA: Prefiero ir a un lugar que no ____¹ muy turístico. (es/sea)

DANIEL: Pero, Leticia, en agosto no hay ningún lugar que no ____² lleno de gente. (está/esté)

LETICIA: Tienes razón, Daniel. También busco un lugar que ____³ mucho para hacer, tanto de día como de noche. (ofrece/ofrezca)

DANIEL: Conozco varias ciudades de Europa que ____⁴ muchas diversiones. (tienen/tengan)

LETICIA: ¡Europa, sí! Quiero ir a un lugar donde se ____⁵ mucha ropa elegante. (vende/venda)

DANIEL: Leticia, tú sabes que en París se ____⁶ más ropa fina que en cualquier otra ciudad del mundo. (fabrica/fabrique)

LETICIA: ¡Perfecto! París es una ciudad donde ____⁷ mucha actividad cultural, además de tiendas elegantes. (hay/haya)

DANIEL: Pues Leticia, ¿por qué no hacemos reservaciones para una gira por Europa?

Ejercicio 6

Margarita y Pedro están de vacaciones. Están bronceándose en una playa tropical, y hablan de sus deseos y preferencias. Escoja la forma correcta del verbo: el presente del indicativo o el presente del subjuntivo.

MARGARITA: ¡Ay, no hay ninguna playa que ____¹ tan bonita como ésta! (es/sea)

PEDRO: Me gusta esta playa, pero conozco una en el Caribe que ____² tan bonita como ésta y donde ____³ menos gente. (es/sea) (hay/haya)

MARGARITA: ¿De veras? Sabes, Pedro, en las próximas vacaciones, quiero viajar a un lugar que ____⁴ mucho arte indígena. (tiene/tenga)

PEDRO: Pues, yo prefiero un lugar que ____⁵ más diversiones nocturnas. (ofrece/ofrezca)

MARGARITA: Tampoco quiero ir a un país donde los precios ____⁶ tan rápidamente como acá. Es imposible saber cuánto gastamos. ¡Qué inflación! (suben/suban)

PEDRO: Pero, Margarita, sabes que en todos los países los precios ____⁷ de manera terrible. (aumenten/aumentan)

CAPÍTULO DIECIOCHO

LA POLÍTICA

Montevideo, Uruguay

METAS

In **Capítulo dieciocho** you will continue to talk about contemporary issues such as political and economic concerns and urban problems. You will also learn about immigration and the immigrant experience.

ACTIVIDADES ORALES Y LECTURAS

Los sistemas políticos y económicos

Los problemas de la sociedad urbana

La inmigración y los grupos minoritarios

«El joven hispano en la política»

«España: Del *Guernica* al siglo XXI»

«La mujer en el mundo hispano»

«Mi querida cuñada»

GRAMÁTICA Y EJERCICIOS

18.1 Hypothesizing About the Past: **si hubiera... habría...**
18.2 The Perfect Tenses
18.3 The Subjunctive in Time Clauses
18.4 The Subjunctive in Purpose Clauses
18.5 The Passive Voice

GOALS—CHAPTER 18

The grammar in this chapter is quite advanced, and the explanations and exercises are not intended to give in-depth coverage. Most activities can be done without assigning the grammar and exercises, if so desired. The vocabulary load in this chapter is quite large, but most words are cognates or at least near-cognates.

ACTIVIDADES ORALES Y LECTURAS

LOS SISTEMAS POLÍTICOS Y ECONÓMICOS

We have attempted to include controversial topics in this section in order to stimulate political discussion. Remind students that their Latin American and Spanish counterparts are usually deeply involved in politics and that socialism is an attractive alternative to capitalism among Hispanic youth in most countries. You may want to point out the historical basis for the anti-American feeling prevalent in many areas. Perfect forms are used in this section, and *Actividad 3* focuses on them. New words: *apoderarse de; autoridades, ejército, elegir, imaginarse, intervenir, libertad de expresión, libertad de prensa, político/a, restringir, terrorista.*

¡OJO! *Estudie Gramática 18.1–18.2.*

Han elegido a un nuevo presidente. Espero que sea mejor que el último.

Durante el gobierno de Franco las autoridades habían restringido la libertad de prensa y de expresión.

Me imagino que los terroristas se habrán apoderado del Palacio de Gobierno.

Si el gobierno no hubiera tenido tantos problemas económicos, el ejército no habría intervenido.

Act. 1. Use this activity to familiarize students with political terminology. Extend the discussion of each term as much as possible. Answers: **1.** b, **2.** i, **3.** l, **4.** a, **5.** h, **6.** c, **7.** k, **8.** j, **9.** g, **10.** d, **11.** e, y **12.** f. Many of the new words in this activity are cognates: *abuso, basado/a, bienes, el capital, capitalismo, censura, comunismo, concepto, democracia, dictadura, división de clases, estar en manos de, huelga, ideológico/a, igualdad, individuo, invertir, luchar, marxismo, medios de comunicación, medios de producción, negarse,*

Actividad 1. Definiciones: La política

Busque la definición de los siguientes conceptos. Luego comente la importancia de cada uno en el mundo de hoy.

1. el capitalismo
2. la libertad de prensa
3. el socialismo
4. la democracia
5. la libertad de expresión
6. el marxismo

a. El pueblo elige a los representantes del gobierno.
b. En este sistema económico, los medios de producción pertenecen a los que han invertido capital.

oposición, organización, el/la periodista, persecución, el poder, la política, el/la político, por ejemplo, el pueblo, repartir, representante, represión, sindicato, socialismo, suponerse, temor, teoría, totalitarismo, unos cuantos.

7. el comunismo
8. el totalitarismo
9. los medios de comunicación
10. los sindicatos
11. las huelgas
12. la dictadura

c. Es una corriente ideológica basada en las teorías de Carlos Marx. 6

(3) d. Son organizaciones a las que pertenecen los trabajadores y que tienen como objeto protegerlos contra los abusos de los jefes. 10 sindicatos

(6) e. Los trabajadores se niegan a trabajar y en esta forma luchan para mejorar las condiciones en el trabajo. 11 huelgas

(7) f. Todo el poder del gobierno está concentrado en una sola persona. 12 dictadura

(1) g. El radio, la televisión, el cine, las revistas y el periódico son ejemplos. 9 medios de com.

(8) h. El individuo puede decir lo que piensa sin temor a la represión. lib. de 5 expresión

(9) i. Los periodistas pueden criticar cualquier situación del país sin temor de persecución por el gobierno. 2 lib. de piensa

j. Todo el gobierno está en las manos de unos cuantos políticos; hay censura, represión y persecución de los miembros de la oposición política. 8

(5) k. En este sistema de gobierno basado en el marxismo, todos los bienes son repartidos con igualdad y se supone que no hay división de clases. 7 comunismo

(4) l. En este sistema de gobierno, la medicina y el cuidado médico, por ejemplo, son gratis para el pueblo. 3 socialismo

Una voz para 320 millones de Europeos

EP PE

PARLAMENTO EUROPEO

Use this ad to lead into a discussion of the European Economic Community (*Comunidad Económica Europea*) and Spain's increasingly important economic and political role in a rapidly changing Europe.

Act. 2. Ask students to predict how most Americans would react to these statements. They may wish to play the role of a Latin American or Spanish student and contrast their position with that of the majority. New words are mostly cognates, but some will need to be defined for students: *agresivo/a, apoyar, armas,*

Actividad 2. Los asuntos políticos

Considere estas afirmaciones políticas. ¿Cree usted que la mayoría de los ciudadanos norteamericanos las apoyan o las rechazan? Explique su respuesta.

1. El presupuesto militar es mucho más de lo suficiente para mantener las

asiático/a, asunto, campesino/a, carrera, criminal, dar como resultado, defensa, electoral, enemigo, enriquecer, fuerza militar, ilegal, minoritario/a, el/la negro/a, no sólo, por eso, por sí mismo/a, promover, provocar, rico/a, suficientemente.

armas de defensa contra nuestros enemigos.
2. Los grupos indígenas de nuestro país no han tenido oportunidad de participar suficientemente en el proceso electoral.
3. El aborto es un derecho de todas las mujeres, no sólo de las ricas.
4. La «carrera» nuclear ha sido provocada por la política agresiva de las fuerzas militares norteamericanas.
5. Los sindicatos han promovido el progreso de los trabajadores y de los campesinos.
6. El papel más importante de la mujer ha sido y sigue siendo el de madre y esposa.
7. La preocupación por los derechos de los criminales ha dado como resultado que éstos tengan más derechos que sus víctimas.
8. El gobierno de México no ha podido resolver sus problemas económicos; por eso hay problemas con la inmigración ilegal.
9. Los grupos minoritarios —los latinos, los negros, los asiáticos, etcétera— han enriquecido la cultura de los Estados Unidos.
10. Uno de los errores más graves de los Estados Unidos en la política latinoamericana ha sido no respetar la autonomía de los países que no siguen su política.

Act. 3. Before students can do this activity, you may need to provide some historical information on political developments in Latin America and Spain. (Readings on some of these topics appear later in the chapter.) Students might be told that in recent decades Chile has had a right-wing dictatorship with corresponding daily protests, often violently put down. They need to know that the Spanish Civil War was fought between the Falangists, supported by Hitler, and the Republican army, supported by the Soviet Union and the intelligentsia of several Western nations. After the Falangists won, the country plunged into over 40 years of repressive rule by Franco. Students may need some detail on the poor relations between Cuba and the U.S. and the Bay of Pigs fiasco under Kennedy. They may also be unaware that Mexico lost half of its territory in the Mexican-American War of 1844–1848 and that in Mexican history books the loss is presented in a very different light than in American texts. When you start the activity, write *habría _____-do* on the board to remind students that the conclusion must use a conditional perfect. You may want to give the students a list of possibilities to choose from. Encourage them to explain and justify their answers. New words: *atómico/a, bolchevique, bomba, conquistar, dejar caer, derrocar, esclavo/a, especular, evento, golpe de estado, Guerra Civil, liberar, llegar al poder, la orden, probablemente, revolución, Segunda Guerra Mundial, tener lugar, territorio, zar.*

Actividad 3. Vamos a especular

Piense usted en los grandes eventos políticos del pasado. Imagine lo que habría pasado si esos eventos no hubieran tenido lugar. Por ejemplo, ¿qué habría pasado si Hitler no hubiera llegado al poder en Alemania? Posiblemente no habríamos tenido la Segunda Guerra Mundial.

¿Qué habría pasado si...

1. Hernán Cortés no hubiera conquistado México en 1519?
2. México no hubiera perdido la mitad de su territorio en 1848 en la guerra contra los Estados Unidos?
3. Abraham Lincoln no hubiera liberado a los esclavos?
4. los bolcheviques no hubieran derrocado al zar en 1917?
5. Francisco Franco no hubiera ganado la Guerra Civil española en 1939?
6. Harry Truman no hubiera dado la orden de dejar caer las bombas atómicas sobre Hiroshima y Nagasaki?
7. la revolución cubana no hubiera ocurrido en 1959?
8. el general Augusto Pinochet no hubiera dado un golpe de estado en Chile en 1973?

Act. 4. We have tried to show in this activity why leftist leaders appeal to many segments of Hispanic society. Discuss the candidates and their positions in some detail with the class and ask for evaluations of each. Point out why each candidate takes these particular positions. Ask

Actividad 4. ¿Por quién votará usted?

Doraselva es una república imaginaria de Latinoamérica. Es pequeña y está en vías de desarrollo. Sus recursos más importantes son el café y el azúcar. Tiene una costa al mar y un puerto. En el centro del país hay una región de selva tropical con pocos habitantes. Hay también una zona montañosa llamada La Cordillera. Su capital es una ciudad hermosa que se llama Dora.

Haciendo el papel de uno de los siguientes ciudadanos de Doraselva —un campesino pobre, un obrero, un negociante o un hacendado— preséntese a sí mismo (¿quién es usted?) y luego diga por cuál de los candidatos para presidente votará en las próximas elecciones. Explique por qué.

CANDIDATO A: **El general Gerardo Montalbo.** Apoyó el régimen militar que gobernó últimamente. Es de ideología anticomunista y antimarxista. Está a favor de mantener buenas relaciones con los Estados Unidos y dice que cerrará la embajada de la Unión Soviética. Se opone a la reforma agraria porque dice que eso bajaría la producción agrícola y que todo el país sufriría. Está a favor del «mercado libre» y se opone fuertemente a la formación de sindicatos de trabajadores.

CANDIDATO B: **El licenciado Germán Gutiérrez.** Se opuso al régimen militar. Está a favor de una reforma agraria en forma moderada. «Tenemos que repartir las tierras de una manera justa tanto para los campesinos como para los hacendados», dice el candidato. Apoya el desarrollo de la industria nacional y espera crear un clima favorable para los negocios; quiere aumentar las exportaciones al extranjero. Promete aumentar la ayuda económica que prestan otros países, especialmente los Estados Unidos y el Banco Internacional de Desarrollo. Es anticomunista y pide la pena de muerte para los guerrilleros capturados por el régimen militar.

CANDIDATO C: **El líder sindicalista Jorge Elías Blanco.** Fue guerrillero y luchó contra el régimen militar. Se identifica como marxista pero dice que no se dejará controlar por los rusos. «Queremos ser libres; no queremos depender de ninguna de las dos potencias, ni de los Estados Unidos ni de la Unión Soviética.» Favorece la nacionalización de los bancos y de los negocios de exportación. Promete establecer una campaña nacional de alfabetización. También dice que luchará para proveer atención médica gratuita. Se opone a los préstamos de bancos extranjeros porque, según dice, «no queremos endeudarnos con los imperios capitalistas».

Actividad 5. Las crisis

Usted y sus compañeros de clase forman parte del gabinete del presidente de la República de Doraselva. El presidente está tratando de resolver las siguientes crisis y les pide ayuda a ustedes como miembros de su gabinete. ¿Qué le recomendarán?

1. Hay una huelga de los conductores de autobuses municipales en la capital. Piden un aumento de sueldo, pero en estos momentos hay pocos fondos. La gran mayoría de la población de Doraselva es pobre y depende del transporte urbano para ir a su trabajo.
2. En las montañas al norte de la capital, los guerrilleros marxistas se han apoderado de un pueblo. Exigen la legalización del partido comunista de Doraselva.

3. Se ha descubierto que un general del ejército obliga a los indígenas de su distrito a trabajar en sus tierras sin pagarles.
4. Ha habido rumores de que un grupo de militares está planeando derrocar al gobierno. Hasta ahora el presidente ha tenido muy buenas relaciones con el ejército.
5. El ministro de Relaciones Exteriores ha sido acusado de colaborar con la CIA.

Actividad 6. ¡Usted es el presidente (la presidenta)!

Supongamos que usted ha sido elegido presidente/a de Doraselva. Antes de su elección, Doraselva había tenido un dictador déspota por cuarenta años y el país estaba en pésimas condiciones. Narre todo lo ocurrido durante este gobierno tiránico. ¿Qué había hecho el dictador Reinaldo Ramos?

MODELO: la universidad →
El dictador había prohibido todas las clases de filosofía y ciencias políticas en la universidad por considerarlas «subversivas».

1. las relaciones exteriores (con los países extranjeros)
2. las empresas privadas
3. las compañías extranjeras
4. la agricultura
5. los sindicatos de trabajadores
6. los movimientos de liberación de la mujer
7. el mundo del arte y de la literatura
8. los servicios de salud pública

NOTA CULTURAL   El joven hispano en la política

Los jóvenes hispanos generalmente participan mucho en la política de su país. En las universidades se escuchan a menudo° discusiones muy acaloradas° respecto a tal° presidente o tal ideología. Todos opinan. Y todos piden cambios en el gobierno y en las estructuras socio-económicas.

a... con frecuencia / heated / este

Hay varios factores que mueven al joven hispano a comprometerse con° la lucha política: la gran diferencia entre las clases sociales; la intervención extranjera en los asuntos latinoamericanos; el carácter inestable y represivo de muchos gobiernos. Este último es probablemente el factor más importante. Por ejemplo, durante los años de la junta militar en Argentina entre 1976 y 1984, desaparecieron más de 30,000 personas quienes, se sospecha, murieron a manos de los militares. Entre ellas se encontraban individuos de todas las esferas de la sociedad y

comprometerse... be involved with

Santiago de Chile: Los jóvenes hispanos participan en la política de su país. En Chile arriesgan (*risk*) la vida luchando contra la dictadura militar.

de todas las profesiones: jóvenes y viejos, hombres y mujeres. Los argentinos finalmente lograron acabar con el gobierno militar y eligieron al presidente Raúl Alfonsín (1984–1989), quien trató de devolver al país la estabilidad.

Chile es un caso semejante. Después de un largo período de democracia, con presidentes que respetaban la constitución, el país se vio en manos de una dictadura cruel. En 1973 el general Augusto Pinochet dio un golpe de estado, derrocando al presidente socialista Salvador Allende. Desde entonces el país ha tenido uno de los regímenes más sangrientos de su historia. Tras las elecciones de 1989 en Chile, se espera que el país vuelva a su senda democrática.

Paraguay sufrió una dictadura por varias décadas, pero en 1989 los paraguayos lograron expulsar al dictador, el general Alfredo Stroessner. La América Central también confronta una situación violenta. En El Salvador se oponen grupos de izquierda y las fuerzas armadas del sistema establecido. En el caso de Nicaragua, el gobierno sandinista ha sido desafiado° por los «contras».   *challenged*

El joven hispano es testigo de la gran diferencia entre las clases sociales. En muchos países latinoamericanos no existe una clase media extensa, como en otros países occidentales. La riqueza está normalmente en manos de una minoría, mientras que la mayor parte de la población vive en condiciones de pobreza. El joven hispano es testigo también de la intervención, muchas veces opresiva, de las potencias extranjeras en los asuntos económicos y políticos de su país.

Éstas son realidades que el joven hispano confronta diariamente y que lo impulsan a politizarse.° Su trabajo en los movimientos estudiantiles de protesta es motivado por la esperanza de que un día las condiciones de vida mejoren para una mayoría.

become politicized

Comprensión

1. ¿Qué factores provocan y estimulan la participación activa del joven hispano en la política? 2. ¿Cuál es el factor principal, según el autor? ¿Qué ejemplos se ofrecen para ilustrar este factor? 3. Describa la situación socioeconómica que el joven hispano confronta. 4. ¿Participaría usted en la política si fuera estudiante en Latinoamérica?

NOTA CULTURAL   España: Del Guernica al siglo XXI

Pablo Picasso pidió en su testamento° que su obra *Guernica* no fuera exhibida en España hasta que su país tuviera un gobierno democrático y hasta que sus compatriotas disfrutaran de la libertad que él nunca tuvo en su patria. En 1981 esta obra fue trasladada al Museo del Prado y el pueblo español pudo admirarla por primera vez desde que Picasso la creó en 1937. La impresionante y controvertible pintura es un símbolo conmovedor de la guerra y de la represión política. *Guernica* es también un testimonio de la lucha del hombre por la paz.

will

El *Guernica* de Picasso denuncia en silencio un acto salvaje contra la indefensa población civil del pueblo más antiguo de los vascos. Las figuras fragmentadas y los tonos grises y negros que empleó el pintor captan la agonía y el terror de una familia rural, símbolo de toda nación que ha sufrido las injusticias de la guerra. Este cuadro, donde Picasso examina la realidad simultáneamente desde varias perspectivas, muestra su control técnico y su poder expresivo.

El 28 de abril de 1937 las fuerzas fascistas alemanas bombardearon el pueblo de Guernica, situado al norte de España. Lo hicieron para experimentar; querían saber si el bombardeo aéreo podía destruir una ciudad completa. La destrucción de este pueblo ocasionada por la explosión de las bombas fue un episodio triste y trágico de la historia de España. Fue también el comienzo de una de las más largas dictaduras de nuestro siglo.

El general Francisco Franco, después de dirigir un golpe militar contra el gobierno español republicano, triunfó en 1939 con la ayuda del dictador italiano Mussolini y con el apoyo de Hitler. Tuvo poder absoluto para regir el destino de España hasta 1975, año de su muerte. A comienzos del gobierno de Franco, la mayoría de los intelectuales españoles fueron asesinados o se exilaron en los Estados Unidos y la América Latina. Esta dictadura despótica y represiva duró casi cuarenta años. Como consecuencia, España se vio apartada de las corrientes artísticas del momento.

Al finalizar la dictadura se estableció una monarquía constitucional, al frente de la cual están el Rey Juan Carlos de Borbón y su esposa doña Sofía de Grecia. De 1975 a 1977 España pasó por un difícil período de transición durante el cual trató de actualizarse.° — modernizarse
Surgieron nuevas revistas, se fundaron nuevas casas editoriales,° — casas... *publishing houses*
se representaron obras de teatro anteriormente prohibidas y entraron al país novelas y textos que habían estado en la «lista negra» del gobierno franquista.° — de Franco
Pero lo más importante fue la elaboración de una constitución que sirviera de marco° a la actividad política del país. — *framework*

En 1977 los españoles votaron por primera vez en cuatro décadas para elegir un gobierno democrático. Triunfó Adolfo Suárez y ese mismo año tomó el poder, apoyado por el partido de «La Unión Centro Democrática». En 1981 España eligió un gobierno socialista presidido por Felipe González.

Desde la muerte de Franco España ha pasado por un proceso de revitalización cultural y económica. En 1986 el país ibérico comenzó su ingreso a la Comunidad Económica Europea (CEE), que culminará en 1992. Este año será significativo para España por muchas razones. Va a conmemorarse con una gran celebración el Descubrimiento de América por Cristóbal Colón. En 1992 España también será la sede° de la exposición internacional «Expo — lugar
92» y de los Juegos Olímpicos, dos eventos que traerán millones de visitantes al país. Para acomodar a tantas

personas, los españoles están construyendo nuevas cadenas hoteleras, modernizando sus sistemas de transporte y sus redes de comunicación.° Además, se están llevando a cabo° en el país numerosos proyectos culturales; entre ellos la restauración de la arquitectura musulmana,° conferencias sobre la cultura árabe, seminarios y nuevas ediciones de libros sobre la «Era de los Descubrimientos». España renueva y promueve° su imagen, y se prepara para llegar al siglo XXI siendo el centro cultural de Europa.

redes... *communication networks*
llevando... *realizando*

Moslem

promotes

Comprensión

1. ¿Por qué no se trasladó *Guernica* al Museo del Prado hasta después de la muerte de Franco?
2. ¿Cuándo murió Franco? ¿Cómo afectó a España este acontecimiento?
3. ¿Cómo se caracteriza el período entre 1975 y 1977 en España? ¿A qué partido político pertenece Felipe González?
4. ¿Por qué es significativo el año 1992 para España?

LOS PROBLEMAS DE LA SOCIEDAD URBANA

¡OJO! *Estudie Gramática 18.3–18.4.*

Viviré hasta los 90 años, a menos que haya una guerra nuclear.

La defensa de nuestro país no será adecuada hasta que el gobierno aumente el presupuesto militar.

No habrá más contaminación ambiental cuando todos dejemos de usar automóviles.

Me gustaría vivir en una ciudad grande con tal que no sea en una zona de muchos delitos.

Espero que dejen de construir reactores nucleares antes de que ocurra un accidente grave.

En el centro de muchas grandes ciudades se ha limitado el uso del automóvil para que disminuya el nivel de contaminación.

Actividad 7. Discusión: Las drogas

1. ¿Cómo podemos definir la palabra «droga»? ¿Qué tipos de drogas hay? ¿Para qué se usan las drogas?
2. ¿Por qué se prohíbe o se restringe el uso de ciertas drogas? ¿Qué tipos de drogas requieren receta médica? ¿Por qué?
3. ¿Qué es un drogadicto? ¿Cómo se llega a ser drogadicto? ¿Cómo se puede curar esta condición?
4. ¿Cuáles son las drogas comúnmente usadas para «el recreo»? Describa los peligros.

Actividad 8. Lectura-Entrevista

La deuda del Tercer Mundo la paga la naturaleza

▲▲▲▲▲▲▲▲▲

Un reciente informe[1] del Partido Ecológico de Costa Rica, dirigido a la Comisión Mundial sobre el Medio Ambiente, denuncia que los problemas ambientales de los países latinoamericanos son similares a los del resto del Tercer Mundo: destrucción de los sistemas agrícolas por el crecimiento urbanístico descontrolado, contaminación, erosión y desaparición acelerada de los bosques tropicales. El informe relaciona estos fenómenos con la deuda contraída por[2] los países menos desarrollados con el Fondo Monetario Internacional (FMI). La presión que ejerce[3] el FMI para que estos países salden[4] su deuda les obliga a tomar las medidas en perjuicio[5] del ecosistema social, económico y político. La deuda se intenta saldar con la sobrexplotación de las masas forestales, la construcción de fábricas de plaguicidas,[6] los oleoductos[7] interoceánicos y los proyectos turísticos. El informe es muy crítico con el FMI y otras agencias financieras, a los que acusa de «convertirse en el principal depredador[8] ambiental de estos países, que son el basurero[9] del desarrollo». ▲

---

[1]*report* [2]*deuda... debt contracted by* [3]*exerts* [4]*pay off, settle* [5]*damage* [6]*pesticidas* [7]*petroleum pipelines* [8]*predator* [9]*dumping grounds*

COMPRENSIÓN

1. ¿Cuáles son algunos de los problemas ambientales del Tercer Mundo?
2. Según el informe del Partido Ecológico de Costa Rica, ¿con qué están relacionados estos problemas ambientales en América Latina?
3. ¿Qué medidas toman estos países latinoamericanos para saldar su deuda nacional con el FMI?

ENTREVISTA

4. ¿Crees que los problemas de los cuales habla este artículo son problemas exclusivos del Tercer Mundo, o crees que existen también en el mundo desarrollado?
5. ¿Puedes nombrar algunos problemas de este tipo que han surgido en la zona donde tú vives?
6. En tu opinión, ¿es posible que un país prospere económicamente sin explotar desmesuradamente sus recursos naturales?
7. De los problemas ambientales a los que nos enfrentamos actualmente, ¿cuál es el más grave, en tu opinión?

Actividad 9. Debate: El medio ambiente

Discuta con otros compañeros de clase los siguientes problemas del medio ambiente. Consideren si hay soluciones y cuáles son las consecuencias posibles si no se toman medidas inmediatas para resolverlos.

1. los desperdicios nucleares
2. la desaparición de algunas especies de animales
3. la explotación y destrucción de los bosques
4. la contaminación de los ríos por las sustancias químicas de la industria
5. la destrucción de la capa protectora de ozono

Actividad 10. Discusión: La natalidad y la sobrepoblación

1. ¿Cree usted que el control de la natalidad sea ya un problema grave para el mundo?
2. ¿Tiene efecto la sobrepoblación en el uso de los recursos naturales del mundo? ¿Cuál?
3. ¿Cree usted que la educación sexual en las escuelas es una manera eficaz de ayudar a prevenir los embarazos no deseados en las jóvenes menores de edad?
4. ¿Se debe proporcionar anticonceptivos a jóvenes menores de edad, sin el permiso de sus padres? ¿Por qué (no)?
5. ¿Se debe proporcionar anticonceptivos gratis a las personas mayores de edad que no puedan comprarlos?

Actividad 11. Problemas actuales

Abajo aparece una lista de problemas con los cuales se enfrenta actualmente el mundo. Termine cada una de estas frases inventando una consecuencia lógica.

1. Tenemos que encontrar una manera de deshacernos de los desperdicios nucleares para que...
2. Tenemos que parar la destrucción de la capa protectora de ozono antes de que...
3. Tenemos que aprender a usar menos agua antes de que...
4. Debemos controlar la contaminación de los ríos y de los océanos de modo que...
5. Vamos a dejar de fabricar más armas nucleares inmediatamente con tal de que...
6. Tenemos que proveer más guarderías infantiles para los hijos de los padres que trabajan de manera que...
7. Debemos hacer más esfuerzos para combatir el crimen en las grandes ciudades antes de que...
8. Tenemos que proveer más fondos para la investigación del SIDA antes de que...
9. Tenemos que buscar otras fuentes de energía para que...
10. Tenemos que controlar la natalidad en todos los países del mundo de modo que...
11. Tenemos que resolver el problema del abuso de las drogas antes de que...

NOTA CULTURAL   La mujer en el mundo hispano

La mujer nueva, nos dicen las revistas de varios países —*Claudia, Marie Claire, New Woman,* entre otras— es aquélla que rechaza el lugar subordinado que por siglos ha tenido la mujer en la sociedad. La mujer nueva, agregan las escritoras feministas, no acepta que su única función sea la de servir al esposo y a los hijos.

La situación de la mujer en los países hispanos está cambiando. Hoy la mujer hispana tiene a su disposición muchas alternativas. Hay mujeres en puestos ejecutivos, en facultades de medicina, ingeniería, arquitectura, derecho. Al mismo tiempo, es cierto que la actitud del hombre hispano es aún condescendiente y un tanto represiva. Muchos hombres piensan que la mujer no puede desenvolverse° cuando está bajo presión o tiene grandes responsabilidades. La desigualdad° de sueldo es también un problema. Y sin embargo los cambios, aunque lentos, se están viendo.

get along

inequality

Sor Juana Inés de la Cruz, poeta, ensayista, filósofa: En sus tiempos, la mujer que quería estudiar no tenía más alternativa que hacerse monja. Se dice que ésta fue una razón importante por la cual Sor Juana entró en el convento. Durante gran parte de su vida, Sor Juana logró estudiar y escribir. Hoy sus obras se consideran entre las mejores de la poesía española.

    La mujer hispana de hoy trabaja en las grandes empresas y tiene un lugar importante en las letras y en el arte. Pero la voz de la mujer latinoamericana en la literatura no es un fenómeno reciente. Ya en el siglo XVII la monja mexicana Sor Juana Inés de la Cruz (1651–1695) criticaba la actitud represiva de los hombres y escribía, entre otros temas, sobre ese problema que hoy llamamos «el doble stándard». Pero no es hasta el siglo XX que la escritora latinoamericana consigue llegar a los lectores de todo el mundo y hacerse escuchar plenamente.° Autoras como Isabel Allende en Chile y Elena Poniatowska en México están reescribiendo en sus textos la historia de sus pueblos, devolviéndole a la mujer el lugar que el sistema patriarcal le ha negado° a lo largo de° los siglos.
    La mujer nueva sabe que la igualdad será difícil de lograr si permanece atada° únicamente a lo doméstico. Comprende que para que nuestra sociedad reconozca su potencial, la mujer tendrá que ser económica y profe-

fully

denied / a... throughout

tied

sionalmente productiva, y no dejarse definir solamente como esposa y madre. El ideal de quedarse en casa y ocuparse de la familia sigue teniendo vigencia,° pero junto a este papel tradicional, la mujer en el mundo hispano tiene ahora más oportunidades para realizarse.

°sigue... todavía es importante

Comprensión

Considere las siguientes afirmaciones y diga si coinciden con el punto de vista de la lectura.

1. La actitud del hombre hispano hacia la mujer ha cambiado totalmente.
2. La voz de la mujer en la literatura es un fenómeno muy reciente.   3. La mujer hispana sigue aspirando solamente a los papeles de esposa y madre.

LA INMIGRACIÓN Y LOS GRUPOS MINORITARIOS

In this section you should emphasize the particular Hispanic groups in your area. Use this opportunity to discuss minority-related issues or to do special projects: a visit to a local restaurant, museum, show, etc. Activities are suggestions only; substitute and/or change them according to student interests. New words: *africano/a, derrocado/a, emigrar, fuerzas, perseguido/a, perseguir, proponer, propuesto/a, traído/a.*

¡OJO!   *Estudie Gramática 18.5.*

Los africanos fueron traídos por los ingleses como esclavos.

Mis antepasados fueron perseguidos por el gobierno. Emigraron a Argentina.

La reforma agraria fue propuesta por el nuevo presidente.

La dictadura fue derrocada por las Fuerzas Populares Democráticas.

516   Capítulo dieciocho

Una clase bilingüe en Austin, Texas: El propósito principal de los programas bilingües es la enseñanza del inglés, pero a la vez los niños de ascendencia hispana tienen la oportunidad de mantener vivas su lengua y su cultura.

Act. 12. You may wish to use this activity as a springboard for discussion of bilingual programs offered in your area. New words: *acerca de, beneficio, enseñanza, inscribir, lengua materna, promulgar.*

Actividad 12. Entrevista: ¿El inglés o la lengua materna?

En varios estados de los Estados Unidos se han promulgado leyes declarando el inglés como lengua oficial. Hágale preguntas a un compañero (una compañera) acerca de los siguientes aspectos de la inmigración y el uso del inglés.

1. ¿Habla más de una lengua tu familia? ¿Y tus abuelos? ¿Cuál? ¿Qué beneficios hay en poder hablar más de una lengua?
2. ¿Conoces inmigrantes en los Estados Unidos? ¿De dónde son? ¿Hablan inglés? ¿Cómo lo aprendieron? Y los hijos de estos inmigrantes, ¿qué lengua prefieren usar?
3. Si tuvieras que emigrar a otro país en el cual no se hablara el inglés, ¿aprenderías el nuevo idioma? ¿Hablarías solamente ese idioma o hablarías inglés con tu familia y con tus amigos íntimos?
4. En tu opinión, ¿se debe enseñar a los niños pequeños en su lengua materna o en la lengua de la mayoría?
5. Si se ofreciera la educación bilingüe en una escuela cercana, ¿inscribirías allí a tus hijos, o preferirías mandarlos a una escuela donde la enseñanza fuera solamente en inglés?
6. ¿Crees que cada país debe tener un solo idioma oficial? ¿Por qué (no)?

Use this cartoon to discuss the flight of trained personnel to the U.S. and the repercussions of that phenomenon.

Un conjunto de Mariachis celebra el Día de la Independencia mexicana en Chicago. La música de los Mariachis es muy popular en México y toda la América Latina—y ahora también en los Estados Unidos. Tocan violines, guitarras y trompetas.

Act. 13. Students should try to perceive experiences in the U.S. from the point of view of an uneducated *campesino*. Time permitting, the film *El Norte* can be shown in class. This is a readily available commercial film about two young Guatemalan immigrants and their experiences in the U.S. It is in Spanish with English subtitles. New words: *asociarse, cultivar, en busca de, finca, ilegalmente, recreativo/a, resuelto/a, tan pronto como.*

Actividad 13. Discusión: La inmigración a los Estados Unidos

Usted es un campesino (una campesina) en la república de Doraselva; tiene muy pocas posibilidades de conseguir su propia tierra porque el nuevo presidente se opone a la reforma agraria. Ya que hay poco trabajo, usted decide ir al «Norte», a los Estados Unidos, en busca de trabajo. Irá sin su familia, pero promete mandarles dinero tan pronto como consiga trabajo. Usted entra ilegalmente en los Estados Unidos y pronto encuentra trabajo en las fincas donde se cultivan legumbres y otros productos agrícolas. ¿Cómo ha cambiado su vida?

1. cambios en la vivienda: ¿Dónde y cómo vive usted ahora?
2. cambios en la comida: ¿Qué come usted ahora? ¿Quién prepara lo que come?
3. cambios en la lengua: ¿Habla usted inglés? Si no lo habla, ¿cómo y dónde lo puede aprender?
4. cambio en las actividades recreativas: ¿Qué hace usted ahora para divertirse?
5. cambio de amigos: ¿Con quiénes se asocia usted? ¿Por qué?
6. dificultades: ¿Qué tipo de problemas ha tenido? ¿Cómo los ha resuelto?
7. planes: ¿Piensa quedarse en el norte? ¿Va a traer a su familia a vivir con usted en los Estados Unidos? ¿Es fácil hacer esto?

Act. 14. Students who have had some contact with people in this situation will find that experience helpful in answering the questions. New words: *a pie, comunicarse con, correr riesgos, documento, fuga, inspeccionar, interrogar, llevar tiempo, refugiado/a, riesgo, saquear.*

Actividad 14. La fuga

Imagine que usted es un(a) inmigrante de Doraselva. Usted se escapó de la dictadura de Ramos y llegó como refugiado a los Estados Unidos. Tuvo muchas dificultades para llegar a este país. Hizo un viaje muy largo y corrió muchos riesgos. Ahora lo/la está entrevistando un periodista norteamericano. ¡Cuente su historia! Con un compañero (una compañera) de clase, hagan los papeles de los dos.

POSIBLES PREGUNTAS DEL PERIODISTA

1. ¿Por qué decidió dejar su país?
2. ¿Cómo era la situación en su país?
3. ¿Sabe si fue saqueada su casa después de que usted escapó?
4. ¿Cómo viajó? ¿por avión, en carro, en tren? ¿a pie?
5. ¿Fue detenido al tratar de salir del país?
6. ¿Llevaba documentos falsos? ¿Fueron inspeccionados sus documentos?
7. ¿Fue usted interrogado por las autoridades de su país? ¿Por las autoridades de los Estados Unidos? ¿Qué preguntas le hicieron?
8. ¿Todavía tiene parientes que viven en Doraselva? ¿Se comunica con ellos?
9. ¿Cuánto tiempo lleva en los Estados Unidos? ¿Qué impresión tiene de este país?
10. ¿Qué planes tiene para el futuro?

LECTURA   «Mi querida cuñada»

Ya estaba harto° de la capital; por eso decidí volver al pueblo. Aquellos seis meses que había pasado en la gran ciudad habían sido tremendos. Había tenido una buena vida, pero de repente me vi sin un centavo, lleno de deudas, cansadísimo de los coches y del humo. Como no tenía dinero para el pasaje, me fui caminando hasta las afueras. Tendría que hacer autostop. Viajé los primeros treinta kilómetros en un camión de ganado.° No fue un viaje muy agradable, pero no me importó, porque mi único propósito era regresar a casa de mis padres.

El camionero me dejó en un pueblo donde no se veía a casi nadie en las calles, un lugar desolado y caluroso. Tenía un hambre espantosa° y un dolor de cabeza que me hacía perder la visión por segundos. Estaba a punto de desmayarme° cuando un enorme monstruo se detuvo

cansado

livestock

Tenía... Tenía muchísima hambre

fainting

Lectura: Tell students they are going to read an interesting short story with a surprise ending. Be prepared to explain to them what happened in the story: Vicente hitchhiked his way back home from the capital. He traveled first inside a cattle truck; then he was picked up by a woman named Marí. Marí told him about her sister and her brother-in-law (this man turns out to be Vicente projected into the future). When Vicente got home, he slept for two days; when he woke up, he was told that don Manuel, the truck driver, was the one who brought him home. Vicente went back to the café where he and Marí had had lunch. The owner told him that, in fact, he was taken there by the truck driver, not by the woman. Many years later, Vicente tells us, he ended up marrying one of don Manuel's daughters, and his "dear sister-in-law," Marí, comes to visit them every summer.

ante mí. Al principio creí que era una alucinación causada por el hambre y el cansancio. Di tres pasos y entonces comprendí que aquel monstruo era un flamante Cadillac. Venía conduciéndolo una mujer extraña; tenía la cara delgada y exageradamente maquillada; sus cejas eran largas y puntiagudas;° el cabello era corto y de un color rubio plateado° que cegaba.° Fumaba un cigarrillo largo, con filtro.

    Subí al carro y la saludé secamente. Ella sonrió un poco incómoda. Y salimos de allí.

    —¿Viaja usted muy lejos? —me preguntó.

    —Voy a Villalba.

    —¿Y su equipaje?

    —No tengo equipaje. Le expliqué sin detalles la razón de mi viaje.

    —¿Cómo se llama? —me preguntó.

    —Vicente, —le dije sin mirarla.

    —Mi nombre es María, pero prefiero que me llame usted Marí, como en francés, con acento en la í.

    Y entonces su mano enguantada° cubrió la mía.

    —Dígame, ¿no le gusta la capital?

    —Sí. Bastante.

    —A mí también. Me encanta el humo de la gran ciudad; sus rascacielos,° sus coches, sus multitudes. Le parecerá a usted raro, pero fíjese° que cada vez que vengo al campo, me da asfixia.° Vengo para ver a mi hermana; por ella soy capaz de sacrificarme...

    —¿Su hermana?

    —Sí. Ella es muy buena, una mujer muy fuerte. La pobre, desde que se casó con el torpe de Vicente... ¡Ay! ¡Qué casualidad! Mi cuñado se llama Vicente igual que usted... En fin, como le decía, desde que se casó con él, vive en esos montes del infierno,° pero bueno, ella lo prefiere así. El campo, claro, no le ha venido del todo mal.° Los niños se han criado muy saludables. ¡Ah! Quiero tanto a esos niños. Mi hermana y mis dos sobrinos son toda mi familia. Por supuesto que excluyo al inútil de mi cuñado; ése no es ariente ni pariente°...

    Por la ventanilla veía llegar y desaparecer cientos de imágenes con árboles y montañas. ¡Ya no soportaba° la voz de aquella mujer!

    —...Mi difunto esposo, que en gloria esté,° me acostumbró a las comodidades y a los vicios de la metrópolis. Yo no podría habitar, como mi hermana, esos laberintos rurales. Y aun así, si no fuera porque el campo me hace

arching
de plata / was blinding

gloved

edificios muy altos
just imagine
me... no puedo respirar

montes... boondocks

no... hasn't been bad for her

ése... he's no relative of mine

no... I couldn't stand

que... may he rest in peace

tanto daño, me trasladaría al pueblucho° donde ellos viven. Mire, le muestro una foto de mis sobrinos. Abra usted la cartera y busque con cuidado.

pueblo pequeño y sin atractivo

Me sorprendió la confianza que la mujer ponía en mí. Abrí la cartera un poco nervioso, pensando en todo el dinero que descubriría; y así fue, en mucho tiempo no había visto tantos billetes juntos. Cuando hallé por fin la fotografía tuve que admitir que los niños eran en verdad muy hermosos.

—¿Qué le parece si antes de llegar paramos a comer en algún sitio? —me preguntó después.

—Me parece una idea estupenda, —le respondí.

Nos detuvimos a comer en un restaurante del camino.

—¿A usted qué tipo de comida le gusta, Vicente?

—No sé, Marí. Creo que la que hace mi madre.

—¡Oh! Pues a mí me gusta mucho la *cuisine française*, quiero decir, la cocina francesa. También me gusta la cocina oriental. La comida francesa es muy bella, con mucho adorno, se hace para mirarse, para deleitarse° uno viéndola; en cambio la comida oriental no se vale° de trucos° visuales para atraer al hambriento; es como es, sin embellecimiento. Pero la comida oriental tiene un problema: a la hora de haberla comido ya está una con hambre otra vez. Satisface en el momento, pero... ¡Ah, espero no estar aburriéndolo, Vicente!

—No, Marí.

—Cuando me siento un poco exótica me gusta la comida china; me aleja de este mundo.

Fuera de mi mundo es adonde me hubiera gustado mandar a Marí. La cotorra° con peluca° no daba descanso a la lengua.

parrot / wig

—Cuando como a la francesa me siento de otra manera. Me siento, ¿cómo diría yo? Con un *je ne sais quoi*,° me siento *chic*.

Con... With a certain something

La mesera vino por fin a la mesa donde estábamos sentados. Su aspecto era sucio y repulsivo. Su cabello era de color grisáceo y lo llevaba todo desgreñado;° algunos mechones° le rozaban° a menudo la nariz y la hacían rascarse constantemente.

disheveled
strands / brushed

—Y bien, ¿qué van a tomar?

Cuando abrió la boca pude notar que no tenía dientes; por eso se le veía la cara muy hundida.°

sunken

—¿No nos trae el menú? —preguntó Marí extrañada.

—Señora, permítame ahorrarle ese trabajo... Hoy han llegado muchos camioneros° a comer y sólo nos queda sopa de legumbres y café.

truck drivers

Con desilusión Marí pidió para los dos. La sopa estaba fría, pero tenía buen sabor. El café era muy bueno.

Durante el trayecto sólo hablamos una vez más; fue cuando llegamos a mi pueblo. Yo me había dormido. Marí me despertó para avisarme que ya habíamos llegado. Cuando abrí los ojos y la vi a mi lado sentí lástima y me arrepentí de haberla odiado tanto en el transcurso de aquel viaje. Después de todo, ella me había quitado el hambre y me había dejado en las mismas puertas de mi casa. Pero Marí seguiría su rumbo° y yo no la vería jamás; ese pensamiento me llenaba de alegría.

seguiría... *would go on her way*

* * * * * *

Mis padres se alarmaron mucho cuando me vieron tan barbudo° y delgado. En verdad me sentía agotado.° Estuve durmiendo dos días seguidos y cuando me levanté no podía parar de comer. Los platillos de mi madre llovían sobre la mesa.

de mucha barba / cansadísimo

—¿Y papá? —le pregunté a mamá mientras devoraba su comida tan rica.

—Está en la sala atendiendo a don Manuel. El pobre se ha portado tan bien con nosotros. Desde que te trajo hace dos días no hace más que preguntar por ti.

—¿Don Manuel?, ¿qué don Manuel?

—El camionero, hijo, el de las vacas. Te recogió en las afueras de esa ciudad infernal y te trajo hasta la misma puerta de la casa. Dice que no se perdona haberte dejado viajar atrás con las bestias. Cuando se bajó a comer en un café del camino te encontró desmayado. Dios te salvó, hijo, de no morir aplastado° por uno de esos animales.

flattened, squashed

—Pero, mamá, ¿qué dices? Estoy aquí gracias a Marí, una señora que me recogió, me invitó a almorzar y me dejó muy cerca de aquí...

Mamá me dio a entender que yo estaba delirando° y que necesitaba descansar. Según ella, yo había hecho el viaje en el camión de don Manuel. Le describí en detalle mi viaje con Marí. Se lo describí varias veces tratando de convencerla; ella solamente sonreía incrédula° y me repetía que necesitaba mucho descanso.

que... *that I was delirious*

sin creerme

* * * * * *

¡Estaba tan ansioso por descifrar aquel misterio! Tenía que recorrer otra vez mi trayecto° con Marí. Pensé que la dueña de aquel café me sacaría de dudas° y me devolvería la confianza en mi sano juicio. En cuanto° me sentí

viaje
me... *would clarify things for me*
En... Tan pronto como

un poco más fuerte y recuperado, le pedí prestado el auto a papá y les expliqué a él y a mamá para qué lo quería. A mi madre le pareció un capricho° y una tontería querer viajar a la capital sólo para poderles probar que estaban equivocados. Pero yo insistí.   *whim*

Recorrí cada milla de aquella ruta misteriosa. Casi podía escuchar otra vez la voz de Marí. Por la ventanilla veía llegar y desaparecer un paisaje que refrescaba en mi memoria la presencia de aquella señora: su cartera, la foto de sus sobrinos, su voz insoportable, su vana conversación, su peluca rubia.

Llegué por fin al café donde Marí y yo paramos a almorzar. El lugar estaba vacío. Llamé a la mesera, gritando más fuerte cada vez, como si temiera no poder encontrarla. A los cinco minutos la mujer por fin apareció. Me reconoció inmediatamente. Le pedí un café y le pregunté si recordaba a Marí. Se extrañó mucho de mi pregunta. Me dijo que no, que no recordaba a ninguna señora de peluca rubia.

—A usted sí lo recuerdo. A usted sí, —me dijo nerviosa, —pero a esa señora de quien me habla no la recuerdo. A este restaurante lo trajo un señor, un camionero. El hombre venía muy afligido° porque usted se había desmayado. Yo le puse compresas en la frente y lo reviví con mi buen café. Ésa es la verdad. Lo demás lo habrá soñado usted.   *upset*

—¡Todos se han puesto de acuerdo para hacerme creer que estoy loco! —le grité. —¡Todos! ¡Admítalo! Usted me vio aquí con aquella vieja pintorreada.° Usted nos sirvió a los dos aquella sopa fría. ¿Pero no se acuerda, no se acuerda?   *que usaba mucho maquillaje*

La pobre mujer empezó a temblar, asustada. Me amenazó con llamar a la policía si no me iba inmediatamente. Me fui de aquel lugar confundido y sin saber qué pensar. Al parecer mis padres tenían razón. Todos tenían razón: aquel viaje con Marí había sido un sueño. Regresé a casa vencido,° con el propósito de olvidar aquella pesadilla. En aquel momento no podía sospechar que al cabo de° los años Marí regresaría a mi vida…   *defeated*
al… después

* * * * * *

Terminé casándome con una de las hijas de don Manuel el camionero. Tenemos dos niños. Mi esposa y mi madre no se llevan muy bien; por eso vivimos en otro pueblo. Confieso que soy feliz, aunque hemos tenido nuestros altos y bajos. Y esos bajos se repiten todos los veranos, cuando viene a visitarnos una extravagante señora de peluca rubia. Se llama María, o Marí, como lo prefiere ella. Es mi querida cuñada y la tolero porque adora a mis hijos y además, ¡no quiero más problemas de familia! Pero tengo razones suficientes para odiar a esta señora. Aunque ella trate de ser muy amable conmigo, siempre, desde aquel viaje, he sabido lo que realmente opina de mí.

Comprensión

1. ¿Por qué decidió Vicente regresar a su pueblo?
2. En sus propias palabras describa a Marí: su físico, sus opiniones. ¿Qué le parece esta mujer? ¿Qué piensa Vicente de Marí?
3. ¿Por qué viaja Marí al campo todos los años?
4. ¿Qué piensa ella de la situación de su hermana? ¿Qué opina de su cuñado?
5. Cuando Vicente llega por fin a su casa, ¿cómo reaccionan sus padres?
6. Según su madre, ¿cómo y con quién viajó Vicente de la capital al pueblo? ¿Está de acuerdo Vicente? ¿Qué piensa su madre de la historia de Marí?
7. ¿Qué hace Vicente para probarles a sus padres que están equivocados?
8. Cuando Vicente llega otra vez al café, ¿qué le dice la mesera? ¿Cómo reacciona Vicente?
9. ¿En qué forma está relacionado ahora Vicente con Marí? ¿Qué razones tiene Vicente para odiar a su cuñada?
10. ¿Es Vicente la misma persona que describe Marí al principio del cuento?

VOCABULARIO

Los sistemas políticos y económicos
Political and Economic Systems

el capital	capital (*money*)
la dictadura	dictatorship
los fondos	funds
el imperio	empire
el mercado libre	free market
el Ministerio de Relaciones Exteriores	State Department
la potencia	power
la reforma agraria	land reform
el sindicato	union
el Tercer Mundo	Third World

PALABRAS SEMEJANTES: el/la bolchevique, el capitalismo, las ciencias políticas, el comunismo, la democracia, el déspota, la ideología, la industria, el marxismo, el ministro, la nacionalización, el régimen, la república, el socialismo, el totalitarismo, la Unión Soviética

La política   *Politics*

las autoridades	authorities
la campaña	campaign
el desarrollo	development
la división de clases	class division
el esclavo	slave

la huelga	strike
la igualdad	equality
la libertad de expresión	freedom of speech
la libertad de prensa	freedom of the press
la persecución	persecution
el poder	power
el/la político	politician
el pueblo	the people
el/la representante	representative
la represión	repression

PALABRAS SEMEJANTES: el abuso, el candidato/la candidata, la censura, la elección, la liberación, el/la líder, la oposición

Las fuerzas armadas   *The Armed Forces*

el ejército	army
la fuerza militar	military force
el golpe de estado	coup d'état
la guerra civil	civil war
el guerrillero	guerrilla
la revolución	revolution
la Segunda Guerra Mundial	World War II

PALABRA SEMEJANTE: el/la terrorista

REPASO: el arma (las armas)

Los verbos relacionados con la política
Verbs Related to Politics

apoderarse	to take over, seize power
apoyar	to support
conquistar	to conquer
derrocar	to overthrow
elegir (i) elijo/elige	to elect
endeudarse	to fall into debt
favorecer favorezco/favorece	to favor
gobernar (ie)	to govern
intervenir (ie)	to intervene
llegar al poder	to attain (the) power
oponerse	to oppose
perseguir (i)	to persecute
promover (ue)	to promote
restringir restrinjo/restringe	to restrict
saquear	to sack, plunder
votar (por) (*Spain:* a)	to vote (for)

PALABRAS SEMEJANTES: colaborar, liberar, provocar

Otros verbos

correr riesgo	to run a risk
criticar	to criticize
curarse (de)	to cure oneself, be cured (of)
dar como resultado	to result in
dejarse de (+ *infin.*)	to stop (*doing something*)
depender (de)	to depend (on)
deshacerse de	to get rid of
enfrentarse a, con	to meet, encounter; to confront
enriquecer	to enrich, make rich
explotar	to exploit
fabricar	to manufacture
inscribir	to enroll
invertir (ie)	to invest
luchar	to fight
llegar a ser	to become
llevar tiempo	to take time
negarse (ie) a (+ *infin.*)	to refuse (*to do something*)
presentarse	to introduce oneself
prevenir	to prevent
proponer	to propose
proporcionar	to furnish
proveer	to provide
repartir	to distribute
requerir (ie)	to require
saldar	to pay off (*a debt*)
suponerse	to be supposed
tener lugar	to take place
tomar medidas	to take measures

(handwritten: Pertenecer)

PALABRAS SEMEJANTES: asociarse, comunicarse con, cultivar, definir, emigrar, especular, identificarse, imaginarse, inspeccionar, interrogar, obligar, promulgar

Los sustantivos

la alfabetización	literacy
el asunto	theme, topic; affair, business
el aumento	increase
el beneficio	benefit
los bienes	goods
el/la campesino/a	peasant
la capa	layer
la carrera	race

el delito	crime, offense
los desperdicios	waste
el embarazo	pregnancy
el enemigo	enemy
la enseñanza	teaching
el esfuerzo	effort
la especie	species; kind, type
la exportación	export
la finca	farm
la fuga	flight
la guardería infantil	child care center
el hacendado	property owner
el individuo	person, individual
la lengua materna	mother tongue
los medios de comunicación	means of communication; mass media
los medios de producción	means of production
el/la negociante	businessperson
la orden	order, command
la pena de muerte	death penalty
el/la periodista	journalist
el permiso	permission
el préstamo	loan
el puerto	(sea)port
el recurso natural	natural resource
el refugiado/la refugiada	refugee
el riesgo	risk
el temor	fear

PALABRAS SEMEJANTES: la bomba, el concepto, el conductor/la conductora, la crisis, el debate, la defensa, la destrucción, el documento, el drogadicto/la drogadicta, el efecto, la energía, el evento, la explotación, la filosofía, la formación, la investigación, la legalización, la manera, la organización, el ozono, el reactor, la región, el rumor, la teoría, el territorio

Los adjetivos

agrícola	agricultural
basado/a	based
derrocado/a	overthrown
desarrollado/a	developed
deseado/a	desired
eficaz	effective
gratuito/a	free (*price*)
ideológico/a	ideological
inmediato/a	immediate
libre	free
mayor de edad	(legally) of age
menor de edad	(legally) underage
minoritario/a	minority
montañoso/a	mountainous
perseguido/a	persecuted
pésimo/a	terrible
propuesto/a	proposed
químico/a	chemical
recreativo/a	recreational
relacionado/a	related
resuelto/a	(re)solved
rico/a	rich
sindicalista	*of or related to a trade union*
traído/a	brought

PALABRAS SEMEJANTES: africano/a, agresivo/a, anticomunista, antimarxista, anual, asiático/a, atómico/a, capitalista, capturado/a, criminal, ecológico/a, electoral, exclusivo/a, favorable, ilegal, imaginario/a, justo/a, moderado/a, municipal, protector(a), subversivo/a, tiránico/a, urbano/a

Los adverbios

a pie	on foot
fuertemente	strongly

PALABRAS SEMEJANTES: comúnmente, económicamente, ilegalmente, probablemente, suficientemente

Las conjunciones *Conjunctions*

a menos que	unless
antes de que	before
con tal (de) que	as long as
de manera que	so that
de modo que	so that
hasta que	until
tan pronto como	as soon as

Palabras y expresiones útiles

abajo	under
acerca de	about
a sí mismo/a	oneself
en busca de	in search of
no sólo	not only
por ejemplo	for example
por eso	for that reason
por sí mismo/a	by himself/herself
unos cuantos/unas cuantas	a few

GRAMÁTICA Y EJERCICIOS

18.1. Hypothesizing About the Past: *si hubiera... habría...*

In both English and Spanish, hypothetical sentences in the past consist of two clauses: an "if" clause and a "then" clause: *If I had done something (but I didn't), then I would have...* In English the "if"-clause verb is in the past perfect (*had done*) and the "then"-clause verb is in the conditional perfect.

> If the president had resigned, the country would have fallen into a crisis.

In Spanish, the verb in the "if" clause is a past subjunctive form of **haber**—**hubiera**—plus a past participle. The verb in the conclusion, or "then" clause, is a conditional form of **haber**—**habría**—plus a past participle.

Si **hubiera ganado** las elecciones, el candidato **habría hecho** varios cambios para mejorar la situación económica.	*If he had won the election, the candidate would have made various changes to improve the economic situation.*
Si el congreso **hubiera limitado** el presupuesto, el presidente no **habría gastado** tanto en armas.	*If Congress had limited the budget, the president would not have spent so much on arms.*

We feel that all topics in this chapter are appropriate only for very advanced first-year or second-year students.

18.1. The form and function of past hypotheticals in Spanish and English are almost identical, and advanced first-year or second-year students do not usually have problems with this construction. Keep in mind that although this construction is used somewhat in writing and in formal speech, it is infrequently heard in ordinary conversation. In some areas, some speakers use the subjunctive in both clauses: *Si hubiera llegado temprano, hubiera podido pasar más tiempo con nosotros.* A similar change is heard in the speech of some English speakers, who use the conditional in both clauses: "If he would have arrived early, he would have been able to spend more time with us." However, neither variant in Spanish or English is accepted as correct by the respective educational establishments.

Ej. 1. Assign as homework and ask students to check their answers in answer key. New word: *fomentado*.

Ejercicio 1

Aquí tiene usted algunas de las opiniones de los ciudadanos de la República de Doraselva. Seleccione la forma correcta del verbo **haber**.

MODELO: un ama de casa: →
Si <u>hubiera</u> ganado el candidato militar, <u>habría</u> cerrado las universidades por todo el país.

1. un soldado: Si el presidente _____ gastado más en armas para luchar contra los guerrilleros, nosotros _____ resuelto los problemas dentro de nuestro territorio.
2. una mujer de negocios: Si el gobierno _____ fomentado más tranquilidad, la economía se _____ estabilizado.
3. el presidente: Si el partido socialista _____ tenido éxito en las elecciones, los países capitalistas no nos _____ ofrecido ayuda económica.
4. un vendedor callejero: Si el gobierno _____ dicho la verdad, los obreros no _____ declarado la huelga.
5. una estudiante: Si los militares no _____ matado a tanta gente, el país

los _____ apoyado en las últimas elecciones.
6. una señora rica: Si los precios no _____ subido tanto, mi esposo y yo _____ podido viajar a Europa este verano.
7. una maestra: Si el gobierno no _____ sido tan corrupto, mi esposo y yo no _____ votado por la oposición.
8. un policía: Si los huelguistas no _____ tirado piedras, la policía no _____ reaccionado con tanta fuerza.

18.2. The Perfect Tenses

A. The perfect tenses in Spanish and in English are formed with the auxiliary verb **haber** (*to have*) and a past participle. (See **Gramática 10.1** for the forms of **haber** with past participles.) You have already studied one of these tenses, the present perfect.

> Nunca **he viajado** a Brasil.   *I have never traveled to Brazil.*

The other perfect tenses, like their English counterparts, are not often used in conversation but are used from time to time in written or formal Spanish.

B. In **Gramática 18.1** you were introduced to two other perfect tenses: the conditional perfect (**habría llegado**) and the past perfect subjunctive (**hubiera llegado**).

> Si **hubiéramos ganado** las elecciones, no **se habrían aumentado** los impuestos.
>
> *If we had won the elections, there wouldn't have been an increase in taxes.*

C. The past perfect indicative describes an action that preceded another action in the past. It consists of an imperfect form of **haber**—**había**—plus a past participle.

> El primer ministro no **había llevado** a cabo su plan antes de convocar elecciones en la primavera.
>
> *The prime minister had not carried out his plan before calling elections in the spring.*

D. The present perfect subjunctive is often used to indicate a completed action in sentences of subjective reaction or doubt. It consists of the form **haya** plus a past participle.

> ¡Qué bueno que el partido conservador no **haya ganado** las elecciones!
>
> *I am glad that the conservative party has not won (did not win) the elections!*

Ejercicio 2

Ricardo Sícora está discutiendo con algunos amigos españoles, dándoles su opinión sobre asuntos políticos y económicos en la América Latina. Llene los espacios en blanco con una forma del verbo auxiliar **haber**—**ha(n)** o **haya(n)**—seguida del participio pasado del verbo entre paréntesis.

1. Los senadores se _____ _____ al programa del presidente. (oponer)
2. Algunos de los más grandes países latinoamericanos se _____ _____ mucho económicamente en los últimos cinco años. (desarrollar)
3. Las huelgas de los choferes de autobús _____ _____ el transporte. (restringir)
4. No creo que los indígenas de muchos países _____ _____ participar en el sistema político. (poder)
5. Los grupos sociales más bajos _____ _____ muchos problemas para conseguir servicios adecuados. (tener)
6. El aumento del salario no _____ _____ el problema fundamental del trabajador. (resolver)
7. Me niego a creer que el presidente _____ _____ a los miembros del partido de oposición. (perseguir)
8. Las grandes compañías capitalistas se _____ _____ a costa del campesino. (enriquecer)
9. Mucha gente rechaza la idea de que los oficiales del presente gobierno _____ _____ dinero de los narcotraficantes. (aceptar)
10. Yo, personalmente, creo que el gobierno de los Estados Unidos _____ _____ muchas veces en nuestros asuntos internos. (intervenir)

Ejercicio 3

Complete las oraciones con el imperfecto del verbo **haber** y el participio pasado del verbo que aparece entre paréntesis.

MODELO: Ya habían asesinado al presidente cuando llegó el ejército. (asesinar)

1. Antes de mudarnos a la capital, mi familia y yo _____ _____ en un pueblo pequeño. (vivir)
2. Gracias a las investigaciones, se supo que los militares _____ _____ a más de 45,000 personas por razones políticas. (matar)
3. Antes de obtener el aumento de sueldo, los trabajadores se _____ _____ a trabajar. (negar)
4. Antes de las elecciones, el candidato _____ _____ todo. (prometer)
5. Antes de la guerra, _____ _____ los precios de la gasolina. (bajar)

18.3. The Subjunctive in Time Clauses

A. As you know, Spanish requires subjunctive verb forms in time clauses whenever the time expressed is in the future. Present indicative forms are used to express habitual activities.

Voy a ver las noticias cuando **termine** mi trabajo.

I am going to watch the news when I finish my work.

Yo siempre veo las noticias cuando **termino** mi trabajo.
I always watch the news when I finish my work.

B. Although **cuando** is the most common word that introduces time clauses, similar conjunctions are **hasta que** (*until*), **después de que** (*after*), **tan pronto como** (*as soon as*), and **en cuanto** (*as soon as*).

El general no hablará del asunto **hasta que** el presidente **tome** posesión de su puesto.
The general will not speak about the matter until the president takes office.

Generalmente los políticos nos prometen todo **hasta que toman** posesión de su puesto.
Usually politicians promise us everything until they take office.

C. The conjunction **antes de que** (*before*) is always followed by subjunctive verb forms, even when the activity described is habitual.

Cada año compro un carro **antes de que suban** los precios.
Each year I buy a car before the prices go up.

Ejercicio 4

Pilar Álvarez habla de la situación actual en España. Escoja la forma correcta: el presente del indicativo o el presente del subjuntivo.

1. Algunos periodistas dicen que el presidente del Tribunal Constitucional va a jubilarse cuando _____ los 65 años. (cumple/cumpla)
2. El primer ministro dice que él y los miembros de su gabinete van a trabajar hasta que _____ a un acuerdo acerca de la crisis. (llegan/lleguen)
3. Según lo que leí en el periódico, antes de que el embajador norteamericano _____ a su país, comenzarán la selección de otro. (vuelve/vuelva)
4. Siempre hay muchísimas discusiones políticas en todas partes cuando _____ quiénes van a ser los candidatos. (anuncian/anuncien)
5. El primer ministro hará un viaje a Moscú tan pronto como _____ posible. (es/sea)

Ejercicio 5

Aquí tiene usted algunos de los puntos importantes que anunció Julio Delgado en el noticiero de las 6:00 de la tarde en el Canal 15. ¿Qué verbo utilizó Julio en cada frase?

1. En Venezuela se anunció hoy que no van a poder empezar con la campaña de alfabetización hasta que la _____ el presidente. (apoya/apoye)

2. La policía en Nueva York dijo hoy que buscará al asesino de la niña María Rodríguez hasta que lo _____. (encuentra/encuentre)
3. El presidente declaró hoy que se necesita encontrar una medicina eficaz contra el SIDA antes de que esta enfermedad _____ proporciones epidémicas en nuestro país. (alcanza/alcance)
4. El presidente de los Estados Unidos siempre habla con sus consejeros después de que ellos _____ la visita de algún embajador. (reciben/reciban)
5. Los campesinos de Centro América no van a estar contentos hasta que los gobiernos _____ a hacer una reforma agraria justa. (empiezan/empiecen)

18.4. The Subjunctive in Purpose Clauses

A. Spanish requires subjunctive verb forms in purpose clauses introduced by conjunctions such as **para que** (*so that, provided that*), **sin que** (*without*), **con tal (de) que** (*provided that*), **a menos que** (*unless*), and **de modo (manera) que** (*so that*).

> ¡La legislatura va a aprobar la nueva ley **sin que** los ciudadanos lo **sepan**!

> *The legislature is going to pass the new law without the citizens knowing it!*

B. If the verb in the main clause expresses a past action or a hypothetical case, the verb in the purpose clause is also in the past, usually in the past subjunctive.

> El político les pagó $50,000 **para que** no **dijeran** nada del asunto.

> *The politician paid them $50,000 so that they wouldn't say anything about the case.*

> El sindicalista estaría de acuerdo, **con tal (de) que** le **consiguieran** un puesto en el gobierno.

> *The union member would agree, provided they got him a job with the government.*

Ejercicio 6

Don Anselmo se está quejando de muchos problemas urbanos. Escoja entre el presente del indicativo y el presente del subjuntivo.

1. Es necesario reparar ese edificio para que no se _____ durante un terremoto. (cae/caiga)
2. Va a haber más criminales en nuestras calles si los jueces no _____ sentencias más estrictas. (dan/den)
3. No podemos seguir usando tanta gasolina porque _____ la contaminación ambiental en nuestra ciudad. (aumenta/aumente)
4. Los políticos ofrecen todo con tal que se _____ por ellos. (vota/vote)

5. Voy a escribirle una carta al alcalde para que _____ a resolver el problema de las drogas en nuestra ciudad. (ayuda/ayude)

Ejercicio 7

Rogelio, un puertorriqueño, está discutiendo con Marta, una mexicana. Los dos tienen opiniones muy diferentes. Algunas de sus opiniones aparecen abajo; para cada una, escoja la forma correcta entre el presente del indicativo y el presente del subjuntivo.

ROGELIO: Los independentistas en Puerto Rico siguen luchando sin que nadie les _____[1] mucha atención. (presta/preste)

MARTA: Ustedes no van a tener el respeto de los otros países latinoamericanos a menos que se _____[2] de los Estados Unidos. (independizan/independicen)

ROGELIO: El gobierno norteamericano necesita comprar ese sitio para que los científicos _____[3] poner allí los desperdicios nucleares. (pueden/puedan)

MARTA: Lo que va a hacer el gobierno es poner allí materiales muy peligrosos sin que la gente lo _____[4]. (sabe/sepa)

ROGELIO: Un grupo minoritario no va a obtener sus derechos civiles a menos que _____[5] por ellos. (lucha/luche)

MARTA: Y tú, Rogelio, vas a entender mejor la situación económica con tal de que no _____[6] todo lo que lees en el periódico. (crees/creas)

18.5. The Passive Voice

A. The passive voice in Spanish, as in English, is constructed with the verb **ser** followed by a past participle. Any tense of **ser** may be used, but the past tense is most common.

18.5. The passive is almost non-existent in ordinary conversation but has become quite frequent in newspapers and in the broadcast media, which may be influenced by English and French.

| Los huelguistas **fueron atacados** por el ejército. | *The striking workers were attacked by the army.* |

The agent performing the action is expressed in a phrase beginning with **por**.

| La asamblea fue disuelta **por** el presidente. | *The assembly was dissolved by the president.* |

B. Note that the past participle in these constructions must agree in number and gender with the subject of the sentence.

Las presas serán **construidas** por la compañía Electrolux.
No es verdad que si los rebeldes derrocaran al gobierno **la República** de Doraselva sería **invadida** por los rusos.

The dams will be constructed by the Electrolux Company.
It is not true that if the rebels overthrew the government the Republic of Doraselva would be invaded by the Russians.

C. The passive voice is not common in ordinary conversation, but it is frequently used in writing, for example in newspapers, and in formal speech, especially in news broadcasts.

Ej. 8. We do not ask students to form the passive, only to understand it. New word: *cárcel*.

Ejercicio 8

Cambie las oraciones de la voz pasiva a una declaración directa.

MODELO: Las paredes fueron destruidas por los trabajadores. →
Los trabajadores destruyeron las paredes.

1. Las islas fueron invadidas por las tropas.
2. La pregunta fue contestada por el primer ministro.
3. Los discursos fueron escritos por el secretario del presidente.
4. La residencia del gobernador es protegida por los guardias veinticuatro horas al día.
5. Tres de los ladrones fueron sentenciados a cinco años de cárcel por el juez.

APPENDICES

APPENDIX 1
VERBS

APPENDIX 2
GRAMMAR SUMMARY TABLES

APPENDIX 3
ANSWERS TO GRAMMAR EXERCISES

APPENDIX 1

VERBS

A. Regular Verbs: Simple Tenses

INFINITIVE PRESENT PARTICIPLE PAST PARTICIPLE	INDICATIVE PRESENT	IMPERFECT	PRETERITE	FUTURE	CONDITIONAL	SUBJUNCTIVE PRESENT	IMPERFECT	IMPERATIVE
hablar hablando hablado	hablo hablas habla hablamos habláis hablan	hablaba hablabas hablaba hablábamos hablabais hablaban	hablé hablaste habló hablamos hablasteis hablaron	hablaré hablarás hablará hablaremos hablaréis hablarán	hablaría hablarías hablaría hablaríamos hablaríais hablarían	hable hables hable hablemos habléis hablen	hablara hablaras hablara habláramos hablarais hablaran	habla tú, no hables hable Ud. hablemos hablen
comer comiendo comido	como comes come comemos coméis comen	comía comías comía comíamos comíais comían	comí comiste comió comimos comisteis comieron	comeré comerás comerá comeremos comeréis comerán	comería comerías comería comeríamos comeríais comerían	coma comas coma comamos comáis coman	comiera comieras comiera comiéramos comierais comieran	come tú, no comas coma Ud. comamos coman
vivir viviendo vivido	vivo vives vive vivimos vivís viven	vivía vivías vivía vivíamos vivíais vivían	viví viviste vivió vivimos vivisteis vivieron	viviré vivirás vivirá viviremos viviréis vivirán	viviría vivirías viviría viviríamos viviríais vivirían	viva vivas viva vivamos viváis vivan	viviera vivieras viviera viviéramos vivierais vivieran	vive tú, no vivas viva Ud. vivamos vivan

B. Regular Verbs: Perfect Tenses

INDICATIVE PRESENT PERFECT	PAST PERFECT	PRETERITE PERFECT	FUTURE PERFECT	CONDITIONAL PERFECT	SUBJUNCTIVE PRESENT PERFECT	PAST PERFECT
he has ha hemos habéis han / hablado comido vivido	había habías había habíamos habíais habían / hablado comido vivido	hube hubiste hubo hubimos hubisteis hubieron / hablado comido vivido	habré habrás habrá habremos habréis habrán / hablado comido vivido	habría habrías habría habríamos habríais habrían / hablado comido vivido	haya hayas haya hayamos hayáis hayan / hablado comido vivido	hubiera hubieras hubiera hubiéramos hubierais hubieran / hablado comido vivido

C. Irregular Verbs

INFINITIVE / PRESENT PARTICIPLE / PAST PARTICIPLE	INDICATIVE PRESENT	IMPERFECT	PRETERITE	FUTURE	CONDITIONAL	SUBJUNCTIVE PRESENT	IMPERFECT	IMPERATIVE
andar andando andado	ando andas anda andamos andáis andan	andaba andabas andaba andábamos andabais andaban	anduve anduviste anduvo anduvimos anduvisteis anduvieron	andaré andarás andará andaremos andaréis andarán	andaría andarías andaría andaríamos andaríais andarían	ande andes ande andemos andéis anden	anduviera anduvieras anduviera anduviéramos anduvierais anduvieran	anda tú, no andes ande Ud. andemos anden
caer cayendo caído	caigo caes cae caemos caéis caen	caía caías caía caíamos caíais caían	caí caíste cayó caímos caísteis cayeron	caeré caerás caerá caeremos caeréis caerán	caería caerías caería caeríamos caeríais caerían	caiga caigas caiga caigamos caigáis caigan	cayera cayeras cayera cayéramos cayerais cayeran	cae tú, no caigas caiga Ud. caigamos caigan
dar dando dado	doy das da damos dais dan	daba dabas daba dábamos dabais daban	di diste dio dimos disteis dieron	daré darás dará daremos daréis darán	daría darías daría daríamos daríais darían	dé des dé demos deis den	diera dieras diera diéramos dierais dieran	da tú, no des dé Ud. demos den
decir diciendo dicho	digo dices dice decimos decís dicen	decía decías decía decíamos decíais decían	dije dijiste dijo dijimos dijisteis dijeron	diré dirás dirá diremos diréis dirán	diría dirías diría diríamos diríais dirían	diga digas diga digamos digáis digan	dijera dijeras dijera dijéramos dijerais dijeran	di tú, no digas diga Ud. digamos digan
estar estando estado	estoy estás está estamos estáis están	estaba estabas estaba estábamos estabais estaban	estuve estuviste estuvo estuvimos estuvisteis estuvieron	estaré estarás estará estaremos estaréis estarán	estaría estarías estaría estaríamos estaríais estarían	esté estés esté estemos estéis estén	estuviera estuvieras estuviera estuviéramos estuvierais estuvieran	está tú, no estés esté Ud. estemos estén
haber habiendo habido	he has ha hemos habéis han	había habías había habíamos habíais habían	hube hubiste hubo hubimos hubisteis hubieron	habré habrás habrá habremos habréis habrán	habría habrías habría habríamos habríais habrían	haya hayas haya hayamos hayáis hayan	hubiera hubieras hubiera hubiéramos hubierais hubieran	
hacer haciendo hecho	hago haces hace hacemos hacéis hacen	hacía hacías hacía hacíamos hacíais hacían	hice hiciste hizo hicimos hicisteis hicieron	haré harás hará haremos haréis harán	haría harías haría haríamos haríais harían	haga hagas haga hagamos hagáis hagan	hiciera hicieras hiciera hiciéramos hicierais hicieran	haz tú, no hagas haga Ud. hagamos hagan

Appendix 1 Verbs

Infinitive / Present Participle / Past Participle	Present Indicative	Imperfect	Preterite	Future	Conditional	Present Subjunctive	Imperfect Subjunctive	Commands
ir / yendo / ido	voy / vas / va / vamos / vais / van	iba / ibas / iba / íbamos / ibais / iban	fui / fuiste / fue / fuimos / fuisteis / fueron	iré / irás / irá / iremos / iréis / irán	iría / irías / iría / iríamos / iríais / irían	vaya / vayas / vaya / vayamos / vayáis / vayan	fuera / fueras / fuera / fuéramos / fuerais / fueran	ve tú, no vayas / vaya Ud. / vayamos / vayan
oír / oyendo / oído	oigo / oyes / oye / oímos / oís / oyen	oía / oías / oía / oíamos / oíais / oían	oí / oíste / oyó / oímos / oísteis / oyeron	oiré / oirás / oirá / oiremos / oiréis / oirán	oiría / oirías / oiría / oiríamos / oiríais / oirían	oiga / oigas / oiga / oigamos / oigáis / oigan	oyera / oyeras / oyera / oyéramos / oyerais / oyeran	oye tú, no oigas / oiga Ud. / oigamos / oigan
poder / pudiendo / podido	puedo / puedes / puede / podemos / podéis / pueden	podía / podías / podía / podíamos / podíais / podían	pude / pudiste / pudo / pudimos / pudisteis / pudieron	podré / podrás / podrá / podremos / podréis / podrán	podría / podrías / podría / podríamos / podríais / podrían	pueda / puedas / pueda / podamos / podáis / puedan	pudiera / pudieras / pudiera / pudiéramos / pudierais / pudieran	
poner / poniendo / puesto	pongo / pones / pone / ponemos / ponéis / ponen	ponía / ponías / ponía / poníamos / poníais / ponían	puse / pusiste / puso / pusimos / pusisteis / pusieron	pondré / pondrás / pondrá / pondremos / pondréis / pondrán	pondría / pondrías / pondría / pondríamos / pondríais / pondrían	ponga / pongas / ponga / pongamos / pongáis / pongan	pusiera / pusieras / pusiera / pusiéramos / pusierais / pusieran	pon tú, no pongas / ponga Ud. / pongamos / pongan
querer / queriendo / querido	quiero / quieres / quiere / queremos / queréis / quieren	quería / querías / quería / queríamos / queríais / querían	quise / quisiste / quiso / quisimos / quisisteis / quisieron	querré / querrás / querrá / querremos / querréis / querrán	querría / querrías / querría / querríamos / querríais / querrían	quiera / quieras / quiera / queramos / queráis / quieran	quisiera / quisieras / quisiera / quisiéramos / quisierais / quisieran	quiere tú, no quieras / quiera Ud. / queramos / quieran
saber / sabiendo / sabido	sé / sabes / sabe / sabemos / sabéis / saben	sabía / sabías / sabía / sabíamos / sabíais / sabían	supe / supiste / supo / supimos / supisteis / supieron	sabré / sabrás / sabrá / sabremos / sabréis / sabrán	sabría / sabrías / sabría / sabríamos / sabríais / sabrían	sepa / sepas / sepa / sepamos / sepáis / sepan	supiera / supieras / supiera / supiéramos / supierais / supieran	sabe tú, no sepas / sepa Ud. / sepamos / sepan
salir / saliendo / salido	salgo / sales / sale / salimos / salís / salen	salía / salías / salía / salíamos / salíais / salían	salí / saliste / salió / salimos / salisteis / salieron	saldré / saldrás / saldrá / saldremos / saldréis / saldrán	saldría / saldrías / saldría / saldríamos / saldríais / saldrían	salga / salgas / salga / salgamos / salgáis / salgan	saliera / salieras / saliera / saliéramos / salierais / salieran	sal tú, no salgas / salga Ud. / salgamos / salgan

C. Irregular Verbs (continued)

INFINITIVE PRESENT PARTICIPLE PAST PARTICIPLE	INDICATIVE					SUBJUNCTIVE		IMPERATIVE
	PRESENT	IMPERFECT	PRETERITE	FUTURE	CONDITIONAL	PRESENT	IMPERFECT	
ser siendo sido	soy eres es somos sois son	era eras era éramos erais eran	fui fuiste fue fuimos fuisteis fueron	seré serás será seremos seréis serán	sería serías sería seríamos seríais serían	sea seas sea seamos seáis sean	fuera fueras fuera fuéramos fuerais fueran	sé tú, no seas sea Ud. seamos sean
tener teniendo tenido	tengo tienes tiene tenemos tenéis tienen	tenía tenías tenía teníamos teníais tenían	tuve tuviste tuvo tuvimos tuvisteis tuvieron	tendré tendrás tendrá tendremos tendréis tendrán	tendría tendrías tendría tendríamos tendríais tendrían	tenga tengas tenga tengamos tengáis tengan	tuviera tuvieras tuviera tuviéramos tuvierais tuvieran	ten tú, no tengas tenga Ud. tengamos tengan
traer trayendo traído	traigo traes trae traemos traéis traen	traía traías traía traíamos traíais traían	traje trajiste trajo trajimos trajisteis trajeron	traeré traerás traerá traeremos traeréis traerán	traería traerías traería traeríamos traeríais traerían	traiga traigas traiga traigamos traigáis traigan	trajera trajeras trajera trajéramos trajerais trajeran	trae tú, no traigas traiga Ud. traigamos traigan
venir viniendo venido	vengo vienes viene venimos venís vienen	venía venías venía veníamos veníais venían	vine viniste vino vinimos vinisteis vinieron	vendré vendrás vendrá vendremos vendréis vendrán	vendría vendrías vendría vendríamos vendríais vendrían	venga vengas venga vengamos vengáis vengan	viniera vinieras viniera viniéramos vinierais vinieran	ven tú, no vengas venga Ud. vengamos vengan
ver viendo visto	veo ves ve vemos veis ven	veía veías veía veíamos veíais veían	vi viste vio vimos visteis vieron	veré verás verá veremos veréis verán	vería verías vería veríamos veríais verían	vea veas vea veamos veáis vean	viera vieras viera viéramos vierais vieran	ve tú, no veas vea Ud. veamos vean

D. Stem-changing and Spelling Change Verbs

INFINITIVE PRESENT PARTICIPLE PAST PARTICIPLE	INDICATIVE					SUBJUNCTIVE		IMPERATIVE
	PRESENT	IMPERFECT	PRETERITE	FUTURE	CONDITIONAL	PRESENT	IMPERFECT	
pensar (ie) pensando pensado	pienso piensas piensa pensamos pensáis piensan	pensaba pensabas pensaba pensábamos pensabais pensaban	pensé pensaste pensó pensamos pensasteis pensaron	pensaré pensarás pensará pensaremos pensaréis pensarán	pensaría pensarías pensaría pensaríamos pensaríais pensarían	piense pienses piense pensemos penséis piensen	pensara pensaras pensara pensáramos pensarais pensaran	piensa tú, no pienses piense Ud. pensemos piensen
volver (ue) volviendo vuelto	vuelvo vuelves vuelve volvemos volvéis vuelven	volvía volvías volvía volvíamos volvíais volvían	volví volviste volvió volvimos volvisteis volvieron	volveré volverás volverá volveremos volveréis volverán	volvería volverías volvería volveríamos volveríais volverían	vuelva vuelvas vuelva volvamos volváis vuelvan	volviera volvieras volviera volviéramos volvierais volvieran	vuelve tú, no vuelvas vuelva Ud. volvamos vuelvan

Infinitive Present Participle Past Participle	Indicative Present	Imperfect	Preterite	Future	Conditional	Subjunctive Present	Imperfect	Imperative
dormir (ue, u) durmiendo dormido	duermo duermes duerme dormimos dormís duermen	dormía dormías dormía dormíamos dormíais dormían	dormí dormiste durmió dormimos dormisteis durmieron	dormiré dormirás dormirá dormiremos dormiréis dormirán	dormiría dormirías dormiría dormiríamos dormiríais dormirían	duerma duermas duerma durmamos durmáis duerman	durmiera durmieras durmiera durmiéramos durmierais durmieran	duerme tú, no duermas duerma Ud. durmamos duerman
sentir (ie, i) sintiendo sentido	siento sientes siente sentimos sentís sienten	sentía sentías sentía sentíamos sentíais sentían	sentí sentiste sintió sentimos sentisteis sintieron	sentiré sentirás sentirá sentiremos sentiréis sentirán	sentiría sentirías sentiría sentiríamos sentiríais sentirían	sienta sientas sienta sintamos sintáis sientan	sintiera sintieras sintiera sintiéramos sintierais sintieran	siente tú, no sientas sienta Ud. sintamos sientan
pedir (i, i) pidiendo pedido	pido pides pide pedimos pedís piden	pedía pedías pedía pedíamos pedíais pedían	pedí pediste pidió pedimos pedisteis pidieron	pediré pedirás pedirá pediremos pediréis pedirán	pediría pedirías pediría pediríamos pediríais pedirían	pida pidas pida pidamos pidáis pidan	pidiera pidieras pidiera pidiéramos pidierais pidieran	pide tú, no pidas pida Ud. pidamos pidan
reír (i, i) riendo reído	río ríes ríe reímos reís ríen	reía reías reía reíamos reíais reían	reí reíste rió reímos reísteis rieron	reiré reirás reirá reiremos reiréis reirán	reiría reirías reiría reiríamos reiríais reirían	ría rías ría riamos riáis rían	riera rieras riera riéramos rierais rieran	ríe tú, no rías ría Ud. riamos rían
seguir (i, i) (ga) siguiendo seguido	sigo sigues sigue seguimos seguís siguen	seguía seguías seguía seguíamos seguíais seguían	seguí seguiste siguió seguimos seguisteis siguieron	seguiré seguirás seguirá seguiremos seguiréis seguirán	seguiría seguirías seguiría seguiríamos seguiríais seguirían	siga sigas siga sigamos sigáis sigan	siguiera siguieras siguiera siguiéramos siguierais siguieran	sigue tú, no sigas siga Ud. sigamos sigan
construir (y) construyendo construido	construyo construyes construye construimos construís construyen	construía construías construía construíamos construíais construían	construí construiste construyó construimos construisteis construyeron	construiré construirás construirá construiremos construiréis construirán	construiría construirías construiría construiríamos construiríais construirían	construya construyas construya construyamos construyáis construyan	construyera construyeras construyera construyéramos construyerais construyeran	construye tú, no construyas construya Ud. construyamos construyan
producir (zc) produciendo producido	produzco produces produce producimos producís producen	producía producías producía producíamos producíais producían	produje produjiste produjo produjimos produjisteis produjeron	produciré producirás producirá produciremos produciréis producirán	produciría producirías produciría produciríamos produciríais producirían	produzca produzcas produzca produzcamos produzcáis produzcan	produjera produjeras produjera produjéramos produjerais produjeran	produce tú, no produzcas produzca Ud. produzcamos produzcan

APPENDIX 2

GRAMMAR SUMMARY TABLES

I. Personal Pronouns

SUBJECT	OBJECT OF PREPOSITION	REFLEXIVE	INDIRECT OBJECT	DIRECT OBJECT
yo	mí	me	me	me
tú	ti	te	te	te
usted	usted	se	le	lo/la
él	él	se	le	lo
ella	ella	se	le	la
nosotros/as	nosotros/as	nos	nos	nos
vosotros/as	vosotros/as	os	os	os
ustedes	ustedes	se	les	los/las
ellos	ellos	se	les	los
ellas	ellas	se	les	las

II. Possessive Adjectives and Pronouns

ADJECTIVES		PRONOUNS	
my	mi, mis	*mine*	mío/a, míos/as
your (inf. sing.)	tu, tus	*yours*	tuyo/a, tuyos/as
your (pol. sing.)	su, sus	*yours*	suyo/a, suyos/as
his	su, sus	*his*	suyo/a, suyos/as
her	su, sus	*hers*	suyo/a, suyos/as
our	nuestro/a, nuestros/as	*ours*	nuestro/a, nuestros/as
your (inf. pl.)	vuestro/a, vuestros/as	*yours*	vuestro/a, vuestros/as
your (pol. pl.)	su, sus	*yours*	suyo/a, suyos/as
their	su, sus	*theirs*	suyo/a, suyos/as

III. Demonstrative Adjectives and Pronouns

	ADJECTIVES	PRONOUNS	NEUTER PRONOUNS
this, these	este/esta, estos/estas	éste/ésta, éstos/éstas	esto
that, those (not close to speaker)	ese/esa, esos/esas	ése/ésa, ésos/ésas	eso
that, those (farther from speaker)	aquel/aquella, aquellos/aquellas	aquél/aquélla, aquéllos/aquéllas	aquello

IV. *Por / para*

POR		PARA	
through, by	por aquí	*destination*	para Madrid
length of time	por tres minutos	*time*	tres minutos para las tres
during	por la noche	*deadline*	para el viernes
in place of	Trabajo por Juan.	*recipient*	Trabajo para mi familia. un regalo para ella
quantity	por dor pesos		
means	por tren		

V. Past (Preterite) and Imperfect

PAST		IMPERFECT	
completed event	comí	*event in progress*	comía
completed state	estuve	*ongoing state*	estaba
completed series	bailé, canté	*"used to"*	bailaba, cantaba

VI. Indicative and Subjunctive

NOUN CLAUSES			
Indicative		*Subjunctive*	
assertion	es verdad que	possibility	es posible que
belief	creer que	doubt	dudar que
knowledge	saber que	subjective reaction	estar contento/a de que
		volition	querer que

ADJECTIVE CLAUSES	
Indicative	*Subjunctive*
known antecedent	unknown antecedent
Tengo un amigo que sabe…	Busco un amigo que sepa…
existent antecedent	nonexistent antecedent
Hay una persona que sabe…	No hay nadie que sepa…

ADVERBIAL CLAUSES: TIME	
Indicative	*Subjunctive*
cuando hasta que tan pronto como } + *habitual action* en cuanto después de que	cuando hasta que tan pronto como } + *future action* en cuanto después de que
Siempre cuando trabaja…	Mañana cuando trabaje…

APPENDIX 3

ANSWERS TO GRAMMAR EXERCISES

PASO B
Ej. 1. 1. b 2. b 3. a 4. a 5. b **Ej. 2.** 1. d 2. a 3. e 4. b 5. c **Ej. 3.** 1. No, no es una pizarra. Es una pared. 2. No, no es una oficina. Es un salón de clase. 3. No, no es una silla. Es un escritorio. 4. No, no es un borrador. Es un cuaderno. 5. No, no es una ventana. Es un pupitre. **Ej. 4.** 1. la 2. el 3. la 4. el 5. el 6. la 7. la 8. el 9. la 10. el **Ej. 5.** 1. Sí, hay libros en la mesa. 2. Sí, hay un reloj en la pared. 3. Sí, hay una profesora. 4. No, no hay un automóvil. 5. Sí, hay un profesor. 6. Sí, hay papeles en los pupitres. 7. Sí, hay un bolígrafo en el pupitre de Alberto. 8. Sí, hay muchos cuadernos. 9. No, no hay una bicicleta. 10. Sí, hay una ventana.
Ej. 6. 1. pares de zapatos. 2. perros nuevos 3. chaquetas rojas 4. lápices amarillos 5. amigas mexicanas **Ej. 7.** 1. cuadernos pequeños 2. abrigos negros 3. fotografías bonitas 4. relojes bonitos 5. libros difíciles **Ej. 8.** 1. alto 2. simpático 3. idealista 4. tradicional 5. guapo **Ej. 9.** 1. a, c, d, i, k 2. b, e, i 3. g, h 4. a, k **Ej. 10.** 1. Adriana Bolini tiene 28 años. 2. Carla Espinosa tiene 22 años. 3. Bernardo Torres tiene 50 años. 4. Inés Torres tiene 37 años. 5. Doña María González de Saucedo tiene 79 años. **Ej. 11.** *(Answers will vary depending on year text is used.)* 1. Don Eduardo Alvar tiene 80 años. 2. Estela Ramírez tiene 35 años. 3. Ernestito Ramírez tiene 8 años. 4. Gustavo Rivero tiene 16 años. 5. Doña Lola Batini tiene 42 años.

CAPÍTULO 1
Ej. 1. 1. tiene 2. tenemos 3. tienes 4. tengo 5. tienen **Ej. 2.** 1. El carro es de la profesora Martínez. 2. La camisa es de Luis. 3. El perro es de Nora. 4. Las gafas son de Mónica. 5. El traje es de Alberto. 6. La bicicleta es de Carmen. **Ej. 3.** 1. su 2. sus 3. tu 4. mis 5. nuestros 6. su 7. su 8. su 9. tus 10. mi **Ej. 4.** 1. tu, mi 2. tus, mis 3. Su 4. sus, nuestros **Ej. 5.** 1. española 2. japonés 3. alemán 4. francesa 5. italiana 6. china 7. inglés **Ej. 6.** 1. hablan 2. habla 3. hablan 4. hablas 5. hablo, hablo **Ej. 7.** 1. falso; Raúl tiene un Toyota y es de México. 2. cierto 3. falso; Raúl es de México y habla francés, inglés y español. 4. falso; Bernardo contesta: «Yo no hablo inglés, pero mi esposa Inés habla inglés, francés y español». 5. falso; Inés habla tres lenguas y Pilar habla tres. 6. falso; Pilar no habla chino. 7. cierto 8. cierto **Ej. 8.** 1. le 2. le 3. le 4. les 5. le 6. le 7. les **Ej. 9.** 1. te, me 2. te, me 3. les, nos **Ej. 10.** 1. a 2. b 3. a 4. a 5. a 6. a 7. a 8. a 9. b 10. b **Ej. 11.** 1. vives, vivo 2. vives, vivo 3. vive, vivo 4. vivo, vives, vivo

CAPÍTULO 2
Ej. 1. 1. mil ochocientos setenta y seis 2. mil quinientos ochenta y ocho 3. mil setecientos setenta y cinco 4. mil novecientos noventa y uno 5. dos mil 6. mil novecientos cuarenta y cinco 7. mil once 8. mil novecientos veintinueve 9. mil seiscientos quince 10. mil novecientos noventa y nueve **Ej. 2.** 1. vas, voy 2. van, va, va 3. va, va 4. vas, voy 5. vas, voy **Ej. 3.** 1. Son las cuatro y veinte. 2. Son las seis y cuarto. 3. Son las ocho y trece. 4. Es la una y diez. 5. Son las siete y siete. 6. Son las cinco y media. 7. Son las tres en punto. 8. Es la una menos once. 9. Son las doce y media. 10. Son las cinco y cuarto. **Ej. 4.** 1. La primera persona es Ernesto. 2. La segunda persona es Estela. 3. No, Gustavo es el cuarto. 4. No, Amanda es la quinta. 5. Sí, Ernestito es el tercero. 6. Ramón es la sexta persona. 7. No, don Anselmo es la séptima persona. 8. Ernesto es el primer hombre. 9. Ernestito es el primer niño. 10. No, don Anselmo es el cuarto hombre.
Ej. 5. 1. quiero, prefiere 2. quiere, prefiere 3. quiere, prefiero 4. quiere, prefieren 5. quiere, prefiere 6. quiere, prefiero 7. quiere, prefiere 8. quiere, prefiero 9. quieren, prefiero 10. quieren, prefiere **Ej. 6.** 1. Quiere jugar al béisbol. 2. Prefiere ver la televisión. 3. Quieren ir de compras. 4. Prefiere leer. 5. Prefieren levantar pesas. 6. Quiere viajar. **Ej. 7.** 1. quiere, prefiere; cierto 2. quiere, prefiere, le gusta; falso (Marta quiere visitar Madrid y le gusta la música clásica, pero prefiere la comida española.) 3. le gusta, le gusta; falso (A Julio le gusta la comida cubana.) 4. quieren; falso (Raúl quiere visitar Miami.) 5. le/te gusta, me gusta; cierto 6. les gusta, nos gusta; falso (A Marta le gusta la comida española.) 7. preferimos; falso (Raúl prefiere la música mexicana.) 8. quiere, le gusta; cierto 9. quiere, prefiere; falso (Pilar prefiere la música rock.) 10. quiero, me gusta; cierto **Ej. 8.** 1. Hace sol. 2. Está lloviendo. 3. Hace frío. 4. Hace mal tiempo. 5. Hace calor. 6. Está nevando.
Ej. 9. 1. posible 2. posible 3. posible 4. imposible 5. imposible

CAPÍTULO 3
Ej. 1. 1. estoy 2. están 3. estás 4. estamos 5. está 6. estamos 7. estás 8. está 9. están 10. estamos **Ej. 2.** 1. b 2. d 3. e 4. c 5. a **Ej. 3.** 1. escribimos 2. lleva 3. limpiamos 4. desayunan 5. lee 6. comen 7. anda 8. hablo 9. asisten 10. escuchamos **Ej. 4.** 1. Papá, ¿tomas mucho café en el trabajo? 2. Gustavo, ¿juegan tus amigos y tú al béisbol? 3. Gustavo y Ernestito, ¿tienen una computadora? 4. Señorita Reyes, ¿hace usted ejercicio en un gimnasio? 5. Señor Galván, ¿trabaja usted en la noche? 6. Don Eduardo, ¿prepara usted café en la mañana? 7. Mamá, ¿cocinas en la mañana o en la tarde? 8. Ernestito, ¿ves la televisión en la noche? 9. Doña Rosita, ¿asiste usted a misa los domingos? 10. Señorita Reyes, ¿lava usted su ropa en casa o en una

lavandería? **Ej. 5.** 1. sale, salgo 2. juegas, juego 3. hace, hago 4. juegan, jugamos **Ej. 6.** 1. es, está; falso (Adriana es de Argentina, pero ahora está en Nueva York.) 2. está; falso (Marta es mexicana.) 3. está, está, están; falso (Bernardo e Inés están en Roma.) 4. es, está, es, está; falso (Adriana es de Argentina y está ahora en Nueva York.) 5. somos, estamos; falso (Rogelio y Carla están en Nueva York.) 6. es, está; cierto 7. eres, soy, son; cierto 8. están, es; cierto 9. está, estoy, estoy; falso (Inés contesta: «Estoy en Roma».) 10. son, somos; falso (Carla y Rogelio contestan: «No, somos de Puerto Rico». **Ej. 7.** 1. Gustavo está leyendo. 2. Don Eduardo y don Anselmo están pescando. 3. Amanda está corriendo. 4. La señora Ramírez está cocinando. 5. Pedro y Margarita están viendo la televisión. 6. Daniel está fumando. **Ej. 8.** 1. durmiendo 2. jugando 3. leyendo 4. lavando 5. tocando

CAPÍTULO 4

Ej. 1. 1. vas al 2. van al 3. vamos al 4. va a la 5. voy a la 6. voy a la 7. van al 8. va a la 9. vamos a la 10. vamos a la **Ej. 2.** 1. duermen, dormimos 2. almuerzan, almorzamos 3. vuelven, volvemos 4. juegan, jugamos 5. juegan, jugamos 6. pierden, juegan, perdemos, jugamos 7. prefieren, preferimos 8. empiezan, empezamos **Ej. 3.** 1. traigo 2. pongo 3. digo 4. oigo 5. salgo 6. vengo 7. tengo 8. hago **Ej. 4.** 1. No, me baño a las 7:00 de la mañana (*time may vary*). 2. No, me lavo el pelo con champú. 3. No, me afeito en el cuarto de baño. 4. No, me ducho en la mañana. 5. No, me quito la ropa en casa. 6. No, me peino en el cuarto de baño. 7. No, me maquillo en el cuarto de baño. 8. No, me levanto temprano los lunes. **Ej. 5.** 1. se acuesta; falso (Doña María se acuesta antes de todos.) 2. se acuesta; cierto 3. se levantan, se acuesta; falso (Inés y Bernardo se acuestan a las 11:30.) 4. se levantan; falso (Se levantan antes de la mujer española.) 5. se acuesta, se acuesta; falso (Pilar se acuesta a la 1:00.) 6. se levantan, me levanto, se levanta; cierto 7. te levantas, me acuesto; cierto 8. se levantan, nos levantamos; falso (Bernardo e Inés contestan: «Nos levantamos media hora antes de Pilar».) 9. me levanto, me acuesto; cierto 10. se levantan; cierto **Ej. 6.** 1. c 2. a 3. d 4. b 5. e **Ej. 7.** 1. ¿Están un poco tristes Paula y Andrea? 2. ¿Está irritado Ernesto? 3. ¿Está ocupado Gustavo? 4. ¿Están enamorados Ramón y Amanda? 5. ¿Están interesados en viajar Daniel y Leticia? **Ej. 8.** 1. tiene hambre 2. tienes frío 3. tenemos calor 4. tengo sueño 5. tengo prisa 6. tienen sed 7. tengo miedo 8. tengo sed

CAPÍTULO 5

Ej. 1. 1. le 2. me 3. les 4. me 5. me 6. me 7. me 8. les **Ej. 2.** 1. te 2. te 3. me/nos 4. nos 5. te 6. les 7. me 8. le 9. le 10. le 11. le 12. le 13. le 14. le 15. le 16. te 17. me 18. le 19. te 20. me 21. me 22. te **Ej. 3.** 1. sé 2. sabe 3. saben 4. sabes 5. sabemos **Ej. 4.** 1. puedes 2. pueden 3. puede 4. pueden 5. podemos **Ej. 5.** 1. esta 2. estos 3. estos 4. estas 5. este **Ej. 6.** 1. esas 2. ese 3. esa 4. esos 5. esos **Ej. 7.** 1. esa 2. este 3. esos 4. este 5. estas **Ej. 8.** 1. estos 2. aquellos 3. esos 4. esos 5. aquellas 6. estas **Ej. 9.** 1. quisiera 2. quisiéramos 3. quisieran 4. quisieras 5. quisiera **Ej. 10.** 1. le 2. les 3. le 4. me 5. nos **Ej. 11.** 1. piensa 2. piensas 3. pensamos 4. piensan 5. pienso **Ej. 12.** 1. e 2. a 3. c 4. b 5. d **Ej. 13.** 1. Antes de preparar la comida, Estela va a hacer las compras. / Después de hacer las compras, Estela va a preparar la comida. 2. Después de limpiar la casa, Pedro y Margarita Ruiz van a invitar a unos amigos. / Antes de invitar a unos amigos, Pedro y Margarita Ruiz van a limpiar la casa. 3. Antes de tomar una siesta, Gustavo va a ayudar a su papá. / Después de ayudar a su papá, Gustavo va a tomar una siesta. 4. Después de correr, te vas a bañar. / Antes de bañarte, vas a correr. 5 Antes de salir a bailar, nosotros nos vamos a poner la ropa. / Después de ponernos la ropa, nosotros vamos a salir a bailar.

CAPÍTULO 6

Ej. 1. 1. El sillón pesa más que la mesa. / La mesa pesa menos que el sillón. 2. En mi casa viven más personas que en la casa de los vecinos. / En la casa de los vecinos viven menos personas que en mi casa. 3. La casa de los López tiene más dormitorios que la casa de los vecinos. / La casa de los vecinos tiene menos dormitorios que la casa de los López. 4. En el patio de mis abuelos hay menos árboles que en nuestro patio. / En nuestro patio hay más árboles que en el patio de mis abuelos. 5. La sala tiene más ventanas que la cocina. / La cocina tiene menos ventanas que la sala. 6. En la casa de los Ramírez hay menos dormitorios que en la casa de los Ruiz. / En la casa de los Ruiz hay más dormitorios que en la casa de los Ramírez. 7. Los Ruiz tienen menos hijos que los Ramírez. / Los Ramírez tienen más hijos que los Ruiz. **Ej. 2.** (*Answers may vary.*) 1. Tener una casa en las montañas es mejor que tener una casa en la playa. / Tener una casa en la playa es mejor que tener una casa en las montañas. 2. Vivir en el desierto es peor que vivir en el centro de la ciudad. / Vivir en el centro de la ciudad es peor que vivir en el desierto. 3. Vivir en una casa es mejor que vivir en un apartamento. / Vivir en un apartamento es mejor que vivir en una casa. 4. Un refrigerador es el más útil. / El horno de microondas es más útil que el refrigerador. 5. Mi hermano es mayor que mi hermana. 6. Mi sobrino es menor que tu sobrina. 7. Mi hermano es el más alto. 8. Yo soy el más inteligente. 9. Un Rolls Royce es el más caro. **Ej. 3.** 1. La piscina de los señores Montes es tan bonita como la piscina de los señores Lugo. 2. El edificio de la Avenida Oriente no es tan alto como el edificio de la Avenida Libertador. 3. La lavandería vieja de la Avenida Paseo no es tan limpia como la lavandería nueva de la Calle Ebro. 4. El apartamento de Adriana Bolini es tan bonito como el apartamento de Julio Delgado. 5. Los condominios «San Juan» no son tan modernos como los condominios «Princesa». 6. La torre San Martín no es tan alta como el edificio de la Avenida Oriente. **Ej. 4.** 1. La sala de su casa no tiene tantas lámparas como la sala de nuestra casa. 2. La casa de los señores Ruiz no tiene tantos cuartos como la casa de los señores Ramírez. 3. La casa de los señores Ramírez tiene tantos baños como la casa de los señores Ruiz. 4. El edificio de la Calle Colón tiene tantos pisos como el edificio de la Calle Bolívar. 5. El patio de don Anselmo no tiene tantas flores y plantas como el patio de doña Lola. 6. La casa de los señores Ramírez no tiene tantos patios como la casa de los señores Ruiz. **Ej. 5.** 1. tiene que 2. tienen que 3. tengo que 4. tenemos que 5. tienes que **Ej. 6.** 1. debe 2. debo 3. debes 4. deben 5. debemos **Ej. 7.** 1. tengo que 2. debe 3. debemos 4. necesitan 5. tienes que **Ej. 8.** (*Answers may vary.*) 1. No, no compré un disco. 2. Sí, comí en un restaurante. 3. Sí, miré la televisión. 4. No, no escribí una carta. 5. Sí, estudié por cuatro horas. 6. Sí, abrí la ventana. 7. No, no visité a un amigo. 8. Sí, corrí en la mañana. 9. Sí, tomé un refresco. 10. No, no lavé los platos. **Ej. 9.** (*Answers may vary.*) 1. Mi madre no le escribió una carta al presidente la semana pasada. 2. La Princesa Diana no cenó en un restaurante barato anoche. 3. El presidente de México no comió tacos en la calle ayer. 4. Yo no jugué al tenis ayer a medianoche con Margaret Thatcher. 5. Fidel Castro no visitó los Estados Unidos el mes pasado. 6. Tom Cruise no comió en un restaurante francés conmigo ayer. 7. Connie Chung no habló español todo el día ayer. 8. Julio Iglesias no se casó anoche con la profesora de español. 9. El rey de España no viajó a la luna el año pasado. 10. El Príncipe Felipe de España no cantó en nuestra universidad la semana pasada. **Ej. 10.** 1. saben 2. conoce 3. conoces. conozco 5. sé **Ej. 11.** 1. ¿Conoce usted... ? 2. ¿Conoce usted... ? 3. ¿Sabe usted... ? 4. ¿Sabe usted... ? 5. ¿Conoce usted... ? 6. ¿Conoce usted... ? 7. ¿Sabe usted... ? 8. ¿Sabe usted... ? 9. ¿Sabe usted... ? 10. ¿Conoce usted... ? **Ej. 12.** 1. los 2. la 3. lo 4. los 5. lo 6. lo 7. la 8. los 9. lo 10. la **Ej. 13.** PARTE 1. 1. me 2. te 3. te 4. te 5. me 6. me 7. te PARTE 2. 1. la 2. los 3. los 4. la 5. lo

CAPÍTULO 7

Ej. 1. (*Answers will vary.*) 1. Ayer yo no me bañé con agua fría. Me bañé con agua caliente. 2. Ayer yo no me preparé un desayuno grande. Me preparé un desayuno pequeño. 3. Ayer yo comí cereal con leche. 4. Ayer yo leí el periódico. 5. Ayer yo llamé a mis padres por teléfono. 6. Ayer yo tomé el autobús al trabajo. 7. Ayer yo no llegué al trabajo a las 8:00. Llegué a las 8:30. 8. Ayer yo no almorcé con un colega. Almorcé solo/a. **Ej. 2.** llegaste, llegué, llegamos, llegó; leíste, leí, leyeron, leyó, leímos **Ej. 3.** (*Answers will vary.*) 1. Mi hermana y yo no salimos a pasear por el centro de Madrid. Salimos a pasear por el parque. 2. Mi hermana y yo no almorzamos hamburguesas americanas en el «Wendy's» de la Gran Vía. Almorzamos en casa. 3. Mi hermana y yo no vimos una película francesa. Vimos una película italiana. 4. Mi hermana y yo no regresamos en el metro. Regresamos a pie. 5. Mi hermana y yo no caminamos de la estación del metro a nuestro apartamento. No regresamos en metro. 6. Mi hermana y yo no llegamos a nuestro apartamento a las 11:00 de la noche. Llegamos a las 10:00. 7. Mi hermana y yo no leímos por un rato antes de apagar las luces. Nos acostamos inmediatamente. **Ej. 4.** 1. dio 2. vinieron 3. traje 4. dijeron 5. vio 6. puso 7. hizo 8. fueron **Ej. 5.** 1. Es Margarita Ruiz. Anoche ella y su esposo fueron a cenar a un restaurante francés. Como Pedro no sabe ni una palabra de francés, ella le tradujo los nombres de los platillos franceses. Decidieron comer la especialidad: chateaubriand. Después de comer caminaron por un rato por el Paseo de la Reforma y luego tomaron un taxi a la casa. 2. Es Ricardo Sícora. Un sábado por la mañana fue con sus hermanos, Pablo y Enrique, y unos amigos a una playa cerca de Ocumare a bucear. Se levantó temprano y buscó su traje de baño y una toalla. También llevó su guitarra y la loción bronceadora. Llegaron temprano a la playa, así que descansó un rato antes de meterse al agua. Bucearon por una hora y vieron muchísimos peces y animales marinos. En la noche hicieron una fogata en la playa y cocinaron un pescado. Luego, tocó la guitarra y cantaron y bailaron hasta muy tarde. Regresaron a casa contentos y satisfechos después de un día tan divertido. 3. Es Silvia Bustamante. Anoche fue con su novio Carlos Padilla a una fiesta. Llegaron a las nueve y cuando entró, vio a Luisa Hernández, una amiga del Instituto de Inglés donde estudió el año pasado. La saludó y salieron al patio a charlar de los viejos amigos del Instituto. Bailó mucho con Carlos y tomó una copa de champaña. ¡Regresó a casa un poco mareada! **Ej. 6.** 1. ir, viajaron 2. tomó, queda 3. visitó, asistir 4. estudian, fueron 5. jugó, trabaja 6. toma, jugó (Pilar visitó el Prado ayer.) 7. lavar, fueron (Rogelio y Carla fueron a la playa ayer.) 8. tomó, trabaja (Doña María se queda en casa en la tarde.) 9. fueron, trabajar (Rogelio y Carla van a lavar el carro mañana.) 10. queda, asistir (Doña María va a cocinar mañana.) **Ej. 7.** 1. dormiste 2. dormí 3. duermes 4. duermo 5. sientes 6. siento 7. sentiste 8. sentí 9. divertiste 10. divertí 11. divirtió 12. divirtió 13. mentiste 14. mentí 15. mintió **Ej. 8.** 1. me 2. dijiste 3. te 4. dije 5. me 6. dijo 7. nos 8. dijo 9. le 10. dijiste 11. le 12. dijiste 13. le 14. dije 15. le 16. dije **Ej. 9.** (*Answers will vary.*) 1. Sí, asistí a un concierto. 2. No, no cené con mis abuelos. 3. No, no escribí una carta. 4. No, no compré un auto. 5. Sí, leí un poema. 6. Sí, fuimos a Nueva York. 7. Sí, vimos una película buena. 8. No, no ganamos dinero en la lotería. 9. No, no dimos una fiesta. 10. No, no sacamos muchas fotografías. **Ej. 10.** (*Answers will vary.*) 1. Pero, Estela, limpié el baño hace dos días. 2. Pero, Estela, barrí el patio hace tres horas. 3. Pero, Estela, pasé la aspiradora hace una hora. 4. Pero, Estela, bañé al perro hace tres días. 5. Pero, Estela, te llevé a un restaurante elegante hace una semana. **Ej. 11.** (*Answers are for 1990; they will vary depending on year the book is used.*) 1. Alejandro Bell inventó el teléfono hace ciento catorce años. 2. Gustave Eiffel construyó la Torre Eiffel hace ciento un años. 3. Pancho Villa murió hace sesenta y siete años. 4. Colón llegó a América hace cuatrocientos noventa y ocho años. 5. Francisco Franco murió hace quince años. 6. Fidel Castro derrocó a Batista hace treinta y un años. 7. Los Sandinistas derrocaron al dictador Somoza hace once años.

CAPÍTULO 8

Ej. 1. 1. Lo preparé ayer. 2. La dejé en el refrigerador. 3. Las compré en el mercado. 4. Lo traje esta mañana. 5. La puse en la cocina. 6. Las preparé ayer. 7. Los puse sobre la mesa. 8. Lo compré en la panadería. 9. La dejé en el refrigerador. 10. Los traje anoche. **Ej. 2.** 1. las 2. la 3. los 4. lo 5. la **Ej. 3.** 1. te 2. me 3. ti 4. mí 5. le 6. él 7. mí 8. ti 9. te 10. mí 11. me 12. mí 13. mí 14. mí 15. mí 16. te 17. ti 18. me **Ej. 4.** 1. ¿Para ella? ¡No lo creo! 2. ¿Para mí? ¡No lo creo! 3. ¿Para ellas? ¡No lo creo! 4. ¿Para él? ¡No lo creo! 5. ¿Para él? ¡No lo creo! 6. ¿Para nosotros? ¡No lo creo! 7. ¿Para ella? ¡No lo creo! **Ej. 5.** 1. ti 2. mí 3. conmigo 4. contigo 5. él 6. mí 7. él 8. él 9. conmigo 10. contigo 11. ti **Ej. 6.** 1. nadie 2. nada 3. nunca 4. nadie 5. ninguna 6. nada 7. nunca 8. ninguno **Ej. 7.** 1. ninguno 2. ninguna 3. ninguna 4. ninguno 5. ninguno 6. ninguna **Ej. 8.** 1. mí 2. mí 3. tampoco 4. él 5. también 6. también 7. mí 8. mí 9. tampoco 10. mí 11. ti 12. mí 13. ti 14. mí 15. mí 16. mí 17. tampoco 18. ella 19. tampoco 20. ella **Ej. 9.** 1. se cortan

2. se necesita 3. se lava, se pone 4. se sirven 5. se agregan 6. se necesitan 7. se habla 8. se baten **Ej. 10** 1. pedí 2. pidió 3. pedimos 4. sirvió 5. pedir 6. pedir 7. sirven 8. pedir 9. pides 10. sirven 11. pido 12. pedir 13. pidieron 14. pedimos 15. sirvieron 16. pedí 17. pidió

CAPÍTULO 9

Ej. 1. 1. Ernestito recibió zapatos. 2. Ernestito recibió un avión. 3. Ernestito recibió pantalones. 4. Ernestito recibió un perro. 5. Ernestito recibió un sombrero. **Ej. 2.** cafecito, ratito, poquito, enfermito, solito, pobrecito, carrito, avioncito, regalitos **Ej. 3.** 1. Gustavo andaba en bicicleta. 2. Amanda y yo jugábamos con muñecas. 3. Margarita leía las tiras cómicas del periódico los domingos. 4. Doña Lola y doña Rosita se bañaban en el mar en Acapulco. 5. Don Eduardo comía muchos dulces. 6. Estela limpiaba su recámara. 7. La familia Ramírez pasaba las vacaciones en Acapulco. 8. Pedro Ruiz escuchaba música rock. 9. Ernesto veía caricaturas en la televisión. 10. El abuelo de Margarita cuidaba el jardín. **Ej. 4.** 1. jugaban mucho 2. se peleaba mucho 3. saltaba mucho 4. lloraba mucho 5. iban mucho **Ej. 5.** 1. tenía 2. sabía 3. conocíamos 4. era 5. podía 6. estaba 7. queríamos 8. hacía **Ej. 6.** 1. tenía 2. eran 3. sabían 4. era 5. conocía 6. queríamos, teníamos 7. estabas 8. tenía 9. estaban 10. podías, tenías. **Ej. 7.** (*Answers will vary.*) 1. Iba a venir en mi carro pero se descompuso. 2. Iba a traer flores pero no tenían más en la tienda. 3. Iba a comprarte un regalo pero cerraron la tienda. 4. Iba a cenar con ustedes pero el autobús llegó tarde. 5. Iba a ir pero me sentí enfermo. 6. Iba a decirte la verdad pero se terminó la música. **Ej. 8.** 1. A Esteban se le rompieron los discos. 2. A Luis se le perdió el libro. 3. A Nora se le descompuso el reloj. 4. A Carmen se le cayó la pelota. 5. A Alberto y a Luis se les descompusieron las cámaras. **Ej. 9.** 1. ¿Se rompió la botella? Sí, a Esteban se le rompió. 2. ¿Se perdió el cassette? Sí, a Luis se le perdió. 3. ¿Se descompuso el carro? Sí, a Nora se le descompuso. 4. ¿Se cayó la pelota? Sí, a Carmen se le cayó. 5. ¿Se quedaron los cuadernos en casa? Sí, a mí se me quedaron en casa. 6. ¿Se quedó la llave dentro de la casa? Sí, a Estela y Ernesto se les quedó dentro de la casa. 7. ¿Se olvidó el número de teléfono? Sí, a mí se me olvidó. 8. ¿Se perdió el libro? Sí, a Luis y a Alberto se les perdió.

CAPÍTULO 10

Ej. 1. 1. han 2. hemos 3. has 4. he 5. ha 6. ha 7. han 8. hemos 9. ha/has 10. he **Ej. 2.** 1. visto 2. escrito 3. ido 4. comprado 5. comido 6. hablado 7. viajado 8. limpiado 9. oído 10. pasado **Ej. 3.** 1. ¿Cuántas veces has viajado a México? Nunca he viajado a México. / He viajado a México tres veces. 2. ¿Cuántas veces has esquiado en un lago? Nunca he esquiado en un lago. / He esquiado en un lago una vez. 3. ¿Cuántas veces has subido a una pirámide? Nunca he subido a una pirámide. / He subido a una pirámide muchas veces. 4. ¿Cuántas veces has acampado en las montañas? Nunca he acampado en las montañas. / He acampado en las montañas cinco veces. 5. ¿Cuántas veces has alquilado un coche? Nunca he alquilado un coche. / He alquilado un coche tres veces. 6. ¿Cuántas veces has cocinado para diez personas? Nunca he cocinado para diez personas. / He cocinado para diez personas diez veces. 7. ¿Cuántas veces has leído tres novelas en un día? Nunca he leído tres novelas en un día. / He leído tres novelas en un día dos veces. 8. ¿Cuántas veces has corrido 5 kilómetros sin parar? Nunca he corrido 5 kilómetros sin parar. / He corrido 5 kilómetros sin parar veinte veces. 9. ¿Cuántas veces les has dicho una mentira a tus padres? Nunca les he dicho una mentira a mis padres. / Les he dicho una mentira a mis padres dos veces. 10. ¿Cuántas veces has roto un vaso en un restaurante? Nunca he roto un vaso en un restaurante. / He roto un vaso en un restaurante tres veces. **Ej. 4.** 1. para 2. por 3. para 4. por 5. por 6. por 7. por 8. para **Ej. 5.** 1. rápidamente 2. cómodamente 3. puntualmente 4. constantemente 5. inmediatamente **Ej. 6.** 1. Bolivia... ¡Qué país tan (más) interesante! 2. Un vuelo de Quito a Bogotá... ¡Qué vuelo tan (más) largo! 3. Los Andes... ¡Qué montañas tan (más) altas! 4. Una selva tropical en Venezuela... ¡Qué selva tan (más) verde! 5. Una playa en el Caribe... ¡Qué arena tan (más) blanca! **Ej. 7.** 1. ¡Qué impresionantes son las ruinas de Machu Picchu! 2. ¡Qué grande es el lago Titicaca! 3. ¡Qué cosmopolita es la ciudad de Buenos Aires! 4. ¡Qué húmeda es la selva de Ecuador! 5. ¡Qué seco es el desierto de Atacama en Chile! 6. ¡Qué alta es la torre de la Giralda! 7. ¡Qué hermoso es el edificio del Alcázar de Segovia! 8. ¡Qué inmenso es el parque del Retiro en Madrid! 9. ¡Qué interesante es el Museo del Prado! 10. ¡Qué antiguo es el acueducto de Segovia! **Ej. 8.** (*Answers will vary.*) 1. Hace tres años que vivo en esta casa. 2. Hace diez años que tengo el mismo trabajo. 3. Hace cinco años que estudio en esta universidad. 4. Hace dos años que tengo un gato en casa. 5. Hace cuatro años que sé manejar un auto.

CAPÍTULO 11

Ej. 1. —¿Vas a quedarte en casa esta noche? —No, pienso ir al cine. ¿Y tú? —No sé. —¿Por qué no vienes conmigo? —¿Qué piensas hacer después del cine? —Dar una vuelta por el centro. ¿Quieres? —¿Tienes coche? —Claro que sí. ¿Qué dices? —De acuerdo. ¿A qué hora pasas a buscarme? —A las ocho. **Ej. 2.** —¿Qué piensan hacer esta noche? —No sé. ¿Qué quieren hacer ustedes? —¿Qué les parece ir al cine? Hay una nueva película francesa que tengo ganas de ver. —A ustedes les gustan las películas francesas, pero a mí no. Me aburren. ¿No les gustaría salir a bailar un rato? —Pero, si ustedes saben que soy el peor bailador de Santiago. ¡No gracias! ¿Qué tal si hacemos una fiesta en casa? —¡Excelente idea! Ustedes dos invitan a sus amigos y yo invito a los míos. ¿A qué hora? —¿Qué les parece si empezamos a las diez? **Ej. 3.** 1. e 2. c 3. b 4. d 5. a **Ej. 4.** 1. Sí, acaban de abordarlo hace cinco minutos. 2. Sí, acaba de sacarlo ayer. 3. Sí, acabo de hacerlas hace una hora. 4. Sí, acaban de salir hace media hora. 5. Sí, acabamos de comprarlos hace dos horas. **Ej. 5.** 1. lejos de mí 2. al lado de él 3. encima de ti 4. debajo de nosotros 5. cerca de mí **Ej. 6.** 1. mí 2. ustedes 3. nosotros 4. ellas 5. ti 6. yo 7. él 8. ti 9. ti 10. mí **Ej. 7.** 1. ¡Prepárenlo! 2. ¡Consíganlos! 3. ¡Cómprenlos! 4. ¡Límpienlas! 5. ¡Llévenlo! 6. ¡Háganlas! 7. ¡Duerman! 8. ¡Apáguenlas! 9. ¡Salgan! 10. ¡Vuelvan antes de septiembre! **Ej. 8.** 1. estaba leyendo 2. estaba reparando 3. estaban limpiando 4. estábamos viendo 5. estaba hablando 6. estaba tomando 7. estaba descansando 8. estaba sirviendo 9. estaban caminando 10. estaba

examinando **Ej. 9.** 1. escuchaba
2. caminaba 3. preparaba 4. se ponía
5. hablaba 6. cocinaba 7. cruzaba
8. veía 9. tomaba 10. hacía **Ej. 10.** 1.
era 2. íbamos 3. alquilábamos
4. buceábamos 5. bañábamos
6. salíamos 7. caminábamos 8. tenía
9. fuimos 10. estaban durmiendo 11.
jugaba 12. hablaba 13. conocía 14. miré
15. jugaba 16. vi 17. levantamos
18. corrimos 19. encontramos
20. buscamos 21. pudimos 22. estaba
23. regresamos 24. teníamos 25. estaba
26. fuiste 27. grité 28. contestó
29. estaba 30. enojé

CAPÍTULO 12
Ej. 1. 1. Nuestro agente de viajes quiere que compremos nuestros boletos pronto. 2. Nuestro agente de viajes quiere que escribamos una lista de lo que vamos a necesitar. 3. Nuestro agente de viajes no quiere que dejemos comida en el refrigerador. 4. Nuestro agente de viajes no quiere que llevemos demasiadas cosas en las maletas. 5. Nuestro agente de viajes quiere que les avisemos a los vecinos que salimos de viaje. 6. Nuestro agente de viajes no quiere que apaguemos todas las luces de la casa. 7. Nuestro agente de viajes quiere que compremos cheques de viajero. 8. Nuestro agente de viajes quiere que paguemos nuestras cuentas. 9. Nuestro agente de viajes quiere que lleguemos al aeropuerto temprano. 10. Nuestro agente de viajes quiere que le mandemos una tarjeta postal. **Ej. 2.**
1. vayamos, esperemos 2. juegue, lave
3. prepares, compres **Ej. 3.** 1. Mi profesor quiere que hagamos las maletas dos días antes de la salida. 2. Mi profesor quiere que durmamos ocho horas la noche anterior a la salida. 3. Mi profesor quiere que traigamos ropa para ocho días. 4. Mi profesor quiere que vayamos directamente a la estación de autobuses. 5. Mi profesor quiere que pongamos el dinero en un lugar seguro. 6. Mi profesor quiere que le demos los pasaportes. 7. Mi profesor quiere que volvamos con buenos recuerdos del viaje. 8. Mi profesor no quiere que pidamos comida americana en los restaurantes. 9. Mi profesor quiere que nos divirtamos mucho. 10. Mi profesor quiere que le digamos «adiós» a nuestra familia. **Ej. 4.** 1. lo
2. lo 3. lo 4. la 5. me 6. la **Ej. 5.**
1. nos 2. la 3. la 4. lo 5. lo **Ej. 6.**
1. lleguemos 2. vuelva 3. salgan
4. viaje 5. pase **Ej. 7.** 1. tenga

2. llegue 3. terminemos 4. canse
5. ponga **Ej. 8.** 1. por 2. por 3. para
4. por 5. por 6. por 7. por 8. por
9. para; 1. por 2. por 3. para 4. por
5. por 6. por 7. para **Ej. 9.** 1. ¡Vamos a esquiar! 2. ¡Vamos a hacer un muñeco de nieve! 3. ¡Vamos a regresar al hotel!
4. ¡Vamos a preparar chocolate caliente!
5. ¡Vamos a sentarnos al lado de la chimenea! **Ej. 10.** 1. gustan 2. interesa
3. importa 4. encanta 5. parece

CAPÍTULO 13
Ej. 1. 1. tiene que haber 2. había 3. hay
4. hay 5. va a haber 6. haya **Ej. 2.** 1. se volvió 2. se pusieron 3. se puso 4. se hizo 5. nos pusimos **Ej. 3.** 1. ¡No le muestre su pierna a la enfermera! 2. ¡No me diga si le duele mucho! 3. ¡No le lleve estos papeles a la recepcionista!
4. ¡No le traiga la comida al paciente!
5. ¡No le dé la receta al farmacéutico!
Ej. 4. 1. ¡Llámeme el miércoles!
2. ¡Tráiganos la medicina! 3. ¡Dígale su nombre al médico! 4. ¡Lléveles la receta a los pacientes! 5. ¡Déme la información!
Ej. 5. 1. El doctor Sánchez le recomienda a la enfermera que le ponga la inyección a la paciente del cuarto número 408. 2. El doctor Sánchez le recomienda al paciente que le llame mañana para preguntar por los resultados del análisis de sangre. 3. El doctor Sánchez le recomienda a la enfermera que le explique los síntomas de la gripe a la señora López. 4. El doctor Sánchez le recomienda a la recepcionista que les lleve a los señores Gómez los papeles del seguro médico. 5. El doctor Sánchez le recomienda al paciente que le cuente a la enfermera cómo ocurrió el accidente.
Ej. 6. 1. Estela le dice a Ernesto que tenga mucho cuidado. 2. El médico le pide a Pedro que tome la medicina regularmente. 3. Estela les pide a Andrea y a Paula que coman pocos dulces. 4. Pedro le recomienda a Ernesto que no diga nada sobre el problema. 5. Don Anselmo le aconseja a don Eduardo que descanse mucho en casa. **Ej. 7.** 1. pasó 2. hablaba 3. oí
4. tocaba 5. fui 6. abrí 7. estaba
8. invitó 9. caminábamos 10. vimos 11. chocó 12. hubo **Ej. 8.** 1. trabajé 2. salí
3. caminé 4. había 5. esperaba 6. era
7. lloviznaba 8. tenía 9. pensaba 10. vi
11. caminaba 12. estaba 13. llegó
14. robó 15. quedó 16. empezó
17. desapareció 18. llegó 19. di
20. llegó 21. llegué

CAPÍTULO 14
Ej. 1. (*Answers will vary.*) 1. Nora, yo prefiero el largo. 2. Alberto, yo prefiero el de cuero. 3. Mónica, yo prefiero el grueso. 4. Carmen, yo prefiero la azul.
5. Esteban, yo prefiero la de algodón.
Ej. 2. 1. Sra. Ruiz, ¿va a comprar una verde o una amarilla? 2. Sra. Batini, ¿va a comprar uno eléctrico o uno manual?
3. Gustavo, ¿vas a comprar una pequeña o una grande? 4. Guillermo, ¿vas a comprar una grande o una mediana?
5. Amanda, ¿vas a comprar una grande o una portátil? **Ej. 3.** 1. éste 2. ésta
3. ésos 4. ésas 5. ése 6. ésa 7. éstos
8. ésas 9. ése 10. éste **Ej. 4.** 1. Sí, es mío. (No, no es mío. Es de Paula.) 2. Sí, son suyas. (No, no son suyas. Son de Pedro.) 3. Sí, es tuyo. (No, no es tuyo. Es de Andrea.) 4. Sí, son suyas. (No, no son suyas. Son de Paula.) 5. Sí, es suyo. (No, no es suyo. Es de Gustavo.) 6. Sí, es nuestra. (No, no es nuestra. Es de Margarita.) 7. Sí, son suyas. (No, no son suyas. Son de Paula y Andrea.)
8. Sí, es suya. (No, no es suya. Es de Pedro.) 9. Sí, es mía. (No, no es mía. Es de Gustavo.) 10. Sí, son tuyos. (No, no son tuyos. Son de Andrea.) **Ej. 5.** 1. c
2. e 3. a 4. b 5. d **Ej. 6.** 1. por 2. para
3. para 4. para 5. por 6. por 7. por 8. para
9. para 10. por 11. para **Ej. 7.** 1. le
2. Le 3. le 4. le 5. Le 6. nos 7. nos
8. le **Ej. 8.** 1. Sí, se la entregué ayer.
2. Sí, se lo vendí ayer. 3. Sí, se la di ayer. 4. Sí, se la presté ayer. 5. Sí, se las llevé ayer. 6. Voy a prestártelas mañana.
7. Voy a devolvértelo mañana. 8. Voy a traértelo mañana. 9. Voy a dártela mañana. 10. Voy a mostrártelos mañana.
Ej. 9. 1. Sí, voy a pedírselo ahora. 2. Sí, voy a prestárselas ahora. 3. Sí, voy a llevárselas ahora. 4. Sí, voy a devolvérselas ahora. 5. Sí, voy a regalársela ahora.
Ej. 10. 1. Estoy dándotela ahora mismo.
2. Estoy preparándotela ahora mismo.
3. Estoy planchándotela ahora mismo.
4. Estoy buscándotelo ahora mismo.
5. Estoy buscándotelas ahora mismo.
Ej. 11. 1. Ya me la regaló la semana pasada. 2. Ya me lo compró la semana pasada. 3. Ya me la prestó la semana pasada. 4. Ya me los trajo la semana pasada. 5. Ya me lo dio la semana pasada.

CAPÍTULO 15
Ej 1. 1. Déjeme ver esa bolsa, por favor.
2. Tráigame un refresco, por favor.
3. Déme dos chicles, por favor.
4. Espere un momentito, por favor.

5. Hable más lentamente, por favor. 6. Repita, por favor. 7. Rebájeme el precio un poco, por favor. 8. Dígame dónde está el correo, por favor. 9. Mire, tengo solamente 10,000 pesos. 10. Tome; son 8,000 pesos. **Ej. 2.** 1. levántate 2. ven 3. ten 4. sal 5. bájate 6. habla 7. acuéstate, apaga 8. dile 9. ve, lee 10. haz **Ej. 3.** 1. Mamá, hazme un sandwich, por favor. 2. Mamá, lávame el traje de baño, por favor. 3. Mamá, ponme música, por favor. 4. Mamá, cómprame una playera, por favor. 5. Mamá, dame loción, por favor. **Ej. 4.** 1. No, no me lo arregles. 2. No, no me la tires. 3. No, no me lo prestes. 4. No, no me lo cuides. 5. No, no me lo apagues. **Ej. 5.** 1. Sí, arrégleselos. 2. Sí, mándeselas. 3. Sí, préstelo. 4. Sí, envíeselo. 5. Sí, anúncieselas. **Ej. 6.** 1. Estela le quiere comprar (quiere comprarle) a Ernesto un traje nuevo. 2. Sus padres le van a comprar (van a comprarle) a Gustavo un radio cassette. 3. ¿El regalo para Ernestito? Sí, Estela y yo lo compramos ayer. 4. Amanda le dice a Graciela que quiere ir de compras. 5. Margarita le compró a Pedro un reloj nuevo para su cumpleaños. **Ej. 7.** 1. Guillermo desea que su papá barra el patio. 2. Guillermo espera que su mamá le haga un sandwich. 3. Guillermo le pide a Amanda que le preste sus cassettes. 4. Guillermo quiere que Ernestito juegue al fútbol con él. 5. Guillermo le ruega a Gustavo que lo invite a andar en bicicleta con él. **Ej. 8.** 1. Ramón, es mejor que tú hagas la tarea. 2. Graciela, quiero que tú hables con Amanda. 3. Amanda, es necesario que tú llames a Graciela. 4. Andrea, es muy importante que tú te quedes en el patio. 5. Paula, sugiero que tú juegues con tu hermanita. **Ej. 9.** 1. Sus padres le prohíben a Gustavo que fume. 2. Gustavo quiere que Ernestito le preste su bicicleta. 3. Graciela y Amanda me piden que yo vaya con ellas al cine. 4. Nuestro profesor quiere que nosotros entreguemos la tarea a tiempo. 5. El médico le aconseja a mi mamá que se quede en cama por una semana. 6. Ernesto y Estela les dicen a sus hijos que no jueguen en la calle. 7. Ramón quiere que Amanda vaya al baile con él. 8. Daniel prefiere que Leticia no hable con otros hombres. 9. Don Anselmo le sugiere a don Eduardo que juegue al ajedrez con él. 10. Doña Lola necesita que doña Rosita venga a visitarla. **Ej. 10.** 1. ¿El perro? ¡Que lo bañe Ernestito! 2. ¿El baño? ¡Que lo limpie Berta! 3. ¿Las cuentas? ¡Que las pague Ernesto! 4. ¿Las niñas? ¡Que las cuide Ernesto! 5. ¿El coche? ¡Que lo lave Ernestito! 6. ¿El coche? ¡Que lo arregle Ernesto! 7. ¿El paquete? ¡Que lo envíe Margarita! 8. ¿El gato? ¡Que lo cuiden Paula y Andrea! 9. ¿El regalo? ¡Que lo esconda Ernestito! 10. ¿El cheque? ¡Que lo firme Ernesto! **Ej. 11.** 1. Ojalá que reciba muchos regalos. 2. Ojalá que haga buen tiempo. 3. Ojalá que no tenga que trabajar. 4. Ojalá que no esté enfermo. 5. Ojalá que vengan a visitarme mis amigos. **Ej. 12.** 1. Salgamos a dar un paseo en carro. 2. Descansemos un rato. 3. Comprémosle a papá esta camisa. 4. Asistamos a un concierto. 5. Veamos una película esta noche. **Ej. 13.** 1. No, no descansemos primero. Vamos a descansar más tarde. 2. No, no caminemos por el parque a la una. Vamos a caminar más tarde. 3. No, no busquemos un hotel ahora. Vamos a buscarlo más tarde. 4. No, no nos duchemos antes de salir. Vamos a ducharnos más tarde. 5. No, no llamemos a Pablo ahora. Vamos a llamarlo más tarde.

CAPÍTULO 16

Ej. 1. 1. El señor Ruiz y su suegra se llamaron por teléfono. 2. Mi ahijada y yo nos escribimos a menudo. 3. Amanda y su novio se hablan todos los días. 4. Mi madre y mi padre se respetan. 5. El abuelo de Gustavo y yo nos conocemos. **Ej. 2.** 1. está 2. es 3. están 4. están 5. está 6. está 7. es 8. estás 9. soy 10. son 11. es **Ej. 3.** 1. Pues, no está muy amable hoy. 2. Pues, no está frío hoy. 3. Pues, no está muy cómico hoy. 4. Pues, no está muy cara hoy. 5. Pues, no está muy eficiente hoy. **Ej. 4.** 1. visitarían 2. trataría 3. compraría 4. comerían, tomarían 5. practicarían 6. caminaría 7. pasaría 8. usarían 9. se acostarían 10. correría **Ej. 5.** 1. asistirá 2. se casará 3. tendré 4. trabajarán 5. será 6. viviré 7. estudiaremos, haremos la tarea 8. dirás 9. saldrán 10. vendrán **Ej. 6.** 1. para 2. para 3. para 4. por 5. por, por 6. para 7. para 8. por, por 9. por 10. por 11. para 12. para

CAPÍTULO 17

Ej. 1. 1. deba 2. toma 3. se casen 4. salga 5. esté 6. va 7. lleguen 8. es 9. pueda 10. es **Ej. 2.** 1. pueda 2. se divorcien 3. tengamos 4. vayamos 5. quiere 6. pienses 7. se casa 8. pueda 9. sean 10. son **Ej. 3.** 1. tuviéramos 2. hiciera 3. hubiera 4. pudiéramos 5. estudiara **Ej. 4.** 1. me graduara 2. se jubilara 3. nos mudáramos 4. se dieran 5. amaras 6. tuviera 7. se divorciaran 8. fueran 9. fuera 10. ganara **Ej. 5.** 1. sea 2. esté 3. ofrezca 4. tienen 5. venda 6. fabrica 7. hay **Ej. 6.** 1. sea 2. es 3. hay 4. tenga 5. ofrezca 6. suban 7. aumentan

CAPÍTULO 18

Ej. 1. 1. hubiera, habríamos 2. hubiera, habría 3. hubiera, habrían 4. hubiera, habrían 5. hubieran, habría 6. hubieran, habríamos 7. hubiera, habríamos 8. hubieran, habría **Ej. 2.** 1. han opuesto 2. han desarrollado 3. han restringido 4. hayan podido 5. han tenido 6. ha resuelto 7. haya perseguido 8. han enriquecido 9. hayan aceptado 10. ha intervenido **Ej. 3.** 1. habíamos vivido 2. habían matado 3. habían negado 4. había prometido 5. habían bajado **Ej. 4.** 1. cumpla 2. lleguen 3. vuelva 4. anuncian 5. sea **Ej. 5.** 1. apoye 2. encuentre 3. alcance 4. reciben 5. empiecen **Ej. 6.** 1. caiga 2. dan 3. aumenta 4. vote 5. ayude **Ej. 7.** 1. preste 2. independicen 3. puedan 4. sepa 5. luche 6. creas **Ej. 8.** 1. Las tropas invadieron las islas. 2. El primer ministro contestó la pregunta. 3. El secretario del presidente escribió los discursos. 4. Los guardias protegen la residencia del gobernador 24 horas al día. 5. El juez sentenció a tres de los ladrones a cinco años de cárcel.

VOCABULARY

This Spanish–English vocabulary contains all of the words that appear in the text, with the following exceptions: (1) most identical cognates that do not appear in the chapter vocabulary lists; (2) verb forms; (3) diminutives in **-ito/a**; (4) absolute superlatives in **-ísimo/a**; and (5) some adverbs in **-mente**. Only meanings that are used in this text are given.

The gender of nouns is indicated, except for masculine nouns ending in **-o** and feminine nouns ending in **-a**. Stem changes and spelling changes are indicated for verbs: **dormir (ue, u); llegar (gu)**.

Words beginning with **ch** and **ll** are found under separate headings following the letters **c** and **l,** respectively. The letters **ch, ll,** and **ñ** within words follow **c, l,** and **n**, respectively. For example, **coche** follows **cocinero**, **callado/a** follows **calzoncillo**, and **caña** follows **canto**.

The following abbreviations are used:

adj.	adjective
adv.	adverb
coll.	colloquial
conj.	conjunction
d.o.	direct object
f.	feminine
inf.	informal
infin.	infinitive
inv.	invariable
i.o.	indirect object
irreg.	irregular
m.	masculine
Mex.	Mexico
n.	noun
obj. of prep.	object of preposition
pl.	plural
pol.	polite
poss.	possessive
p.p.	past participle
prep.	preposition
pron.	pronoun
refl. pron.	reflexive pronoun
sing.	singular
Sp.	Spain
sub. pron.	subject pronoun

A

a to; at; **a la(s)** at (*time*); **al** contraction of a + el
abajo below
abandonar to abandon
abierto/a *p.p.* open
abogado/a lawyer
abono installment (*payment*)
abordar to board
aborto abortion
abrazar (c) to hug
abrazo hug
abrelatas *m. sing., pl.* can opener
abrigo coat
abril *m.* April
abrir to open
absoluto/a absolute
abuelo/a grandfather/grandmother; **abuelos** *pl.* grandparents
abundante abundant
aburrido/a: estar aburrido/a to be bored; **ser aburrido/a** to be boring
aburrir to bore; **aburrirse** to get bored
abuso abuse
acá here; **para acá** this way
acabado de lujo luxuriously finished
acabar to end; **acabar con** to do away with; **acabar de** + *infin.* to have just (*done something*); **acabarse** to run out of
academia academy
académico/a *n.* academician; *adj.* academic
acalorado/a heated
acampar to camp, go camping
acariciar to caress
acaso: por si acaso just in case
acceso access
accesorio accessory
accidentalmente accidentally
accidente *m.* accident
acción *f.* action; **el Día de (Acción de) Gracias** Thanksgiving Day
aceite *m.* oil
aceituna olive
acelerado/a accelerated
acento accent
aceptable acceptable
aceptar to accept
acerca de *prep.* about, concerning
acercarse (qu) a to approach
acero steel
acertar (ie) to hit (*the mark*); **no acertar** to miss
ácido/a *adj.* acid; **lluvia ácida** acid rain
acogedor(a) cozy
acomodado/a wealthy, well-off
acomodar to accommodate; **acomodarse** to get comfortable
acompañar to accompany
acondicionado: aire acondicionado air conditioning
aconsejar to advise, counsel
acontecimiento event
acordarse (ue) (de) to remember
acostado/a lying (down)
acostarse (ue) to go to bed
acostumbrar(se) (a) to be used to, be in the habit of
acrilán *m.* synthetic textile
actitud *f.* attitude
actividad *f.* activity
activo/a active
acto act
actor *m.* actor
actriz *f. (pl.* **actrices)** actress
actuación *f.* performance
actual current, present-day
actualidad *f.* present (*time*); **en la actualidad** now, at the present time
actualizarse (c) to bring oneself up to date
actualmente at present
actuar to act
acuario Aquarius
acuático/a aquatic
acueducto aqueduct
acuerdo agreement; **de acuerdo** OK, I agree; **estar de acuerdo** to agree; **llegar a un acuerdo** to come to an agreement
acumulador *m.* battery
acusar to accuse
adaptado/a adapted
adecuado/a adequate
adelante *adv.* forward, ahead; **sacar adelante** to raise, bring up; **salir adelante** to get ahead
adelanto advance, improvement
adelgazar (c) to lose weight
además (de) besides, in addition (to)
adentro *adv.* inside; **adentro de** *prep.* inside (of); **tierra adentro** inland
aderezo salad dressing
adicional additional
adiós good-bye
adivina fortune-teller
adivinar to guess
adjetivo adjective
adjunto/a attached, enclosed
administrar to manage, administer
admirar to admire
admitir to admit
adolescente *m., f.* adolescent
adonde (to) where
¿adónde? where (to)?
adoptar to adopt
adorar to adore, love
adormecer: se te adormecen las puntas de los dedos your fingertips fall asleep
adorno decoration
adquirido/a acquired
adquisición *f.* acquisition
aduana *sing.* customs; **derechos de aduana** customs duty
aduanero/a customs agent
adulterio adultery
adulto/a adult
adverbio adverb
advertir (ie, i) to warn
aéreo/a *adj.* of or pertaining to air; **línea aérea** airline
aeróbico/a aerobic
aerolínea airline
aeropuerto airport
afecto affection
afectuosamente affectionately
afeitarse to shave oneself
aficionado/a a fond of
afinado/a fine-tuned
afirmación *f.* affirmation
afirmar to affirm
afirmativo/a affirmative
afligido/a upset
africano/a African
afuera (de) outside
afueras: en las afueras on the outskirts
agacharse to bend over
agarrado/a holding onto
agencia agency; **agencia de viajes** travel agency
agente *m., f.* agent; **agente de viajes** travel agent
ágil agile
agonía agony
agosto August
agotado/a exhausted; sold out
agotamiento exhaustion
agradable pleasant, nice
agradecer (zc) to thank (*someone for something*)
agrario/a agricultural; **reforma agraria** land reform
agregar (gu) to add
agresivo/a aggressive
agrícola *m., f.* agricultural
agricultura agriculture
agronomía agronomy, farming
agua *f. (but:* **el agua)** water; **agua mineral** mineral water
aguacate *m.* avocado
aguafuerte *m.* etching
aguantar to hold in
águila *f. (but:* **el águila)** eagle
agujetas *pl.* shoelaces (*Mex.*)
ahí there
ahijado/a godson/goddaughter; **ahijados** *pl.* godchildren
ahogarse (ue) to drown
ahora now; **ahora mismo** right now; **el aquí y el ahora** the here and now
ahorrar to save (*money*)
aire *m.* air; **aire acondicionado** air-conditioning; **al aire libre** outside
ajedrez *m.* chess
ajo garlic; **un diente de ajo** a clove of garlic
ajustar to fit

al (*contraction of* **a** + **el**) to the; **al día** per day; **al lado de** next to
ala *f.* (*but:* **el ala**) wing
alarmarse to become alarmed
albaricoque *m.* apricot
alberca swimming pool (*Mex.*)
álbum *m.* album
alcalde *m.* mayor
alcance: al alcance within reach
alcanzar (c) to reach; **alcanzarle** to be sufficient; **el dinero no alcanza** there isn't enough money
alcohol *m.* alcohol
alcohólico/a alcoholic
aleación *f.* alloy
alegar to affirm, claim
alegrarse (de) to be happy (about)
alegre happy, glad
alegría happiness
alejarse de to move away from
alemán *m.* German (*language*)
alemán, alemana German
Alemania Germany
alergia allergy
alérgico/a allergic
alfabetización *f.* literacy
alfombra carpet
algo something
algodón *m.* cotton
alguien someone
algún, alguno/a some; any; **algún día** someday; **alguna vez** once; ever; **algunas veces** sometimes
alianza wedding ring
aligerar to ease, lighten
alimentación *f.* food
alimentar to nourish
alimento nourishment, food
aliviar to relieve
alma *f.* (*but:* **el alma**) soul
almacén *m.* department store
almeja clam
almendra almond
almíbar *m.* syrup
almohada pillow
almorzar (ue) (c) to have lunch
almuerzo lunch
alocado/a: tan alocado/a so wildly
alojamiento lodging
alquilar to rent
alquiler *m.* rent
alrededor de *prep.* around
alrededores *m. pl.* environs, surroundings
altamente highly
altar *m.* altar
alternativa alternative
alto/a tall; high; **altos y bajos** ups and downs; **en voz alta** aloud, out loud; **hablar en voz alta** to speak up; to speak loudly
altura altitude; height

alucinación *f.* hallucination
alumno/a student, pupil
allá (over) there; **allá arriba** up there; **por allá** over that way
allí there; **por allí** over there
ama *f.* (*but:* **el ama**) mistress (*of house*); **ama de casa** housewife
amable nice
amante *m., f.* lover
amar to love
amarillo/a yellow
ámbar *m.* amber (*color*)
ambiental environmental
ambiente *m.* atmosphere, environment; **medio ambiente** environment
ambos/as both
ambulancia ambulance
amenazar (c) to threaten
América Central Central America
América Latina Latin America
América del Sur South America
americano/a American
amigo/a friend
amistad *f.* friendship
amistoso/a friendly
amo master (*of house*)
amor *m.* love
amorosamente lovingly
amplio/a spacious, roomy; ample
amueblado/a furnished
amuleto amulet, good luck charm
analfabeto/a illiterate
análisis *m. sing., pl.* analysis; **análisis de sangre** blood test
analítico/a analytic(al)
analizar (c) to analyze
ananá(s) *m.* pineapple
anaranjado/a orange (*color*)
ancho/a wide
andaluz(a) Andalusian
andar (*irreg.*) to walk; to function, run (*with machines*); **andar en bicicleta/motocicleta** to ride a bicycle/motorcycle; **andar en velero** to go sailing
anécdota anecdote
anglohablante *m., f.* English speaker
angosto/a narrow
ángulo angle
anillo ring
animados: dibujos animados cartoons
animal *m.* animal; **animal doméstico** pet; **animal marino** marine animal
ánimo courage, spirit; energy; **estado de ánimo** state of mind
anoche last night
anónimo/a anonymous
ansioso/a anxious
ante *prep.* before, in front of, in the face of
antemano: de antemano beforehand
antena antenna
antepasado ancestor

anterior previous, preceding
antes de *prep.* before; **antes (de) que** *conj.* before
antibiótioco antibiotic
anticipación *f.* anticipation; **con una hora de anticipación** an hour ahead of time
anticipar to anticipate
anticomunista *m., f.* anticommunist
anticonceptivo contraceptive
antiguo/a ancient, old; former
antimarxista *m., f.* anti-Marxist
antimonio antimony
antojitos typical Mexican dishes
antropología anthropology
anunciar to announce
anuncio ad; announcement; **anuncio comercial** commercial
anzuelo (fish) hook
añadir to add
año year; **a los ___ años** at (the age of) ___; **Año Nuevo** New Year; **el año pasado** last year; **el año que viene** next year; **tener ___ años** to be ___ years old; **todo el año** year-round
apagar (gu) to turn off
aparador *m.* china cabinet
aparato appliance, apparatus
aparecer (zc) to appear
aparición *f.* appearance
apariencia appearance, look
apartado (postal) (post office) box
apartado/a apart
apartamento apartment
aparte: punto y aparte new paragraph (*punctuation*)
apasionado/a passionate
apelar a to make an appeal to
apellido last name
apenas scarcely, barely
apio celery
aplanar to flatten
aplastado/a crushed
aplaudir to applaud
aplicación *f.* application
aplicar (qu) to apply; **aplicarse** to be applied to
apoderarse de to take over
apoyar to support; **apoyarse en** to lean on
apoyo support
apreciar to appreciate
aprender to learn
apresurarse (a) to hurry (to)
apretado/a tight
apretar (ie) to press (*button*)
aprobar (ue) to approve
apropiado/a appropriate
aprovechar to take advantage of
aproximadamente approximately
apuesto/a good-looking
aquel/aquella *adj.* that (*over there*); **en aquel entonces** in those days

aquél/aquélla *pron.* that one (*over there*)
aquello that, that thing, that fact; **todo aquello** all of that
aquellos/as *adj.* those (*over there*); **aquéllos/as** *pron.* those (ones) (*over there*)
aquí here; **aquí lo tiene** here it is
árabe *m., f.* Arab; *adj.* Arab(ic)
arándano cranberry
araña spider
árbol *m.* tree; **árbol de Navidad** Christmas tree
arco iris rainbow
área *f.* (*but:* **el área**) area
arena sand
arenoso/a sandy
argentino/a Argentine, Argentinean
argumento plot
árido/a arid
ariente ni pariente (neither) kith nor kin
aries Aries
arma *f.* (*but:* **el arma**) arm, weapon; **armas de fuego** firearms; **portar armas** to bear arms
armadas: fuerzas armadas armed forces
armario closet
arqueólogo/a archaeologist
arquitecto/a architect
arquitectura architecture
arranque *m.* starter, ignition
arrecife *m.* reef
arreglar to fix; to arrange
arrepentirse (ie, i) to repent
arrestar to arrest
arriba *adv.* above; **allá arriba** up there; **arriba de** above; **boca arriba** face up; **desde arriba** from up above
arroz *m.* rice; **arroz con leche** rice pudding
arruinar to ruin
arte *m.* (*but:* **las artes**) art; **bellas artes** fine arts
arteria artery
artesanía arts and crafts
artesano/a artisan, craftsperson
artículo article, item
artificial artificial; **fuegos artificiales** fireworks
artista *m., f.* artist
artístico/a artistic
asa *f.* (*but:* **el asa**) handle
asado/a roasted; **bien asado/a** well done; **poco asado/a** rare
asador *m.* barbecue, grill
asamblea assembly
ascendencia ancestry
ascendente *m.* ascendant (*astrology*)
ascensor *m.* elevator
asco disgust; **¡Qué asco!** How disgusting!
asegurar(se) to assure (oneself)
asemejarse to resemble
asesinar to kill, assassinate
asesino/a killer, assassin

asfixia: me da asfixia it makes me suffocate
así thus, so; this way; **así es la vida** that's life; **así fue** that's how it was
asiático/a Asian
asiento seat
asignar to assign
asistencia aid
asistente de vuelo *m., f.* flight attendant
asistir (a) to attend
asociación *f.* association
asociarse to be associated with
asolearse to sun oneself
asombrar to astonish
aspecto aspect
aspiradora vacuum cleaner; **pasar la aspiradora** to vacuum
aspirina aspirin
astronauta *m., f.* astronaut
astuto/a astute, shrewd
asunto subject, topic
asustar to frighten, scare
atacar (qu) to attack
ataque *m.* attack
atar to tie
atasco traffic jam
atención *f.* attention; **llamar la atención** to attract attention; **llamarle a uno la atención** to attract one's attention, interest; **poner/prestar atención** to pay attention
atender (ie) to attend to, take care of; to wait on; **atender mesas** to wait on tables
aterrizar (c) to land (*plane*)
atlántico/a Atlantic
atleta *m., f.* athlete
atómico/a atomic
atónito/a astonished
atormentado/a tormented
atractivo/a attractive
atraer (*like* **traer**) to attract
atrapar to trap
atrás *adv.* behind
atrasado/a late, behind schedule
atravesar (ie) to cross
atreverse a to dare to
atrevido/a daring
atribuir (y) to attribute
atropellar to run over (*someone*)
atuendo outfit
atún *m.* tuna
auditorio auditorium
aumentar to increase
aumento increase; raise
aun *adv.* even
aún *adv.* still
aunque although, even though
ausencia absence
australiano/a Australian
auténticamente authentically
auténtico/a authentic
auto car

autobús *m.* bus
autocar *m.* motorcoach
automático/a automatic
automóvil *m.* car, automobile
automovilista *m., f.* (car) driver
automovilístico/a of or pertaining to cars
autonomía autonomy
autónomo/a autonomous
autopista freeway, expressway; turnpike
autor(a) author
autoridad *f.* authority
autorizado/a authorized
autostop *m.* hitchhiking; «**hacer autostop**» to hitchhike
auxiliar auxiliary
¡auxilio! help!
avalancha avalanche
avance *m.* advancement, progress
avanzar (c) to advance
ave *f.* (*but:* **el ave**) fowl
avena oatmeal
avenida avenue
aventón *m.* ride; **dar un aventón** to give a ride (*Mex.*)
aventura adventure
avergonzarse (gü) (c) de to be ashamed of
averiguar (gü) to verify; to find out
avión *m.* plane; **por avión** airmail
avisar to notify; to warn
ayer *m.* yesterday
ayuda help
ayudar to help
azabache *m.* jet (*black mineral*)
azteca *m., f.* Aztec
azúcar *m.* sugar; **azúcar pulverizado** powdered sugar; **caña de azúcar** sugar cane
azul blue

B

bahía bay
bailador(a) dancer
bailar to dance
baile *m.* dance
bajar to lower; to go down; **bajar de peso** to lose weight; **bajarse** to get off (*vehicles*)
bajo *adv.* under
bajo/a low; short; **altos y bajos** ups and downs; **hablar en voz baja** to speak softly; **planta baja** ground floor
balanceado/a balanced
balcón *m.* balcony
ballet *m.* ballet
banana banana
banco bank; bench
bandeja (serving) tray
banquete *m.* banquet
bañar to bathe; **bañarse** to go bathing; to bathe, take a bath
bañera bathtub

baño bath; bathroom; **cuarto/sala de baño** bathroom; **traje de baño** m. bathing suit
bar m. bar
barato/a cheap, inexpensive
barba beard
barbacoa barbecue
barbarie f. savagery
barbitúrico barbiturate
barbudo/a bearded
barco boat
barrer to sweep
barrio neighborhood; area
basar to base; **basarse en** to be based on
base f. base; basis
básicamente basically
basílica basilica
basquetbol m. basketball
bastante enough; quite, rather
bastar to be enough
bastón m. cane
basura trash; **sacar la basura** to take out the trash; **tirar a la basura** to throw away
basurero trash can
bata robe
batalla battle
batería battery
batido shake; **batido de frutas** fruit shake; **batido de leche** milk shake
batir to beat, mix
bautizar (c) to baptize; **llevar a bautizar** to be a godparent
bautizo baptism
bebé m., f. baby
beber to drink
bebida drink, beverage
beca scholarship
béisbol m. baseball
belleza beauty
bello/a beautiful; **bellas artes** fine arts
beneficio benefit
beneficioso/a beneficial
benigno/a benign
berro watercress
besar to kiss
beso kiss; **dar un beso** to (give a) kiss
bestia beast
betabel m. beet (Mex.)
biblioteca library
bicarbonato bicarbonate; baking soda
bici f. or **bicicleta** bicycle; **andar en bicicleta** to ride a bicycle
bicolor: en bicolor in two colors
bien adv. well
bienes m. pl. goods
bienestar m. well-being, comfort, welfare; **el Departamento de Bienestar Social** Welfare Department
bienvenido/a welcome
bigote m. moustache
bilingüe bilingual
billar m. pool, billiards

billete m. ticket; bank note, bill (money)
biología biology
biológico/a biologic(al)
bisabuelo/a great-grandfather/great-grandmother; **bisabuelos** great-grandparents
bistec m. beefsteak
blanco/a white; blank
blando/a soft
blusa blouse
boca mouth; **boca arriba** face up
bocadillo snack, morsel
bocina horn
boda wedding
bofetada slap (in the face)
bolchevique m., f. Bolshevik
boleto ticket
boliche m. bowling
bolígrafo ballpoint pen
bolita little ball
bolívar m. monetary unit of Venezuela
boliviano/a Bolivian
bolsa purse; bag; **bolsa de mano** carry-on baggage; handbag
bolsillo pocket; **de bolsillo** adj. pocket
bomba bomb
bombardear to bombard
bombardeo bombardment
bondad f. kindness
bonito/a pretty
bordado/a embroidered
bordo: a bordo aboard
borracho/a drunk
borrador m. eraser
borrar to erase
borrego lamb
bosque m. forest
bota boot
botella bottle
botiquín m. first aid kit
botón m. button
botones m. sing. bellhop
box m. boxing
brasileño/a Brazilian
brazo arm
brebaje m. potion
breve brief
brillante brilliant
brillar to shine
brisa breeze
británico/a British
brócoli m. broccoli
broma joke
bronceador(a) tanning; **loción bronceadora** suntan lotion
broncearse to get a tan
brusco/a brusque, abrupt
bucear to skin-dive/scuba dive; to snorkel
buceo dive; diving
buen, bueno/a adj. good; **buenas tardes/noches** good afternoon/night; **buenos**

días good morning; **bueno** adv. well, OK; **¿Bueno?** Hello? (on phone) (Mex.); **de buenas a primeras** suddenly
bufanda scarf
bulto bundle
bullicioso/a noisy, lively
burlar to make fun of
burrito small burro
busca: en busca de in search of, looking for
buscar (qu) to look for

C

caballero gentleman
caballo horse; **carreras de caballo** horse races; **montar a caballo** to ride a horse
cabello hair
caber (irreg.) to fit
cabeza head
cabezón, cabezona headstrong person
cabina cabin
cabo cape (geography); **al cabo de** at the end of; **llevar a cabo** to carry out
cabrito kid, goat
cada inv. each; **cada uno** each one
cadáver m. corpse
cadena chain; (TV) network
cadera hip
caducidad: fecha de caducidad expiration date
caer (irreg.) to fall; **caerse** to fall down; **dejar caer** to drop
café m. coffee; café; **color café** brown; **café con leche** coffee with milk
cafetera coffeepot; coffee maker
cafetería cafeteria
caja box; cash register
cajero/a cashier; **cajero automático** automatic teller
cajetilla pack (of cigarettes)
calcetines m. pl. socks
calcio calcium
calculadora calculator
calcular to calculate
caldo broth
calendario calendar
calentador m. heater
calidad f. quality
cálido/a warm, hot
caliente hot
calificar (qu) to classify
calma n. calm; **con calma** calmly
calmado/a calm
calmarse to calm down
calor m. heat; **hacer (mucho) calor** to be (very) hot (weather); **tener calor** to be hot (people)
caloría calorie
caluroso/a warm, hot
calzado: industria del calzado shoe industry

calzoncillos men's underpants
callado/a quiet
calle *f.* street
calleja alley
callejero/a: vendedor(a) callejero/a street vendor
cama bed; **cama matrimonial** double bed; **tender la cama** to make the bed
cámara camera; chamber
camarera chambermaid
camarón *m.* shrimp
cambiar to change; **cambiar dinero** to exchange money, currency
cambio change; *pl.* gears; **en cambio** on the other hand
camilla stretcher, cot
caminar to walk
camino road; **camino a** on the way to, going toward
camión *m.* truck; bus (*Mex.*)
camionero truck driver
camisa shirt
camiseta T-shirt, undershirt
camisón *m.* nightgown
campana bell; **pantalones de campana** bell-bottom pants
campaña campaign; **tienda de campaña** tent (*for camping*)
campeonato championship
campesino/a farm worker, peasant
campo field; countryside
Canadá *m.* Canada
canadiense *m., f.* Canadian
canal *m.* channel; canal
canario canary
cancelable: no es cancelable cannot be canceled
cancelar to cancel
cáncer *m.* cancer; Cancer
canción *f.* song
cancha de tenis tennis court
candidato/a candidate
cangrejo crab
canicas *f. pl.* marbles
caniche *m.* poodle
cansancio fatigue
cansar to tire; **cansarse** to get tired
cantante *m., f.* singer
cantar to sing
cantidad *f.* quantity
canto song; chant
caña de azúcar sugar cane
cañón *m.* canyon
capa layer
capacidad *f.* capacity
capaz (de) (*pl.* **capaces**) capable (of)
capilla chapel
capital *f.* capital (city); *m.* capital (*money*)
capitalismo capitalism
capitalista *m., f.* capitalist
capítulo chapter

capó hood
capricornio Capricorn
capricho whim
captado/a taken
capturado/a captured
cara face; **cara de (triste)** looking (sad); **poner una cara** to make a face
carabela ship
carabinero soldier
carácter *m.* personality, character
característica characteristic
característico/a *adj.* characteristic
caracterizar (c) to characterize
¡caramba! darn it!
caramelo (hard) candy
carbón *m.* carbon, charcoal
cárcel *f.* jail
Caribe *m.* Caribbean
caribeño/a Caribbean
caricatura caricature
cariño affection
carne *f.* meat; **carne de cerdo/puerco** pork; **carne de res** beef; **carne molida** ground beef; **de carne y hueso** of flesh and blood
carnear to butcher
carnicería meat market
carnicero/a butcher
caro/a expensive
carpintero/a carpenter
carrera career; race; **carrera de caballos** horse race; **carrera nuclear** nuclear arms race
carretera highway; **letrero de la carretera** road sign
carro car
carta letter; **jugar a las cartas** to play cards
cartel *m.* poster
cartera wallet
cartero letter carrier
cartón *m.* cardboard
casa house; **ama de casa** housewife; **casa editorial** publishing house; **casa particular** private house; **en casa** at home
casado/a married
casarse (con) to get married (to)
cascabeleo jingling
casco helmet
casero: remedio casero household remedy
casi almost; **casi nunca** very rarely
casillero locker
caso case; **en caso de** in case of
cassette *m.* cassette
castaño brown
castellano Castilian Spanish
castigar (gu) to punish
castillo castle
casualidad: qué casualidad what a coincidence
catarro head cold; **tener catarro** to have a cold

catedral *f.* cathedral
categoría category
católico/a Catholic
catorce fourteen
causa cause; **a causa de** because of
causar to cause
cavado/a dug
caza hunt
cebiche *m.* ceviche, *marinated raw fish dish*
cebolla onion
cegar (ie) (gu) to blind (*someone*)
ceja eyebrow
celebración *f.* celebration
celebrar to celebrate
celeste light blue
celos *m. pl.* jealousy; **tener celos** to be jealous
celoso/a jealous
cemento cement
cena supper, dinner
cenar to eat dinner, dine
censura censorship
centavo cent; **no tener ni un centavo** to be broke
centígrado centigrade
centralizado/a centralized
céntrico/a central
centro downtown; center; **centro comercial** shopping center; **centro estudiantil** student center
Centroamérica Central America
cepillo brush; **cepillo de dientes** toothbrush
cerámica *sing.* ceramics
cerca or **cerco** fence
cerca *adv.* near, nearby; **cerca de** *prep.* near, close (to)
cercano/a nearby
cerdo pig; **carne de cerdo** pork
cereal *m.* cereal
cerebro brain
ceremonia ceremony
cernido/a sifted
cero zero
cerrado/a closed
cerrar (ie) to close
cerveza beer
césped *m.* lawn
cesta basket; **cesta de la compra** shopping cart
cicatriz *f.* (*pl.* **cicatrices**) scar
ciego/a blind (person)
cielo sky; heaven
cien, ciento one hundred
ciencia science; **ciencias computacionales** computer science; **ciencias económicas** business; **ciencias físicas/naturales** physical/natural sciences; **ciencias sociales** social sciences
científico/a *n.* scientist; *adj.* scientific
cierto/a certain; true; **por cierto** for sure

cigarrillo cigarette
cilindro cylinder
cinco five
cincuenta fifty
cine *m.* movie theater; **ir al cine** to go to the movies
cinta film; tape
cintura waist
cinturón *m.* belt; **cinturón de seguridad** seat belt
circuito circuit
circulación *f.* traffic; circulation
circular to travel; to circulate
ciruela plum; **ciruela seca** prune
cirujano/a surgeon
cita appointment; date
ciudad *f.* city
ciudadanía citizenship
ciudadano/a citizen
civil civil; civilian; **estado civil** civil/marital status
civilización *f.* civilization
clandestino/a clandestine
claro/a clear; light; **¡claro!** of course!; **claro que no** of course not; **claro que sí** of course
clase *f.* class; **clase turística** tourist class; **dar clases** to teach; **de primera clase** first class; **salón de clase** classroom
clásico/a classical
clave *f.* key
cliente/a client
clima *m.* climate
clínica clinic
clínico/a clinical
club *m.* club; **club nocturno** nightclub
cobertura coverage
cobija blanket
cobrar to charge
cobre *m.* copper
cocaína cocaine
cocido/a cooked; medium rare (*meat*); **huevos cocidos** hard-boiled eggs; **poco/bien cocido/a** rare/well done
cociente intelectual *m.* intelligence quotient (IQ)
cocina kitchen
cocinar to cook
cocinero/a cook
cóctel *m.* cocktail
coche *m.* car
cochera garage
cochinillo asado roast suckling pig
código code
codo elbow
coincidencia coincidence
coincidir to coincide
cola tail; line; **hacer cola** to stand in line
colaboración *f.* collaboration
colaborar to collaborate
colección *f.* collection

colegio private elementary or secondary school
colgar (ue) (gu) to hang (*pictures*)
coliflor *f.* cauliflower
colina hill
colocado/a placed
colocar (qu) to place
colombiano/a Colombian
Colón Columbus
colonia colony
colonizador(a) colonizer
colonizar (c) to colonize
coloquial colloquial
color *m.* color; **¿de qué color es?** what color is it?; **televisor en colores** color TV
colormétrico/a *adj.* color-measurement
colosal colossal
collar *m.* necklace; **collar de perlas** pearl necklace
coma coma
comadre *f.* good friend (*female*); godmother of one's children
combatir to fight
combinación *f.* combination; slip, petticoat
combinado/a combined
combustible *m.* fuel
comedia comedy; play
comedor *m.* dining room
comentar to comment
comentario commentary
comenzar (ie) (c) to begin
comer to eat; **comer entre comidas** to eat between meals; **comerse** to eat up
comercial *adj.* commercial; **anuncio comercial** TV or radio ad; **centro comercial** shopping center
comercio business
comestibles *m. pl.* foodstuffs, provisions
cómico/a comical; **tiras cómicas** funnies, comic strips
comida meal; food
comisión *f.* commission
como as; as a; like; since
¿cómo? how?, how's that again?, what?; **¿cómo es ella/él?** what is she/he like?; **¿cómo está usted?** how are you?; **¿cómo le va?** how's it going?; **¡cómo no!** of course!; **¿cómo se dice ___?** how do you say ___?; **¿cómo se escribe ___?** how do you write/spell ___?; **¿cómo se llama usted?** what's your name?
cómoda chest of drawers
comodidad *f.* comfort
cómodo/a comfortable
compadre *m.* good friend (*male*); godfather of one's children; **compadres** *pl.* godparents
compañero/a companion; **compañero de clase** classmate
compañía company
comparable comparable

comparación *f.* comparison
comparar to compare
compartir to share; to divide
compás *m. sing.* compass
compatriota *m., f.* compatriot
competencia competition
competente competent
complacer (zc) to please
complejo/a complex, complicated; **complejo turístico** resort
complementario/a complementary
complemento complement
completar to complete
completo/a complete; **por completo** totally
complicado/a complicated
cómplice *m.* accomplice
comportamiento behavior
composición *f.* composition
compositor(a) composer
compra purchase; **cesta de la compra** shopping cart; **hacer las compras** to shop (*for groceries*); **ir de compras** to go shopping
comprar to buy
comprender to understand, comprehend
comprensión *f.* understanding, comprehension
comprensivo/a understanding
compresa compress
comprimido pill
comprobar (ue) to check, verify
comprometerse to commit oneself; to get engaged
computacional: ciencias computacionales computer science
computadora computer
común common; **común y corriente** ordinary; **en común** in common
comunicación *f.* communication
comunicarse (qu) to communicate
comunidad *f.* community
comunión *f.* communion
comunismo communism
comunista *m., f.* communist
con with; **con tal de que** *conj.* provided that
concebido/a conceived
conceder to concede
concentración *f.* concentration
concentrarse to concentrate
concepto concept
concierto concert
concluir (y) to conclude
conclusión *f.* conclusion
concordar (ue) to agree
condenado/a condemned
condición *f.* condition; **en buenas condiciones** in good condition, shape
condicionador *m.* conditioner
condimento condiment, seasoning
condominio condominium
conducir (*like* **producir**) to drive

conductor(a) driver
conexión *f.* connection
conferencia conference; lecture
conferencista *m., f.* lecturer
confesar (ie) to confess
confianza confidence
confiar to trust
confidente *m., f.* confidant
confirmado/a confirmed
conflicto conflict
confort *m.* comfort
confortable comfortable
confrontar to face, confront
confundido/a confused
confusión *f.* confusion
confuso/a confusing
congelador *m.* freezer
congestionado/a congested
congreso congress
conjunto group
conmemorarse to commemorate
conmigo with me
conmovedor(a) moving (*emotion*)
conocer (zc) to know; to meet; **dar a conocer** to make known
conocido/a *n.* acquaintance; *adj.* well-known
conquistador *m.* conquistador; conquerer
conquistar to conquer
consciente de conscious of
consecuencia consequence; **como consecuencia** consequently
conseguir (*like* **seguir**) to get
consejero/a counselor, advisor
consejo(s) advice
conservador(a) conservative
conservar to save, conserve
considerar to consider
consigo with her/him/it/you (*pol.*)
consistir (en) to consist (of)
constante constant
constar (de) to consist (of)
constitución *f.* constitution
constituir (y) to constitute
construcción *f.* construction
construir (y) to build, construct
consulado consulate
consulta consultation
consultar to confer, consult
consultorio (doctor's) office
consumidor(a) consumer
consumir to consume
contabilidad *f.* accounting
contador(a) accountant
contagioso/a contagious
contaminación *f.* pollution; contamination
contar (ue) to count; to tell (about)
contemporáneo/a contemporary
contener (*like* **tener**) to contain
contenido content(s)
contento/a happy, content

contestar to answer
contexto context
contigo with you (*inf.*)
continuación *f.* continuation; **a continuación** following, below
continuar to continue
continuo: de continuo continually
contra against; **estar en contra de** to be against (*something*)
contrabando contraband, smuggled goods
contracción *f.* contraction
contraído/a contracted
contrario: al contrario on the contrary
contras *m. pl. coll.* Nicaraguan counterrevolutionary forces
contribuir (y) to contribute
control *m.* control
controversia controversy
controvertible controversial
contundente convincing
convencer (z) to convince
convención *f.* convention
conveniente convenient
convento convent
conversación *f.* conversation
conversar to converse
convertir (ie, i) to convert; **convertirse en** to turn into, become
convocar (qu) to convene, convoke
copa (wine) glass
copiar to copy
coralino/a of coral
corazón *m.* heart
corbata tie
corcho *n.* cork
cordero lamb
cordialidad *f.* cordiality
cordillera mountain range
corona crown
correcto/a correct
corregir (i, i) (j) to correct
correo mail; post office
correr to run
correspondencia correspondence
corresponder to correspond
corrida de toros bullfight
corriente *f.* current (*of water*); **al corriente** current, up to date; **común y corriente** ordinary
corrupto/a corrupt
cortada *n.* cut
cortar to cut; **cortarse el pelo** to cut one's hair, have one's hair cut
corte *m.* cut (*of clothing*); *f.* court (*royal*); **corte de pelo** *m.* haircut
cortina curtain
corto/a short
cosa thing
cosecha harvest
coser to sew
cosmopolita *m., f.* cosmopolitan

costa coast
costado side
costar (ue) to cost
costarricense *m., f.* Costa Rican
costilla rib
costo cost
costoso/a costly
costumbre *f.* custom
costura sewing
cotidiano/a daily, everyday
cotillear to gossip
cotorra parrot; talkative woman
cotorrear *coll.* to chatter, babble
creación *f.* creation
creador(a) creator
crear to create
creativo/a creative
crecer (zc) to grow
crecimiento growth
crédito credit; **tarjeta de crédito** credit card
creencia belief
creer (y) to believe
crema cream
cremoso/a creamy
criado/a servant; *f.* (live-in) maid
crianza upbringing
criar to bring up, raise; **criarse** to grow up
crimen *m.* crime
criminal *adj.* criminal
criollo/a Creole
crisis *f. sing.* crisis
cristal *m.* glass
cristalino/a crystalline
criticar (qu) to criticize
críticas *f. pl.* criticism
crítico/a critical, very serious
cromático/a chromatic
cronológico/a chronological
crucero pleasure cruise; cruise ship; **hacer un crucero** to go on a cruise
crudo/a raw
cruel cruel
crujir to crunch
cruz *f.* cross; **Cruz Roja** Red Cross
cruzar (c) to cross
cuaderno notebook
cuadra block
cuadrado/a square
cuadro picture; painting; square; **de cuadros** checked
cual: el/la cual *pron.* which
¿cuál? what?, which?; which one?
cualidad *f.* quality, trait
cualificado/a qualified
cualquier(a) any
cuando when; **de vez en cuando** once in a while
¿cuándo? when?
cuanto antes as soon as possible
¿cuánto? how much?; **¿a cuánto está la temperatura?** what's the temperature?

¿**cuántos/as**? how many?
cuarenta forty
cuarto room; **cuarto de baño** bathroom
cuarto/a fourth
cuatro four
cuatrocientos/as four hundred
cubano/a Cuban
cubanoamericano/a Cuban American
cubierto/a covered
cubismo cubism
cubista *m., f.* cubist
cubrir to cover
cuchara spoon
cucharadita teaspoon (*for measuring*)
cucharita teaspoon
cuchillo knife
cuello collar; neck
cuenta bill; **darse cuenta (de)** to realize
cuento story
cuerda rope; **saltar la cuerda** to jump rope
cuero leather
cuerpo body
cuestión *f.* matter, issue; **en cuestión de segundos** in a matter of seconds, in a few seconds; **por cuestión de** concerning
cuidado care; **¡cuidado!** (be) careful!; **con cuidado** carefully; **tener cuidado** to be careful
cuidar to take care of; **cuidarse** to take care of oneself
culminar to culminate
culpa blame; guilt; **tener (la) culpa** to be one's fault; to be to blame, guilty
cultivar to grow, cultivate
cultura culture
cultural cultural
cumpleaños *m. sing.* birthday
cumplir to fulfill; to grant (*a wish*); **cumplir años** to have a birthday; **cumplir con** to comply with
cuñado/a brother-in-law/sister-in-law
cuota fee
cupón *m.* coupon
cura *m.* priest
curandero/a faith healer
curar to cure; **curarse** to be cured; to get better
curiosidad *f.* curiosity
curioso/a curious
curita bandage
curso course
curva curve
cuyo/a whose

CH

chabacano apricot (*Mex.*)
chamarra jacket (*Mex.*)
champaña champagne
champú *m.* shampoo
chaperón, chaperona chaperon(e)

chaqueta jacket
charlar to chat
cheque *m.* check; **cheque garantizado** cashier's check; **cheque de viajero** traveler's check
chicle *m.* chewing gum
chico/a boy/girl; *adj.* small
chícharos *pl.* peas (*Mex.*)
chile *m.* hot pepper; **chile relleno** stuffed hot pepper
chileno/a Chilean
chimenea chimney; fireplace
chino Chinese (*language*)
chino/a Chinese
chismear to gossip
chiste *m.* joke
chistoso/a funny, comical
chocar (qu) to crash; to clash
chocolate *m.* chocolate
chofer *m., f.* driver
choque *m.* (automobile) crash; clash
chorizo spicy pork sausage
chuleta chop (*meat*)
chultunes *m. pl.* underground chambers; tombs (*Mayan*)

D

dama lady
danza dance
dañino/a harmful
daño damage, injury; **hacer daño** to harm, hurt
dar (*irreg.*) to give; **dar a conocer** to make known; **dar un beso** to (give a) kiss; **dar la bienvenida** to welcome; **dar clases** to teach; **dar una fiesta** to give a party; **dar la mano** to shake hands; **dar miedo** to frighten; **dar un paseo (en carro)** to go for a walk (ride); **dar un paso** to take a step; **dar patadas** to kick; **dar permiso** to give permission; **dar vergüenza** to shame, make ashamed; **dar una vuelta** to turn around; to take a walk or ride; **darle risa a alguien** to make someone laugh; **darse cuenta (de)** to realize; **darse media vuelta** to turn around
datar de to date from
dato datum; *pl.* data
de *prep.* of; from; **de _____ a/en _____** from _____ to _____; **de acuerdo** (I) agree, OK; ¿**de veras**? really?
debajo de *prep.* under, below
debate *m.* debate
deber *m.* duty
deber to owe; **deber** + *infin.* should, ought to, must
débil weak
década decade
decidir to decide
décimo/a tenth

decir (*irreg.*) to say, tell
decisión *f.* decision
declamar to recite (*poetry*)
declaración *f.* declaration
declarar to declare
decoración *f.* decoration
decorado/a decorated
dedicarse (qu) a to dedicate oneself to
dedo finger; **dedos de los pies** toes
defender (ie) to defend
defensa defense
deficiencia deficiency
definición *f.* definition
definir to define
definitivamente definitely
dejar to leave; to allow; to quit; **dejar caer** to drop; **dejar de** + *infin.* to stop (*doing something*); **dejar una propina** to leave a tip; **dejárselo en** + *quantity of money* to let someone have an item for (*a quantity of money*)
del (*contraction of* **de** + **el**) of the; from the
delante *adv.* in front; **delante de** *prep.* in front of
deleitarse to take delight
delgado/a slender, thin
delicado/a delicate
delicioso/a delicious
delincuente *m., f.* delinquent
delirando: estar delirando to be delirious
delito crime
demagogia demagoguery
demás: lo demás the rest; **los/las demás** the others
demasiado *adv.* too; too much
demasiado/a *adj.* too much
democracia democracy
democrático/a democratic
demorar to delay
denso/a dense
dentición *f.* teething (period)
dentista *m., f.* dentist
dentro de *prep.* inside, within; **por dentro** on the inside
denunciar to denounce
departamento department; territory
dependencias *f.* parts of the house
depender (de) to depend (on)
dependiente/a sales clerk
deportar to deport
deporte *m.* sport
deportista *m., f.* athlete
deportivo/a of or related to sports
depositar to deposit
depredador(a) plunderer, pillager
deprimente depressing
deprimido/a depressed
depuración *f.* purification
derecho right; duty; law; **derechos civiles** civil rights; **facultad de derecho** law school; **pagar derechos de aduana** to pay

customs duty; **tener derecho a** to have a right to
derecho *adv.* direct, straight; **derecho a** straight to; **seguir derecho** to go straight ahead
derecho/a right (*direction*); **a la derecha** to/on the right
derrocado/a overthrown
derrocar (qu) to overthrow
derrotar to defeat
derrumbar to collapse
desafiado/a challenged
desagradable unpleasant
desahogadamente comfortably
desaparecer (zc) to disappear
desaparición *f.* disappearance
desarrollar to develop
desarrollo development
desastre *m.* disaster
desatar to untie, undo
desayunar to eat breakfast
desayuno breakfast
descansar to rest
descanso rest; pause
descartado/a discarded
descender (ie) to descend
descendiente *m., f.* descendant
descifrar to decipher
descolgado/a off the hook (*phone*)
descomponerse (*like* **poner**) to break (down)
desconfiar to mistrust
descongestionante *m.* decongestant
desconocido/a *n.* stranger; *adj.* unknown
descontrolado/a out of control
descremada: leche descremada *f.* skim milk
describir to describe
descripción *f.* description
descriptivo/a descriptive
descubierto/a *p.p.* discovered
descubridor(a) discoverer
descubrimiento discovery
descubrir to discover
descuento discount
desde *prep.* from; **desde ___ hasta ___** from ___ to ___; **desde arriba** from above; **desde que** *conj.* since
desdeñar to disdain, scorn
desear to desire
desenlace *m.* ending
deseo wish; desire
desesperación *f.* desperation
desesperado/a desperate; hopeless
desesperarse to be desperate; to despair
desgracia misfortune; disgrace
desgraciadamente unfortunately
desgreñado/a disheveled
deshacer (*like* **hacer**) to undo; **deshacerse de** to get rid of
desierto desert
desilusión *f.* disappointment
desinflado/a deflated, flat (*tire*)
desintegrar to disintegrate
deslizar (c) to slide
desmayarse to faint
desmesuradamente excessively
desmoronamiento crumbling
desolado/a desolate
desordenado/a disorderly (person)
despacio *adv.* slowly
despacioso/a *adj.* slow
despacho office
despedida leave-taking, farewell; **despedida de soltero/a** bachelor's party/ bridal shower
despegar (gu) to take off (*airplane*)
despejar to clear up
desperdicio waste
despertador *m.* alarm (clock)
despertarse (ie) to wake up
déspota *m., f.* despot
despótico/a despotic
después *adv.* afterward; **después de** *prep.* after
destacar (qu) to stand out
destapar to clear; to unplug
destino destiny
destreza skill
destrucción *f.* destruction
destruir (y) to destroy
desventaja disadvantage
desviación *f.* detour
detallado/a detailed
detalle *m.* detail
detección *f.* detection
detectar to detect
detective *m., f.* detective
detector *m.* detector
detención *f.* detention; arrest
detener(se) (*like* **tener**) to stop; to detain
detenido/a detained
detergente *m.* detergent
determinar to determine
detestar to detest, hate
detrás *adv.* behind; in back; **detrás de** *prep.* behind, in back of
deuda debt; **deuda externa** foreign debt
devoción *f.* devotion
devolver (*like* **volver**) to return (*something*)
devorar to devour
devuelto/a *p.p.* returned
día *m.* day; **al día** per day; **algún día** some day; **buenos días** good morning; **de día** during the day; **Día de (Acción de) Gracias** Thanksgiving; **Día de los Enamorados** Valentine's Day; **Día de la Independencia** Independence Day; **Día de las Madres** Mother's Day; **Día de los Muertos** All Soul's Day; **Día de los Padres** Father's Day; **día del santo** saint's day; **día feriado/festivo** holiday; **hoy (en) día** nowadays; **todos los días** every day
diablo devil
diagnosticar (qu) to diagnose
diálogo dialogue
diamante *m.* diamond
diapositiva slide (*photo*)
diario diary; newspaper
diario/a daily
diatriba diatribe
dibujar to sketch
dibujo sketch; **dibujos animados** cartoons
diccionario dictionary
diciembre *m.* December
dictador(a) dictator
dictadura dictatorship
dicho saying
diecinueve nineteen
dieciocho eighteen
dieciséis sixteen
diecisiete seventeen
diente *m.* tooth; **diente de ajo** clove of garlic; **lavarse los dientes** to brush one's teeth
dieta diet; **estar a dieta** to be on a diet
dietético/a dietetic
diez ten
diferencia difference
diferente different
difícil difficult
dificultad *f.* difficulty
difunto/a deceased
digestión *f.* digestion
digno/a de worthy of
dilema *m.* dilemma
diminutivo diminutive
Dinamarca Denmark
dinero money
dios *sing.* god; **¡Dios mío!** my God!; **los dioses** the gods
diplomático/a diplomat
dirección *f.* address; direction; school principal's office
directo/a direct
director(a) director; school principal
dirigir (j) to direct; **dirigirse a** to head for
discernir (ie) to discern
disco (*phonograph*) record; **poner discos** to play records
discoteca discotheque; nightclub
disculpar to excuse; **discúlpeme** excuse me
discurso speech
discusión *f.* discussion
discutir to discuss
diseñado/a designed
diseño design
disfrutar (de) to enjoy
disgustar to annoy; **disgustarse** to be annoyed, displeased, upset
disponer (de) (*like* **poner**) to have at one's disposal
disponible available
disposición: a disposición de at the disposal of
dispuesto/a willing to; ready
disputa dispute, argument

distancia distance
distante distant
distinción *f.* distinction
distintivo/a distinctive
distracción *f.* distraction
distraer (*like* **traer**) to distract
distraído/a *p.p.* distracted
distribuidor *m.* distributor
distrito district; **Distrito Federal** capital of Mexico
disuelto/a dissolved
diurno/a *adj.* daytime
diversificado/a diversified
diversión *f.* diversion; entertainment
divertido/a amusing; fun
divertirse (ie, i) to have a good time, enjoy oneself
dividido/a divided
división *f.* division
divorciarse to get divorced
divorcio divorce
doblar to fold, bend; to turn (*left, right*)
doble double
doce twelve
docena dozen
doctor(a) doctor
documental *m.* documentary
documento document
dólar *m.* dollar
doler (ue) to hurt
doliente mournful
dolor *m.* pain; **dolor de cabeza** headache; **dolor de estómago** stomachache; **dolor de garganta** sore throat
doloroso painful
doméstico/a domestic; **animal doméstico** pet
domicilio residence; address
domingo Sunday; **Domingo de Pascua** Easter Sunday
dominicano/a Dominican, of or pertaining to the Dominican Republic
dominó *m. sing.* dominoes
don *m.* title of respect used with a man's first name
donas *f. pl.* doughnuts
doncella maiden
donde where
¿dónde? where?; **¿adónde?** where (to)? **¿de dónde?** from where? **¿dónde está ____?** where is ____?
doña title of respect used with a woman's first name
dorado/a golden brown
dormido/a asleep
dormir (ue, u) to sleep; **dormir la siesta** to take a nap; **dormirse** to fall asleep
dormitorio bedroom
dos two
doscientos/as two hundred
dosis *f. sing.* dose
dragón *m.* dragon; **dragones y mazmorras** dungeons and dragons
drama *m.* drama
dramático/a dramatic
dramaturgo/a playwright
droga drug
drogadicción *f.* drug addiction
drogadicto/a drug addict
ducha shower
ducharse to take a shower
duda doubt; **sin duda** doubtless, without a doubt
dudoso/a doubtful
dueño/a owner
dulce *m.* candy; *adj.* sweet; **dulce de leche** custard cream; **pan dulce** sweet roll (*Mex.*)
duplicación *f.* duplication
duplicado/a duplicate
duración *f.* duration
durante during
durar to last
durazno peach
duro/a hard

E

e and (*used instead of* **y** *before words beginning with* **i** *or* **hi**)
ecológico/a ecological
economía economy
económico/a economic; economical
ecosistema *m.* ecosystem
ecuador *m.* equator
ecuatorial: línea ecuatorial equator
ecuatoriano/a Ecuadoran
echar to throw; **echar de menos** to miss (*people*); **echarse a llorar** to burst into tears
edad *f.* age; **edad límite** maximum age; **mayor de edad** of age (21); **menor de edad** minor
edición *f.* edition
edificio building
editorial *m.* editorial; *adj.* editorial; **casa editorial** publishing house
educación *f.* education; **educación sexual** sex education
educar (qu) to educate; to bring up
educativo/a educational
efectivo: dinero en efectivo cash
efecto effect
efervescente effervescent
eficacia efficiency
eficaz (*pl.* **eficaces**) efficient, effective
eficiencia efficiency
eficiente efficient
Egipto Egypt
egoísta *m., f.* egotist; *adj.* selfish
ejecutivo/a executive
ejemplo example
ejercer (z) to exert
ejercicio exercise; **hacer ejercicio** to exercise, do exercises
ejército army
el *m. definite article* the
él *sub. pron.* he; *obj. of prep.* him
elaboración *f.* preparation, working up (*of materials*)
elaborar to prepare
elástico elastic
elección election
electricidad *f.* electricity
eléctrico/a electric
electrodoméstico appliance
electrónica *sing.* electronics
electrónico/a electronic
elegancia elegance
elegante elegant
elegir (i, i) (j) to elect
elemento element
elevación *f.* elevation
elevador *m.* elevator
eliminar to eliminate
elote *m.* ear (of corn) (*Mex.*)
ella *sub. pron.* she; *obj. of prep.* her
ello: por ello for that reason
ellos/as *sub. pron.* they; *obj. of prep.* them
embajada embassy
embajador(a) ambassador
embarazada pregnant
embarazo pregnancy
embarcación *f.* boat, vessel
embargo: sin embargo nevertheless
embellecimiento embellishment
emborracharse to get drunk
emergencia emergency
emigrante *m., f.* emigrant
emigrar to emigrate
emisora radio or television station
emoción *f.* emotion
empacar (qu) to pack
empacho: no tener empacho en *coll.* to have no qualms about
empanada turnover, meat pie
emperador, emperatriz (*pl.* **emperatrices**) emperor, empress
empezar (ie) (c) to begin
empinado/a steep
empleado/a employee
empleo job
empresa firm, company
empujar to push
en in; on; at
enamorado/a (de) in love (with); **los enamorados** lovers; **Día de los Enamorados** Valentine's Day
enamorarse (de) to fall in love (with)
encabezar (c) to lead, head (*army*)
encantado/a delighted; pleased to meet you
encantar to delight, please; to like very much
encanto charm, enchantment
encarcelar to jail

encargado/a in charge of
encargarse (gu) de to take charge of
encender (ie) to turn on (*lights*)
encías *f. pl.* gums
encima de on top of
encontrar (ue) to find; **encontrarse con** to meet; **encontrarse mal** to be sick
encuentro encounter
encuesta survey, poll
enchilada *rolled, filled tortilla topped with sauce and baked*
endeudarse to get into debt
enemigo/a enemy
energía energy
enérgico/a energetic
enero January
enfatizar (c) to emphasize
enfermarse to get sick
enfermedad *f.* illness; disease
enfermero/a nurse
enfermo/a *n.* sick person; patient; *adj.* sick, ill
enfoque *m.* focus
enfrentarse to face
enfrente *adv.* in front, opposite; **de enfrente** in front; **enfrente de** *prep.* in front of
enfriar to cool off; to get cold
engañar to deceive
engaño deceit
engordar to gain weight; to get fat
engrasar to grease
enguantado/a gloved
enjuagar (gu) to rinse
enlace *m.* union, marriage
enojado/a angry
enojarse to get angry
enorme enormous
enriquecer (zc) to enrich
ensalada salad
ensayar to rehearse
enseñanza teaching
enseñar to teach; to show
ensueño: de ensueño of one's dreams
entablar to establish
entender (ie) to understand
entero/a entire, whole
enterrado/a buried
entidad *f.* organization
entonces then, in that case; **en aquel entonces** at that time
entrada entrance
entrañable deep; moving
entrar to enter; **entrar al trabajo** to start work
entre *prep.* between, among
entrega delivery
entregar (gu) to hand in
entrenamiento training
entretenimiento entertainment
entrevista interview
entrevistar to interview

entristecerse (zc) to become sad
entusiasmado/a excited
entusiasmo enthusiasm
entusiasta *m., f.* enthusiastic
enviar to send
envoltura wrapping
envolver (ue) to wrap
envuelto/a *p.p.* involved; wrapped
enyesado/a in a cast
epidemia epidemic
episodio episode
época era, epoch
equilibrar to balance
equipaje *m.* baggage
equipo team; equipment
equivocarse (qu) to make a mistake
era era, age
erosión *f.* erosion
erradicar (qu) to eradicate
error *m.* error
erupción *f.* eruption
escabeche *m.* marinade
escala: sin escala nonstop
escalar to climb
escalera stairs, stairway
escandalizado/a scandalized
Escandinavia Scandinavia
escapar to escape
escaparate *m.* shop window
escape *m.* escape
escarabajo scarab
escarcha frost
escasez *f. (pl.* **escaseces)** scarcity, lack
escena scene
esclavo/a slave
escoba broom
Escocia Scotland
escoger (j) to choose
escolar *of or pertaining to school*
esconder(se) to hide
escorpión *m.* Scorpio
escribir to write; **escribir a máquina** to type
escrito/a *p.p.* written
escritor(a) writer
escritorio desk; office; study
escritura writing
escuchar to listen (to)
escuela school
ese/esa *adj.* that
ése/ésa *pron.* that one
esencia essence
esencial essential
esfera sphere
esforzarse (ue) (c) to make an effort
esfuerzo effort
eso that; that thing, that fact; **a eso de** + *time* about *time*; **eso es** that's right; **por eso** therefore, that's why
esos/as *adj.* those
ésos/as *pron.* those (ones)

espacial of or pertaining to space; **nave espacial** *f.* spaceship
espacio space
espada sword
espaguetis *m. pl.* spaghetti
espalda back
espanto fright
espantosa: hambre espantosa *coll.* frightful hunger
español *m.* Spanish (*language*)
español(a) Spanish
espárragos *pl.* asparagus
especia spice
especial special
especialidad *f. sing.* specialty; major (*school*)
especialmente especially
especie *f. sing.* species
específicamente specifically
específico/a specific
espectacular spectacular
espectáculo show
espectador(a) spectator
especular to speculate
espejo mirror; **mirarse en el espejo** to look at oneself in the mirror
espeluznante hair-raising
espera: sala de espera waiting room
esperanza hope
esperar to wait (for); to hope
espeso/a thick
espinaca(s) spinach
esplendor *m.* splendor
esposo/a spouse, husband/wife; **esposos** *pl.* husband and wife
esqueleto skeleton
esquí *m.* skiing; ski
esquiar to ski
esquina corner
estabilidad *f.* stability
estabilizar (c) to stabilize
estable stable
establecer (zc) to establish
establecimiento establishment
estación *f.* station; season
estacionamiento parking lot
estacionar(se) to park
estadio stadium
estado state; **estado civil** civil/marital status; **estado de ánimo** state of mind; **estados físicos y mentales** physical and mental states; **golpe de estado** coup d'état
estadounidense *m., f.* of or from the United States
estancia stay, visit
estante *m.* shelf
estar (*irreg.*) to be; **estar a favor de/en contra de** to be in favor of/against; **estar aburrido/a** to be bored; **estar de acuerdo** to be in agreement; **estar de venta** to be

on sale; **estar dispuesto/a a** to be willing to; **estar listo/a** to be ready; **estar seguro/a** to be sure
estatal: universidad estatal state university
estatua statue
estatura stature; height
este/esta *adj.* this; **esta noche** tonight
éste/ésta *pron.* this one
estéreo stereo
estereotípico/a stereotypical
estereotipo stereotype
estilo style
estimar to esteem; **te estima** yours truly (*closing of letter*)
estimativo approximate
estimulante stimulating
estimular to stimulate
estirar to stretch; **estirar la pata** *coll.* to kick the bucket (*die*)
esto this, this thing, this matter; **todo esto** all of this
estómago stomach
estornudar to sneeze
estornudo sneeze
estos/as *adj.* these
éstos/as *pron.* these (ones)
estrechez *f.* (*pl.* **estrecheces**): **sufrir estrecheces** to suffer hardships
estrecho/a tight; narrow
estrella star
estreno debut, opening performance
estrés *m. sing.* stress
estricto/a strict
estructura structure
estuche *m.* case, box
estudiante *m., f.* student
estudiantil of or pertaining to students; **centro estudiantil** student center
estudiar to study; **estudiar leyes** to study law
estudio study
estufa stove, range
estupendo/a great, wonderful
estúpido/a stupid
etapa stage
eterno/a eternal
etiqueta label
eufemismo euphemism
Europa Europe
europeo/a European
eutanasia euthanasia
evadir to evade
evento event
evidente evident
evitar to avoid
evolución *f.* evolution
exactamente exactly
exactitud: con exactitud exactly
exageradamente exaggeratedly
examen *m.* test, exam
examinar to examine

excelencia excellence
excelente excellent
excepto except
excesivo/a excessive
exceso excess; **exceso de equipaje** excess baggage; **exceso de velocidad** speeding
exclamar to exclaim
exclusivamente exclusively
exclusivo/a exclusive
excursión *f.* excursion; trip
excusa excuse
exhibición *f.* exhibit
exhibido/a exhibited
exigir (j) to require; to demand
exilarse to exile onself
existir to exist
éxito success; **tener éxito** to be successful
exitoso/a successful
exótico/a exotic
expedir (*like* **pedir**) to expedite, dispatch
expender to sell
experiencia experience
experimentar to experiment
experto/a expert
explicar (qu) to explain
explosión *f.* explosion
explotación *f.* exploitation
explotar to exploit
exportación *f.* exportation
exportar to export
exposición *f.* exposition
expresar to express
expresión *f.* expression
expresivo/a expressive
exprimir to squeeze
expulsar to expel
exquisito exquisite
extender (ie) to extend
extensión *f.* extension
extensivo/a extensive
extenso/a extensive
exterior exterior; foreign; **relaciones exteriores** foreign affairs
externo/a foreign; **deuda externa** foreign debt
extraer (*like* **traer**) to extract
extranjero/a *n.* foreigner; *adj.* foreign
extrañar to miss (*people, places*)
extraño/a strange
extraterrestre extraterrestrial
extrauterino/a outside of the uterus
extravagante extravagant
extremo/a extreme

F

fábrica factory
fabricación *f.* manufacture
fabricado/a manufactured
fabricante *m.* manufacturer
fabricar (qu) to manufacture

fabuloso/a fabulous
facial facial, of the face
fácil easy
facilidad *f.* facility
facilitar to facilitate, make easier
factor *m.* factor
factura bill; invoice
facturar to check (*baggage*)
facultad *f.* department or school of college/ university; **Facultad de** ——— School of ———
fajitas *marinated grilled meat strips served in a tortilla*
falda skirt
falso/a false
falta: hacer falta to be needed
faltar to miss (*class, work*); to be lacking, missing
fallecer (zc) to die
familia family
familiar *adj.* familiar; of or pertaining to the family; **los familiares** *m. pl.* family members
familiaridad *f.* familiarity
famoso/a famous
fanático/a fanatic
fantasía fantasy
fantástico/a fantastic
farmacéutico/a pharmacist
farmacia pharmacy
fascinado/a fascinated
fascinar to fascinate
fascista *m., f.* Fascist
favor favor; **estar a favor de** to be in favor of; **favor de** + *infin.* please (*do something*); **por favor** please
favorable favorable
favorecer (zc) to favor
favorito/a favorite
fe *f.* faith
febrero February
fecha date; **¿cuál es la fecha hoy?** what's the date today?
federación *f.* federation
felicidad *f.* happiness
felicitar to congratulate
felino feline; cat
feliz (*pl.* **felices**) happy
femenino/a feminine
fenómeno phenomenon
feo/a ugly
feriado: día feriado holiday
feroz (*pl.* **feroces**) fierce
fertilizante of or pertaining to fertilizer
festivo: día festivo holiday
fiabilidad *f.* dependability
fiambre: carnes en fiambre cold cuts
ficción *f.* fiction
ficha file
fidelidad *f.* fidelity, faithfulness
fiebre *f.* fever
fiel faithful

fiesta party; **hacer una fiesta** to give a party; **vestido de fiesta** party clothes
figura figure
fijarse (en) to notice
fijo/a fixed, set
filmar to film
filosofía philosophy; **filosofía y letras** humanities
filtro filter
fin *m.* end; **en fin** in short; **fin de semana** weekend; **por fin** finally
final *m.* end
finalizar (c) to finalize
finalmente finally
financiero/a financial
finca farm
fino/a fine; of good quality
firma signature; firm
firmar to sign
firme *adj.* firm
física *sing.* physics
físicamente physically
físico/a physical
flaco/a thin
flamante brand-new
flan *m.* sweet custard
flor *f.* flower
flotar to float
flote: a flote afloat
fluidez: con fluidez fluently
fogata bonfire
folklórico/a folkloric
folleto pamphlet; brochure
fomentado/a encouraged
fondo fund; **al fondo** at the rear; **plato de fondo** main dish
foráneo/a foreign
forestal of or pertaining to forests
forma form; **ponerse en forma** to get into shape
formación *f.* formation
formar to form; **formar parte de** to be part of
fórmula formula
foto *f.* photo; **tomar fotos** to take photos
fotocopia photocopy
fotografía photograph
fotógrafo/a photographer
fracturado/a fractured
fragmentado/a fragmented
fragmento fragment
francés *m.* French (*language*)
francés, francesa French
Francia France
franquista *m., f.* follower of Franco
frase *f.* sentence; phrase
fraude *m.* fraud
frazada blanket
frecuencia frequency; **con frecuencia** frequently; **¿con qué frecuencia?** how often?

frecuente frequent
fregadero kitchen sink
freír (i, i) to fry
freno brake
frente *m.* front (*position*); *f.* forehead
frente a *prep.* in front of; facing
fresa strawberry
fresco/a fresh; **hacer fresco** to be cool (*weather*)
frijoles *m.* beans
frío/a cold; **hacer frío** to be cold (*weather*); **tener frío** to be cold (*people*)
frito/a *p.p.* fried; **papas fritas** French fries
frondoso/a leafy
frontal in the front
frontera border, frontier
fruta fruit; **batido de frutas** fruit shake
fuego fire; **armas de fuego** firearms; **fuegos artificiales** fireworks
fuente *f.* fountain
fuera *adv.* outside; **fuera de** *prep.* outside of; **por fuera** on the outside
fuerte strong
fuga flight, escape
fumador(a) smoker
fumar to smoke; **sección de fumar/no fumar** smoking/no smoking section
función *f.* function
funcionamiento functioning
funcionar to function; to work, run (*machines*)
fundamental fundamental
fundarse to be founded
fúnebre funereal
furioso/a furious
fusión *f.* fusion
fútbol *m.* soccer
futuro future

G

gabinete *m.* cabinet
gala: de gala fancy
galaxia galaxy
galón *m.* gallon
galope *m.* gallop
gallego/a of or from Galicia (*Spain*)
galletita cookie
ganadero/a of or pertaining to cattle
ganado cattle
ganador(a) winner
ganancias *f. pl.* earnings
ganar to earn; to win; **ganar dinero** to earn money
ganas: tener ganas de + *infin.* to feel like (*doing something*)
ganga bargain
garaje *m.* garage
garantizado/a guaranteed; **cheque garantizado** cashier's check
garbanzo chickpea
garganta throat

gárgaras: hacer gárgaras to gargle
garúa mist, drizzle
gas *m.* (natural) gas
gasolina gas, gasoline
gasolinera gas station
gastar to spend (*money*)
gasto de envío shipping cost
gato/a cat
gemelo/a twin
géminis Gemini
generación *f.* generation
general general; **por lo general** generally
generoso/a generous
genial brilliant
genio/a genius
gente *f. sing.* people
geografía geography
geográfico/a geographic
geometrizado/a geometricized
gerente *m., f.* manager
gestado/a gestated; grown to maturity
gesto gesture
gigante giant, gigantic
gimnasia exercise
gimnasio gymnasium; high school
gira tour
giro postal postal money order
glorieta traffic circle (*Mex.*)
gobernador(a) governor
gobernar (ie) to govern
gobierno government
gol *m.* goal (*sports*)
golf *m.* golf
golfo gulf
golpe *m.* blow; coup; **golpe de estado** coup d'état
golpear(se) to hit, strike (*oneself*)
goma rubber
gordo/a fat; **el premio gordo** grand prize
gorro cap; party hat
gota drop; **gotas para la nariz** nose drops
goteo drip; **goteo nasal** nasal drip
gozar (c) (de) to enjoy
grabación *f.* recording
grabado/a recorded
grabadora recorder
grabar to record
gracias *pl.* thanks; thank you; **dar las gracias** to thank; **muchísimas gracias** thank you very much
grado grade; degree
graduación *f.* graduation
graduarse to graduate
gráfico/a graphic
gramática grammar
gramo gram
gran, grande big; great; **a lo grande** on a large scale
gratis *inv.* free
gratuito/a free
grave serious
Grecia Greece

griego/a Greek
grieta crack
grifo tap, spigot
gripe *f.* flu
gris gray
grisáceo/a grayish
gritar to shout, yell
grito shout
grueso/a thick; heavy
grupo group
guacamole *m. spicy topping made of mashed avocado*
gualdo/a yellow
guante *m.* glove
guapo/a handsome, good-looking
guardafango fender, mudguard
guardar to save, keep; to put away
guardería (infantil) day care center
guardia *m., f.* guard
guatemalteco/a Guatemalan
guayabera embroidered tropical shirt
guerra war
guerrero/a warrior
guerrillero/a guerrilla
guía *m., f.* guide; *f.* guide(book)
guiar to drive
guisantes *m. pl.* peas
guitarra guitar
gustar to be pleasing; **¿le/te gusta?** do you like?; **me gusta** I like
gusto taste; pleasure; **mucho gusto** pleased to meet you

H

Habana (La Habana) Havana (Cuba)
haber (*irreg.*) (*infin. form of* **hay**) to have (*auxiliary*)
habichuelas green beans
habilidad *f.* ability
habitable livable
habitación *f.* room
habitante *m., f.* inhabitant
habitar to live
habitual habitual
hablar to talk; to speak; **hablar por teléfono** to talk on the telephone
hacer (*irreg.*) to do; to make; **hace** + *period of time* ago; **hace buen (mal) tiempo** it's good (bad) weather; **hace calor (frío, fresco, sol, viento)** it's hot (cold, cool, sunny, windy); **hacer cola** to stand in line; **hacer daño** to hurt, harm; **hacer ejercicio** to exercise, do exercises; **hacer enojar** to make angry, to anger; **hacer falta** to be needed; **hacer gárgaras** to gargle; **hacer el papel de** to play the role of; **hacer la tarea** to do homework; **hacer las compras** to shop (*for groceries*); **hacer las maletas** to pack one's bags; **hacer preguntas** to ask questions; **hacer ruido** to make noise; **hacer una fiesta** to give a party; **hacer una reservación** to make a reservation; **hacer un viaje** to take a trip; **¿cuánto tiempo hace que** + *present tense?* how long have you been (*doing something*)?; **¿qué tiempo hace?** what's the weather like?; **hacerse** to become
hacia toward
hallar to find
hambre *f.* (*but:* **el hambre**) hunger; **morirse de hambre** to starve; **tener (mucha) hambre** to be (very) hungry
hambriento/a hungry (person)
hamburguesa hamburger
harina flour
harto/a: estar harto/a de to be fed up with
hasta *prep.* until; **hasta luego** see you later; **hasta pronto** see you soon; **hasta que** *conj.* until
hay there is; there are; **hay que** + *infin.* one must (*do something*); it's necessary to (*do something*); **no hay de qué** you're welcome
hecho *n.* event; **de hecho** in fact
hecho *p.p.* made; done; **hecho/a a mano** handmade; **hecho/a de** made of
helada frost
heladera refrigerator
heladería ice cream parlor
helado ice cream
helado/a frozen; **té helado** iced tea
helicóptero helicopter
hembra female
hemisferio hemisphere
herencia inheritance
herida wound, injury
herido/a injured person
herir (ie, i) to wound
hermanastro/a stepbrother/stepsister
hermano/a brother/sister; **hermanos** *pl.* brothers and sisters, siblings
hermoso/a beautiful
héroe, heroína hero, heroine
heroico/a heroic
heroína heroin
herramienta tool
hervir (ie, i) to boil
hielo ice; **patinar sobre hielo** to ice skate
hierbas herbs
hierro iron
hígado liver
higo fig
hijo/a son/daughter; **hijo/a único/a** only child; **hijos** children, sons and daughters
hilo linen
hinchado/a swollen
hipnotizado/a hypnotized
hispano/a Hispanic
Hispanoamérica Spanish America
hispanoamericano/a Spanish American
histérico/a hysterical
historia history; story
historial *m.* case history, file
histórico/a historic
historietas *pl.* comics, funnies
hocico snout
hogar *m.* home; **personas sin hogar** homeless people
hogareño/a homelike
hoja leaf
hojalata tin
hola hello, hi
Holanda Holland
hombre *m.* man
hombro shoulder
homenaje *m.* homage, tribute
homicidio homicide
homosexualidad *f.* homosexuality
hondureño/a Honduran, from Honduras
hongo mushroom
honrado/a honest
hora hour; **¿a qué hora?** when? (at) what time?; **a última hora** at the last minute; **es hora de (que)** it's time to; **las horas de (trabajo)** (work) schedule; **¿qué hora es?** what time is it?; **ya era hora** it's about time
horneado/a baked
horno oven; **al horno** baked; **horno de microondas** microwave
horóscopo horoscope
hospedarse (en) to stay (*in a hotel*)
hospital *m.* hospital
hospitalidad *f.* hospitality
hotel *m.* hotel
hoteleras: cadenas hoteleras hotel chains
hoy *m.* today; **hoy (en) día** nowadays
huelga strike
huelguista *m., f.* striker
huérfano/a orphan
hueso bone; **de carne y hueso** of flesh and blood
huésped(a) guest
huevo egg; **huevos cocidos/revueltos** hard-boiled/scrambled eggs; **huevos rancheros** *fried eggs with hot sauce served on a fried tortilla* (*Mex.*)
huir (y) to flee
humano/a human; *m.* **ser(es) humano(s)** human being(s)
humedad *f.* humidity
húmedo/a humid
humo smoke
humor *m.* humor; mood; **(de) buen/mal humor** (in a) good/bad mood
hundirse to sink
huracán *m.* hurricane

I

ibérico/a Iberian
ida y vuelta round-trip
idea idea; **idea preconcebida** preconceived idea
ideal ideal

idealista *m., f.* idealistic
idéntico/a identical
identificación *f.* identification
identificar (qu) to identify
ideología ideology
idioma *m.* language
idóneo/a suitable; ideal
iglesia church
igual equal; similar; **igual que** just like
igualdad *f.* equality
igualmente equally, likewise, same here
ilegal illegal
ileso/a unharmed
ilimitado/a unlimited
ilustrar to illustrate
imagen *f.* image
imaginación *f.* imagination
imaginar(se) to imagine, suppose
imaginario/a imaginary
imaginativo/a imaginative
imán *m.* magnet
imitar to imitate
impaciente impatient
impacto impact
impartir to impart, give off
impecable impeccable
imperativo imperative
imperfecto imperfect
imperio empire
impermeable *m.* raincoat
imponerse (*like* **poner**): **saber imponerse** to know how to dominate, impose one's authority
importación *f.* importation
importado/a imported
importancia importance
importante important
importar to import; to matter, be important; **¡qué me importa a mí!** I don't care!
importe *m.* cost
imposible impossible
impresión *f.* impression
impresionado/a impressed
impresionante impressive
impreso/a printed
improbable not probable
improvisado/a improvised
impuesto tax
impulsar to impel
impulsivo/a impulsive
inca *n. m., f.* Inca; *adj.* Incan
incaico/a Incan
incentivo incentive, inducement
incidente *m.* incident
incluir (y) to include
incluso including
incomodidad *f.* discomfort
incómodo/a uncomfortable
incondicional unconditional
inconsciente unconscious

inconveniente *m.* obstacle; **tener inconveniente** to mind, object
incorporar to incorporate
incorrecto/a incorrect
incrédulo/a incredulous; unbelieving
indefenso/a defenseless
indeformable unbendable
independencia independence; **Día de la Independencia** Independence Day
independiente independent
independizarse (c) to become independent
indeseado/a undesired
indicación *f.* indication; instruction
indicar (qu) to indicate
indicativo indicative
índice *m.* index; **índice de natalidad** birth rate
indígena *n. m., f.* native; Indian; *adj.* indigenous, native
indirecto/a indirect
indiscreto/a indiscreet
indispensable indispensable, absolutely necessary
individual *adj.* individual; single
individuo/a individual
indudable doubtless
industria industry
industrial industrial; **obrero/a industrial** industrial worker
ineptitud *f.* ineptitude
inepto/a inept
inesperado/a unexpected
inestable unstable
infancia infancy
infantil of or pertaining to children
infarto heart attack; stroke
infección *f.* infection
infeliz *m., f.* (*pl.* **infelices**) wretch
infidelidad *f.* unfaithfulness
infierno hell
infinidad *f.* infinity
infinitivo infinitive
infinito/a infinite
inflación *f.* inflation
influencia influence
influir (y) to influence
información *f.* information
informar to inform; **informarse** to inform oneself, find out
informática data processing
informe *m.* report; *pl.* information
ingeniería engineering
ingeniero/a engineer
ingerir (ie, i) to ingest
Inglaterra England
inglés *m.* English (*language*)
inglés, inglesa English
ingrediente ingredient
ingreso entrance; income
inicial initial
iniciar to initiate

injusticia injustice
inmediato/a immediate
inmenso/a immense
inmigración *f.* immigration
inmigrante *m., f.* immigrant
inminente imminent
inmortalizado/a immortalized
inmunológico/a immunological
inodoro toilet
inolvidable unforgettable
inscribir(se) to enroll, register
inscripción *f.* enrollment
inscrito/a *p.p.* enrolled, registered
inseguro/a insecure
inseminación *f.* insemination
inservible unusable
insignificante insignificant
insistir to insist
insoluto/a unpaid
insoportable unbearable
inspeccionar to inspect
inspector(a) inspector
instalación *f.* installation
institución *f.* institution
instituto institute
instrucción *f.* instruction
instructor(a) instructor
instruir (y) to instruct
instrumental *m. sing.* instruments
instrumento instrument
insultar to insult
intelectual intellectual
inteligencia intelligence
inteligente intelligent
intensamente intensely
intensidad intensity
intensivo/a intensive
intenso/a intense
intentar to try
interacción *f.* interaction
intercambiar to exchange
interés *m.* interest; *pl.* interest (*on a loan*)
interesante interesting
interesar to interest
interior *m.* interior; *adj.* interior, inner; **ropa interior** underwear
internacional international
internado/a en el hospital in the hospital
interno/a internal
interoceánico/a interoceanic
interpretar to interpret
intérprete *m., f.* interpreter; performer
interrogado/a interrogated
interrumpir to interrupt
interrupción *f.* interruption
interurbano/a long-distance (*call*)
intervención intervention
intervenir (*like* **venir**) to intervene
íntimo/a intimate, close
intoxicación *f.* intoxication; poisoning
intriga intrigue

introducir (*like* **producir**) to insert; to introduce/present (*things*)
intuitivo/a intuitive
inútil useless
invadir to invade
inventar to invent
invertir (ie, i) to invest
investigación *f.* investigation; research
investigador(a) investigator; researcher
investigar (gu) to investigate
invierno winter
invitación *f.* invitation
invitado/a *n.* guest; *adj.* invited
invitar to invite
inyección *f.* injection
ir (*irreg.*) to go; **ir a** + *place* to go (*somewhere*); **ir a** + *infin.* to be going to (*do something*); **ir al cine** to go to the movies; **ir de compras** to go shopping; **ir de vacaciones** to go on vacation; **irse** to leave, go away
iris: arco iris rainbow
irremediablemente irremediably, incurably
irrepetible unrepeatable
irresistible irresistible
irritable irritable
irritado/a irritated
isla island
Italia Italy
italiano Italian (*language*)
italiano/a Italian
itinerario itinerary
izquierda left; **a la izquierda** to the left (*direction*)
izquierdista *m., f.* leftist
izquierdo/a *adj.* left

J

jabón *m.* soap
jabonera soap container
jactarse (de) to boast, brag (about)
jai alai jai alai (*sport*)
jalar to pull
jalea jelly
jamás never
jamón *m.* ham
Japón Japan
japonés *m.* Japanese (*language*)
japonés, japonesa Japanese
jarabe *m.* syrup; **jarabe para la tos** cough syrup
jardín *m.* garden
jardinero/a gardener
jaula cage
jefe/a boss
jitomate *m.* tomato (*Mex.*)
jonrón *m.* home run
jornada (work) day; **jornada completa** full-time work; **media jornada** part-time work

joven *m., f.* young person; *adj.* young
jovial jovial
joya jewel
jubilarse to retire
juego game
jueves *m. sing.* Thursday
juez *m., f.* (*pl.* **jueces**) judge
jugador(a) player
jugar (ue) (gu) (a) to play (*sports*); **jugar a las cartas** to play cards
jugo juice; **jugo natural** fresh (natural) juice
juguete *m.* toy
juicio: sano juicio sanity
julio July
junio June
junto/a united, joined; **junto a** *prep.* close to, together with; **juntos/as** together
jurar to swear, vow
justificar (qu) to justify
justo/a just
juvenil juvenile
juventud *f.* youth

K

kilo(gramo) kilo, kilogram
kilómetro kilometer
kínder *m.* kindergarten
kiosco kiosk, newsstand

L

la *f. definite article* the; *d.o.* her, it, you (*pol. sing.*)
laberinto labyrinth
labio lip
labor *f.* work, task; labor
laboratorio lab, laboratory
lacio/a straight (*hair*)
lado side; **al lado de** *prep.* next to, beside; **de cada lado** on each side; **de al lado** *adj.* next-door
ladrar to bark
ladrillo brick
ladrón, ladrona thief
lagarto alligator; lizard
lago lake
laguna lagoon
lamentablemente unfortunately
lamento lament
lámpara lamp
lana wool
lancha boat
langosta lobster
lanzamiento launching
lápiz *m.* (*pl.* **lápices**) pencil
largo/a long
larguirucho/a lanky
las *f. pl. definite article* the; *d.o.* them (*f.*), you (*pol. f. pl.*)
lástima pity; **qué lástima** what a shame

lata can
latino/a Latin
Latinoamérica Latin America
latinoamericano/a Latin American
laudable praiseworthy
lavabo (bathroom) sink
lavadora washing machine
lavandería laundromat
lavaplatos *m. sing.* dishwasher
lavar to wash; **lavarse el pelo** to wash one's hair; **lavarse los dientes** to brush one's teeth
le *i.o.* to/for him, her, it, you (*pol. sing.*)
lealtad *f.* loyalty
lección *f.* lesson
lector(a) reader
lectura reading
leche *f.* milk; **dulce de leche** custard cream; **leche descremada** skim milk
lechón *m.* suckling pig
lechuga lettuce
leer (y) to read
legalización *f.* legalization
legar (gu) to bequeath
legendario/a legendary
legumbre *f.* vegetable
lejano/a far-off, distant
lejos *adv.* far; **lejos de** *prep.* far from
lengua tongue; language
lenguaje *m.* language
lentes *m. pl.* glasses
lento/a slow
leña firewood
les *i.o.* to/for them, you (*pol. pl.*)
letras *pl.* letters; **filosofía y letras** humanities
letrero sign; **letrero de carretera** road sign
levantar to lift; **levantar pesas** to lift weights; **levantarse** to get up
ley *f.* law; **estudiar leyes** to study law
leyenda legend
liberación *f.* liberation
libertad *f.* liberty
libertador(a) liberator
libra pound; Libra
libre free; **al aire libre** outside
librería bookstore
libro book
licencia licence; permission
licenciado/a lawyer
licuadora blender
líder *m., f.* leader
ligero/a light
limitar to limit
límite *m.* limit; **edad límite** maximum age
limón *m.* lemon
limonada lemonade
limpiaparabrisas *m. sing.* windshield wiper
limpiar to clean
limpio/a clean
lindo/a pretty

línea line; **línea aérea** airline; **línea ecuatorial** equator
lío problem; mess; **meterse en líos** to get into trouble; **tener líos** to have problems, be in trouble
líquido liquid
líquido/a *adj.* liquid
liso/a smooth
lista list
listo/a: estar listo/a to be ready; **ser listo/a** to be clever
literatura literature
litro liter
lo *d.o.* him, it, you (*pol. m. sing.*); **lo que** what, that which; **lo siento** I am sorry
local *m.* place, locale; *adj.* local
localidad *f.* seat, ticket
loción *f.* lotion; **loción bronceadora** suntan lotion
loco/a crazy
locomotora locomotive
lógica logic
lógico/a logical
logo logo
lograr to achieve; to manage (*to do something*); to attain
loma knoll
lona canvas
Londres London
longevidad *f.* longevity
los *m. pl. definite article* the; *d.o.* them (*m.*), you (*pol. m. pl.*)
lote *m.* lot
lotería lottery
lucir (zc): lucirle el pelo *coll.* to become famous
lucha fight; struggle
luchar to fight
luego then; next; later; **hasta luego** see you later
lugar *m.* place; **en lugar de** instead of
lujo luxury; **de lujo** luxurious
lujoso/a luxurious
luna moon; **luna de miel** honeymoon
lunar *m.* mole (*skin*); **de lunares** *adj.* polka-dotted
lunes *m. sing.* Monday
luz *f.* (*pl.* **luces**) light

LL

llamar to call; **llamar la atención** to call, attract one's attention, interest; **llamar por teléfono** to telephone; **llamarse** to be named, called; **¿cómo se llama Ud.?, ¿cómo te llamas?** what's your name?; **me llamo ___** my name is ___
llano plain (*geography*)
llanta (*automobile*) tire; **llanta desinflada** flat tire
llanura plain (*geography*)
llave *f.* key
llegada arrival
llegar (gu) to arrive; **llegar a tiempo** to arrive on time; **llegar a un acuerdo** to come to an agreement; **llegar tarde** to arrive late, be late
llenar to fill; to fill in
lleno/a de full of
llevar to carry; to wear; to have (*in it*); to take (*someone or something somewhere*); **llevar a bautizar** to be a godparent; **llevar a cabo** to carry out (*plans*); **llevarse bien (con)** to get along (with); **llevárselo en** + *price* to take (buy) it for *price*; **me lo llevo** I'll take it
llorar to cry
lloroso/a tearful
llover (ue) to rain
llovizna drizzle
lloviznar to drizzle
llueve it rains, is raining (*from* **llover**)
lluvia rain; **lluvia ácida** acid rain
lluvioso/a rainy

M

machista *m., f.* male chauvinistic person
macho male
madera wood
madrastra stepmother
madre *f.* mother; **Día de las Madres** Mother's Day
madrina godmother
madrugada dawn
maduro/a mature; ripe
maestro/a teacher
magia magic
mágico/a magic
magnífico/a magnificent
mago magician; **Los Reyes Magos** Three Kings, Three Wise Men
maíz *m.* corn
majestad *f.* majesty
mal *adv.* badly
mal, malo/a bad; **de buen/mal humor** in a good/bad mood
maldad *f.* evil, wickedness
maldito/a damned, cursed
maleta suitcase; **hacer las maletas** to pack one's bags
maletero (car) trunk
mamá mother
mami *f.* mommy
mandar to send; to command, order
mandarinas: naranjas mandarinas mandarin oranges, tangerines
mandato order, command
manejar to drive
manera manner, way; **de esta/esa manera** (in) this/that way; **de manera que** so that
manga sleeve
mango mango (*fruit*)
manifestación *f.* sign, manifestation; demonstration
manifestante *m., f.* demonstrator
mano *f.* hand; **hecho/a a mano** handmade
manso/a tame
manteca shortening; lard
mantel *m.* tablecloth
mantener(se) (*like* **tener**) to maintain (oneself)
mantequilla butter
mantequillera butter dish
manual *adj.* manual
manufactura manufacture
manzana apple
mañana morning; *adv.* tomorrow; **pasado mañana** the day after tomorrow
mapa *m.* map
maquillaje *m.* makeup
maquillarse to put on makeup
máquina machine; **escribir a máquina** to type; **máquina de escribir** typewriter
maquinaria machinery
mar *m., f.* sea; **la mar de** very; lots of
maravilla: qué maravilla how wonderful
maravilloso/a marvelous
marca brand
marco frame; setting
marcha march; **en marcha** in motion
marchar to go; **lo bien que le marcha** how well it's going
mareado/a seasick, nauseated; dizzy
marearse to get seasick, carsick; to become nauseated; to get dizzy
margarina margarine
mariachi *type of Mexican music*
marido husband
marino marine; **azul marino** navy blue
mariscos *pl.* shellfish
marítimo: transporte marítimo transportation by sea
mármol *m.* marble
martes *m. sing.* Tuesday
martillo hammer
marxismo Marxism
marxista *m., f.* Marxist
marzo March
más more; **el/la más ___** the most ___, the ___est; **más de** + *number* more than; **más o menos** more or less; **más que** more than; **más tarde** later
masa dough for bread or tortillas; **masas** masses (*people*)
mascarada masquerade
masticar (qu) to chew
matar to kill
matemáticas *pl.* mathematics
materia subject (*school*)
material *m.* material
maternidad *f.* maternity
materno/a maternal

matrícula registration
matricularse to register (*in school*)
matrimonial matrimonial; **cama matrimonial** double bed
matrimonio marriage
máximo/a maximum
maya *m., f.* Mayan; **los mayas** Mayan Indians
mayo May
mayonesa mayonnaise
mayor older; bigger; oldest; biggest; **la mayor parte de** most of; **mayor de edad** of age (21)
mayoría majority
mazmorra dungeon; **dragones y mazmorras** dungeons and dragons
mazorca de maíz ear of corn
me *d.o.* me; *i.o.* to/for me; *refl. pron.* myself
mecánicamente mechanically
mecánico/a mechanic
mecedora rocking chair
mechón *m.* lock of hair
media half past (*time*)
mediano/a medium
medianoche *f.* midnight
mediante by means of
medias *pl.* stockings
medicamento medication
medicina medicine
medición *f.* measurement
médico/a *n.* doctor; *adj.* medical
medida measure; **a medida que** while, as
medio middle; medium; means; **el número medio** median; **en medio de** in the middle of; **medio ambiente** environment; **medios de comunicación** media; **por medio de** by means of
medio/a *adj.* half; half past; **media hora** half hour; **las cinco y media** half past five
mediodía *m.* noon, midday
medir (i, i) to measure
mediterráneo/a Mediterranean
mejilla cheek
mejor better; best; **lo mejor** the best thing; **mejor amigo/a** best friend
mejorar to improve
melocotón *m.* peach
melón *m.* melon
memorable memorable
memoria memory
mencionar to mention
menor younger; youngest; least; **menor de edad** minor
menos less; **a menos que** unless; **echar de menos** to miss (*people*); **menos mal** (it's a) good thing; **por lo menos** at least
mensaje *m.* message
mensual monthly
mental mental
mente *f.* mind; **tener en mente** to keep in mind

mentir (ie, i) to lie, tell lies
mentira lie
menú *m.* menu
menudo: a menudo often
mercado market; **sacar al mercado** to put on the market (*new product*); **salir al mercado** to be out on the market (*new product*)
mercancía merchandise
merecer (zc) to deserve
merendar (ie) to snack; to picnic
merienda snack; picnic
mermelada marmelade
mes *m.* month
mesa table; **atender mesas** to wait on tables
mesero/a waiter/waitress
mesita coffee table
meta goal
metadona methadone
metal *m.* metal
metálico/a metallic
meter to put; **meterse (a)** to go/get into; **meterse en líos** to get into trouble
método method
metro subway; meter
metrópoli *f.* big city, metropolis
mexicano/a Mexican
mexic(an)oamericano/a Mexican American
mezcla mixture
mezclar to mix
mezclilla denim
mi *poss. adj.* my
mí *obj. of prep.* me; **¡y a mí qué!** what do I care!
miau *m.* (cat's) meow
microbio microbe, germ
microondas: horno de microondas microwave (oven)
miedo fear; **dar miedo** to frighten; **tener miedo** to be afraid
miel *f.* honey; **luna de miel** honeymoon
miembro member
mientras (que) while
miércoles *m. sing.* Wednesday
mil one thousand
milagrosamente miraculously
milímetro millimeter
militar *m.* military; **militares** soldiers
milla mile
millón *m.* million
millonario/a millionaire
mimoso/a pampered
mineral *adj.* mineral
minería mining
mini *adj.* mini
minifalda miniskirt
mínimo/a minimum
ministerio ministry
ministro/a minister; *m. f.* **primer ministro** prime minister
minoría minority

minoritario/a *adj.* minority
minuto minute
mío/a *poss. adj.* my, (of) mine
mirada look
mirar to look at; to watch; **mirarse en el espejo** to look at oneself in the mirror
misa mass (*religious*)
mismo/a same; self; **ahora mismo** right now; **el/la mismo/a** the same one; **lo mismo** the same thing; **por sí mismos/as** for themselves; **tú mismo/a** you yourself
misterio mystery
misterioso/a mysterious
mitad *f.* half; **la mitad de** half of
mixto/a mixed
mobiliario furniture
moda style; **de moda** in style
modelo model
moderado/a moderate
modernidad *f.* modernity, modernness
modernista *m., f.* modernist
modernizar (c) to modernize
moderno/a modern
modesto/a modest
módico/a reasonably priced, affordable
modismo idiomatic expression
modo way; **de modo que** so that; **de todos modos** anyway; **¡ni modo!** *coll.* tough!, too bad!

molde *m.* mold
mole poblano *m.* Mexican sauce made with chocolate, spices, and chiles
molestar to bother, annoy
molestia annoyance
molesto/a annoyed, bothered, upset
molido/a ground; **carne molida** ground beef
momento moment
monarquía monarchy
moneda coin; currency
monetario/a monetary
mono/a monkey
monstruo monster
montaña mountain
montañoso/a mountainous
montar a caballo to ride a horse
monte *m.* hill
monumento monument
morado/a purple
moral *adj.* moral
moraleja moral (*of a story*)
morder (ue) to bite
morfina morphine
morir(se) (ue, u) to die; **morirse de celos** to die of jealousy; **morirse de hambre** to starve
mosca fly
moscada: nuez moscada nutmeg
moscatel: uva moscatel muscatel grape
Moscú Moscow

mostaza mustard
mostrador *m.* counter
mostrar (ue) to show
motivado/a motivated
moto(cicleta) *f.* motorcycle; **andar en moto(cicleta)** to ride a motorcycle
motor *m.* motor
mover (ue) to move
movimiento movement
muchacho/a boy/girl
muchísimo *adv.* very much
mucho *adv.* much; a lot
mucho/a much; **muchos/as** many
mudarse to move (*to another residence*)
mueble (piece of) furniture; *pl.* furniture
muela molar
muerte *f.* death
muerto/a dead; **el Día de los Muertos** All Souls' Day
muestra sample
mujer *f.* woman; wife
muleta crutch
multa fine; parking ticket
multinacional multinational
multitud *f.* crowd
mundial *adj.* worldwide
mundialmente all over the world
mundo world; **todo el mundo** everyone
municipal municipal
muñeca wrist
muñeco/a doll
mural *m.* mural
muralla wall
músculo muscle
museo museum
música music
músico/a musician
muslo thigh
musulmán, musulmana Muslim
muy very

N

nacer (zc) to be born
nacido/a *p.p.* born; **recién nacido/a** newborn
nacimiento birth; **fecha de nacimiento** birth date; **lugar de nacimiento** birthplace
nación *f.* nation
nacional national
nacionalidad *f.* nationality
nacionalización *f.* nationalization
Naciones Unidas United Nations
nada nothing; **de nada** you're welcome
nadar to swim
nadie no one, nobody, not anybody
nalga buttock
naranja orange
narcotraficante *m., f.* drug dealer
narcotráfico drug dealing
nariz *f.* (*pl.* **narices**) nose

narración *f.* narration
narrar to narrate
nasal: goteo nasal nasal drip
natación *f.* swimming
natal: país natal native country
natalidad *f.* birth; **índice de natalidad** birthrate
naturaleza nature
naturalmente naturally
náuseas *pl.* nausea; **tener náuseas** to be nauseated
náuticos: deportes náuticos water sports
navaja razor
nave *f.* ship; **nave espacial** spaceship
navegar (gu) to sail
Navidad(es) *f.* Christmas; **árbol de Navidad** Christmas tree
neblina fog
nebulización *f.* puffs of (nasal) spray
necesario/a necessary
necesidad *f.* necessity
necesitar to need; **necesitarse** to be needed, necessary
negar (ie) (gu) to deny; **negarse a** + *inf.* to refuse to
negativo/a negative
negociante *m., f.* businessman/ businesswoman
negocio business; **hombre/mujer de negocios** businessman/businesswoman
negro/a black
nene/a infant, baby
nervio nerve
nervioso/a nervous
nevar (ie) to snow
ni neither; nor; **ni ___ ni ___** neither ___ nor ___; **¡ni modo!** too bad!, tough!
nicaragüense *m., f.* Nicaraguan
nieto/a grandson/granddaughter; **nietos** *pl.* grandchildren
nieva (*from* **nevar**) it snows, is snowing
nieve *f.* snow
nimio/a insignificant
ningún, ninguno/a no, none, not any
niñera baby-sitter; nursemaid
niñez *f.* (*pl.* **niñeces**) childhood
niño/a boy/girl; child; **niños** *pl.* children
nivel *m.* level; **sobre el nivel de mar** above sea level
no no; not; **¿no?** right?; **no hay de qué** you're welcome
nocturno/a *adj.* nocturnal, night; **club nocturno** nightclub
noche *f.* night; **buenas noches** good night; **de noche** at night; **esta noche** tonight
Nochebuena Christmas Eve
Nochevieja New Year's Eve
nombrar to name
nombre *m.* name
nordeste *m.* northeast
nórdico/a Nordic
normalmente normally

noroeste *m.* northwest
norte *m.* north
norteamericano/a North American
Noruega Norway
nos *d.o.* us; *i.o.* to/for us; *refl. pron.* ourselves; **nos vemos** we'll be seeing each other; see you
nosotros/as *sub. pron.* we; *obj. of prep.* us
nota note; grade (*in a course*)
notable notable
notar to notice, note
noticia notice; news item; **noticias** *pl.* news
noticiero newscast
novecientos/as nine hundred
novedoso/a novel, new
novela novel
novelista *m., f.* novelist
noveno/a ninth
noventa ninety
noviazgo engagement
noviembre *m.* November
novio/a boyfriend/girlfriend; fiancé(e); groom/bride
nube *f.* cloud
nublado/a cloudy
nuclear nuclear; **carrera nuclear** nuclear arms race
núcleo nucleus
nuera daughter-in-law
nuestro/a *poss.* our
nuevamente again
nueve nine
nuevo/a new; **Año Nuevo** New Year; **de nuevo** again
nuez *f.* (*pl.* **nueces**) nut; **nuez moscada** nutmeg
número number; **número de teléfono** phone number
numeroso/a numerous
nunca never; **casi nunca** very rarely
nupcial nuptial
nutrición *f.* nutrition
nutrir to nourish
nutritivo/a nutritious

O

o or
obedecer (zc) to obey
objeto object
obligación *f.* obligation
obligar (gu) to obligate, force
obligatorio/a obligatory
obra work; **mano de obra** labor
obrero/a worker
obsequiado/a a treated to, given
observado/a observed
observador(a) *n.* observer; *adj.* observant
observar to observe
obsesión *f.* obsession
obtener (*like* **tener**) to obtain
obviamente obviously

ocasión *f.* occasion
ocasionado/a occasioned, caused
occidental western
oceánico/a oceanic
océano ocean
octavo/a eighth
octubre *m.* October
ocultar to hide
ocupación *f.* occupation
ocupado/a busy
ocuparse de to take care/charge of
ocurrido: todo lo ocurrido all that happened
ocurrir to occur, happen
ochenta eighty
ocho eight
ochocientos/as eight hundred
oda ode
odiar to hate
oferta offer
oficial *adj.* official
oficina office
oficio job, trade
ofrecer (zc) to offer
oído (inner) ear
¡oiga! listen! hey!
oír (*irreg.*) to hear
ojalá I hope
¡ojo! watch out! take note!
ola wave (*water*)
oleoducto oil pipeline
oler (huelo) to smell
Olimpíadas Olympics
olímpico/a olympic; **Juegos Olímpicos** Olympic Games
olmo elm
olor *m.* smell; **olor a** a smell of
olvidar to forget; **olvidarse** to be forgotten
olla de presión pressure cooker
omeleta omelette
once eleven
onza ounce
opción *f.* option
operador(a) operator
operar to operate
opinar to think; to give one's opinion
opinión *f.* opinion
oponer (*like* **poner**) to oppose; **oponerse a** to be opposed to
oportunidad *f.* opportunity
oposición *f.* opposition
opresivo/a oppressive
óptico/a optical
optimista *m., f.* optimistic
óptimo/a optimal, best
oración *f.* sentence; prayer
oral oral
orden *m.* order; *f.* order (*of food*); command
ordenado/a tidy
ordenador *m.* computer; word processor
ordenar to order; to put into order
ordeñar to milk (*cows*)

oreja (external) ear
organismo organism
organización *f.* organization
organizar (c) to organize
órgano organ
orgulloso/a (de) proud (of)
oriental oriental; eastern
oriente *m.* east
origen *m.* origin
original original
orilla (river) bank, edge
orina urine
oro gold
orquesta orchestra
orquídea orchid
ortopedia *sing.* orthopedics
os *d.o.* you (*inf. pl. Sp.*); *i.o.* to/for you (*inf. pl. Sp.*); *refl. pron.* yourselves (*inf. pl. Sp.*)
oscuro/a dark
oso bear
ostra oyster
otoñal *adj.* autumn
otoño autumn
otro/a other, another
oveja sheep
oye (*inf. command of* **oír**) hey, listen
ozono ozone

P

paciencia patience
paciente *m., f.* patient
padrastro stepfather
padre *m.* father; **Día de los Padres** Father's Day; **padres** *pl.* parents
padrino godfather; *pl.* godparents
paella valenciana Spanish rice dish with shellfish, chicken, and pork
pagar (gu) to pay
página page
pago payment
país *m.* country; **país natal** native country
paisaje *m.* landscape; countryside
paja straw
pájaro bird
paje *m.* page (*child in a wedding*)
pala shovel
palabra word
palacio palace
pálido/a pale
palma palm
palmera palm tree
palomita small dove; **palomitas de maíz** popcorn
pan *m.* bread; **pan dulce** sweet roll (*Mex.*); **pan tostado** toast
pana corduroy
panadería bakery
panameño/a of or from Panama
pandilla street gang
panecillo roll, bun
pánico panic

panorama *m.* panorama
panqueques *m. pl.* pancakes
pantaletas *pl.* women's underpants
pantalón or **pantalones** *m.* pants, slacks; **pantalón vaquero** jeans; **pantalones de campana** bell-bottom pants
pantalla screen
pantorrilla calf (*of leg*)
pantuflas slippers
pañuelo kerchief
papa potato; **papas fritas** French fries
papá *m.* daddy
papaya papaya (*fruit*)
papel *m.* paper; role; **hacer el papel (de)** to play the role (of)
papelería stationery store
paperas *pl.* mumps
paquete *m.* package
par *m.* pair
para for; in order to; to; toward; **¿para qué?** why?; **¿para qué se usa?** what is it used for?
parabrisas *m. sing.* windshield
parachoques *m. sing.* bumper
parada stop (*bus*)
parador *m.* inn; state hotel
paraguas *m. sing.* umbrella
paraguayo/a Paraguayan
paralizar (c) to paralyze
parar to stop; **parar de** + *infin. coll.* to stop (*doing something*)
parcialmente partially
parecer (zc) to seem; **al parecer** apparently; **parecerse** to look like
pared *f.* wall
pareja couple
paréntesis *m. sing.* parenthesis
pariente/a relative; **ariente ni pariente** (neither) kith nor kin
parlamento parliament
parque *m.* park
parrilla grill; **a la parrilla** grilled, charbroiled
parrillada *sing.* assorted grilled meats
parroquia parish
parte *f.* part; **en todas partes** everywhere; **la mayor parte (de)** most (of), the majority (of)
partera midwife
participación *f.* participation
participar to participate
participio participle
particular particular; private
partidario/a partisan
partido (political) party; game (*sports*)
partir to depart; to divide; **a partir de** (starting) from
pasa raisin
pasado past
pasado/a *adj.* past; last; **el año pasado** last year; **la semana pasada** last week; **pasado mañana** the day after tomorrow

pasaje *m.* fare; ticket; passage; journey
pasajero/a passenger
pasaporte *m.* passport
pasar to pass; to spend (*time*); to happen; to show (*on television*); **pasar la aspiradora** to vacuum; **pasar la noche** to spend the night; **pasar tiempo (solo/a)** to spend time (alone); **pase(n) por favor** please come in; **¿qué pasa?** what's going on?; **¿qué pasó?** what happened?
Pascua Easter; **Domingo de Pascua** Easter Sunday
pasear to go for a walk
paseo walk, stroll; **dar un paseo** to go for a walk
pasión *f.* passion
pasivo/a passive
paso step; **dar un paso** to take a step; **de paso** in passing; **no hay paso** no entrance
pasodoble *m.* Spanish dance
pasta paste; *pl.* pasta
pastar to graze (*animals*)
pastel *m.* cake
pastilla tablet; lozenge
pata paw; **estirar la pata** *coll.* to "kick the bucket" (die)
patadas: dar patadas to kick
patata potato (*Sp.*)
paterno/a paternal
patillas *pl.* sideburns
patinaje sobre hielo *m.* ice skating
patinar to skate; **patinar sobre hielo** to ice skate
patio patio
patria native land
patriota *m., f.* patriot
patrón, patrona boss
paulatino/a gradual
pavo turkey
peatón, peatona pedestrian
pecho chest
pedazo piece
pediatra *m., f.* pediatrician
pediatría *sing.* pediatrics
pedido order
pedir (i, i) to ask for; to order in a restaurant; to request; **pedir perdón** to apologize; **pedir prestado/a** to borrow
pegar (gu) to hit; to make a hit
peinado hairdo
peinarse to comb one's hair
pelear to fight
película movie, film; film (*for camera*)
peligro danger
peligroso/a dangerous
pelo hair; **lavarse/secarse el pelo** to wash/dry one's hair
pelota ball
peluca wig
peludo/a hairy, shaggy
peluquería beauty shop; barber shop

peluquero/a barber/hairdresser
pena pain; sorrow; **pena de muerte** death penalty; **valer la pena** to be worth the trouble, worth it
pendiente de *coll.* tied down to
pensamiento thought
pensar (ie) to think; **pensar de** to have an opinion about; **pensar en** to think about; **pensar + infin.** to plan (*to do something*)
pensativo/a pensive
peor worse; **el/la peor** (the) worst; **lo peor** the worst thing
pepino cucumber
pequeño/a small
pera pear
percibir to perceive
perder (ie) to lose; **perderse** to get lost
pérdida loss
perdón *m.* pardon; **pedir perdón** to apologize; **perdón** or **perdone** excuse me
perejil *m.* parsley
pereza laziness
perfección *f.* perfection
perfeccionar to perfect
perfecto/a perfect
perfume *m.* perfume
periódico newspaper
periodista *m., f.* journalist
período period
perjudicial harmful
perla pearl
permanecer (zc) to remain
permanente *m.* (hair) permanent
permiso permission; **dar permiso** to give permission
permitir to permit
pero but
perro/a dog
persecución *f.* persecution
perseguido/a persecuted
persistente persistent
persistir to persist
persona person
personaje *m.* character (*in a book, play*)
personal *m.* personnel; *adj.* personal
personalidad *f.* personality
personalmente personally
perspectiva perspective
pertenecer (zc) to belong
peruano/a Peruvian
pesadilla nightmare
pesar to weigh; **a pesar de** in spite of
pesas *pl.* weights; **levantar pesas** to lift weights
pesca fishing
pescado fish (*for eating*)
pescar (qu) to fish
peseta *monetary unit of Spain*
pésimo/a terrible
peso weight; *monetary unit of Bolivia, Colombia, Cuba, Chile, Mexico, the Dominican Republic, and Uruguay;* **bajar de peso** to lose weight
pestaña eyelash
pesticida pesticide
petróleo oil
pez *m.* (*pl.* **peces**) (live) fish
pianista *m., f.* pianist
pie *m.* foot; **a pie** on foot; **ponerse de pie** to stand up; **dedos de los pies** toes
piedra stone
piel *f.* skin; fur; **piel de visón** mink
pierna leg
pieza play; piece
pijama *m. sing.* pajamas
píldora pill
pilotear to pilot
piloto *m., f.* pilot
pimienta pepper (*black*)
pintar to paint
pintor(a) painter
pintorreado/a crudely painted
pintura paint; painting
pinza pleat, dart
piña pineapple
pirámide *f.* pyramid
piscina swimming pool
piso floor
pizca pinch
plaguicida pesticide
plan *m.* plan
plancha iron
planchar to iron
planear to plan
planeta *m.* planet
planificar (qu) to plan
planta plant; floor; **planta baja** ground floor
plástico plastic
plata silver
plataforma platform
plátano banana
plateado/a silver(y)
platicar (qu) to chat
platillo dish (*culinary*)
plato plate, dish; **plato de fondo** main dish
playa beach
playera T-shirt
plaza plaza
pleno/a full; **de plena moda** right in style
plomo lead
pluma feather
población *f.* population
poblano see **mole**
pobre poor
pobreza poverty
poco/a little; **poco a poco** little by little; **poco asado/a, poco cocido/a** rare; **un poco de** a little (of); **pocos/as** few
poder (*irreg.*) to be able
poema *m.* poem
poesía poetry

poeta *m., f.* poet
poético/a poetic
policía police (*force*); *m.* policeman; **mujer policía** policewoman
poliéster *m.* polyester
política *sing.* politics
políticamente politically
político/a politician
politizarse (c) to become politicized
polvo dust; powder
polvorón *m. type of cookie rolled in powdered sugar*
pollo chicken
pomelo grapefruit (*Sp.*)
pon *m.* ride; **pedirse un pon** to hitchhike (*Puerto Rico*)
poner (*irreg.*) to put; **poner atención** to pay attention; **poner una cara** to make a face; **poner discos** to play records; **poner en orden** to put in order; **ponerse** + *adj.* to become + *adj.;* **ponerse de pie** to stand up; **ponerse en forma** to get into shape; **ponerse perfume/la ropa** to put on perfume/clothes; **ponerse rojo/a** to blush
popular *adj.* popular; folk; of the people
poquito a little bit
por by; during; for; for the sake of; in; on account of; per; through; **por avión** airmail; **por cierto** for sure; **por completo** totally; **por ejemplo** for example; **por eso** therefore; that's why; **por favor** please; **por fin** finally; **por lo general** generally; **por la mañana/noche/tarde** in the morning/evening/afternoon; **por lo menos** at least; **por medio de** by means of; **por primera/última vez** for the first/last time; **por si acaso** just in case; **por suerte** luckily; **por supuesto** of course
porcentaje *m.* percentage
porción *f.* portion
pormenor *m.* detail
pornográfico/a pornographic
¿por qué? why?; **por qué** why
porque because
portafolio portfolio
portal *m.* entrance; porch
portar to carry; **portar armas** to bear arms
portátil portable
portugués *m.* Portuguese (*language*)
portugués, portuguesa Portuguese
poseer (y) to have, possess
posesión *f.* possession
posesivo possessive
posibilidad *f.* possibility
posible possible
positivo/a positive
posponer (*like* **poner**) to postpone
postal *f.* postcard; *adj.* postal; **apartado postal** post office box; **giro postal** (postal) money order; **tarjeta postal** postcard
poste *m.* post, pole

posterior *adj.* later
postre *m.* dessert
postularse to run (*as a candidate*)
postura posture
potencia power
potente powerful
pozo well
práctica practice
practicar (qu) to practice; **practicar un deporte** to play a sport
práctico/a practical
precavido/a cautious
precio price
precioso/a lovely
precisión *f.* precision
preciso/a precise
precolombino/a pre-Columbian
preconcebido/a preconceived
predecir (*like* **decir**) to predict
preferencia preference
preferible preferable
preferido/a favorite
preferir (ie, i) to prefer
pregunta question; **hacer una pregunta** to ask a question
preguntar to ask (*questions*); **preguntar por** to ask about (*someone*)
prejuiciado/a prejudiced
prejuicio prejudice; **en prejuicio de** harmful to
prelavar to prewash
premio prize; **el premio gordo** grand prize; **Premio Nóbel** Nobel Prize
prenda garment, article of clothing
prender to turn on (*lights*)
prensa press; **libertad de prensa** freedom of the press
preocupación (por) *f.* concern, worry (about)
preocupado/a worried, concerned
preocuparse (por) to worry (about)
preparación *f.* preparation
preparar to prepare; **preparar la cena** to get dinner ready
preparativo preparation
preparatoria *high school for college-bound students*
preposición *f.* preposition
presa dam
presencia presence
presentación *f.* presentation; introduction
presentar to present; to introduce (*people*)
presente *n. m.* present; *adj.* present
preservar to preserve, protect
presidencia presidency
presidente/a president
presidido/a presided over
presión *f.* pressure
presionado/a pressed, pressured
prestación *f.* feature; (job) benefit
prestado/a: pedir prestado/a to borrow

préstamo loan
prestar to lend; **prestar atención** to pay attention
prestigio prestige
presumido/a conceited
presupuesto budget
pretérito preterite
pretexto pretext
prevalente prevalent
prevenir (*like* **venir**) to prevent
primaria primary school
primavera spring
primer, primero/a first; **de buenas a primeras** suddenly; **primer ministro** prime minister
primo/a cousin
princesa princess
principal principal, essential
principiante *m., f.* beginner
principio principle; beginning; **al principio** at first
prioridad *f.* priority
prisa speed; **tener prisa** to be in a hurry
prisión *f.* prison
privado/a private
probablemente probably
probar (ue) to try; to prove; to try on (*clothing*)
problema *m.* problem
proceso process
producción *f.* production
producir (*irreg.*) to produce
producto product
productor *m.* producer
profesión *f.* profession
profesional professional
profesor(a) professor
profesorado faculty
profundo/a deep
programa *m.* program
progreso progress
prohibir to prohibit
promedio average
prometer to promise
prometido/a fiancé(e)
promoción *f.* promotional materials
promover (ue) to promote
promulgar (gu) to promulgate, enact
pronombre *m.* pronoun
pronosticar (qu) to predict; to forecast
pronóstico del tiempo weather forecast
pronto soon; **de pronto** suddenly; **hasta pronto** see you soon; **tan pronto como** *conj.* as soon as
pronunciar to pronounce
propagación *f.* propagation
propagar (gu) to propagate, spread
propiedad *f.* property
propietario/a owner
propina tip; **dejar una propina** to leave a tip

propio/a own
proponer (*like* **poner**) to propose
proporcionar to provide
propósito purpose
propuesta proposal
propuesto/a *p.p.* proposed
prosa prose
proseguir (*like* **seguir**) to continue, go on
prosperar to prosper
prosperidad *f.* prosperity
protagonista *m., f.* protagonist
protector(a) protective
proteger (j) to protect
proteína protein
proveer (*like* **ver**) to provide
provenir de (*like* **venir**) to arise from, originate in
provincia province
provocar (qu) to provoke
próximo/a next
proyecto project
prueba proof
psicofármaco mood-altering drug
psicología psychology
psicólogo/a psychologist
psiquiatra *m., f.* psychiatrist
publicar (qu) to publish
público *n.* public
público/a *adj.* public
pueblecito small town
pueblo town; people
puente *m.* bridge
puerco pig; **carne de puerco** pork
puerta door
puerto port
puertorriqueño/a Puerto Rican
pues well
puesto stall, stand; job, position
pulga flea
pulmón *m.* lung
pulso pulse
pulverizado/a powdered; **azúcar pulverizado** powdered sugar
punta tip; **puntas de los dedos** fingertips
puntiagudo/a sharp
punto point; **a punto de** on the verge of; **al punto** medium rare; **en punto** sharp, on the dot (*time*); **punto y aparte** new paragraph (*punctuation*)
puntual punctual
pupitre *m.* desk
puro cigar
puro/a pure

Q

que that, which; **lo que** that which
¿qué? what?; **¿de qué es?** what is it made of?; **¡qué bien!** how nice!; **¿qué tal?** how's it going?; **qué tal si** ___ how about (*doing something*); **¡qué va!** no way!
quedar to remain, be left; **quedarle bien/mal a uno** to fit well/badly (*clothing*); **quedarle apretado/suelto, grande/pequeño a uno** to be tight/loose, big/small (*clothing*); **quedarse** to stay, remain; **quedarse embarazada** to be pregnant; **quedarse en casa** to stay home
quehacer *m.* chore
quejarse to complain
quemadura burn
querer (*irreg.*) to want; to love (*people*)
querido/a dear
quesadilla *folded, cheese-filled, fried tortilla* (*Mex.*)
queso cheese
quetzal *m. monetary unit of Guatemala*
quicio doorjamb
quien who
¿quién(es)? who?
química chemistry
químico/a chemist
quince fifteen
quincentenario five hundredth anniversary
quinientos/as five hundred
quinto/a fifth
quiosco newsstand
quisiera I/he/she would like to
quitar to remove; **quitarse** to take off (*clothing*)
quizá(s) maybe

R

rábano radish
rabo tail
racimo cluster (*of grapes*)
radiador *m.* radiator
radicalmente radically
radicar (qu) to reside, live
radio radio
radio cassette *m.* car radio with tape deck
radio-reloj clock radio
radioyente *m., f.* (radio) listener
rallar to grate
ranchero/a ranch-style; **huevos rancheros** *fried eggs with hot sauce served on a fried tortilla* (*Mex.*)
rancho ranch; small farm
rapaz *m.* (*pl.* **rapaces**) bird of prey
rapidez *f.* speed
rápido/a fast
raqueta racquet
ráquetbol *m.* racquetball
raro/a strange, odd; **tipo raro** strange character
rascacielos *m. sing.* skyscraper
rascarse (qu) to scratch oneself
rasgo characteristic, trait
rasuradora eléctrica electric shaver
rato short time, while, little while
ratón *m.* mouse
raya line, stripe; **de rayas** striped
rayo ray, beam
raza race
razón *f.* reason; **tener razón** to be right
razonablemente reasonably
reacción *f.* reaction
reaccionar to react
reactor *m.* reactor
real real; royal
realidad reality; **en realidad** actually, really
realización *f.* production, execution, realization
realizado/a done, carried out
realizar (c) to carry out, produce; to fulfill, realize (*dreams*)
realmente really
rebajar to reduce (*price*)
rebanada slice
rebelde (*m., f.*) rebel; *adj.* rebellious
recámara bedroom
recepción *f.* reception
recepcionista *m., f.* receptionist
receta recipe; prescription
recetar to prescribe
recibir to receive
recién *adv.* recently; **recién casado/a** just married; newlywed; **recién nacido/a** newborn
reciente recent
recinto area
recipiente *m.* container
recíproco/a reciprocal
recoger (j) to pick up
recomendable recommendable
recomendación *f.* recommendation
recomendar (ie) to recommend
recomenzar (ie) (c) to begin again
recompensa reward
reconciliarse to reconcile
reconocer (zc) to recognize
reconocido/a famous
reconstruido/a rebuilt
recopilación *f.* summary
recordar (ue) to remember
recorrer to travel over; to pass over/through
recorrido trip, travel route
recortar to clip out (*coupons*)
recorte *m.* clipping; coupon
recreativo/a recreational
recreo recreation; recess (*school*)
recto/a straight
rectoría administration (*building*)
recuerdo souvenir; memory
recuperado/a recovered, recuperated
recurrir a to turn to
recurso resource
rechazable rejectable
rechazar (c) to reject
red *f.* net; network
reducido/a reduced
reembolso reimbursement

reemplazar (c) to replace
referirse (ie, i) (a) to refer (to)
reflejar to reflect
reflexión *f.* reflection
reforma agraria land reform
refrescante refreshing
refresco cold drink; soft drink
refrigerador *m.* refrigerator
refugiado/a refugee
refugio refuge
regalar to give *(gift)*
regalo gift
regar (ie) (gu) to water *(lawn)*
regatear to bargain
regateo bargaining
régimen *m.* regime; diet
región *f.* region
regir (i, i) (j) to govern
registrar to register; to report officially
regla rule; **en regla** in order
regresar to return, come back
regular regular; so-so, OK
reírse (i, i) (de) to laugh (about)
rejuvenecer (zc) to rejuvenate, recover one's youth
relación *f.* relation, relationship; **relaciones exteriores** foreign affairs
relacionado/a related
relajante relaxing
relámpago lightning
relativamente relatively
religioso/a religious
reloj *m.* clock
rellenar to stuff *(food)*
relleno/a stuffed; **chile relleno** stuffed chile (pepper)
remedio remedy; **remedio casero** household remedy
rendido/a worn out, exhausted
renovar (ue) to renew, renovate
renunciar to renounce
reparación *f.* repair; **taller de reparaciones** *m.* garage, repair shop
reparar to repair
repartir to distribute
repaso review
repente: de repente suddenly
repertorio repertory
repetir (i, i) to repeat
repleto/a replete, filled
réplica reply; **posteriores réplicas** aftershocks
reponer (*like* **poner**) to replace
reportaje *m.* report; newspaper article
reposado/a relaxed, rested
representante *m., f.* representative
representar to represent
represión *f.* repression
represivo/a repressive
reproducir (*like* **producir**) to reproduce
reptil *m.* reptile
reptilario reptile exhibit

república republic
republicano/a Republican
repuesto replacement
repulsivo/a repulsive
requerir (ie, i) to require
requisito requirement
res *f. sing.* head of cattle; **carne de res** *f.* beef
resbaloso/a slippery
rescatado/a rescued
reserva game reserve
reservación *f.* reservation
reservar to reserve
resfriado (head) cold
resfriado/a sick with a cold
residencia residence; **residencia estudiantil** dormitory
residencial residential
resistir to resist
resolver (ue) to resolve
respecta: en lo que respecta a regarding
respectivamente respectively
respecto: con respecto a with respect/regard to
respetar to respect
respeto respect
respiración *f.* breath, respiration
respirar to breathe
responder to respond
responsabilidad *f.* responsibility
responsable responsible
respuesta answer
restar to take away
restauración *f.* restoration
restaurante *m.* restaurant
resto remainder, rest; **el resto de** the rest of; **restos** remains
restricción *f.* restriction
restringir (j) to restrict
resuelto/a resolved
resultado result
resultar to result, turn out
resurrección *f.* resurrection
retirarse to withdraw
retorno return
reunión *f.* meeting; reunion
reunir to gather together; **reunirse (con)** to get together (with)
revés *m.* reverse; **al revés** backward
revisar to check (over)
revisión *f.* checkup
revista magazine
revitalización *f.* revitalization
revolcar (ue) (qu) to roll
revolución *f.* revolution
revolver (ue) to stir
revuelto/a *p.p.* stirred; **huevos revueltos** scrambled eggs
rey, reina king, queen; **Reyes Magos** Wise Men
rezar (c) to pray
rico/a rich, wealthy; tasty, delicious

ridículo/a ridiculous
riesgo risk
rifle *m.* rifle
rígido/a rigid
rincón *m.* corner *(of a room)*
riñón *m.* kidney
río river
riqueza wealth
risa laughter; laugh; **darle risa a uno** to make someone laugh
rizado/a curly *(hair)*
robar to rob
robo theft
roca rock
rodante *adj.* on wheels
rodear to surround
rodeo evasion; **sin rodeos** straightforwardly
rodilla knee
rogar (ue) (gu) to beg
rojo/a red
rollo roll
Roma Rome
romano/a Roman
romántico/a romantic
romper(se) to break
ronco/a hoarse
ropa clothing; **ropa interior** underwear
rosa rose; **color de rosa** pink
rosado/a pink
rosario *sing.* series
rostro face
roto/a *p.p.* broken
rozar (c) to brush lightly
rubio/a blond(e)
rueda wheel
ruido noise; **hacer ruido** to make noise
ruidoso/a noisy
ruina ruin
rumbo route
rumor *m.* rumor
Rusia Russia
ruso Russian *(language)*
ruso/a Russian
rústico/a rustic
ruta route
rutina routine
rutinario/a *adj.* routine

S

sábado Saturday
sábana sheet
saber *(irreg.)* to know *(information)*; **saber + infin.** to know how to *(do something)*
sabiendas: a sabiendas (de) knowing (about)
sabor *m.* flavor; taste
sabroso/a tasty
sacar (qu) to take out; **sacar a bailar** to ask to dance; **sacar adelante** to bring up,

raise; **sacar buenas/malas notas** to get good/bad grades; **sacar la basura** to take out the trash; **sacar un visado** to obtain a visa
saco sport coat
sacrificar (qu) to sacrifice
sacudir to dust (*furniture*)
sal *f.* salt
sala room; living room; **sala de clase** classroom; **sala de baño** bathroom; **sala de emergencias** emergency room; **sala de espera** waiting room; **sala de estar** living room
salario salary
salchicha sausage, frankfurter, hot dog
saldar to pay off (*debts*)
salero salt shaker
salida departure; exit
salir (*irreg.*) to leave; to go out; **salir a comer** to eat out; **salir a pasear** to go out for a walk; **salir adelante** to get ahead; **salir de noche** to go out at night; **salir de vacaciones** to go on vacation; **salir del trabajo** to get off work
salón *m.* room; salon; **salón de baile** ballroom; **salón de clase** classroom
salsa sauce; *type of Caribbean music*
saltar to jump; **saltar la cuerda** to jump rope
salud *f.* health; **¡salud!** God bless you! (*for sneeze*)
saludable healthy
saludar to greet
saludos greetings
salvadoreño/a Salvadoran, from El Salvador
salvaje *adj.* savage
salvar to save
salvavidas *inv.* lifeguard
sandalia sandal
sandía watermelon
Sandinista *m., f.* Sandinista
sandwich *m.* sandwich
sangre *f.* blood
sangriento/a bloody
sanguíneo/a of or pertaining to blood
sanitario/a sanitary
sano/a sound; healthy; **sano juicio** sanity
santo/a saint; **día del santo** saint's day; **Semana Santa** Holy Week; **Tierra Santa** Holy Land
santuario sanctuary
saqueado/a looted
sarampión *m. sing.* measles
sardina sardine
sargento sergeant
sartén *f.* (frying) pan
satisfacción *f.* satisfaction
satisfacer (*like* **hacer**) to satisfy
satisfecho/a *p.p.* satisfied
saxofonista *m., f.* saxophone player
se (*impersonal*) one; *refl. pron.* herself, himself, itself, themselves, yourself (*pol.*), yourselves (*pol.*)
secadora dryer
secar (qu) to dry; **secarse el pelo** to dry one's hair
sección *f.* section; **sección de fumar/no fumar** smoking/no smoking section; **sección deportiva** sports section (*newspaper*)
seco/a dry
secretario/a secretary; **secretario general** General Secretary
secreto secret
sector *m.* sector
secundario/a secondary; **escuela secundaria** high school
sed *f.* thirst; **tener sed** to be thirsty
seda silk
seductor(a) seductive
seguida: en seguida right away, immediately
seguido/a *p.p.* (**de**) followed (by)
seguir (i, i) (g) to follow; to go on, continue; **seguir + -ndo** to go on (*doing something*); **seguir una carrera** to have a career
según according to
segundo second (*time*)
segundo/a second
seguramente surely
seguridad *f.* security; **cinturón de seguridad** *m.* seatbelt
seguro insurance; **seguro médico** health insurance
seguro/a secure; **estar seguro/a** to be sure
seis six
seiscientos/as six hundred
selección *f.* selection
seleccionar to select
selectivo/a selective
selva jungle
semáforo traffic light
semana week; **fin de semana** *m.* weekend; **la semana pasada/próxima** last/next week; **Semana Santa** Holy Week
semejante similar
semestre *m.* semester
seminario seminar
Sena Seine (river)
senador(a) senator
sencillo/a simple
senda path
sensación *f.* sensation
sensibilidad *f.* sensitivity
sensible sensitive
sentarse (ie) to sit down
sentencia sentence (*legal*)
sentenciado/a sentenced
sentido sense; direction; **de doble sentido** two-way; **de un sólo sentido** one-way; **sentido del humor** sense of humor
sentimentalismo sentimentality
sentimiento feeling, sentiment
sentir(se) (ie, i) to feel
señal *f.* sign, signal
señor (Sr.) *m.* Mr., sir; gentleman
señora (Sra.) Mrs.; lady
señores (Sres.) *m. pl.* Mr. and Mrs.; gentlemen; sirs
señorita (Srta.) Miss; young lady
separación *f.* separation
separar to separate
septiembre *m.* September
séptimo/a seventh
sepulcro tomb
ser (*irreg.*) to be; **ser de** to be from; to be (made) of; **ser verdad** to be true
ser *m.* being; **ser humano** human being
serigrafiado/a silk-screened
serio/a serious
servicio service; **restaurante de servicio rápido** fast-food restaurant
servilleta napkin
servir (i, i) to serve; **¿en qué puedo servirle?** how can I help you?; **no sirve para nada** it's useless; **para servirle** at your service
sesenta sixty
sesión *f.* session, show; **sesión de noche** evening show
setecientos/as seven hundred
setenta seventy
sexo sex
sexto/a sixth
sexual sexual; **educación sexual** sex education
si if
sí yes
sí: en sí in itself; **por sí mismos** for themselves
SIDA AIDS
siderúrgico/a of or pertaining to iron and steel
siempre always
sierra mountain
siesta nap; **dormir la siesta/tomar una siesta** to take a nap
siete seven
siglo century
significado meaning
significar (qu) to mean
significativo/a significant
signo sign
siguiente following, next; **día siguiente** next day; **lo siguiente** the following
silencio silence
silenciosamente silently
silla chair
sillón *m.* easy chair
símbolo symbol
simpático/a nice
simpatizar (c) to sympathize
simplemente simply
simplista *m., f.* simplistic

simultáneamente simultaneously
sin without; **sin duda** doubtless; **sin embargo** however; **sin escala** nonstop; **sin que** *conj.* without
sincero/a sincere
sindicalista *m., f.* union member; *adj.* pertaining to unions
sindicato union
síndrome *m.* syndrome
sinnúmero: un sinnúmero de a countless number of
sino but (rather)
sinónimo synonym
síntesis *f. sing.* synthesis
sintético/a synthetic
síntoma *m.* symptom
sirviente/a servant
sismo earthquake
sistema *m.* system
sitio place; location, site
situación *f.* situation
situado/a situated
sobras leftovers
sobre on, on top of; about; **sobre el nivel del mar** above sea level; **sobre todo** above all
sobrepoblación *f.* overpopulation
sobresalir (*like* **salir**) to excel
sobresalto fright
sobreviviente *m., f.* survivor
sobrevivir to survive
sobrexplotación *f.* overexploitation
sobrino/a nephew/niece; **sobrinos** *pl.* nephews and nieces
social social; **ciencias sociales** social sciences
socialismo socialism
socialista *m., f.* socialist
sociedad *f.* society
socioeconómico/a socioeconomic
sociología sociology
¡socorro! help!
sofá *m.* sofa
sofisticado/a sophisticated
sol sun; **hacer sol** to be sunny; **tomar el sol** to sunbathe
solamente only
soldado soldier
soleado/a sunny
soledad *f.* loneliness; solitude
soler (ue) to be in the habit of
solicitar to request; to apply for
solitario/a solitary
solito/a all by oneself
sólo only
solo/a alone
soltar (ue) to release, let loose; **soltarse** to loosen, become loose
soltero bachelor; **despedida de soltero** bachelor's party
soltero/a single, unmarried
solución *f.* solution

solucionar to solve
sombra shadow
sombrero hat
sonar (ue) to ring; to sound
sonido sound
sonreír (i, i) to smile
sonrisa smile
soñador(a) dreamer
soñar (ue) to dream; **soñar con** to dream about
sopa soup
soportar to bear, stand, tolerate
sorbo sip; **sorbo a sorbo** sip by sip
sorprender to surprise
sorpresa surprise
sos *form of* **ser** *that goes with* **vos** (**tú eres = vos sos**) (*Argentina*)
sosiego peace
sospechar to suspect
sostén *m.* bra
sostener (*like* **tener**) to sustain, support; to support (*financially*)
sótano basement
soviético/a Soviet
su *poss.* his, her, its, their, your (*pol. sing., pl.*)
suave soft
subacuático/a *adj.* underwater
subir to climb; to go up; to rise; to get into (*vehicles*)
subjuntivo subjunctive
subterráneo/a underground
subversivo/a subversive
suceder to happen
suceso event
sucio/a dirty
Sudamérica South America
sudamericano/a South American
sudar to perspire
Suecia Sweden
suegro/a father-in-law/mother-in-law; **suegros** *pl.* in-laws
sueldo salary; **aumento de sueldo** raise
suelto/a loose; free
sueño dream; sleepiness; **tener sueño** to be sleepy
suerte *f.* luck; **por suerte** luckily; **tener suerte** to be lucky
suéter *m.* sweater
suficiente enough
sufrido/a long-suffering
sufrir to suffer
sugerencia suggestion
sugerente suggestive
sugerir (ie, i) to suggest
suicidarse to commit suicide
suicidio suicide
Suiza Switzerland
suizo/a Swiss
sujetar to fasten
sujeto subject
sujeto/a a subject to

suma sum
sumamente extremely
suministrar to supply
suntuoso/a sumptuous
¡súper! great!
superar to surpass
superficie *f.* surface
supermercado supermarket
superstición *f.* superstition
supersticioso/a superstitious
supervisión *f.* supervision
supervisor(a) supervisor
suponer (*like* **poner**) to suppose
supuesto: por supuesto of course
sur *m.* south
surgir (j) to arise, appear
suroeste *m.* southwest
surrealista *m., f.* surrealist
surtido stock, supply
surtir una receta to fill a prescription
suscribirse to subscribe
suscripción *f.* subscription
suspenso suspense
sustancia substance
sustantivo noun
sustraerse (*like* **traer**) to get out of
suyo/a her, of hers; his, of his; your, of yours (*pol. sing., pl.*)

T

tabaco tobacco
tacaño/a stingy
taco rolled or folded tortilla with filling (*Mex.*)
tacón *m.* high heel
tachuela tack
tal such; **con tal (de) que** *conj.* provided that; **¿qué tal?** how's it going? how are you? what about ____? how is ____?; **tal como** such as
taladro drill (*tool*)
talla size (*clothing*)
taller *m.* shop; workshop; garage; **taller de reparaciones** garage, repair shop
tamal *m.* (*pl.* **tamales**) sweet or savory corn mixture baked in a corn husk (*Mex.*)
tamaño size
también also
tampoco neither, nor
tan so, as; **tan ____ como** as ____ as; **tan pronto como** *conj.* as soon as
tanto *adv.* so, so much
tanto/a *adj.* so much; **tanto/a ____ como ____** as much ____ as; **tantos/as** so many; **tantos/as ____ como** as many ____ as
tapado/a stuffed up (*nose*)
tapas *pl.* hors d'oeuvres (*served in bars in Spain*)
taquilla ticket office
tardar to take (*time*)
tarde *adv.* late; **más tarde** later

tarde *f.* afternoon; **buenas tardes** good afternoon; **todas las tardes** every afternoon
tardeada afternoon party
tarea homework; **hacer la tarea** to do homework
tarifa tariff; fare
tarjeta card; **tarjeta de crédito** credit card; **tarjeta postal** postcard
tarro jar
tauro Taurus
taxi *m.* taxicab
taza cup; **taza del inodoro** toilet bowl
te *d.o.* you (*inf. sing.*); *i.o.* to/for you (*inf. sing.*); *refl. pron.* yourself (*inf. sing.*)
té *m.* tea; **té caliente/helado/frío** hot/iced/cold tea
teatro theater
técnica technique
técnico/a technical
tecnología technology
tecnológico/a technological
techo roof
tedioso/a tedious
tejer to weave; to knit
tejido fabric; texture, weave
tela cloth, fabric
teledeporte *m.* television sports show
telediario television newscast
telefónico/a *adj.* telephone
teléfono telephone; **hablar/llamar por teléfono** to talk/call on the telephone
telégrafo telegraph
telenovela television soap opera
televidente *m., f.* television viewer
televisión *f.* television; **mirar/ver televisión** to watch television
televisor *m.* television set; **televisor de color/en colores** color television set
telúrico/a of the earth
tema *m.* theme
temblar (ie) to tremble
temblor *m.* earthquake
temer to fear
temor *m.* fear
temperatura temperature
templado/a mild
templo temple
temporada season
temprano early
tendencia tendency
tender (ie) to tend (toward); to spread or lay out; **tender la cama** to make the bed
tendido/a laid out (*as for a funeral*)
tener (*irreg.*) to have; **aquí lo tiene** here it is; **tener calor** to be hot; **tener catarro** to have a cold; **tener celos** to be jealous; **tener cuidado** to be careful; **tener la culpa** to be to blame, guilty, at fault; **tener de todo** to be well-stocked; **tener derecho a** to have a right to; **tener éxito** to be successful; **tener frío** to be cold; **tener ganas de** + *infin.* to feel like (*doing something*); **tener hambre** to be hungry; **tener inconveniente** to mind, object; **tener líos** to have problems, be in trouble; **tener en mente** to keep in mind; **tener miedo** to be afraid; **tener náuseas** to be nauseated; **tener prisa** to be in a hurry; **tener que** + *infin.* to have to (*do something*); **tener razón** to be right; **tener sed** to be thirsty; **tener sueño** to be sleepy
tenis *m.* tennis
teoría theory
tequila *m.* tequila
tercer, tercero/a third
terciopelo velvet
terminal *f.* terminal
terminar to finish
término term
terraza terrace
terremoto earthquake
terreno terrain; piece of land
territorio territory
terror *m.* terror
terrorista *m., f.* terrorist
tesis *f. sing.* thesis
testamento will, testament
testigo *m., f.* witness
testimonio testimony
tetera teapot
texto text; textbook
ti *obj. of prep.* you (*inf. sing.*)
tibiamente lukewarmly, unenthusiastically
tiburón *m.* shark
tiempo time; weather; **a tiempo** on time; **¿cuánto tiempo?** how long?; **en mis tiempos** in my time, when I was young; **hace buen/mal tiempo** the weather is nice/bad; **tiempo libre** free time
tienda store; tent; **tienda de campaña** (camping) tent; **tienda de discos/ropa** record/clothing store
tientas: a tientas by touch
tierno/a tender
tierra land; earth; **tierra adentro** inland; **Tierra Santa** Holy Land
tijeras scissors
tímido/a timid, shy
tinte *m.* dyeing (*hair*)
tinto: vino tinto red wine
tintorería dry cleaner
tío/a uncle/aunt; **tíos** aunts and uncles
típico/a typical
tipo type; **tipo raro** strange character
tira cómica comic strip
tirado/a thrown
tiránico/a tyranical
tirantes *m. pl.* suspenders
tirar to throw; **tirar a la basura** to throw away
titularse to be titled
título title
tiza chalk
toalla towel
tobillo ankle
tocadiscos *m. sing.* record player
tocador *m.* dresser
tocar (qu) to play (*a musical instrument*); to touch; **tocar la bocina** to blow the horn; **tocar (a) la puerta** to knock on the door
tocino bacon
todavía still; yet
todo everything
todo/a all, all of; **de todos modos/todas maneras** anyway; **tener de todo** to be well-stocked; **todo el año** year-round; **todo el día** all day long; **todo el mundo** everybody; **toda la noche** all night; **todos** everyone; **todos los días** every day
tolerar to tolerate
tomar to take; to drink; **tomar el sol** to sunbathe; **tomar fotos** to take photos; **tomar una clase** to take a class; **tomar una siesta** to take a nap
tomate *m.* tomato
tono tone
tontería nonsense, silly thing
tonto/a foolish
toque *m.* touch
torcido/a twisted; sprained
tormenta storm
tornar to turn, become
toro bull; **corrida de toros** bullfight
toronja grapefruit
torpe clumsy
torre *f.* tower
torta sandwich on a roll (*Mex.*)
tortilla thin cake made of corn (*Mex.*); **tortilla española** Spanish omelette made of eggs, potatoes, and onions
tos *f.* cough; **jarabe para la tos** cough syrup
tostada toast (*Sp.*); crisp fried tortilla with toppings (*Mex.*)
tostado/a toasted
tostador *m.* toaster
total *m.* total
totalitarismo totalitarianism
toxicología toxicology
trabajador(a) *n.* worker; *adj.* hardworking
trabajar to work; **ir a trabajar** to go to work; **trabajar de** _____ to be employed as a _____
trabajo work; **salir para el trabajo** to go to work, leave for work
trabajólico/a workaholic
tradición *f.* tradition
traducir (*like* **producir**) to translate
traer (*irreg.*) to bring; **traer dinero** to be carrying money at the moment
tráfico traffic
tragar (gu) to swallow

tragedia tragedy
trágico/a tragic
traición f. betrayal
traje m. suit; **traje de baño** bathing suit
trámites m. pl. formalities; red tape
tranquilidad calm, tranquillity
tranquilo/a calm
transbordador m. ferry
transbordar to transfer; to change planes
transbordo transfer; change of planes
transcurso: en el transcurso de in the course of
transformación f. transformation
transición f. transition
transitable passable (roads)
transitar to travel
tránsito traffic; **tránsito de un sólo sentido/ de doble sentido** one-way/two-way traffic
transmisión f. transmission
transportar to transport
transporte m. transport; **transporte marítimo** sea transport
tranvía m. streetcar, trolley; tram
trapo rag
tras after
trasladar to move
tratado treaty
tratamiento treatment
tratar to treat (people, patients); **tratar de** + infin. to try to (do something); **tratarse de** to be a question of, be about
través: a través de through
travesuras pl. mischief
trayecto trajectory
trece thirteen
treinta thirty
tremendo/a tremendous; terrible
tren m. train
tres three
trescientos/as three hundred
tribunal m. tribunal, court
trimestre m. trimester
triste sad
tristeza sadness
triunfante triumphant
triunfo triumph
tropas troops
tropezar (ie) (c) to trip; **tropezar con** to bump into
tropical tropical
trópico tropic
trote m. trot
trotecillo little trot
trozo piece
truco trick
trueno thunder
tu poss. your (inf. sing.)
tú sub. pron. you (inf. sing.)
tufillo air, attitude
turismo tourism
turista m., f. tourist; **de turista** as a tourist

turístico/a adj. tourist; **complejo turístico** resort
Turquía Turkey
tuyo/a poss. your, of yours (inf. sing.)

U

u or (before **o** or **ho**)
ubicado/a located
últimamente lately
último/a last; **a última hora** at the last minute
un, uno/a one; indefinite article a, an; **uno/a mismo/a** oneself; **uno/a sólo/a** only one; **unos/as** some
únicamente only
único/a only; **hijo/a único/a** only child; **lo único** the only thing
unido/a united; attached
unión f. union
Unión Soviética Soviet Union
universidad f. university
universitario/a adj. university
universo universe
urbanístico/a urban
urbanización f. urbanization
urbano/a urban
urgencia emergency, urgent situation
uruguayo/a Uruguayan
usado/a used
usar to use; **¿para qué se usa?** what is it used for?, why is it used?
uso use
usted (Ud., Vd.) sub. pron. you (pol. sing.); obj. of prep. you (pol. sing.); **ustedes (Uds., Vds.)** you (pol. pl.)
utensilio utensil
útero uterus
útil useful
utilidad f. utility, usefulness
utilización f. utilization
utilizar (c) to use, utilize
uva grape

V

vaca cow
vacaciones f. pl. vacation; **ir de/salir de/ tomar unas vacaciones** to go on vacation
vacío/a empty
vacuna shot, inoculation; vaccination
vagamente vaguely
vagón m. (train) car; wagon
vainilla vanilla
vajilla set of dishes
valenciano/a of or from Valencia (Spain)
valer (irreg.) to be worth; **valer la pena** to be worth the trouble, be worth it; **¿cuánto vale?** how much is it?
valiente valiant, brave

valioso/a valuable
valor m. worth, value; courage, nerve
valla fence
valle valley
vano/a vain
vapor m. steam
vaquero/a adj. cowboy; **pantalón vaquero** jeans
variación f. variation
varicela chicken pox
variedad f. variety
varios/as several
varón m. male
vasco/a Basque
vaso (drinking) glass
vecindad f. neighborhood
vecindario neighborhood
vecino/a neighbor
vegetación f. vegetation
vegetal m. vegetable; adj. vegetable
vegetariano/a vegetarian
vehículo vehicle
veinte twenty
veinticinco twenty-five
veinticuatro twenty-four
veintidós twenty-two
veintinueve twenty-nine
veintiocho twenty-eight
veintiséis twenty-six
veintisiete twenty-seven
veintitrés twenty-three
veintiuno twenty-one
vejez f. old age
velada evening party
velero sailboat; **andar en velero** to go sailing
velocidad f. velocity; **exceso de velocidad** speeding
veloz (pl. **veloces**) fast
vena vein
vencer (z) to conquer, defeat
vendaje m. bandage
vendedor(a) salesperson; seller; vendor; **vendedor(a) callejero/a** street vendor
vender to sell
venerar to venerate
venezolano/a Venezuelan
venidero/a adj. coming
venir (irreg.) to come
venta sale; **estar de venta** to be on sale
ventaja advantage
ventana window
ventilador m. electric fan
ver (irreg.) to see; **a ver** let's see
veraniego/a adj. of or relating to summer
verano summer
veras: de veras really; **¿de veras?** really?
verbo verb
verdad f. truth; **¿verdad?** right? correct?
verdadero/a true
verde green

verduras *pl.* vegetables
vergüenza embarrassment, shame; **dar vergüer.za** to shame, embarrass
versátil versatile
verso line of a poem; *pl.* poetry
vestido dress
vestir (i, i) to dress; **vestirse** to get dressed
veterinario/a veterinarian
vez *f.* (*pl.* **veces**) time; **a la vez** at the same time; **a veces** sometimes; **alguna vez** once; **algunas veces** sometimes; **de vez en cuando** once in a while; **en vez de** instead of; **muchas veces** often, many times; **otra vez** again; **por primera/última vez** for the first/last time; **una vez** once, one time; **una vez más** once more
vía (railroad) track
viajar to travel
viaje *m.* trip; **agente/agencia de viajes** travel agent/agency; **¡buen viaje!** have a nice trip!; **hacer un viaje** to take a trip; **viajar por todo el mundo** to travel around the world
viajero/a traveler; **cheque de viajero** *m.* traveler's check
víctima *f.* victim
victoria victory
vida life; **así es la vida** that's life
videocasettera videocassette player (VCR)
vidrio glass
viejo/a *n.* old man/woman; *adj.* old
viento wind; **hacer viento** to be windy
viernes *m. sing.* Friday
vigencia: en vigencia in force
villa village
vinagre *m.* vinegar
vino wine; **vino blanco/tinto** white/red wine

violación (sexual) *f.* rape
violencia violence
violento/a violent
violeta violet
violín *m.* violin
virgen *f.* virgin
virgo Virgo
virreinato viceroyalty
visa visa: **sacar la visa** to obtain a visa
visión *f.* vision
visita visit; **de visita** visiting
visitante *m., f.* visitor
visitar to visit
visón *m.* mink
vista view; **punto de vista** point of view
vistoso/a colorful
vitalidad *f.* vitality
vitamina vitamin
viudo/a widower/widow
vivienda dwelling; house; housing
vivir to live
vivo/a alive
vocabulario vocabulary
volante *m.* steering wheel
volar (ue) to fly; **volar sin escala** to fly nonstop
volcán *m.* volcano
vólibol or **voleibol** *m.* volleyball
volumen *m.* volume
voluntario/a voluntary
volver (ue) to return; **volver a** + *infin.* to do (*something*) again; **volverse** + *adj.* to become *adj.*
vos *sub. pron.* you (*inf. sing.*) (*Argentina and other countries*)
vosotros/as *sub. pron.* you (*inf. pl. Sp.*); *obj. of prep.* you (*inf. pl. Sp.*)
votar to vote

voz *f.* voice; **en voz alta** aloud, out loud; **hablar en voz alta/baja** to speak loudly/softly
vuelo flight; **asistente de vuelo** *m., f.* flight attendant
vuelta turn; **darse media vuelta** to turn around; **dar una vuelta por** to take a walk/ride around (*somewhere*); **ida y vuelta** round-trip
vuestro/a *poss.* your, of yours (*inf. pl. Sp.*)

Y

y and; plus
ya already; now; **ya era hora** it's about time; **ya no** no longer; **ya que** since, inasmuch as; **ya voy** I'm coming
yema yolk
yerno son-in-law
yo *sub. pron.* I
yucateco/a of or from Yucatán

Z

zanahoria carrot
zapateo type of fast dance
zapatería shoe store
zapatilla slipper
zapato shoe; **zapatos de tenis** tennis shoes
zigzagueante *adj.* zigzag
zócalo plaza (*Mex.*)
zona zone
zoológico: parque zoológico zoo

INDEX

A reference list of vocabulary and topical entries can be found under Themes, functions, and cultural topics.

a + pronoun, to specify indirect object, 150
abstract ideas expressed by **lo**, 406
acabar de + infinitive, 318
accent marks
  with demonstrative pronouns, 407
  with object pronouns, 412, 435n
adjective clauses, 498–500
adjectives
  agreement of, 13, 14, 29, 30, 48–49
  demonstrative, 153–154
  of nationality, 30n, 49–50
  ordinal, 79
  possessive, 48–49
  with **ser** and **estar**, 464, 465
  used as nouns, 406
adverbs, 294
affirmative words, 236, 242
ago, 216, 296
agreement
  of adjectives and nouns, 30, 153
  of possessive pronouns, 408
  of subject and verb, 99, 101
al, 124
algún, alguno/a, 242
alphabet, Spanish, 54
aquel, aquella, 154
-ar verbs
  past (preterite) tense of, 183, 204–205, 206–210
  present tense of, 50, 100
articles
  definite, 13, 14
  indefinite, 13, 29n
  plural, 14, 29

become, 374–375

capitalization in Spanish, 50
changes in states, expressing, 374–375
commands
  indirect, 439
  informal (**tú**), 432–433
  placement of object pronouns with, 376
  polite, 321–322, 432–433
  softened, 343
  vosotros/as, 433n
comparisons
  of equality, 180
  of inequality, 180
conditional
  forms of the, 466
  in "if" clauses, 497
conditional perfect, 527
conjunctions
  of purpose, 525, 530
  of time, 525, 529
conmigo, contigo, 241
conocer versus **saber**, 184
contractions, 47, 124
contrary-to-fact situations, 497

dates, expressing, 77
de
  to indicate possession, 47, 409
  with **salir**, 103
decir, 127, 209
  with indirect object pronouns, 213–214
  to report speech, 213
  for softened commands, 376
definite articles, 13, 14
del, 47
demonstrative adjectives, 153–154
demonstrative pronouns, 407
desires, expressed with **querer,** 69, 80
diminutives, 264
direct object pronouns
  compared with indirect object pronouns, 348–349
  impersonal, 237
  personal, 185–186, 237
  placement of, 322, 344, 413, 434–435
  used with indirect object pronouns, 412–413
doubt and denial with the subjunctive, 494

each other, 463
el cual, 499
emphatic phrases, 239–240
entre with nouns and subject pronouns, 319, 320

-er and **-ir** verbs
  past (preterite) tense of, 183, 204–205, 206–210
  present tense of, 100
ese, esa, 153
eso, 153
estar, 99, 210, 267
  + adjective to describe physical and mental states, 131, 464, 465
  + adjective versus **ser** + adjective, 463–465
  to express location, 99, 104, 124, 464, 465
  + present participle (actions in progress), 95, 464–465
  versus **ser,** 463–465
este, esta, 124, 153
esto, 153
exclamations, 295, 492

future
  informal (**ir** + **a** + infinitive), 77, 268
  of probability, 468
  talking about the, 124, 144, 156, 268, 452
  with the subjunctive, 528–529
future tense
  contrasted with **ir** + **a** + infinitive, 468
  forms of the, 467
  uses of the, 467–468

gender, 13, 26–27
get, 374–375
gustar
  with indirect object pronouns, 150, 238
  + infinitive, 52, 80, 238
  past (preterite) of, 239
  verbs like, 353
gustaría, 156

haber
  as an auxiliary verb, 291
  to express existence, 28, 374
  hay que, 182
habitual actions
  indicative versus subjunctive for, 528–529
  in the past (preterite) tense, 265
  in the present tense, 99

hacer, 102, 127, 209
  to describe weather, 83
  + time, to express *ago,* 216, 296
  + time, to express *how long . . . ?,* 296
hay, 28
hay que, 182
hypothesizing, 496–497, 526
hypothetical reactions
  expressed by the conditional, 466
  in the past (preterite), 526
  in purpose clauses, 530

"if" clauses, 496–497
if . . . then clauses, 526
imperfect tense
  contrasted with the past (preterite), 267, 323, 378–379
  to describe repeated past actions, 323
  to describe *what was happening,* 322–323
  to express past intentions, 268–269, 378–379
  regular and irregular forms of, 265
impersonal **se,** 244
indefinite articles, 13, 29
indicative
  in adjective clauses, 499–500
  contrasted with the subjunctive, 343
  to express habitual activities, 528
  in "if" clauses, 496–497
indirect commands, 439
indirect object pronouns
  with **decir,** 213–214
  with direct object pronouns, 412–413
  forms of, 52, 349
  with **gustar,** 52, 238
  to indicate an exchange of items, 411
  placement of, 150, 158, 322, 344, 376, 413, 434–435
  with prepositional phrases, 239
  with unplanned occurrences, 269–270
  with verbs of reporting, 150
indirect object verbs, 353
infinitives
  with **gustar,** 53, 80, 238
  and indirect object pronouns, 150
  with **ir** + **a** to express future time, 77, 80
  after prepositions, 157–158
  with **querer** and **preferir,** 80
  and reflexive pronouns, 129, 150
  with verbs of obligation and duty, 182
informal (**tú**) commands, 432–433
informal *you,* 24–25
ir, 78, 124, 209, 265, 267
  + **a** + infinitive, 77, 268–269, 468
  + **a(l), a la,** to express movement toward, 124

just (**acabar de**), 318

le/les as direct object pronouns, 186n
let/have commands, 439

let's, 352
lo to express abstract ideas, 406
location
  of events, with **ser,** 464, 465
  expressed by **estar en,** 104, 124
  expressed by **ir** + **a(l),** 124
  of people and things, with **estar,** 99, 464, 465
lo que, 406

llamar, 12

más/menos, 179
mayor/menor, 23, 179
mejor/peor, 179

negation
  of sentences, 13
  words for, 236, 242
ningún, ninguno/a, 242
nouns
  adjectives used as, 406
  following **gustar,** 238
  gender of, 13
  plural of, 14, 29
numbers
  cardinal, 6, 10, 21, 23, 77, 384
  ordinal, 75, 79

obligation and duty, verbs expressing, 182
ojalá, 439, 497
origin
  expressed by **ser de,** 104
  and nationality, 92–93, 97
os, 52, 317

para versus **por,** 293–294, 351, 409–410, 469
passive voice, 531–532
past participle
  agreement of, in the passive voice, 531
  with **haber** to form the present perfect, 291
  irregular forms of, 292
  regular forms of, 291
past (preterite)
  contrasted with the imperfect, 267, 323, 378–379
  irregular forms of the, 206–210
  question-and-answer patterns in the, 214–215
  regular forms of the, 183, 204–205
  spelling changes in the, 207
  stem-vowel changes in the, 212–213
past perfect subjunctive, 526–527. *See also* Subjunctive
past subjunctive, 497, 530. *See also* Subjunctive
pensar
  with **de, en, que** + infinitive, 155–156

  present tense of, 155, 346
  use of in the past (preterite), 269, 346
personal (subject) pronouns, 12, 25
plural, 14, 29, 48
polite commands, 321–322, 432–433
polite *you* (**usted**), 24–25
por versus **para** 293–294, 351, 409–410, 469
possession
  with **ser de,** 47
  with **suyo** and **de,** 409
  with **tener,** 47
possessive adjectives, 48–49, 408
possessive pronouns, 408–409
prepositions
  followed by infinitives, 157–158
  followed by subject pronouns, 320
  to introduce adjective clauses, 499
  of location and time, 319
  with pronouns and nouns, 240–241, 319–320
present participle
  with **estar** to form the present progressive, 95, 105, 464
  formation of the, 106
  and indirect object pronouns, 150
  irregular forms of the, 106
  and reflexive pronouns, 129
  with stem changes, 212n, 245n
present perfect, 291, 378, 527
present perfect subjunctive, 527. *See also* Subjunctive
present subjunctive, 343–344, 345–347. *See also* Subjunctive
present tense
  to express habitual actions, 99–100
  of regular verbs, 100
  stem-vowel changes in the, 80, 125–126
progressive
  imperfect, 322, 464
  present, 105–106, 464
preterite. *See* Past (preterite)
pronouns
  demonstrative, 407
  object. *See* Direct object pronouns, Indirect object pronouns
  personal (subject), 12, 25
  placement of (summary), 434–435
  after prepositions, 239–241
  reciprocal, 463
  reflexive, 128–129, 150, 185, 463
  regional, 316–317
  subject, 12, 25

quisiera, 156

reciprocal pronouns, 463
reflexives
  and daily routine, 114, 128–129
  to express reciprocal action, 463
  placement of, 150, 185
reporting, verbs of, 150, 213

saber
  to express ability, 152
  versus **conocer,** 184
se
  impersonal, 244
  reflexive, 128–129
  to replace **le** and **les,** 412
  for unplanned occurrences, 269–270
según with nouns and subject pronouns, 319, 320
ser, 25, 209, 265, 267
  with **de** to express origin, 104
  to describe characteristics, 131
  to identify people and things, 28, 463, 465
  for location of events, 464, 465
  versus **estar,** 463–465
spelling changes in past (preterite), 207
state-of-being verbs in the past, 210, 266–267
states (physical and mental)
  changes in, expressed by **ponerse, hacerse, volverse,** 374–375
  description of, 116–117, 122–123, 372
  expressed by **estar** + adjective, 131, 464, 465
  expressed by **tener** + noun, 131
  of health, 358
  past, expressed by imperfect, 378
stem-vowel changes
  in the past (preterite), 212–213
  in polite commands, 321
  in present participles, 212n, 245n
  in the present tense, 80, 125–126
  in the subjunctive, 345–347
  in verbs like **pedir,** 245–246
stress, spoken, 212
subject pronouns
  agreement of, 101
  forms of, 12
  as objects of prepositions, 240–241, 320
  omission of, 12, 25, 51
  use of, 25–26
subjunctive
  in adjective clauses, 499–500

contrasted with the indicative, 343
doubt and denial with the, 492
following **cuando,** 350
in "if" clauses, 497
with *let/have* commands, 439
with *let's,* 352
with **ojalá,** 439
past, 497
present perfect, 527
present, 343–344, 345–347
in purpose clauses, 530
with object pronouns, 344, 376
in time clauses, 528–529
suyo, clarifiers for, 409

también, 240, 242
tampoco, 240, 242
tan… como, 180
tanto/a… como, 181
tener, 127, 210
  to express age, 31
  + **ganas,** to express desire, 155–156
  + noun, to describe states, 131–132
  + **que,** to express obligation, 182
themes, functions, and cultural topics
  abilities (**saber** and **poder**), 147, 152
  accidents and emergencies, 263, 368, 372–373
  advice, 419, 431
  body, parts of the, 18, 23, 356, 371–372
  classroom, 2, 17, 22, 134, 148
  classes and university life, 66, 75–76, 97
  climate and geography, 272, 288–289
  clothing, 4, 9, 14, 387, 391, 403–404
  dates and seasons, 58, 74
  description, 4, 8, 19, 23, 76, 116–117, 236, 294
  education, Hispanic system of, 143
  environment, 510–511
  family, 34, 45, 248–250, 262, 442, 461
  food, 204, 218, 221–223, 227, 228, 229, 230, 232, 234–236
  furniture, 160, 176–177
  gestures, 138
  greetings and leave-takings, 7, 9, 174

health, 358, 363, 365–367, 372
Hispanics in the United States, 94
hitchhiking, 288
holidays and celebrations, 58, 110, 122
hotels, 332, 335
house, features and rooms of a, 160, 162–163, 176–177
household chores, 166
introductions, 174
languages, 36–37, 45
likes and dislikes (**gustar**), 52
locations, 46, 97, 122, 204, 304
marriage, 442, 461
meals, 218, 221, 234
materials and products, 382, 403
nationality and origin, 36–37, 45, 49, 92–93, 98
obligations and duties, 178, 182
opinions and reactions, 472, 492, 494–495
personal data, 42, 46, 58
plans, expressing personal, 155–156, 452
politics, 506–507, 523–524
possibilities and consequences, 450
preferences, expressing, 69, 80
road signs, 285–286
shopping, 222, 392, 404
sports and leisure, 38, 41–42, 45, 73, 428–429
time, 63, 75, 78–79, 263
transportation, 277–278, 282–283, 289
travel, 298, 314, 326, 332, 341
urban problems, 510
weather, 71, 76, 83
work, 139, 148
tú, 24–25

unplanned occurrences, **se** for, 269–270
usted(es), 24–25

vámonos, vamos, 352
verbs of reporting, 150, 213
vos, 24–25, 316–317
vosotros/as, 25, 316–317, 433n
vuestro/a, 48, 317

ABOUT THE AUTHORS

Tracy D. Terrell is a Full Professor of Spanish at the University of California, San Diego. He received his Ph.D. in Spanish Linguistics from the University of Texas at Austin and has published extensively in the area of Spanish dialectology, specializing in the sociolinguistics of Caribbean Spanish. Professor Terrell's publications on second-language acquisition and on the Natural Approach are widely known in the United States and abroad.

Magdalena Andrade received her first B.A. in Spanish/French and a second B.A. in English from San Diego State University. She has taught Spanish to native speakers for the State of California and elementary and intermediate Spanish at San Diego State University and UC Irvine. She is currently teaching at Irvine Valley Community College while completing her Ph.D. in Spanish.

Jeanne Egasse received her B.A. and M.A. in Spanish linguistics from the University of California, Irvine. She has taught foreign language methodology courses and supervised student teachers of foreign languages and ESL at UC Irvine. Currently she is an instructor in Spanish and Linguistics at Irvine Valley Community College and also serves as a consultant for local schools and universities on implementing the Natural Approach in the language classroom.

Elías Miguel Muñoz received his Ph.D. in Spanish from the University of California, Irvine. He has published literary criticism, and his creative work has appeared in several anthologies. Muñoz is the author of two novels, *Los viajes de Orlando Cachumbambé* and *Crazy Love*, and of two books of poetry, *En estas tierras/In This Land* and *No fue posible el sol*. He is currently completing his third novel.

(continued from copyright page)

Quino; **135** © Berlitz; **199** cartoon by Csecs published in *Muy Interesante*; **219, 357, 418** reprinted with permission of Editorial América, S.A.; **226** reprinted with permission of Hornimans, C.P.C., España; **252 (left)** © Pilar Gómez, *Semana*; **252 (right)** reprinted with permission of Cicolac (Borden International); **253 (top, left & right), 254, 283, 302, 359, 427, 448 (top)** reprinted with permission of *Ser Padres Hoy*; **280, 301, 331, 342** reprinted with permission of Iberia Airlines of Spain; **284** © Robert Bosch GmbH, reprinted with permission; **304** from *Mexico*, © AAA, used by permission; **340** reprinted with permission of AeroPerú; **343** © Avianca Airlines; **361** reprinted with permission of CIBA Consumer Pharmaceuticals, a division of CIBA-GEIGY Corp.; **362** from *Buenhogar de México*; **364** copyright by A.L.I., all rights reserved; **386 (top)** from *Revista de Consumidor*, no. 136; **386 (bottom), 474** reprinted with permission of *Los Domingos de ABC*, Madrid; **448 (bottom)** © *¡Hola!*; **449** photo by J. Nistai, © *Tiempo*, reprinted with permission; **453** © Ballesta/Quipos; **479** © *Muy Interesante*; **484** © *Historia*; **487** © *Mercado*; **511** © *Integral*

Literary credits: Page **175** from *Platero y yo (Elegía andaluza)*, by Juan Ramón Jiménez (Madrid: Taurus Ediciones, 1967); **203, 233** © Pablo Neruda, 1954, and Fundación Pablo Neruda; **261** from *Los niños tontos*; reprinted by permission of Ediciones Destino, S.A., Barcelona; **397** adapted from *A Graded Spanish Reader*, New Alternate ed. (Lexington, MA: D.C. Heath, 1987); **449** from Robert Durán, Judith Ortiz Cofer, and Gustavo Pérez Firmat, *Triple Crown* (Tempe, AZ: Bilingual Press, 1987), p. 143; **488** from *Masterpieces of Spanish American Literature*, Ángel Flores, ed. (New York: Macmillan, 1974); **482** reprinted by permission of Alejandro Alfonso Storni

INSTRUCTOR'S MANUAL

CONTENTS

Introduction   5

  Overview of the Materials   5
    Using *Dos mundos* in Quarter and Semester Systems   6
  Goals of the Natural Approach   7
  Language Proficiency   8
  The Acquisition Process   9
  An Outline of Second-Language Acquisition Theory   9
    The Acquisition-Learning Hypothesis   10
    The Input Hypothesis   11
    The Monitor Hypothesis   11
    The Natural Order Hypothesis   12
    The Affective Filter Hypothesis   13
  Guidelines for Using the Natural Approach   13
    Comprehension Precedes Production   13
    Speech Emerges in Stages   13
    Speech Emergence Is Characterized by Grammatical Errors   14
    Group Work Encourages Speech   15
    Students Acquire Language Only in a Low-anxiety Environment   15
    The Goal of the Natural Approach Is Proficiency in Communication Skills   15
  Teaching Comprehension and Speaking   16
    Comprehension   16
    Teacher-Talk   18
    Speaking   19
  Teaching Reading and Writing   21
    Reading   21
    Introducing Reading   22
    Teaching the **lecturas adicionales**   23
    Writing   33
    Teaching Creative Writing   34
  Teaching Pronunciation   35
  The Tools of Proficiency: Vocabulary and Grammar   36
    Teaching Vocabulary   36
    Teaching Grammar   37

Classroom Management 39

    Modes of Address   39
    Selecting Class Activities and Making Lesson Plans   40
    Picture File   41
    Homework   41
    Evaluation   42
    Affective Filter   42

Using the Oral Activities 43

    Pre-text Oral Activities   43
        Input Techniques in Stage 1 (**Paso A**)   43
            Total Physical Response (TPR)   43
            Student-Centered Input with Names As Responses   44
            Picture-File Input with Names As Responses   45
        Expansion Techniques in Stage 1 (**Paso A**)   46
        Input Techniques in Stage 2 (**Paso B**)   47
            Either/Or   47
            Open Sentences   48
            Lists   48
            Interrogatives (¿qué? ¿cuántos? ¿quién?)   48
    Actividades adicionales (AAs)   48
    The Vocabulary Displays   48
    Dialogues   49
    Interviews   50
    Matching Activities   50
    Autograph Activities   50
    Interactions   50
    Definitions   51
    Newspaper Ads   51
    Affective Activities   51
    Narration Series   52
    Association Activities   53
        Infinitives (**Capítulo 1,** Pre-text Activities)   54
        Present Indicative (**Capítulo 3,** Pre-text Activities)   56
        Past (Preterite) (**Capítulo 6,** Pre-text Activities)   57

Scope and Sequence 58

INTRODUCTION

This *Instructor's Manual* and the marginal glosses (Instructor's Notes) in the *Instructor's Edition* were written to help you use *Dos mundos* most effectively. *Dos mundos* is designed for a course in which the students, interacting with you and with each other, develop the ability to communicate their thoughts and ideas in spoken and written Spanish.

In this manual we describe each component of *Dos mundos* and suggest how and when to use a specific type of activity or exercise. We firmly believe, however, that the ultimate success of the course and of the students depends on the instructor. Although these materials are provided to facilitate your efforts to create communicative experiences for your students, the materials alone will not create the experience; only you and the students interacting in natural, relatively spontaneous interchanges can do that. You will decide how to weave these activities and materials into a coherent experience that will ultimately result in communicative proficiency in Spanish. We will not give lesson plans per se, but will propose suggestions and guidelines. In most cases the oral and written activities are to be used as starting points for communication. We hope that these materials will not confine you but rather that you will feel free to interact with your students in the sorts of communication activities that are the basis of the Natural Approach (NA).

OVERVIEW OF THE MATERIALS

There are two student texts: *Dos mundos: A Communicative Approach* (the main text) and *Dos mundos: Cuaderno de trabajo* (the workbook, which is both a laboratory and writing manual). In both the main text and the workbook there are two preliminary chapters (**Pasos A** and **B**) and eighteen regular chapters (**Capítulos 1–18**).

Each chapter of the main student text contains three sections: the oral activities (**Actividades orales**) with the readings (**lecturas**), the chapter vocabulary (**Vocabulario**), and the grammar and exercises (**Gramática y ejercicios**). The **Actividades orales y lecturas,** the main focus of the course, consist of suggestions for oral communication activities for the classroom as well as various kinds of readings that offer more oral interaction possibilities. The **Vocabulario** is a reference list containing all the new vocabulary introduced in the **Actividades orales.** The **Gramática y ejercicios** section includes explanations of grammar and word usage followed by short verification exercises.

The *Cuaderno de trabajo,* perforated for easy removal of homework exercises, consists of five sections per chapter: listening comprehension activities (**Actividades de comprensión**), pronunciation exercises (**Ejercicios de pronunciación**), spelling and writing exercises (**Ejercicios de ortografía**), writing activities (**Actividades escritas**), and readings (**Lecturas adicionales**). The first three sections are used in conjunction with the tape program. A set of master cassettes and a complete tapescript are provided free of charge. Included with the tapescript are the answers to the listening comprehension activities and spelling exercises. The *Dos mundos* package is also accompanied by a complete Test Bank.

The materials in *Dos mundos* provide the basis for a full academic year (30 weeks) at the college level (two years at the high school level). Approximately one week each should be spent on **Pasos A** and **B**; each regular chapter can be covered in one-and-a-half to two weeks, depending on content. For courses meeting four or five times per week, this will still allow time for supplementary activities and periodic testing. Do not hesitate to eliminate the last three chapters in the text (Chapters 16–18), especially if your beginning language course meets three times a week.

The following section shows how *Dos mundos* can be used in both quarter and semester systems. Then, after a discussion of the theory and methodological principles that underlie the NA materials, we will examine each component of the *Dos mundos* program in more detail, giving specific suggestions for using the materials in class.

Using *Dos mundos* in Quarter and Semester Systems

The *Dos mundos* package may be used in different academic environments and with different academic calendars. However, the amount of material presented should be adjusted. The following are suggested schedules.

1. **Quarter (trimester) system** (150 hours of instruction, 5 hours per week, 30 weeks)
   Quarter 1: Pasos A–B, Chapters 1–6
   Quarter 2: Chapters 7–12
   Quarter 3: Chapters 13–18
2. **Semester system** (150 hours of instruction, 5 hours per week, 30 weeks)
   Semester 1: Pasos A–B, Chapters 1–8
   Semester 2: Chapters 9–18
3. **Quarter system** (120 hours of instruction, 4 hours per week, 30 weeks)
   Quarter 1: Pasos A–B, Chapters 1–5
   Quarter 2: Chapters 6–10
   Quarter 3: Chapters 11–15
4. **Semester system** (120 hours of instruction, 4 hours per week, 30 weeks)
   Semester 1: Pasos A–B, Chapters 1–7
   Semester 2: Chapters 8–15
5. **Quarter system** (90 hours of instruction, 3 hours per week, 30 weeks)
   Quarter 1: Pasos A–B, Chapter 1–2
   Quarter 2: Chapters 3–7
   Quarter 3: Chapters 8–12
6. **Semester system** (90 hours of instruction, 3 hours per week, 30 weeks)
   Semester 1: Pasos A–B, Chapters 1–6
   Semester 2: Chapters 7–12

GOALS OF THE NATURAL APPROACH

The first step in language instruction is to establish the goals of a particular class. Historically, this has not been an easy task for the language-teaching profession in North America. Except for the use of French in parts of Canada and Spanish in the Southwest of the United States, foreign language skills could not immediately be put to use outside the foreign language class. Thus for at least 100 years language instructors have debated the merits of various approaches to language instruction without being able to agree on their goals. Fortunately, in the second half of the twentieth century, foreign language instructors have agreed that beginning students should at least be able to attempt to converse with native speakers, but there is still no agreement on the level of proficiency in listening and speaking skills that a beginning student should attain. The efforts of the American Council on the Teaching of Foreign Languages (ACTFL) to establish oral proficiency levels that can be verified independently should allow us to specify exactly what levels of oral proficiency are attainable under certain conditions in the future.

Most foreign language instructors in North America also want their students to learn to read and write the language they study. But again the problem is to agree on reasonable goals. ACTFL's proficiency guidelines for these skills, too, will be very useful to the profession.

The Natural Approach is a philosophy and an approach to the teaching of second languages that is widely used in North America to teach foreign languages such as Spanish, French, and German. It is also used to teach English as a second language (ESL) to non-native speakers of English, both in North America and abroad. As you might imagine, the goals of Natural Approach ESL instructors are not the same as those of NA foreign language instructors.

The context of foreign language instruction in the United States is quite different from that of most of the rest of the world, and is even quite different from the situation in Canada. Beginning language students in the United States may choose from among Spanish, French, German, Japanese, Chinese, Italian, and Russian. Their decision is usually based on interest in the language or in the culture of the people who speak that language. In some cases, students base their choice of language on its perceived usefulness in future work or study. In the case of Spanish in the United States or French in Canada, many students study the language because it is widely spoken in the area where they live or where they will travel. By and large, however, it is impossible for students in the United States to determine what language will be of most use to them in the future. This is not true for language students in most other countries. English is the preferred language of study elsewhere because of its usefulness in work, study, and travel.

Taking these facts into consideration, we believe that it is important for students to learn how to acquire a language, since it is likely that they will have the opportunity or be obliged to repeat the process with a different language later in their lives. We want them to understand the acquisition process itself and, most of all, to enjoy it. At the end of a *Dos mundos* course we want our students to say, "Learning Spanish was great! I really think I could learn another language if I needed to."

LANGUAGE PROFICIENCY

The central theoretical question in language pedagogy is what it means to have acquired a second language (the product of acquisition) and how it is accomplished (the process of acquisition). To define the product of acquisition is not difficult for first-language acquisition. First-language acquisition for most people results in the ability to comprehend and to speak their native language.

Native speakers understand input from a wide variety of sources and under a multitude of conditions, but they cannot understand everything. Sometimes a different accent throws them off, or they are unfamiliar with certain words or subjects. By and large, however, an educated native speaker can understand ordinary conversation, academic lectures, language in cognitively demanding tasks, and dialogue in a movie or news broadcast.

Native speakers can understand more language than they can produce. For the most part, however, native speakers speak their language well enough to satisfy their daily communicative needs. They can tell a story, argue, convince, promise, explain, and accomplish a variety of function and tasks in their native language.

More highly educated speakers also learn to read and write their native language, but there is a great deal of variability in their level of proficiency. Reading and writing skills do not automatically devolve from the acquisition process; rather they are usually learned slowly over a period of years in an academic setting.

However we define proficiency in a second language, it is clear that we cannot base our expectations of our students on the level of proficiency of a native speaker. Very few people who begin their study of a second language after the age of sixteen ever reach that level. We *can* expect students to be able to communicate their ideas and needs to a native speaker and to understand the native speaker's responses without undue "stress" in the conversation because of a lack of language abilities. We want students' accents to be comprehensible and free of distortions that severely hamper a native speaker from understanding what they are saying. We expect that their range of vocabulary will be wide enough so that they will not feel restricted in their conversational topics. Although we do not expect their grammar to be perfect, it should be functional at the level of their communicative needs.

The goal of second-language acquisition in a course using *Dos mundos* is proficiency in Spanish. In terms of the ACTFL oral proficiency scale, students completing *Dos mundos* (approximately 150 class instructional hours) are usually in the Intermediate range. Some slower students are Intermediate-Low, but most are Intermediate-Mid and some very good students are Intermediate-High.

In addition to achieving oral proficiency, we feel that it is important to lay a good foundation for continued acquisition. Although many students do not continue their formal study of Spanish after completing *Dos mundos,* some do, and as instructors we want to attend to those students' needs as well. If your class contains a number of students who will continue their study of Spanish, you will want to put more emphasis on the formal aspects of the course: the grammar, the readings, and the writing.

THE ACQUISITION PROCESS

The rationale behind the NA and the specific techniques that we will recommend in this *Instructor's Manual* is based on our own particular view of the processes involved in classroom acquisition of a second language. Our views have been shaped by research in linguistics, psychology, and psycholinguistics, particularly the work in first- and second-language acquisition. They are tempered by our years of experience in studying, learning, and teaching languages.

The primary building block for knowledge of a language is a meaning-form pair. For example, the learner of Spanish must know that **perro** means *dog*. Consequently, the task of the second-language learner is to figure out what form(s) to link to a particular meaning. This implies that the learner must attend to input and figure out first what the utterance means and second what particular parts of the utterance mean. The linking of specific forms to meanings is necessary. The learner who only understands complete utterances with no internal analysis will be unable to generalize that knowledge to new utterances. In this view then, the goal is to connect meaning to the Spanish "forms." (A "form" in this context means a word [**carro**], a word with some grammatical marker [**estudiaron**], or a grammatical word [**el, este, han**].) To this end, learners develop listening strategies that will help them to segment and understand the input. We refer to this basic acquisition process as the "binding" of meaning to form. Much of what we do in the NA is aimed at feeding input to learners and giving them tools to develop strategies with which to process it. Practical suggestions on how to teach listening strategies and how to encourage the binding process will be presented later.

As learners process input and posit meaning-form connections, they begin to build a network of connections between forms. They will use this network to produce target language utterances. In this view, speaking consists of selecting the forms that correctly correspond to a desired meaning. This choice will necessarily be accompanied by a set of speaking strategies. Later we will suggest how you can provide opportunities for appropriate choices and how to teach speaking strategies.

AN OUTLINE OF SECOND-LANGUAGE ACQUISITION THEORY

The second-language acquisition theory developed by Professor Stephen D. Krashen of the University of Southern California, Los Angeles, was developed from a considerable amount of experimental research, classroom-oriented as well as theoretical. The theory consists of five interrelated hypotheses. We will describe our own version of each briefly, then draw conclusions for classroom practices based on them.* Keep in mind throughout the discussion that, as Krashen himself emphasizes, these hypotheses do not represent some ultimate "truth" about second-language acquisition, but rather our "best guesses" about how the process

---

*For more detailed information consult S. D. Krashen and T. D. Terrell, *The Natural Approach: Language Acquisition in the Classroom,* Alemany/Janus Press, 2501 Industrial Pkwy. West, Dept. F, Hayward, California 95545.

takes place, based on both formal and informal research evidence. As research in second-language acquisition advances, we will have to revise our hypotheses and, in turn, our approach to language teaching.

The Acquisition-Learning Hypothesis

Krashen hypothesizes that there are two sorts of knowledge used in developing an ability to communicate in a second language: he calls these "acquired" and "learned" knowledge. We are able to use our acquired knowledge unconsciously and automatically to understand and produce sentences. Acquired knowledge is the basis for what we often refer to as a "feel" for how to say things or why we understand what someone has said.

For Krashen, learned knowledge is knowledge *about* language and the way it functions. In this view, for example, the sort of knowledge obtained through grammatical exercises is different from the knowledge of grammar obtained through communicative experiences. Knowledge *about* grammar must be applied consciously and laboriously in our speech. If we study and learn a grammar rule, we can usually verbalize the rule and state why we have said something in one way or another, but as we all know, this is no guarantee that we can use the rule when trying to express some idea in the target language. In comparison, vocabulary and grammatical structures acquired through communicative experiences become available for more automatic processing much more quickly.

We believe that this hypothesized distinction between two types of knowledge—of and about language—actually corresponds to real differences in the way language is stored and processed by the brain, although we do not apply the labels *acquisition* and *learning* to this distinction. Meaningful communicative experiences provide the input that allows the learner to link a language form with its meaning. Linking meaning to form is the primary process of acquisition. The study of grammar, on the other hand, involves the development of new concepts, such as "verb-subject agreement," and the linking of grammatical terminology to those concepts. Krashen calls this "learning." We will continue to use the term *learning* in its traditional, more general sense and to substitute "the study of grammar" for what Krashen calls "learning."

APPLICATIONS: We believe that it is useful to distinguish the concept of acquisition—whose primary building block is the mental linking of meaning to form—from the study of grammar. Acquisition will take place during meaningful communication. For this reason, the central focus of *Dos mundos* is on the oral communication activities of each chapter. But the study of grammar is also important for many students. Knowing how Spanish words and sentences are put together will facilitate processing the input and make it easier to posit the meaning-form connections that are the basis of acquisition. This is our motivation for including grammar and verification exercises as an adjunct to the oral communication activities.

The Input Hypothesis

The Input Hypothesis attempts to describe the conditions under which acquisition will take place. According to this hypothesis, acquisition occurs when the student comprehends utterances in a communicative context. These utterances contain the vocabulary, grammatical forms, and structures to be acquired. Acquisition takes place when the learner concentrates on the meaning expressed during the communication and is successful in connecting meaning to form. That is, acquisition occurs during attempts to understand and convey messages. Some researchers have suggested a minor modification of the Input Hypothesis: they claim that acquisition begins during the initial interaction with input and continues as learners begin to produce parts of the input with which they are interacting.

APPLICATIONS: The Input Hypothesis is, in our view, the most important of the five hypotheses. It says that what learners will produce depends on what they are able to understand from the input. The Input Hypothesis also tells us that during oral acquisition activities in class, students' attention should be on the exchange of ideas and information. Acquisition depends on comprehensible input: first on understanding new words and grammatical structures used in communicative contexts, and then on producing those words and structures in meaningful interactions. This means that "teacher-talk" input is indispensable and, furthermore, that no amount of explanation and practice can substitute for real communicative experiences.

The Monitor Hypothesis

The Monitor Hypothesis explains the function of what Krashen calls "acquired knowledge" and "grammatical knowledge" in normal conversation. It claims that target language skills acquired in communication are basic to linguistic proficiency, and that acquired knowledge is the primary source of the ability to understand and create utterances. Knowledge about language and the way it functions, on the other hand, can be used as an editor, or "monitor," to make minor corrections before we produce a sentence. For example, some foreign language students are capable of using rules for verb-subject agreement in their speech and thereby avoiding some verb form errors. The most important research finding is that monitoring speech with grammar rules is usually limited to situations in which we have time to think about what we have studied. Some students can monitor relatively well, for example, on grammar exams and on written grammar exercises, but research shows that extensive monitoring is quite difficult for most people during normal conversation and some students are very poor at monitoring in all situations.

APPLICATIONS: Because monitoring with a formal knowledge of grammar learned through drill and exercise is so difficult in real communicative contexts, acquisition-oriented activities play a central role in NA materials. Grammar exercises, in which students are asked to pay close attention to correct application of grammar rules, are mainly to be done as written homework, to give adequate time for reflection on and use of those rules. In addition, students in an NA classroom are evaluated primarily on their oral proficiency—that is, on their ability to communicate specific messages in particular situations—rather than on the grammatical correctness of their spontaneous speech. In addition, the Monitor Hypothesis reminds us that the ability to produce forms on a written exam should never be equated with the ability to use those forms in natural, spontaneous speech.

The Natural Order Hypothesis

A considerable body of research suggests that grammatical forms tend to be acquired in a predictable, invariable order. For example, students of English acquire the progressive form, *is speaking,* before the present tense, *speaks.* Unfortunately, research has not yet told us exactly what is the overall "natural" order for the acquisition of all rules of the grammar of any language. Moreover, the Natural Order Hypothesis also implies that the order of acquisition and the order of learning may be different. For example, all students of languages such as French, Spanish, and German study the rule of gender agreement for nouns and their modifiers quite early in their course of study; however, the ability to produce correct forms without conscious "monitoring" takes much longer—for most adults, several years. Most students are only beginning to acquire the ability to produce gender agreement automatically in their speech by the end of their first year of study, although they learn the rule and the concept quite early in the course. Thus, it appears that although some grammar rules are learned early and relatively quickly, the ability to use those forms occurs only after long periods of communicative contact.

APPLICATIONS: The basic syllabus for an NA course is semantic (topical-situational in the case of grammar). We choose the situations students are most likely to encounter and the topics they are most likely to talk about. Given a particular situation and topic, we can specify the linguistic tools necessary for communication; that is, we can choose the important vocabulary and grammatical forms and structures that students will need to understand others and express themselves on a particular topic in a given situation. We use a grammatical syllabus as the basis for the **Gramática y ejercicios** section. However, we do not expect acquisition and the study of grammar to coincide perfectly. For example, students may study grammar and do exercises with the past-tense forms in a particular chapter of the grammar, but the activities that encourage the acquisition of the forms must be spread over a longer period of time. On the other hand, acquisition seems to occur without any grammar study at all in many cases. This appears to be especially true of syntax. For example, given good input and enough communicative experience, most students acquire the ability to produce correct word order without any explicit study of the rules or exercises that practice them. In other cases, an explicit rule followed by a short verification exercise seems to be helpful in the acquisition process.

The Affective Filter Hypothesis

Acquisition will take place only in "affectively" positive situations, according to the Affective Filter Hypothesis. While rote learning can take place under relatively poor circumstances, language acquisition requires that students attend to the input. This means that poorly motivated students and those with low self-images will experience problems in an acquisition activity.

APPLICATIONS: It is of utmost importance that students be relaxed and interested in the activities in which they participate, and that they feel comfortable with their classmates. Classroom interactions should be carried out in a supportive, rather than a competitive, environment. A sincere interest in students and good instructor-student relationships are absolute requirements for the NA to function correctly. If the student does not attend to the input, for whatever reason, acquisition will not take place.

GUIDELINES FOR USING THE NATURAL APPROACH

Here are the six guiding principles of the Natural Approach that we have incorporated into this textbook.

Comprehension Precedes Production

This principle follows from our view of the acquisition process and language processing. It is impossible to bind meaning to form if the learner has no opportunity to hear the new form in a meaningful context. The classroom activities for all three stages have been designed to introduce most new vocabulary and grammatical forms and structures in communicative contexts before students are expected to produce the words in their speech. Our goal was to include introductory comprehension activities for all major semantic word groups and grammatical forms and structures before requiring students to participate in activities that require speech containing those words, forms, and structures. See in particular the pre-text activities instructor's notes that begin each chapter, as well as the notes that accompany the illustrated displays that begin each section of the oral activities. Ultimately, however, it is your responsibility to ensure that new words and grammatical forms and structures are introduced for comprehension before students are expected to use them.

Speech Emerges in Stages

This principle also follows from the Input Hypothesis. Beginners in the NA are allowed to pass naturally through three stages.

> Stage 1. Comprehension (**Paso A**)
> Stage 2. Early Speech (**Paso B**)
> Stage 3. Speech Emergence (**Capítulos 1–18**)

Stage 1 activities from **Paso A** give students opportunities to develop comprehension skills and begin binding meaning to key words without having to respond in the target language. During the activities of Stage 1, you will ask questions in such a manner that students are not forced to respond in the target language (or that, at most, they answer with **sí** or **no**). There are two reasons to concentrate on developing comprehension and not require beginners to speak Spanish immediately: (1) their anxiety levels will be lower, and (2) their comprehension of spoken Spanish will develop faster. We also think that students who are not required to produce Spanish immediately feel more comfortable with the language and pronounce it better when they do begin to speak. For these reasons, almost all activities in **Paso A** avoid requiring students to respond in Spanish.

The Stage 2 activities from **Paso B** encourage the transition from Stage 1 to Stage 2, from comprehension only to brief responses. In Stage 2 students respond with single words or begin to string words together into short phrases.

Stage 3 begins with **Capítulo 1** and is characterized by the emergence of more complete speech patterns. From giving responses with single words and short phrases, students are encouraged to develop the ability to produce longer phrases, complete sentences, and, finally, to engage in dialogue and to produce connected narration.

Please keep in mind that students should be allowed to progress through all three stages whenever new vocabulary and structures are introduced. Though the process will take less time in successive chapters, it is nevertheless important to foster binding by providing sufficient comprehensible input before requiring production.

Speech Emergence Is Characterized by Grammatical Errors

When students start putting words together into sentences, they make many errors. This is to be expected, since it is impossible to do much monitoring in spontaneous speech. Indeed, we do not encourage heavy monitoring of speech in early stages of acquisition. Early speech errors that occur during the communication activities do not necessarily become permanent, nor do they affect students' future language development. During the communication activities you should pay attention primarily to factual errors. If there are no factual errors, expand and rephrase the students' responses in grammatically correct sentences.

The production of speech with few errors depends on a number of factors that cannot always be controlled by the instructor or the students. Some forms and structures require a large number of communicative experiences before acquisition is complete, and no amount of direct correction of speech errors can speed up the process. For this reason, we comment extensively in the Instructor's Notes on what we can expect of beginning students' grammatical accuracy. Although we do not expect students to speak the target language without errors, especially early in the course, we do expect steady improvement in their speech throughout the course. We do not expect students' errors to "fossilize," that is, become habits. Fossilization has not been a problem in NA classes; it appears to be more common among second-language acquirers who live and work in the environment of the new language. It usually takes several years of daily language use for mistakes to become so ingrained as to be truly fossilized.

Group Work Encourages Speech

As soon as students can produce in the target language, let them begin working in pairs and small groups. We suggest doing some group work very early on, starting at the end of **Paso A,** and using it extensively thereafter. Group work allows many more students to speak the target language during the class period. Most students enjoy interacting with others on a personal basis and feel freer to express themselves in groups. Group work also gives you the opportunity to move quickly from group to group, making sure that the activity is going well, answering questions, and helping individuals with pronunciation, grammar, and usage. The time students spend working in small groups should increase throughout the course, so that toward the end of the course they themselves become the source of much of the communicative interaction.

Students Acquire Language Only in a Low-anxiety Environment

This principle follows from the Affective Filter Hypothesis. Students should not be put on the defensive in an NA class. There are a wide variety of techniques for relaxing students. You will develop your own style of teaching with the NA, and your classes will differ from other NA classes. But you will be most successful when students are interacting in communicative activities that they enjoy. Students must always feel that they can express their ideas in the target language without fear of direct, interruptive grammatical correction or reprimand. The goal is for them to express themselves as best they can and to enjoy and develop a positive attitude toward their second-language experience.

The Goal of the Natural Approach Is Proficiency in Communication Skills

Proficiency, or communicative competence, is the ability to convey information and feelings in a particular situation for a given purpose. In the NA we determine, for example, if the student is able to ask a native speaker how to get from one location to another and understand directions given by the native speaker.

There are at least four components of proficiency: discourse proficiency, sociolinguistic proficiency, strategic proficiency, and linguistic proficiency. Discourse proficiency is the ability to interact with native speakers using a variety of discourse types: social interaction, conversation, narration, asking questions to obtain information, giving commands, and so on. Sociolinguistic proficiency is the ability to interact in different social situations using language appropriate for that situation. Strategic proficiency is the ability to make use of limited linguistic resources to express ideas and to understand input. Linguistic proficiency is the ability to use the correct grammatical form and structure to express a given meaning. Grammatical correctness is thus a part of proficiency, but in no sense is it the only goal of an NA course or even a prerequisite for the development of communicative proficiency.

In any particular foreign-language course, there may be additional goals: reading and writing, for example. For this reason, and because they also provide input, we have included comments on the use of various sorts of materials for developing reading and writing skills in addition to the oral communication activities. In the materials you will use, there will always be more oral and written activities than you need to use in a single year-long college-level course. How many of these materials you use depends on the goals you and your students have for the course. The most important point, however, is that proficiency develops from communication experiences, not from covering a certain amount of material in this or any other textbook.

TEACHING COMPREHENSION AND SPEAKING

Your class activities should contain both comprehensible input and interactional activities that allow the student to progress through the natural stages of acquisition: comprehension, early speech, and speech emergence. The purpose of this section is to clarify the relationships between the acquisition process, comprehension, and speaking, with emphasis on an overview of the use of particular teaching techniques to aid in the development of communicative proficiency.

Comprehension

The student who begins an NA course concentrates first on the development of listening skills. It is important, then, to understand how beginning students interpret the utterances they hear in the instructor's speech. The immediate goal in the first few classes is to develop the students' ability to use comprehension strategies. Beginning students are able to comprehend an utterance if they recognize the meaning of key words in the utterance and are able to use context to derive the meaning of the utterance itself: comprehension = key words + context.

Looking at comprehension in this way implies that students need several kinds of experiences in the classroom. First, input must consist of utterances in a meaningful context; that is, the instructor must provide input that is logically and coherently connected. Second, students must understand the meaning of key words in the utterance. Finally, the instructor must use body language, gestures, intonation, and other aspects of paralanguage, as well as visuals, props, and anything else available to make the meaning of the utterance clear.

Students will pay attention to the words emphasized by the instructor. Several techniques can draw attention to the most important parts of an utterance.

- You may speak a key word louder than the words that surround it: **La mujer lleva una *falda* negra.** Emphasis is on **falda,** pronouncing the word louder, perhaps drawing it out longer, while pointing to a skirt or to a picture of a skirt.
- You may pause slightly before saying the key word. Pointing to a picture: **Miren lo que lleva este señor. Esto es un... traje de baño.**
- Repetition and reentry of the key word also draws students' attention to the word. Point to what one student is wearing: **Lucy lleva una blusa blanca... Esta blusa es blanca; no es roja, no es azul, es blanca. Lucy lleva una blusa blanca.**

The task of the instructor is to use the key word meaningfully. The task of the student is to attend to the input in such a way that the meaning of the key word is linked to its form in Spanish.

We use the term *binding* to refer to the process of linking a meaning to a form in the target language. The goal is an automatic reaction; a word has been bound to its meaning or its referent when students hear that word in a communicative context and react automatically by retrieving its meaning. That is, a word is bound when it "sounds like" what it means. For example, the word **perro** is bound when the instructor can use it in an utterance and students react to its meaning without having to think consciously of its equivalent in English (or the students' native language).

In the process of binding, how do students come to associate meaning with the new target language word? There are many association techniques, and individual students vary in their experience with the binding process. What does *not* seem to be very helpful is rote memorization. Simply looking at a list of words in the foreign language with equivalent English words does not normally result in binding. Nor does repeating lists of words aloud do much good. The key element in binding appears to be communicative experiences. We bind words to meaning by hearing them used in context. The vividness of the experience and the context in which a word has been used will determine both the rapidity and the strength of the binding process. Students report that the following techniques help them to associate (and remember) meaning and forms.

1. The use of visuals (such as pictures, drawings, posters, and so on)
2. The use of the real object or item
3. The use of movements (such as acting out words and situations)
4. The association of words with particular classmates (i.e., the fact that a particular student has blond hair and blue eyes helps to associate meaning with the words for *blond, hair, blue,* and *eyes*)
5. The unusualness of something in a picture or other visual
6. The use of humor to draw attention to certain words
7. Interest (i.e., the fact that students may be particularly interested in a certain topic)
8. Affective factors (i.e., the association of new words with the interests of classmates—for example, the binding of **cocinar** with its meaning is easier if someone in the class particularly likes cooking)
9. Linguistic factors (such as words with particular sounds, word length, rhythm, and so on)
10. Similarities with the native language (cognates, borrowings, and so on)
11. Cultural factors (i.e., words may be bound during cultural discussions or experiences involving the use of slides, movies, videotapes, games, parties, skits, readings, and so on)

The important point is that the binding of meaning to form is not automatic. The responsibility of the NA instructor is to create experiences so vivid that the students will form strong associations quickly. The responsibility of the student is to attend carefully to the input and participate in the class activities enthusiastically.

To summarize, part of acquisition—the development of proficiency in comprehension—includes the use of contextual strategies based on the binding of meaning to form. Good listening skills will develop from communicative experiences, not from the rote memorization of vocabulary and grammar.

Teacher-Talk

Since second-language acquisition theory posits that input plays the major role in acquisition, an extremely important part of NA instruction is the input the instructor supplies to students in the form of "teacher-talk." This input has certain characteristics.

1. It focuses on meaning. Everything in the input is aimed at getting across meaning—that is, information about some topic or situation being addressed.
2. It is comprehensible. Students are able to follow the main ideas of the input.
3. It is slightly above the students' current level of competence. This means that students understand enough of the key words and structures to be able to interpret new vocabulary and structures by using what they do understand and the context of the input (that is, knowing about the topic under discussion, looking at visual aids, attending to gestures, and so on).
4. It contains vocabulary and structures students are not able to interpret. The input contains just enough unknown material so that students are able to follow the main ideas, but are unable to understand every word. This both encourages the development of good listening strategies and provides new material for acquisition.
5. It is interesting and relates to students' experiences. The instructor must use knowledge about the students themselves to personalize the discussion arising from the stimuli of the oral activities and then orient it toward topics of personal interest.
6. It allows for spontaneous and innovative student responses without being threatening. The attitude of the instructor during the give-and-take of the input must be one of attention to meaning. Any attempt students make to communicate is accepted in a positive fashion.
7. It is simplified input. All language acquirers, including children acquiring a first language, must have access to simplified input. In this context, *simplified* means many things. The speed of the input is somewhat slower than regular adult-to-adult, native-speaker input. It is more clearly enunciated. The focus is usually maintained on a single topic longer than normal, and the information may be given in several forms and repeated several times. The range of vocabulary and structures used in the input is limited without being artificial.
8. It is varied and natural. Since the focus is always on the message, the instructor reacts naturally to students' responses, thereby creating new situations

and additional information in the input. In this way, the instructor reenters frequently used vocabulary and structures many, many times without having to plan a specific review.

Good teacher-talk is essential for the success of the NA. If in-class interaction is artificial and overly controlled, students will not acquire Spanish.

Speaking

The other part of acquisition is speaking. In theory, a learner can bind meaning to form based on input alone. This implies that comprehension experiences are solely responsible for acquisition. Whether this is true or not makes no difference; students want to practice speaking the language they are learning. In addition to the affective and motivational value of speaking, when students begin to respond in the target language class interactions and activities become much more interesting, and there is a greater potential for variety than when students simply listen to and indicate comprehension of input. The responses of other students also serve to provide comprehensible input, as in fact hearing their own speech will. It is likely, too, that the use of words and forms to express an idea in speech will strengthen the connections between meaning and form established tentatively through the input. For all of these reasons, it is very important in the NA to allow ample opportunities for students to express themselves in the target language.

In the NA, proficiency in speaking emerges in stages. Stage 1 is the comprehension stage. In Stage 2, students are encouraged to respond with single words or short phrases. It is important that you formulate questions so that students are asked to produce only the words they have had ample opportunity to bind. The idea is to avoid "translation searches" in which the students go through a thought process like "*dog* . . . how do you say *dog* in Spanish?" for each word and grammatical form they wish to produce. For this reason, we begin speech production in Stage 2 with "either/or" questions: **¿Lleva Kathy una falda negra o azul? ¿Tiene este señor bigote o barba?** Even simple interrogatives such as **¿Qué es esto?** or **¿Dónde están los señores?** are attempted only when we are relatively sure that students will be able to "access" the correct word without conscious translation from English. The following is a sequence of question types, increasingly complex, that provide opportunities for encouraging speaking in Stage 2.

1. Yes/no questions
2. Either/or questions
3. Simple interrogatives (**¿qué? ¿dónde? ¿cuándo? ¿quién?**)
4. Open sentences (**Este señor lleva un...**)
5. Lists of words (**¿Qué vemos en esta foto?**)

The transition from the production of single words to longer phrases and more complete sentences in Stage 3 is facilitated by dialogues and interviews. In the model dialogues we use key words in short, complete sentences. The open dialogues are particularly effective because they provide the grammatical context, and students only have to provide words that have already been bound.

The transition from controlled contexts to more open activities is somewhat difficult because it is impossible to know what students will want to say. Invariably there will be situations in which students will be unable to retrieve a word in Spanish, either because it has not been encountered enough to be bound to its meaning or because they have not yet heard the necessary word in your input. In either case, it is natural that they give the English word first and ask ¿Cómo se dice _____ en español? Such spot translations are not damaging per se, but we want to avoid putting students into situations in which the entire utterance is new and must be translated word by word.

In Stage 3, when students do begin to produce Spanish, they will make a number of errors: errors of pronunciation, of word usage, of grammar, and, as the discourse becomes more complex, of discourse. As we noted earlier, errors are a normal part of the acquisition process, and we do not recommend direct correction of speech errors during class interactions. Error correction is interruptive to the exchange of ideas and creates affective barriers to acquisition even when it is done in a positive manner. Adults do not normally correct other adult second-language learners' mistakes in real-life conversations, so error correction will not be a source of feedback on students' speech in or outside of class. However, because learners will not acquire what they do not hear in the input it is necessary that you use student responses as a basis for a more complete and correct version of what they wish to express. We call this "expansion of student responses" and will discuss it in more detail later.

Encourage students to express themselves using what they have acquired, even when this means going slightly beyond their present level of proficiency. Bear in mind, however, that there is a danger in pushing students to express ideas that they have neither the vocabulary nor the structure to express. For example, asking a student in the early speech stage (Stage 2) a ¿por qué? question will almost always lead to difficulties. When students are pushed to respond using words they have not had the opportunity to acquire from the input, they inevitably fall back on their native language to formulate the reply, and then translate word for word to the best of their ability. If this happens once in a while, it probably does no great damage to the acquisition process. If, on the other hand, learners are constantly forced to translate from their native language, they may begin to acquire their own erroneous output. We recommend that you not try to push students into Stage 3 too quickly; allow them to answer with short (but correct) replies until they have had a chance to acquire enough vocabulary to attempt more complex responses.

In summary, acquisition in an NA course is defined as the ability to comprehend and produce utterances in the target language in a communicative context. Activities must be designed to give the instructor and student ample opportunities to listen and to speak on a wide range of topics and in a variety of situations.

TEACHING READING AND WRITING

Reading and writing play an important role in *Dos mundos*. In the following sections we describe how reading and writing are treated in the text and suggest how to teach these skills.

Reading

There are two reasons for students to learn to read Spanish. One is a practical consideration: Students learn to read in order to understand texts written in Spanish—signs, ads, instructions, magazines, newspapers, books, and so on. The other is more theoretical: Reading can also serve as comprehensible input contributing directly to the acquisition process. From the point of view of the instructor, there is a third reason to learn to read: Reading can serve to stimulate an interesting discussion, creating the possibility for more comprehensible input and student interactions.

There are four main reading skills: scanning, skimming, intensive reading, and extensive reading. We scan a text for specific information. It is a very useful skill for travelers, who often need to scan advertisements, signs, and menus for pertinent information, even though they are not able to understand everything. We skim a text to get the main ideas. Students should be taught to skim all readings before they attempt to read them intensively. Intensive reading is a close reading: we attempt to understand each utterance and, in some cases, even each word. We use intensive reading techniques to study a text carefully: to read a contract, for example, or analyze literature. Extensive reading is usually "pleasure" reading: we read for content and supporting material, but not for detail. Too often in a foreign-language course students are only taught to read intensively; in some cases, they simply translate without ever learning how to read. If students never learn to read extensively, it is doubtful that they will ever read much in Spanish after this course.

We offer a wide range of readings in *Dos mundos*. Some are found in the main text, others in the **Lecturas adicionales** of the *Cuaderno de trabajo*. *Dos mundos* contains more readings than do most introductory texts. When students learn to read for the main ideas without translating to English, they are able to read a great deal of text quite rapidly. You do not need to assign every reading in *Dos mundos,* but we hope that, once they realize that they can read Spanish rapidly, students will want to read on their own. Many instructors have told us that they use readings that are not regular assignments as "makeup" work for students who have had to miss class.

Many readings are "glossed"; that is, English or simpler Spanish equivalents of difficult key words appear to the right of the reading or in footnotes. Vocabulary from the readings, however, is not necessarily included in the chapter reference vocabulary. All vocabulary, including that in the readings, is found in the Spanish-English Vocabulary at the end of the text.

The readings fall into the following categories.

- *Journalistic texts.* This category includes ads, forms, bills, and short articles on topics of interest taken directly from Hispanic newspapers and magazines with few or no changes. Some articles and editorials were written specifically for *Dos mundos.* Remind students that they do not need to understand every word in the text to complete the associated task or to search for the requested information.
- **Notas culturales.** These are usually descriptive narratives (sometimes in dialogue form) about interesting aspects of Hispanic culture. We suggest that students read these short essays somewhat intensively and consider how English-speaking cultures differ from Hispanic ones.
- *Los amigos hispanos.* These are short sketches about people from the *Dos mundos* cast of characters who live in various parts of the Hispanic world. These readings usually focus on an aspect of a character's life and are related to the section's topic. In the early chapters we use them mainly to teach reading skills. In later chapters they illustrate some cultural difference among Hispanic countries or between Hispanic countries and English-speaking countries.
- *La telenovela.* This category includes narratives or dialogues of events from the lives of the characters in the soap opera **"Los vecinos."** They are meant to be humorous and entertaining. Students should practice their extensive reading skills by focusing on the main ideas and by rapid reading.
- *Fiction.* Some of these are authentic short stories written by Elías Miguel Muñoz especially for *Dos mundos.* They are to be read for pleasure—the focus should be on plot, not detail. Four short stories by other authors are included to expose students to original literature with writing styles and topics very different from the Muñoz short stories. These are optional, authentic texts that instructors will want to assign to students who will continue on to second- and third-year Spanish.
- *Poetry.* A small number of poems and fragments of poems are reprinted for instructors who like to include poetry in their classes. The poetry selections are not followed by comprehension questions in the student text; emphasis should be on spontaneous appreciation of these works. Suggested follow-up questions are included in the Instructor's Notes.

We recommend that you assign readings as homework, with follow-up discussion in class. The student text contains questions or a task of some sort, and the Instructor's Notes give suggestions for personalized discussion topics. We consider the readings to be parallel to oral activities, in that they provide input and a basis for interaction.

Introducing Reading

Students begin to read in NA activities almost immediately. During the first oral input of Stage 1 (the pre-text activities), most NA instructors write some of the key words of the input on the chalkboard. This practice allows students to begin the process of connecting Spanish sounds to familiar letters—if not consciously, then intuitively. The "reading" involved in these activities is minimal and silent.

Some students report "rehearsing" words the instructor writes on the board as they copy them in their vocabulary notebooks. We do not recommend that you ask students to read these words aloud because in Stage 1 they will not have had enough input to correctly produce Spanish sounds for what look like "English" letters. For beginners, the likelihood is great that reading aloud will result in rather serious pronunciation distortions.

As students engage in the interactions in **Pasos A** and **B** (Stages 1 and 2), they will have more opportunities to hear words and to match them with the printed versions. In addition, they can work through the exercises on pronunciation and orthography in the *Cuaderno de trabajo*. Those exercises explicitly point out the sound-letter correspondences of Spanish. The emphasis during this stage, before formal reading begins, is on extracting meaning from the printed word without translating into English.

The first sustained narrative reading is **"Las actividades de Raúl"** in **Capítulo 1.** We recommend that you work with this reading in class to ensure that the students understand what it is you want them to do with a reading when you assign it as homework. Begin by asking them to skim quickly without trying to read each sentence. Tell them to look for any information that would give them an idea of the main points of the narrative. Emphasize that they are not to translate into English, but rather to attempt to extract meaning directly from the Spanish.

Read the passage aloud slowly, with somewhat exaggerated intonation. Use gestures and stop to explain and emphasize important points and concepts. Pause at the glossed words and give the students a chance to glance at the English translations. Stop at the end of each sentence and paraphrase what you have read. For important new words, give an easier synonym. The crucial point to demonstrate is that students can answer your questions without understanding every word in the reading. For example, read the sentence **A Raúl le gustan mucho los deportes, especialmente el fútbol.** Then ask **¿Qué deporte le gusta mucho a Raúl?**

After you have read the text aloud, ask students to reread the passage silently, concentrating on reading without translation. Then ask the true/false questions in the text. Finally, ask students to reconstruct the text with you, using the "incomplete sentence" technique: **Este muchacho se llama... (Raúl) Es de la ciudad de... (México).** Skip some of the less interesting details to let students know that you are concerned mostly with the main points of the narrative.

It is impossible to predict how many times you will have to go through subsequent readings during class time before your students establish good reading habits. Some learn to read a second language quite rapidly; others cling to translation for several months.

Teaching the lecturas adicionales

The readings in the **Actividades orales y lecturas** sections of the main text are supplemented by the **lecturas adicionales** in the *Cuaderno de trabajo*. Even though these readings are called additional, it is a good idea for students to do them, since they provide valuable input and reading practice. They are grouped into the same categories as the readings in the main text: *La telenovela, Notas culturales, Los amigos hispanos,* and so on.

Instructor's Notes for each of the readings in the **Lecturas adicionales** sections follow.

CAPÍTULO 1

Nota cultural: Los saludos y las despedidas. Have students do the reading in class. Then enter the classroom and greet your students in a formal manner, shaking hands and using **Buenos días, Buenas tardes, ¿Qué tal?**, and so on. Tell them **Éstos son los saludos.** Now pretend that you are leaving; say good-bye using **Adiós, Nos vemos, Gusto de verlos, Hasta mañana.** You should actually leave the classroom and shut the door behind you. (Students will joke about the fact that you are leaving and canceling class.) Come back and tell them **Ésa es la despedida.** Follow up with the **Comprensión.** Start up a discussion based on the personalized question in **¿Y usted?** Other possibilities for discussion are **¿Cómo se despide usted de un grupo de amigos? ¿de un grupo de personas que no conoce muy bien? ¿Piensa usted que hay diferencias entre la manera de saludar y despedirse de los hispanos y la de los norteamericanos? ¿Por qué hay estas diferencias?**

CAPÍTULO 2

La telenovela «Los vecinos»: Ernestito. Ask students if they have younger brothers and sisters: **¿Tienen ustedes hermanos o hermanas menores? ¿Cómo se llaman?** Then tell them that the reading describes a Mexican boy, Ernestito: **Esta lectura trata de** ("deals with" on the board) **un niño mexicano que se llama Ernestito. En la lectura, Ernestito habla de su escuela.** Follow up the reading with **Comprensión** and show students a picture of the Mexican flag. If possible, show flags from other Hispanic countries and review colors. Describe your classroom with the students' help. Do a personalized activity, such as **Imagine que usted es niño/a otra vez; ahora está en su escuela. ¿Cómo es la sala de clase? ¿Le gusta su escuela?**

Nota cultural: Los nombres hispanos. Ask students to give their mother's maiden name: **¿Cuál es el apellido de soltera de su madre?** Tell them that **En las culturas hispánicas, la persona usa el apellido de la madre también.** After the reading, do both sets of questions. As a follow-up, try to find diminutives for the names of some students. Ask students if they had an affectionate nickname as children: **¿Tiene usted un diminutivo cariñoso de la niñez? ¿Cuál es?**

CAPÍTULO 3

Los amigos hispanos: El «diyei» mágico. Tell students this reading is about **un diyei cubano** and about music in the Hispanic world. After the reading, play traditional and modern Latin American music. Point out that most Latin American dances such as the **cha-cha-chá, samba,** and **salsa** have been popular at one time or another in the United States. **Salsa,** for example, is very popular today, mainly on the East Coast (the movie *Salsa* was a box-office hit in 1988). Play songs by well-known Hispanic artists such as Julio Iglesias and Mecano. Do a cloze activity with the words to one of their songs.

Los amigos hispanos: Las actividades de Pilar. Discuss students' living situations: **¿Dónde vive usted?** (con mis padres) **¿Le gusta vivir con sus padres? ¿Por qué (no)? ¿Es fácil para usted estudiar en su casa (en la residencia estudiantil)? ¿Comparte usted su cuarto con otro/a estudiante? ¿Le gusta tener un compañero (una compañera) de cuarto?** Tell students that they will be reading about a Spanish student, Pilar, who has many distractions where she lives and can't study. Follow up the reading with the **Comprensión.** Then ask questions that help students compare and contrast their lives with Pilar's.

CAPÍTULO 4

Los amigos hispanos: Adriana Bolini. Ask female students how many of them hold part-time or full-time jobs. Tell them that it is not as easy for women to obtain jobs in the Hispanic world. However, roles are changing and more and more women are entering the work force and the business world. Tell them they will be reading about Adriana Bolini, a young Argentinean who is very happy with her career in computers. Insist on students' using context rather than a dictionary to guess at meaning. Follow up with the **Comprensión** and a brief discussion on **la inmigración:** Point out that many Italians emigrated to Argentina during the late nineteenth century and that they contributed a great deal (names, food, music, and so on) to the culture of that country. Ask personalized questions such as **¿Sabe usted usar una computadora? ¿Qué programas utiliza? Si no sabe, ¿le gustaría aprender? ¿Por qué (no)? ¿Piensa usted que es importante saber utilizar una computadora? ¿Qué ventajas tiene?**

Los amigos hispanos: La vida de Bernardo. Review daily routines: **¿Cuál es su rutina diaria?** Tell students they will be reading about the daily routine of a Colombian family. Follow up the reading with personal questions such as **La pasión de Inés y Bernardo es viajar. ¿Cuál es su pasión?**

CAPÍTULO 5

Los amigos hispanos: Las actividades de Carlos Padilla. Explain that the morning meal in Mexico is called **el desayuno** if it consists of **café** or **jugo.** If it is heavier—**huevos** and **frijoles,** for example—it is called **el almuerzo.** The midday meal is **la comida.** Late evening meals are the norm in Mexico; they are referred to as **la merienda** and are usually light. The heavy meal is still normally eaten at midday. Tell students that in Mexico a bus is called **un camión.** Tell them they will be reading about a Mexican student, Carlos Padilla, who goes to school and works part time. Point out that most Mexican students have part-time jobs. After the reading, explain that the university is normally called **la UNAM (la Universidad Nacional Autónoma de México),** and that the **Ciudad Universitaria** (the UNAM campus) was originally located on the outskirts of Mexico City, but subsequent urban growth has surrounded it. Do the **Comprensión** and ask students the following. **Describa una mañana típica en su vida. ¿Qué hace desde que se levanta hasta el mediodía?**

Los amigos hispanos: Silvia Bustamante. Show location of Morelia and Mexico on a map. Explain that one usually says simply **México** instead of **la Ciudad de**

México. The **Distrito Federal (D.F.)** has approximately the same status as the District of Columbia (D.C.) in Washington. **La UNAM** has been noted previously: **Universidad Nacional Autónoma de México.** Students have also seen **camión** before; ask if they remember how to say **autobús** in Mexico. You may wish to explain that the word for *bus* varies from country to country: **autobús** is universal, but not **la guagua** (Caribbean), **el ómnibus** (Argentina), and **la camioneta** (Guatemala). After the reading, point out that it is common practice for Hispanic students to live with relatives while attending school in another area. Ask personalized questions like the following. **¿Vive usted en una ciudad grande? ¿Qué le gusta de su ciudad? ¿Qué no le gusta? ¿Piensa usted que es peligroso vivir en una ciudad grande? ¿Conoce usted la capital de algún país hispano? ¿Qué opinión tiene de esa ciudad? ¿Es muy diferente de la ciudad donde usted vive?**

CAPÍTULO 6

Nota cultural: Las posadas. After the reading, have students dramatize **las posadas** in class. Play **villancicos** for them and do one as a cloze exercise. After the reading, ask personalized questions: **¿Qué hace usted normalmente durante las Navidades? ¿Con quién las pasa? ¿Existe una costumbre o fiesta religiosa como las posadas en los Estados Unidos? ¿otra tradición de Navidad? ¿Qué comida de Navidad le gusta a usted? ¿Qué cosas no le gustan a usted de las Navidades en los Estados Unidos?**

Los amigos hispanos: Los grandes problemas de Ernestito. Preview by talking about relationships between parents and children. Ask students if they have younger brothers and sisters (or if they have friends or relatives with children). Then ask **¿Qué obligaciones tienen estos hermanos menores en su casa? ¿Qué tienen que hacer?** (sacar la basura, cortar el césped, lavar el carro, ir de compras con los padres, etc.) **¿Qué obligaciones tiene usted en su casa?** Tell students that they will be reading again about Ernestito and his friend Eeer. In this episode, Ernestito complains to Eeer about having to obey his parents all the time. Remind students that **Ernestito es un poquito como «Daniel el travieso»** *(Dennis the Menace).* Follow up with personalized questions: **¿Piensa usted que Ernestito es un niño típico? ¿Cree usted que Ernestito es simplemente un niño malcriado** *(spoiled)***? ¿Piensa usted que los niños deben ayudar en la casa? ¿Piensa que trabajan demasiado?**

CAPÍTULO 7

Nota cultural: Los piropos. Discuss relationships in general and mention that **las relaciones entre las personas son diferentes en cada cultura.** Then talk about relationships between men and women and how courtship (**el cortejo**) is still an important part of Hispanic cultures. After the reading, ask personal questions: **¿Qué opina usted de la costumbre del piropo? ¿Le parece una costumbre divertida? ¿ofensiva? ¿machista? Muchachas, ¿tuvieron ustedes la experiencia de recibir piropos alguna vez?** Have students prepare a skit in which the usual situation is reversed: a man receives a **piropo** from a woman. You may also want to write the following **piropos** on the board and discuss them with the class: **¡Qué monumento! ¡Qué ejemplar! ¡Qué curvas y yo sin frenos! ¡Raquel Welch es una bruja junto a ti! ¡Si cocinas como caminas, me lo como todo!** Then have students invent their own **piropos**.

La telenovela «Los vecinos»: Pedro Ruiz, el escritor. Talk about traditional roles and ask questions such as **¿Qué trabajo hace la mujer, tradicionalmente? ¿Qué obligaciones tiene el hombre?** Tell students this reading is about a not-very-traditional family (according to Latin American standards). After the reading, ask personal questions: **¿Qué trabajo hace su mamá en su casa? ¿su papá? ¿Ayuda su papá con los quehaceres del hogar? ¿Ayuda usted? ¿Piensa usted que su familia es tradicional? ¿Por qué (no)?** Have students work in pairs and prepare a skit in which a famous person is being interviewed. Have them include questions about family life, favorite activities, and the person's profession.

CAPÍTULO 8

Los amigos hispanos: La piñata de Ernestito. Tell students that many Hispanics celebrate both their birthdays and **el día del santo.** Because of their strong Catholic background, Hispanics will often name a child after the saint of the day he/she was born. Tell students that one thing Mexicans do to celebrate this day is to break a **piñata.** Bring in a picture of a **piñata** and briefly describe it; or bring a **piñata** to class and have students break it the way the children do in the reading. After the reading, expand on the personal questions in **¿Y usted?** Ask **¿Cómo celebran ustedes su cumpleaños? ¿Qué hacen? ¿Tienen una fiesta? ¿Prefieren estar solos o estar con unos amigos? ¿Hay algo similar a la piñata en su cultura? ¿Cómo celebran muchos niños norteamericanos su cumpleaños? ¿Qué tipo de regalos de cumpleaños para niños son populares hoy?**

Los amigos norteamericanos: Apuntes de un viaje al Caribe. Talk about the Caribbean and its people: **clima tropical, gente alegre, mucho calor, gran influencia africana en la música, el baile, la comida. Cuba, Puerto Rico, la República Dominicana y Venezuela son los países hispanos más conocidos del Caribe.** If you have been there, share your experiences with the class. Show pictures or slides of Caribbean beaches such as those in San Juan and Puerto Plata. After the reading, do the **Comprensión** and ask personalized questions such as **¿Conoce usted algunos de los platillos hispanos que menciona Carmen? ¿Le gustaron? ¿Qué otros platillos hispanos conoce? ¿Le gustaría a usted una costumbre como la sobremesa? ¿Por qué (no)? ¿Viajó alguna vez por algún país hispano? Describa su experiencia.**

CAPÍTULO 9

Nota cultural: La familia. Tell students they are going to read about some differences between typical U.S. and Hispanic families. After the reading, ask personal questions such as **¿Cómo es su familia? ¿Opina usted que su familia es estereotípica? ¿Qué idea tiene usted sobre la familia hispana? ¿Está usted de acuerdo con** lo que dice Esteban sobre el estereotipo más común de la familia hispana? ¿Hay algún aspecto de su familia que le gustaría cambiar? ¿Cómo es, en su opinión, «la familia ideal»? Descríbala.

Nota cultural: La crianza de los niños. Ask students if they agree that **los niños y los adolescentes en los Estados Unidos son muy independientes.** Ask them to tell you about their upbringing. **¿Cómo los criaron a ustedes, con mucha libertad? ¿con muchas responsabilidades?** Tell students about your upbringing. Point out that in Hispanic cultures **los hijos viven mucho tiempo con sus padres, en muchos casos hasta que se casan, especialmente las muchachas. La unión familiar es muy importante; los hijos tratan siempre de complacer y ayudar a los padres. La independencia de los hijos no se valora tanto como en los Estados Unidos.** You may want to mention that, although the description given in the reading is generally true, some Hispanic families are slowly moving away from totally sexist child-rearing. After the reading, assign a composition on the following topic: **Explique las semejanzas y diferencias entre la crianza de los niños en los países hispanos y su propia crianza.** Or have the students work in groups on the following questions: **Describa la crianza que usted tuvo. ¿Fue muy diferente de la crianza de los niños hispanos? ¿Recuerda los juegos a que jugaba? ¿Cuáles eran sus juguetes o juegos favoritos?**

CAPÍTULO 10

Los amigos hispanos: Pasando la frontera. Preview by telling students about an interesting, difficult, or exciting travel experience that you've had. (You may want to invent a little to make the story funny or to give it a punch line.) Tell them that this reading describes an experience Adriana and her friend Alicia had as they traveled from Spain to France and back to Spain. Remind students that Adriana is Argentinean. The problem she narrates in this reading involves this "detail": She is studying in Spain and has a student visa. Use a map to show Adriana's and Alicia's trajectory from Madrid to Paris, going through Hendaye, the border town. After the reading, do the **Comprensión** and ask personal questions such as **¿Ha tenido usted una experiencia similar a la de Adriana? Descríbala. ¿Ha conocido usted personas interesantes en sus viajes? ¿Ha viajado a España? ¿a otros países de Europa? ¿Tuvo problemas alguna vez con su pasaporte o su visa?**

Nota cultural: El transporte. Talk about modes of transportation, describing your own experiences with transportation in Hispanic countries. Ask personal questions: **¿Qué tipo de transporte usa usted más? ¿Prefiere usar el transporte público? ¿Cuáles son las ventajas del transporte público? ¿las ventajas de un carro propio?** Point out that in many parts of the United States (such as California) having a car is not a luxury but a necessity, whereas it is still a luxury item in most Hispanic cities. After the reading, ask personal questions such as **¿Ha viajado usted en metro alguna vez? ¿Ha estado en un embotellamiento de tráfico? ¿Por qué ocurren** los embotellamientos? ¿Cuándo es el período de mucho tráfico en la ciudad (el estado) donde usted vive?

CAPÍTULO 11

La telenovela «Los vecinos»: El viajero escondido. Tell students that in this episode of **la historia de Ernestito y el extraterrestre,** Eeer wants to travel inside Ernestito's suitcase. After the reading, you may want to speculate about Eeer's "powers." **¿Por qué dice Eeer «No te preocupes, Ernestito» al comienzo del diálogo? ¿Es invisible quizás? ¿O puede ver el futuro? ¿Sabe que no van a abrir la maleta?** Have the class write a short narrative describing Eeer's powers: **¿Qué puede hacer Eeer que no puede hacer un ser humano?** Or have them write a second part to the story: **¿Qué pasa en el avión? ¿Qué pasa cuando la familia Ramírez llega a Venezuela?** Ask personal questions: **¿Ha tenido usted un problema con su equipaje alguna vez? Cuando viaja, ¿le gusta llevar mucho equipaje or prefiere llevar pocas cosas? ¿Ha perdido alguna vez su maleta? ¿Qué hizo? ¿La recuperó?**

Nota cultural: Clara en España. Tell students that this reading is a letter from Clara, an American student who studies at the University of Madrid. Before the reading, show students a map of Spain and point out its capital. Remind them that the **Complutense** is the main university in Madrid. It is divided into **facultades** (**Facultad de Derecho, de Filosofía y Letras,** etc.), comparable to American "colleges" or "schools." Point out Toledo on the map. Tell students that Toledo is in the region of Castile, the central plateau of the peninsula; it was the capital of Spain before Madrid. Point to Segovia, the Castilian city famous for its Roman aqueduct and its **alcázar.** Segovians claim to speak the purest form of Castilian (**castellano** = **español**). If you have a picture of an **alcázar,** show the class. Explain that an **alcázar** is the name for a fortress (**una fortaleza**) in many cities of Spain.

After the reading, ask personal questions: **¿Ha viajado usted a España? ¿Qué ciudades visitó? Describa su experiencia: ¿Adónde fue? ¿Cuánto tiempo estuvo allí? ¿Cuál fue su ciudad favorita? ¿Por qué?** For those students who haven't been to Spain, ask **¿Le gustaría visitar España? ¿Qué ciudades le gustaría visitar? ¿Por qué? ¿Qué asocia usted con España? En otras palabras, ¿qué imágenes vienen a su mente cuando piensa en la península ibérica?**

CAPÍTULO 12

Los amigos hispanos: Primera noche de carnaval. Show pictures of **Carnaval;** say it is celebrated in many countries of the Caribbean and Central America (similar to Mardi Gras in French-speaking areas of the United States and elsewhere). Tell students they are going to read about the **Carnaval** in Panama. After the reading, have them give their impressions of this festivity. **¿Ha estado usted alguna vez en un Carnaval latinoamericano? ¿Ha participado en el Mardi Gras de Nueva Orléans? ¿Cuál fue su impresión? ¿Le gustó? ¿Se divirtió?** Have students describe the costumes they would wear in **Carnaval;** or, if they have dressed up for a costume party, the disguises they wore.

Los amigos hispanos: La vida nocturna en Madrid. Review Madrid with maps and pictures from your P.F. Tell students that they are going to read about **las actividades de los jóvenes en la ciudad de Madrid.** Add any recent information you may have on Spain. Mention that since the death of Franco in 1975 Spain has been experiencing a cultural boom. After forty years of isolation and dictatorship, Madrid has turned into a lively, exciting cosmopolitan city in the last decade. After the reading, ask questions such as **¿Son muy diferentes las actividades de estos jóvenes de las actividades de los jóvenes en su país? ¿Hay diferencias? ¿Cuáles son? ¿Qué le gusta hacer a usted cuando sale de noche?**

CAPÍTULO 13

La telenovela «Los amigos»: Hospital General de Cuernavaca. Tell students that this reading is a summary of an episode from a soap opera that some of the **Los vecinos** characters watch. (Yes! There is a **telenovela** within a **telenovela**.) The **telenovela** takes place in a hospital, and it is a spoof on U.S. hospital shows such as "General Hospital," "Marcus Welby," and "St. Elsewhere." Ask students if they have watched any of those shows. If they say yes, ask why. **¿Por qué les gusta ver programas de hospitales y doctores? ¿Les interesa la medicina? ¿Les gustan los personajes? ¿Por qué creen ustedes que estos programas son tan populares? ¿Qué elemento tienen en común todos los programas de hospitales, además de tratar sobre doctores y enfermos? ¿Hay una idea especial?** As a follow-up activity, have students take one of the "stories" in this reading and develop it into a short episode, or divide the class into groups and have each group act out one of the **acontecimientos** described in the reading.

CAPÍTULO 14

Un editorial: El mundo hispano en los Estados Unidos. Ask students if they can name the main Hispanic groups in this country (**mexic[an]oamericanos, puertorriqueños, cubanos**). If you have access to Linda Ronstadt's Mariachi album, *Canciones de mi padre,* play a couple of songs for the students.

The magazine *Hispanic* is easily found; bring a copy to class. Or bring any other item (newspapers, for example) that demonstrates the Hispanic presence in the United States. Remind students that, although many Hispanics came to this country for economic reasons—to find seasonal work—eventually they made the United States their home, making important cultural contributions to American society (food, music, language, and, more recently, literature). Ask personalized questions: **¿Puede usted mencionar otros ejemplos de la presencia hispana en los Estados Unidos? ¿Puede mencionar algunos ejemplos de la influencia de otras culturas en los Estados Unidos? Explique.**

Un editorial: Aprendamos otras lenguas. Preview by asking **¿Hablan ustedes otros idiomas además del inglés y el español? ¿Les gustaría aprender otros? ¿Cuáles? ¿Conocen a alguien que habla varias lenguas?** Talk about your experiences learning a second and/or third language. Tell students that in this **editorial** Julio Delgado discusses the importance of languages in our world, especially for North Americans. Tell them that you will want to have their reaction to Julio's statements. After the reading, ask the following questions. **En este editorial se habla de la crítica que mucha gente les hace a los norteamericanos por no aprender otros idiomas. ¿Cuánta verdad cree usted que hay en esto? ¿Cree usted que los norteamericanos deberían tratar de aprender otras lenguas? ¿Por qué (no)? Según este editorial, los norteamericanos no ven la necesidad de aprender otros idiomas porque es costumbre que todo el mundo aprenda el idioma del país más poderoso, y los Estados Unidos es el más poderoso ahora. ¿Está usted de acuerdo? Explique por qué (no). Mencione otras razones, además de las que ofrece Julio, para aprender una segunda lengua. ¿Por qué estudia usted español? Mencione razones filosóficas y prácticas.**

CAPÍTULO 15

Los amigos hispanos: El talento culinario. Elicit attitudes about feminist issues. **¿Piensan ustedes que las mujeres no tienen las mismas oportunidades que los hombres?** If the discussion gets heated, move on to the topic of roles in the Hispanic culture. **En la cultura hispana el Movimiento de la Liberación de la Mujer ha tenido un gran impacto, pero todavía hay muchas mujeres que trabajan solamente en el hogar.** Tell students they are going to read a story about a man who can't cook. After the reading, ask personal questions: **¿Piensa usted que Víctor representa el estereotipo del hombre hispano? ¿del hombre en general? ¿Por qué (no)? ¿Cuál es el peligro de los estereotipos?**

CAPÍTULO 16

Los amigos hispanos: La boda de la abuelita. Tell students this reading is about an old-fashioned wedding in Latin America. Follow up the reading with personal questions: **¿Van a casarse ustedes? ¿Cómo va a ser la boda? ¿Van a casarse por la iglesia o será solamente una ceremonia civil? ¿Por qué? ¿Pueden mencionar algunas diferencias entre la boda de la abuelita y una boda en su país? ¿Piensan ustedes que hoy día hay menos parejas que deciden casarse? ¿Hay más personas solteras hoy? ¿Por qué (no)?** Ask students to describe in detail a wedding they have attended.

Optional: Explain the function of the **padrinos de velación, de lazo,** and **de arras.** Weddings in some Spanish-speaking countries have more than one best man or maid of honor. There are, for example, **padrinos de velación,** those in charge of lowering and lifting the bride's veil at the nuptial mass; **padrinos de lazo,** those who tie together (symbolically unite) the bride and groom; and **padrinos de arras,** those who present the bride and groom with thirteen coins that are then given to the bride by the groom to symbolize his role as provider.

CAPÍTULO 17

Un editorial: Los cuentos infantiles. Ask students to name some of the stories they used to read or hear when they were children. Chances are they will mention the ones described in the reading: "Little Red Riding Hood," "Hansel and Gretel,"

"Cinderella," and "Snow White." Tell them that many of these stories are very popular in the Hispanic world. Do the reading in class, asking students to give the title of the stories described (1. «**La caperucita roja**»; 2. «**Hánsel y Gretel**»; 3. «**Cenicienta**»; 4. «**Blanca Nieves**»). After the reading, have groups discuss the statements in the **Comprensión**. Have them come up with more reasons why **los cuentos infantiles son dañinos para los niños;** or have them present reasons to refute Pedro's argument. Ask ¿**Hay maneras de presentar estos cuentos a los niños sin que causen una impresión negativa? ¿Ayuda que los padres comenten los puntos negativos? ¿Cómo cambiarían ustedes el argumento de cada cuento para presentar una visión más positiva del ser humano?** Optional: Have students write a composition on the theme **El cuento infantil ideal para los niños.**

Nota cultural: Los ancianos. Follow up the reading with personal questions: ¿**Conoce usted personas mayores que viven en centros para ancianos? ¿sus abuelos? ¿otros parientes? ¿Ha visitado usted uno de esos centros? ¿Cuál fue su impresión? ¿Cree usted que es buena idea poner a los ancianos en esos lugares? ¿Por qué (no)? ¿Cuáles son las ventajas del sistema que describe José? ¿las ventajas del sistema norteamericano?** You may want to point out that in a highly industrialized and fast-paced society such as ours, people have little time to take care of the elderly; most women work outside the house, and usually no one can stay at home full time to look after old folks. In comparison, many women stay at home in the Hispanic world to take care of the children and the house. Other suggestions: **José no entiende por qué quieren poner a la abuela de Clara en un centro. Obviamente él lo ve como algo negativo. ¿Qué opina usted? ¿Cree que este sistema refleja un aspecto negativo de la cultura norteamericana? ¿Cuál?**

CAPÍTULO 18

¿Una tercera guerra? Tell students that this reading consists of two letters to the editor of the paper *La Voz.* Both writers respond to an editorial that warned of the possibility of a third world war and vehemently urged peace in the world. Write on the board the phrase quoted in the second letter: **¡Que desaparezcan las armas nucleares! Es hora de que el hombre comprenda su misión en el mundo: construir, no destruir; crear, no matar...** Ask students what they think about the nuclear threat and discuss their opinions in depth, without taking sides. Then have them read the two letters. After the reading, inquire how they would respond to an editorial such as the one in *La Voz,* or have them write a letter to the editor in response to **Ciudadano Paz, Ciudadano Feliz,** or both. Have students do the **Comprensión** and follow up with personal questions: ¿**Está usted de acuerdo con Ciudadano Feliz, que la naturaleza del hombre es agresiva y guerrera? ¿No hay nada que podamos hacer para cambiar esa naturaleza? ¿Opina usted, como Ciudadano Paz, que a la tercera va la vencida, es decir, que la próxima guerra mundial será la definitiva? ¿No cree que el ser humano tiene la capacidad para salir triunfante de las peores catástrofes? ¿Qué podríamos hacer para evitar una tercera guerra mundial? Digamos que usted tiene poder para afectar el curso de la historia; ¿qué propone?**

El color de un recuerdo. Preview this fictional work by talking about political exile. Mention some of the Hispanic groups that have fled their country for political reasons: Spaniards after the Spanish Civil War (1936–1939), Chileans after the military coup of 1973, Cubans after the revolution of 1959. Elaborate on two of these; for example, the 1973 Chilean coup when President Salvador Allende was assassinated by the army and replaced by General Augusto Pinochet. Many Chileans fled, mainly to Europe and the United States. They have produced a rich literature of exile; some in fact are best-selling writers, such as Isabel Allende, author of *The House of the Spirits.*

Discuss the Cuban case: A corrupt president, Fulgencio Batista, was driven from the island by a young socialist leader, Fidel Castro, in 1959. Not long after his overwhelming victory, Castro turned to the Soviet Union for ideological and financial support and declared his regime to be "Communist-Leninist." Much of the middle class—owners of industry, professionals, and writers—fled to the United States during the 1960s. Many of these Cuban immigrants settled in Miami, helping transform that city into one of the most affluent and politically powerful Hispanic communities in the United States. Cuban exiles have produced a great deal of literature and art. A generation of writers, who were children when they arrived in the United States, or who were born here, are developing a strong Cuban-American voice. "**El color de un recuerdo**" is representative of that voice.

Two recurring elements in exile literature are the exploration of language (What language should I use? Will it be able to convey my memories?) and the idealization of the past. Both appear in this story, which is narrated in the first person by a nostalgic man. Although the apparent reason for his writing a story is to revive the memory of a first love, his real motivation is a deep-seated fear of losing his native language, and therefore his culture and his past. The "color of a memory" is, for him, vague and indefinable twenty years after his arrival in the United States.

Have students read the story, concentrating on the relationship between Silvia and Alberto. Tell them that these characters embody the conflicted relationship between those Cubans who wanted to leave the country (Alberto) and those who were staying (Silvia). Follow up with personal questions: **¿Ha tenido usted que separarse de un ser querido? ¿Ha podido mantener contacto con esta persona? ¿por medio de cartas, llamadas telefónicas, visitas? ¿Hay momentos en los que le gustaría estar con un amigo o una amiga ausente? ¿Emigraron sus antepasados a los Estados Unidos? ¿De dónde? ¿Por qué? ¿Conoce gente que ha emigrado a los Estados Unidos recientemente? Descríbala.**

Writing

Writing in *Dos mundos* has three purposes. First, it develops a skill that could be of use to the students in more advanced Spanish courses or in their future professions. Second, it reinforces parts of the acquisition process. Writing is to speech what reading it to listening comprehension. The production of written Spanish relies on acquisition as much as speaking does. Finally, writing is a modality used frequently in the study of grammar.

The first steps in learning to write Spanish begin during the pre-text oral activities of Stage 1 (**Paso A**), in which students copy key words from the board into their vocabulary notebooks. The dictation exercises of the orthography sections of the *Cuaderno de trabajo,* especially in the first few chapters, are helpful in emphasizing the more difficult sound-letter correspondences. Many NA instructors assign students to write out the answers to grammar exercises and questions on readings. (Only rarely will students be expected to write anything for an oral activity.) Writing grammar exercises can be helpful, but these are manipulative activities. "Creative" writing, in which students express themselves directly in Spanish, is found mainly in the *Cuaderno de trabajo*. Writing activities in **Paso A** of the *Cuaderno* require only words or short phrases, and most of these involve copying simple words. Writing in **Paso B** of the *Cuaderno* requires single words and some complete sentences. Students are given explicit directions and guidelines on how to compose the sentences.

Teaching Creative Writing

You can start creative essay writing at the end of Stage 2 (**Paso B**), even though students are not yet speaking in complete sentences. Since the class input topics have been the students themselves, choose this as the first essay theme. Ask for a volunteer to be the person the other students will describe. Write the title of the essay on the board and have the students copy it: **Nuestro compañero de clase, Guillermo.** Then ask students to brainstorm what they want to write about Guillermo by giving you words and phrases. Write their output on the board as they give it to you, including minor form corrections such as gender and number agreement: **pelo negro, alto, estudiante, le gusta nadar, ojos azules,** and so on. After you have five to ten descriptive phrases on the board, have students pick the one to start with. Suppose they say **estudiante.** You respond orally: **Sí, Guillermo es estudiante en la clase de español.** Write that sentence on the board. Suppose the next response is **pelo negro.** Write **Tiene pelo negro.** Here is an example of the first essay generated in a class.

> Guillermo es estudiante en la clase de español. Tiene pelo negro y ojos azules. Es alto pero no es gordo. Tiene una novia que se llama Cathy. Guillermo vive en un apartamento con tres estudiantes. A Guillermo le gusta ir a la playa y correr.

After you have written this essay together, ask students to write in class a second one about another classmate or a friend. Circulate among students, helping them individually with grammar—at this stage they will be unsure of the "filler" words: **es, tiene, a, pero,** and so on. We suggest that you do two or three group essays with the class before assigning the first composition from the text.

The first creative writing assignment for an essay is found in **Capítulo 1** of the *Cuaderno de trabajo.* In the first part we provide a model essay describing Bernardo Torres. In the second part we give the same sort of information, but in list form (name, address, telephone number, and so on). The students are asked to write a paragraph incorporating the information given. Finally, they are asked to write a paragraph describing one of their personal friends.

Each chapter contains suggested topics for short essays. We recommend that students write something creative once a week. Naturally, it is impossible to collect, correct, and grade all writing assignments. When you do collect essays for a grade, the following procedure is recommended: Ask students to hand in a first draft. On that draft, circle errors that students should be able to correct on their own. (For errors they will not recognize, either leave them or write in corrections yourself.) Ask students to rewrite the essay, making the corrections you have indicated. Collect and grade the second draft.

TEACHING PRONUNCIATION

Unlike the pronunciation of our first language, which we seem to learn effortlessly, good pronunciation of a second language is usually thought by learners to be very difficult. The degree to which students of Spanish develop good pronunciation varies greatly; a very small number can barely make themselves understood. Some learners will be able to pass for native speakers of Spanish, but most students will speak with an American English accent. This is normal and is even expected by native speakers of Spanish. In fact, a relatively poor accent in Spanish is usually understood by native speakers.

We would like students using *Dos mundos* to develop good pronunciation habits. By "good," we mean that their pronunciation of Spanish will be close enough to a native speaker's so as not to call undue attention to the mispronunciations. Although poor pronunciation is comprehensible, it distracts the native speaker from understanding what the learner wants to express. Unfortunately, student pronunciation depends on factors largely beyond the instructor's control. These factors include present motivation for learning Spanish, past associations of Spanish with people and events, listening acuity, ability to imitate, and other factors not well understood.

We suggest that students be urged to concentrate first on listening carefully and avoiding imitation and repetition. One of the major benefits of Stage 1 input activities is that they allow students to hear Spanish sounds in context so that they can develop a "feel" for Spanish pronunciation before they attempt to produce it. We feel that this listening period is especially important to developing good rhythm and intonation.

Even when a solid listening stage is provided, many students still experience problems in recognizing and producing certain sounds. For example, only a few students can pronounce a trilled r without explicit practice. A timely hint to avoid aspirating the sounds *p, t,* and *k* can also be helpful. For this reason, a complete set of pronunciation exercises is included in the *Cuaderno de trabajo*. Some students do not need or even profit by these exercises, but many others find them useful.

We do not use class repetition drills or direct error correction to improve pronunciation. For students who need help with their pronunciation, special attention from you while they work in small groups or pairs may be sufficient. Others may need individual help during your office hours.

THE TOOLS OF PROFICIENCY: VOCABULARY AND GRAMMAR

The four skills—listening, speaking, reading, and writing—are the primary focus of *Dos mundos*. However, two "tools" are essential for students to become proficient in any of these skills: vocabulary and grammar. Here we describe how each functions in *Dos mundos*. Since vocabulary is far more important than grammar, we will treat it first.

Teaching Vocabulary

The indisputable fact is that if learners do not know the meanings of words, they will not understand Spanish. And if they do not understand the input, they will not acquire! Our hypothesis is that the building block of language acquisition is the individual meaning-form pair. This means that much of the students' effort will go toward storing words and their meanings. The following are some resources and techniques that help students attend to key words and that make them meaningful.

- A clear context
- Visuals
- Body language and gestures
- Voice modulation
- Emphasis on key words
- Dramatic pauses

Our general approach to vocabulary learning is to use new words in the oral input, first in the topical displays and then in the oral activities themselves. Most of the new vocabulary is repeated in the readings and in the oral listening texts. Thus, the words that students need to talk about themselves and their interests will recur frequently enough to be acquired without resorting to rote memorization. We are aware that there is simply not enough class time to input and review every word well enough for "natural" acquisition. For that reason, we suggest that students copy new words in a vocabulary notebook and that they spend five minutes or so before each class period reviewing the words. Some suggestions on how to develop and use a vocabulary notebook follow.

During the oral activities, write key vocabulary items on the chalkboard and have students copy those words in their vocabulary notebooks. Students will only be required to recognize the meanings of these words when used in context. (Students often include an English translation in their vocabulary notebooks for reference.) In the early stages, they are responsible for nothing more than recognition of meaning; that is, they need not produce or spell the words correctly. Aim to introduce, for recognition, twenty to fifty new key vocabulary items per classroom hour. Remember that students can make very fast progress in the early stages of the NA because they only have to recognize the meanings of the words.

Although we have provided a vocabulary list for reference and review in each chapter (the **Vocabulario**), all new words introduced during the oral activities and written on the chalkboard should be copied by the students into their vocabulary notebooks. In our experience with the NA, these lists normally include about one-third more vocabulary than the lists in the text. Most of these extra words will be reintroduced, of course, many times in subsequent activities, and will finally appear formally in one of the later chapters. This "preview" of vocabulary speeds up progress in later chapters considerably, since students will always encounter words they are familiar with, even when dealing with new topics. Give frequent vocabulary quizzes that include all words in the students' vocabulary notebooks, not just those introduced by the text. Hint: you can keep track of vocabulary you introduce by giving one of your reliable students a piece of carbon paper and asking him/her to make you a copy of each day's vocabulary.

The vocabulary list for each chapter contains the words that students should be able to recognize when used in context. We do not expect students to produce all these words in their speech. Usually students begin to use words in speech long after they are introduced in a particular chapter and, in fact, words that are only recognized in a particular chapter will be produced spontaneously during an activity in a subsequent chapter. The **Vocabulario** includes all new words from the **actividades orales**, but not words from authentic texts or other readings. The examples and exercises in the **Gramática y ejercicios** sections are based mainly on these vocabulary lists. We have repeated some words in chapter vocabulary lists in the **Repaso** section of the **Vocabulario** when they fit well into the thematic categories of a particular chapter or when they will be used by students in activities for a particular topic. Close cognates are listed under the heading **palabras semejantes.**

Teaching Grammar

Grammar is a tool with which we express specific meanings. If we want to express the idea *Esteban is eating,* we say in Spanish **Esteban está comiendo.** If we wish to say *Esteban ate,* we say in Spanish **Esteban comió.** The difference in meaning of these two sentences is conveyed entirely by grammatical signals: an auxiliary verb, **estar,** and the endings **-ndo** and **-ió.** In general discourse, however, grammar is often redundant. If we hear a learner say **Mire Esteban, él comer,** the context will signal that the learner means **Esteban está comiendo.** If we hear the learner say **Esteban ya comer,** we can easily interpret this utterance as meaning **Esteban ya comió.** While grammar is clearly secondary to vocabulary in expressing meaning, we clearly do not want NA students to acquire pidgin Spanish. Using *Dos mundos,* students may begin in early Stage 3 activities with this sort of "reduced" and simplified output, but gradually during the course their speech improves and becomes more "grammatical." We believe that most of this improvement takes place because of their increased ability to understand and attend more carefully to input. On the other hand, most NA students report that the study of grammar is helpful in improving their speech. We think that grammar study can be useful in three ways: (1) improving listening comprehension, (2) focusing attention on a specific grammatical marker, and (3) providing forms and rules to use in monitoring.

The study of grammar can help make sense of the input. For example, some related forms are so different that even in a clear context learners may not recognize them (for example, the irregular forms of **ser: soy, eres, somos,** and so on). Knowing that the verbs **ser** and **ir** are the same in the past tense avoids a lot of confusion when these forms are heard in the input. The study of grammar can emphasize certain characteristics that otherwise might take a great deal of time to figure out. We have found it helpful, for example, to practice explicitly the stress difference between the present and past (**hablo, habló**). Finally, we cannot produce "optimal" monitors if the students have no information to help them monitor. The study of grammar helps to make minor improvements in speech and is very useful in reading and writing tasks.

The grammar and exercise section of the student text presents the grammar rules that students will use to monitor their written work and, in some cases, their speech. There are short explanations of the rules of morphology (word formation), syntax (sentence formation), and word usage (lexical sets). (Orthographic and pronunciation rules and practice are found in the *Cuaderno de trabajo*.) We have included almost nothing on Spanish semantics or discourse patterns, since we feel that these are areas that are not really very amenable to explanation, but must instead be acquired by the student from oral and written discourse experience. Even for form and structure, we have tried to reduce explanation and detail since we believe that excessive study and memorization of grammar rules and exercises is not very helpful to beginning students. We have presented a reduced amount of grammar compared to that normally presented in a first-year foreign-language course. In spite of our efforts, we feel that even this reduced grammar is too extensive; our suggestion is that you omit any sections you feel are not necessary for beginners. We particularly recommend that the last three chapters be omitted in regular beginning college-level classes.

Above all, students should not get the impression that the material presented in the grammar is to be completely learned. The grammar explanations and exercises serve as an introduction, a guideline, a reference—nothing more. The exercises are not meant to teach the grammar, but rather to verify comprehension of the explanation. Only real communicative experiences will result in acquisition of grammatical forms and structures. The acquisition of grammar takes a long time; students should not think that a conscious mastery of Spanish grammar is a prerequisite to communication with native speakers of Spanish.

The material in the **Gramática y ejercicios** should be integrated with the rest of the materials from the other sections. The specific way you use the **Gramática y ejercicios** will depend on your own teaching style and your students' learning preferences and background. Some instructors prefer to assign the grammar and exercises before they begin the corresponding section in the **Actividades orales y lecturas**; others assign parts of the grammar and exercises as they are working on a particular section; still others use the grammar and exercises as a follow-up after they have completed the corresponding section of the **Actividades orales y lecturas** in class.

Students should be aware that the sections in the grammar usually (but not always) relate to the activities they are doing in class. However, we emphasize that the **Gramática y ejercicios** section is not responsible for developing the ability to use grammar in spontaneous speech. On the other hand, for many adults a clear grammar explanation, even if it does not really help the acquisition process, is affectively very satisfying; on this basis alone we have often made grammar assignments. Only in a specific class situation can you judge the appropriate time and emphasis to be given to grammar assignments. We suggest that you avoid detailed grammar explanations in the classroom whenever possible. They rarely help more than a few students and invariably take away valuable time from acquisition activities. More detailed comments on specific grammar points are found in the Instructor's Notes in the margins of the *Instructor's Edition*.

Most of the grammar exercises are short and "moderately" communicative. We usually recommend that grammar exercises be done in writing because we believe that it is more conducive to a focus on grammar. However, in many cases the exercises can be done orally between instructor and students or even in student pairs. We recommend that you distinguish carefully between an exercise in which the focus is on grammar and an acquisition activity in which the focus is on the message. Otherwise, students will get the idea that they should focus on grammar in all oral activities. Many instructors assign the grammar exercises as homework and check them quickly during the following class period. Note that while grammar errors are not corrected directly in activities (but rather by natural expansions), grammatical errors *are* corrected during learning exercises since the focus is indeed on grammar and correctness. The answers to all grammar exercises are found in Appendix 3 of the student text.

CLASSROOM MANAGEMENT

MODES OF ADDRESS

We recommend that you address students with **usted** and that students also use **usted** with you. The use of **tú** between a student and an instructor would be culturally inauthentic in most Hispanic institutions of higher learning. In addition, if the instructor used **tú** with the students, they would have few opportunities to hear **usted** in the input. The pronoun **tú**, introduced in **Paso B**, should be used in all cases when students talk to each other. The text uses **usted** when addressing students. There are many opportunities in the interviews, dialogues, and other student-oriented activities to practice the use of **tú**. We do not include the pronouns **vosotros** or **vos** in the activities or exercises, since these two pronouns of address have a more limited distribution and can be learned later if needed. **Vosotros** (and its verb forms) are introduced in **Capítulo 11**. The pronoun **vos** is used in a few dialogues among Argentineans in the **Actividades de comprensión**, and its use is explained in the notes of the accompanying worksheet of the *Cuaderno de trabajo* and in **Capítulo 11** of the student text.

SELECTING CLASS ACTIVITIES AND MAKING LESSON PLANS

Lesson plans are not provided for *Dos mundos,* as we believe it is important for the instructor to feel free to use these materials to supply exciting input and to allow the development of interesting interactions with and among the students. The activities in *Dos mundos* are not meant to be "covered" as in a traditional textbook, but are rather intended as springboards for meaningful interactions using the target language.

A normal NA instructional hour consists of three to seven interactions. These interactions are selected from the pre-text activities, the topical displays, **actividades orales, actividades adicionales** (AAs), readings, comprehension texts, and writing activities. In addition, you will want to include games, skits, presentations, videos, slides, movies, and your other favorite input and interactional activities. In general, the grammar explanations and exercises, as well as the pronunciation and orthography sections of the *Cuaderno de trabajo,* are meant to be used as homework assignments. However, students like to have a follow-up of some sort on homework in class. In most classes you will want to save a small amount of time for grammar discussions, and perhaps check one or more of the exercises that students have studied. In some cases, students are not able to do much homework, and you will have to spend even more class time on grammar and exercises.

The sequence of class interactions is not fixed, but here is one possibility that you may want to try.

5 minutes	warm-up/review with picture file (PF)
10 minutes	comprehensible input based on new topical display
25 minutes	**actividades orales** + AAs
5 minutes	reading
5 minutes	preview of new grammar assignment

The length of the interactions is not fixed either. Some may be as short as one minute while others may last up to a half hour. Generally, students' attention starts to wander after about ten minutes on most interactions. For this reason, you must determine both the length and the presentation order of the interactions you select for a particular class period. The topical divisions of each **Actividades orales y lecturas** section are ordered as logically as possible, as are the activities within a topic. However, in most cases there is enough flexibility to change; indeed, it is somewhat boring to proceed simply from one activity to another with no variation.

We have tried to provide more than enough materials for a variety of interactions for each topic. For some topics you may wish to add other activities, and for other topics you may wish to omit several activities. There may even be entire topics (and vocabulary and grammar items) that you decide to omit as not relevant to your students' needs.

PICTURE FILE

A good picture file (PF) is essential for use with *Dos mundos*. It is created with real pictures from magazines and newspapers. Such a PF is much more attractive than the pictures that are available from commercial publishers. Cut pictures from magazines or newspapers. Trim them to eliminate English and other distracting elements. Paste or tape them to heavy construction paper. If possible, laminate them to protect them while they are handled. Some NA instructors request that their students bring in one picture per week as part of a "show-and-tell" session. In this way, a large picture file is built up quickly and without too much work or expense.

The pictures in your PF will be more useful if they fulfill certain requirements.

1. Each picture should focus on a particular thing or event, but also contain enough other items or events to lend interest. Flash cards with a single item (for example, a banana) are less useful, since they do not lend themselves to much more than a flash-card drill.
2. Each picture should be interesting or eye-catching. It should contain something that will invite students to pay attention as you talk about it.
3. Each picture should be large enough to be seen easily. Attention wanders quickly if the input cannot be related to the visual being used.

We recommend that in making a PF you save all pictures that students bring in and group them for use later. Searching for a particular item or category is too time-consuming.

The PF is useful in various ways at different levels. In Stages 1 and 2 the pictures have two main functions. First, they make the input comprehensible. In some cases there are new words that we do not wish to associate with students in the class (for example, adjectives such as *fat, thin,* and *ugly*). In other cases, it is difficult in class to dramatize a new item adequately (for example, activities such as cooking, sailing, and cleaning). The second function is one of association. Often, particular characteristics of a picture (the background, the people in the picture, or something that they are doing that draws one's attention) will aid students in associating the meaning of a new word or structure with its target language form. In Stage 3, pictures are used to stimulate responses or to initiate a discussion. They may also be used to stimulate creative writing. Finally, pictures are used extensively in the NA in quizzes, especially in the initial stages of language acquisition.

HOMEWORK

Homework assignments should vary depending on the students, their goals in the course, and the time available for outside study. In most foreign-language classes in the United States, the class hour is the only chance students get to interact in the target language. For this reason, class hours should be reserved almost entirely for communicative activities. Activities that take more time, such as long readings, listening to recorded materials, written exercises, and reading grammar explanations, should be done outside class whenever possible. Sometimes this is not possible; students may not have access to tape recorders, and working adults may not have time to read and study outside class. In some cases, students may not have the background to read and study grammar on their own. In such situations you will want to include some of these activities in the class hour. However, do not lose sight of the basic principle of the NA: communication skills are acquired through comprehensible input and the communication of meaning with others. Classroom interaction can be an ideal situation for acquisition to take place.

EVALUATION

Exams in an NA course should aim at measuring the four basic skills: comprehension, speaking, reading, and writing. The emphasis in any particular course on each of these skills will vary. In some classes you may want to test only comprehension and speaking. In others you may be interested in developing the reading skill, but will not feel that your students need to be tested on writing skills. In addition, many instructors have reported positive gains from giving "tools" quizzes—short tests of vocabulary and/or grammar.

A set of exams is available for *Dos mundos*. See the Test Bank for details on how to modify and use the exams in your classes.

AFFECTIVE FILTER

We have described acquisition as a somewhat delicate process that will only take place when certain requirements are met. One is that students be exposed to high-quality, comprehensible input. The other is that they be able to interact using the target language in a low-anxiety environment. How you go about lowering affective filters will be a part of your own teaching style, and each instructor is different. Here are some general guidelines that seem to work for most instructors in creating an affectively positive environment in the classroom.

- Each student should feel that the instructor takes a personal interest in his/her progress. Learn your students' names immediately and begin to accumulate personal information about each one. Use this information to make comments during the oral activities to link the information in the activity to the students' own interests and experiences.
- Encourage all attempts to communicate. Limit direct error correction to the grammar exercises; such correction should not occur during the oral activities or during any conversation in which the focus is on meaning rather than structure. Praise attempts at guessing and risk-taking in both comprehension and in speech production. Promote creativity and risk-taking as more important than any errors students might make.
- Encourage a positive attitude about eventual success. The goal of a first-year course is to communicate with native speakers, not to be able to under-

stand and speak the target language as fluently as native speakers.
- Set realistic, useful, and attainable goals. Most students will not be able to develop perfect accents, nor will they be able to monitor extensively enough to correct all errors in their speech. On the other hand, all students can be proficient and successful communicators in a new language.
- Make the class enjoyable. Smile, laugh, react, reveal, explain—but, most of all, enjoy yourself. Language acquisition—and instruction—does not need to be a chore.
- Appeal to the students' desire to learn. Add cultural information (in the target language) in all activities. Recount your own experiences, your travels, and your encounters. Show slides, movies, and videotapes. Bring newspapers and magazines to class. Play games. Make the course a cultural as well as a linguistic experience.

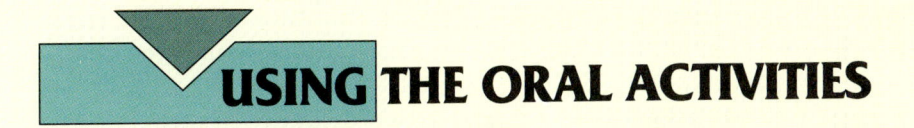

USING THE ORAL ACTIVITIES

PRE-TEXT ORAL ACTIVITIES

The pre-text oral activities are found in the margins of the *Instructor's Edition*, most often on the first page of each chapter. They are meant to be done before you begin the oral activities of the chapter, but as they introduce vocabulary and structures used in the entire chapter, you may decide to integrate them with the chapter's **Actividades orales**. The pre-text activities are usually oral activities that stress the new vocabulary and grammar forms and structures before the oral activities in the text itself are done. The purpose of the pre-text activities is for you to use new words in a communicative context, inviting interaction with students. Most chapters have pre-text oral activities, but the pre-text oral activities of **Paso A** are especially important, as they represent the first comprehensible input that students will hear; they also set the tone and pace of the class. Most of the pre-text oral activities require extensive use of your PF.

In the following sections we provide a detailed description of the major suggested pre-text oral activities for **Paso A** (Stage 1) and **Paso B** (Stage 2).

Input Techniques in Stage 1 (Paso A)

TOTAL PHYSICAL RESPONSE (TPR)

TPR, as used in the NA, is adapted from a methodology developed by James Asher, Professor of Psychology at San Jose State University in California.* During Stage 1, TPR in its simplest form consists of commands given by the instructor

---

*For details see J. Asher, *Learning Another Language Through Actions: The Complete Teacher's Guide,* Sky Oaks Publications, Los Gatos, California, 1977.

that students act out. (In Stage 2 and particularly in Stage 3, students may also give commands to each other and/or to the instructor.)

The first time TPR is introduced, briefly explain in English what you are going to do and what you expect of the students. Tell the class that you are going to teach them to follow instructions. Assure them that they will learn to recognize the meaning of the commands gradually during the next few class periods. Introduce each new command one at a time, reviewing each one frequently. Have students listen first and watch you do the action. For example, begin with **por favor, pónganse de pie.** Say the command clearly and stand up while saying it. Then say **siéntense**, executing the command yourself. Repeat the sequence several times; then have students do the command with you. Then give the command and have students execute the action alone. All TPR activities should follow this same pattern: Introduce the command, practice it with the class, and test comprehension by giving the command and having the class perform it alone.

Here is a simple TPR sequence: **Pónganse de pie, caminen, corran, siéntense, pónganse de pie, corran, caminen, salten,** and so on. An average TPR activity lasts from three to seven minutes and introduces from five to fifteen new commands.

STUDENT-CENTERED INPUT WITH NAMES AS RESPONSES

This technique is used to introduce new words or grammatical forms and structures in the comprehension mode. Students indicate comprehension by answering with their classmates' names or, in some cases, with **sí/no.** Several topics can be used as a basis for input in **Paso A.** We describe each separately; however, they should be mixed in your speech.

1. *Color and length of hair.* A cue that aids students in remembering names consists of drawing students' attention to each other's physical characteristics (use only positive characteristics). For example, Jean Clark might be a **muchacha de pelo largo,** or Jim Armstrong, the **muchacho de pelo castaño corto.** As you speak, write key words on the board; students should copy these words into their vocabulary notebook. The key words in these examples are **pelo, largo, corto,** and **castaño.** Pick characteristics that seem especially positive and easy to remember.
2. *Facial characteristics.* Often the fact that a male student has a **barba** or **bigote** will provide identification cues. Eye color and glasses are also distinguishing features.
3. *Clothes.* Articles of clothing plus color words are an easy identification tool. For example, Judy Lindstrom might be **la muchacha de la blusa amarilla.** Use key words like **blusa, camisa, pantalones, vestido, falda,** plus a few colors such as **rojo, azul, verde, blanco.** Form changes for gender agreement do not normally interfere with comprehension. Write the words on the board in either masculine or feminine form, as they occur in conversation; if the students are particularly knowledgeable about grammar, write the adjectives on the board in double form: **bueno/a.** Use both **de** (**la muchacha de los pantalones azules**) and (**que**) **lleva** (**Miguel *lleva* una chaqueta negra**) for clothing.

Here are several techniques for introducing these topics.

1. Ask the student his/her name directly: **Usted, señorita, ¿cuál es su nombre?** Then make some comment about an identifying feature—hair color, clothing, and so on. For example, suppose the student's name is Linda McClure: **Miren a Linda. Linda (or la señorita McClure) lleva una falda roja.** (Point to the skirt.) **Es una falda roja, ¿verdad?** (Point to other red things.) **¿Quién es (or ¿Cuál es el nombre de... ¿Cómo se llama...) la muchacha de la falda roja?** Students answer with the student's name: Linda. Expand each response: **Sí, Linda es la estudiante de la falda roja (or que lleva una falda roja).**
2. Ask the class to find a student with the characteristics you announce: **¿Dónde hay una muchacha de pelo rubio?** (Use mime techniques to illustrate the meaning of **dónde**.) Students need only point to those female students with blonde hair (there may be several). Pick one of them and ask the student's name. Then the procedure continues as in *1* above.

Use both procedures and switch back and forth from one to the other. Suppose, for example, that we already know Linda McClure as **la muchacha de la falda roja**; you can then ask if there is another student in the class with a red skirt. If there is, then that student's name is learned together with some other characteristic. Laurie Avant, who is wearing a **falda roja,** may also be wearing a **suéter blanco.**

With this technique you can usually introduce about twenty new words in a twenty-minute activity. Make sure the class understands what you are saying by using frequent review questions that require only the student's name as an answer: **¿Quién es la estudiante que lleva una falda roja?** and so on. Remember that the goal of the activities of Stage 1 is to give students the opportunity to interpret meaning by using key words and context: comprehension = key words + context.

PICTURE-FILE INPUT WITH NAMES AS RESPONSES

As we noted in the Picture File section, you will rely heavily on your PF throughout *Dos mundos*. The PF is very helpful in making the input in Stage 1 comprehensible. Suppose, for example, you hold up two pictures, one of a man and one of a woman. Here is some possible input: **Aquí tengo dos fotos. En esta foto hay un hombre y en esta foto hay una mujer. ¿Entienden? Un hombre aquí** (pointing) **y una mujer aquí** (pointing). The use of the pictures and the repetition of the words **hombre** and **mujer** permit the students to segment your utterance and isolate the part that is to be bound to the concept "man" and the part to be bound to the concept "woman." In addition, using your PF in **Paso A** allows you to introduce adjectives like **feo** and **gordo** without referring to students in the class. If the pictures are interesting, a PF holds students' attention and lowers anxiety levels.

The technique used in **Paso A** consists of (1) describing a picture or something in a picture, (2) passing the picture to a student to hold, and (3) asking the class, **¿Quién tiene la foto de _____?** Sample input: **En esta foto hay un carro.**

¿Ven el carro? Es un carro muy grande (mime the meaning of **grande**), ¿verdad? (sí) **Ahora le doy la foto del carro grande a Barbara. Barbara tiene** (mime) **la foto del carro grande. Ahora, yo les pregunto, ¿quién tiene la foto del carro grande? y ustedes responden...** (wait for students to figure out that you want them to say the student's name) **Linda. Sí, Linda tiene la foto del carro grande.**

Each time you introduce a new picture, review (in random order) others that you have previously handed out. Vary your question format so that this does not become an oral vocabulary drill. Sample input: **¿Quién tiene la foto de una casa pequeña? (Mark) Sí, Mark tiene la foto de una casa pequeña. ¿y la bicicleta? ¿Quién tiene la foto de la bicicleta? ¿Susan? ¿La tiene Susan? ¿Y el gato blanco? El gato blanco lo tiene Doug, ¿verdad?** (Keep in mind that using object pronouns in context will not prevent students from understanding the input.) You can usually introduce from five to fifteen new pictures in a single fifteen- to twenty-minute activity.

We suggest that you return to your PF to review the pictures you have introduced several times during each class period throughout **Paso A.** Each time you review, be sure to include one or two new pictures containing familiar items; otherwise students will tire of talking about the same pictures, even when they still need more input containing the same words.

Here are some suggestions for vocabulary areas for **Paso A** that lend themselves to work with the PF: (1) common things in the student's daily life (**casa, carro, bicicleta,** and so on), (2) pets (**perro, gato**), (3) people (**hombre, mujer, padre, madre, muchacho, muchacha, niño, niña,** and so on) (4) clothing (**pantalones, zapatos, camisa, blusa, falda, vestido, zapatos,** and so on), (5) colors (**azul, rojo, amarillo,** and so on), (6) descriptive adjectives (**grande, pequeño, bonito, feo, joven, viejo,** and so on).

Expansion Techniques in Stage 1 (Paso A)

In all activities of Stage 1, it is important to supply good, comprehensible input during the instructional period. Much of the input is made comprehensible because it is given in a clear context. For example, the commands are comprehensible because they are first modeled by the instructor and then performed many times by the students. The student-centered input is contextual by definition; the instructor points to the referent: blond hair, brown eyes, green shirt, and so forth. The input based on pictures is also contextual, since students have a visual representation of each new key word.

In other cases, the input is comprehensible because of the discourse structure. Particularly important in this regard are the expansions of the students' responses. For example, if the instructor asks **¿Quién es la muchacha de la falda roja?** and the students answer "Margie," the logical expansion is **Sí, Margie lleva una falda roja.** The expansion is easily understood because of its discourse position. This expansion is then followed by another question related to the first. **¿Es corta la falda de Margie?** (sí) The expansion is **Sí, es corta, no es larga,** and so forth.

Here are other examples of expansion to be used in Stage 1.

- ¿Quién lleva un suéter azul? (Jean) Sí, hoy Jean lleva un bonito suéter azul. ¿Quién más lleva un suéter hoy? (John) Sí, John lleva un suéter también. Pero el suéter de Jean es azul. ¿Es azul también el suéter de John? (no) No, es rojo.
- Hay tres muchachos que tienen bigote, ¿verdad? *(hold up 3 fingers)* (sí) ¿Quiénes son? (Paul, Al, Mike) Sí, Paul tiene bigote, Al tiene bigote y Mike tiene bigote. Hay tres estudiantes de bigote en la clase. ¿Hay mujeres en la clase que tienen bigote? (no—*students usually laugh*) ¿Por qué? Porque las mujeres no tienen bigote, los hombres tienen bigote.
- ¿Hay 27 estudiantes en la clase? (sí) ¿Cómo se llama el hombre de pelo rubio y pantalones cortos?

Note that words like **más, también, pero, por qué, porque,** and **hay** have all been introduced and understood in context.

Input Techniques in Stage 2 (Paso B)

EITHER/OR

The most important question technique for making the transition from Stage 1 to Stage 2 is the "choice" question. The pre-text oral activities of **Paso B** use the vocabulary introduced in **Paso A,** but encourage students to produce a word or phrase in Spanish.

- *Numbers.* As numbers have been introduced for comprehension in Stage 1, use the following activity to make the transition to Stage 2. Begin by including the numbers from one to ten in your input. Count the students, walking around the room pointing to each one and counting aloud slowly. Students should mostly listen, but some will want to count along and some will say the numbers aloud. Repeat the procedure several times—go forward and backward, always giving the same student the same number. Hold up fingers and count to ten slowly. Continue until most of the students have voluntarily joined in. Hold up fingers and ask either/or questions like **¿Son dos o tres? ¿Son cinco o siete?** Always expand answers: **Sí, es verdad, son tres,** and so on. Continue until numbers through ten are easily recognized by most students. Ask either/or questions, so that each time students respond, the response is simply a repetition of what you have just said: **¿Son siete o diez? (diez).**
- *Colors and clothes.* Talk about students and their clothing, as you did in **Paso A,** by mixing questions that require the student's name as a response (**¿Quién lleva una chaqueta azul?**) and yes/no questions (**¿Lleva Tom un suéter amarillo?**). Then every fifth question or so use an either/or question: **¿Es azul or roja la blusa de Ann?** Students respond with a single word, which you expand: (roja) **Sí, es roja la chaqueta de Ann. ¿Son azules o negros los zapatos de Robert?** (negros) **Sí, son negros. Los zapatos de Robert son**

negros. Attend to the semantic correctness of the students' responses and simply expand the responses that have grammatical errors. **¿Es blanca o amarilla la blusa de Lucy?** (blanco) **Sí, la blusa de Lucy es blanca.**

OPEN SENTENCES

Use the descriptive adjectives introduced in **Paso A** and your PF to encourage production: **En esta foto tenemos una señora. Es muy...** Students might say **joven/vieja, bonita/fea, delgada/gorda,** according to the picture. Expand the responses: **Este hombre es...** (gordo) **Sí, es un hombre gordo y un poco feo, ¿verdad?**

LISTS

Ask for a volunteer to stand up. Direct attention to the clothes the student is wearing: **¿Qué lleva Mike?** (pantalones) **Sí, lleva pantalones. ¿De qué color son los pantalones de Mike?** (verde) **Sí, son verdes, ¿verdad? Lleva pantalones verdes. ¿Qué más lleva?** (camisa) **Sí, lleva una camisa. ¿Es azul la camisa que lleva Mike?** (no, amarillo) **Sí, la camisa no es azul, es amarilla.**

INTERROGATIVES *(¿QUÉ? ¿CUÁNTOS? ¿QUIÉN?)*

Use your PF to talk about people and their appearance. Include photos of famous people. **¿Quién es esta persona?** (Richard Gere) **¿Es un hombre o una mujer?** (hombre) **Sí, es un hombre. Es actor, ¿verdad?** (sí) **¿Qué ropa lleva Richard Gere en esta foto?** (pantalones) **Sí, lleva pantalones. Describa los pantalones que lleva.** (azul) **Sí, son azules. ¿Son nuevos?** (viejo) **Sí, no son nuevos, son viejos. ¿Lleva zapatos?** (sí) **¿Cuántos?** (dos) **Sí, lleva dos zapatos. ¿De qué color son sus zapatos?** (negro) **Sí, son negros. Los zapatos de Richard Gere son negros.**

All these question techniques that encourage transition to speaking should be mixed naturally in input. Note that whenever students give a response that is correct, but that contains a grammatical error, you should attend to the semantic correctness of the response and give the appropriate grammatical form in the expansion and follow-up.

ACTIVIDADES ADICIONALES (AAs)

The **actividades adicionales** (AAs) appear in the marginal notes of the *Instructor's Edition.* AAs suggest ideas and possibilities for oral interaction between the instructor and students without reference to the text. The **actividades adicionales** are meant to reinforce and review the vocabulary and structures introduced in the other oral components of the chapter. (New vocabulary needed to complete AAs is *not* included in the **Vocabulario** nor in the exams of the Test Bank.)

THE VOCABULARY DISPLAYS

Each topical section of a chapter of *Dos mundos* begins with a visual display containing new vocabulary and/or dialogue that has new grammatical structures that will be useful in doing the **actividades orales** for that section. The Instructor's

Notes will include suggestions for the introduction of the vocabulary and/or grammar. Commonly, the pre-text oral activities are also correlated with the first display of a chapter.

DIALOGUES

Four kinds of dialogues appear in the **actividades orales** of *Dos mundos:* (1) model dialogues, (2) open dialogues, (3) scrambled dialogues, and (4) situational dialogues.

1. *Model dialogues.* These fixed-content dialogues are meant to be models for conversation. They often introduce new vocabulary and phrases that are difficult to introduce in classroom conversation. The model dialogues are not designed to be memorized, nor is it necessary to vary their content.
2. *Open dialogues.* These are patterns used to create dialogues. Read the entire pattern aloud, asking students to supply words and expressions to fill in the blank spaces. Have students practice the dialogue in pairs, and encourage them to create their own versions by changing the dialogue in any way they want. Then have volunteers perform the dialogue for the class.
3. *Scrambled dialogues.* These are fixed-content dialogues with the lines in mixed order. Have students work in pairs to reorder the lines logically. Then ask volunteers to perform the dialogue for the class.
4. *Situational dialogues.* These consist of a description of a particular situation, followed by several introductory lines for a possible dialogue on the situation described. They are meant to allow the student more flexibility in language use and in role playing. Read over the situation with the class as a whole, making sure they understand it. Then divide students into pairs and ask them to create their own dialogues. Remind them to keep the dialogues short and interesting. They should use vocabulary they know well and avoid looking up new words in the dictionary, as new words will simply confuse other students when the dialogue is performed for the class. Let volunteers perform their dialogue. Students should not write out the dialogues or try to memorize them; this will make it more difficult for the other students to follow the presentation. However, most students prefer to use notes.

For all dialogues we suggest the following steps: Read through the dialogue aloud, with the class following along. Read slowly, using exaggerated intonation. Change your voice to match the gender of the characters if possible. Try to be cheerful and strike a humorous tone. Ask students to identify words and phrases they do not understand. Explain new words and forms and then have students practice the dialogues in pairs using the "read, look up, and say" technique; that is, they read a line silently to themselves and then (not looking at the book) look up at their partner and say the line meaningfully. In this way they do not "read" the dialogue, and are able to use the text to avoid tedious memorization.

The role of the dialogues in **Paso A** is primarily affective in nature—students like to be able to speak some Spanish at the very beginning of the course; otherwise they sometimes feel they are not making progress. Consequently, the dialogues in **Paso A** are made up of stock phrases like **buenas tardes, hasta luego,** and so on. You can introduce most of these expressions via the **diga** command during the TPR input activities: **Digan buenos días, digan hola.** By the end of **Paso A,** you will expect most students to be able to do two- to three-line dialogues with these expressions. (Keep in mind that dialogues in *Dos mundos* are not meant to be memorized.)

INTERVIEWS

Have students work in pairs, one asking the questions, the other answering. The interviewer should take notes on the answers of the interviewee. Students then switch roles and follow the same procedure. In the follow-up, ask students to give the class information on the person they interviewed. After each answer, extend the discussion by comparing one answer with others.

MATCHING ACTIVITIES

In matching activities, students need only match items on one side with words or items on the other. There is often more than one choice or match that is appropriate; encourage students to supply options not included in the list. Follow up each set of matched items with appropriate personalized comments.

AUTOGRAPH ACTIVITIES

The students must get up and question several classmates until they find someone who fits a particular description. For example, in **Actividad 3** of **Capítulo 2** (page 59), the object is to find a classmate born in a particular month. First have students write the months in Spanish in a column on a separate piece of paper, leaving space for a signature beside each month. Then show them how to carry out the dialogue given in the text. They may ask the months in any order. Rules: If they ask a student a question (**¿Naciste en junio?**) and the answer is **no,** then they must ask another student before asking the original student another question. This encourages them to ask the questions many more times and to move around the room more, interacting with a larger number of students.

INTERACTIONS

These are usually tables or lists of information that students scan for particular pieces of information. The first interaction is found in **Paso B, Actividad 7.** In this interaction, students use the adjectives in the list to describe themselves. It is important that students understand how to substitute words using the sentence pattern. First, ask students to scan the adjectives in the list, all of which are cognates. Then use the first pattern and ask questions, substituting the names of students in the class: **¿Es dedicado Mark?, ¿Es tímida Susan?,** and so on. Then have students work in pairs, using the structure suggested in the text. In other interactions, students are able to choose the questions they will ask. For example, in the interaction in **Actividad 2** of **Capítulo 2,** students ask each other questions about the place and date of birth of several of the characters in the text. Student 1 chooses either the place or date; Student 2 must understand the question and find the answer in the table. In Stage 3 the interactions are based on more complex information than in earlier stages, and the interactions themselves allow for more freedom of selection by the students. However, you should restrict the time spent on the tables and personalize the interaction as quickly as possible.

DEFINITIONS

In these activities, the definition is usually given and the student must only supply a word. However, in most activities the words to be supplied are often new, as are many of the words used in the definitions. Therefore, you must preview each definition activity, usually by using your PF to highlight the key new words in the activity. Definition activities can be done as whole-class interactions, or first in pairs followed by whole-class discussion. As you match definitions with words, ask students to try to define in Spanish some of the important terms in the definitions themselves.

NEWSPAPER ADS

Various sorts of advertisements in *Dos mundos* are based on ads from Spanish-language newspapers or magazines. They serve to develop scanning skills and, particularly in Stage 3, as a point of departure for comprehensible input and oral interaction. Introduce each ad by asking simple questions that require students to scan the ad for information: What is the address? telephone number? hours open for business? Comment on and explain new key words. Then have students do the interaction or answer the questions in the text in pairs. In the follow-up, add personalized questions.

AFFECTIVE ACTIVITIES

In these activities, students are asked to express a personal opinion or to describe something, someone, or some experience from their own lives. Follow up by comparing answers and making comments on your own experiences. Try to remember as much information about the likes and dislikes, favorite activities, experiences, and so forth, of each student, in order to bring up this information in other relevant situations. In affective activities, stress positive attributes. Some students enjoy participating in affective activities; others do not. For this reason, it is best to use volunteers for affective activities.

Although students are introduced to affective activities in Stage 2 (**Paso B**), the range of possible responses is limited. Affective activities in Stage 3 provide the opportunity for students to express themselves more freely on topics in which they are interested. Thus, the activity is designed to generate conversation and interchange. The emphasis is not on a particular answer, but rather on explaining why the student picked (or created) a particular response. In the first chapters, affective activities include "opinion" activities, activities that ask students about their plans and desires, open-sentence activities, and so forth. In later chapters they also include discussions and skits.

1. *Su opinión.* In these activities, students are given a statement and three or more ways to complete the statement. For example, **En el verano me gusta...** followed by choices such as **nadar, leer, trabajar,** and sometimes a blank space that students complete with an item of their own choice. Normally students need only answer **sí** or **no** to each choice. However, in the follow-up, ask them to explain their choices; then compare the choices for similarities and differences. In some cases you may want to ask students to rank the answers from best to worst.
2. *Open sentences.* Encourage students to complete these in imaginative ways. They don't always have to tell the truth!
3. *Discusión.* These are usually sets of "guideline" questions on a particular topic. The instructor asks the questions and students volunteer their opinions. Encourage students to elaborate on each response, and make comments and ask other questions that expand responses. Allow students to comment on each other's responses.
4. *Drama.* These are skits to be performed for the rest of the class members. Give students class time to practice their skits in small groups. Advise them *not* to memorize lines, but to ad lib as much as possible or to use notes.
5. *Debates.* We give suggestions for debates only in later chapters. Two students should present the "pro" and two the "con." Allow class time for preparation.

NARRATION SERIES

Each narration series consists of a set of eight to sixteen sketches that form a connected narrative. These series are included to give students opportunities to hear and use verb forms and tenses. Each series has a particular focus. For example, the narration series in **Capítulo 2** is used to illustrate infinitives after **ir + a;** the one in **Capítulo 3** practices the present progressive, and so on. Once students are comfortable using a particular structure in the narration, the situation and structure may be varied. For example, after students can use the present progressive for the series in **Capítulo 3,** you can change the situation to call for **gustar: ¿Qué le gusta hacer a Rogelio?**

As an example, we will illustrate in some detail the teaching techniques for the series in **Actividad 6** of **Capítulo 2.** In this series we introduce a narrative with the verbs in the infinitive form after **va + a.** Drawings 1–3 are activities that Carmen is going to do in the morning, 4–9 are afternoon activities, and 10–12 are evening activities.

Begin with Drawing 1: **Miren el cuadro uno. Esta muchacha se llama Carmen y éstas son las actividades que ella va a hacer hoy. En el cuadro uno, es por** la mañana. Carmen va a desayunar cereal y café esta mañana. Personalize with questions such as En nuestra clase, ¿a quién le gusta desayunar cereal y café? ¿A quién no le gusta desayunar nada? Continue with Miren el cuadro dos. Carmen va a hablar por teléfono con un amigo. ¿A quién en nuestra clase le gusta hablar por teléfono con un amigo? En el número uno Carmen va a... (pause to give students a chance to finish the sentence) (desayunar) Sí, va a desayunar cereal y café.

Continue to introduce new drawings one at a time; then review all the previous ones. As you introduce each drawing, write the infinitives on the board (some instructors prefer to write the entire sentence) and have the students copy them in their vocabulary notebooks. The idea is not to memorize the exact sentences given by the instructor, but to learn to narrate with the set of drawings. Divide this activity into several parts to be done in different class hours. After sufficient practice with you, have students work in pairs to produce the narrative completely. The final goal is to be able to narrate the entire series using only the drawings as a guide.

In addition to the main pattern, use the series in subsequent classes to provide the opportunity to narrate with other persons and numbers. For example, in the series we have used as a model, you might ask students to pretend these are events that will happen in their lives tomorrow. This will require narration in the first-person singular. For additional persons and numbers, change the situation; for example, pretend that students will do these things with friends (nosotros), or that their friends will do these things (ellos), and so on. Another variation is to have one student ask a question and the other answer. For example, ¿Qué va a hacer Carmen en el cuadro dos? Va a hablar por teléfono. Most chapters have at least one narration series.

ASSOCIATION ACTIVITIES

In these activities, certain information is associated with a particular student. The instructor and students try to remember with whom the information is associated. Initially, the information for association is relatively simple: birthplace, place of current residence, classes a student is currently taking, major, and so forth.

For example, suppose the goal is to identify the birthplace of each student. First write on the board: ¿De dónde es _____? and Soy/Es de... Give your own birthplace: Yo soy de Texas, de Austin, Texas. ¿De dónde son ustedes? Mark, ¿de dónde es usted? (New York) ¿De Nueva York? (sí) Nueva York, ¡qué interesante! Mark es de Nueva York. Then add some comment about the location to help with the association. Nueva York es muy grande, ¿verdad? (sí) ¿Quién es de Nueva York? (Mark) Then proceed to the next student: ¿De dónde es usted, Roger? (Trenton) De Trenton, de New Jersey, ¿verdad? Roger es de Trenton y Mark es de Nueva York. Leah, ¿de dónde es usted? (Long Island) De Long Island. Y ¿quién es de Nueva York? (Mark) Y Roger, ¿de dónde es Roger? (Trenton) Sí, de Trenton. ¿Quién es de Long Island? (Leah). Continue until the class has associated new information with fifteen or so students. During the following class period, review the fifteen that were introduced and complete the association for the rest of the students.

Association activities have three goals: introduction of new vocabulary and/or grammar; association of new vocabulary and grammar with individual students; and lowering of affective filters by getting to know personal information about each other.

The principal use of association activities is to create a situation in which large numbers of new verb forms can be concentrated in the input more or less naturally. Association activities are used in the pre-text activities to introduce the verb forms of the following tenses.

Infinitives	Chapter 1
Present indicative	Chapter 3
Past (preterite)	Chapter 6

In the following sections, we will describe in detail the techniques used for the introduction of each of these tenses.

Infinitives (Capítulo 1, Pre-text Activities)

You will probably have to use a little English to explain how this association activity for verb forms will function. Ask each student to think of a favorite thing he/she does. Use the **me gusta...** structure, so that the examples will be given in infinitive (not present participle) form: *to eat ice cream, to sleep, to play tennis,* and so on. Ask them to give complete ideas, not just simple verbs like *to eat.* Each student must think of a different activity, although related activities *(to play football, to play basketball)* are acceptable. As they give a favorite activity, write the Spanish equivalent on the chalkboard and pronounce each word or phrase several times for all class members to hear. For example, suppose a student has said *I like to ski;* you say **A Robert le gusta esquiar—esquiar, le gusta esquiar.** Then try to add comments like **¿Dónde le gusta esquiar?** This question can be answered with just a place, usually with an English name—for example, *Snow Summit.* Follow up with questions like **¿Está cerca de aquí Snow Summit? ¿Cuántas horas en carro? ¿Es bueno el lugar?** Then return to the original sentence by asking a question: **¿A quién le gusta esquiar?** The class will respond with **Robert,** which you expand: **Sí, a Robert le gusta esquiar.** Then proceed to another volunteer and repeat the process. After you have completed the second verb, return to the original question: **¿A quién le gusta esquiar?** (Robert) **Ah sí, a Robert le gusta esquiar. Y ¿a quién le gusta cocinar?** (Betty) **Sí, a Betty le gusta cocinar y a Robert le gusta esquiar.**

It will be helpful to some students if you group the predicates by conjugation class as you write them on the board. (The **-ar** class will be by far the largest.) Students should have no trouble copying the verbs and attending to your conversation at the same time, if you do frequent review and re-entry.

-ar	**-er**	**-ir**
jugar al tenis	leer novelas	salir con los amigos
bucear en el mar	comer helado	
dibujar		

You will want to encourage interesting activities with more or less complete predicates. This way students will also have the chance to acquire nouns that normally accompany the verbs. In addition, it is usually easier to remember the meaning of a verb if there is a common noun associated with it. For example, students will remember **comer helado de chocolate** more easily than just **comer** or just **helado.**

You cannot know in advance which verbs students will select. They tend to pick activities common in English-speaking countries but not so widely practiced in Spanish-speaking countries, such as backpacking and hiking. It is often difficult to find simple Spanish equivalents for these activities. If you believe that an expression is very difficult in Spanish or that it is not appropriate, you should ask the students to select another activity. Continue the association activity for as long as you maintain student interest, usually about twenty minutes.

During subsequent class periods, review the activities that students have selected and add associations for the rest of the students in the class. Start out with simple questions: **¿A quién le gusta esquiar? (Robert) ¿Le gusta cocinar a Betty? (sí) Y ¿a quién le gusta dormir? (Mike) Sí, a Mike le gusta dormir. A Jim le gusta montar a caballo, ¿verdad? (sí) ¿A Jean le gusta ir a la playa con amigos? (no)** Rewrite all the predicates on the board. As you review, ask for information from the students who did not give you an activity in the previous class. Students should add the new predicates to their vocabulary notebooks as you write them on the chalkboard. Ask only questions that can be answered with names of students or **sí/no.** You should have as many different infinitives as there are students in the class by the end of this review.

During all association activities, maintain the focus on understanding the new vocabulary and grammar. For example, discuss the various activities with questions like **¿A quién le gusta _____? ¿A quién no le gusta _____? ¿A cuántos les gusta _____? ¿A cuántos hombres les gusta _____? ¿A cuántas mujeres les gusta _____?** Weave these questions together with comments and other related questions. This is still a comprehension activity, but students can respond using single words, especially nouns and adjectives they have heard enough to have acquired. You should not ask questions that require infinitives in the answer, but some students may begin to use them voluntarily. Ask questions like the following: **¿A quién le gusta manejar? (Jim) ¿Tiene usted carro? (sí) ¿Qué marca? (Toyota) ¿Es francés el carro Toyota? (no) Es japonés, ¿verdad? ¿Quién más tiene un carro japonés? ¿A quién le gusta manejar una motocicleta? ¿Es peligroso?,** and so forth.

Finally, in subsequent class periods, students must be given the opportunity to produce the new verb forms. Ask questions exactly as in the preceding activities, but this time integrate the question **¿Qué le gusta hacer a (Robert)?** For example: **¿A quién le gusta cocinar? (Martha) Sí, a Martha le gusta cocinar. Y a Bob le gusta cocinar también, ¿verdad? ¿Qué le gusta cocinar a Bob? (italiana) Sí, a Bob le gusta cocinar comida italiana. Y a Monica, ¿qué le gusta hacer? (correr) Sí, le gusta correr para hacer ejercicio. ¿Cuándo le gusta correr? (mañana) Sí, le gusta correr en la mañana. ¿A quién le gusta acampar? (Jean) Sí, a Jean le gusta acampar. A Lucy, ¿qué le gusta hacer? (cantar) Sí, a Lucy le gusta cantar. ¿Y a Mike le gusta cantar también? (no) No, verdad, a Mike le gusta divertirse en las fiestas,** and so forth.

Present Indicative (Capítulo 3, Pre-text Activities)

The present-tense forms in the input will be first- and third-person singular forms, since these are the most common forms and the forms we expect students to start producing. However, you need not artificially restrict your speech; if the context is clear enough, the use of plural forms will not impede comprehension. Our experience is that most students will have no trouble learning the present-tense endings (although for some with no prior language experience the concept of verb endings may take some time to grasp). However, they will not be able to *use* them successfully until they have had multiple opportunities to *hear* these forms used in communicative contexts. This association activity will constitute the first systematic attempt to expose students to conjugated verb forms. Begin by concentrating on recognizing the meanings of a relatively large number of new verbs in the third-person singular form. After students can recognize these forms, introduce the first-person singular form.

Ask students to think of a single activity they normally do every day and to name that activity in English. Write the Spanish equivalent on the board, using the student's name. For example: **Jim estudia, Martha limpia su cuarto, Joe va a la playa,** and so on. After several activities have been written on the board, review by asking **¿Quién va a la playa? ¿Quién estudia?** Students need only look at the board or their notebooks to respond. Then erase the names so that students have to associate the activities with a particular student. (Avoid using anything other than the third-person singular forms. As long as the students name their own activities in English, they will not yet need first-person singular forms.) If there are any questions on verbs, either answer them briefly and/or refer the student asking the question to section 2.1 in the **Gramática y ejercicios** section.

Encourage complete predicates: *I study in the library, I ride the bus to school,* and so on. With daily activities, some (true) reflexives will be suggested: *I take a bath, I brush my hair,* and so on. When this case arises, simply use **se** and tell the students that this is the Spanish equivalent of *self* and that **se** is used for both sexes. For example: **Juan/María se baña.** For this association activity, treat **se** as if it were simply a new word to learn, not a part of a new pronoun set. Since several of the examples will be somewhat different from English (*He brushes his teeth* = **Se lava los dientes**), a short explanation you might give is that **se** is used in Spanish whenever the action is done to oneself. Details about reflexive pronouns will only confuse most students at this stage. If the entire activity is strongly focused on the actions themselves (that is, if you maintain interesting input about the various daily activities), the details of reflexive pronoun and verb use will not cause problems. Since they are concentrating on third-person singular forms, you need not distinguish regular from irregular verbs.

In subsequent classes, introduce the first-person singular forms. Review the daily activities associated with each student. Write at least fifteen verb forms on the board. Then look at four or five forms and react to them personally; for example: **Mark juega al tenis. Yo juego al tenis también,** or, **Yo no juego al tenis.** Continue reacting truthfully to the first few sentences on the board, writing the first-person singular forms beside the third-person singular verb forms already on the board. When you introduce **me,** say that it means *myself.*

juega	juego
come	como
se baña	me baño

Finally, later activities require production of the first- and third-person singular forms and introduce the first- and third-person plural forms for comprehension. See the Instructor's Notes in the margins of the *Instructor's Edition* for extension activities.

Past (Preterite) (Capítulo 6, Pre-text Activities)

Explain that you are going to talk about your previous day's activities. Write at the top of the board: PAST = **PASADO.** Normally no other explanation will be necessary; but in case there are questions, refer the students to **Gramática 6.4.** Students are to ask you questions to find out if you participated in certain activities the previous day. For example, a student may ask in English *Did you run? Did you study? Did you watch television?* React truthfully to each question and answer in Spanish: **Sí (No), yo (no) corrí.** Write the verb form on the board and have the students copy it in their notebooks. When responding to the questions, expand the context. For example, in the answer to the question *Did you run?*, you may wish to tell when you ran, how far you ran, if you like to run, how often you run, and so forth. The discussion after the initial answer **corrí** and "when and where" will often involve only short answers without a verb form or with a verb form in the present or in a construction with the infinitive. The purpose of this activity is not to contrast the present and past, and no special effort should be made to emphasize this contrast; however, a review of the present is often a natural outcome of this activity and should not be avoided when it comes up. This is also the case in real conversation; a question is asked about a past action, and then the focus shifts to the present: *Did you run last night?* **Sí, corrí. Corro todas las tardes. Me gusta correr en la tarde,** and so forth.

As the verb forms are introduced, write them on the board in three columns: regular **-ar**, regular **-er** and **-ir**, and irregular.

-ar	**-er, -ir**	IRREGULAR
estudié	salí	dije
terminé	comí	puse
cociné	corrí	hice
miré		

The first column will be very long, the second and third shorter. After several verbs have been written on the board, let students guess the forms. For example, if the question is *Did you take a bath?*, since they will know the verb **bañar,** say **Sí, me...** and ask the students to guess. After approximately ten forms, many students figure out that **-ar** verbs end in stressed **é**, that **-er** and **-ir** verbs end in stressed **í**, and that most irregular verbs end in unstressed **e**. Spend about twenty minutes on this activity the first time it is introduced.

The initial association activity related to the instructor's activities should be repeated during several class periods. The second time, the format of the activity will be understood by the students and many of the forms recognized immediately, so many more questions can be asked in the twenty minutes. You should aim for at least forty verb forms. (If students try to ask the questions in Spanish, remind them that the form for the past-tense question is different and that they shouldn't try to use it yet.)

In subsequent class periods, give students the opportunity to hear third-person singular forms and to produce first-person singular forms. Narrate activities you did the previous day and write the forms (first-person singular) on the board as you talk. Then ask individual students if they did those activities. Write on the board **¿Qué hizo usted?** *(What did you do?)* They answer, of course, using the forms written on the board (or using others, if they wish). As you ask the questions, write the third-person singular forms beside the first-person singular. After you have completed twenty or so verbs, go back and ask questions to see if students remember who did what: **¿Quién fue al cine?** (Robert) **¿Quién se quedó en casa?**, and so on. Note that students hear third-person singular forms in this activity but do not have to produce them.

Finally, ask students to look at their list of past first-person singular forms. By this time they should have fifty to one hundred verbs. (If not, do an activity that will elicit more forms before continuing with this sequence.) For example, if in the previous class period a student said he/she did something particularly interesting, remind the class of this and write the pair of verb forms on the board: **Yo no esquié, pero Mike esquió en Mammoth.** Ask students to write the third-person singular forms beside the first-person singular forms. Have each student work with a partner and complete the pairs for the entire list. Go from group to group, helping with this activity.

After the list is complete, do the following listening comprehension activity. Ask for a single volunteer. Tell the student to answer either **sí** or **no** with no elaboration. Then begin asking questions such as **¿Trabajó usted quince horas ayer?** The answer will usually be **no**. Continue asking questions that will probably evoke a negative response. Make the questions long enough that a specific context is involved. For example, do not say simply **¿habló?** or **¿se bañó?**, but rather **¿Se bañó en la mañana?** or **¿Habló por teléfono con sus padres?** After five or six questions, ask a question that will produce an affirmative response. Then ask for a new volunteer. Continue in this way, moving on to another student as soon as you get an affirmative answer.

SCOPE AND SEQUENCE

Chapter	Themes/Topics	Grammar
Paso A	Mandatos en la clase	A.1. Commands
	Los nombres de los compañeros de clase	A.2. Naming: The Verb **llamar**

Chapter	Themes/Topics	Grammar
	¿Quién es?	A.3. Identification: Subject Pronouns and the Verb **ser**
		A.4. Sentence Negation
	Los colores y la ropa	A.5. Grammatical Gender
		A.6. The Verb **llevar**
	Los números (hasta 39)	A.7. Plural Forms (Part 1)
	Los saludos y las despedidas	
Paso B	Hablando con otros	B.1. Addressing Others: Informal and Polite *you* (**tú/usted**)
		B.2. More About Subject Pronouns
	Las cosas en el salón de clase	B.3. Identifying Gender
		B.4. Existence: **hay**
	Las partes del cuerpo	B.5. Plural Forms (Part 2)
	La descripción de las personas	B.6. Describing with Adjectives: Gender and Number Agreement
	Los números (hasta 100) y la edad	B.7. Age: The Verb **tener**
Capítulo 1	La familia y la posesión	1.1. Possession: **tener, de(l)**
		1.2. Possession: Possessive Adjectives
	Las lenguas y las nacionalidades	1.3. Adjectives of Nationality
		1.4. Present Tense of Regular -ar Verbs
	Las actividades favoritas y los deportes	1.5. Expressing Likes and Dislikes: **gustar** + Infinitive
	Datos personales: El teléfono y la dirección	1.6. The Spanish Alphabet
		1.7. Verb Endings: The Verb **vivir**
Capítulo 2	Las fechas y los cumpleaños	2.1. Numbers to 1000 and Dates
	Los planes	2.2. The Informal Future: **ir** + **a** + Infinitive
	La hora	2.3. Telling Time
	Las clases	2.4. Ordinals
	Las preferencias y los deseos	2.5. Preferences and Desires: **preferir** and **querer** + Infinitive
	El tiempo	2.6. Weather
Capítulo 3	¿Dónde está?	3.1. Location of People and Objects: **estar**
	Las actividades diarias	3.2. Habitual Actions: Present Tense of Regular Verbs
		3.3. Irregular Verbs: **hacer, salir, jugar**
	El origen	3.4. Origin and Location: **ser de** / **estar en**
	Actividades en progreso	3.5. Actions in Progress: Present Progressive
Capítulo 4	Los lugares	4.1. Location: **ir** + **a(l)**; **estar** + **en**
	Los días feriados y las celebraciones	

Chapter	Themes/Topics	Grammar
	La rutina diaria	4.2. Verbs with Stem-Vowel Changes (**ie, ue**) in the Present Tense
		4.3. Habitual Actions: Irregular Verbs
		4.4. Daily Routine: Reflexives
	Los estados físicos y mentales	4.5. Describing States: **estar** + Adjective
		4.6. Describing States: **tener** + Noun
Capítulo 5	Las actividades de la clase de español	5.1. Indirect Object Pronouns with Verbs of Reporting
	Las habilidades	5.2. Expressing Abilities: **saber** and **poder** + Infinitive
	Las carreras y las actividades del trabajo	5.3. Demonstrative Adjectives
	Mi futuro	5.4. Plans: **pensar, quisiera, me gustaría, tener ganas de**
		5.5. Ordering Events: Infinitives After Prepositions
Capítulo 6	La casa, los cuartos y los muebles	6.1. Comparisons of Inequality: **más/menos**
	La casa y el vecindario	6.2. Comparisons of Equality: **tan/tanto**
	Las actividades en casa	6.3. Expressing Obligation and Duty
	El vecindario y los amigos	6.4. The Past (Preterite) Tense of Regular Verbs (Part 1)
	Las presentaciones	6.5. **Conocer** and **saber**
		6.6. Personal Direct Object Pronouns
Capítulo 7	Mis experiencias	7.1. The Past (Preterite) Tense of Regular Verbs (Part 2)
		7.2. Verbs with Irregular Past (Preterite)-tense Forms
	Las experiencias con otros	7.3. Verbs with Stem-Vowel Changes in the Past (Preterite) Tense
		7.4. Indirect Object Pronouns with **decir**
		7.5. Question-and-Answer Patterns in the Past (Preterite) Tense
	Los hechos del pasado	7.6. Expressing *ago:* **hacer** + Time
Capítulo 8	La comida y las bebidas	8.1. Impersonal Direct Object Pronouns: **lo, la, los, las**
		8.2. More About the Verb **gustar**
		8.3. Prepositions + Pronouns (Part 1)
	La compra y la preparación de la comida	8.4. Negation
		8.5. The Impersonal **se**
	Los restaurantes	8.6. Stem-Vowel Changes in Verbs Like **pedir** and **servir**

Chapter	Themes/Topics	Grammar
Capítulo 9	La familia y los parientes	
	La niñez	9.1. Diminutives
		9.2. Past Habitual Actions: The Imperfect
	La juventud	9.3. The Imperfect and Past (Preterite) of "State" Verbs
		9.4. The Imperfect of **ir** + **a** + Infinitive
	Las experiencias y los recuerdos	9.5. Unplanned Occurrences: **se**
Capítulo 10	La geografía y el clima	10.1. The Present Perfect: "Have You Ever . . . ?"
	Los medios de transporte	10.2. **Por** and **para**: *By, Through,* Destination
		10.3. Describing Actions: Adverbs
	Viajando en automóvil	10.4. Exclamations with **qué, cuánto**
		10.5. **Hace** + Time: "How Long Have You . . . ?"
Capítulo 11	Los planes de viaje	11.1. Regional Pronouns: **vos** and **vosotros/as** Forms
		11.2. To Have Just Done Something: **acabar de** + Infinitive
	Buscando sitios y usando mapas	11.3. Prepositions + Pronouns (Part 2)
		11.4. Polite Commands
	Las experiencias en los viajes	11.5. Describing What Was Going On: Imperfect Progressive
		11.6. Imperfect in Contrast to the Past (Preterite)
Capítulo 12	El turista en los países hispanos	12.1. Present Subjunctive Following **querer**
		12.2. Present Subjunctive: Irregular Verbs
		12.3. Direct Object Pronouns
	El alojamiento	12.4. Present Subjunctive Following **cuando**
		12.5. **Por/para** + Time
	Los sitios turísticos	12.6. Making Suggestions: *Let's*
		12.7. Indirect Object Verbs Like **parecer**
Capítulo 13	Las partes del cuerpo	13.1. Expressing Existence: **haber**
	Los estados de salud; las enfermedades y su tratamiento	13.2. Expressing Changes in States: *Become, Get*
	Las visitas al médico, a la farmacia y al hospital	13.3. Indirect Object Pronouns with Commands and the Present Subjunctive
	Los accidentes y las emergencias	13.4. Narration of Past Experiences: Present Perfect, Imperfect, Past (Preterite)

Chapter	Themes/Topics	Grammar
Capítulo 14	Los productos, los materiales y sus usos Los precios	14.1. Adjectives Used As Nouns 14.2. Demonstrative Pronouns 14.3. Possessive Pronouns
	Comprando ropa	14.4. **Por** and **para**: Price, Beneficiary, Purpose
	Las compras y el regateo	14.5. Exchanging Items: Indirect Object Pronouns 14.6. Using Indirect and Direct Object Pronouns Together
Capítulo 15	Las instrucciones y los mandatos	15.1. Direct Commands: Polite and Informal 15.2. Pronoun Placement (Summary)
	Los consejos	15.3. The Subjunctive Mood 15.4. "Let Someone Else Do It:" ¡Que + Subjunctive!
	La crianza y el comportamiento social	15.5. Making Suggestions: *Let's* (Subjunctive)
Capítulo 16	La familia, las amistades y el matrimonio	16.1. Reciprocal Pronouns: "Each Other" 16.2. Describing: **ser** and **estar**
	Las posibilidades y las consecuencias	16.3. Hypothetical Reactions: The Conditional
	El futuro y las metas personales	16.4. The Future 16.5. **Por/para**: Summary
Capítulo 17	Las opiniones y las reacciones	17.1. Expressing Opinions: Indicative and Subjunctive 17.2. Expressing Reactions: Indicative and Subjunctive
	Los valores de la sociedad moderna	17.3. Hypothesizing: "If" Clauses and the Past Subjunctive
	La geografía y la historia	17.4. Adjective Clauses
Capítulo 18	Los sistemas políticos y económicos	18.1. Hypothesizing About the Past: **si hubiera... habría...** 18.2. The Perfect Tenses
	Los problemas de la sociedad urbana	18.3. The Subjunctive in Time Clauses 18.4. The Subjunctive in Purpose Clauses
	La inmigración y los grupos minoritarios	18.5. The Passive Voice

América del Sur